Fließende Räume – Floating Spaces

Zur Ausstellung ist neben dem Katalog ein thematischer Aufsatzband erschienen:

Die Türkenkriege des 18. Jahrhunderts
Wahrnehmen – Wissen – Erinnern
hg. von Wolfgang Zimmermann und Josef Wolf

Regensburg: Schnell & Steiner 2017
ISBN 978-3-7954-3218-8

JOSEF WOLF · WOLFGANG ZIMMERMANN (HG.)

Fließende Räume
Karten des Donauraums 1650–1800

Floating Spaces
Maps of the Danube Region 1650–1800

Katalog zur internationalen Wanderausstellung des Instituts
für donauschwäbische Geschichte und Landeskunde, Tübingen,
und des Landesarchivs Baden-Württemberg

SCHNELL + STEINER

Inhalt

7   REINHARD JOHLER · ROBERT KRETZSCHMAR
Vorwort

9   JOSEF WOLF · WOLFGANG ZIMMERMANN
Fließende Räume – Floating Spaces
Konzeptionelle Überlegungen

DER DONAURAUM – PERSPEKTIVEN DER FORSCHUNG

21   ANDRE GINGRICH
Orientalismus

25   ARNO STROHMEYER
Die Türkenkriege der Habsburgermonarchie

39   WOLFGANG ZIMMERMANN
›Türkengefahr‹ am Oberrhein
Wahrnehmung – Kommunikation – Erinnerung

55   ZSOLT G. TÖRÖK
Die Entwicklung der Kartografie als Teil vormoderner Wissenschaften

71   JOSEF WOLF
Der Donauraum und Südosteuropa in der frühneuzeitlichen Kartografie

97   PINAR EMIRALIOĞLU
**Südosteuropa in der kartografischen Kenntnis
der Osmanen im 17. und 18. Jahrhundert**

109   ROBERT BORN
Glaubensfeinde, Revolutionäre und Nationalhelden
Zur Funktionalisierung der Türkenkriege
in Ostmitteleuropa im 19. und 20. Jahrhundert

123   JOHANN HEISS
Die Türken und ihre Verwendung

DER DONAURAUM – PERSPEKTIVEN DER AUSSTELLUNG

JOSEF WOLF

135 Teil 1: Donau – Entstehung einer Raummetapher

179 Teil 2: Vielgestaltigkeit der Staatenwelt

235 Teil 3: Schauplätze der Türkenkriege: Militärkartografie und visuelle Medien

295 Teil 4: Grenzländer an der südwestlichen Peripherie

337 Teil 5: Südöstliche Grenzräume: Banat und Siebenbürgen

379 SUSANNE MUNZ · GABRIELE WÜST
Die Kartensammlungen der Ausstellung

387 IRIS BAUMGÄRTNER · GABRIELE WÜST · WOLFGANG ZIMMERMANN
Objekte der Erstpräsentation in Karlsruhe

ANHANG

392 Literaturverzeichnis
409 Abkürzungen
409 Leihgeber
409 Autorinnen und Autoren
410 Personen- und Ortsregister
423 Bildnachweis
424 Impressum

Vorwort

In den militärischen Auseinandersetzungen mit dem Osmanischen Reich eroberten die Habsburger im ausgehenden 17. und frühen 18. Jahrhundert weite Teile des Donauraums. Dabei griffen sie auch auf das Wissen und Können von Kartografen zurück. Deren Bedeutung ging weit über ihre militärische Funktion hinaus. Kartografen fügten in der Visualisierung die eroberten Teile der Region zu einem Ganzen zusammen, grenzten Territorien voneinander ab und erfanden so den Donauraum immer wieder neu. Ihre Karten bilden herrschaftliche Machtansprüche, kriegerische Konfrontationen und religiöse Abgrenzung ab.

Standen diese Aspekte vor gut 300 Jahren im Donauraum im Vordergrund, so sind es heute friedliche Strategien, die in der Region als einem zentralen Teil Europas auf Zusammenarbeit zielen. Sie finden ihren Ausdruck in der vom Europäischen Rat im Juni 2011 verabschiedeten EU-Donauraumstrategie. Diese begreift den Raum, der von der Quelle der Donau in Donaueschingen bis zu ihrer Mündung ins Schwarze Meer reicht, als eine Großregion und als festen Bestandteil des nach 1989/90 zusammenwachsenden Europas. Ziel ist es, den Donauraum als europäische Großregion begreifbar und erlebbar zu machen – politisch, wirtschaftlich und kulturell.

Die Ausstellung »Fließende Räume. Karten des Donauraums 1650–1800«, die in Kooperation zwischen dem Institut für donauschwäbische Geschichte und Landeskunde in Tübingen und dem Landesarchiv Baden-Württemberg, Abteilung Generallandesarchiv Karlsruhe entstanden ist, thematisiert die Konstituierung einer Raumvorstellung zum Donauraum. Sie beschreibt die Charakteristika des räumlichen Konzepts und ihre Wahrnehmung durch West- und Mitteleuropäer in der Neuzeit. Die Ausstellung ist als gemeinsames Projekt einer Forschungseinrichtung und eines Archivs entstanden. Sie lädt ein zu einer Reise in einen vielfach ›unbekannten‹ europäischen Großraum. Sie stellt sich zudem der Frage, wie wir heute den südöstlichen Donauraum und Südosteuropa verstehen und mit welchen kartografischen Bildern wir diese Region verbinden.

Die zweisprachige Ausstellung (deutsch und englisch) zeigt anhand von 70 wertvollen, oft erstmals ausgestellten Stücken die Entwicklung der Kartografie des Donauraums von 1650 bis 1800. Grundlage der Präsentation ist die umfangreiche Sammlung von Karten und Plänen, die von den badischen Markgrafen zu militärischen Zwecken angelegt worden ist und heute im Generallandesarchiv Karlsruhe sowie in der Badischen Landesbibliothek lagert. Ergänzt werden Karten dieser Provenienz durch Exponate aus der Sammlung des Instituts für donauschwäbische Geschichte und Landeskunde in Tübingen sowie zweier privater Leihgeber aus dem Aus- und Inland, Dr. Ovidiu Şandor, Temeswar (Timișoara), Rumänien, und Dr. Mathias Beer, Tübingen.

Nach der Erstpräsentation in Karlsruhe geht die Ausstellung auf Reise in den Donauraum, um in Österreich, Ungarn, Rumänien, Serbien und Kroatien in Kooperation mit örtlichen Partnern gezeigt zu werden. Sie erfüllt damit jene Mittlerfunktion, die die Donau im Lauf der Jahrhunderte neben den kriegerischen Auseinandersetzungen erfüllt hat – als Brücke zwischen Orient und Okzident.

Unser besonderer Dank gilt den Leihgebern sowie allen, die an der Ausstellung und dem Katalog mitgearbeitet haben, insbesondere Josef Wolf M.A., dem Leiter des Forschungsbereichs Historische Siedlungsforschung am Institut für donauschwäbische Geschichte und Landeskunde in Tübingen, und Professor Dr. Wolfgang Zimmermann, dem Leiter des Generallandesarchivs Karlsruhe. Sie haben gemeinsam die Konzeption der Ausstellung erarbeitet, die von der Gestaltergruppe raum[einsichten umgesetzt wurde.

Die Realisation des ambitionierten Ausstellungs- und Publikationsprojekts war möglich dank einer großzügigen finanziellen Unterstützung des Ministeriums für Wissenschaft, Forschung und Kunst Baden-Württemberg sowie der L-Bank, Staatsbank für Baden-Württemberg. Dafür danken wir sehr herzlich.

Wir wünschen der Ausstellung und der Begleitpublikation viele interessierte Besucherinnen und Besucher, Leserinnen und Leser – in Deutschland und auf den zahlreichen weiteren Stationen des Donauraums.

Tübingen, Stuttgart, im Juni 2017

PROF. DR. REINHARD JOHLER
Leiter des Instituts für donauschwäbische Geschichte und Landeskunde, Tübingen

PROF. DR. ROBERT KRETZSCHMAR
Präsident des Landesarchivs Baden-Württemberg

Fließende Räume – Floating Spaces
Konzeptionelle Überlegungen

JOSEF WOLF /
WOLFGANG
ZIMMERMANN

Die Ausstellung einschließlich Katalog hat den südöstlichen, an der Schnittstelle zum Balkan liegenden Donauraum im Medium der Karte und kartenähnlicher Darstellungen im Blick. Die zeitlichen Eckpunkte sind sowohl historisch als auch kartografiegeschichtlich begründet. Mit dem Großen Türkenkrieg an der Wende zum 18. Jahrhundert stieg das Habsburgerreich zur Kontinentalmacht auf, die Očakov-Krise leitete im Türkenkrieg 1787/88–1791/92 die lang andauernde ›Orientalische Frage‹ ein. In diesem Zeitraum war auch die Kartografie einem tiefgreifenden Wandel unterworfen. Erkenntnisfortschritte zeichneten sich vor allem im Bereich der Entwurfsnetze und der flächendeckenden militärisch-topografischen Kartierung ab. Von der sich professionalisierenden Militärkartografie profitierte auch die Zivilkartografie. Einer breiteren Öffentlichkeit wurde der Zugang zum Medium Karte ermöglicht. Um 1800 setzte die moderne Kartografie als Teil der wissenschaftlichen Geografie ein.

Donauraum und Balkan

Weder »Donauraum« noch »Südosteuropa« oder »Balkan« existierten im 17. und 18. Jahrhundert als Raumbegriffe.[1] Das Raumbild wurde erst im Zuge der militärischen Auseinandersetzungen zweier Imperien, dem das christliche Europa verkörpernden Habsburgerreich und dem für das Morgenland stehenden Osmanischen Reich, geprägt.[2] Erst allmählich fand in der Wahrnehmung eine Verschiebung von »Europäischer Türkei« hin zum Terminus »Balkan« und schließlich »Südosteuropa« statt. Noch bis zum ausgehenden 18. Jahrhundert wurde der Donauraum in der Nord-Süd-Achse verortet und, wie beim Ungarn-, Siebenbürgen- und Russland-Experten August Ludwig Schlözer (1735–1809),[3] als Teil der »Nordischen Geschichte« betrachtet. Die Unterteilung Europas in West und Ost war nach Larry Wolff eine relativ späte Erfindung der philosophischen Aufklärung.[4] Vincenzo Maria Coronellis (1650–1718) zweiblättrige Europakarte vom Ende des 17. Jahrhunderts war in eine »Parte Occidentale dell'Europa« und eine »Parte Orientale« geteilt. Dabei wurden Ungarn und Siebenbürgen Westeuropa zugeordnet. Diese Systematik war zunächst nur räumlicher Art, wurde aber zunehmend von politischen und kulturellen Wertungen überlagert. Erst die Verortung der Großräume »Donauraum« und »Balkan« in der Ost-West-Achse seit dem frühen 19. Jahrhundert war ausschlaggebend für die spätere Entstehung des peripher aufgefassten »Südosteuropa«-Begriffes als Alternative zum »Balkan«. Die Veränderung in der Wahrnehmung des Raums war das Ergebnis struktureller Umbrüche in Politik, Wirtschaft und Kommunikation. Im ausgehenden 19. Jahrhundert hat sich ein Diskurs über den Balkan als geografisch-kulturelle Einheit entwickelt, der sich bezüglich des westlichen Balkans mit dem auf den Donauraum zentrierten »Mitteleuropa«-Diskurs überlagert.[5]

Objekte und Ziele der Ausstellung

Im Rahmen der zweisprachigen Ausstellung (deutsch und englisch) werden mehr als 70 Originalkarten gezeigt. Die Anzahl und Vielfalt der Exponate speist sich aus vier Sammlungen – den historisch gewachsenen Karlsruher Sammlungen (Generallandesarchiv und Badische Landesbibliothek), der auf den südöstlichen Donauraum ausgerichteten Kartensammlung des Instituts für donauschwäbische Geschichte und Landeskunde in Tübingen sowie den reichhaltigen, regional ausgerichteten Privatsammlungen von Dr. Mathias Beer (Tübingen) und Dr. Ovidiu Șandor (Temeswar). Bei der Erstpräsentation werden Originale gezeigt; die nicht nur, aber insbesondere in die Länder des Donauraums führende Wanderausstellung greift aus konservatorischen Gründen auf hochwertige Reproduktionen zurück. Die Exponate wurden im Generallandesarchiv Karlsruhe und in der Kreisdienststelle Temesch des Rumänischen Nationalarchivs (Serviciul Județean Timiș al Arhivelor Naționale ale României) hochauflösend eingescannt. Die Georeferenzierung der analogen Vorlagen wurde von dem Kartografen Richard Szydlak (Tübingen) mit einer GIS-Software durchgeführt. Dabei wurde die Bezugsfläche der Altkarten mit dem Koordinatensystem von Google Maps verknüpft.

Die Ausstellung ist auf die kartografische Produktion und Rezeption von Raumwissen im Donauraum fokussiert. Ausgehend von der »Macht der Karten«[6] wird gefragt, welche Sinnstiftungen der Raumbeschreibung – bezogen auf den Donauraum und Südosteuropa – durch das Artefakt ›Karte‹ in der Frühen Neuzeit erzeugt wurden. Damit verbunden ist ein erweitertes kulturgeschichtlich orientiertes Verständnis, das Karten als Texte, Diskurse oder Metaphern umreißt. Die Ausstellung geht der Frage nach, wie der untersuchte Raum kontextbezogen kartografisch formatiert wird, welche regionalen Räume an den Raumdarstellungen der Kartografie beteiligt sind, wie diese im Medium Kartografie erschaffen werden und was ihre zeittypischen Merkmale sind. Sie geht somit dem subjektiven und ambivalenten Verhältnis von mentaler Vorstellung des Raums, kartografischer Darstellung und ›Wirklichkeit‹ nach, das Raumwissen konstituiert. Dargelegt wird, inwieweit im Laufe von anderthalb Jahrhunderten bestimmte Orientierungsschemata, Anschauungen des Raums und Raumwissen in einem sich wandelnden diskursiven Einflussfeld produziert und reproduziert werden. Darüber hinaus hat die Ausstellung die Persistenz etablierter Kartenbilder wie auch die Funktion der Karten als »politische Instrumente«, ihr Lesen und ihre Deutung als »Identitätstexte« im Blick. Die Ausstellung möchte einen Anstoß für eine differenzierte Auseinandersetzung mit dem Donauraum und Südosteuropa im Medium Karte geben. An dem diskursiven Prozess, der durch Karten und Beschreibungen genährt wird, wirkten Geografen und Kartografen mit. Kartografie wurde im ausgehenden 17. und im 18. Jahrhundert zum vermittelnden Raum der territorialpolitischen Veränderungen.

Mit ihrem Ansatz und ihrer Fragestellung ist die Ausstellung im Rahmen von bedeutenden Kartenausstellungen zu verorten, die seit der Jahrtausendwende in Deutschland und Europa durchgeführt wurden. Erwähnt seien lediglich die Schau der Universitätsbibliothek Leiden zum Kartenbild des Balkans (2003),[7] die 2006 von der Széchényi-Nationalbibliothek, dem Österreichischen Staatsarchiv und dem Collegium Hungaricum gestaltete Ausstellung »Ungarn auf Landkarten«,[8] die im Ethnologischen Museum Berlin gezeigte Ausstellung »Vermessen: Kartographie der Tropen« (2006),[9] an der mehrere Berliner Museen und Institutionen beteiligt waren, die Ausstellung der Königlichen Bibliothek von Belgien über die Mappierung Europas von der Renaissance bis in die Gegenwart von 2007,[10] die Ausstellung von Volker Rödel im Generallandesarchiv Karlsruhe von 2010 »Zwischen den Welten. Kriegsschauplätze des Donauraums im 17. Jahrhundert auf Karten und Plänen«[11], die Ausstellung »Mapping Spaces« (2014),[12] die aus einem Forschungsprojekt an der Universität Trier hervorgegangen ist, sowie die in Lemgo präsentierte Ausstellung »Weltvermesser – Von Erde, Meer und Himmel« (2015),[13] die sich mit dem »Goldenen Zeitalter« der niederländischen Kartografie im 17. Jahrhundert beschäftigt. Diese Ausstellungen schwanken zwischen einer wissenschaftsgeschichtlichen und kulturgeschichtlichen Herangehensweise. Die Konzeption der Ausstellung »Fließende Räume« möchte beide Zugänge verbinden.

Theoretischer Ansatz

Die Ausstellung positioniert sich innerhalb des Paradigmas ›Erfindung des Raumes‹ und knüpft an die Debatten an, die Maria Todorova mit ihrem Buch »Erfindung des Balkans« Ende der 1990er Jahre auslöste.[14] Die Autorin entwickelt darin in Anlehnung an Edward Saids »Orientalismus«[15] die Theorie des »Balkanismus«, der zufolge sich der Zugang des Westens auf die Welt des Balkans als Fremdbild der Großregion konstituierte. Mit Todorova teilt die Ausstellung das Interesse für Differenz und Alterität. Die Phänomenologie der Andersartigkeit und des Stereotypierens in Karten kommt sowohl durch visuelle Darstellungen in Titelkartuschen als auch durch Bezeichnungen zum Ausdruck. Aber anders als Todorova, die vor allem auf

Reiseberichte zurückgreift, stellt die Ausstellung kartografische Raumvorstellungen zum Donauraum und zu Südosteuropa in den Mittelpunkt. Sie folgt damit methodisch dem Mapping-Paradigma Larry Wolffs, das er vor allem mit Blick auf Russland entwickelt hat.[16]

Ein solches Verständnis bündelt sich im Begriff der »Repräsentation« als Dialog zwischen (Karten)Leser und Kartograf, wie ihn Henri Lefebvre vertreten hat.[17] Er verbindet die räumliche Praxis als »wahrgenommenen Raum«, die Raumrepräsentation als »konzipierten Raum« (Wissensraum) und den Repräsentationsraum als »gelebten Raum« miteinander. Dabei unterliegt diese phänomenologische Trias einer nach Kohärenz trachtenden Wechselwirkung. William T. Mitchell hat Lefebvres Dreiheit auf die Kategorien Ort (engl. place), Raum (engl. space) sowie Landschaft (engl. landscape) bezogen.[18] Dabei hat er den Repräsentationsraum der Landschaft als Medium eines als historisch unabwendbar deklarierten, von imperialer Macht, in unserem Fall der Habsburger, in Gang gesetzten Fortschritts betrachtet. Diese Deutung macht sich die Ausstellung zu Eigen.

Der Ausstellung fehlt bewusst die umgekehrte Sicht, die Perspektive der osmanischen Kartografie auf den Westen.[19] Einer solchen Perspektive ist die vorzügliche Publikation von Palmira Brummett über die Repräsentation der konkurrierenden imperialen Mächte und die ›Andersartigkeit‹ im Medium Karte verpflichtet. Dabei beruht die osmanische Sicht größtenteils nicht auf Karten, sondern auf Texten und sonstigen Bildquellen.[20]

Die Metapher »Fließende Räume«

Der raumtheoretische Begriff des ›fließenden / flüssigen Raums‹ (engl. floating / fluid space) ist nicht nur eine Ergänzung klassischer Raumbegriffe wie Schachtel oder Netzwerk,[21] sondern ist auch ein wichtiger Topos in der Geschichte der modernen Architektur.[22] Damit werden die Merkmale der im Mittelpunkt der Ausstellung stehenden historisch-geografischen Räume – der Donauraum und Südosteuropa – zwar nicht definiert, aber assoziiert. Weder die starren Relationen noch die fixen Grenzen des herkömmlichen metrischen Container-Raums spielen darin eine Rolle. Susanne Rau hat erstmals den Terminus für die kulturgeschichtliche Analyse von Flüssen in die Diskussion eingeführt.[23]

Für die Qualifizierung des von der Ausstellung thematisierten Raums als ›fließend‹ sprechen die Grenzsäume und das gesamte Grenzburgensystem, die das Habsburgerreich und das Osmanische Reich seit der Schlacht von Mohács 1526 und der ersten Belagerung Wiens 1529 voneinander trennten. Nach 1683 entwickelte sich das ›fließende‹, sich in den Donauraum ergießende imperiale Projekt des Wiener Hofes. Es wuchs aber nicht nur der Raum, sondern auch die »(Vor)Mauer«, die sich zunächst nach Slawonien und an die Theiß und Marosch, dann in das Banat und nach Siebenbürgen verlagernde Österreichische Militärgrenze, also das genaue Gegenteil eines sich ausbreitenden Raums. Als die Herrschaftsräume entlang der Donau einmal eine Form gefunden hatten, waren sie genau durch ›natürliche‹ Grenzen (Donau, Save, Una bzw. die langen Kämme der Süd- und Ostkarpaten) definiert, standen aber auch in Kontakt miteinander bis ins 19. Jahrhundert, als das ›Fließen‹ im Prozess der Nationalstaatsbildung auf dem Balkan neu ansetzte. Mit der Metapher »fließende Räume« nimmt die Ausstellung Bezug zu einem Konzept der Dynamik, sei es nun des Raums selbst oder auch nur des Betrachters durch den Raum der Ausstellung. Der Raum ›bewegt‹ sich in den Landkarten territorialpolitisch, er ›fließt‹.

Beim Raumbezug der Ausstellung handelt es sich aber nicht nur um einen ›fließenden‹ Raum, sondern auch um einen ›flüssigen‹. Das Verständnis des Wassers, der Hydrografie als entscheidendem Gliederungsprinzip des betrachteten Raums ist wesentlich für die Titelgebung der Ausstellung. Mittels der Donau und ihrer Nebenflüsse sind die neu eroberten und erschlossenen peripheren Landschaften mit »Europa« verbunden. Im Großen Türkenkrieg wurde das Wasser als Verkehrsressource mehr und mehr zu einem Kommunikationsproblem, indem weite Überschwemmungsflächen, Sümpfe und Moräste die Kommunikation der Armeen verhinderten. Die von Luigi Ferdinando Marsigli (1658–1730) erstmals bestimmten Einzugsgebiete von Flüssen in der Region führten zur Vorstellung neuer Raumeinheiten. Die von ihm vorgenommene Abgrenzung erschuf den Donauraum.

Der Ausstellungstitel lädt dazu ein, von der dauerhaften Festschreibung von Raumqualitäten abzukommen und das dargestellte historische Kartenwissen als Teil eines komplexen Vorgangs zu verstehen, der zu einem offenen, diskursiven Verständnis von Raum führt. Zentrales Ziel der Ausstellung ist, das Nachdenken über geografische Räume und ihre Wahrnehmung im Medium historischer Karten zu fördern. Raum war schon immer der Gegenstand von Karten. Die umfassende Weise, in der die Gegenwart Raum als Konstrukt

1 Donauriede im Banater Stromabschnitt zwischen Belgrad und Kostolac, aus: Luigi Ferdinando Marsigli / Johann Christoph Müller: Mappa generalis [...], Bd. 1, (Amsterdam 1726) La Haye 1741 (vgl. Kat. 1.12). Institut für donauschwäbische Geschichte und Landeskunde, Tübingen.

2 Überschwemmungsräume, Sümpfe und Moraste entlang von Donau und Theiß sowie im westlichen Banat um 1720 und 1765, Kartenausschnitt (Kat. 2.8).

JOSEF WOLF / WOLFGANG ZIMMERMANN

thematisiert, hat beim näheren Hinsehen einiges gemeinsam mit dem historischen Zugang zu dem Raum und den Sehgewohnheiten vergangener Zeiten.

Wenn sich der engere Donauraum nach 1699 durch die Integration in das Habsburgerreich stabilisierte, so hatte der Balkan schwer seine definitive Form gefunden. Die territorialpolitische Formgebung wurde jeweils mit den Mitteln der Zeit gelöst. Im 19. Jahrhundert flossen imperiale und Großmachtinteressen einerseits und Bestrebungen nationaler Selbstbehauptung andererseits zusammen. Die Raumvorstellungen, die sich im 17. und 18. Jahrhundert herausgebildet hatten, blieben recht stabil. Erst die topografischen Vermessungen der zweiten Hälfte des 19. Jahrhunderts, bei denen imperiale – österreichische und russische – Impulse ausschlaggebend waren, haben die Voraussetzungen für die Verwirklichung neuer Raumvorstellungen geschaffen.

Gliederung und Gestaltung der Ausstellung

Im Zentrum der Ausstellung steht die Zuordnung von Karten und kartenähnlichen Darstellungen zu vorgängig definierten historischen und kartografischen Themen. Dabei wird eine möglichst ausgeglichene Gewichtung der Themen und regionalen Räume angestrebt und die großräumliche mit der regionalen und kleinräumlich-lokalen Perspektive verknüpft. Chorografische Übersichtskarten wechseln sich mit Stadtansichten, Festungs- und Schlachtenplänen ab.

Die Ausstellung ist in fünf Themenbereiche gegliedert, die mit einer Ausnahme alle strukturell angelegt sind. Allein der dritte Themenbereich der Ausstellung ist handlungszentriert und befasst sich mit den Geografien, die aus militärischen Handlungen resultieren.

Der erste Bereich der Ausstellung, »Donau – die Entstehung einer Raummetapher«, thematisiert die Entstehung der Metaphern »Donau« und »Donauraum«. Das Fehlen von genauen Karten dieser Großregionen war in militärischen Kreisen schon vor dem Großen Türkenkrieg ein bekanntes Faktum. Den politischen und militärischen Entscheidungsträgern lagen ebenso wie den frühneuzeitlichen Zeitungs- und Kartenlesern bestimmte ›mental maps‹ zugrunde. In diesen kognitiven, von den Kartografen der Zeit verbreiteten Karten wurde die Donau als Achse des Imperiums angenommen. Die Donaumetapher sollte aber erst ab Mitte des 19. Jahrhunderts ihre Wirkungsmacht zeigen. Dann entstand im Zusammenhang mit reaktivierten Expansionsplänen an der unteren Donau der Begriff »Donaufürstentümer« als ein unter habsburgischem Einfluss stehender Raum. In der europäischen Öffentlichkeit wurde das Habsburgerreich als »Donaumonarchie« umschrieben.

Der zweite Themenbereich widmet sich der »Vielgestaltigkeit der Staatenwelt«. Hinter den Karten stehen immer Raumkonzeptionen. Territoriale, historische und ethnokonfessionelle Merkmale sind aufzudecken. Die Türkenkriege führten nicht nur zur kontinentalen Ausbreitung der Monarchie, sondern auch zu einer schrittweisen Vereinheitlichung des Raumwissens über die neu erworbenen Gebiete. Der bisher isolierte Donauraum wurde durch die habsburgische Eroberung durchdrungen und erschlossen, der verbliebene Raum hingegen wurde zur »Europäischen Türkei«. Ähnlich wie die ›mental maps‹ politischer und militärischer Entscheidungsträger in der Militärkartografie, wurden auch die sich daran anlehnenden Raumvorstellungen der Kartografen und Kartenverleger in der Zivilkartografie umgesetzt. Es entstanden neue regionalisierende Raummarkierungen (Temeswarer Banat, Kleine Walachei, Serbien, Syrmien, Bukowina, Österreichische Militärgrenze) und herrschaftspolitisch definierte räumliche Differenzkategorien (»Österreichische« und, »Türkische Walachei«, »Türkisches« und »Freies Albanien«, »Kaiserliches« und »Türkisches Kroatien«, »Österreichisches«, »Venezianisches« und »Türkisches Dalmatien«). Es sind aber nicht nur der imperiale Großraum oder neue Territorialeinheiten, denen sich die Kartografen zuwandten, sondern auch die in der zweiten Hälfte des 18. Jahrhunderts zunehmend »pittoresk« verstandenen Kleinräume. Als Folge der Fortschritte bei der kartografischen Erschließung Südosteuropas im Laufe des 18. Jahrhunderts ging die Zahl der als »terrae incognitae« bezeichneten Gebiete zurück.

Im Mittelpunkt des dritten Themenbereichs stehen »Schauplätze der Türkenkriege – Militärkartografie und visuelle Medien«. Die Monarchen entwickelten ein Interesse an ihrem eigenen Territorium und führten Kriege zu seiner Ausdehnung in imperiale Dimensionen.[24] Während des Großen Türkenkrieges erschloss das Militär als erstes den Raum, in den es vordrang, und versuchte, diesen unter strategischen und militärischen Gesichtspunkten zu erfassen. Bis heutzutage sind Karten für das Militär wichtige Informationsquellen und Orientierungshilfen. Die ersten astronomischen Ortsbestimmungen im Donauraum wurden in der Endphase des Großen Türkenkrieges durch Luigi Ferdinando

3 Die Provinzialisierung des Donauraums und Südosteuropas, aus: Giovanni Sagredo: Der neu-eröffneten Ottomanischen Pforten Fortsetzung […], übersetzt von Paul Rycaut, Augsburg 1701, Titelblatt. Universitätsbibliothek Tübingen.

Marsigli und Johann Christoph Müller (1673–1721) durchgeführt und erhielten einen bedeutenden Schub in der zweiten Hälfte des 18. Jahrhunderts durch die Triangulationen, die im Rahmen flächendeckender Landesaufnahmen vorgenommen wurden. Die Repräsentation der realen Welt in militärischen Karten ist keinesfalls gefeit vor zeitspezifischen Kartenfiktionen.

Die von den Medien im Zusammenhang mit der Berichterstattung über die Türkenkriege entworfenen imaginativen Geografien erschöpften sich im propagandistischen Appell, die kaiserlichen Bestrebungen im Südosten zu unterstützen. Flugblätter, Schlachtendarstellungen und Karten über den südöstlichen Kriegsschauplatz deuteten die osmanische Herrschaft als rückschrittlich und barbarisch. Dem Orient wurde die aufgeklärte christliche Welt gegenübergestellt. Die Vorstellungen vom Osmanischen Reich prägen den Europa-Diskurs, der von den binären Kategorien von Orient und Okzident, symbolisiert durch Kreuz und Halbmond, bestimmt ist. Die mediale Vermittlung der Türkenkriege wirft ein bezeichnendes Schlaglicht auch auf die Netzwerke der Kartografen und Kupferstecher. Diese agieren nicht nur europaweit, auch ihre Diskursstränge sind eng miteinander verflochten.

Der vierte Themenbereich, »Grenzländer an der südwestlichen Peripherie«, nimmt den westlichen Balkan, vor allem Kroatien, Slawonien und Dalmatien, wie auch Serbien in den Blick. An der Grenze zum Osmanischen Reich entstand im 16. Jahrhundert ein habsburgischer Abwehrraum, die sogenannte Militärgrenze. Serbien war durch die dauerhafte Schlüsselfunktion der Festung Belgrad als Tor in den Donauraum und in den inneren Balkan wichtig.

Auch die im fünften Themenbereich, »Südöstliche Grenzräume – Banat und Siebenbürgen«, betrachteten Regionen unterlagen im 17. und 18. Jahrhundert einem Territorialisierungsprozess. Die Staatsbildung Siebenbürgens zog sich mehrere Jahrzehnte hin. Dagegen wurde der Territorialisierungsprozess des Banats noch während des Türkenkrieges 1716–1718 abgeschlossen. Mitte des 18. Jahrhunderts unterlag der Domänenstaat einer Reterritorialisierung infolge der Trennung der Provinzial- von der Militärverwaltung und der Entstehung des Banater Abschnitts der Österreichischen Militärgrenze, um 1779 seine Eigenstaatlichkeit zu verlieren und in das Königreich Ungarn integriert zu werden. Der ehemalige Provinzname mutierte in der Öffentlichkeit zu einem dauerhaften Regionym. Die Karten legen dar, inwieweit militärisch-politische Raumkonzepte, kartografisches Wissen und geografische Anschauungen sich in einem sich wandelnden Diskursfeld bilden und verändern.

Diese Konzeption wurde von der Gestaltergruppe »raum[einsichten« (Oberstenfeld) in eine Ausstellung umgesetzt. Die Art der Präsentation ist einer zurückhaltenden Dramaturgie verpflichtet und trägt dem zweidimensionalen Medium Karte in zweifacher Hinsicht Rechnung. Die gerahmten Karten auf metallenen Ständern in leichter Schrägansicht sollen Assoziationen an Zeichentische oder Druckplatten wecken und damit neben den Produkten auch den Geist der Produzenten der Karten – Zeichner, Kupferstecher, Drucker und Verleger – in die Ausstellung bringen. Die Art der Präsentation bietet dem Besucher darüber hinaus den erforderlichen Spielraum eines persönlichen Zugangs zu den Kartenwerken und deren inhaltlichen Aussagen. Die sparsamen Tafeltexte sind eine Motivation, sich in erster Linie mit den Karteninhalten auseinander zu setzen.

Anmerkungen

1 Zu den Raumbegriffen: Schenk 2002; Brunnbauer 2013; Todorova 2003.
2 Gradeva 2004.
3 Schlözer 1771; Peters 2003.
4 Wolff 1994.
5 Todorova 1999, S. 201–228.
6 Harley 1988; Schneider 2004.
7 Ausst. Kat. Leiden 2003.
8 Ausst. Kat. Wien 2006.
9 Nicklisch/König 2006.
10 Ausst. Kat. Brüssel 2007.
11 Ausst. Kat. Karlsruhe 2010.
12 Ausst. Kat. Karlsruhe 2014.
13 Ausst. Kat. Berlin 2016.
14 Todorova 1999; Sundhaussen 1999.
15 Said 2009.
16 Wolff 1994.
17 Lefebvre 2001.
18 Mitchell 2002.
19 Emiralioğlu 2014; vgl. außerdem den Beitrag von Emiralioğlu in diesem Band. Manners 2007; Hagen 2000.
20 Brummett 2015.
21 Mol/Law 1994.
22 Zurfluh 2009.
23 Rau 2010.
24 Vgl. Biggs 1999.

DER DONAURAUM

PERSPEKTIVEN DER FORSCHUNG

Orientalismus
ANDRE GINGRICH

Zentraleuropäische Formen des Orientalismus zeichnen sich gegenüber anderen Versionen durch deutlichere Vielfalt, eine Betonung ›naher Grenzen‹ und eine entsprechende Tendenz zu Bedrohungsszenarien sowie durch deutliche Einbeziehung volkskultureller Elemente aus.[1]

›Orientalismus‹ meint eine generelle euro-amerikanische Form kultureller Repräsentation der Figur von Orientalen. Jene sind als distanzierte und inferiore Gestalt von ›Anderen‹ dargestellt, mit fremden, aber zum ›Wir‹ negativ komplementären Eigenschaften.[2] Im hegemonialen Modus kultureller Aneignung durch das ›Wir‹ werden den so repräsentierten Orientalen ihre eigenen Stimmen entzogen. Zentraleuropas wechselhafte historische Auseinandersetzungen mit kulturell unterschiedlichen, oftmals islamisch geprägten Kräften in der näheren und weiteren Nachbarschaft tragen spezifische Züge, die sich unter habsburgischer Hegemonie zutiefst in die mentale und materielle Kulturlandschaft eingetragen haben. Daraus entstanden bestimmte zentraleuropäische Grundversionen von ›Orientalismus‹ in Kunst und Volkskultur, Sprachgebrauch, Wissenschaften und Alltag, die bis weit in die jüngste Vergangenheit und Gegenwart herein wirksam und nutzbar geblieben sind.

Aus gegenwartszentrierter Sicht zeigen sich zentraleuropäische Grundversionen von Orientalismen als Ensemble von räumlich-zeitlichen Inventaren. Manche darunter sind explizit, wie die Figur des sterbenden osmanischen Soldaten an der Außenseite des Wiener Stephansdoms. Manche sind implizit, wie der Fluch ›Kruzitürken!‹ Heute noch vereinzelt, aber überall im Süden des deutschen Sprachraums zu hören, ist er im Osten und Südosten Österreichs häufiger als anderswo und zugleich nicht für alle einwandfrei deutbar: Der kulturgeschichtlichen Genese entsprechend treten ähnliche Formen von Orientalismus ebenso im Ungarischen, Slowakischen und Slowenischen, im Norden Kroatiens und im Norden des heutigen Italien auf – von der Gemäldesammlung großer osmanischer Herrscher auf Schloss Ptuj (dt. Pettau) in Slowenien bis zu den bedeutenden islamischen Handschriftensammlungen in Budapest, Zagreb, Venedig und Mailand. Wie alle Orientalismen sind also auch die zentraleuropäischen Versionen nicht immer in Sprache gefasst, aber sofern dies der Fall ist, sind sie typischerweise vielsprachig – mit Deutsch oder Ungarisch als den überwiegenden Repräsentationssprachen.

Bereits die bisher genannten Beispiele unterstreichen, dass zentraleuropäische Orientalismen eine besonders kontrastreiche Spannweite an Heterogenität umfassen. Dies gilt auch für die moralisch-bewertende Komponente. In der Diskussion um britische oder frankophone Formen kolonialer und postkolonialer Orientalismen wurde erst relativ spät und zaghaft argumentiert, dass vereinzelt auch wohlwollende und moralisch positiv bewertende Repräsentationsformen enthalten wären. Für zentraleuropäische Versionen hingegen wurde frühzeitig geklärt, dass die Konturierungen hier kontrastreicher verliefen und kontinuierlicher auch positive Bewertungen einschlossen. Der populären Kommunikation von Hohn und Verachtung in der barocken Darstellung (1738) eines halbnackt sterbenden Osmanen an der Kapistrankanzel des Stephansdoms steht also auch die nicht minder populäre Kommunikation von Respekt und Bewunderung in Mozarts Singspiel *Die Entführung aus dem Serail* (1782) entgegen. Zentraleuropäische Formen des Orientalismus enthielten somit frühzeitig Sujets nicht nur vom ›bösartigen‹ und verachteten, sondern auch

[1] Yunus-Emre-Brunnen, Wien 18. Bezirk, Türkenschanzpark, von der Republik Türkei als Beitrag zum gegenseitigen Verständnis der beiden Länder gestiftet und am 11. Oktober 1991 enthüllt. Foto: Nérostrateur – Wikimedia commons.

vom ›edlen‹ und ›gutartigen‹ Orientalen mit partiellen Ansätzen zu einem aufgeklärten Orientalismus. Beide werden später austauschbar – der ›böse Orientale‹ war oft ein Jude, und heute ist er oft ein Araber; ›gute Orientalen‹ können heute christliche Flüchtlinge aus dem Irak oder aus Syrien sein usw.

Zentraleuropäische Orientalismen sind heute gerade deshalb besonders vielfältig und kontrastreich, weil sie aus einer besonders intensiven und lange währenden Vorgeschichte resultieren. Einige wenige, aber bekannte Elemente zentraleuropäischer Orientalismen beziehen sich auf das Mittelalter, also meist auf die Kreuzzüge; einige andere wichtige Bausteine verweisen auf das späte 19. und frühe 20. Jahrhundert und damit meist auf Bosnien. Der bei Weitem dominante Anteil verweist jedoch auf die sogenannten Türkenkriege zwischen dem 15. und 18. Jahrhundert.[3] Hier geht es zunächst weniger um den historischen Wahrheitsgehalt der entsprechenden zeitlichen Bezüge als vielmehr um die Relevanz dieser Symbole und Orte von historisierender ›Erinnerung‹ für die Gegenwart.

Aus diesem Zugang wird die signifikante Differenz zu klassisch-kolonialen Formen von Orientalismus in ihren primär nordwesteuropäischen Dimensionen (Großbritannien, Niederlande, Frankreich) besonders deutlich. Gegenstücke zur Steinsäule ›Spinnerin am Kreuz‹, der früher sogenannten ›Martersäule am Wienerberg‹ am Südstrand Wiens, sind bereits schwer auffindbar in Amsterdam, London oder Paris; zu den Nationalfarben von Frankreich, England oder den Niederlanden lassen sich keine Mythologeme identifizieren, die angeblich das Blut von in Kreuzzügen besiegten Orientalen darstellen. Für die klassisch-kolonialen Orientalismen der Gegenwart spielt die Instrumentalisierung des Mittelalters folglich eine vergleichsweise geringere Rolle, aber jene des 18./19. Jahrhunderts ist für sie essenziell – eben weil dies auf die Etablierung kolonialer Imperien in Übersee verweist. Andere Sequenzen und Akzentuierungen haben selbstverständlich unterschiedliche historische Verlaufsformen zur Grundlage. Ebenso entscheidend ist aber, wie diese kulturell verarbeitet und repräsentiert wurden.

Die zentraleuropäischen Orientalismen transportieren ein Grundmuster, das sie von kolonialen Orientalismen unterscheidet und zugleich Parallelen zu iberischen und russischen Tradierungsformen aufweist. Da wie dort ging es selten um ›Orientalen in Übersee‹, sondern meist um ›nahe Orientalen‹, mit friedlichen und kriegerischen Auseinandersetzungen lange vor dem 18. und 19. Jahrhundert. Das widersprüchliche Wort ›Grenze‹ spricht ein allen drei Tradierungsformen essenzielles Sujet an. Tatsächlich unterstreicht der englische Begriff ›frontier‹ – mit seinen Differenzierungen gegenüber ›threshold‹, aber auch ›boundary‹, ›border‹ oder ›limit‹ – sehr viel deutlicher: Es geht hier immer um umkämpfte, aber diffuse, fluide und übergangsartige Bereiche kultureller Diversität, inklusive pränationaler, unscharfer Formen instabiler Territorialität. Zentraleuropäische Orientalismen sind sinnvoll und produktiv als eine Version von ›frontier orientalism‹[4] zu untersuchen.

›Frontier orientalism‹ bezeichnet die Konstruktion von Orientalen diesseits und jenseits einer umkämpften, nahen Grenze: Die tschetschenische oder tatarische Gefahr und die Notwendigkeit ihrer Bannung spielt in russischen Mythologemen der Vergangenheit und Gegenwart eine bedeutende Rolle. Bis in die Tschetschenienkriege der 1990er Jahre und danach erlangte dies eine für die Stabilisierung der russischen Führung staatstragende Bedeutung. Die Überwindung andalusischer und maghrebinischer ›Mohren‹ ist ein Kernelement iberischer Bezüge auf Anfänge mittelalterlicher und frühneuzeitlicher Eigenstaatlichkeit. In Selbstinszenierungen der Diktaturen von Franco (1892–1975) und Salazar (1889–1970) wirkte dies fort, und auf völlig andere Weise spielen diese Mythologeme noch in iberische Umgangsformen mit den Außengrenzen der ›Festung Europa‹ hinein.

Ganz anders, aber in den Grundzügen durchaus vergleichbar, ist die bekannte Rolle ›naher Grenzen‹ in zentraleuropäischen Selbstdarstellungen und mythologisierenden Repräsentationen des historischen Werdens. Sie führen von der Nibelungensage und ›Etzel‹ über die ursprüngliche Belehnung der Babenberger mit einer Grenzmark letztlich dazu, dass die frühe Etablierung der Habsburger in Wien als Fortsetzung einer sehr viel älteren historischen Mission interpretiert wurde. Noch expliziter ›staatstragend‹ wurde die Konstruktion einer ›nahen Grenze‹ in den zentraleuropäischen Orientalismen bis ins 20. Jahrhundert herein: Sie legitimierte bis 1918 und 1938 konservativere Vorstellungen von Eigenstaatlichkeit im zentralen Donauraum, sie war bis 1945 und zum Teil noch darüber hinaus ein zentrales Argument großdeutscher Visionen für eine ›Ostmark‹. Nach 1945 sahen lokale Proponenten auch im ›Kalten Krieg‹ bloß die Fortsetzung einer uralten Mission gegen drohende Feinde aus dem Osten. Erst ab den 1970er Jahren wurde jene dialogischere

Vision von Zentraleuropa und Österreich als ›Brücke‹ und ›Mittler‹ reaktiviert, die es bereits in Ansätzen im 18. und 19. Jahrhundert gegeben hatte.

Im ›frontier orientalism‹ ist die Figur des Orientalen meist deutlich zu unterscheiden von jener des ›Primitiven‹. Ein bestimmtes Vorwissen um kulturelle Diversität ist auch den zentraleuropäischen Orientalismen inhärent. In ihren konfrontativen Versionen ist diese Diversität exklusiv, hierarchisch und nur durch siegreichen Kampf zu bewältigen. Der 12. September 1683 (die Abwehr der Belagerung Wiens durch die Türken) dient als kollektiv-existenzielle Grunderfahrung aus der die zeitlich-räumlich angeordneten Mythologeme ihre Inspiration und Verklärung erfahren. Der ›bösartige Türke‹, so diese Version, war bereits mitten unter ›uns‹, um ›uns‹ zu vernichten. Heldenhafter Widerstand und Unterstützung befreundeter Mächte erlaubten in letzter Minute, das Schlimmste zu verhindern. Die darauf folgende schrittweise Zurückdrängung der Osmanen nach Südosten ist gleichbedeutend mit dem Aufstieg des Hauses Habsburg zur mitteleuropäischen und weltpolitischen Großmacht. Von hier weg wird aus spät- und nachimperialer Perspektive dann das Narrativ durch die erfolgreiche Eingliederung Bosniens vervollständigt, was den bleibenden Prototypus des ›guten Orientalen‹ liefert. Bosnien steht in diesen Narrativen für ein Musterland von gelungener, quasi-kolonialer Integration, für die friedliche Eingliederung treuer Unterworfener und für ihren heldenhaften Einsatz bis hin in die letzten Tage vor dem 3. November 1918. In dieser speziellen Hinsicht ähnelt das Bild vom ›guten Orientalen‹ in seinen zentraleuropäischen Ausprägungen durchaus jenen vom kolonialen Untertanen in seinen klassisch-kolonialen Varianten – was nur bestätigt, dass beides verschiedene Grundvarianten ein und derselben generellen Form von Orientalismus sind.

Inspiziert man die Genres und Inventare im Detail, so werden die Unterschiede zwischen ›frontier‹ und ›classical colonial‹ Orientalismus nochmals deutlicher. Das Spektrum von Genres, in denen Motive des ›frontier orientalism‹ zentral oder mitbestimmend sind, ist weitaus breiter. Es umfasst nicht nur Malerei und Plastik, Architektur und Literatur, Musik und politische Rhetorik – das gilt für beide Varianten. Speziell in Architektur, Musik und Plastik sind orientalische Motive aber schon in ihren professionellen Ausprägungen in Zentraleuropa deutlicher und sichtbarer gestreut. Hier wie auch in sprachlichen Tradierungen aller Art tritt ein breites folkloristisches Spektrum hinzu zur professionellen Betätigung. Es umfasst populäres Liedgut (*Prinz Eugen, der edle Ritter*), Redewendungen, Flüche, Ortsbezeichnungen und Straßennamen (Türkenschanzpark, Heidenschuss), örtliche Legenden, Sagen und Speisen. Kurzum, der klassisch-koloniale Orientalismus hat seine nahezu exklusiven Hauptakzente im Feld der mehr oder minder elitären ›Hochkultur‹, während der ›frontier orientalism‹ gleichermaßen in populären wie in gehobenen kulturellen Tradierungsformen verankert ist.

Wesentlich ist schließlich ein signifikanter Unterschied im Bereich genderspezifischer Sujets. Die Repräsentationen orientalischer Menschen sind zwar sowohl im ›frontier orientalism‹ als auch im klassisch-kolonialen Orientalismus fast immer aus männlichen Perspektiven gestaltet. Aber analog zur kolonialen Grundbewegung der Expansion sind die männlichen Perspektiven im klassischen Orientalismus meist geleitet von Neugier, Exploration und Eroberung, mit einer tendenziell voyeuristischen Sicht auf die orientalische Frau und ebenso auf gleichgeschlechtliche Formen des Begehrens. Im ›frontier orientalism‹ inspiriert die Anrufung einer kollektiv-existenziellen Grunderfahrung von ›Unterwanderung‹ und ›Belagerung‹ mithilfe der ›nahen Grenze‹ hingegen ein Bild von Orientalen, das meist nur den Mann sieht und an der orientalischen Frau wenig bis gar nicht interessiert ist – oder sie bloß als demografisch bedrohliche ›Gebärmaschine‹ wahrnimmt. Der eindringende orientalische Mann hingegen wird als eigentlich gefährliche Kraft vom männlichen ›Wir‹ deshalb wahrgenommen, weil er hinter ›unseren‹ Schwestern, Töchtern und Frauen her sei: In den konfliktuell orientierten Versionen zentraleuropäischer Orientalismen herrscht also diesbezüglich eine paranoide Sicht vor, mit Konsequenzen bis heute.

Anmerkungen

1 Der Beitrag wurde erstmals veröffentlicht in: Johannes Feichtinger/Heidemarie Uhl (Hg.): Habsburg neu denken. Vielfalt und Ambivalenz in Zentraleuropa, Wien [u. a.]: Böhlau Verlag 2016. Die Herausgeber danken Verlag und Autor für die freundliche Genehmigung zum Abdruck des Artikels.
2 Said 2009.
3 Feichtinger/Heiss 2013a; Heiss/Feichtinger 2013a.
4 Gingrich 2003.

Die Türkenkriege der Habsburgermonarchie

ARNO STROHMEYER

Begriffsbestimmung

Der Begriff ›Türkenkrieg‹ war im Heiligen Römischen Reich bereits im frühen 16. Jahrhundert den Menschen vertraut. Martin Luther etwa benutzte ihn in seiner 1529 veröffentlichten Schrift *Vom Kriege wider die Türken*, verfasst knapp vor der Ersten Türkenbelagerung Wiens. Der Reformator verstand darin die Türken als Strafe für das sündhafte Leben der Christen und setzte sich mit den Verteidigungsmaßnahmen gegen sie auseinander. Der Papst und die Bischöfe seien, das zeigten die zahlreichen Niederlagen, für die Organisation der ›Türkenabwehr‹ ungeeignet, diese sei vielmehr Aufgabe der weltlichen Herrscher.[1] Was die Menschen mit den Türkenkriegen damals assoziierten, zeigen Wortbildungen wie ›Türkenglaube‹ (Islam), ›Türkengebet‹ (Anrufung Gottes um Hilfe gegen die Türken), ›Türkenglocke‹ (fordert zum Türkengebet auf), ›Türkenhund‹ (Schimpfwort), ›Türkenhilfe‹, ›Türkensteuer‹ oder ›Türkenpfennig‹ (Sonderabgabe zur Finanzierung eines Heeres gegen die Türken) und ›Türkenzug‹ (Kriegszug gegen die Türken).[2]

Gegenwärtig bezeichnet ›Türkenkrieg‹ (engl. ›Ottoman Wars‹ oder ›Turkish Wars‹) die militärischen Auseinandersetzungen europäisch-christlicher Mächte mit dem Osmanischen Reich vom Spätmittelalter bis an die Wende vom 19. zum 20. Jahrhundert. Als Beginn gelten entweder die Kriege der Osmanen mit Byzanz im 13. Jahrhundert oder mit Venedig im 15. Jahrhundert, als Ende die beiden Balkankriege (1912–1913, 1913) und der Erste Weltkrieg (1914–1918) mit dem Frieden von Lausanne (1923), der die moderne Türkei begründete. Die im späten 18. Jahrhundert einsetzenden nationalen Befreiungskriege auf dem Balkan, in deren Folge sich Staaten wie Griechenland, Bulgarien, Serbien und Rumänien von der osmanischen Vorherrschaft lösten, werden ebenfalls zu den Türkenkriegen gezählt.

Geographisch konzentrierten sich die Türkenkriege auf den Osten und Südosten Europas, die Adria und das östliche Mittelmeer.[3] Hauptgegner der Osmanen waren die spanischen und österreichischen Habsburger, das Heilige Römische Reich, Venedig, Polen und Russland. Die meisten Kriege führte Russland (zehn), gefolgt von Venedig und der Habsburgermonarchie (jeweils acht). Während die Menschen des 16. und 17. Jahrhunderts die Auseinandersetzungen noch meistens in der Einzahl als ›Türkenkrieg‹ bezeichneten, also als Einheit betrachteten, ist gegenwärtig der Plural ›Türkenkriege‹ gebräuchlich. Die genauere Benennung der Türkenkriege ist uneinheitlich. In der deutschsprachigen Forschung werden sie häufig nach dem Gegner der Osmanen benannt und chronologisch nummeriert, was zur Verwirrung führen kann, wenn eine Mächtekoalition gegen die Osmanen kämpfte. So wird der ›5. Österreichische Türkenkrieg‹ (1683–1699) auch als ›2. Russischer‹ und ›7. Venezianischer Türkenkrieg‹ bezeichnet. Dementsprechend sind die Jahreszahlen, die den Beginn oder das Ende einer Auseinandersetzung markieren, nicht immer einheitlich. So begann der ›6. Österreichische Türkenkrieg‹ (1714/16–1718) entweder 1714 mit den Kampfhandlungen zwischen Venezianern und Osmanen (›8. Venezianischer Türkenkrieg‹) oder 1716 mit dem Kriegseintritt der Habsburgermonarchie. Zu berücksichtigen ist ferner, dass einige Kriege Attribute erhielten, die ein charakteristisches Merkmal hervorheben. So heißt der ›3. Österreichische Türkenkrieg‹ (1593–1606) aufgrund seiner ungewöhnlichen Dauer in der Literatur auch ›Langer Türkenkrieg‹, der ›5. Österreichische Türkenkrieg‹, da er von nachhaltiger Bedeutung war, sich an ihm viele Mächte beteiligten und er umfangreiche Gebietsverschiebungen nach sich zog, auch ›Großer Türkenkrieg‹.

Ausschnitt aus Abb. 4 (vgl. S. 29).

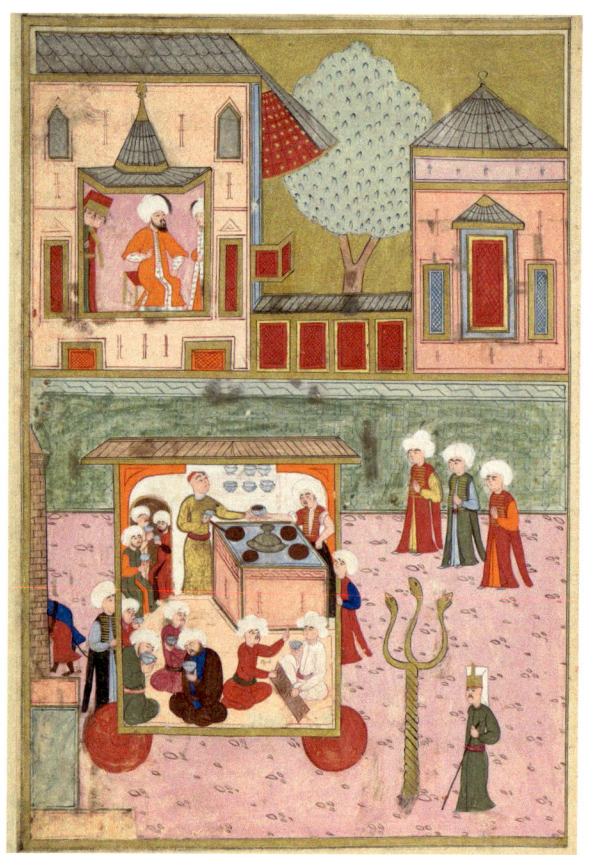

1 Kaffeesieder in der Prozession der Zünfte. Osmanische Miniaturmalerei aus dem *Buch der Feste* Murads III., Ende des 16. Jahrhunderts. Topkapi Palast Museum Istanbul.

Der Begriff hat sich in der Forschungs- wie in der Alltagssprache etabliert, ist jedoch nicht unproblematisch, denn er verleitet dazu, die Osmanen fälschlicherweise als alleinige Verursacher der Kriege zu sehen. Anzumerken ist zudem, dass in ihren Armeen Angehörige vieler verschiedener Nationen und nicht nur Muslime kämpften. Der Ausdruck eignet sich auch nicht als Epochenbezeichnung (›Zeitalter der Türkenkriege‹). Zwar waren die Türkenkriege für die habsburgische wie die europäische Geschichte von weitreichender Bedeutung, die Beziehungen der Osmanen zum christlichen Europa waren jedoch nicht nur von militärischen Auseinandersetzungen geprägt, denn es gab gleichzeitig intensive Friedensbemühungen sowie vielfältige wirtschaftliche, kulturelle und diplomatische Kontakte. Die Forschung hat in den letzten Jahren gezeigt, dass das Osmanische Reich in die europäische Geschichte wesentlich fester eingebunden war, als bislang angenommen wurde.[4] Deshalb wäre es auch falsch, die Türkenkriege mit dem amerikanischen Politikwissenschaftler Samuel P. Huntington (1927–2008) als Ausdruck eines unvermeidlichen ›clash of civilizations‹ zu verstehen, der aufgrund unüberbrückbarer

2 Osmanische Musikkapelle (Mehterhâne). Osmanische Miniatur aus dem *Surname-ı Vehbi*, 1720. Topkapi Palast Museum Istanbul.

3 Osmanische Musikkapelle. Reitender Sultan. Miniaturen aus dem Stammbuch des Markgrafen Ernst Friedrich von Baden-Durlach, um 1580/90. GLA Karlsruhe.

kultureller Differenzen zwischen der muslimischen Welt und dem ›Westen‹ seit Jahrhunderten stattfände.⁵

Das Vorhandensein eines eigenen Begriffs zeigt, dass man den Türkenkriegen spezielle Eigenschaften zuschrieb, die sie von anderen militärischen Auseinandersetzungen unterschieden. Eine zentrale Bedeutung hatte in diesem Zusammenhang der religiöse Gegensatz: Das Aufeinandertreffen von Christentum und Islam ist ohne Zweifel ein charakteristisches Merkmal. Das belegen die zeitgenössischen Wahrnehmungen, die Außendarstellung, die Herrscherpropaganda und die Legitimation, denn die Verteidigung oder Ausbreitung des vermeintlich richtigen Glaubens, der Kampf gegen ›Ungläubige‹, war auf beiden Seiten eines der gewichtigsten Argumente zur Rechtfertigung der Kriege. Aus diesem Grund werden die Türkenkriege zu den Religionskriegen gezählt.⁶

Aber handelte es sich bei der Religion auch um das entscheidende Leitmotiv? Diese Frage ist nicht einfach zu beantworten, denn auf der einen Seite ist zu berücksichtigen, dass Christentum wie Islam Vorstellungen mit aggressivem Potential enthalten, beispielsweise vom Kreuzzug oder Dschihad. Beide Gedankengänge sind mit den Türkenkriegen eng verbunden. Das gilt auch für die in der Frühzeit des Islams verwurzelte und bei den Osmanen populäre Vorstellung vom ›gazi‹: einem muslimischen Krieger, der, eine religiöse Pflicht erfüllend, das Glück im Jenseits sucht. Allerdings wäre es falsch, die Religion als alleinige Ursache der Türkenkriege zu betrachten, denn bei Habsburgern wie Osmanen ist oftmals ein sehr pragmatischer Umgang mit religiösen Vorschriften und Normen zu beobachten. Unter dem Druck der politischen Verhältnisse konnten diese sehr ›weich‹ ausgelegt werden. Zudem gab es eine Fülle weiterer Ursachen, etwa machtpolitische Gegensätze, rivalisierende Weltherrschaftsansprüche, das Reputationsbedürfnis der Monarchen, ökonomische Motive wie das Beutemachen und Bündnisverpflichtungen. Die Eroberungsideologie der Osmanen wies zudem auch säkulare Elemente auf, etwa das populäre Bild vom »Goldenen Apfel«, das auf Städte wie Rom und Wien übertragen wurde, die als lohnenswerte Eroberungsziele galten. Eine Rolle spielten bei ihnen ferner sozialpolitische Beweggründe, wie die Beschäftigung der Janitscharen, um diese von Rebellionen abzuhalten, sowie die Versorgung der zahlenmäßig wachsenden militärischen und politischen Eliten des Reiches mit einer Art Lehen.

Alles in allem ist somit ein Bündel von Ursachen für die Türkenkriege verantwortlich zu machen, in dem religiöse Vorstellungen sicherlich einen wichtigen, aber keineswegs den einzigen Strang bildeten. Die Wirkkraft der Faktoren war situationsabhängig und variabel, weshalb von Fall zu Fall zu klären ist, welche Beweggründe jeweils ausschlaggebend waren.[7]

Ebenfalls differenziert zu beurteilen ist ein weiteres Merkmal der Türkenkriege: ihre Transkulturalität. Die Forschung versteht unter transkulturellen Kriegen militärische Auseinandersetzungen, die maßgeblich von kulturellen Differenzen der beteiligten Parteien gekennzeichnet sind. Diese würden, so die Annahme, große Unterschiede in der Kriegsführung (Strategie, Taktik, Militärwesen) und im Kriegsbrauch (Verhalten der Soldaten im Kampf, Behandlung von Gefangenen und der Zivilbevölkerung) nach sich ziehen, was auch von den Zeitgenossen so wahrgenommen worden sei.[8]

Aus dieser Perspektive betrachtet besaßen die Türkenkriege der Habsburgermonarchie anfänglich durchaus transkulturellen Charakter, wenn man beispielsweise ins Kalkül zieht, dass Söldnerheere auf die wesentlich professioneller organisierte Armee der Osmanen trafen. Auch in der Kampftaktik und waffentechnisch gab es Differenzen (allerdings auch ähnliche Elemente). Anzuführen ist ferner die außergewöhnliche Grausamkeit der Türkenkriege, unter anderem eine Folge des auf beiden Seiten zu beobachtenden Bewusstseins zivilisatorischer Überlegenheit. So war das Enthaupten, eine besonders demütigende Form des Tötens, weit verbreitet. Der Begriff ›türkenmäßig‹ diente ganz allgemein als Bezeichnung für besonders brutale Kampfhandlungen. Zwar steht eine Gesamtanalyse noch aus, es gibt jedoch deutliche Hinweise, dass die Türkenkriege im Verlauf der Frühen Neuzeit an Transkulturalität deutlich einbüßten. Man lernte voneinander, und Militärberater wirkten als Vermittler von Austauschprozessen. In der Marine hatten die Osmanen ohnedies schon viel früher auf westliches Know-how zurückgegriffen.

Übersicht

Die Habsburgermonarchie führte gegen das Osmanische Reich acht Kriege:[9]
- 1526–1547: 1. Österreichischer Türkenkrieg (4. Venezianischer Türkenkrieg) – Friede von Konstantinopel (heute Istanbul in der Türkei) 1533 und Friede von Adrianopel (heute Edirne in der Türkei) 1547
- 1566–1568: 2. Österreichischer Türkenkrieg – Friede von Adrianopel 1568
- 1593–1606: 3. Österreichischer Türkenkrieg (Langer Türkenkrieg) – Friede von Zsitvatorok (heute in der Slowakei) 1606
- 1663–1664: 4. Österreichischer Türkenkrieg – Friede von Eisenburg (ung. Vasvár) 1664
- 1683–1699: 5. Österreichischer Türkenkrieg (Großer Türkenkrieg, 4. Polnischer Türkenkrieg, 2. Russischer Türkenkrieg, 7. Venezianischer Türkenkrieg) – Friede von Karlowitz (serb. Sremski Karlovci, ung. Karlóca) 1699
- 1714/16–1718: 6. Österreichischer Türkenkrieg (Venezianisch-Österreichischer Türkenkrieg) – Friede von Passarowitz (serb. Požarevac) 1718
- 1735/36–1739: 7. Österreichischer Türkenkrieg (Österreichisch-Russischer Türkenkrieg) – Friede von Belgrad 1739
- 1787–1791/92: 8. Österreichischer Türkenkrieg (Österreichisch-Russischer Türkenkrieg) – Friede von Sistova (bulg. Svištov) 1791.

Die ›frühen‹ Türkenkriege – die militärischen Auseinandersetzungen bis 1606 – waren von der militärischen Überlegenheit der Osmanen gekennzeichnet. Deren Truppen waren besser organisiert (Finanzierung, Logistik) und ausgebildet (etwa Berufssoldaten wie die Janitscharen) sowie taktisch und waffentechnisch überlegen. Die in der Literatur oftmals angeführte zahlenmäßige Übermacht war keineswegs immer gegeben. Umstritten ist der Einfluss der Gebote des Islams (z. B. Hygiene, Alkoholverbot).

Zur besseren Verteidigung begannen die Habsburger in der ersten Hälfte des 16. Jahrhunderts mit dem Aufbau der sogenannten Militärgrenze – keine Linie, sondern ein über 1000 Kilometer langer, in verschiedene Abschnitte unterteilter Landstrich, der von der Adria bis nach Oberungarn reichte. Ein exaktes Gründungsdatum gibt es nicht. Kernstück war ein Festungswall, der ein osmanisches Heer so lange aufhalten sollte, bis eine Verteidigungsarmee aufgestellt war. Vor allem in den westlichen Grenzregionen, weniger im ungarischen Teil, wurden mit Privilegien versehene Wehrbauern (z. B. Balkanflüchtlinge) angesiedelt, die im Bedarfsfall rasch mobilisiert werden konnten. Die Kosten waren enorm. Den größten Teil davon trug die Bevölkerung Ungarns und der innerösterreichischen Herzogtümer Steiermark, Kärnten und Krain, aber auch die Stände des Heiligen Römischen Reiches und verschiedene europäische Mächte beteiligten sich immer wieder an der Finanzierung. Als Gegenleistung wurden von den Habsburgern Konzessionen verlangt, etwa in der Frage der Religionsfreiheit für Protestanten. Die Osmanen errichteten ihrerseits ein komplexes Festungssystem, das allerdings anders organisiert war. Wechselseitige Einfälle kleinerer Verbände konnten beide Verteidigungsanlagen allerdings nicht verhindern.[10]

Die Grenze erfüllte nicht nur militärische Aufgaben, sondern diente auch der Kontrolle von Einwanderungsbewegungen und der Verzollung von Waren. Quarantänestationen sollten die Einschleppung von Seuchen verhindern.[11] Insgesamt handelte es sich um keine unüberwindliche Mauer, sondern aufgrund einer – freilich limitierten – Durchlässigkeit um eine transkulturelle Kontakt- und Konfliktzone, geprägt von kleineren militärischen Auseinandersetzungen, kulturellem und wirtschaftlichem Austausch sowie dem Nebeneinander unterschiedlicher Religionen, Nationen, Sprachen und Ideologien.[12]

An der Wende vom 17. zum 18. Jahrhundert, nach der Eroberung weiter Teile Ungarns, verlegten die Habsburger die Militärgrenze weiter in den Süden, bauten sie räumlich aus und erneuerten die Organisation. 1849 wurde der Grenzraum, in dem damals mehr als eine Million Menschen lebten, in ein eigenes Kronland umgewandelt, das dem Kriegsministerium unterstellt war. In der zweiten Hälfte des 19. Jahrhunderts folgte schließlich schrittweise die Auflösung der einzelnen Abschnitte, die man dem Königreich Ungarn einverleibte.

Die ›frühen‹ Türkenkriege waren aus habsburgischer Sicht im Wesentlichen Verteidigungskriege, denn die militärisch überlegenen Osmanen waren in offener Feldschlacht kaum zu bezwingen. Anders war das in den ›späten‹ Türkenkriegen. 1664 in der Schlacht bei Mogersdorf/Sankt Gotthard an der Raab (ung. Szentgotthárd) im ›4. Österreichischen Türkenkrieg‹ entschieden die Habsburger zum ersten Mal auf dem Land ein größeres Treffen für sich.[13] Vollständig wandte sich das Blatt nach der Zweiten Türkenbelagerung Wiens 1683, welche die vernichtende Niederlage der Osmanen im ›Großen Türkenkrieg‹ (1683–1699) einleitete.

Der Friede von Karlowitz 1699 gilt in der europäischen Geschichte als Zäsur, denn er symbolisiert den machtpolitischen Niedergang des Osmanischen Reiches und brachte der Habsburgermonarchie umfangreiche Gebietsgewinne, darunter weite Teile Ungarns

und Siebenbürgen. Zu den wichtigsten Bestimmungen des mit englischer und niederländischer Vermittlung zustande gekommenen Abkommens zählt die exakte Festlegung des Grenzverlaufs durch eine dafür eigens eingesetzte Kommission. Die Ergebnisse wurden kartografisch festgehalten. Von weitreichender Bedeutung waren ferner die psychologischen Effekte, denn die ›Türkenangst‹ nahm in der Folge deutlich ab, was den Türkendiskurs nachhaltig veränderte. Die Versuche der

4 Allegorie auf den Frieden von Passarowitz 1718 (Pax Triumphans). Kupferstich von Jacob Andreas Friedrich, in: Höchste Welt- und Krieges Häupter, Augsburg/Dillingen 1718. Württembergische Landesbibliothek, Stuttgart.

Osmanen, die erlittenen umfangreichen Gebietsverluste anschließend im ›Österreichisch-Venezianischen Türkenkrieg‹ (1714/16–1718) wettzumachen, schlugen fehl. Bei der Schlacht von Peterwardein (serb. Petrovaradin) 1716 und der Eroberung Belgrads 1717 mussten sie gegen die von Prinz Eugen von Savoyen (1663–1736) angeführten kaiserlichen Truppen vernichtende Niederlagen hinnehmen und im Frieden von Passarowitz 1718 weitere Territorialabtretungen akzeptieren (vgl. Abb. 4). Kurze Zeit später erreichte die Habsburgermonarchie ihre größte Ausdehnung.[14]

Anschließend verlor der habsburgisch-osmanische Gegensatz an Bedeutung. Zum Hauptgegner der Osmanen entwickelte sich das expansive Russland. 1736 wurde die Habsburgermonarchie jedoch zu einem innenpolitisch ausgesprochen ungünstigen Zeitpunkt aufgrund von Bündnisverpflichtungen mit dem Zarenreich in den ›5. Russischen bzw. 7. Österreichischen Türkenkrieg‹ (1736–1739) hineingezogen. Kriegsentscheidend war die schwere Niederlage der kaiserlichen Armee 1739 in der Schlacht bei Grocka (südöstlich von Belgrad) gegen das reformierte osmanische Heer. Fast alle in Passarowitz 1718 erzielten Gebietsgewinne gingen anschließend im Frieden von Belgrad 1739 wieder verloren. Ein Pakt mit Russland stand auch im Mittelpunkt des 8. und letzten Österreichischen Türkenkrieges (1787–1792), der für die Habsburgermonarchie nur unwesentliche Gebietsgewinne brachte. Im 19. Jahrhundert waren Habsburger und Osmanen schließlich außenpolitisch über weite Strecken Partner. Die ›Orientalische Frage‹ – der Begriff bezeichnet die aus der Zurückdrängung und dem Rückzug der Osmanen aus den von ihnen beherrschten Gebieten in Europa, Afrika und Asien entstehenden Probleme – war spätestens ab den 1820er Jahren ein zentrales Thema der internationalen Politik. Die Donaumonarchie engagierte sich dabei, Teilungsplänen zum Trotz, gemeinsam mit Großbritannien, Frankreich und Preußen-Deutschland für das Weiterleben des ›kranken Mannes am Bosporus‹, wie Zeitgenossen das Osmanische Reich nun bezeichneten. Im Ersten Weltkrieg schließlich kämpfte man Seite an Seite – und ging auch gemeinsam unter.

Politische Folgen

Die Türkenkriege hatten an der Entstehung der Habsburgermonarchie großen Anteil, denn sie festigten den Zusammenhalt des heterogenen und nur locker verbundenen Länderkomplexes, der zudem ohne sie in dieser Form wohl gar nicht zustande gekommen wäre; bei den Wahlen Ferdinands I. (1503–1564) zum König von Böhmen und Ungarn (1526/27) hatte die Bedrohung durch die Osmanen eine wichtige Rolle gespielt. In den Erbländern bewirkte die ›Türkengefahr‹, dass Landesfürst, Adel und Stände politische Differenzen immer wieder in den Hintergrund stellten. Gleichzeitig wirkten die Türkenkriege identitätsbildend, denn die Osmanen waren in Europa, vor allem aber in den habsburgischen Ländern, jenes Gegenbild, das die Integration von Gemeinschaften fördert.

Unterschiedlich war der Einfluss auf die Reformation. Auf der einen Seite lautete ein gängiger zeitgenössischer Spruch: »Der Türk' ist der Lutherischen Glück!« Er bringt die auch in der Forschung weit verbreitete Ansicht zum Ausdruck, die Türkenkriege hätten zu einer Konzentration aller Kräfte auf die Landesverteidigung geführt und die streng katholischen Habsburger daran gehindert, gegen die Ausbreitung des Protestantismus konsequent vorzugehen. Um von den protestantischen Reichsständen ›Türkenhilfe‹ zu erhalten, hätten sie diesen Zugeständnisse in der Frage der Religionsfreiheit machen müssen. Auch bei den innerösterreichischen Herzogtümern Steiermark, Kärnten und Krain sowie in Ober- und Niederösterreich gäbe es dafür Beispiele. Erst mit dem Rückgang der osmanischen Bedrohung zu Beginn des 17. Jahrhunderts, während der Friedensphase zwischen dem Frieden von Zsitvatorok 1606 und dem Beginn des ›4. Österreichischen Türkenkrieges‹ 1663, seien die Kapazitäten für eine erfolgreiche Rekatholisierung der Erbländer frei geworden.

Auf der anderen Seite ist jedoch darauf hinzuweisen, dass die ›Türkengefahr‹ die Protestanten in den östlichen Erbländern daran hinderte, sich dem Herrscherhaus in den religionspolitischen Auseinandersetzungen, die an der Wende vom 16. zum 17. Jahrhundert ihren Höhepunkt erreichten, mit letzter Konsequenz zu widersetzen. Bei der Organisation der Landesverteidigung musste man, um zu bestehen, zusammenarbeiten; dem Kaiser in Wien fühlte man sich letztlich doch näher als dem Sultan in Konstantinopel. Eine – freilich gescheiterte – Ausnahme bilden die diplomatischen Kontakte, die radikale Adlige zu Beginn des Dreißigjährigen Krieges zu den Osmanen herstellten.

Von großer Tragweite waren die Türkenkriege an der Wende vom 17. zum 18. Jahrhundert, die für die Habsburgermonarchie zu umfangreichen Gebietserweiterungen führten und damit die territorialen Fundamente für den Aufstieg zur europäischen Großmacht legten. Zu erwähnen ist schließlich noch, dass die Türkenkriege enorme Summen verschlangen, die zum Großteil von der bäuerlichen Bevölkerung aufgebracht werden mussten. Die finanzielle Belastung war enorm, verschärfte soziale Konflikte und trug zu Rebellionen bei. Ein Beispiel ist der 2. Oberösterreichische Bauernaufstand (1595–1597).

Mit Blick auf das Osmanische Reich ist festzuhalten, dass die schweren militärischen Niederlagen im ›Großen Türkenkrieg‹ (1683–1699), im ›Österreichisch-Venezianischen Türkenkrieg‹ (1714/16–1718) sowie im ›5. Russischen Türkenkrieg‹ (1768–1774) maßgeblich Anteil am sogenannten ›Niedergangsnarrativ‹ hatten. Darunter ist die im 19. Jahrhundert aufgekommene und in der Forschung bis in die jüngste Vergangenheit weit verbreitete Ansicht gemeint, die Osmanen hätten unter Sultan Süleyman dem Prächtigen (reg. 1520–1566) ihren Höhepunkt erlebt und seien dann von einer Krise in die nächste geschlittert, sodass bis 1918 von einem permanenten Verfall ihres Reiches gesprochen werden könne. Diese Sichtweise, die in engem Zusammenhang mit der angeblichen Unfähigkeit des Islams zur Modernisierung steht und in einigen Handbüchern immer noch anzutreffen ist, gilt inzwischen als widerlegt. Der Abstieg erfolgte nicht linear und in allen Bereichen von Staat, Wirtschaft und Gesellschaft in demselben Ausmaß oder in derselben Geschwindigkeit. Es gab zahlreiche Reformen, die zumindest in Teilbereichen kurzzeitig oder mittelfristig zu gegenläufigen positiven Entwicklungen führten. An dem Umstand, dass das Osmanische Reich im 19. Jahrhundert in eine quasi koloniale Abhängigkeit zu den europäischen Mächten geriet und seine Souveränität teilweise einbüßte, ist freilich nicht zu rütteln.

Wege zum Frieden

Die Türkenkriege der Habsburgermonarchie dürfen nicht getrennt von den bei beiden Seiten zu beobachtenden Bemühungen um Konfliktvermeidung betrachtet werden, wie mehr als 65 Friedensverträge oder Waffenstillstandsabkommen bezeugen. Die Ursachen dafür waren meist realpolitischer Natur, etwa militärische Niederlagen, offensichtliche Unterlegenheit, Geldmangel oder Konflikte mit Drittmächten. Die große Zahl der Vereinbarungen zeigt freilich, wie schwierig die Friedensfindung war. Als Hürde erwiesen sich nicht nur machtpolitische, sondern auch rechtliche, religiöse, mentale und sprachliche Differenzen.[15]

Im Mittelalter war es zunächst unklar gewesen, ob Christen solche als ›ruchlos‹ bezeichnete Abkommen mit Muslimen überhaupt abschließen dürften. Letztlich hatte sich aber die Erkenntnis durchgesetzt, dass dies zulässig sei, vorausgesetzt, Christen würde dadurch kein Schaden zugefügt. Die Osmanen wiederum teilten die Welt gemäß der Scharia in das ›Haus des Islams‹, worunter sie die von Muslimen beherrschten Regionen verstanden, und das von den ›Ungläubigen‹ regierte ›Haus des Krieges‹, in dem die islamische Ordnung noch aufzurichten sei. Zwischen beiden Häusern bestand daher ein permanenter Kriegszustand (Dschihad), der nur unter bestimmten Bedingungen ausgesetzt werden konnte. Auf osmanischer Seite folgte man dabei Vorstellungen, die in der Frühzeit des Islams entwickelt worden waren und eine befristete Unterbrechung des Krieges erlaubten, beispielsweise bei einem ungünstigen Kräfteverhältnis. Das ›Haus des Krieges‹ wurde dadurch zu einem ›Haus des Vertrags‹ aufgewertet.

Die Abkommen mit den Habsburgern waren zunächst auf fünf, dann auf acht Jahre befristet, was ihnen den Charakter eines Waffenstillstands verlieh. Rhetorisch stilisierten die Osmanen die Abkommen zu Gnadenakten des Sultans gegenüber den um Frieden ansuchenden Habsburgern. Hand in Hand mit dem Rückgang ihrer militärischen Überlegenheit verlängerte sich die Dauer. Der Friede von Zsitvatorok 1606 sah eine Gültigkeit von 20 Jahren vor, der Friede von Karlowitz 1699 von 25 Jahren. Der durch Vermittlung Frankreichs zustande gekommene Friede von Belgrad 1739 war auf 27 Jahre anberaumt und wurde 1747 entfristet. Der Vertrag von Sistova 1791, der den letzten Türkenkrieg der Habsburgermonarchie beendete, sicherte schließlich einen ewigen Frieden.[16]

Diese Entwicklung spiegelt die sukzessive Angleichung an Normen des europäischen Völkerrechts, denen gemäß Friedensverträge unbefristet waren, wider. Eine ähnliche Entwicklung ist auch in anderen Bereichen der Abkommen zu beobachten, etwa bei der Stellung der Vertragspartner (ungleich/gleich) und der Vertragsgestaltung. Als wichtige Zäsur gilt dabei der Friede von Zsitvatorok 1606. Die osmanische Außenpolitik war somit nicht ausschließlich von den ideologisch-rechtlichen Vorgaben der Scharia geleitet, sondern entwickelte in der Praxis großen Pragmatismus.[17]

Die bedeutendste Form friedlicher Kontaktnahme war die Diplomatie, denn die wirtschaftlichen Beziehungen zwischen Habsburgern und Osmanen entwickelten sich im Vergleich zu europäischen Mächten wie Venedig, England, Frankreich und den Niederlanden deutlich verzögert. Erst im 18. Jahrhundert erlangten sie größere Bedeutung.[18] Die Habsburger entsandten zwischen 1520 und 1566 etwas mehr als 40 diplomatische Missionen nach Konstantinopel, wo sie ab 1547 durch einen ständig residierenden Gesandten vertreten waren (vgl. Abb. 5). Die Osmanen hingegen pflegten ausschließlich befristete ad-hoc-Gesandtschaften zu besonderen Anlässen (bis 1748 rund 40). Diese Asymmetrie der diplomatischen Beziehungen der Osmanen, die auch gegenüber den restlichen europäischen Mächten beobachtet werden kann, wurde erst 1797 mit der Einrichtung einer Botschaft in Wien beendet. Es wäre jedoch falsch, daraus ein grundsätzliches Desinteresse an den europäischen Verhältnissen abzuleiten, denn die Osmanen unterhielten ein sehr effizientes Spionagesystem, das diese institutionelle Ungleichheit teilweise kompensierte. Die Osmanen waren keine ›Isolationisten‹. Für die Ausbildung der modernen Diplomatie waren die Kontakte der europäischen Mächte zu den Osmanen von zentraler Bedeutung.

Die habsburgischen Diplomaten in Konstantinopel waren nicht nur an den Friedensverhandlungen entscheidend beteiligt, sondern auch an einem intensiven Kultur- und Wissenstransfer, denn zu ihren Hauptaufgaben zählte die Beschaffung und Übersendung von Informationen über das Gastland. Von Interesse war im Prinzip alles. Aus diesem Grund engagierten sie Agenten, strickten sie vor Ort Netzwerke und betrieben Spionage. Bis weit ins 18. Jahrhundert entsprang ein Großteil der Kenntnisse, die in der Habsburgermonarchie und im Heiligen Römischen Reich über die Osmanen und den Islam vorhanden waren, der Diplomatie. Die Diplomaten prägten damit auch nachhaltig die Türkendiskurse. Dazu kam der Transfer materieller Güter. Ogier Ghislain de Busbecq (1522–1592) etwa, einer der bedeutendsten kaiserlichen Diplomaten des 16. Jahrhunderts, brachte um 1560 Tulpe und Flieder an den Kaiserhof; David Ungnad 1576 die Rosskastanie. Möglicherweise entstammen alle in Europa angepflanzten Kastanienbäume diesen Samen. Ein anderes Beispiel ist eine Gesandtschaft der Osmanen 1665, die Kaffee nach Wien brachte. Wenig später gründeten armenische Kaufleute das erste Wiener Kaffeehaus. Damit legten sie die Fundamente für die Wiener Kaffeehauskultur, die seit 2011 zum immateriellen Kulturerbe der UNESCO zählt (vgl. Abb. 1). Die Bedeutung der Diplomatie geht somit über die Außenpolitik weit hinaus.

Türkendiskurse

Die ›Türken‹ – der Ausdruck fasste alle Muslime zusammen – bildeten im neuzeitlichen Europa stets das Andere, das Gemeinschaften zur Identitätsbildung grundsätzlich benötigen.[19] Einen maßgeblichen Anteil daran hatten die Türkenkriege, die in den kollektiven Gedächtnissen fest verankert und somit auch in Friedenszeiten präsent waren. Besonders ausgeprägt war dies in den betroffenen Ländern. Vom 15. bis zum späten 17. Jahrhundert, während des Höhepunkts der ›Türkenfurcht‹, stand der Islam, der dem (lateinischen) Christentum auf religiöser, kultureller und sozialer Ebene dichotomisch gegenübergestellt wurde, im Mittelpunkt dieses Alteritätsdiskurses. Ein Merkmal, das vor allem im 16. Jahrhundert beobachtet werden kann, war die Verknüpfung der Türkenkriege mit apokalyptischen und heilsgeschichtlichen Vorstellungen. Demgemäß galten die Osmanen als eine von Gott gesandte Strafe für das sündhafte Leben der Christen, vergleichbar mit den Heuschrecken in der Bibel. Damit in Zusammenhang stand die im Mittelalter verwurzelte Vorstellung vom ›Erbfeind (christlichen Namens)‹,[20] die in Europa bis ins 18. Jahrhundert weit verbreitet war und, wenn auch deutlich abgeschwächt, sogar noch die Debatten über die ›Europatauglichkeit‹ der Türkei beeinflusst. Eine Rolle spielte ferner der Barbareidiskurs. Die abwertende Bezeichnung fremder Kulturen als ›barbarisch‹ besitzt anthropologische Dimensionen und findet sich bereits in der Antike.[21]

Die Türken galten deshalb von Natur aus als grausam, heimtückisch, unsittlich, gesetzlos und gottlos. Sie wurden zum ›horror alieni‹ stilisiert, zum perhorreszierten Fremden. Die traumatischen Erfahrungen der Türkenkriege, die in den Erinnerungen der Menschen fortlebten, schienen dafür die Beweise zu liefern. Besonders gefördert wurde diese einseitig verzerrte Sicht von der katholischen Kirche und den Habsburgern, die sie propagierten, um von innenpolitischen Problemen abzulenken, den Untertanenverband zu vereinen und bei europäischen Mächten, vor allem im Heiligen Römischen Reich, finanzielle Unterstützung für die ›Türkenabwehr‹ zu erhalten.[22]

Weitaus weniger populär, aber vor allem im 16. Jahrhundert ebenfalls vorhanden, waren positive Türkenbilder (›Türkenbewunderung‹). Anhaltspunkte dafür boten das schlagkräftige Militärwesen, die sozialen Aufstiegsmöglichkeiten (›vom Sklaven zum Großwesir‹), die zumindest in der Theorie vorhandene außergewöhnliche Machtfülle des Sultans, die man als Voraussetzung eines effizienten Regierungssystems betrachtete, sowie die an zeitgenössischen Maßstäben gemessen verhältnismäßig große Toleranz gegenüber Christen und Juden.[23] Bezeichnend dafür ist der möglicherweise bei niederländischen Protestanten aufgekommene Ruf: »Lieber türkisch als päpstisch!« Er brachte die ›Türkenhoffnung‹ zum Ausdruck, die vor allem in Mittel- und Ostmitteleuropa verbreitete Ansicht, unter osmanischer Herrschaft würde man besser leben als bei den streng katholischen Habsburgern. Migrationsbewegungen, zum Beispiel in den von den Osmanen beherrschten Teil Ungarns, waren die Folge.

Der Wandel des Orientbildes, der an der Wende vom 17. zum 18. Jahrhundert in Europa vor dem Hintergrund der vernichtenden Niederlage der osmanischen Armee im ›Großen Türkenkrieg‹ und unter dem Einfluss der Aufklärung stattfand, beeinflusste die Türkendiskurse maßgeblich. Die Osmanen wurden nun objektiver betrachtet, und der Islam verlor als Gegenbild an Bedeutung. Weit verbreitet war die vor allem in Venedig und Frankreich propagierte Ansicht, der Sultan sei ein Despot und das osmanische Regierungssystem tyrannisch. Besondere Beachtung fand auch seine Exotik. Diplomaten sandten Turbane an den Kaiserhof, die im Fasching als Verkleidung dienten, Adlige ließen sich in Kaftanen porträtieren und Feldherren auf Schlachtbildern heroisieren. Ein beliebtes Darstellungsmotiv war ein am Boden liegender, gefesselter oder auch nackter, unzweideutig als Türke ausgewiesener Barbar. Wörter aus dem Osmanischen Türkisch fanden Eingang ins Deutsche, beispielsweise ›Kiosk‹ (›köşk‹) und ›Joghurt‹ (›yoğurt‹). Kennzeichnend für den Wandel nach dem ›Großen Türkenkrieg‹ ist auch das Aufkommen des ›Türkenspotts‹. So finden sich in der Volkskunst von beißender Ironie durchdrungene Lieder und Schmähschriften über die Osmanen und auf Spielkarten Karikaturen von Türken.[24]

Auf großes Interesse stieß die Musik der Osmanen, vor allem ihrer Elitetruppe, der Janitscharen, die auf arabischen und persischen Elementen basierte und sich mit byzantinischen und jüdischen Komponenten vermischt hatte. Als charakteristisch gelten die Schlaginstrumente und der an Marschlieder erinnernde Rhythmus. Bei Angriffen der osmanischen Armee befanden sich die Musiker oft an vorderster Front, um die eigenen Soldaten zu ermutigen und den Feind einzuschüchtern. In Friedenszeiten spielten die Janitscharenkapellen anlässlich der Gebete, die der Islam vorschreibt, sowie bei Empfängen und Festen, etwa bei der Thronbesteigung eines Sultans (vgl. Abb. 2 und 3).

Die fremdartigen Klänge übten im 18. Jahrhundert großen Einfluss auf die europäische Musikwelt aus. Beispiele sind Wolfgang Amadeus Mozarts Singspiel

5 Graf Wolfgang IV. von Oettingen-Wallerstein als kaiserlicher Großbotschafter (1699–1701) und Friedensbringer. Kupferstich von Engelhard Nunzer nach Frans van Stampart, um 1700. Österreichische Nationalbibliothek Wien.

DIE TÜRKENKRIEGE DER HABSBURGERMONARCHIE

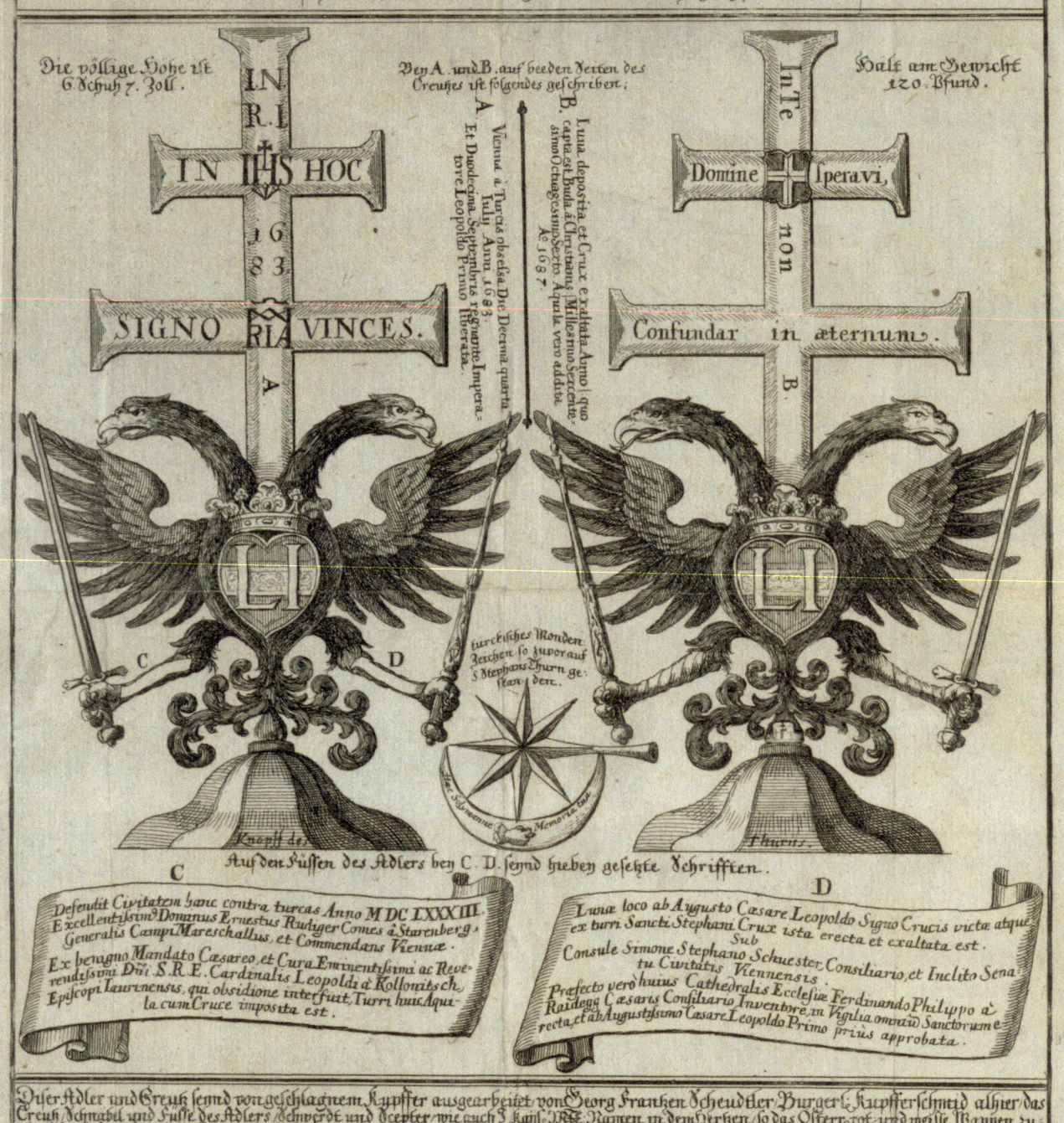

Entführung aus dem Serail (1782), die 100. Symphonie (*Militärsymphonie*) Joseph Haydns (1794) sowie im frühen 19. Jahrhundert Ludwig van Beethovens 9. Symphonie (1824). Einige europäische Fürsten unterhielten sogar eigens Janitscharenkapellen.

Im Mittelpunkt der Türkendiskurse des 19. Jahrhunderts stand die vermeintliche Unfähigkeit des Osmanischen Reiches zur Modernisierung. Es galt, einem linearen Geschichtsverständnis folgend, als statisch und entwicklungsunfähig. Die ›Orientalische Frage‹ sowie der aufkeimende Nationalismus und Ereignisse, wie der Freiheitskampf der Griechen in Kombination mit einer Begeisterung für die antike Kultur, verstärkten das negative Image der Osmanen, die wirtschaftlich, religiös, rassisch, moralisch und zivilisatorisch als unterlegen betrachtet wurden. Als eine Hauptursache wurde der Islam betrachtet: chaotisch, irrational, stagnierend, ignorant, despotisch und inhuman – genau das, was Europa damals nach seinem Selbstverständnis nicht war. Gleichzeitig grassierten idealisierende Bilder, etwa der Poetik und Spiritualität des Orients, die jedoch weniger Einfluss erlangten.[25] Zeitgenossen, die sich für ein tieferes Verständnis der fremdartigen Kultur einsetzten und diese positiv beurteilten, befanden sich in der Minderheit. Der österreichische Diplomat Anton Prokesch von Osten (1795–1876) beispielsweise, der von 1855 bis 1871 in Konstantinopel wirkte, meinte kritisch, wir Abendländer würden unser Dorf für die Welt nehmen und alles verwerfen, was sich von uns unterscheide. Einige Jahre Aufenthalt im Morgenland würden hier Abhilfe schaffen.[26]

7 Die siegreiche Rückeroberung von Ofen am 2. September 1686. Aquatinta, koloriert, von Eduard Gurk nach J. Osolsobie, nach 1830. Österreichische Nationalbibliothek, Wien.

6 (linke Seite) Das Kreuz triumphiert über den Halbmond. Die Türme des Stephansdomes erinnern an die Verteidigung der Stadt Wien 1683 und die Einnahme von Ofen (ung. Buda) 1686. Kupferstich von Johann Martin Lerch, 1687. GLA Karlsruhe.

DIE TÜRKENKRIEGE DER HABSBURGERMONARCHIE

Türkengedächtnis

Die Türkenkriege fanden Eingang in die Erinnerungskulturen der beteiligten Länder, das gilt für Siege genauso wie für Niederlagen. Neben Heroisierungen finden sich in großer Bandbreite Schuldzuschreibungen, Befreiungsmythen sowie Feindbilder und Bedrohungsszenarien.[27] Ausschlaggebend sind die Ziele, die erinnerungspolitisch verfolgt werden. So dienten die Türkenkriege auch als Argument gegen einen Beitritt der Türkei zur Europäischen Union. Die jahrhundertelange Feindschaft zu den Osmanen sei in den Köpfen der europäischen Bevölkerung so fest verankert, dass die Türkei auch heute noch eine »Inkarnation der Gegnerschaft«[28] sei und deshalb nicht voll integriert werden könne. In der Türkei wiederum finden regelmäßig Feiern zur Vergegenwärtigung der Eroberung Konstantinopels durch die Armee Sultan Mehmeds II. (1432–1481) am 29. Mai 1453 statt, so auch 2016 anlässlich des 563. Jahrestages der Einnahme. Mit großem Pomp wurde in Istanbul vor einer Million Zuschauern die Erstürmung der Stadtmauern nachgespielt. Die Veranstaltung ähnelte einer Wahlkampffeier, wählte die Türkei doch eine Woche später ein neues Parlament. Ganz anders erinnerte man sich an das Ereignis in Griechenland, wo 2013 Rechtsradikale den 460. Jahrestag der Eroberung Konstantinopels zum Anlass nahmen, um gegen Türken und Migranten zu demonstrieren.

Im Mittelpunkt der serbischen Erinnerung an die Türkenkriege steht die Schlacht am Amselfeld 1389, die sich zu einem facettenreichen nationalen Mythos entwickelte, obwohl der exakte Schlachtverlauf unklar ist. 1989 hielt der damalige Präsident Serbiens, Slobodan Milošević (1941–2006), am Ort des Geschehens in der Nähe von Priština im heutigen Kosovo anlässlich der Gedächtnisfeiern zum 600. Jahrestag der Schlacht die umstrittene ›Amselfeldrede‹, die möglicherweise die Jugoslawienkriege vorwegnahm. Von Erinnerungsmythen umrankt ist auch die Seeschlacht von Lepanto; 1571 hatte die ›Heilige Allianz‹ (unter anderem Venedig, Spanien, Papst) den Osmanen im Ionischen Meer eine vernichtende Niederlage beschert. 1572 stiftete Papst Gregor XIII. (geb. 1502, amt. 1572–1585) zum Dank für den Sieg das Rosenkranzfest, ein katholischer Gedenktag zu Ehren der Jungfrau Maria. Nach dem Sieg des Prinzen Eugen 1716 bei Peterwardein über die osmanische Armee wurde das Fest in den Römischen Kalender aufgenommen und wird seit 1913 immer am 7. Oktober begangen.

In der ungarischen Erinnerungskultur spielt die vernichtende Niederlage in der Schlacht bei Mohács 1526, die den Verlust der politischen Eigenständigkeit des Königreiches zur Folge hatte, eine wichtige Rolle. Das Ereignis gilt als nationale Katastrophe, ähnlich wie nach dem Ersten Weltkrieg der Vertrag von Trianon 1920, bei dem Ungarn zwei Drittel seines Staatsgebietes verloren hatte. Ein gängiges ungarisches Sprichwort lautet: »Bei Mohács ging mehr verloren«, das heißt, es hätte auch schlimmer kommen können.[29] Eine staatliche Gedenkstätte, die man 1976 zum 450. Jahrestag errichtete, bildet inzwischen einen nationalen ›Wallfahrtsort‹. 2011 wurde auf dem Gelände ein vierstöckiges Glasgebäude errichtet, das der Stephanskrone, dem Symbol der politischen Eigenständigkeit des Landes, nachempfunden ist. Bis heute ist die Schlacht ein Sinnbild für die Bedeutung nationaler Geschlossenheit gegen Feinde von außen.

Ein anderer bedeutender ungarischer Ort, der an die Türkenkriege erinnert, ist Szigetvár (dt. Inselburg), bei dessen Belagerung 1566 ein nationaler Heros, Miklós Zrínyi, ums Leben kam. Zrínyi wird auch in Kroatien verehrt. Im September 2016, anlässlich der ›Zrínyi-Gedenktage‹, statteten deshalb die Staatsoberhäupter Ungarns und Kroatiens der Festung Szigetvár gemeinsam einen Besuch ab.

Eine lange, politisch hochbrisante Erinnerungsgeschichte weist die Schlacht am Kahlenberg 1683 auf. Die Befreiung Wiens durch das vom polnischen König Johann III. Sobieski (reg. 1674–1696) angeführte Entsatzheer ist in den kollektiven Gedächtnissen Österreichs, Polens und Deutschlands fest verankert (vgl. Abb. 6). Aufgrund seiner Tragweite – der Vorstoß der Osmanen nach Mitteleuropa war nun endgültig beendet, die Habsburgermonarchie stieg zur Großmacht auf – gilt das Ereignis sogar als europäischer Erinnerungsort.[30] Zahlreiche Ausstellungen, Denkmäler, Jahrestage, Jubiläen und Gedenkveranstaltungen, oftmals katholischen Charakters, erinnern regelmäßig an die vernichtende Niederlage der Osmanen. Alleine in Wien gemahnen gegenwärtig mehr als hundert Monumente an die Schlacht.[31] Rechtspopulistische Kreise verwenden sie dort auch noch heute, um aus der ›Türkenfurcht‹ politisches Kapital zu schlagen, zuletzt am 12. September 2016 bei einer von der Freiheitlichen Partei Österreichs (FPÖ) organisierten Feier anlässlich des 333. Jahrestages der Schlacht.

Das Türkengedächtnis ist – vor dem Hintergrund von Massenmigration, religiösem Fundamentalismus und Renationalisierung – auch noch im 21. Jahrhundert politisch heiß.

Anmerkungen

1. Luther 1529, o. S.
2. Grimm/Grimm 1952, Sp. 1859–1861.
3. Wrede 2011.
4. Kühnel 2015; Schmitt 2016; Burkhardt 2017.
5. Huntington 1996, S. 209 f.
6. Brendle/Schindling 2006.
7. Strohmeyer 2014.
8. Kortüm 2003.
9. Wrede 2011; Aksan 2007; Matschke 2004; Pǎrvev 1995; Türkenbeute 2003.
10. Dávid/Fodor 2000; Barǎmova/Boykov/Pǎrvev 2015.
11. Veres 2017.
12. Spannenberger/Varga 2014.
13. Sperl/Scheutz/Strohmeyer 2016.
14. Ingrao/Samardžić/Pešalj 2011.
15. Strohmeyer/Spannenberger 2013.
16. Ziegler 1996.
17. Ziegler 1996.
18. Fischer 2006, S. 13–56; Petritsch 2017.
19. Konrad 2011, Absatz 1–4.
20. Topkaya 2015.
21. Konrad 2011; Sutter Fichtner 2008.
22. Wrede 2004.
23. Eibach 2008, S. 25–33.
24. Buchmann 1983, S. 86–98.
25. Konrad 2011, Absatz 31–45.
26. Bertsch 2005, S. 578.
27. Türkengedächtnis 2010.
28. Wehler 2003, S. 46.
29. Spannenberger/Őze 2005.
30. Petritsch 2012; Lepetit 2003.
31. Feichtinger/Heiss 2013a; vgl auch den Beitrag von Johann Heiss in diesem Band.

Invictissimæ Cæsareæ Maiestati, omnibusq; Christiani orbis regibus, principibus ac statibus, quo facilius, diuina aspirante gratia, consilium de repellendo tã potente tamq; crudeli hoste iniri possit, hæc descriptio Turcicæ expeditionis dedicata est a Iohanne Haselbergio à Reichenau Constantiẽ. diocesis, Excusa uero Nurmb. ergo per Christophorũ Zell. Anno salutis M.D.XXX.

›Türkengefahr‹ am Oberrhein

WOLFGANG ZIMMERMANN

Wahrnehmung – Kommunikation – Erinnerung

Der bedrohte Raum

Im Jahr 1530 publizierte der von der Insel Reichenau im Bodensee stammende Autor und Buchhändler Johann Haselberg eine großformatige Wandkarte, die den Feldzug der osmanischen Truppen unter Sultan Süleyman I. dem Prächtigen (1494–1566) nach Ungarn im Jahr 1529 zum Thema hatte (vgl. Abb. 1).[1] Im Zentrum der Karte stehen – in übergroßer Darstellung – die vorübergehende Einnahme von Ofen (ung. Buda) und die Belagerung von Wien. In einem langen, ununterbrochenen Zug strömen die osmanischen Truppen aus Konstantinopel heraus bis in das Lager vor Wien. Der Lauf der Donau – von der Quelle (»fontes Danubii«) bis zur Mündung – und die Marschroute der Truppen bilden zwei parallele, aber in entgegengesetzte Richtungen zielende Bewegungen. Westlich der habsburgischen Metropole schließt sich unmittelbar der deutsche Südwesten an. Bodensee und Oberrheingebiet, also die Heimat des Kartografen, bilden den linken Rand des Holzdrucks, während auf der rechten Seite das Schwarze Meer, Kleinasien und Palästina mit Jerusalem dargestellt sind. Auf dem höchsten Turm der Heiligen Stadt ist der Halbmond angebracht.

Das Oberrheingebiet mit seinen Zentren Konstanz, Schaffhausen, Basel, Straßburg, Speyer, Heidelberg und Worms – alle diese Städte sind namentlich in der Karte eingetragen – ist unmittelbar der Expansion durch das Osmanische Reich ausgesetzt. Der Kartograf Johann Haselberg verwandelt Süddeutschland in einen ›bedrohten Raum‹, nur durch eine Bergkette und Baumreihen von den feindlichen Truppen vor Wien geschützt. Die Imagination der Bedrohung wird noch dadurch gesteigert, dass auf der Karte nur osmanische Truppen abgebildet sind; Verteidiger sind nicht erkennbar. Von Norden strömen weitere Truppen gegen Wien nach. Das Reservoir der Feinde scheint unerschöpflich zu sein. Konstantinopel als Ausgangspunkt der militärischen Bedrohung ist ausschließlich auf der europäischen Seite des Bosporus eingetragen. Kein schützendes Meer liegt zwischen der Hauptstadt des Osmanischen Reiches und Wien.

Der humanistische Gelehrte Sebastian Münster (1488–1552), den sein akademischer Werdegang von Tübingen über Heidelberg 1529 an die reformierte Universität Basel geführt hatte, griff in seiner 1544 erstmals in Basel publizierten *Cosmographia* (dt. *Cosmographie, Cosmographey*)[2] das Bild von Wien als dem ›Bollwerk der Christenheit‹ auf. Die Vedute der Donaustadt ist mit dem deutlichen Hinweis auf die erfolgreiche Verteidigung gegen die Osmanen 1529 versehen: »aller welt bekannt / des gewaltigen widerstands halb / so sie zu vnsern zeiten hat wider den grimmigen feynd der Christenheit gethan«. Östlich von Wien folgt, in Kapiteln des vierten Buches beschrieben, ein ›Raum der ungezügelten Gewalt‹. Historische Berichte und kleinformatige Holzschnitte schildern, wie das Königreich Ungarn in ununterbrochener Kontinuität durch die Tataren, dann die Türken grausame Leiden zu erdulden hatte. Die Tataren führten – nach der Darstellung Münsters – in ihren Kriegszügen einen Kopf mit, der auf eine Lanze gespießt war. Nach einem Sieg zogen sie die getöteten Gegner »nackend auß / vnd schnitten einem jeglichen ein Ohr ab / daß sie möchten wissen die zahl der erschlagnen / vnd haben damit 9. Seck erfüllt.« Im Kapitel zu Siebenbürgen finden sich die kolportierten Berichte über den »tyrannischen Man Dracula«, Vlad III. (um 1431–1476/77), den Wojwoden des Fürstentums Walachei: Hier waren die Türken nicht Täter, sondern Opfer: Als eine osmanische Delegation ihre Kopfbedeckungen zum Zeichen der Ehrerbietung nicht abnehmen wollte, »bestetigt der Dracula jhnen jhren Brauch vnd ließ jhnen mit dreyen Neglen die Schlap-

Ausschnitt aus Abb. 1 (vgl. S. 40).

1 Johann Haselberg/ Christoph Zell: Wandkarte des Türkenzugs nach Wien 1529, Holzschnitt, Nürnberg 1530. Viscount Coke and the Trustees of the Holkam Estate.

pen auff den Kopff naglen, damit sie jhre Hütlein nimmer dörfften abziehen.« Ein anderes Mal ließ er eine türkische Delegation pfählen, um dann mit seinem Hof unter den Augen der Sterbenden zu speisen. Der Wojwode Dracula bediente sich in seinen Grausamkeiten – wie zum Beispiel dem Pfählen – dem Vorbild seiner Gegner, war also ›schlimmer als die Türken‹.[3]

Das Oberrheingebiet[4] war in der Mitte des 16. Jahrhunderts ein Raum, in dem die ›Türkengefahr‹ medial in der Öffentlichkeit präsent war. Wie in einem geografischen Mikrokosmos lässt sich für diese Region exemplarisch nachzeichnen, wie sich in dem langen Zeitraum zwischen Spätmittelalter und Neuzeit der Topos der Bedrohung durch die Türken ausbildete und veränderte, wie er mit herrschaftlich-politischen und religiös-konfessionellen Absichten und Bildern aufgeladen wurde und wie durch den öffentlichen Diskurs aus dem ›fernen Gegner‹ eine ›nahe Bedrohung‹ wurde. Dazu musste die Distanz des Raums überbrückt werden: durch Karten und Abbildungen, wie zum Beispiel in den Werken von Johann Haselberg und Sebastian Münster. Die ›Vergangenheit der Zeit‹ wurde durch tradierte Erinnerung in Form von Chroniken aufgehoben und somit Teil der Gegenwart. ›Neue Zeitungen‹ verbreiteten aktuelle Ereignisse. Die religiöse Praxis der Konfessionskirchen machte aus den passiven Beobachtern des Kriegsgeschehens aktiv Mitwirkende, die durch die Teilnahme an Prozessionen, Fürbittgebeten und Bußgottesdiensten Teil der ›kämpfenden Truppen‹ wurden. Adlige Offiziere und einfache Soldaten standen auf Seiten der Reichstruppen in Ungarn. Das ›Bild des Türken‹ wurde so zum ›Bild des Feindes‹. Zunächst aber musste das Bild von der ›universalen‹ türkischen Bedrohung verbreitet werden – auch am Oberrhein.

Europa – der Europäer Vaterland und eigen' Haus

1459, wenige Jahre nach dem Fall von Konstantinopel, klagte der Humanist Enea Silvio Piccolomini, seit 1458 Papst Pius II. (1405–1464), über die unterschiedliche Wahrnehmung der Bedrohung durch die Türken: Die einzelnen Nationen würden sich jeweils durch ihre östlichen Nachbarn geschützt fühlen. So fürchteten weder die Franzosen noch die Spanier die Türken – und ebenso wenig auch die Deutschen, die am Rhein lebten (»Theutones, qui Rhenum accolunt«).[5] Es bedurfte einer einigenden Klammer, die all' diese Länder im Kampf gegen die Türken verband, und man fand sie im Begriff von ›Europa‹. ›Europa‹ war dabei nicht so sehr eine geografische Größe, der die Kontinente Afrika oder Asien entsprachen; ›Europa‹ stand gegen die ›Türken‹, also gegen das Osmanische Reich, eine herrschaftliche, politische Größe. Die Türken waren ›Barbaren‹ und ›Heiden‹, denen die Europäer als (lateinische) Christen und Hort der Zivilisation entgegengesetzt wurden. Das ›Feindbild des Türken‹ war in seinen wesentlichen Zügen formuliert. ›Europa‹ wurde zur Heimat (»patria«) der Menschen, die hier lebten, eben der ›Europäer‹, zu ihrem eigenen Haus (»domus propria«), so formulierte es Enea Silvio Piccolomini zu Frankfurt am Main Ende Oktober 1454 – immer auf der Suche, eine vom Papst angeführte Allianz gegen die Türken zu schmieden.[6] Der Gedanke eines Kreuzzuges war folgerichtig, wenn auch politisch letztlich nicht durchsetzbar. Markgraf Bernhard II. von Baden (1428/29–1458) starb in Moncalieri bei Turin an der Pest, als er Verbündete für einen Kreuzzug zu werben hoffte.

Am Oberrhein verbreiteten Druckereien in Straßburg, Basel und Speyer in einfachen Einblattdrucken schnell Ablassbriefe zur Finanzierung der Türkenkriege.[7] Heinrich Arnold, Prior der Basler Kartause St. Margarethental, veröffentlichte um 1477/78 eine Litanei gegen die Türken.[8] Die neu erfundene Druckpresse bot der ›Propaganda‹ für die Türkenkriege ein neues Medium. Auch die Humanisten am Oberrhein griffen das Thema auf, indem sie den habsburgischen König Maximilian I. (1459–1519) und dessen Kreuzzugspläne feierten. Basel war in jenen Jahren das unangefochtene Zentrum des Druckwesens und des geistigen Austauschs – am Oberrhein und weit darüber hinaus.[9] Historiografische Werke formulierten unter Rückgriff auf mittelalterliche Denkfiguren neu das Ideal eines (zeitgenössischen) Kreuzzuges, der von christlichen Rittern unter Leitung eines christlichen Herrschers zu führen wäre. Gerade die Werke des Straßburgers Sebastian Brant (1457/58–1521) fanden internationale Verbreitung.[10] Für Brant verband sich die Sorge um den Fortbestand des Reiches mit seiner Verehrung für Kaiser Maximilian. Für Brant waren die Türken »die barbarischen Feinde der christlichen Völker Europas«.[11] In seinem *Narrenschiff*, erstmals 1494 in Basel in deutscher Sprache im Druck erschienen, entwickelte er im 99. Kapitel das Szenario von der existenziellen Bedrohung des Glaubens (»Vom abgang des gloubens«), das auch er mit dem Schicksal Europas verband: Die Pforten Europas stünden dem Türken offen (V. 91: »Die porten Europe offen stand«). Für Brant war die Donau schon – vor der Einnahme von Pest und Ofen – in der Hand der Türken (V. 52: »Sunder die Tuonow ist ir gemeyn«).[12] Das Bild einer von Fremden und Heiden bedrohten Region wurde dadurch am Oberrhein medial verbreitet.

Andere Autoren folgten Sebastian Brant. In ihrer Gesamtheit hielten sie »den heiligen Krieg der Vorfahren und die Führungsaufgabe des Kaisers allen Versäumnissen der Gegenwart nostalgisch und unverdrossen entgegen«.[13] Erasmus von Rotterdam (um 1467–1536) – 1529 aus dem reformierten Basel in das katholische Freiburg im Breisgau gezogen – ließ hingegen in seiner *Utilissima Consultatio de bello Turcis inferendo* (1530)[14] deutlich seine Skepsis gegenüber der üblichen Kreuzzugsrhetorik durchscheinen.

Die Türkenbedrohung ließ aber auch das Interesse an der Geschichte des Osmanischen Reiches und des Islams am Oberrhein steigen: Erasmus arbeitete in seine Schrift ausführliche historische Passagen ein; der in Straßburg und Schaffhausen wirkende Johannes Adelphus (Johann Adolf Muelich, 1473–1529) verfasste 1513 eine *Türckisch Chronica*.[15] 1543 publizierte der reformierte Züricher Theologe Theodor Bibliander (1509–1564) die erste lateinische Übersetzung des Korans in Basel.[16] Dort erschien 1557 auch eine Karte des Königreiches Ungarn von Wolfgang Lazius.[17]

Es gab also in der Mitte des 16. Jahrhunderts am Oberrhein ein umfassendes ›Wissensreservoir‹ über die Türken, auf das Publizisten, Kartografen und Drucker zurückgreifen konnten. Die Formierung des ›Feindbildes vom Türken‹ ging Hand in Hand mit der Erweiterung vom Wissen über den osmanischen Feind, durchaus im Sinn einer ›ethnographischen‹ Beschreibung.[18] Sebastian Münster führte in seiner *Cosmographey* diesen Anspruch im Untertitel deutlich aus, bezeichnet er sie doch als »Beschreibung aller Lender […], in welcher begriffen Aller völcker, Herrschafften, Stetten und namhafftiger flecken, herkommen: Sitten, gebreüch, ordnung, glauben, secten vnd hantierung«.[19] Bei dem Universalgelehrten und ausgewiesenen Hebraisten Münster finden sich neben den stereotypen Feindbeschreibungen auch breite Ausführungen zum Islam, seinen Glaubensinhalten und seinen religiösen Geboten. In zahlreichen Auflagen, die immer wieder überarbeitet wurden, den Text zum Teil neu ordneten und die Holzschnitte in anderer Reihung platzierten, erreichte der Band die ›Welt der Gebildeten‹. Doch allen Beschreibungen lag eine Gemeinsamkeit zugrunde: die feste Überzeugung der kulturellen und religiösen Überlegenheit der christlichen Welt über ihren Gegner.

Der Erbfeind der Christenheit – von der akuten Bedrohung zum dauerhaften Feindbild

Die militärische Bedrohung des Heiligen Römischen Reiches durch das expandierende Osmanische Reich war während des ganzen 16. Jahrhunderts ein Thema, das regelmäßig auf den Reichstagen verhandelt wurde. Die äußere Bedrohung steigerte den inneren Zusammenhalt der Reichsstände über alle konfessionellen Gegensätze hinweg und bot zugleich dem habsburgischen Kaiser die Möglichkeit zur Durchsetzung seiner Forderungen.[20] Die finanziellen Leistungen, die die einzelnen Reichsstände zu erbringen hatten, wurden in der Form der sogenannten ›Türkensteuer‹ auf die Untertanen umgelegt. Sie waren ein probates Mittel zur Durchsetzung des frühmodernen Territorialstaats, der mit Hilfe dieser Forderungen erstmals flächendeckend einen Verband ›steuerpflichtiger‹ Untertanen ohne wesentliche Mitwirkung der Landstände durchsetzen konnte. Aus der Sicht der Untertanen trug somit jeder Haushalt zur Abwehr der ›Türkengefahr‹ bei.

Die Reichstage beschränkten sich aber nicht auf finanzielle Abgaben und militärische Unterstützung, sondern setzten auch auf die religiös-moralische ›Mobilisierung‹ der Bevölkerung. Bereits 1522 war auf dem Reichstag von Nürnberg ein allgemeiner ›Bußtag‹ ausgerufen und zugleich das Läuten der ›Türkenglocke‹ zur Mittagszeit erneuert worden. Die Reichstage von Speyer 1542 und 1543 bestätigten die Anordnung nach dem Fall von Ofen (1541). Das Läuten der Glocke zur Mittagszeit »in jeder stat, flecken und dorf« sollte die Bevölkerung »zu furbit gegen got zu ermanen und zu erinnern, seinen gefassten zorn fallen lassen und den christglaubigen menschen gegen dem Turken sig und gluck geben.«[21] In der Markgrafschaft Baden waren die Priester 1532 aufgefordert worden, in der Predigt um den Beistand Gottes im Zug gegen den Feind des christlichen Glaubens aufzurufen.[22]

Das Gebet um Hilfe gegen die Türken wurde zum festen Bestandteil in den Gottesdienstordnungen protestantischer Territorien. Letztlich hatten die Gläubigen durch ihr sündhaftes Leben den Zorn Gottes hervorgerufen. Buße und Bittgebete um die Gnade Gottes waren die einzige wirkungsvolle Antwort des Menschen. ›Türke‹ und ›Papst‹ konnten in diesem Bedrohungsszenario auch miteinander kombiniert werden, wie es die kurpfälzische Ordnung von 1563 formuliert. Im Gebet nach der Predigt »für alle noth und anligen der christenheyt« wurde für alle Mitbrüder gebet, »die under der tyranney des bapts und Türcken verfolgung leiden […]. Gestatte nicht, o herr, daß deine christenheyt gar verwüstet werde. Laß nicht zu, das die gedechtnuß deines namens auf erden vertilget werde und das der antichrist und Turcke sambt ungläubigen sich rhümen zu deine schmach und lesterung.«[23]

Auch in den katholischen Regionen des Oberrheins waren ›Türkengebet‹ und ›Türkenglocke‹ verbreitet. Im ›Langen Türkenkrieg‹ (1593–1606) erneuerte der Bischof von Konstanz, Kardinal Andreas von Österreich (1558–1600), ein Mandat, in dem er 1596 Bet- und Bußtage für seine Diözese anordnete, an denen sich die Gemeinde zu einem 40-stündigen Gebet vor dem Allerheiligsten versammeln sollte.[24] Im Umfeld des Reichstags von 1566 wurden durch Erzherzog Ferdinand für Vorderösterreich, somit auch für den österreichischen Breisgau, nicht nur besondere Gottesdienste angeordnet, sondern auch das Läuten der ›Türkenglocke‹ wieder in Erinnerung gerufen.[25]

Die konfessionsübergreifende Aufforderung zu besonderen Gottesdiensten und liturgischen Feiern brachte das Sujet der ›Türkenpredigt‹ hervor, die als gesprochenes Wort eine große Breitenwirkung erlangte, aber auch in gedruckter Form vertrieben wurde.[26] Johann Christoph Flurer, der im Jahr 1600 in der Markgrafschaft Baden-Durlach zum Superintendenten und Hofprediger ernannt wurde, hielt 1596 in Neckarsteinach sechs Predigten gegen die Türken, die ein Jahr später im Druck erschienen.[27] Flurer verband darin die kämpfenden Truppen in Ungarn mit den Gläubigen

2 Osmanen in farbenprächtigen Gewändern. Miniaturen aus dem Stammbuch des Markgrafen Ernst Friedrich von Baden-Durlach, um 1580/90. GLA Karlsruhe.

seiner kleinen Gemeinde zu einer ›geschlossenen Phalanx‹, indem er ausführte, »das man nit allein draussen mit dem Schwerdt, sondern auch daheimen mit dem Gebet wider den Feind streite«.[28] Es steht in einem eigenartigen Kontrast, dass zur selben Zeit, als in Predigt und Gottesdienst – durch die weltliche Obrigkeit angeordnet – gegen den Türken ›mobilisiert‹ wurde, sich der durlachische Hof gleichzeitig der Faszination des Orients nicht entziehen konnte. Im Stammbuch des Markgrafen Ernst Friedrich von Baden-Durlach (geb. 1560, reg. 1584–1604) finden sich zahlreiche kostbare Zeichnungen auf Pergament, in denen die osmanische Welt farbenreich und prunkvoll dargestellt wurde (vgl. Abb. 2, auch Abb. 3, S. 27). Als ›Türkenmummereien‹ hielten Feste, in denen man sich als ›Türke‹ verkleidete, Einzug in die Hofkultur der Renaissance.[29]

Waren die Aufrufe zu Buß- und Bettagen sowie die Mandate der Reichstage zumeist an konkrete militärische Bedrohungsszenarien gebunden, so konnte sich zugleich der immer wieder repetierte Rekurs auf die ›Türkengefahr‹ im Lauf der Jahrzehnte vom konkreten Feindbild entkoppeln und sich in ein allgemeines ›Bedrohungsszenario‹ auflösen. Die kurpfälzische Kirchenordnung von 1601 übernahm zwar für das Fürbittgebet nach der Predigt die älteren Formulierungen von 1563, sah aber eine Textvariante vor, in der die Gemeinde den gnädigen Gott um die Abwendung der zahlreichen »landplagen« anrief, mit denen Gottes Zorn seine Gläubigen heimsuchte, nämlich »theuerung, ungewitter, kranckheiten und den erschrecklichen feinden deiner christenheit, den Türcken«.[30] Die ›Türkengefahr‹ war ihrer konkreten Historizität enthoben, sie wurde Teil der ›conditio humana‹: Die ›überzeitliche‹ Bedrohung der Zeitgenossen durch Krankheiten, Seuchen, Unwetter und Hungersnöte erhielt Unterstützung durch einen weiteren ›apokalyptischen Reiter‹, den Erbfeind der Christenheit, den Türken. ›Landplagen‹ – so lehrte es die Erfahrung den Menschen der Vormoderne – konnten mit irdischen Mitteln nicht bezwungen werden – weder besaß die Medizin ein Rezept gegen die Pest, noch hatten Kaiser und Reich die militärischen Möglichkeiten, das Osmanische Reich zu bezwingen. Die Menschen mussten lernen, die »landplagen« als Teil ihres Alltags anzunehmen.

3 Philipp Kilian (?): Markgraf Ludwig Wilhelm von Baden-Baden, Kupferstich, um 1690. Staats- und Stadtbibliothek Augsburg.

›Des Badners heißes Türkenbad‹ – badische Markgrafen in kaiserlichen Diensten

Die permanente Bedrohung durch das Osmanische Reich stellte seit dem 16. Jahrhundert für die Habsburgermonarchie eine militärische Dauerbelastung dar. Die erforderlichen Truppen setzten sich aus kaiserlichen Regimentern sowie aus Einheiten zusammen, die durch die Reichskreise, die regionalen Zusammenschlüsse der Reichsstände, aufzustellen und zu finanzieren waren. Für Adlige bot der Militärdienst die attraktive Perspektive für eine Karriere im habsburgischen Heer oder am Kaiserhof in Wien – zumal dann, wenn die Familie katholisch war. Zwar standen auch Mitglieder der evangelischen Linie der Markgrafen von Baden-Durlach in kaiserlichen Diensten, Mitglieder der katholischen Linie der Markgrafen von Baden-Baden stiegen aber in höchste Stellungen auf und prägten auch die zeitgenössische Wahrnehmung. Leopold Wilhelm von Baden-Baden (1625–1671) kommandierte 1661 Truppen in Siebenbürgen. 1663 wurde er zum Reichsfeldmarschall ernannt und übernahm den Oberbefehl über die Kontingente der Reichskreise im Türkenkrieg. 1664 war er an der siegreichen Schlacht bei St. Gotthard an der Raab (ung. Szentgotthárd) beteiligt und blieb anschließend bis zu seinem Tod Gouverneur des Warasdiner Generalats (kroat. Varaždin). Sein Bruder, Markgraf Hermann von Baden-Baden (1628–1691), trat 1672 in kaiserlichen Dienst ein. Auch wenn er nur 1683 an der Entsatzschlacht von Wien und 1684 an der vergeblichen Belagerung von Ofen teilnahm, also nie den Oberbefehl über eine kaiserliche Armee in den Türkenkriegen innehatte, wurde er 1681 zum Präsidenten des Hofkriegsrates in Wien ernannt.[31] Eine Sonderstellung nimmt Gustav Adolf von Baden-Durlach (1631–1677) ein. Der Protestant, sein Taufpate war der gleichnamige Schwedenkönig, konvertierte 1660 zum Katholizismus, trat 1663 in venezianische Dienste und nahm 1664 an der Schlacht bei St. Gotthard an der Raab teil.[32]

In der zeitgenössischen Wahrnehmung wurden die Leistungen von Angehörigen der badischen Markgrafen im kaiserlichen Dienst durch Ludwig Wilhelm von Baden-Baden (1655–1707) überstrahlt (vgl. Abb. 3 und 5).[33] Als ältester Sohn des Erbprinzen Markgraf Ferdinand Maximilian (1625–1669), trat Ludwig Wilhelm bereits in jungen Jahren in die kaiserliche Armee ein (1674). Durch seinen Onkel Hermann protegiert, stand Ludwig Wilhelm seit 1676 als Oberst und Inhaber eines Infanterie-Regiments in habsburgischen Diensten. Nach der Teilnahme an der Befreiung von Wien im September 1683 erwarb er sich schnell militärischen Ruhm und war maßgeblich an den sich anschließenden Erfolgen gegen die Türken beteiligt. Nach dem aus Habsburger Sicht glücklichen Kriegsjahr 1686 (u. a. Eroberung von Fünfkirchen (ung. Pécs) und Ofen) wurde Ludwig Wilhelm durch Kaiser Leopold I. zum Feldmarschall ernannt. In einer militärisch kritischen Lage wurde ihm am 6. April 1689 der Oberbefehl über die kaiserlichen Truppen im Kampf gegen die Türken übertragen. In der verlustreichen Schlacht von Slankamen (serb. Slankamen) am 19. August 1691 errangen die kaiserlichen Truppen unter seiner Führung einen glänzenden Sieg, der die Position Habsburgs nachhaltig sicherte. Großwesir Mustafa Köprülü

(1637–1691), unter dessen Leitung die osmanischen Truppen kämpften, fiel in der Schlacht. Markgraf Ludwig Wilhelm von Baden-Baden wurde der Titel eines Generalleutnants – die höchste Auszeichnung in der kaiserlichen Armee – übertragen. Ein Jahr später wurde ihm der Orden vom Goldenen Vlies verliehen. Zugleich bildet das Jahr 1692 eine tiefe Zäsur in der Biografie des Markgrafen. Spannungen mit dem Kaiser waren schon länger nicht mehr zu verbergen: Enttäuscht musste Ludwig Wilhelm feststellen, dass sich seine Hoffnung auf eine Standeserhöhung nicht erfüllte. Weder wurde ihm eine Kurwürde verliehen, noch fand er beim Kaiser Rückhalt für eine mögliche Kandidatur bei der Wahl zum König von Polen. Zugleich war die militärische Lage am Oberrhein mehr als verzweifelt: Im Pfälzischen Erbfolgekrieg (1688–1697) überzog der französische König Ludwig XIV. die Region mit Krieg und Verwüstung. Dies traf Ludwig Wilhelm besonders hart, war er doch nach dem Tod seines Großvaters Wilhelm (1593–1677) regierender Fürst der Markgrafschaft Baden-Baden. Im Herbst 1692 verließ er den Kriegsschauplatz in Ungarn und kehrte an den Oberrhein zurück, um 1693 das Kommando über die Truppen des Reiches und der Reichskreise gegen das französische Heer zu übernehmen. Währenddessen feierte die Publizistik in Liedern und Flugschriften den Sieg von Slankamen. Das *Türkische Badner Bad* greift ein gängiges Wortspiel auf, in dem der Text spottet, wie der Markgraf dem türkischen Heer ein heißes Bad mit einer scharfen Lauge angerichtet und es abgebrüht habe.[34]

Bußgottesdienste und Dankesfeiern – habsburgische Triumphe am Oberrhein

Am 28. Oktober 1683, dem Fest der Apostel Simon und Judas, feierte das Domkapitel zu Speyer in einem Gottesdienst die Befreiung der belagerten Stadt Wien: Auf eine Predigt am Morgen folgte eine Prozession mit dem Allerheiligsten, an die sich dann das Hochamt anschloss. Das feierliche *Te Deum laudamus* bildete den Schluss- und Höhepunkt der Liturgie. Die Entsatzschlacht um Wien im September 1683 stellte einen entscheidenden Wendepunkt in den Auseinandersetzungen mit dem Osmanischen Reich dar: Die Bedrohung durch den »erbfeindt« wurde abgewehrt und wendete sich in der Folge in eine Reihe kaiserlicher Siege. Diese neue Erfahrung war für das Speyerer Domkapitel so ungewohnt, dass Generalvikar und Domdekan zunächst in ihren Unterlagen nachschlagen mussten, wie man denn eigentlich in früheren Zeiten solche Ereignisse begangen hatte.[35] Auch das Feiern eines Sieges wollte gelernt sein.

4 Standarte von Markgraf Ludwig Wilhelm von Baden-Baden, auf der Vorderseite Spiegelmonogramm mit Fürstenhut, auf der Gegenseite ein zusammenbrechender Hirsch, auf den ein Adler herabstürzt mit dem Spruchband »Ardua deturbans vis animosa quatit« (»Die mutige Kraft verjagt und zerschlägt das Schwierige«), spätes 17. Jahrhundert. Badisches Landesmuseum, Karlsruhe.

›TÜRKENGEFAHR‹ AM OBERRHEIN

5 Markgraf Ludwig Wilhelm im Gewand eines Türken (Bild aus einer Serie von Darstellungen der markgräflichen Familie in Maskenkostümen), um 1700. Staatliche Schlösser und Gärten Baden-Württemberg, Rastatt Schloss Favorite.

Die Türken blieben zwar auch am Oberrhein weiterhin der ›Erbfeind des christlichen Namens‹, aber sie wurden zu einem Gegner, den man mit Gottes Hilfe und unter Führung des habsburgischen Kaisers bezwingen konnte. Das *Te Deum laudamus* wurde zur Grundmelodie der liturgischen Feierlichkeiten wegen der »sieghafften niederlag des erbfeindts«. Im September 1685 dankte man in Speyer Gott für die Einnahme der Festung Neuhäusel (slow. Nové Zámky) und den Entsatz von Gran (ung. Esztergom). Nun konnte man auf das Programm von 1683 zurückgreifen – ebenso 1686 (Einnahme von Ofen) und 1687 (Sieg der Venezianer auf dem Peloponnes und des Kaisers in Ungarn).[36]

Die Belagerung der Stadt Wien durch die osmanischen Truppen im Sommer 1683 war keine Bedrohung, die nur in den katholischen Regionen am Oberrhein wahrgenommen wurde. In der lutherischen Markgrafschaft Baden-Durlach wurde für Sonntag, den 29. Juli, ein allgemeiner Fast-, Buß- und Bettag durch den Landesherrn ausgerufen. Predigttexte und Lieder wurden zentral durch den Kirchenrat festgelegt.[37] In der Hauptpredigt stand ein Text des Propheten Ezechiel (Kap. 39) im Mittelpunkt: Der Prophet kündigt den Untergang des heidnischen Fürsten Gog aus dem Land Magog an: Gog ist der endzeitliche Feind des Volkes Israel, der durch den Zorn Gottes am Ende der Tage vernichtet wird. Das Unglück, das über Israel hereingebrochen war, wird aus seiner Sündhaftigkeit und seinem mangelnden Glauben erklärt. Die Ansatzpunkte für die Bußpredigten der evangelischen Pfarrer liegen auf der Hand. Die Verheißung auf die Gnade Gottes ist gebunden an die Umkehr der Menschen. In der Bedrohung griff die lutherische Theologie auf die traditionellen heilsgeschichtlichen Deutungsmuster zurück: Buße und Umkehr sind die einzigen Antworten des Gläubigen auf den Zorn Gottes.

Dieser Grundtenor bleibt auch in den nächsten Jahren in den Anweisungen für die Gestaltung von Buß- und Bettagen in der Markgrafschaft Baden-Durlach erhalten. Allein das Bedrohungsszenario änderte sich: Die Gebetstexte der Jahre ab 1689 machen deutlich, dass die Kriegsnot in der Markgrafschaft immer drängender wurde. Die Blickrichtung hat sich aber gewandelt: Die ›ferne Bedrohung‹ hatte sich durch die militärischen Triumphe des Kaisers gegen die Türken aufgelöst, während der ›nahe Gegner‹, nämlich der König von Frankreich, im Pfälzischen Erbfolgekrieg den Alltag der Menschen bestimmte.[38] Der glanzvolle Sieg in der Schlacht von Slankamen 1691 wurde am Oberrhein – nach Ausweis der Quellenlage – nicht öffentlich gefeiert.

Nach dem Sieg der kaiserlichen Truppen in der Schlacht von Peterwardein (serb. Petrovaradin, 5. August 1716) befasste sich der Durlacher Kirchenrat wieder mit der Frage, ob man dem Beispiel der Nachbarn folgen solle und ein Dankesfest feiern sowie das ›Türkengebet‹ wieder anordnen solle. In der Sitzung des Gremiums am 22. September 1716 fiel die Reaktion verhalten aus. Der Sieg läge nun doch schon einige Zeit zurück (»weilen die zeit von den erhaltenen grossen victori an bereits zimlich verflossen«), deshalb solle man an das allgemeine Kirchengebet einen Passus zum Dank für den Sieg gegen den »erbfeinde christlichen nahmens« anfügen. Wegen der Kürze der Zeit solle man auch nur die größeren Amtsorte Durlach, Mühlburg, Lörrach, Pforzheim, Emmendingen und Sulzburg darüber informieren. Als sich 1737 die kaiserlichen Truppen in der Defensive befanden, wollte der Kirchenrat sich zunächst informieren, wie sich denn die Nachbarn verhalten würden, dann wolle sich auch Baden-Durlach festlegen.[39] Die ›Türkenangst‹ war in den ersten Jahrzehnten des 18. Jahrhunderts am Oberrhein nicht mehr drängend, sie war zu einer ›fernen Bedrohung‹ geworden, deren man sich mit militärischen Erfolgen, die man als ›glänzende Siege‹ zelebrierte, zusehends entledigte.

›Unsterblichen Ruhmes Ehrengedächtnis‹ – Markgraf Ludwig Wilhelm als Heros der badischen Dynastie

Am 4. Januar 1707 verstarb Markgraf Ludwig Wilhelm von Baden-Baden in Rastatt.[40] Die Vorbereitung für das Leichenbegängnis nahm mehrere Wochen in Anspruch. Die drei Tage dauernden Trauerfeierlichkeiten entfalteten im Zusammenklang von Liturgie, Sprache und Kunst eine – für den Barock typische – Inszenierung, die den aus der Vergänglichkeit befreiten Markgrafen in die ewige Glorie überführte. Im Chor der Stiftskirche von Baden-Baden wurde ein monumentales »castrum doloris«, ein Trauergerüst, aufgerichtet: Ein zeitgenössischer Stich von Elias Baeck (1679–1747), gen. Heldenmuth, hielt das Bauwerk im Bild fest (vgl. Abb. 6). Eine in deutscher und lateinischer Sprache verfasste Schrift[41] aus der Feder eines anonymen Jesuiten aus dem Kolleg zu Baden-Baden beschrieb das

6 »Castrum Doloris« (»Trauergerüst«) für Markgraf Ludwig Wilhelm von Baden-Baden in der Stiftskirche von Baden-Baden, Kupferstich von Elias Baeck, gen. Heldenmuth, 1707. GLA Karlsruhe.

7 Grabmal für Markgraf Ludwig Wilhelm von Baden-Baden, 1753 nach Plänen von Johann Schütz im Chor der Stiftskirche Baden-Baden errichtet. Foto: Martin Dürrschnabel.

»castrum doloris« und erläuterte dessen symbolreiche Programmatik: Kupferstich und Druckwerk überführten die ›Performanz des Augenblicks‹ in die ›Beständigkeit des Erinnerten‹, ins »Unsterblichen Ruhms Ehren=Gedächtnuß«. Den vier Ecksäulen des Gerüsts, das den Baldachin über der Totenbahre trug, waren vier Bereiche gewidmet, die dem Verstorbenen ihren Dank erwiesen, nämlich 1. Das »kindlich trauernde Baadische Vatterland«, 2. »das Hauß Baaden«, 3. »das Ungarnland«, 4. »das Römische Reich«. Während die ersten beiden Säulen auf der Westseite angebracht waren, befanden sich die anderen beiden Säulen im Osten, also zum Chorschluss hin. Die allegorische Darstellung des Königreiches Ungarn entfaltet in ihrer Symbolik die ganze Bandbreite des tradierten Feindbildes vom heidnischen Türken. Die Figur tritt mit Füßen ihr türkisches Joch und deutet mit einem »doppelten Creutz hinauff gegen der Fürstlichen, von der Glori vorgehaltenen Bildnus«. Die Inschrift ruht auf »gestürztem halben Mond und abgehauenen Türcken=Kopff«. Sieben türkische Fahnen stehen für die sieben Siege, die der Markgraf zwischen 1688 und 1691 in Ungarn errungen hatte: Schluss- und Höhepunkt ist die Schlacht von Slankamen. Auf sieben Schilden fand sich jeweils das Bild einer Stadt oder Festung, die von Ludwig Wilhelm eingenommen worden war. Die Zahl der gefangenen und getöteten Feinde wurde symbolisch gedeutet. Wie Heracles der Hydra ihre sieben Häupter abschlug, so bezwang der Markgraf die Türken in sieben Schlachten: »Die Türckisch Bestia gleichfalls unterlígt / Durch unsers Helden Faust auff sieben mahl besigt.« Das Trauergerüst nimmt mit der Figur von Heracles Bezug auf das Deckengemälde im Ahnensaal des Rastatter Schlosses, auf dem der griechische Held in den Olymp aufgenommen wird. Die vierte Ecksäule, die dem Heiligen Römischen Reich gewidmet ist, greift den Topos des ›Türkensiegers‹ wieder auf und macht damit deutlich, dass Ludwig Wilhelm im Dienst des Kaisers und des Reiches gestanden hatte und hoch dekoriert wurde für seine militärischen Erfolge.

Zwar bediente sich die Ikonografie dem gängigen Repertoire des ›Türkensiegers‹, doch war die Intention des »castrum doloris« nicht die inszenierte Aktualisierung des türkischen Feindbildes, um zur Abwehr gegen den ›Erbfeind des Christentums‹ aufzurufen. Die möglichst drastische Darstellung der feindlichen Türken hatte nicht mehr ›appellativen‹ Charakter, sondern diente der überhöhten dynastischen Verherrlichung und Memoria. Die Siege in Ungarn wurden zur ›tragenden Säule‹ für die ruhmreiche Inszenierung des verstorbenen Markgrafen im Sinn der baden-badischen Dynastie.

1753, also fast ein halbes Jahrhundert nach dem Tod von Ludwig Wilhelm, ließ Ludwig Georg Simpert von Baden-Baden (1702–1761) durch den Hofstukkateur Johann Schütz für seinen Vater ein monumentales Grabmal in der Stiftskirche zu Baden-Baden errichten (vgl. Abb. 7).[42] Das Epitaph hat die Form eines Barockaltars. Die Figur des Verstorbenen steht in der Nische über der Tumba. Die Figuren der Fortitudo (Tapferkeit) zur Linken und der Iustitia (Gerechtigkeit) zur Rechten werden, unterstützt durch Adler und Löwe, jeweils im siegreichen Kampf gegen einen Türken dargestellt. Das Grabmal ist von türkischen Beutestücken umgeben: Fahnen, Kanonen, Kugeln, Halbmonde. Die Fortitudo überreicht dem Markgrafen den Kranz der Unsterblichkeit. Diese Geste war mehr als nur eine Reminiszenz an den verstorbenen Vater, sie war eine dynastische Aussage: Die katholische Linie der Markgrafen von Baden-Baden stand vor ihrem Erlöschen. Der ›unsterbliche‹ Ruhm von Markgraf Ludwig Wilhelm diente somit der Selbstvergewisserung des Hauses Baden-Baden. Das Ensemble der Beutestücke, die auf dem Grabmal als Trophäen der siegreichen Schlachten gegen die Türken präsentiert wurden, war zugleich ›Beweisstück‹ für den Glanz der Vergangenheit, der durch die Memoria für die Gegenwart verfügbar gemacht wurde. Die lateinische Inschrift verweist in einem Chronogramm nicht nur auf das Geburts- und Todesjahr des Markgrafen, sondern auch auf das Jahr der Errichtung des Grabmals und bindet dadurch den auch namentlich genannten Sohn in die Geschichte ein.

August Georg Simpert von Baden-Baden (1706–1771), der jüngste Sohn von Ludwig Wilhelm, führte wenige Monate vor seinem Tod – im sicheren Bewusstsein, dass mit ihm sein Geschlecht aussterben würde – die Intention seines bereits verstorbenen Bruders fort: Die Kriegsbeute, die am »castrum doloris« von 1707 und auf dem Grabmal von 1753 in künstlerischer Form präsentiert worden war, wurde nun mit realen Stücken in einer neu eingerichteten »Türckischen Kammer« im Rastatter Schloss zusammengetragen.[43] Sie fand nun im Kontext des von Ludwig Wilhelm erbauten neuen Schlosses ihren Platz. Sie überführte damit die Ikonografie der Schlossausstattung, die in vielfältiger Form auf den ›Türkensieger‹ Bezug nimmt, in die Realität der Beutestücke. Die ›Türkenbeute‹ als ein geschlossenes Ensemble, das Markgraf Ludwig Wilhelm von Baden-

Baden in wenigen Jahren zwischen 1683 und 1691 zusammengetragen haben soll, war ›geschaffen‹. Aus dem Markgrafen Ludwig Wilhelm von Baden-Baden wurde der ›Türkenlouis‹.[44]

Der ›Türkenlouis‹ im ›vaterländischen‹ Museum

Im Jahr 1854 erschien aus der Feder des Karl von Beust eine Beschreibung des Schlosses zu Rastatt, verbunden mit einer Schilderung der Leistungen seines Erbauers, des Markgrafen Ludwig Wilhelm von Baden-Baden.[45] Das Schloss war zu dieser Zeit längst zum Museum geworden: 1771 war die Linie der katholischen Markgrafen von Baden-Baden ausgestorben. Die evangelischen Markgrafen von Baden-Durlach hatten ihr Erbe angetreten. Karlsruhe war die Haupt- und Residenzstadt der vereinigten Landesteile geworden, die 1803/06 zum Großherzogtum aufstiegen. Über Rastatt lag der Hauch der Geschichte – oder die Patina des vergangenen Glanzes. Karl von Beust schlug in seinem kleinen Büchlein die Brücke in die Jetztzeit, indem er die Sammlung der Türkenbeute zum »Heiligthum badischen Heldenruhmes« erhob. Die nicht mit dramatischen Effekten sparende Schilderung der siegreichen Schlacht von Slankamen 1691 endet mit dem euphorischen Satz: »Hocherfreut hierüber war besonders das badische Fürstenhaus; stolz ist auf den Helden Ludwig Wilhelm jeder Badener.« Die durch die Romantik angestoßene Wiederbelebung der ›vaterländischen‹ Geschichte fand in Ludwig Wilhelm einen Helden für die Gegenwart, für das neu geschaffene, deutlich gewachsene Großherzogtum: denn der Stolz der Badener auf ihren Markgrafen war kein Phänomen der Vergangenheit, sondern eine Beschreibung der Gegenwart!

Die Historienmalerei nahm das Sujet schnell auf:[46] Der badische Hofmaler Feodor Diez (1813–1870) schuf 1837 im Auftrag von Großherzog Leopold von Baden (geb. 1790, reg. 1830–1852) ein Gemälde *Markgraf Ludwig Wilhelm von Baden erstürmt eine türki-*

8 Ferdinand Keller: Markgraf Ludwig Wilhelm von Baden-Baden, der ›Türkenlouis‹, reitet am Abend der Schlacht von Slankamen (16. August 1691) in das Zelt des sterbenden Mustafa Köprülü, 1877. Staatliche Kunsthalle Karlsruhe.

sche Verschanzung in Ungarn. Die im gleichen Jahr begründete »Großherzogliche Kunsthalle« in Karlsruhe, der die Funktion eines badischen ›Nationalmuseums‹ zugedacht war,[47] besaß zudem seit der Mitte des 19. Jahrhunderts von Friedrich Kaiser (1815–1890) das Gemälde *Markgraf Ludwig Wilhelm von Baden als Türkenbesieger bei Slankamen*.[48] Selbst als Dekor auf einer ›badischen‹ Schwarzwalduhr fand der ›Türkenlouis‹ populäre Verbreitung.

1877 wurde im Zentrum der Residenz ein neues Sammlungsgebäude errichtet, in der die ›Türkenbeute‹ aus dem Rastatter Schloss mit den Stücken aus der Durlacher Sammlung vereinigt und der Öffentlichkeit präsentiert wurde: Der ›Türkenlouis‹ war im Herzen des Großherzogtums angekommen. Im gleichen Jahr wurde Ferdinand Keller (1842–1922), seit 1870 Lehrer und ab 1880 Direktor der Karlsruher Kunstakademie, auf ausdrücklichen Wunsch von Großherzog Friedrich I. (geb. 1826, reg. 1852–1907) mit einem Gemälde, »das aus dem Stoff der Badischen Geschichte genommen« werden solle, beauftragt.[49] Der Künstler entschied sich für den ›Türkenlouis‹ in der siegreichen Schlacht von Slankamen. Das zweibändige Werk von Philipp Röder von Diersburg (1801–1864) *Des Markgrafen Ludwig Wilhelm von Baden Feldzüge wider die Türken* von 1839/42 lieferte die historische Beschreibung.[50] Die Exponate der ›Türkenbeute‹ bildeten die ›Requisiten‹. Es entstand ein Gemälde von monumentalen Dimensionen mit einer Höhe von über drei und einer Breite von fünf Metern (vgl. Abb. 8). Der Preis des Historiengemäldes in Höhe von 21.000 Reichsmark war enorm. Bevor das Gemälde nach seiner Vollendung 1879 in Karlsruhe präsentiert wurde, ging es – ganz zeittypisch – auf ›Tournee‹ in die Metropolen des deutschsprachigen Raums. In seiner historischen Aussagekraft war das Gemälde ganz auf die Verherrlichung des badischen Fürstenhauses ausgelegt. Der sterbende Großwesir Mustafa Köprülü war – wie schon im späten 18. Jahrhundert – nicht mehr der ›Angst einflößende Feind‹, sondern Teil der künstlerischen Inszenierung, die den ›Türkenlouis‹ in Szene setzte.

1877 – wenige Jahre nach dem Deutsch-französischen Krieg und der Gründung des Kaiserreichs 1870/71 – waren die Begriffe ›Kaiser‹ und ›Erbfeind‹ mit neuem Inhalt gefüllt. Der ›Erbfeind‹ befand sich nun im Westen, und der Kaiser war nun ein Preuße und residierte in Berlin.

Wieder ein bedrohter Raum? Grenzland Baden 1933

Mit der ›Machtergreifung‹ der Nationalsozialisten 1933 wurde das Bild des ›Türkenlouis‹ mit neuen historischen Projektionen für die Zwecke der Gegenwart aufgeladen: Mit dem Blick nach Westen in das französische Elsass wurde Baden zum »Grenzland« erhoben, zum Bollwerk gegen Frankreich.[51] Leicht ließen sich die tradierten ›Bedrohungsszenarien‹ den aktuellen Bedürfnissen anpassen. Markgraf Ludwig Wilhelm blieb zwar der populäre ›Türkenlouis‹, doch galt es nun gegen den ›Feind im Westen‹ mobil zu machen. Auf der Bühne und in populären Druckwerken wurde eine historische Person präsentiert, die mit den deutlichen Pinselstrichen des nationalsozialistischen Gedankenguts eingefärbt wurde. Auch wenn das Feindbild des Türken längst jeden Inhalts beraubt war, blieb dem Helden sein Beiname ›Türkenlouis‹ erhalten. Die Imagination eines ›bedrohten Raumes‹ wurde am Oberrhein (wieder einmal) neu belebt.

Anmerkungen

1 Vgl. dazu umfassend: Meurer/Schilder 2009; Maße der Karte: Breite 98,5 cm, Höhe 62 cm, aus sechs Blatt zusammengesetzt. Die Karte wurde durch den Nürnberger Verleger Christoph Zell zusammen mit einem erläuternden Beiheft vertrieben.
2 Münster 1544 (VD 16 M 6689).
3 Vgl. dazu: Meuthen 1983, bes. S. 8; allgemein zur frühneuzeitlichen Türkenangst: Barbarics-Hermanik 2009.
4 Zu der Frage der Umschreibung einer »geistigen Region« für das Oberrheingebiet: Hamm 2014.
5 Zit. nach Mertens 1991, S. 48; Mertens 1997.
6 Zit. nach Mertens 1991, S. 50, Anm. 50: »nunc vero in Europa, id est in patria, in domo propria, in sede nostra percussi caesique sumus.«
7 Einzelnachweise bei Döring 2013.
8 Döring 2013, Nr. 1477-1. – Allgemein zu den liturgischen Formen der Fürbittgebete wider die Türken: Mertens 2015, S. 371 f. – Im Missale speciale der Diözese Straßburg von 1508 wurde das Gebet gegen die Türken mit einer Fürbitte für Kaiser Maximilian verbunden.
9 Vgl. dazu allgemein: Christ-von Wedel/Grosse/Hamm 2014; die einzelnen bibliographischen Nachweise bei Döring 2013.
10 Zu Brant: Mertens 2010 (mit umfangreicher Literatur und Textbelegen).
11 Ebd., S. 174.
12 Brant 2004.
13 Zit.: Kühlmann 2000, S. 198 f.
14 Erasmus 1530 (VD 16 E 3650, ZV 24713).
15 Adelphus 1513 (VD 16 A 236)
16 Bibliander 1543 (VD 16 K 2583 u. a.). – Vgl. zum ›Basler Koranstreit‹ 1542: Christ 2005.
17 Török 2017.
18 Höfert 2010, S. 32 f.
19 Münster 1544.
20 Grundlegend: Schulze 1978.
21 Grimmsmann 2016, S. 25 f. (mit weiteren Belegen).
22 GLA Karlsruhe 74 Nr. 4409 (23. Juli 1532).
23 Kirchenordnung von 1563, zit. nach Sehling 1969, S. 395; die Formulierungen in der Kirchenordnung von 1566 in der Überarbeitung von 1577: ebd., S. 158 Anm. – Pfalz-Zweibrücken: Sehling 2006, Nr. 17c und 17d.
24 GLA Karlsruhe 116 Nr. 716: Gedrucktes Mandat vom 12. August 1596. Ein Mandat vom Konstanzer Bischof Christoph Metzler von 1557 hatte ebenfalls sehr ausführlich die Besserung des sittlichen Lebens (Zuchtmandat) mit dem Aufruf zum Türkengebet verbunden. GLA Karlsruhe 82 Nr. 549.
25 Abgedruckt bei Schilling 1895; die Türkenglocke war 1456 durch Papst Calixt III. eingeführt worden. Wer bei ihrem Läuten dreimal ein Vaterunser und ein Ave Maria betete, erhielt einen Ablass.
26 Haag 2010; Grimmsmann 2016.
27 Grimmsmann 2016, S. 258 f. – Flurer 1597 (VD 16 F 1741). Jakob Schopper (1545–1616), Theologieprofessor in Heidelberg, und zudem zwischen 1582 und 1584 zweiter Hofprediger bei Markgraf Georg Friedrich von Baden-Durlach, publizierte ebenfalls Türkenpredigten im Druck, die er allerdings in Amberg nach seinen Jahren am Oberrhein gehalten hatte. Grimmsmann 2016, S. 268 f.
28 Zitiert nach Grimmsmann 2016, S. 177.
29 Bůžek 2010; Dmitrieva 2013.
30 Sehling 1969, S. 568.
31 Eine moderne Biographie bietet: Beese 1991.
32 Der ›Türkenkämpfer‹ trat später in den Benediktinerorden ein, wurde 1671 zum Fürstabt von Fulda, zudem 1673 zum Fürstabt von Kempten gewählt. 1676 wurde er zum Kardinal ernannt. Rübsam 1923; Oesterle 2009.
33 Zur Biographie: Froese/Walter 2005; Forum Geschichte 2005; populäre Biographie: Oster 2001.
34 Eckert 1931.
35 GLA Karlsruhe 61 Nr. 10977, Bl. 259 r/v zum 22. und 28. Oktober 1683. – Zu den Anordnungen im Bistum Straßburg (und den Umsetzungen in der Markgrafschaft Baden-Baden): GLA Karlsruhe 61 Nr. 128, Bl. 251v/252r (Sitzung des Hofrats am 22. Sept. 1683).
36 GLA Karlsruhe 61 Nr. 10977, Bl. 348v-349r (8. Sept. 1685), Bl. 402r (13. Sept. 1686), Bl. 452v-453r (31. Aug. 1687).
37 GLA Karlsruhe 74 Nr. 4349 a.
38 GLA Karlsruhe 74 Nr. 4350, mit ausführlichen Texten für die Gottesdienste. – Zum spätmittelalterlichen Gog/Magog-Motiv im Türkendiskurs: Meuthen 1983, S. 14.
39 GLA Karlsruhe 74 Nr. 4414 (1716); 74 Nr. 4419 (1737).
40 Umfassend: Brüning 2005.
41 Unsterblichen Ruhms Ehren-Gedaechtnuß [1707]; Monumentum Gloriae Immortalis [um 1707].
42 Stoesser 1903, S. 115–118; KDM Baden-Baden 1942, S. 130–132; Schmid 1999.
43 Vgl. dazu umfassend: Ernst Petrasch, in: Karlsruher Türkenbeute 1991, S. 21–39.
44 Die Genese des Beinamens ›Türkenlouis‹ ist noch nicht erforscht.
45 Beust 1854, S. 9 f. – Für den Kontext: Karlsruher Türkenbeute 1991, S. 15.
46 Vgl. dazu umfassend: Petrasch 1954.
47 Zimmermann 2014.
48 Petrasch 1954, S. 3, Anm. 6 mit weiteren Gemälden des Künstlers zum Thema.
49 Zum Folgenden: Petrasch 1954; Koch 1978, Nr. 100; Holsten 2010, S. 141 f. (Ölstudie).
50 Röder von Diersburg 1839/42.
51 Stingl 2017 mit umfangreichen Quellenbelegen.

GERARDI MERCATORIS

ATLAS
SIVE
COSMOGRAPHICÆ
MEDITATIONES
DE
FABRICA MVNDI ET
FABRICATI FIGVRA.
Denuò auctus

EXCUSUM SUB CANE VIGILANTI

EDITIO QVARTA

Sumptibus & typis æneis Iudoci Hondij, Amsterodami An. D. 1613.

Die Entwicklung der Kartografie als Teil vormoderner Wissenschaften

ZSOLT G. TÖRÖK

Karten verstehen – Kartografiegeschichte und Kartenwissenschaft

Auf seinem Weg zur Erde gelangte der Kleine Prinz auf den Planeten des Geografen, wo er sah, dass dieser edle Beruf von gelehrten Herren in ihren Studierzimmern ausgeübt wurde. Als er den Geografen fragte, ob es auf seinem Planeten Berge und Ozeane gäbe, konnte dieser nicht antworten und erklärte: »Nicht der Geograph geht die Städte, Flüsse, Seen, Meere und Wüsten zählen. Der Geograph ist zu wichtig, um durch die Welt zu streifen. Er verlässt sein Büro nie. Aber er empfängt die Entdecker. Er befragt sie und notiert sich ihre Erinnerungen.«[1]

In einer anderen imaginären Welt erzählt die einem anderen Planeten entstammende Figur »Mein Herr« seinen Zuhörern eine Geschichte über den beachtlichen Fortschritt des Faltplans in seiner Heimat, wo solche Karten äußerst akkurat und detailreich waren, wurden sie doch im Maßstab 1:1 hergestellt. Zum Nutzen dieser riesigen Karte befragt, antwortete er: »Bisher wurde sie noch nie entfaltet, sagte Mein Herr, denn die Bauern haben etwas dagegen: Sie sagen, die Karte würde das ganze Land bedecken und die Sonne verdunkeln. So verwenden wir jetzt das Land selbst als seine eigene Karte, und ich kann Ihnen versichern, es klappt fast genauso gut.«[2]

Zusammengenommen können die beiden Fantasieszenen als eine Zusammenfassung der komplizierten Geschichte frühmoderner Kartografie von der Renaissance bis zur Aufklärung gesehen werden, schildern sie doch einen wesentlichen Wandel in der Kartografiegeschichte. Der Geograf weiß nur, dass der Raum leer ist, während die perfekte Karte von »Mein Herr« das Land selbst ist. Sicher, auch nach 1650 arbeiteten einige Geografen immer noch in ihren Stuben, aber sie konnten auf eine große Zahl von Vermessern, Ingenieuren und Topografen zurückgreifen, die vor Ort zunehmend alle Teile der Erde erforschten. Innerhalb eines Jahrhunderts wich das Berufsbild des einsamen Gelehrten, der in seiner geheimnisvollen Kammer Karten für Herrscher, Mäzene und Verleger schuf, staatlichen Militärinstituten und kommerziellen Unternehmen, die Fachleute einbezogen und einen komplexen Prozess der Kartenproduktion in Gang setzten. Karten wurden zum Gebrauchsgut für die Verwaltung, Diplomatie, das Militär und die wissenschaftliche Forschung. Dabei kam dem Militär und der Verwaltung eine besondere Bedeutung zu, weil sie die Entstehung der modernen Kartografie an der Wende vom 17. zum 18. Jahrhundert wesentlich förderten. Institutionalisiert wurde die Kartografie im 19. Jahrhundert und entwickelte sich zu einer eigenständigen wissenschaftlichen Disziplin erst im darauffolgenden Jahrhundert. Max Eckerts (1868–1938) zweibändiges Hauptwerk *Die Kartenwissenschaft*[3] von 1921 gilt als Fundament des damals noch neuen Wissenschaftszweigs, der Kartenherstellung und Kartennutzung verbindet.

In Deutschland wurde der Terminus ›Kartografie‹ zum ersten Mal 1829 von Heinrich Berghaus (1797–1884) verwendet, vielleicht sogar schon ein Jahr zuvor von dem Berliner Geografieprofessor Carl Ritter (1779–1859). Berghaus verwendete den Begriff im Zusammenhang mit seinem Lob der Kartografie französischer Atlanten. Das Wort »chartographie« tauchte schon in dem 1810 in Frankreich gedruckten Bericht von Conrad Malte-Brun (1775–1826) über deutsche topografische Karten auf. Der Begriff bezog sich ursprünglich nicht nur auf die Herstellung von Landkarten, sondern auch auf die Erforschung von deren Geschichte. In diesem Bereich hat sich der portugiesische Diplomat Vicomte Santarém (1791–1856) besondere Verdienste erworben und wird daher zu den ers-

1 Gerhard Mercator: Atlas sive cosmographicae meditationes de fabrica mundi et fabricati figura [Atlas oder kosmografische Meditationen über die Erschaffung der Welt und die Form des Erschaffenen], Amsterdam 1613, Titelblatt. Universitäts- und Landesbibliothek, Darmstadt.

ten Kartenhistorikern gezählt.⁴ Pionierarbeit leisteten dabei auch Caspar Gottschling (1679–1739), Johann Gottfried Gregorii (1685–1770) sowie der Tübinger Theologe Eberhard David Hauber (1695–1765). Letzterer legte 1724 den ersten bedeutenden Versuch einer allgemeinen Kartengeschichte vor. Der 60. Band der *Oeconomischen Encyclopädie* Krünitz' von 1793 enthält einen längeren Beitrag über die Kartengeschichte eines unbekannten Autors, vermutlich des Geografen Anton Friedrich Büsching (1724–1793).⁵ Wenn auch nicht als erster, bezeichnete der französische Mathematiker Joseph-Louis Lagrange (1736–1813) die Landkarte 1779 als »flache Darstellung der Erdoberfläche oder eines Teils davon in verkleinertem Maßstab«. Diese Definition sollte bis Ende der dreißiger Jahre des 20. Jahrhunderts Bestand haben.

Bereits vor dem Zweiten Weltkrieg verfasste Leo Bagrow (1881–1957) eine einbändige *Geschichte der Kartographie*, die aber erst 1951 erscheinen konnte. Darin legte er den Schwerpunkt auf Landkarten der europäischen Renaissance. Seine Kartengeschichte reicht nur bis zur Mitte des 18. Jahrhunderts, denn – wie er selbst schrieb – »damals hörten Landkarten auf, Kunstwerke zu sein, also die Produkte individuellen Könnens, und die Kunstfertigkeit wurde endgültig von spezialisierter Wissenschaft und Maschinen ersetzt.«⁶ Mit der Auffassung, dass sich um 1700 der Wandel zur modernen, wissenschaftlichen Kartografie vollzog, griff er eine Meinung auf, die der einflussreiche Kartenhistoriker Christian Sandler (1858–1912) bereits 1905 in seiner Veröffentlichung *Die Reformation der Geographie um 1700*⁷ dargelegt hatte. Darin vertritt er die Meinung, dass das Zeichnen von Karten von den französischen Kartografen reformiert wurde. Er nennt in diesem Zusammenhang Giovanni Domenico Cassini (1625–1712), der als Erster die Längengrade durch die Eklipsen der Jupitermonde bestimmte, und insbesondere Jean Picard (1620–1682) und Philippe de la Hire (1640–1718). Dessen »korrigierte« Frankreichkarte von 1693 wurde zum Symbol der neuen, wissenschaftlich fundierten Kartenzeichnung. Den auf wissenschaftlicher Methodik beruhenden Fortschritt und damit die Zäsur um 1700 veranschaulichte Sander anhand der seiner Monografie beigefügten Karten. Diesem Grundsatz folgte die Geschichte der Kartografie bis zum Ende des vergangenen Jahrhunderts.⁸

Die traditionelle Kartografiegeschichte hatte vor allem die vorwissenschaftliche Zeit im Blick und zeigte wenig Interesse an moderner Kartografie. Das änderte sich mit kritischen Kartenhistorikern, die den Spuren von Brian Harley (1932–1991) und David Woodward (1942–2004) folgten. Diese dehnten mit den seit 1987 erscheinenden Bänden der *History of Cartography* den Rahmen der Forschungen erheblich aus. Indem sie Karten als kulturelle Texte lasen, eröffneten sie ein weites Betätigungsfeld für sozialwissenschaftliche Studien über frühe Karten.⁹ In den vergangenen Jahrzehnten wurde dieser Ansatz weiter entwickelt, wie sich anhand der Beiträge der Fachzeitschrift *Imago Mundi* ablesen lässt. Institutionell steht dafür die *International Society for the History of the Map* (ISHMap), die erste interdisziplinär und international ausgerichtete akademische Gesellschaft in diesem Bereich, die 2011 gegründet wurde.

Von Ptolemäus zur Renaissance

Manche Kartografiehistoriker verorten die Anfänge der wissenschaftlichen Kartografie bereits in der Antike. Sie berufen sich dabei auf Claudius Ptolemäus (auch: Klaudios Ptolemaios, um 100–nach 160). Der Mathematiker und Astronom verfasste die später *Almagest* (ursprünglich Μαθηματικὴ Σύνταξις, Mathēmatikē Syntaxis) genannte Abhandlung über Astronomie, eine Beschreibung des geozentrischen Universums, sowie die *Geographike Hyphegesis* (Γεωγραφικὴ Ὑφήγησις). In Ptolemäus' Denken bedeutete Geografie die Entwicklung einer Weltkarte, eine Beschreibung auf der Grundlage astronomisch-geometrischer Prinzipien.¹⁰

Ptolemäus nahm an, dass die Erde rund ist, und beschrieb sie mathematisch anhand eines Koordinatensystems, mit dessen Hilfe er insgesamt etwa 8000 Orte mit ihren Koordinaten lokalisierte.¹¹ Dennoch fußte die Bestimmung der meisten Orte aus praktischen Gründen auf anderen Quellen: Reiseberichte (itineraria) bzw. Umschiffungsbeschreibungen (περίπλοι – periploi). Ptolemäus erläuterte außerdem die Grundsätze des Kartenzeichnens und gab Hinweise, wie Welt- und andere Karten aufgebaut sein sollten, also wie die kugelförmige Oberfläche zweidimensional wiedergegeben werden konnte, um die runde Form und ihren Anblick zu reproduzieren und die wichtigsten Größenordnungen (z. B. die Länge der Meridiane) zu respektieren. Die von Ptolemäus vorgelegte Abbildung der bewohnten Welt, der *oikumene* (ἡ οἰκουμένη), fußte auf einem angenommenen geografischen Raster, war also ein mentales Konstrukt (vgl. Abb. 2).

2 Weltkarte des Ptolemaeus, Ulm 1482 in der Neuausgabe von Zsolt G. Török. © Zsolt G. Török.

Im Mittelalter gerieten die Erkenntnisse und Veröffentlichungen von Ptolemäus in Vergessenheit. Sie wurden erst vom byzantinischen Mönch Maximos Planudes (um 1260–1330) um 1300 wiederentdeckt. Über diesen Umweg gelangte im darauffolgenden Jahrhundert Ptolemäus' *Geographia* (auch als *Cosmographia* bekannt) nach Italien, wo sie durch Manuel Chrysoloras (um 1350–1415) und Jacopo Angeli (um 1360–1411) ins Italienische übersetzt wurde. Damit wurden die Grundlagen der breiten Rezeption gelegt, in deren Mittelpunkt einerseits vor allem Interessen historischer Art lagen, also Orte und Ortsnamen der Antike.[12] Andererseits wurde die Bedeutung der ptolemäischen Methode – Orte mit Breiten- und Längengrad im Koordinatensystem zu lokalisieren – für die Herstellung einer exakten und vollständigen Weltkarte erkannt. Mit anderen Worten: Die *Geographia* bot die theoretische Grundlage für eine moderne Kartografie. Die neue Sichtweise, die Linearperspektive, war ein Werkzeug sowohl für Gelehrte als auch für Künstler, und die Geometrie wurde auf Kunst, Wissenschaft und Technologie angewendet.

Das mit dem Rückgriff auf die Antike verbundene wachsende Interesse an Kartografie im frühen 15. Jahrhundert fiel mit der Epoche der großen geografischen Entdeckungen zusammen. Karten und Kartografie spielten in der Expansionspolitik der europäischen Seemächte eine Schlüsselrolle. Auf dem Erdglobus von Martin Behaim (1459–1507) wurden den Bürgern von Nürnberg die portugiesischen Entdeckungen zum ersten Mal vor Augen geführt, und zwar im Jahr 1492, als Kolumbus in seiner ›terra nova‹ landete.

Die Weltkarte von Martin Waldseemüller (1472/75) von 1507 war eine logische Fortsetzung der ptolemäischen Erkenntnisse. Er verwendete als erster den Namen »America« für den südlichen Teil der ›Neuen Welt‹, eine große, von Amerigo Vespucci entdeckte Insel.[13] 1516 veröffentliche Waldseemüller eine weitere, allerdings anders geartete Weltkarte, die »Carta Marina«. Sie verwendete Erkenntnisse portugiesischer Seefahrer und war der traditionellen Methodik für Portulankarten verpflichtet. Weitere Weltkarten in unterschiedlicher Form – Herz, Oval, Kreis, Rechteck und andere – mit den neu entdeckten Ländern folgten, wobei alle die Bezeichnung »America« für den neuen Kontinent übernommen haben.

Zur Ptolemäus-Renaissance und den Entdeckungen kam im 15. Jahrhundert ein weiterer Faktor, der der Kartografie zum Aufschwung verhalf. Die Technologie der kartografischen Reproduktion erfuhr durch die Einführung der Drucktechnik eine radikale Veränderung. Wie der Fall der Waldseemüller-Karte belegt, wurde eine gedruckte Landkarte zu einem kulturellen Agens und von ihrem Autor unabhängig. Der Text und Bild verbindende Hochdruck schuf neue, ungeahnte Möglichkeiten, wie sich an der *Nürnberger Chronik* von 1493 ablesen lässt, die auch eine Welt- und eine Europakarte enthält. Ptolemäus' Traktat wurde 1475 zunächst ohne Karten gedruckt, wenige Jahre später dann in Bologna (1477), Rom (1478) und Florenz (1482) mit Karten als Kupferstiche. Aufgrund der höheren Kosten und der für den Kupferstich erforderlichen Fachkenntnisse blieb jedoch der Holzschnitt im 16. Jahrhundert für den Druck von Karten in Büchern die übliche Methode.

Ptolemäus wurde in der Renaissance nicht ›statisch‹ übernommen. Es war von Anfang an ein dynamischer Prozess. Seine Abhandlungen verbanden Astronomie und Geografie, was Jacopo Angeli betonte, als er der lateinischen Ausgabe der Schrift von Ptolemäus einen neuen Titel gab – *Cosmographia*. Im 16. Jahrhundert entwickelte sich die ›sphaerae armillaris‹ als Symbol der Renaissancekosmografie zur Königsdisziplin. Dabei wurde das All auf einfachen kosmografischen Diagrammen mit den Sphären als Kreisen oder auch in Form ausgeklügelter mechanischer Modelle, sogenannter Weltmaschinen, dargestellt. In diese Gruppe von Veröffentlichungen ist auch die 1542 in Kronstadt (rum. Brașov) erschienene *Rudimenta cosmographica* des siebenbürgischen Humanisten Johannes Honterus (1498–1549) einzuordnen. Der lateinische Text ist in Reimform verfasst und enthält Holzschnitte mit astronomischen Diagrammen und Landkarten, was die Beliebtheit des Werks erklärt.[14]

Im einleitenden Teil seines Werks differenzierte Ptolemäus deutlich zwischen Geografie, der Beschreibung der Welt als Ganzes, und Chorografie, der Darstellung einzelner Regionen. Er wies darauf hin, dass es sich um unterschiedliche Bereiche mit unterschiedlicher Methodologie handelte: die ›Wissenschaft‹ der Geografie fußte auf mathematischen Grundsätzen, während die Chorografie eine ›künstlerische‹ Abbildung einer Weltgegend und deren landschaftlichen Eigenschaften war. Dieser Unterscheidung folgten Gelehrte und Künstler der Renaissance nicht, sicher auch eine Folge der falschen Übersetzung des Textes von Ptolemäus. Sie deuteten Geografie als »Nachahmung von Malerei«, Kartenzeichnen als bildliche Darstellung.[15] Diese ›Verschmelzung‹ wirkte sich erheblich auf die frühmoderne Kartografie aus. Dafür ist der *Cosmographicus liber* von Peter Apian (1495–1552), 1524 in Landshut erschienen, ein gutes Beispiel (vgl. Abb. 3). Zwar ist in dem Werk die Geometrie noch der allgemeine Schlüssel, der die Beschreibung des ganzen Universums oder der Erdsphäre eint, aber das menschliche Auge – als Mittelpunkt der Perspektive – ist ein Symbol für die synoptische Sicht. Bei Apian beziehen sich die Begriffe Chorografie und Topografie auf die Beschreibung kleiner Einzelorte – Städte, Gemeinden und Häfen.[16]

Das wachsende Interesse an bildlichen Darstellungen urbaner Konglomerate führte im 15. Jahrhundert zur Erfindung eines neuen kartografischen Genres, der modernen Stadtansicht. Dem römischen Architekten Vitruv (um 90–20 v. Chr.) folgend, wurden drei Darstellungsformen – Grundriss, Schnitt und perspektivische Ansicht (ichnographia, orthographia, scaenographia) – verwendet, wobei alle drei die Proportionen der gezeigten Gegenstände getreu wiedergaben. Beispielhaft sei Leon Battista Albertis (1404–1472) Bericht zu seinem Romplan (um 1440) angeführt. Er war nicht als bildhafte Präsentation gedacht, sondern als geometrische Zeichnung von Punkten und Linien, die er vermessen hatte.

Demgegenüber verwendeten Renaissancekünstler perspektivische Darstellungen, um die Illusion einer Echtsicht zu schaffen. Nach Francesco Rossellis (1445 – um 1508) Ansicht von Florenz (um 1485) entstanden mehrere Stadtansichten von einem idealen Blickpunkt aus festgehalten. Auf der Holzschnittversion von Rossellis Ansicht ist sogar der Chorograf zu sehen, wie er auf einem Hügel an seiner Zeichnung arbeitet. Das Stadtgefüge ist zwar erkennbar, aber der künstlerische Titel »Fiorenza« suggeriert eher eine künstlerische Präsentation, also eine Abbildung der Stadt in ihrer Blütezeit. Im Gegensatz zu Italien wurde in den Niederlanden die Stadtlandschaft meistens im Profil gezeigt. In den folgenden Jahrhunderten finden sich zahlreiche Versuche, die unterschiedlichen Ansichten und diversen Perspektiven zu einem Gesamtbild der Stadt und ihres Umlands zusammenzufügen.

Befördert wurde die Verbreitung der neuen Darstellungsformen durch Veränderungen in der Militärarchitektur. Als Reaktion auf effizientere Feuerwaffen entwickelten italienische Architekten im späten

15. Jahrhundert neuartige Verteidigungssysteme, so dass im 16. Jahrhundert überall in Europa polygonale, üblicherweise fünf- bzw. sechseckige Festungen mit triangelförmigen Basteien entstanden. Diese Anlagen wurden sorgfältig mit Lineal und Kompass geplant und zunächst von Baumeistern, dann von Militäringenieuren errichtet. Im 16. Jahrhundert beherrschen dieses Feld italienische Architekten. Es erfuhr dann aber eine zunehmende Internationalisierung, wie die Biografie von Daniel Specklin (1536–1589) zeigt. Seine Ausbildung zum Militärarchitekten erfolgte in Düsseldorf, Regensburg und Wien. Er reiste dann durch Dänemark, Schweden, die Niederlande und Ungarn, bevor er nach Straßburg zurückkehrte, wo er sein Hauptwerk *Architectura von Vestungen* (1589) verfasste.[17] Einflussreiche Festungsexperten waren später Sébastien Le Prestre de Vauban (1633–1707) in Frankreich und sein holländischer Kollege Menno Coehorn (1641–1704). In den 1570er Jahren stellten die italienischen Baumeister Angielini in Wien systematische Sammlungen von Ansichten und Plänen der Festungen entlang der habsburgisch-osmanischen Grenze zusammen. Diese enthielten schon eine allgemeine Karte sowie weitere Karten für jede militärische Region und belegen eine frühhabsburgische Militärkartografie.[18]

Im Unterschied zur Darstellung von Ansichten von Städten und Plänen von Festungswerken blieb die Vermessung größerer Landstriche eine technische Herausforderung. Theoretisch wären astronomische Messwerte, also die Bestimmung von Breite und Länge, die beste Lösung gewesen, aber wegen der beschränkten Genauigkeit (Abweichungen von 30–60 km) war im 16. Jahrhundert eine Verwendung solcher Koordinaten für eine stimmige Regionalkartografie ausgeschlossen. Die einzig mögliche Lösung war die Nutzung bekannter Entfernungen zwischen einzelnen Orten. Dabei wurden trotz Schrittzahl oder der geschätzten Reisezeit erstaunlich genaue Werte erzielt.

Die Vermessung von Entfernungen und Winkeln war an sich nichts Neues, aber die Verwendung der entsprechenden Informationen zur Erstellung von Landkarten war eine Neuheit. Sebastian Münster (1488–1552), der von 1513 bis 1518 bei Johannes Stöffler (1452–1531) in Tübingen studierte, beschrieb als Erster die Methoden und das Verfahren der regionalen Kartenzeichnung.[19] Münsters Erläuterung beigefügt war eine Karte von Heidelberg mit seinem Umland und eine Abbildung seines Messinstruments: ein graduierter Halbkreis mit Zeiger und Magnetkompass.

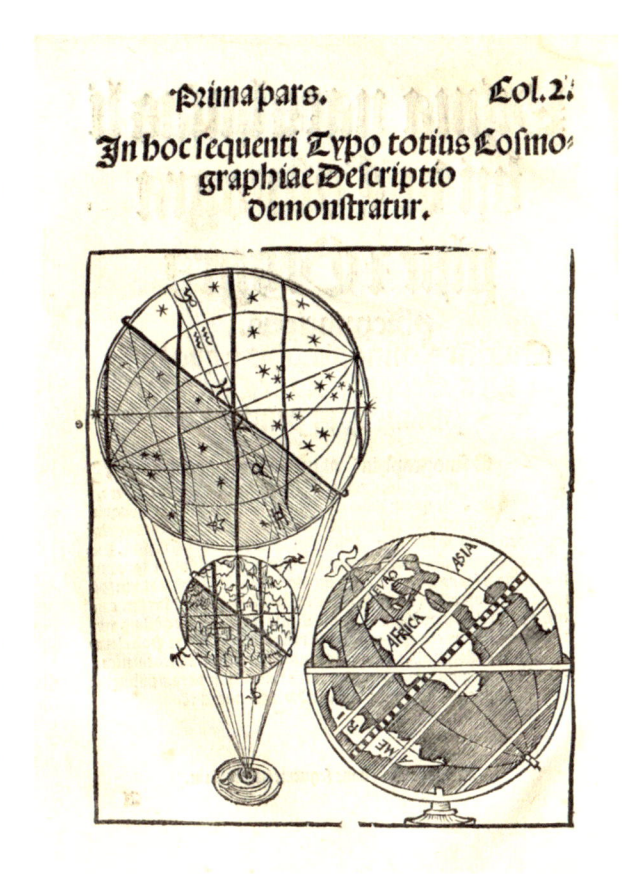

3 Petrus Apianus: Cosmographicus liber, studiose collectus, Landshut 1524, Bl. 2. Bayerische Staatsbibliothek, München.

Von einem Turm in Heidelberg, der sich in der Mitte des Papierblatts befindet, misst der Geometer das magnetische Azimut der Linien, die zu Türmen in anderen Städten (z. B. Speyer) weisen. Die Linien sind mit dem Lineal gezeichnet und die Entfernung wird durch den Kompass markiert. Nach Wiederholung der Prozedur von dem neuen Punkt aus ließen sich die anderen Örtlichkeiten an Schnittstellen der Sichtlinien bzw. Entfernungskreisen finden.

1533 beschrieb Gemma Frisius (1508–1555) in seinem *Libellus de locorum describendum ratione* dasselbe geometrische Verfahren zur Bestimmung geografischer Koordinaten, nämlich die Triangulation. Er hatte festgestellt, dass die Messung einer einzigen Entfernung ausreicht, weil sich alle anderen Seiten der aneinander anschließenden Dreiecke durch die Winkel errechnen lassen. Die Triangulation wurde im 17. und 18. Jahrhundert zu einer äußerst wichtigen Methode, wie die Arbeiten von Willebrord Snell (1580–1626) zeigen.[20] Eines ähnlichen Verfahrens, einschließlich der Triangulation, bediente sich der Tübinger Astronomieprofessor Wilhelm Schickard (1592–1635) für seine Vermessung Württembergs ab 1624 (vgl. Abb. 5).[21] Eine Zusammenfassung der Methoden zur chorografischen Erfassung lieferte 1541 Georg Joachim Rheticus (1514–

4 Karte von Ungarn, Siebenbürgen und den angrenzenden Regionen, aus: Sebastian Münster: Cosmographiae universalis libri VI, Basel 1554, S. 456. GLA Karlsruhe.

1574). Er wies auch darauf hin, dass geografische Koordinaten sich nicht für die Erstellung größerer Landkarten eignen. Die Nutzung älterer, auf Entfernungslisten bzw. Itinerarien fußender Karten zur Messung neuer Koordinaten durch grafische Systeme bot sich jedoch an, wie die Veröffentlichungen von Johannes Schöner (1477–1547)[22] und Apian[23] zeigen.

Bis Mitte des 16. Jahrhunderts hatten sich die neuen Vermessungsmethoden weiter durchgesetzt, wie Sebastian Schmids (1533–1586) handgeschriebener Traktat *Topographia et Chorographia* von 1566 und Tilemann Stellas (1525–1589) Kurzbericht zu einer allgemeinen Deutschlandkarte belegen.[24] Stellas chorografische und historische Methode folgte der von Sebastian Münster, dessen *Cosmographia* mit Regionalkarten und hunderten Abbildungen ab 1544 in Basel veröffentlicht wurde (vgl. Abb. 4).

Andere Kosmografen, allen voran Gerhard Mercator (1512–1594), waren in ihren Kartensammlungen im Buchformat stärker der mathematisch-astronomischen Tradition verbunden. Der erste Atlas, *Theatrum orbis terrarum,* 1570 in Antwerpen erschienen, wurde von Abraham Ortelius (1527–1598) veröffentlicht. Die Bezeichnung »Atlas« geht auf Mercator zurück, dessen kritische Methode in einer systematischeren und einheitlicheren Kartenzusammenstellung ihren Ausdruck fand.[25] In der Denkweise eines Lesers der Renaissance waren Atlanten ein Spiegel der Welt. Diese weit verbreitete Metapher für Wissenschaft hielt Einzug in die Titel der Werke von Gerard de Jode (1509–1591) (*Speculum Orbis Terrarum,* Antwerpen 1578) bzw. Lucas Janszoon Waghenaer (1533/34–1606) (*Spieghel der zeevaerdt*, Leiden 1584).

Die praktischen Methoden des Kartenzeichnens wurden etwa zur gleichen Zeit von Paul Pfinzing (1554–1599) ausführlich beschrieben. Die Abbildungen in seinem Band sind aufschlussreich, weil man darauf erkennt, wie ein abstraktes Diagramm im Laufe des Zeichnungsprozesses zu einer bildlichen Darstellung wird. Der neu erfundene Messtisch war hier hilfreich, weil er die Produktion immer bildhafterer Landkarten erleichterte. Zusammen mit anderen zeitgenössischen Instrumenten beschrieb 1607 als Erster Johannes Praetorius (1537–1616) einen Messtisch (*Fabrica et usus instrumenti chorographici*). In den folgenden Jahrhunderten blieb der Messtisch das wichtigste Werkzeug im Vermessungswesen und in der Herstellung topografischer Karten.

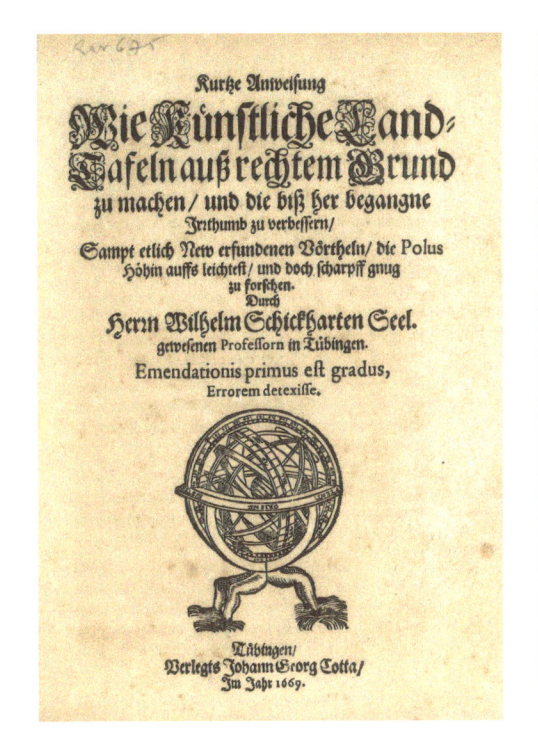

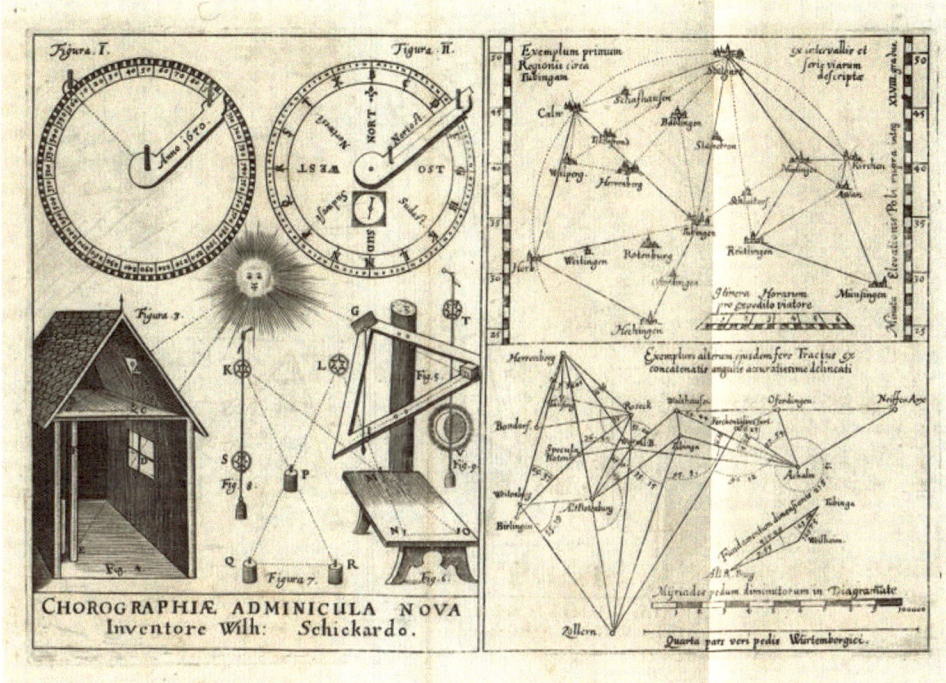

Landkarten wurden ab dem 16. Jahrhundert nicht nur in Europa immer gebräuchlicher. Karten nach europäischer Art, zuweilen mit lokalen kartografischen Traditionen kombiniert, wurden unter anderem in Japan, China und Mexiko produziert.[26] Sie waren eng mit dem entstehenden modernen Zentralstaat verbunden und seinen administrativen, politischen und militärischen Funktionen verpflichtet. Karten entfalteten eine besondere Macht.[27] Manchmal war es sogar der Herrscher in Person: Kurfürst August von Sachsen (1526–1586) vermaß und kartierte sein Herrschaftsgebiet selbst.[28] Viel öfter jedoch wurden Mathematiker, Geometer oder Geografen mit der Herstellung von Landkarten für die Herrscher beauftragt. Kurz nachdem Jakob van Deventer (um 1500–1575) die Habsburger Gebiete in den Niederlanden kartiert hatte, beauftragte Albrecht V. von Bayern (1528–1579) Philipp Apian (1531–1589) mit der Landesvermessung Bayerns.[29]

Aufklärung als kartografisches Projekt

Ab der zweiten Hälfte des 17. Jahrhunderts begann eine neue Phase der Kartografie, in der bisher eher lose verbundene Bereiche (Geografie, Astronomie, Militärarchitektur, Landvermessung usw.) zu einem Großunternehmen gebündelt wurden: Die Kartografie der Aufklärung, das Kartenzeichnen im Zeitalter der Vernunft, setzte ein.[30] Der geografische Traum des Ptolemäus wurde Wirklichkeit, als die geometrische Methode der Triangulation und die neuen Messwerkzeuge zur Verfügung standen. Hinzu kamen bedeutende Neuheiten in der Optik, namentlich Fernrohre und Mikroskope. Der Blick des Landvermessers weitete sich fast ins Unendliche und die Messgenauigkeit nahm ganz erheblich zu. Sie trugen zu der von dem Jesuiten Giovanni Riccioli (1598–1671) geforderten »Reform« bei,[31] die sich der neuen theoretischen Ansätze des zum Militäringenieur ausgebildeten Philosophen René Descartes (1596–1650) bedienten.

Die französische Wissenschaftsakademie entstand 1666 in Paris mit dem Auftrag, eine genauere Karte des Landes für den Minister Jean-Baptiste Colbert (1665–1746) und König Ludwig XIV. (1638–1715) anzufertigen. Für die dafür erforderliche Ortsbestimmung wurde in Paris eine Sternwarte unter der Leitung von Giovanni Domenico Cassini errichtet, der aus Bologna als königlicher Astronom nach Frankreich berufen wurde. Galileo Galilei (1564–1642) folgend,

5 Wilhelm Schickard: Kurtze Anweisung, wie künstliche Land-Tafeln auß rechtem Grund zu machen […], Tübingen 1669, Titelblatt und Tafel mit Instrumenten für Vermessung und Kartierung. Bibliothek der Eidgenössischen Technischen Hochschule, Zürich.

6 Meridianstreifen des Coronelli-Globus, moderne Rekonstruktion von Zsolt G. Török. © Zsolt G. Török.

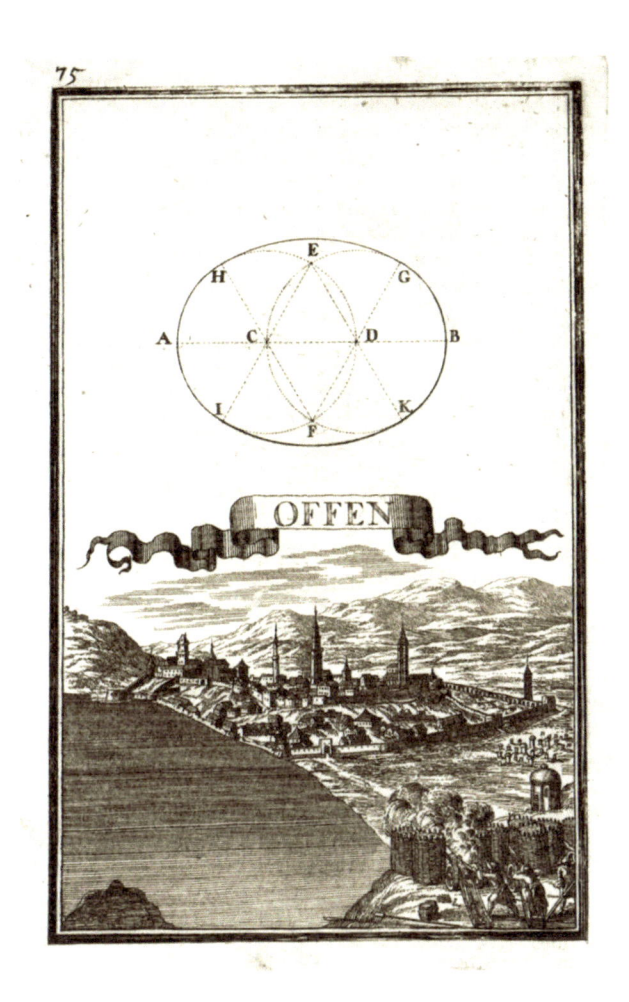

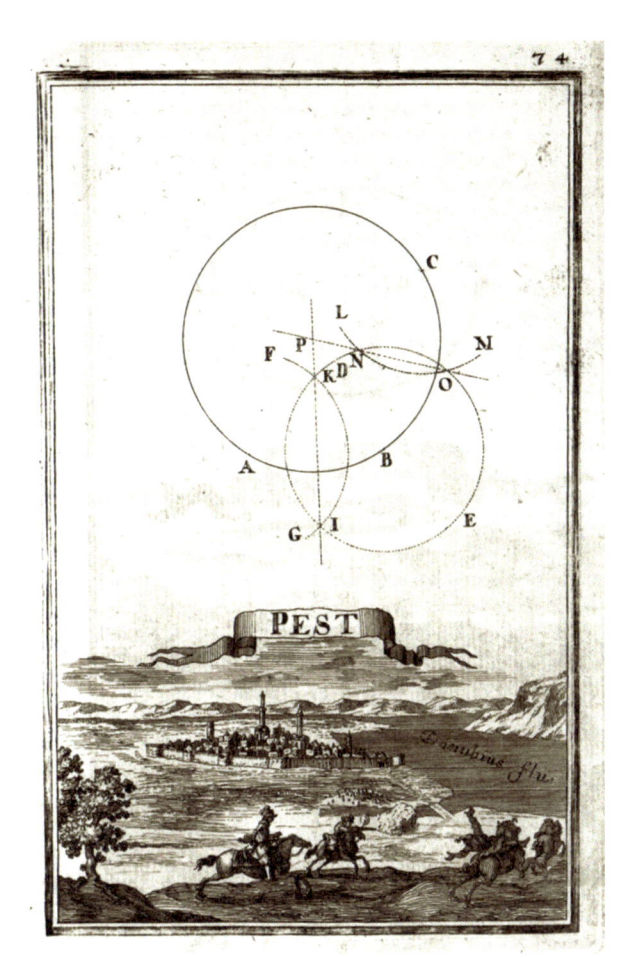

7 Ansichten von Buda und Pest, aus: Anton Ernst Burckhard von Birckenstein: Ertz-Herzogliche Handgriffe deß Zirckels und Linials, Augsburg 1689. Bayerische Staatsbibliothek, München.

erarbeitete Cassini genaue Tabellen zur Bestimmung der geografischen Länge anhand der Beobachtung der Jupitermonde. Zusammen mit den Akademikern Jean Picard und Philippe de la Hire korrigierte Cassini bis 1681 die Verortung diverser Städte sowie die Umrisse der Frankreichkarte. In den Folgejahren weitete er seine Tätigkeit auf das Sammeln von Daten über die ganze Welt aus. Auf der Grundlage der neuen Koordinaten gelang es ihm, eine Erdplanisphäre mit 7,5 m Durchmesser anzulegen.

Nebst Karten waren Globen ein wichtiges Medium der frühneuzeitlichen Raumdarstellung. Globen vermitteln spezifische Raumbilder über die Gestalt der Erde sowie deren Repräsentation im Modell. Ihre Gestaltung war nicht nur vom mathematisch-astronomischen Wissen, sondern auch von den Vorstellungen über die Erde und ihre Position innerhalb des Universums abhängig. Der venezianische Universalgelehrte und Kartograf Vincenzo Maria Coronelli (1650–1718) war der größte Globenhersteller aller Zeiten.[32] In einem 1996 abgeschlossenen wissenschaftlichen Projekt an der Eötvös Loránd Universität, Budapest, wurde der Herstellungsprozess eines Coronelli-Globus mit zeitspezifischen Methoden und Drucktechniken rekonstruiert. Die Segmente des neu entstandenen 42-Zoll-Török-Coronelli Globus – sie leiten auch die Ausstellung »Fließende Räume« ein –, sind von Kupferplatten auf Büttenpapier gedruckt und handgezeichnet (vgl. Abb. 6). Das 1996 abgeschlossene Globus-Projekt erbrachte neue Erkenntnisse über die Herstellungspraxis frühneuzeitlicher Globen und stellt Sammlern und Museen weltweit den größten gedruckten Globus (110 cm) zur Verfügung.[33]

Coronellis berühmte, den Palast in Marly-le-Roi schmückende riesige Globen mit 3,85 m Durchmesser wurden 1683 für König Ludwig XIV. in Paris angefertigt.[34] Im ausgehenden 17. Jahrhundert gewannen diese Symbole kosmografischen Wissens, künstlerischer Schönheit und globaler Macht an Bedeutung. Die nach dem Vorbild der Pariser Globen in seiner Werkstatt gedruckten verkleinerten Globen (ca. 104 cm) enthalten die gleichen dekorativen Bildelemente, Kartuschen und Vignetten. Coronellis geografische Datengrundlage beruht vor allem auf französischen Quellen. Das Innere von Afrika und Asien ist sparsam dargestellt, visuelle Darstellungen von geografischen Kuriositäten,

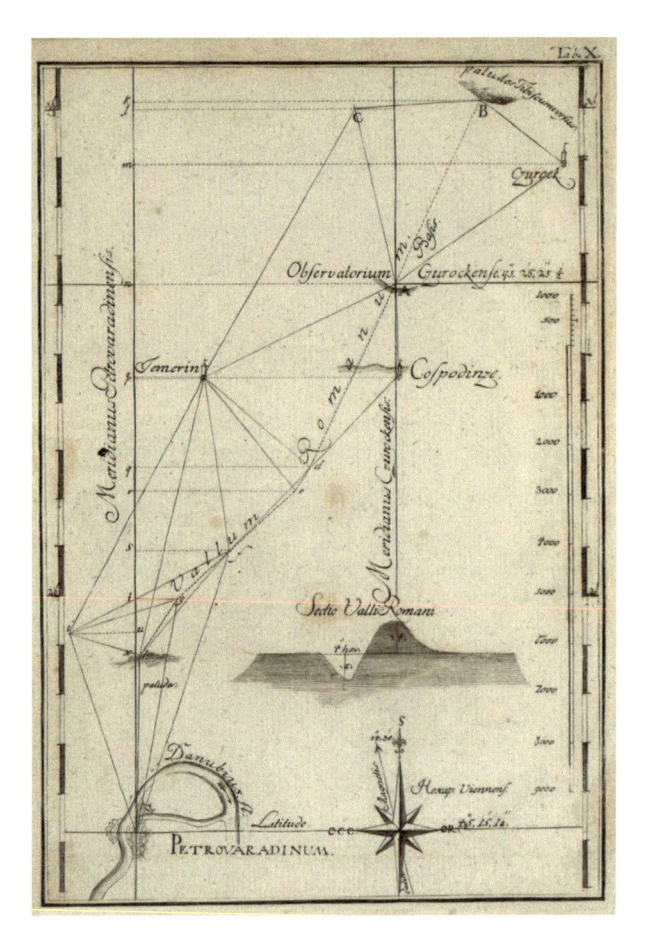

8 Vermessung an der südlichen Grenze der Habsburgermonarchie, aus: Joseph Liesganig: Dimensio graduum meridiani Viennensis et Hungarici, Wien 1770, Taf. X: Vermessungsnetz zwischen Csúrog (serb. Čurug) und Peterwardein (serb. Petrovaradin). Bibliothek der Eidgenössischen Technischen Hochschule, Zürich.

exotischen Pflanzen, Tieren und Menschen füllen die Informationslücken. Kalifornien wird als Insel dargestellt.

Die Praxis der Globenherstellung wird in der *Encyclopédie française* beschrieben. Die Weltkarte bestand aus mehreren – bei Coronelli 24 – Globus-Segmenten. Das geografische Gradnetz ermöglichte die Verortung der geografischen Objekte: Küsten, Flüsse, Siedlungen und Grenzen. Der Kupferstich war ein für die Vervielfältigung besonders geeignetes Verfahren. Nachdem die Erhebungen der Erdoberfläche und die dekorativen Bildelemente eingezeichnet waren, wurde der gesamte grafische Inhalt mit dem Grabstichel seitenverkehrt auf eine Kupferplatte übertragen. In die fertig gestochene Platte wurde die zähe Tiefdruckfarbe aufgebracht und in die vertiefte Zeichnung eingerieben. Der Abzug erfolgte in der Kupferdruckhandpresse. Dazu wurde die Platte, das aufgelegte gefeuchtete Papier und Abdeckmaterial unter starkem Druck zwischen zwei Walzen hindurchgezogen. Ein weiteres, eher in der künstlerischen Druckgrafik als in der Landkartenproduktion angewandtes Verfahren war die Radierung. Bei der Ätzradierung wird die Zeichnung in eine zunächst auf die Platte aufgebrachte Abdeckschicht gekratzt. Anschließend wird die Platte mit einer Ätzflüssigkeit geätzt, wobei nur die Stellen angegriffen werden, an welchen die Deckschicht verletzt wurde. Nach dem Spülen der Platte wird die Deckschicht entfernt. Der Druckvorgang unterscheidet sich nicht vom Kupferstich. Beide Tiefdruckverfahren ermöglichten neben feinen Linien auch grobe Striche und waren für den Landkartendruck besonders geeignet. Weil die Erde rund ist, benötigt das Papier für die Globenherstellung eine spezielle Form und wird in so genannten sphärischen Zweiecken gedruckt. Die wie Stücke einer gleichmäßig aufgeschnittenen Orangenschale aussehenden Meridianstreifen wurden aus den Papierbögen herausgeschnitten und auf die Kugeln geklebt. Nordhalbkugel und Südhalbkugel werden zusammengefügt und mit einem Messingmeridianring befestigt. Je nach Modell bekam der Globus noch einen entsprechenden Fuß, entweder aus Metall oder Holz.

Neue Wege in der französischen Kartografie wurden Ende des 17. Jahrhunderts beschritten. 1681 schlug Picard die Erstellung eines Triangulationsnetzes vor, das ganz Frankreich abdecken sollte. Das riesige geometrische Gefüge wurde bis 1744 vermessen und berechnet. Das ehrgeizige, hochwissenschaftliche und entsprechend kostspielige Projekt nahm viel Zeit in Anspruch.[35] Die Frankreichkarte »Carte géométrique de la France« bestand letztendlich aus 180 Blättern im Maßstab 1:86.400. Genau genommen handelte es sich um eine einzige riesige Karte des Landes mit kleinsten Details. Ähnliche Vorhaben wurden in Preußen und der Habsburgermonarchie in Angriff genommen. Nach dem verlorenen Siebenjährigen Krieg begannen die Habsburger 1763 Schlesien topografisch zu vermessen und setzten dann die Landesaufnahme in anderen Provinzen fort. Von 1765 bis 1785/87 wurden ca. 1 Mio. km² vermessen und im Maßstab 1 Wiener Zoll:400 Wiener Klafter (ca. 1:28.000) kartiert. Allerdings gründete diese Aufnahme noch nicht auf einem Triangulationsnetz und den Kartenblättern mangelte es an Einheitlichkeit. In der Praxis folgten viele der frühen europäischen Kartierungsunternehmungen dem französischen Vorbild. Aufgrund begrenzter finanzieller und intellektueller Ressourcen erreichten sie aber ihre Ziele nicht.

Die Cassini-Karte und andere Projekte der Zeit waren noch nicht der Beginn einer topografischen Kartografie.[36] Neu war aber, dass nun nicht mehr separate Regionen, sondern größere Territorien aufgrund strikter Triangulation und genauer astronomischer

Messungen systematisch dargestellt wurden. Geometrie und Astronomie wurden im Hinblick auf eine vollständige Geografie miteinander verbunden. Detaillierte topografische Karten deckten das ganze Gebiet ab, kein Ort blieb unerforscht. Veränderungen fanden auch im Bereich der Topografie als anschauliche Beschreibung und grafische Darstellung einzelner Orte statt. Der ›wissenschaftlich‹-kartografische Ansatz verwendete eine neue grafische Sprache und bestimmten Objektkategorien entsprachen in der Kartendarstellung bestimmte konventionelle Zeichen. Mit der Zeit verschwanden bildhafte Szenen, dekorative Kartuschen und Umrahmungen, barocke Putten und grafische Allegorien.

Trotz aller Fortschritte blieben die Vermessung, Erfassung und Zusammenstellung weiterhin das genuine Arbeitsfeld von uniformierten Menschen. Die Darstellung des Terrains war schon in der Renaissance für das militärische Auge von großer Bedeutung, so wie die Höhenverhältnisse für Offiziere bei der Planung von Angriffs- bzw. Verteidigungsmaßnahmen wichtig waren. Konzentrierte sich die Kriegsführung während der Renaissance noch auf die Belagerung von Festungen, so änderte sich dieser Ansatz mit der strategischen Kriegsführung des Preußenkönigs Friedrich des Großen (1712–1786). Die Militärkampagnen wurden auf eine mathematische Grundlage gestellt und bestanden immer öfter aus vorsichtigen Manövern, inneren Verteidigungslinien und der Besetzung erhöhter Kampfstätten und strategisch wichtiger Orte. Zwischen 1760 und 1790 erstellten Landvermesser und Zeichner unter der Leitung von General Friedrich Carl von Schmettau (1743–1806) ein Kartenwerk (die »Kabinettskarte«) für den preußischen König, um die Kontrolle der preußischen Territorien aus dem Kartenraum heraus zu gewährleisten.

Im Kontext der Militärwissenschaft erforderte die Erforschung des Geländes eine geeignete Darstellungsmethode. In frühen Zeiten wurden zur Darstellung von Erhebungen und zuweilen zur Angabe von Höhen bzw. Hangrichtungen die Schattierung und Schraffur eingesetzt. Die Schraffurtechnik geht zurück auf Johann Gottlieb Tielke (1731–1787) und Ludwig Müller (1737–1804), beide Offiziere und Professoren an der Dresdner Ritterakademie.[37] Nach vielen Debatten publizierte Johann Georg Lehmann (1765–1811) sein System zum Schraffen von Abhängen aufgrund geometrischer Gesetze. Obwohl seine Voraussetzungen falsch waren, lieferte die Theorie einer exakten Reliefdarstellung einen

9 Luigi Ferdinando Marsigli, Pionier der Kartografie des Donauraums. Gleimhaus Halberstadt – Museum der deutschen Aufklärung.

weiteren wesentlichen Beitrag zur Entwicklung der Kartografie als Wissenschaftsbereich.[38]

Um auf hydrografischen Karten die Wassertiefe anzuzeigen, wurden Umrisslinien verwendet. Diese Darstellungsmethode wurde 1782 von Marcellin Du Carla-Bonifas (1738–1816) zur Kartenzeichnung im Allgemeinen empfohlen. Der französische Geograf Jean-Louis Dupain-Triel (1722–1805) erarbeitete 1791 eine Frankreichkarte mit isometrischen Linien und getönten Schichten. Dies war zwar eine geometrische Methode zur Darstellung von Erhebungen, aber das Fehlen von Höhenangaben verhinderte ihre allgemeine Anwendung auf topografische Karten. Isometrische Linien dienten zur Veranschaulichung der magnetischen Deklination in den Karten Edmond Halleys (1656–1742). Beispiele früher thematischer Kartografie sind die im 17./18. Jahrhundert von einigen Gelehrten erstellten Karten zur Verdeutlichung räumlicher Angaben und Informationen.[39] Dazu gehörte Luigi Ferdinando Marsigli (1658–1730), ein italienischer Militäringenieur in kaiserlich-habsburgischen Diensten, der in Ostmitteleuropa aktiv war. In Zusammenarbeit mit dem Astronomen, Landvermesser und Kartenzeichner Johann Christoph Müller (1673–1721) aus Nürnberg fertigte er an der Wende zum 18. Jahrhundert sowohl geografisch-chorografische als auch thematische Landkarten an.[40]

10 Tobias Mayer: Überarbeitete Landkarte Deutschlands (Germaniae […] Mappa Critica), Nürnberg 1750. Hauptstaatsarchiv Stuttgart.

Im 18. Jahrhundert konnten künftige Geodäten ihren Beruf anhand der Schriften von Jacques Ozanam (1640–1718) bzw. Louis Charles Dupain de Montesson (um 1715–1790) erlernen.[41] Geografische und topografische Erkundungen und Kartenzeichnen wurden zum Lehrfach an Ausbildungsstätten für militärische und zivile Ingenieure. Prinz Eugen von Savoyen (1663–1736) initiierte die erste Technische Akademie für Militäringenieure, die 1717 ihren Betrieb aufnahm.[42] Ihr erster Direktor, Leander Anguissola (1652–1720), hatte in den Türkenkriegen als Militäringenieur gedient. Sein jüngerer Kollege Johann Jakob Marinoni (1676–1755) war Astronom, Mathematiker und Kartograf; er trat für die Nutzung von Messtischen für topografische und Katastervermessungen ein und produzierte ›ichnografische‹ Karten der Lombardei.[43] Die Methodik des Kartenzeichnens besaß hauptsächlich praktische Aspekte, und eine wichtige Quelle zur Herstellung militär-topografischer Landkarten stellt das Textbuch von Ferdinand Landerer (1743–1796) von 1783 dar.[44]

Vermessung, Erkundung und Kartierung hielten im 18. Jahrhundert Einzug in die Lehrpläne der Militärschulen und -akademien. 1757 gab Georg Moritz Lowitz (1722–1774), Geografieprofessor in Göttingen, Vorlesungen über den Aufbau und das Zeichnen von Landkarten. Zusammen mit Johann Michael Franz (1700–1761) und Tobias Mayer (1723–1762, vgl. Abb. 10) gründete er die »Cosmographische Gesellschaft« in Nürnberg, die trotz ihres Scheiterns zum Vorbild zahlreicher geografischer Gesellschaften und der akademischen Geografie in Deutschland wurde.[45]

Kartografie als Methode und als geometriebasierte Projektion wurde in der Aufklärung als universal, rational, empirisch und objektiv angesehen. Mit anderen

Worten: Kartografie war die Methode zur Schaffung von Wissen auf der Basis empirischer Beobachtungen und Messungen. Während aber die systematische Methode des Kartenzeichnens als ›wissenschaftlich‹ par excellence betrachtet wurde, hatte die Kartografie noch keinen Platz unter den wissenschaftlichen Disziplinen. Bei genauerer Betrachtung offenbart sich, dass sich die Kartografie nicht so sehr durch einen radikalen Wandel um 1700 veränderte, sondern eher durch eine Reihe von Entwicklungen, die sich nach der Mitte des 18. Jahrhunderts verstärkten. Obwohl die astronomischen Beobachtungen und das geometrische Rahmenwerk von Cassinis Frankreichvermessung einer kritischen Kartografie als Modell dienten, muss darauf hingewiesen werden, dass dieses Großprojekt zwar schon im 17. Jahrhundert begann, aber erst knapp ein Jahrhundert später vollendet wurde. Das neuartige Element war dabei eigentlich nicht die Erstellung genauerer und detaillierter Landkarten, sondern eine einheitliche Strukturierung der Arbeitsvorgänge und ihrer grafischen Wiedergabe. Die Exaktheit astronomischer und geodätischer Messungen nahm nach der Erfindung von Instrumenten mit optischen Teleskopen und Mikroskopen sowie des Chronometers enorm zu. In der Tat war eine präzise Zeitmessung für die Bestimmung des Längengrads von großer Bedeutung und stellte daher in der Seefahrt eine dringliche Aufgabe dar. Deshalb setzte das britische Parlament 1714 eine Belohnung von 10.000 Pfund für die Lösung des Längenproblems aus. Der Uhrmacher John Harrison (1693–1776) konstruierte daraufhin den Schiffschronometer, welcher das Problem zur See löste. Eine weitere Lösung bot Tobias Mayer mit seinen Mondtafeln an.

Dank genauerer Erdvermessung durch Triangulationsnetze ließ sich die Länge eines Meridianbogens feststellen. Der französische Astronom Jean Richer (1630–1696) beobachtete, dass der Schlag seiner Penduleluhr in Paris anders war als in Guayana. Die Erklärung dafür: Die Erde ist nicht vollrund, sondern an den Polen etwas abgeplattet. Die Ergebnisse der Erkundungen während der von der Französischen Akademie nach Ecuador (1735–1739) und Lappland (1736/37) entsandten Expeditionen stützten die entsprechende, von Newton aufgestellte Theorie. Dieselben Gradmessungen dienten zur Bestimmung eines neuen Längenmaßes, das 1793 die Bezeichnung »Meter« bekam. Nachdem die ›neue‹ Form und Größe der Erde festgestellt worden war, stellte sich natürlich das Problem der Darstellung der sphärischen Oberfläche auf einer (zweidimensionalen) Fläche. Ausführlich mit Kartenprojektionen befasste sich der Mathematiker Johann Heinrich Lambert (1728–1777), der darin ein Mittel zur Verringerung von Verzerrungen und zur Gewährleistung der Kartengenauigkeit erkannte.

Umfangreiche topografische Aufnahmen in Europa und den Kolonien, darunter die Erkundung Ägyptens unter Napoleon (1798–1802), ergaben einheitliche, detaillierte und genaue Landkarten der entsprechenden Territorien. Andererseits handelte es sich um äußerst teure Unterfangen, die Spezialinstrumente, Fachpersonal und aufwändige Strukturen zur Koordination und Finanzierung von Langzeitprojekten benötigten. Nur Staaten waren, wenn auch nicht immer, in der Lage, solche Bestandsaufnahmen zu finanzieren. Problematisch erwiesen sich vor allem die Katasteraufnahmen. Die Katastervermessung Josephs II. (reg. 1780–1790) scheiterte am Widerstand des Adels. Nach den Napoleonischen Kriegen spielte das Militär eine immer größere Rolle. Die Militärkartografie wurde überall in Europa institutionalisiert. Das k. u. k. Militärgeographische Institut, 1839 in Wien gegründet, ging aus einer gleich-

11 Messtisch mit Diopterlineal, um 1751. Deutsches Museum, München.

artigen Einrichtung hervor, die in Oberitalien unter Napoleon eingerichtet worden war. Seine Hauptaufgaben waren die Geländevermessung und die Erstellung topografischer Karten.

Landkarten spielten nun auch im Geografieunterricht eine wichtige Rolle und sie wurden dementsprechend für das öffentliche Erziehungswesen auch in großen Mengen hergestellt. Globen, Wandkarten und Atlanten für Schulen wurden von Handelsunternehmen produziert, welche die Printmedien und das breitere Publikum auch mit gedruckten Exemplaren neuer Kartentypen versorgten. Dabei half auch eine neue Drucktechnik. Auf Alois Senefelder (1771–1834) geht die Erfindung der Lithografie zurück (1796), die große Drucke und feine Details mithilfe von Kalksteinblöcken ermöglichte. Mitte des 19. Jahrhunderts hatte sich dieses kostengünstige, schnelle Reproduktionsverfahren für Farbdrucke von Landkarten allgemein durchgesetzt.

Die wichtigste im Kontext der Aufklärung im Kartenwesen stattfindende Neuerung war die Ausdehnung der astronomisch-geometrischen Methode auf alle Kartierungsarten, von großmaßstäbigen Katasterplänen bis hin zu kleinmaßstäbigen Weltkarten. Seit Ptolemäus' Zeiten sollte Kartografie die Welt beschreiben; deshalb begann und endete das Kartenzeichnen mit der Weltkarte, Regionalkarten waren Teile dieses Großraumbilds. Mit der Aufklärungskartografie setzte eine neue Phase des Kartierungsverfahrens ein, die auf eine systematische, einheitliche und großmaßstäbige topografische Aufnahme zielte, die auch die ganze Welt abdecken konnte. Das Problem der frühmodernen chorografischen Kartografie, nämlich die Einfügung genauerer chorografischer Karten mit größerem Maßstab in das allgemeine geografische System, wurde durch die strikt geometrische Grundlage, nämlich das Triangulationsnetz der Vermessungen, überwunden.

In der modernen Kartografie wurden geografische Karten in kleinerem Maßstab nicht mehr aus heterogenen Quellen zusammengestellt. Eine neue Grundlage bot nun eine Erfindung, die Grund- oder Basiskarte. Alle Teile der Erde wurden vermessen und in ein einziges, riesiges geografisches Archiv zusammenzutragen, das für alle Zwecke detailliert und genau genug war. Im Übrigen war dies die Zeit, als die anfangs angesprochene Idee von »Mein Herr« über die perfekte Landkarte Gestalt annahm und Geografie zur wissenschaftlichen Disziplin wurde.

Obwohl die Ansicht, neue Karten würden allesamt auf denselben, strikten theoretischen Grundsätzen beruhen, weit verbreitet war, folgte die Kartenproduktion in Wirklichkeit noch längere Zeit eher pragmatischen Prinzipien. Großmaßstäbige Karten und Katasterzeichnungen gehörten zur Landvermessung und praktischen Geometrie, Festungspläne und topografische Karten wurden von Militärarchitekten und -ingenieuren erstellt. Kleinmaßstäbige Welt- bzw. Erdteilkarten waren in der Geografie angesiedelt. Sternkarten wurden von Astronomen gezeichnet, Seekarten von Hydrografen, Marineoffizieren und Vermessern. Zahlreiche Fachleute (Ärzte, Naturforscher, Historiker, Ökonomen, Diplomaten) interessierten sich für die räumliche Verteilung natürlicher bzw. sozialer Phänomene und fertigten eine wachsende Zahl thematischer Karten an.

Im ausgehenden 18. Jahrhundert waren die theoretischen Grundlagen der Kartografie noch verschiedenen Disziplinen zugeordnet: Projektion gehörte zur Mathematik und mathematischen Geografie, Form und Größe der Erde war mit Geodäsie und Astronomie verknüpft, während Topografie, insbesondere Reliefdarstellungen, in der Militärwissenschaft angesiedelt war, die verschiedenen Techniken des Kartenzeichnens und der Reproduktion wurden als Künste betrachtet.

Anmerkungen

1 Saint-Exupéry 1943.
2 Carroll 1893, S. 169.
3 Eckert 1921/25.
4 Santarém 1849/52.
5 Krünitz 1793.
6 Bagrow 1964, S. 22.
7 Sandler 1905.
8 Edney 1993; Harley/Woodward 1987.
9 Edney 2012.
10 Berggren/Jones 2000.
11 Ptolemaeus 2009.
12 Dalché 2007.
13 Waldseemüller 1507.
14 Török 2015a.
15 Nuti 1999.
16 Lindgren 1995.
17 Specklin 1589.
18 Török 2015b.
19 Münster 1528.
20 Snellius 1617.
21 Schickard 1629.
22 Schöner 1515.
23 Apianus 1524.
24 Stella 1564.
25 Horst 2012.
26 Wood 2010.
27 Baumgärtner 2014.
28 Ausst. Kat. Dresden 2010.
29 Buisseret 1992; Röttel 1995.
30 Livingstone/Withers 1999.
31 Riccioli 1661.
32 Milanesi 2016; Mosley 2011.
33 Török 1999.
34 Dekker 2004; Hofmann/Richard 2012.
35 Konvitz 1987.
36 Harvey 1980.
37 Tielke 1769.
38 Lehmann 1799.
39 Robinson 1982.
40 Török 2006.
41 Dupain de Montesson 1763; Ozanam 1693.
42 Gatti 1901.
43 Marinoni 1751.
44 Landerer 1793.
45 Franz 1747.

West. Oeſt. Zued.

Zu Cloſterlin.
Chur.
Vintermunt.
Landeck. Inſsbruck.
Tirol.
Matron.
Stertzengen.
Clauſa.
Brixen.
Polengo.
Premit. Sacelo.
Feltri. Ceneda.
Azolo. Como.
Ciſigon. Teruiſo.
Caſt Franc. Meſtri.
Stra.
Miran.
Padua. Pione.
Monceleſe.
Conzelue.
Carnaza.
Popoco.
Arb
Poleſela.
Pauiola.
Ferrare.
Poo flu.
ITALIE

Hungeren.
Ooſtenryck. Seuenberg.
Windiſhmarck. Stiermarck.
Boſſen. Syrfen.
Walachy. Bulgary.
Turkye.

Ioannes à Deutecum,
Lucas à Deutecum Fecerunt.

Der Donauraum und Südosteuropa in der frühneuzeitlichen Kartografie

JOSEF WOLF

Raumwissen und imperiale Kartografie

Die südöstliche Machtausbreitung des Habsburgerreiches und sein Aufstieg zur europäischen Großmacht[1] als Folge des Großen Türkenkrieges (1683–1699) wurde auch im Medium Karte breit reflektiert. Aus westlicher Perspektive war dieses Vordringen unter christlichem Vorzeichen Ausdruck von Vernunft und Zivilisation, von ›Europäisierung‹ schlechthin. ›Europäisierung‹ meint in der Frühen Neuzeit einerseits territoriale Expansion durch Krieg, die Versetzung der Außengrenzen des Habsburgerreiches nach Südosten und die damit verbundenen Fragen von Territorialität. Habsburgerreich und »Europäische Türkei« waren bis ins 19. Jahrhundert hinein unterschiedliche Geografien. ›Europäisierung‹ bezieht sich andererseits auch auf die Wirkmächtigkeit des habsburgischen Ordnungsmodells und dem damit einhergehenden Transfer von Normen und Werten in die eroberten Gebiete. Territoriale Expansion und Integration der neu eroberten Gebiete in das Habsburgerreich sind demnach zwei Seiten der Medaille ›Europäisierung‹.

Einfluss auf die Definitionsmacht darüber, was ›Europa‹ und ›europäisch‹ ist, hatten damals auch die Kartografen im Dienste der imperialen Raumerschließung,[2] sowohl im Habsburgerreich[3] als auch im Osmanischen Reich.[4] Imperiale Karten unterscheiden sich von nichtimperialen Karten weder durch ihre Produktion noch durch ihre Nutzung, sondern nur durch ihre Ziele und Zielgruppen – politische und militärische Entscheidungsträger sowie das gelehrte Publikum im Umfeld der Macht.[5] Kommunikation und Medien spielten dabei eine wichtige Rolle. Die Türkenkriege kamen erst dadurch nach Mittel- und Westeuropa, in die Welt, dass Medien darüber berichteten. Ähnlich wie die damalige Berichterstattung, waren Karten und Kartenproduzenten von zentraler Bedeutung für die Wahrnehmung der Konfrontation zwischen Habsburgern und Osmanischem Reich und damit auch des Raums in dem diese erfolgte. Während der Türkenkriege wurden auf europäischer Ebene so viele Karten produziert und verhandelt wie nie zuvor. Der Hofkriegsrat baute seine militärkartografischen Kompetenzen während des Großen Türkenkrieges deutlich aus. Die zahlreichen Karten dienten aber nicht allein der zentralen Hofstelle. Die großen europäischen Offizinen betrachteten die systematische Visualisierung auch als eine wichtige wirtschaftlich gewinnbringende Aufgabe. Parallel zu der Kartenproduktion schuf die Geografie lexikalisches Wissen und Überblicksdarstellungen über die Regionen der Kriegsschauplätze.

In den entstehenden ›mental maps‹ zu Südosteuropa – dem Produkt von militärisch-politischen Akteuren, Kartografen wie von Rezipienten[6] – wurden die Donau als Achse des Imperiums und die sich verschiebenden Grenzräume als Schutzwall der Christenheit wahrgenommen. Dem »antemurale Christianitatis« entsprach die seit dem 16. Jahrhundert nach und nach aufgebaute Österreichische Militärgrenze von seinem kroatisch-slawonischen Teil bis in die Bukowina.[7] Karten transportierten Botschaften aber nicht nur durch ihre Inhalte im engeren Sinn, sondern auch durch ihre Titel- und Widmungskartuschen. Sie bringen die dem Raumnarrativ innewohnende Botschaft durch das Zusammenspiel von Kartuschenbild und Karte auf den Punkt. Dabei werden die beiden Großmächte auf eine allegorisierende Art repräsentiert. Die antagonistische Gegenüberstellung von Kreuz und Halbmond wird auf die beiden Herrschaftsräume übertragen: ein vermeintlich einheitliches ›christliches Europa‹ (Abendland, Okzident) und die Territorien unter osmanisch-muslimischer Herrschaft (Morgenland, Orient).[8] Projek-

Ausschnitt aus Abb. 2 (vgl. S. 76).

tion von Herrschafts-, Ausgrenzungs- und Unterwerfungssymbolen ließen beim Publikum die erwünschten Vorstellungen entstehen. Kreuz und Halbmond als symbolische Begriffe, dienten der Konstruktion von herrschaftlichen Großräumen.[9]

Vor dem Hintergrund des Großen Türkenkrieges nahm die Militärkartografie im Habsburgerreich seit dem ausgehenden 17. Jahrhundert einen beachtlichen Aufschwung. Ingenieuroffiziere verschiedener Herkunft verfertigten zahlreiche Karten und Pläne der Kriegsschauplätze und der eroberten Gebiete.[10] Mit dem Vordringen der kaiserlichen Armeen an die untere Donau und in das Balkaninnere wurden dem Militär die ›weißen Flecken‹ des Raumwissens schmerzhaft bewusst. Im frühen 18. Jahrhundert setzte auch als Erfahrung aus den Türkenkriegen die institutionalisierte Ausbildung von Militäringenieuren und Kartografen ein, für die die 1717 in Wien gegründete Ingenieurakademie[11] steht. Mitte des 18. Jahrhunderts kam dann auch unter französischem Einfluss die Auffassung zur Geltung, dass amtliche topografische Karten für das Planen von militärischen Operationen durch staatliche Institutionen geschaffen werden müssten.[12] Sie fand ihren Niederschlag unter anderem in der Josephinischen Landesaufnahme (1763–1787).[13] Diese beruhte aber noch nicht auf einem einheitlichen Triangulationsnetz und wurde nur für die Planung von Feldzügen herangezogen. Streng unter Verschluss gehalten,[14] gingen von ihr auch keine entscheidenden Impulse für die Zivilkartografie aus.

In der Zivilkartografie lösten im frühen 18. Jahrhundert die französischen Kartenmacher die niederländische Dominanz ab.[15] Im süddeutschen Raum trat ab 1730 nebst den Verlagen in Nürnberg und Augsburg auch die Wiener Privatkartografie in ein neues Entwicklungsstadium. Mit deren sichtbarem Aufschwung während der josephinischen Regierungszeit entwickelte sich Wien um 1800 nebst Paris, London, Berlin und Weimar zu einem Zentrum der Kartenproduktion für Mittel- und Osteuropa. Dabei lag der Schwerpunkt auf der Darstellung der Kriegsschauplätze wie auch des österreichischen Herrschaftsbereichs.[16] Seit dem ausgehenden 18. Jahrhundert schlugen sich die Nationsbildungsprozesse in der Region auch in der Kartografie nieder. Sie wurde jetzt nicht nur von den Imperien, sondern auch von der Nation in Pflicht genommen.

Der Donauraum und Südosteuropa auf Europa-Karten

Die östliche Grenze Europas lag in der Vorstellung der Antike und des Mittelalters in den Weiten Sarmatiens, am Don (griech. Tanais) und an den »Maeotischen Sümpfen« (Asowsches Meer).[17] Vor dem Hintergrund der Expansion Russlands nach Sibirien schoben Kartografen seit dem 17. Jahrhundert den östlichen Rand des Kontinents bis an das Uralgebirge,[18] ohne dass damit aber die Abgrenzung Europas geklärt worden sei. Ähnlich verhielt es sich mit den Küsten der Ägäis, der Adria und des Schwarzen Meers, der Ausdehnung des mittleren Donauraums und auch der Balkanhalbinsel. Südosteuropa blieb bis in die zweite Hälfte des 19. Jahrhunderts gewissermaßen ein Subkontinent im Dunkeln.

Eine wichtige Stufe im Rahmen der kartografischen Erschließung Südosteuropas bildet die 1554 in Duisburg und 1572 in einer verbesserten Auflage veröffentlichte Wandkarte »Europae descriptio«[19] von Gerhard Mercator (1512–1594), die Vorstellungen von Claudius Ptolemäus (um 100 – nach 160, vgl. Abb. 1)[20] tradiert. Hinzu kommt die südorientierte Europa-Karte (1536) von Sebastian Münster (1488–1552) wie auch dessen »Moderna Europae Descriptio« (1552).[21] In seiner vielfach aufgelegten und übersetzten *Cosmographia* (1544) sind auch die wichtigsten Flüsse des Donauraums und des Balkans eingezeichnet.

Die Entwicklung des Kartenbilds des Donauraums und der Balkanhalbinsel war von den Karten des ganzen Kontinents bestimmt, aus deren vergrößerten Gebietsausschnitten die Darstellung abgeleitet wurde. Wegweisend waren hier die Europa-Karten von Abraham Ortelius (1570) und Gerhard Mercator (1570). Deren wenig veränderte Druckplatten wurden unter anderem vom führenden niederländischen Atlas-Hersteller Willem Janszoon Blaeu (1620),[22] von Jodocus Hondius d. J. (1636)[23] sowie Nicolas Visscher verwendet. Neubearbeitungen mit verändertem Maßstab wurden erst im ausgehenden 17. Jahrhundert von Nicolas Sanson (1600–1667; 1674, 2 Bl., Maßstab: 1:10.000.000), Vincenzo Maria Coronelli (1650–1718; 1689, 2 Bl., Maßstab: ca. 1:10.000.000) sowie durch Nicolas de Fer (1647–1720; Wandkarte, 1695, Maßstab: ca. 1:7.000.000) eingeleitet. In der Europa-Karte von Guillaume Sanson (1633–1703; Amsterdam um 1710) überschneiden sich Donauraum und Balkanhalbinsel noch in den Begriffen »Deutschland« und »Europäische Türkei«. Johann Baptist Homanns (1644–1724) *Atlas Novus. Großer Atlas uber die ganze Welt, samt einer kurzen Einleitung zur Geographie* (Nürnberg 1737) dagegen stellt den Donauraum und Südosteuropa in mehreren Karten (Ungarn, Siebenbürgen, Griechenland), etwa gleichgewichtig mit Russland, Polen und Litauen dar.

Die Karten der Frühen Neuzeit beruhten auf unterschiedlichen Festlegungen des Nullmeridians, den die Europa-Karte von Pierre Duval (1619–1683) von 1664 erstmals einzeichnete.[24] Die Ortsbestimmungen der Pariser Sternwarte bildeten die Grundlage für den Neuentwurf des Kartenbilds von Europa durch Guillaume Delisle (1675–1725; 1700, Neubearbeitung 1724, Neuauflage durch Tobias Conrad Lotter).[25] Die Neuberechnung Delisles, die auf dem Meridian von Paris beruhte, veränderte das Kartenbild der östlichen Randgebiete des Kontinents und damit die Sehgewohnheiten auf Ost- und Südosteuropa grundlegend. Der Pariser Meridian hatte bis 1884 Bestand, als eine Konferenz in Washington den Meridian von Greenwich als Nullmeridian einführte.

Das erneuerte, von Delisle geformte Kartenbild, wurde in Karten mit einem Maßstab 1:10 Millionen und 1:12,5 Millionen von den führenden Pariser und Amsterdamer Kartografen ebenso übernommen wie sich der Nürnberger Kartenmacher Johann Baptist Homann (1707) und der Londoner Verleger Henry Wilson (1719) daran orientierten. Gleichzeitig entwarfen englische Kartografen neue Europa-Karten in einem wesentlich größeren Maßstab.[26] Die von ihnen eingeleitete Tendenz, den Maßstab und das Format der Europa-Karten zu vergrößern, kennzeichnet das gesamte 18. Jahrhundert und führte zur Herstellung von Mehrblattkarten. Richtungsweisend war hier vor allem eine von Guillaume Sanson (1633–1703) entworfene, 1718 in Paris von Alexis-Hubert Jaillot (gest. 1712) herausgegebene sechsblättrige Karte mit geradlinigen Breitenkreisen. Sein Kartenbild wurde von dem niederländischen Verlag Covens & Mortier (Amsterdam 1739, 6. Bl.) weiter geführt. Ein Novum stellte die von Johann Matthias Hase in stereografischer Projektion erarbeitete und vom Nürnberger Verlag Homannsche Erben veröffentlichte Karte (Nürnberg 1740, 4 Bl.) dar, die wiederum das Vorbild für weitere Karten von Matthäus Seutter (auch: Matthias, 1678–1757) und Tobias Conrad Lotter (1717–1777) lieferte.

Eine Leitfunktion kam im ausgehenden 18. Jahrhundert den großformatigen Europa-Karten von Rigobert Bonne (1727–1795),[27] Daniel Friedrich Sotzmann (1754–1840)[28] und Thomas Kitchin (1718–1784)[29] zu. Abhängig von ihrem Maßstab enthielten Weltatlanten mindestens eine Europa-Karte, hinzu kamen Karten von Teilräumen, auch des Donauraums und Südosteuropas. Solche Karten waren nicht das Ergebnis einer reflektierten Systematik des Raums, sondern bestehender Formatvorgaben. Durch ihr Flächenkolorit verwiesen sie auf einheitlich wahrgenommene staatliche und geografische Einheiten. In Franz Anton Schrämbls (1751–1803) Weltatlas (1786–1800) werden der Donauraum und Südosteuropa im dritten Teil der Karte von Europa – eine Neuausgabe der Karte von Jean-Baptiste Bourguignon d'Anville (1697–1782) – dargestellt, »welcher das südliche Russland, Polen und Ungarn, die europaeische, und beinahe die ganze asiatische Türkei enthält« (Wien 1788).[30] Franz Johann Joseph von Reillys (1766–1820) »Schauplatz der fünf Theile der Welt« (1789)[31] behandelt das »östliche und nördliche Europa« in der dritten »Einleitungs- und Übersichtskarte«. Dabei werden auf dem ersten Blatt Ungarn und das Osmanische Reich, und in weiteren Karten die »österreichischen Gebiete« (Kroatien, Slawonien, das Temeswarer Banat, Siebenbürgen) sowie Dalmatien und die »Europäische Türkei« dargestellt.[32]

In der ersten thematischen Karte Europas von Carl Ritter (1779–1859),[33] dem Begründer der Geografie als Wissenschaft, erfährt der Balkan keine räumliche Sonderstellung. Dennoch zeichnet sich in ihr eine verbesserte Darstellung des Kontinents durch die Heranziehung neuer Übersichtskarten der europäischen Flächenstaaten ab. Zu den herausragenden Darstellungen der Zeit des frühen 19. Jahrhunderts zählen die Karten von G. G. Reimann (Berlin 1802)[34] und die vom Wiener Artaria-Verlag 1818–1821 herausgegebene »Carte générale et itinéraire de l'Europe« von Maximilian de Traux (1766–1817).[35] Die von Joseph von Scheda (1815–1888) entworfene »Generalkarte von Europa« (Wien 1845–1847)[36] leitet zu den modernen Europa-Karten über. Mehrfarbig ausgeführt, verwendet sie die Farbsignaturen, die bis in die Gegenwart die Wahrnehmung der Gewässer (blau) und des Gebirges (braun) auf Karten bestimmen.

Der Europa-Begriff war schon im Mittelalter kein rein geografischer Terminus. Die Karten im Kontext der militärischen Auseinandersetzung mit dem Osmanischen Reich sind bereits im Titel unverkennbar kulturell und ideologisch-propagandistisch aufgeladen.[37] Das zeigt sich bei Pierre Duval, der das ›christliche‹ Europa klar vom osmanischen Machtbereich abgrenzt,[38] und auch bei Johann Gabriel Doppelmayr (1677–1750).³⁹ Sie verdeutlichen die Persistenz von hegemonialen Vorstellungen, die mit dem Ausgang des Großen Türkenkrieges entstanden sind und – wenn auch in veränderter Weise – bis in die Gegenwart nachwirken.

Seit dem ausgehenden 17. Jahrhundert waren für die Balkanhalbinsel verschiedene Bezeichnungen gebräuchlich: »Europäische Türkei«, »Türkei in Europa«, »Europäisch-Osmanisches Reich«, »Europäische Levante« oder »Orientalische Halbinsel«.⁴⁰ Geografisch waren der Donauraum und Südosteuropa ein peripherer Teil des geografischen Begriffes ›Europa‹. Die habsburgische Machterweiterung offenbarte jedoch die Diskrepanz zwischen den ehemaligen osmanischen Gebieten und jenen, die sich weiterhin unter osmanischer Herrschaft befanden, und dem politisch und kulturell christlich geprägten Europa. Mit dem zunehmenden Wissen über die Region wurde die südöstliche Grenze des Kontinents problematisch. Die geografische Grenzsituation des osmanischen Herrschaftsbereichs war zwar schon längst durch die fließende Grenze (Donau, Save, Una) festgelegt, seit dem späten 18. Jahrhundert gewann sie jedoch im Zuge des Niedergangs des Osmanischen Reiches durch kulturelle Faktoren der Differenz (Sprache, Religion, Sitten) eine neue Bedeutung. Vor dem Hintergrund der innerbalkanischen Entwicklungen, die sich mit dem Ersten Serbischen Aufstand (1804–1813) und dem griechischen Freiheitskampf (1821–1829) anbahnten, fiel den Geografen und Kartografen nicht nur die periphere Lage der Region ins Auge. Auch deren ›natürlicher‹ Zuschnitt (Balkangebirge), wie er ein Jahrhundert früher von Luigi Ferdinando Marsigli (1658–1730) mit dem Donauraum anhand des Einflussgebiets des europäischen Hauptstromes definiert worden war, kam zum Tragen. 1808 behauptete Johann August Zeune (1778–1853) eine geografische Sonderstellung der Balkanhalbinsel; 1831 verwendete der britische Major George Thomas Keppel (1799–1891) den Begriff ›Balkan‹ in einer Reisebeschreibung. 1893 regte der Geograf Theobald Fischer (1846–1910) an, den Begriff ›Balkanhalbinsel‹ durch ›Südosteuropäische Halbinsel‹ zu ersetzen.⁴¹ Die Diskussion über den Inhalt der Begriffe ›Balkan‹ und ›Südosteuropa‹ im 19. und 20. Jahrhundert⁴² wie auch – seit dem Vorabend des Ersten Weltkrieges – ›Mitteleuropa‹⁴³ zeigt deutlich die Wirkungsmacht traditioneller Wissensbestände, die in eine neue Form gegossen wurden. Auch die von Maria Todorova⁴⁴ entfachte Diskussion schließt letztendlich anhand der Dichotomie von Orient und Okzident an die vorangegangenen Grenzwahrnehmungen und an die Befindlichkeiten des modernen nationalstaatlichen Zeitalters an. Ob nun Balkan, die Ukraine oder der Kaukasus, problematisch wurde und wird die Zugehörigkeit zu Europa⁴⁵ vor allem am Rande, in den Übergangsräumen und in Krisenzeiten.

Die Vermessung der Donau

Der Hauptstrom Mittel- und Ostmitteleuropas und zweitlängste Fluss des Kontinents (2857 km) – die Donau – fesselte das Interesse der Geografen seit der Antike.⁴⁶ Sie ist mit ihren größeren Nebenflüssen auf allen größeren mittelalterlichen Weltkarten (mappae mundi) als »Danubius« oder »Ister«, meist in ziemlich geradem West-Ost-Verlauf, verzeichnet. In den Karten, die auf der *Geographia* des Ptolemäus beruhen und das Raumwissen der frühen Renaissance bestimmten, sind die Stromabschnitte auf den Europa-Karten 4, 5 und 9 enthalten (vgl. Abb. 1). Aus einem See entspringend, führt ihr Lauf zunächst nach Norden bis nach Ulm, wo der Strom bis zum Wienerwald die West-Ost-Richtung einschlägt. Das Donauknie kommt kaum zur Geltung, von Ofen (ung. Buda) bis zur Draumündung wird der Lauf in steter Südostrichtung dargestellt.

Beginnend mit der »Tabula Hungariae« (1528) von Lazarus Secretarius (ung. Lázár titkár) reproduzierten detailreiche Länder- und Provinzkarten diese Laufrichtung. Wolfgang Lazius (1514–1565) bot in seiner *Des Khunigreichs Hungern sampt seinen eingeleibten Landen grundtliche unnd warhafftige Chorographica beschreybung* (Wien 1556) die erste zusammenhängende Darstellung des Donaulaufs von der Quelle bis zu den Katarakten am Eisernen Tor. Die Karten von Lazarus und Lazius dienten als Vorlage für zahlreiche, bis zum ausgehenden 17. Jahrhundert nur geringfügig veränderte Donaudarstellungen.

Sebastian Münster bot 1538 die erste Darstellung der Donauquelle. Die erste Karte des gesamten Donaulaufs, »Tractus Danubii prima tabula. Nova exactissimaque descriptio Danubii […]« (Antwerpen um 1570, vgl. Abb. 2), wurde von Christian Sgrooten (auch: s'Grooten, gest. 1603)⁴⁷ konzipiert und erschien in Gerard de Jodes (1509–1591) *Speculum Orbis Terrarum* (1579). Die Kupferplatten der beiden Blätter⁴⁸ sind miteinander verbunden. Eingezeichnet sind alle wichtigen Nebenflüsse und viele Ufersiedlungen, auch wird auf geschichtliche

1 Sebastian Münsters Ptolemäus-Ausgabe, Tafel 9, Basel 1540. Privatsammlung Dr. Mathias Beer, Tübingen.

Ereignisse verweisen. Die Kartusche zeigt den kaiserlichen Doppeladler umrandet von den Wappen verschiedener Länder und Provinzen.[49]

Während des Großen Türkenkrieges stand die Donau im Mittelpunkt österreichischer militärischer Kartenaufnahmen. Beispielhaft sei an den kaiserlichen Feldherrn Raimondo Graf Montecuccoli (1609–1680) erinnert. Seinen *Aphorismen über die Kriegskunst* legte er eine Kartenskizze »Die Tonaw von Wienn bis auf Griegises Weisenburg« (1670) bei, also von Wien bis Belgrad. Zugleich setzte in dieser Zeit mit Luigi Ferdinando Marsigli die wissenschaftliche Erforschung des mittleren Donauraums ein. Er folgte dabei dem Vorbild französischer Kartografen wie Nicolas Sanson und Guillaume Delisle sowie dem Militärgeografen Henri Sengre (ca. 1632–1712). Marsiglis sechsbändige Donaumonografie *Danubius Pannonico-Mysicus* (Amsterdam 1726) beruht auf Beobachtungen, Vermessungen wie auch auf der Erfahrung, die er bei der Festlegung der Grenze zwischen dem Habsburgerreich und dem Osmanischen Reich 1699/1700 erworben hatte. Die Monografie enthält eine aus 18 Sektionen bestehende Donau-Karte (Kat. 1.12, 1.13), die von Johann Christoph Müller (1673–1721) gezeichnet wurde (vgl. Abb. 3). Wichtigste Erkenntnis dieser Karte war die astronomisch bestimmte Änderung der Laufrichtung der Donau am Donauknie.[50] Durch das Donauwerk Marsiglis entstand ein kohärenter Wissensraum, der gemeinsamen Regeln der Repräsentation folgt.

Das Genre ›Donaukarten‹ hatte seine Blütezeit von 1680 bis 1720.[51] Guillaume Delisles Karte »Tabula Hungaria« (nach 1703, Kat. 2.5) zeigt zum ersten Mal das Donauknie bei Waitzen (ung. Vác) mit dem sich daraus ergebenden Nord-Süd-Verlauf der Donau bis Vukovar.[52] Der Nürnberger Verleger Johann Baptist Homann veröffentlichte zwei Donaukarten in unterschiedlichen Maßstäben: »Fluviorum in Europa principis Danubii cum adiacentibus Regnis nec non totius

2 Christian Sgrooten: Tractus Danubii, Antwerpen um 1570, Tabula prima (linke Seite) und Tabula secunda (rechte Seite). Privatsammlung Dr. Ovidiu Șandor, Temeswar.

Graeciae et Archipelagi Novissima Tabula«, Nürnberg [1702–1730],[53] und »Le Cours du Danube deś sa Source jusqu'á ses Embouchures […]«, Nürnberg [1715–1730].[54] Kartografie und visuelle Darstellung gehen im sogenannten *Sparr-Donauatlas* (1751) eine Verbindung ein.[55] Das Werk von François Nicolas Sparr de Benstorf (1696–1774) enthält siebzehn aquarellierte Karten für geografisch definierte Stromabschnitte, die aneinandergereiht den Lauf der Donau darstellen.

Im ausgehenden 17. Jahrhundert setzten die ersten Flussregulierungsarbeiten ein, deren Schwerpunkt im 19. Jahrhundert liegen sollte. Dabei ging es um die Beseitigung von Hindernissen für die Schifffahrt und die Schiffbarmachung bestimmter Flussarme. In seinem »Grundt Riss des Donau Strom von dem Dorf Höfflein bis auf Wien […]« (1688) zeichnet Leander Anguissola (1652–1720) detailliert die Nebenarme des Flusses, seine Inseln wie auch die bestehenden und geplanten Wasserbauten ein.[56]

Die Handelsbestimmungen des Friedens von Passarowitz (serb. Požarevac) 1718 verstärkten das österreichische Interesse für die Gebiete an der unteren Donau bis zu ihrer Mündung. Eine erste detaillierte Darstellung des Donaudeltas geht auf russische Militäringenieure zurück, die 1771 den Flussabschnitt zwischen Galatz (rum. Galați) und Sulina kartografisch festhielten.[57] Eine schematische Darstellung des Donaudeltas enthält auch die Karte der Westküste des Schwarzen Meers, die Wenzel Edler von Brognard (um 1740–1788) 1786 während einer »Beobachtungs-Reise« entlang der Küste bis zur Donaumündung erstellte. Vor dem Hintergrund des 1781 zwischen Russland und dem Habsburgerreich abgeschlossenen Bündnisses nahm das wirtschaftliche Interesse Österreichs am Schwarzmeerraum zu. Kartografischer Ausdruck davon sind unter anderem die Karten des Pontonier-Hauptmanns Ignaz von Lauterer (1738–1784). Von Siegfried von Tauferer (gest. 1796) verbessert, entstand daraus 1789 eine Navigationskarte der Donau.⁵⁸ Die akkurate Darstellung hält sämtliche Nebenflüsse der Donau und die Inseln fest. Im Rahmen der Josephinischen Landesaufnahme (1763–1787) der Habsburgermonarchie wurde die Donau von Passau bis zum Eisernen Tor einheitlich im Maßstab 1:28.800 kartiert. Eine neue Qualität erreichte die Darstellung des Stromes in einer von Offizieren des Pontonier-Bataillons aufgrund »mehrerer Wasserreisen« erstellten Spezialkarte: »Plan des Donau-Stromes Von Wien bis Ors[c]hova in 14 Sectionen« [Wien 1780–1800/1808].⁵⁹

Die im ausgehenden 18. Jahrhundert begonnen Regulierungsprojekte einzelner Donauabschnitte förderten die Erstellung topografischer und hydrografischer Karten. So veröffentlichte die österreichische Wasserbaudirektion 1805 eine Karte des Donaulaufs von Freienstein oberhalb von Ybbs bis Theben.⁶⁰ Noch bedeutungsvoller ist der 1816/17 von Christoph de Lorenzo aufgenommene lithografierte Abschnitt der niederösterreichischen Donau, eine eindrucksvolle großmaßstäbige Flusskarte.⁶¹ Bei den von der Donau-Dampfschifffahrtsgesellschaft vorangetriebenen Vermessungs- und Kartierungsarbeiten kommen Mátyás Huszár (1778–1843) und Pál Vásárhelyi (1795–1846) besondere Verdienste zu.⁶² All die damit verbundenen Ergebnisse flossen in die Karte des Donauregulierungskommissärs Florian Ritter von Pasetti (1793–1875). Die Karte stellt die Donau von Passau bis Orschowa dar und enthält erstmals hydrotechnische Angaben.⁶³ Einen kartografischen Höhepunkt stellte die 1916 erschienene Karte »Die Donau von Ulm bis zur Mündung« dar.⁶⁴ Die von der Königlich Ungarischen Wasserbau-Direktion herausgegebene Überblickskarte war für die Wissenschaft, Schifffahrt und Wasserbautechnik gedacht und leitete von der reinen kartografisch-hydrologischen zu einer komplexen, multidisziplinären Darstellung über. Es ist jene ›komplexe‹ Geografie, die schon zwei Jahrhunderte zuvor Marsigli vorschwebte.

DANUBIUS. FL.
AUSTRIÆ ARCHI- PARS.
DUCATUS
VERA
REGNUM
HUNGARIA
COM. COMAROMIENSIS.
COMUNDENSIS MAJOR.
COMIT: PELISIENSIS.
COM. PESTIENSIS.
COM. ALBENSIS.
COM. TULNENSIS.
COM. SOLTIENSIS.
COM. MOHACSENSIS.
COM. BARANIENSIS.
COM. BACSENSIS.
SCLAVONIA REGN:
COM. VALKONENSIS.
SIRMIUM DUCATUS.
BANATUS
TEMISVARI ENSIS
SERVIA REGNUM.
BUL
DECLIN: MAG
XI. cum dimidio

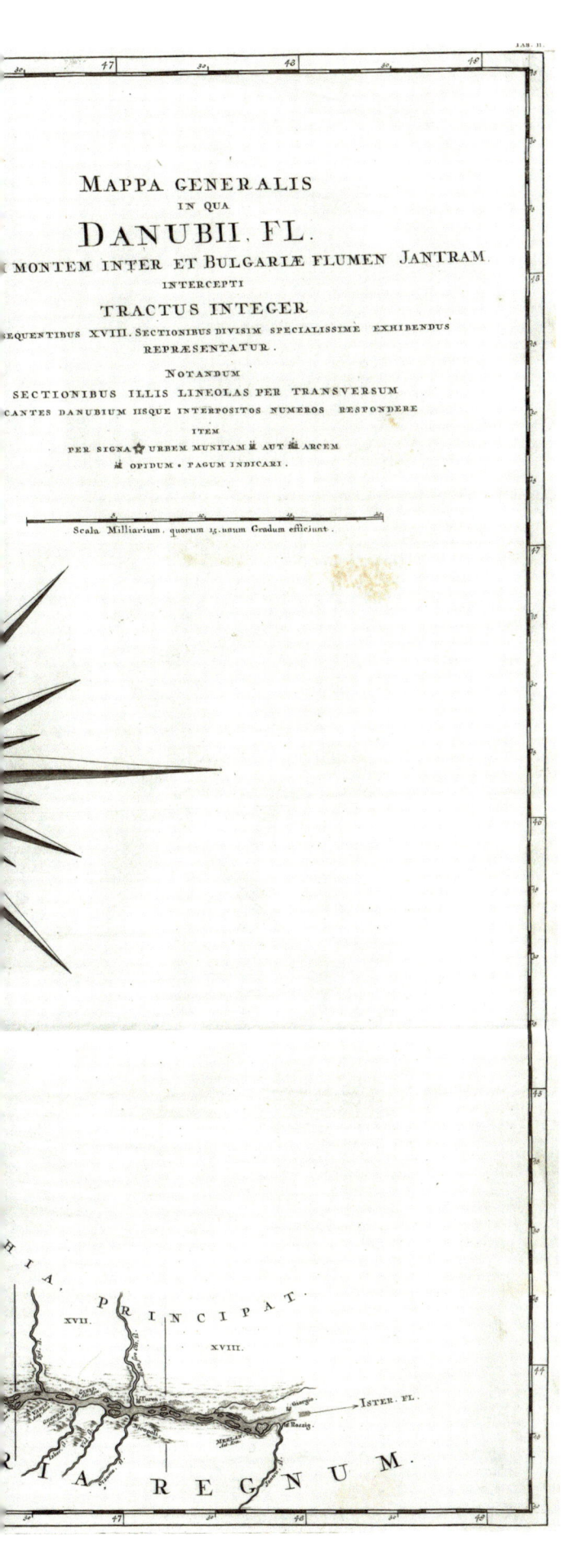

Die Kartografie des Donauraums

Ungarn

Das Pannonische Becken[65] ist in der *Geographia* des Ptolemäus mit seinen großen Flüssen – Danubius (Donau), Tibiscus (Theiß) – und den großen Siedlungen am römischen Limes dargestellt. Die von Henricus Martellus Germanus um 1490 besorgte Ptolemäus-Ausgabe ist mit Koordinaten für Orte in den Provinzen Pannonia Superior und Inferior wie auch mit ungarischen topografischen Namen versehen. Eine detaillierte Darstellung mit etwa 1600 topografischen Namen ist in der ältesten erhaltenen Ungarn-Karte,[66] der »Tabula Hungariae ad quattuor latera [...]« (Ingolstadt 1528) des Lazarus Secretarius enthalten.[67] Das Manuskript der Lazarus-Karte wurde in Ofen gemeinsam mit dem bayerischen Humanisten Jacob Ziegler (um 1470–1549) erarbeitet und später von Georg Tannstädter (1482–1535), Professor der Mathematik an der Universität Wien, verbessert veröffentlicht.[68] Das einzige erhaltene Exemplar wurde 1528 in der Ingolstädter Werkstatt des Petrus Apian (1495–1552) angefertigt. Im Kontext der Schlacht von Mohács (1526) und der bevorstehenden ersten Belagerung Wiens (1529) kam der Karte eine wichtige kognitive wie politische Funktion zu.

Das Vordringen der Osmanen an die mittlere Donau ging mit einem verstärkten kartografischen Interesse, insbesondere italienischer Kartografen am pannonischen Raum einher. Um 1530 entstand die erste gedruckte Ungarn-Karte in der Werkstatt des Venezianers Andrea Valvasore (1510–1572), der weitere folgten. Repräsentativ für das westliche Kartenwissen über das Pannonische Becken und den südöstlichen Donauraum ist Giacomo Gastaldis (um 1500–1565) Karte der Donau-Länder (»Paesi danubiani«, 1546).[69] Auf der Darstellung von Lazarus beruhend, brachte Johannes Sambucus (ung. János Zsámboky, 1531–1584) in seiner »Ungariae Transdanubiae Descriptio nunc corecta et aucta« (Wien 1566)[70] eine verbesserte Karte des Königreiches heraus.

Ebenso wirkungsmächtig wie die Karte von Lazarus war die 1556 in Wien erschienene »Regni Hungariae descriptio vera«[71] des österreichischen Humanisten Wolfgang Lazius.[72] Die Karte beruhte auf seiner *Des Khunigreichs Hungern sampt seinen eingeleibten Landen grundtliche unnd warhafftige Chorographica beschreybung* (Wien 1556), deren ungarische Quellen angegeben werden. Die Karte wurde von Abraham

3 Luigi Ferdinando Marsigli / Johann Christoph Müller: Übersichtsblatt der Donaukarte, (Amsterdam 1726) La Haye 1741. Institut für donauschwäbische Geschichte und Landeskunde, Tübingen.

Ortelius (1527–1598) in seinen Atlas *Theatrum orbis terrarum* (1570)[73] übernommen und von Johannes Sambucus in seiner 1581 in Wien gedruckten Karte verbessert.

Die osmanische Bedrohung und die Türkenkriege hielten das Interesse für Ungarn-Karten wach. In den Frankfurter Messeberichten (Historicae relationes) sind während des Langen Türkenkrieges (1593–1606) etwa dreißig Darstellungen mit Ungarnbezug erschienen. Militärkartografen, unterstützt vor allem von italienischen Ingenieuren und Baumeistern, wie Natale und Nicolo Angielini,[74] erarbeiteten im Auftrag des Hofkriegsrates klein- und großmaßstäbige Karten und Pläne, die die Grenzfestungslinie und einzelne Festungen zeigten. 1661 entwarf der Ingenieur Martin Stier (1620–1669) eine Übersichtskarte, die über den Grenzraum hinausging und das gesamte ehemalige Königreich Ungarn bis zu den Ostkarpaten erfasste. Eine aus dieser Darstellung abgeleitete verkleinerte Karte erschien 1664 auch im Druck (Kat. 2.2).

Einen ungeahnten Aufschwung erlebten Ungarn-Karten nach dem Entsatz von Wien 1683. Erwähnenswert ist der ausführliche *Kleine Ungarn-Atlas* (*Parvus Atlas Hungariae*, Wien 1689) des Jesuiten Gabriel (Gábor) Hevenesi (1656–1715).[75] Die Vermessung Ungarns im modernen Sinn begann in der Endphase des Türkenkrieges mit den bedeutenden Arbeiten der Ingenieuroffiziere Luigi Ferdinando Marsigli und Johann Christoph Müller, darunter auch ihre Donaukarte (1696–1703, veröffentlicht 1726, Kat. 1.12, 1.13). In der vierteiligen Übersichtskarte des Königreiches Ungarn von Johann Christoph Müller (Wien 1709)[76] erhielt das Königreich ein genaueres Bild. Konnte Müller für Niederungarn eigene Raumerfahrungen und im Großen Türkenkrieg erworbene Kenntnisse verwerten, so war er in Bezug auf Oberungarn auf Vorkarten angewiesen. Die hohe Auflage der Karte sicherte ihre starke Rezeption in der westeuropäischen Kartografie. Bis in die zweite Hälfte des 18. Jahrhunderts diente diese erste Amtskarte als Grundlage für Ungarn-Darstellungen der europäischen Kartografie. Erst der Offizier und Kartograf Ignatz Müller (1727–1804)[77] legte 1769 eine verbesserte Karte vor.

Die ungarische Kartografie hatte in der ersten Hälfte des 18. Jahrhunderts eine Persönlichkeit von europäischem Format hervorgebracht – den aus Oberungarn stammenden Sámuel Mikoviny (auch: Mikovíni, 1686–1750).[78] Im Rahmen einer von den Landesständen in Auftrag gegebenen und von dem Polyhistor Matthias Bel (ung. Mátyás Bél, slow. Matej Bel, 1684–1749) konzipierten Landesbeschreibung *Notitia Hungariae novae historico-geographicae* fertigte er dreiundzwanzig Komitatskarten und Stadtveduten an.[79] Von großer Tragweite war das von Mikoviny entworfene, aber nicht umgesetzte Programm flächendeckender topografischer Vermessungsarbeiten. Aus der Mikoviny-Schule sind zahlreiche Komitats- und Vermessungsingenieure hervorgegangen.[80]

Die Anfänge der ungarischen Privatkartografie fallen in die erste Hälfte des 18. Jahrhunderts. Die mit Diopter, Quadranten, Kompass und Messtisch arbeitenden Komitatsgeometer[81] entwarfen vor allem Grundbesitz-, Flussregulierungs- und Entwässerungskarten. Zunächst wurden sie im Ausland, dann in Pressburg (slow. Bratislava, ung. Pozsony) und an der Fachschule im oberungarischen Szenc (1763–1776, ab 1776 in Tata) ausgebildet. Sámuel Krieger legte 1776 einen Plan zur Entwässerung der Sümpfe am Sió und Kapos wie auch des Balatons vor. Karl (Károly) Lietzner und Josef (József) Sándor entwarfen 1783–1790 anhand eigener Vermessungen eine Karte der mittleren Theiß (ung. Tisza, serb. Tisa), jenes Flussgebiets, das in den frühneuzeitlichen Karten als abschreckende Morastlandschaft erscheint. Von 1793 bis 1802 wurde der seinerzeit größte schiffbare Kanal des Königreiches Ungarn von den Brüdern Josef (József) Kiss (1748–1813) und Gabriel (Gábor) Kiss gebaut. Er verbindet die Donau mit der Theiß (Batschka-Kanal, Franzenskanal, serb. Veliki bački kanal)[82] und stellte die Weichen für ein Jahrhunderte übergreifendes Zukunftsprojekt.

Um die Wende zum 19. Jahrhundert erreichte die hydrologische Kartografie einen hohen Stand. Lorenz (Lőrincz) Gaszner (gest. nach 1810) wandte sich der Schwarzen und Schnellen Kreisch wie auch dem Berettyó zu. Richtungsweisend wurde die 1818 begonnene und von Mátyás Huszár geleitete Kartierung des Kreischtales (1823–1829), weil sie die methodischen Grundlagen für hydrografische Vermessungen lieferte. Die dort gewonnenen Erkenntnisse wurden auf die Vermessung der Donau und Theiß übertragen.

Der Schwerpunkt der Militärkartografie lag seit der Mitte des 18. Jahrhunderts auf der Erstellung flächendeckender militärisch-topografischer Karten nach französischem Vorbild. Im Rahmen der vom Militär ausgeführten Josephinischen Landesaufnahme wurde Ungarn von 1769 bis 1784 im Maßstab von ca. 1:28.800 (1 Wiener Zoll = 400 Wiener Klafter) aufgenommen.[83] An der mit hohen finanziellen und personellen Ressourcen verbundenen Aufnahme nahmen auch ungarische Offiziere in leitender Stellung teil, wie der Theoretiker des Klein- und Partisanenkrieges Ludwig Michael von Jeney (ung. Mihály Lajos Jeney, 1723/24–1797).[84] Die handgezeichneten und ausgemalten Karten wurden in zwei Exemplaren erstellt und den formalisierten Beschreibungsblättern – für Ungarn sechs Bände – beigefügt. Die Aufnahme beschränkte sich ähnlich wie in anderen Provinzen auf Messtischtriangulation: Oft wurde das dargestellte Gebiet auch nur in Augenschein genommen und ›à la vue‹ dargestellt. Erst die Zweite oder Franziszeische Landesaufnahme der Österreichischen Monarchie (1806–1869, für Ungarn 1819–1866) konnte sich auf ein Triangulationsnetz stützen. Hinzu kommt, dass die handgezeichneten Karten ebenso wie die daraus abgeleitete »Geographische Charte des Königreichs Hungarn« (1782–1784)[85] der Verwaltung und der Zivilkartografie unzugänglich waren.

Eine neue Entwicklungsstufe verzeichnete die ungarische Kartografie an der Wende vom 18. zum 19. Jahrhundert. Sie war eine Folge des Bedarfs der Komitatsverwaltungen an Verwaltungs-, Wirtschafts- und Poststreckenkarten. Dabei ist insbesondere Johann Matthias Korabinszky (slow. Korabinszký, 1740–1811) hervorzuheben.[86] Sein historisch-geografisches Lexikon von Ungarn (1786) fasste grundlegende Rauminformationen zusammen, auf denen seine Wirtschaftskarte (1791) beruht.[87] Die kleinformatigen Komitatskarten seines *Atlas Regni Hungariae Portatilis* (Wien 1804),[88] für die er Manuskriptkarten der Komitatsingenieure herangezogen hatte, enthalten viele thematische Elemente, darunter mehrsprachige Ortsnamensformen und Angaben über die sprachliche und konfessionelle Zugehörigkeit der Bevölkerung. Der nach Komitaten gegliederte Atlas ist das wichtigste Werk der ungarischen Zivilkartografie im anbrechenden modernen Zeitalter und bildet zudem den Anfang der ethnischen Kartografie im Königreich Ungarn. In diesen Zusammenhang gehört auch der zwischen 1802–1811 von Görög Demeter (1760–1833), Sámuel Kerekes (1757–1800) und József Márton (1771–1840) veröffentlichte *Magyar Átlás*.[89] Auf den 60 Kartenblättern zu den ungarischen Komitaten sind mehr als 15.000 Siedlungen oft mehrsprachig eingezeichnet. Bis zum Erscheinen des Atlanten von Pál Gönczy (1817–1892) und Manó Kogutowicz[90] (1851–1908) 1890 war dieser Atlas maßgebend.

Wichtige Impulse für die kartografische Erkenntnis über Ungarn gingen von österreichischen Kartografen aus. Die Darstellungen des bedeutendsten damaligen österreichischen Kartografen Joseph Max von Liechtenstern (1765–1828) verliehen den Karten mehrerer transdanubischer Komitate nicht nur eine höhere Genauigkeit, sondern auch eine neue gestalterische und inhaltliche Qualität. Wiener Verlage gaben an der Wende vom 18. und 19. Jahrhundert mehrere Ungarn-Karten heraus, darunter die »Generalkarte von Ungarn, Siebenbürgen, Sclavonien && samt den angraenzenden Laendern« (Wien 1790)[91] von Joseph Wussin (1753–1813) und Anton von Wenzely (um 1747–1825). Wien war auch aus technischen Gründen das Zentrum der ungarischen Kartografie. 1806 veröffentlichte der Offizier Johann Lipszky (lat. Joannes Lipszky de Szedlicsna, slow. Ján Lipszký, ung. János Lipszky, 1766–1826) eine aktualisierte und optimierte Generalkarte, die auf zahlreichen astronomischen Ortsbestimmungen und einer Vielfalt von Manuskriptkarten beruhte.[92] Ihre Datengrundlage ist in einem umfangreichen Ortsverzeichnis zusammengefasst, das eine vollständige mehrsprachige Ortsnamenskonkordanz enthält.[93] Um einen weiteren Nutzerkreis zu erreichen, erweiterte Lipszky die Inhalte der Karte mit Verkehrs- und Postverbindungen in einer Version, die nur Ungarn und Kroatien-Slawonien umfasste (Tabula Generalis Regni Hungariae, Croatiae et Slavoniae […], Pest 1810). Bis zur Veröffentlichung der »Administrativ- und General-Karte des Königreichs Ungarn« (Wien 1858, Maßstab: 1:288.000) stand die Lipszky-Karte im öffentlichen Raum für das Kartenwissen über Ungarn schlechthin.

Kroatien, Slawonien und Dalmatien

Die Landstände proklamierten schon 1681 die Wiedergeburt des Dreieinigen Königreiches Kroatien, Slawonien und Dalmatien (kroat. Trojedna Kraljevina Hrvatska, Slavonija i Dalmacija), die mit dem Friedensschluss von Karlowitz (serb. Sremski Karlovci, ung. Karlóca) 1699 auch territorialpolitisch Form annahm. Das venezianische Dalmatien[94] wurde zwar als Teil des Landes betrachtet, eine Vereinigung mit den beiden anderen Territorien hatte aber auch nach der österreichischen Inbesitznahme 1797 nicht stattgefunden. Nicht nur politisch war die Rolle des Königreiches Ungarn und Venedigs[95] in der Region maßgeblich. Auch die Entwicklung des Kartenbilds steht im engen Zusammenhang mit der Kartografie des Königreiches Ungarn und der Dogenrepublik.[96]

Die lange, aber schmale, mit zahlreichen Inseln versehene und durch schwer passierbare Karstgebirge vom Hinterland abgeriegelte Küstenlandschaft am Adriatischen Meer wird auf Karten meist zusammen mit Kroatien und Bosnien dargestellt.[97] Die herrschaftspolitische Fragmentierung des Raums forderte die Kartografen heraus. Illyrien, Liburnien und Dalmatien erscheinen in der »Quinta Europaea Tabula« der Straßburger Ptolemäus-Ausgabe von Martin Waldseemüller (1472/75–1520).[98] Die Region wird auch in historischen Karten dargestellt, beginnend mit Ortelius (Pannoniae et Illyrici Veteris Tababula, 1590), über Christophorus Cellarius (1638–1707; Panonnia, Moesia, Dacia et Illyricum, um 1700) und Johann Weigel (1661–1726; Regiones Danubianae, Pannoniae, Daciae, Mosiae cum vicino Illyrico, Nürnberg 1720) bis zu Rigobert Bonnes *Atlas encyclopedique* (Pannonia, Dacia, Illyricum et Moesia, Paris um 1787). Die übersichtliche chorografische Karte von Girolamo Ruscelli (gest. 1566)[99] fasst unter dem Namen »Slawonien« das gesamte Gebiet zwischen Dalmatien und Serbien mit seinen unterschiedlichen Landschaftsbezeichnungen (Tavola nuova di Schiavonia, Venedig 1561) zusammen.[100] Zur gleichen Zeit entwarf Jacopo Gastaldi (gest. 1566) eine nautische Karte (Carta nautica dell'Adriatico con tutto l'Arcipelago, Venedig 1561) mit lang anhaltender Wirksamkeit.

Venezianische Karten erfassten die Regionalstruktur des westlichen Balkan genauer als andere Darstellungen. An der Karte Ruscellis scheint sich Augustin Hirschvogel (1503–1553),[101] einer der Erfinder der Triangulation, in seiner Darstellung »Schlavoniae, Croatiae, Carniae, Istriae, Bosniae, finitarvmque regionvm nova descriptio« (1570) auszurichten, die sowohl in Ortelius' *Theatrum Orbis Terrarum* als auch in Gerard de Jodes Atlas aufgenommen wurde. Die Erkenntnisse Hirschvogels wiederum sind in die übersichtlich gegliederte Darstellung (Illyricum, 1573) des in Wien tätigen kaiserlichen Hofhistoriografen Johannes Sambucus[102] eingeflossen.

Während des Großen Türkenkrieges sind eine Vielzahl von Karten und illustrierten Flugblättern erschienen. Bestimmend für das Kartenbild der Region waren seit dem ausgehenden 17. Jahrhundert die Darstellungen italienischer Kartografen. Eine erste übersichtliche, räumlich klar gegliederte Darstellung (Dalmatia, Istria, Bosnia, Servia, Croatia e parte di Schiavonia, Rom 1684) legte Giacomo Cantelli da Vignola (1643–1695)[103] vor. Gemeinsam mit dem Verle-

4 Joan Blaeu: Karte Illyriens mit Wappen von Dalmatien, Kroatien, Slawonien und Bosnien, Amsterdam [1666]. Bayerische Staatsbibliothek, München.

JOSEF WOLF

Ill.mo et Excell.mo Domino,
D.no PETRO COMITI PERPETUO DE ZRIN,
REGNOR. DALMATIÆ, CROATIÆ & SCLAVONIÆ BANO,
Bano Hereditario Maritimo,
Præsidii Legradiensis et peninsulæ Marakoz Hereditario Capitaneo,
et D.no Comiti Hereditario de Lyca, Odoria, Corbavia, Almiso,
Clissia, Scardona, Ostrovizza, Breberio, etc.
Argentifodinarum in Gosdansko et Kosthanizza Libero Domino,
Sacræ Cæsareæ Majest. Consiliario et Camerario,
Tabulam hanc D.D.D.
Ioannes Blaeu.

ger Giovanni Giacomo de Rossi (1627–1691) gab er die zweiblättrige Karte »Dalmatia maritima Occidentale« und »Dalmatia Maritima Orientale« (Rom 1689) wie auch »La Croatia e contea di Zara« (1690)[104] heraus, die sich durch die plastische Ausführung der Berge auszeichnen. Für die Außenwahrnehmung der Region waren die Karten des Venezianers Vincenzo Maria Coronelli[105] ausschlaggebend. Seine dekorativen Karten sind mit symbolreichen Kartuschen ausgestattet, wie die zweiblättrige Dalmatien-Karte (Ristretto della Dalmazia. Diuisa ne' suoi Contadi) in der Neuausgabe seines *Isolario* (1696–1698) oder die optimierte, ebenso mit Jean-Baptiste Nolin (1657–1708) um 1700 in Paris herausgegebene französische Ausgabe. Die Karten Coronellis wurden von den Kartenmachern des 18. Jahrhunderts als Grundkarten für ihre Darstellungen Dalmatiens übernommen. Hervorzuheben ist die Karte zu Ungarn und seinen Nebenländern bis zum Adriatischen Meer des Nürnberger Homann-Verlags (1716–1730). Daran knüpft der Augsburger Matthäus Seutter an (Nova et Accurata Tabula Regnorum et Provinciarum Dalmatiae, Croatia, Sclavoniae, Bosniae, Serviae, Istriae et Reip[ublicae] Ragusanae, cum Finitimis Regionibus, 1728 und 1736).[106]

Niederländische Kartografen verlegten sich auf Navigationskarten mit eingezeichneten Schiffsrouten zwischen den beiden Ufern des Adriatischen Meers. Sie griffen dabei auf Karten von Delisle, Coronelli, Rossi und Nolin zurück. Zu den auffallendsten zählt die Karte von Pieter van der Aa (1659–1733; Golfe de Venise, avec les Cotes maritimes Bayes et Ports, etc. de la Grece, Dalmatie et Italie), enthalten in seinem Atlas *Thesaurus Antiquitatum et Historiarum Italiae* (1704–1723).

Im Friedensschluss von Karlowitz 1699 dehnte sich das Habsburgerreich bis an die Donau und Save aus. Das südöstliche Syrmien mit Zemun und Srijemska Mitrovica blieb zunächst noch osmanisch. In Dalmatien war Venedig der große Gewinner. Zum ersten Mal in der Geschichte der Kriege wurden Grenzen systematisch und detailliert aufgenommen. Mit der Grenzziehung wurden gemischte Kommissionen beauftragt. Die österreichische Grenzziehungskommission wurde von Marsigli angeführt, die osmanische von Kapiji Pascha. Eine weitere Kommission grenzte die Herrschaftsgebiete der Republik Venedig und des Osmanischen Reiches ab. Zu Marsiglis Mitarbeitern zählten der kaiserliche Oberingenieur Johann Friedrich Hollstein, der das Tagebuch der Kommission führte und auch an der Erstellung einiger topografischer Skizzen und geografischer Karten beteiligt war, sowie Johann Christoph Müller, der den Großteil der kartografischen Unterlagen anfertigte.[107] Kartiert wurde das beidseitige Grenzgebiet von Jasenovac bis zum Punkt, an dem sich der habsburgische, venezianische und osmanische Herrschaftsbereich trafen (Triplex Confinium).[108] Müller und seine Topografen führten Ortsbestimmungen als Grundlage für ihre Triangulationen durch; Entfernungen wurden mit dem Messrad bestimmt. Die von Müller erstellte Grundkarte der sich auf ca. 800 km erstreckenden habsburgisch-osmanischen Grenze besteht aus mehreren Sektionen.[109] Einige Blätter sind mit Kartuschen versehen. Trotz der Grenzziehung konnten nicht überall Grenzstreitigkeiten vermieden werden, so dass bis zum Vertrag von Novigrad 1776 viele handgezeichnete Karten entstanden.

Regionalkenntnis war eine Voraussetzung für inhaltsreiche Karten. Diese war bei zwei Kartografen des ausgehenden 18. Jahrhunderts herkunftsmäßig gegeben. Die »Carta dell Istria« (Venedig 1784) von Giovanni Valle (1752–1819)[110] wie auch »La Dalmazia Veneta« (1784) zeichnen sich durch die anspruchsvolle perspektivische Reliefdarstellung aus.[111] Auch der österreichische Militäringenieur Giovanni Antonio de Capellaris (1727–1807) verleiht dem Relief in seiner Istrien-Karte (Carta dell'Istria. Riveduta et aumentata dal Cesareo Reggio Ingegnere Gio. Antonio Capelaris, Venezia 1779) eine plastische, die Vogelperspektive vortäuschende Form. Istrien ist der räumliche Schwerpunkt mehrerer Karten, von denen sich Paolo Santinis (gest. 1793) Darstellung »Istria. Nouvelle carte de L'Istrie«, (Venedig 1790) abhebt. Die von Ingenieur Francesco (Franjo) Zavoreo (1749–1822) gezeichnete und von Ludovico Furlanetto gestochene Dalmatien-Karte (Nuova carta topografica della Provincia di Dalmazia divisa ne'suoi territorij, Venedig 1787) und die Karten von Santini (Westlicher Theil von Dalmatien und Östlicher Theil von Dalmatien, Wien 1789) zählen zu den letzten, die den venezianischen Territorialbesitz festhalten. Maximilian Wenzel Schimek (tschech. Maximilian Václav Šimek, 1748–1798) wählt in seiner Karte von Bosnien und Herzegowina (Wien 1788) einen überlieferten Gebietsausschnitt und bezieht Kroatien, Slawonien, das Temeswarer Banat, Serbien, Albanien, Ragusa und das venezianische Dalmatien mit ein.[112] Neue Maßstäbe setzten die Übersichtskarten von Giovanni Antonio Bartolomeo Rizzi Zannoni (1736–1814),[113] die den gesamten osmanischen Herrschaftsbereich in Europa südlich der Donau erfassen (Regnum Bosnia, cum finitimis Croatiae, Dalmatiae, […] di Bulgaria, e Rumelia Tratte dalla carte dell'Impero Ottomano, 1781). Ein orientalisches Motiv – eine turbantragende Figur mit langer Pfeife vor dem Hintergrund einer Küstenlandschaft – prägt die Karte des Kupferstechers, Kartografen und Globenbauers Giovanni Maria Cassini (1745 – um 1824): »La Dalmazia con le isole adiacenti« (Rom 1792).

Im Frieden von Campo Formio 1797 wurde das Ende der Republik Venedig besiegelt, dessen dalmatinischen Besitzungen größtenteils an Österreich kamen. Von 1805 bis 1809 wurde Dalmatien dem napoleonischen Königreich Italien angeschlossen, um zwischen 1809 und 1813 unter direkter französischer Verwaltung zu stehen. Die kurzzeitige französische Herrschaft weckte auch das Interesse französischer Kartografen.[114]

Siebenbürgen und Banat

Siebenbürgen oder Transilvania bezeichnet das Land »jenseits des Waldes«. Die dreieckige, von den Karpaten umschlossene Hochebene bildet einen relativ geschlossenen geografischen Raum. Die Gestalt des Landes wurde im 16. und 17. Jahrhundert in anschauliche Formen (abgerundetes Dreieck, Herz) umgesetzt. Nach dem Zusammenbruch des Königreiches Ungarn 1526 strebten die Fürsten eine Eigenstaatlichkeit gegen den Kaiser an, die sie mit Hilfe der Hohen Pforte auch verwirklichen konnten. Der osmanische Vasallenstaat konnte temporär die östlich der Theiß liegenden sowie weitere oberungarische Komitate (Partium) und das Banat von Lugosch und Karansebesch einschließen. Die konkurrierenden Mächte betrachteten Siebenbürgen als einen Pufferstaat mit schwankenden Grenzen. De facto schon 1688 besetzt, wurde das Fürstentum 1691/99 der Habsburgermonarchie einverleibt.[115]

Das Land wird auf der achten Tafel Europas in der *Geographia* des Ptolemäus dargestellt und erscheint auch auf der gestochenen »Kleinen Tafel von ganz Germanien« (Parva Germania tota tabella, Eichstätt 1491) von Nicolaus Cusanus (1401–1464).[116] Der Humanist stellt ein gebirgiges Land dar, vermerkt sind »Cron« (Kronstadt, rum. Brașov) und »Rotetore«, der Rote-Turm-Pass (rum. Pasul Turnu Roșu). Seine Darstellung wurde von weiteren Kartografen mit geringfügigen Änderungen übernommen. Die erste Einzeldarstellung von Siebenbürgen schuf der Reformator Johannes Honterus (1498–1549; Chorographia Transylvaniae. Sybembürgern, Basel 1532).[117] Die Karte enthält etwa 220, vorwiegend deutschsprachige Toponyme und legte damit die Grundlage für eine einseitige Wahrnehmung des Bilds von Siebenbürgen. Sebastian Münster nahm die Karte in seine *Cosmographia* (1544) auf: »Die Sieben Burg, so man sonst auch Transsyluaniam nennt« (Basel 1544, 1572).[118] Sie fand Eingang in die Darstellung des Wiener Hofhistoriografen Johannes Sambucus für Kaiser Maximilian II. (Transilvania. Sibenbürgen, Wien 1566, 2. Bl.). Abraham Ortelius nahm 1573 die Karte verkleinert in sein *Theatrum Orbis Terrarum* auf.[119]

Die veränderte Wahrnehmung des Raums infolge eigenstaatlicher Bestrebungen wird in der Karte des Nürnberger Kartografen und Kupferstechers Matthias Zündt (1498–1572) »Nova Totius Ungariae Descriptio« (Nürnberg 1567) sichtbar. Das Grenz- und Flächenkolorit hebt Siebenbürgen deutlich von dem habsburgischen Oberungarn und dem osmanischen Verwaltungsbereich ab. Zündts Karte wurde in Gerard de Jodes *Speculum Orbis Terrarum* aufgenommen und bildete den Urtypus vieler Ungarn- und Siebenbürgen-Darstellungen bis ins 18. Jahrhundert. Die Kartografen des frühen 17. Jahrhunderts schlossen sich dieser Vorgangsweise an. Wenn sie auch mit dem Ungarn-Begriff operierten, so grenzten sie doch das ehemalige Königreich Ungarn von Siebenbürgen durch Zugehörigkeitsverweise ab, wie beispielsweise Joan Blaeu (1596–1673) im *Atlas Maior* (1665) oder John Speed (1552–1629) in seiner »Map of Hungary« (1626). Das zeigt sich schon in der Karte Siebenbürgens[120] von Georg von Reichersdorffer (um 1495–1554), die 1595 von Martin Bronovius (um 1568–1624) übernommen wurde.[121]

Im Langen Türkenkrieg (1593–1606) rückte Siebenbürgen in den Vordergrund des kartografischen Interesses. Nicolas Sanson nennt in seiner Karte »Principauté de Transylvanie« (Paris 1664) seine Vorkarten: Lazius, Sambucus und Mercator. Johann Jansonius' (1588–1664) »Nova et Accurata Transylvaniae Descriptio« (1656) wurde 1683 vom englischen Kartografen Moses Pitt (um 1639–1697) übernommen und noch 1730 in Amsterdam vom Verlag Valck & Schenk herausgegeben.[122] Hinsichtlich des Informationsgehalts bestehen kaum Unterschiede zwischen den an der Schwelle vom 17. zum 18. Jahrhundert veröffentlichten Siebenbürgen-Karten von Giacomo Cantelli da Vignola, Vincenzo Maria Coronelli (Kat. 5.6), Cornelis II. Danckerts (1664–1717, Kat. 5.7) oder Alexis-Hubert Jaillot. Allen gemeinsam ist ihr Interesse für ethnische

Diversität. Siebenbürgen erscheint als Land sprachlicher und konfessioneller Vielfalt, wobei der ständische Nationsbegriff von einem neuen Nationsverständnis überlagert wird. Repräsentativ für eine solche Sichtweise sind die Karten von Nicolas de Fer (Principauté de Transilvanie, 1705, Kat. 5.8) und Matthäus Seutter (Transylvaniae principatus in cinque nationes divisus, Augsburg um 1730), die beide die Siedlungsgebiete der »fünf Nationen« (Ungarn, Sachsen, Szekler, Moldauer und Walachen) durch Flächenkolorit und Sprachzugehörigkeit ausweisen.

Die gedruckten Karten des 17. Jahrhunderts brachten bis zu Giovanni Morando Viscontis (1652–1717) »Mappa della Transilvania e Provintie contigue nella quale si vedano li Confini dell'Ongaria […]« (Hermannstadt 1699, vgl. Abb. 5, Kat. 4.7, 5.9), die auch einige Grundrisse der wichtigsten Festungen und Städte zeigt, keine neuen Erkenntnisse.[123] Viscontis Karte war die wichtigste regionale Quelle für Johann Christoph Müllers Darstellung Siebenbürgens in seiner Karte des Königreiches Ungarn (1709). Erst 1725 entwarf Johann Conrad Weiß eine verbesserte handgezeichnete Karte (Nova et accurata geometrica Mappa Daciae Mediterraneae seu moderni Principatas Transilvaniae).[124] Sie wurde von Hauptmann Stephan Lutsch von Luchsenstein (1707–1792; Principatus Transilvania Tabula ex archetypo 1751 concinato recentioribus aucta observationibus denouo delineate) revidiert.[125]

Das regionale Raumwissen zu Siebenbürgen wurde entscheidend von der Josephinischen Landesaufnahme vorangebracht.[126] Ludwig Michael von Jeney entwarf 1775 eine Generalkarte (Neue Situations Charte des Grosfurstenthums Siebenburgen nebst angrenzenden Theilen der Moldau und Walachei), die sich durch ihren Detailreichtum auszeichnet.[127] Neue Anstöße erhielt die regionale Kartografie im ausgehenden 18. Jahrhundert. Dabei sind insbesondere zu nennen: Anton von Wenzelys »Generalkarte von Siebenbürgen« (Wien 1789), die 1816 neu aufgelegt wurde,[128] Franz Johann Joseph von Reillys Schulkarte (Wien 1792), die »Carte Chorographique de La Grande Principaute De Transilvanie. Special Karte Von Dem Gross Fürstentum Siebenbürgen« (Wien 1799)[129] des Belgiers Jcan Baptiste de Bouge (1757–1833) sowie die zwei Blätter umfassende Karte Siebenbürgens von Karl Joseph Kipferling (Kat. 5.14).

An der Nahtstelle zwischen Orient und Okzident liegend war das Banat eine für die Auseinandersetzung der Habsburger mit den Osmanen wichtige strategische

5 Giovanni Morando Visconti: Karte von Siebenbürgen, Hermannstadt 1699. Hadtörténeti Intézet és Múzeum, Budapest.

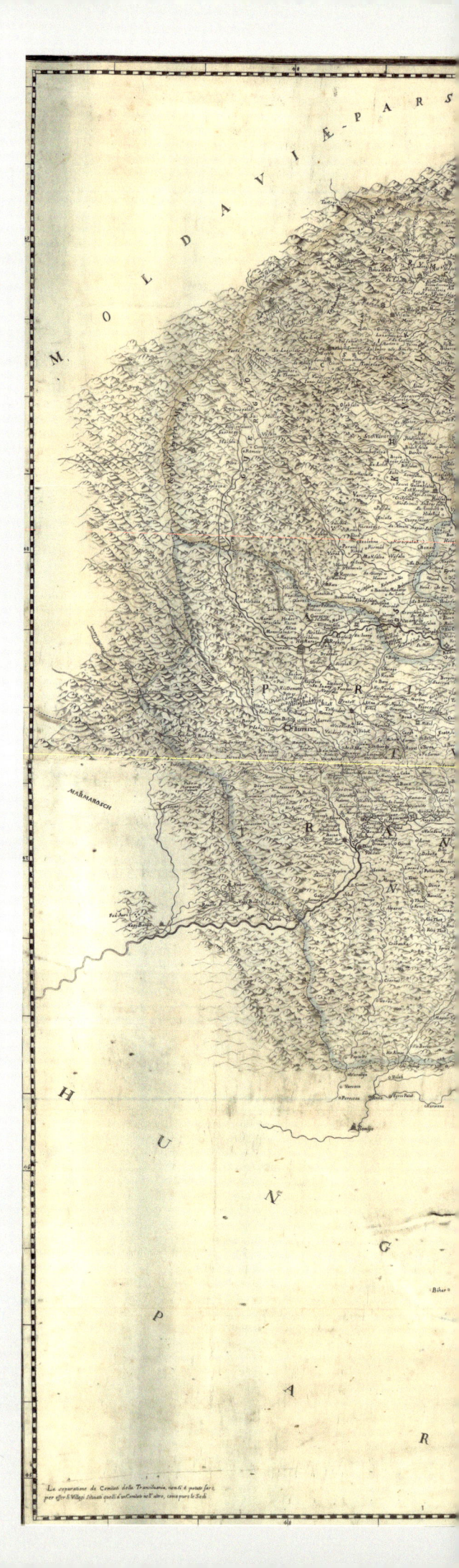

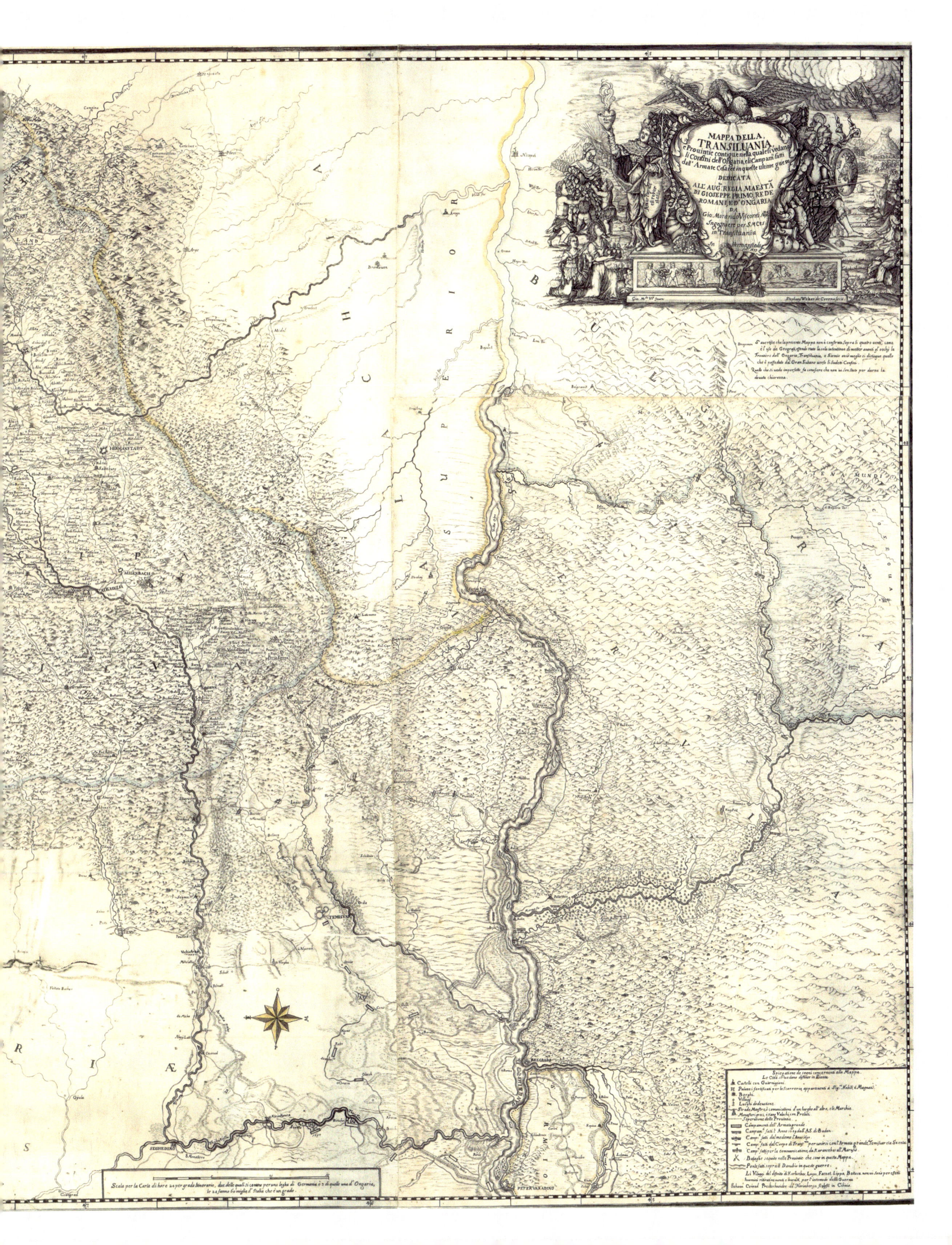

MAPPA DELLA TRANSILVANIA

e Provintie contigue nelaquale si vedano i Confini dell'Ongaria, e li Campam.ti fatti dall'Armate Cesaree in queste ultime guerre

DEDICATA
ALL'AUG. REGIA MAESTÀ
DI GIOSEPPE PRIMO RE DE
ROMANI E D'ONGARIA
DA
Gio. Morando Visconti
Ingegniere per S.M.C.
in Transilvania
in Hermanstadt

Gio. M.° V.ti Inven. — *Stephan Welzer de Corona Sculp.*

Spiegatione dei segni che si vedono nella Mappa:

Si avvertisce che la presente Mappa non è conforme sopra li quattro venti, come si usa da Geografi, quindi non ha sito intentivo di mettere tutti i simboli la Frontiera dell'Ongaria, Transilvania, e Servia, ma meglio si distingue quello che è posseduto dal Gran Signore verso li suddetti Confini.

Quelle che si vede imperfette si conserva che non si son stato per darne la dovuta chiarezza.

Spiegatione de segni concernenti alla Mappa.
- Le Città (Residenze distinte in Regno)
- △ Castelli con Guarnigione
- ⌂ Palanca fortificata per le scorrerie appartenente à Sig.ri Nobili e Magnati
- 🏰 Borghi
- • Villaggi
- † Luoghi dedicatorie
- ⇆ Strade Maestre communicative d'un luogo all'altro, che Marchia
- ⛪ Monasteri, ovvero Villaggi con Prelati
- ━━━ Separatione delle Provincie
- ⚔ Campamenti dell'Armata grande
- ▦ Campi fatti l'Anno 1689 dal S.E. di Baden
- ▦ Camp.ti fatti del med.mo Generale
- ▦ Camp.ti fatti dal Co.te di Rabut.n per unirsi coll'Armata grande, ò unirsi cia Sv.zia
- ▦ Camp.ti sopra la communicazione, da R. ornata coll'Armata
- K Bassaie capitale nelle Provincie che son in questa Mappa.
- Pendesate sopra li Duodici in questa guerra.
- Li Viaggi dei distinti S.r E.ri Sers Liupp. Farnell. Lupp. Baden, non si sono per esser brevemente ridonato osservati a benefit, per l'intenditori delle Guerra.
- *Iohann Conrad Preckenhuber di Nuremberga stabilita in Cibino*

Scala per la Carta di hore 24 per grado Itinerario, due delle quali si cantano per una lega di Germania e 3 di quelle una d'Ongaria, le 24 fanno 60 miglia d'Italia che è un grado.

Provinz und daher Schauplatz sämtlicher Türkenkriege. Die von den Flüssen Marosch, Theiß und Donau und den westlichen Südkarpaten umgrenzte Region um den zentralen Ort Temeswar (rum. Timișoara, ung. Temesvár) gelangte erst 1716/18 aus der osmanischen Oberhoheit (seit 1552) in den Besitz des Kaisers, der hier sowohl Landesherr als auch alleiniger Grundherr war. 1751 trennten sich Militär- und Zivilverwaltung. Aus dem Provinzialgebiet wurde 1765–1768 der Banater Abschnitt der Österreichischen Militärgrenze ausgegliedert. 1778 verlor das Temeswarer Banat seine Eigenstaatlichkeit und wurde dem Königreich Ungarn eingegliedert.

Die territorialpolitischen Zäsuren prägen die Entwicklung der Provinzialkartografie, die zunächst in militärischer Hand lag.[130] Die von 1719 bis 1723 entworfenen topografischen Distriktskarten bildeten die Grundlage für eine erste Übersichtskarte der Provinz, der so genannten Mercy-Karte (1725).[131] Mit den groß angelegten Kanalisations- und Entwässerungsarbeiten und der planmäßigen Kolonisation wurde das Banat auch ein wichtiges Wirkungsfeld für Kameralingenieure und Hydrauliker. In die kartografische Wahrnehmung ging das Banat als ein ›fließender Raum‹ ein: Sümpfe, Moräste und ausgedehnte Überschwemmungsgebiete entlang der Grenzflüsse Theiß und Donau wie auch der Binnenflüsse Bega und Temesch (rum. Timiș, serb. Tamiš) kennzeichnen das Kartenbild der Region bis ins 19. Jahrhundert hinein. Es ist auch für das Raumbild von Franz (Francesco) Griselini (1717–1787) in der Karte (Tabula Bannatus Temesiensis a Geometris […] confecta, quam in minorem formam reduxit gradusque longitudinis et latitudinis adjecit […], Wien 1776, vgl. Abb. 6) charakteristisch.[132]

Moldau und Walachei

Obwohl die Donaufürstentümer Moldau und Walachei bzw. nach 1859/61 das Fürstentum Rumänien bis 1877/78 unter der Oberhoheit des Osmanischen Reiches standen, entwickelte sich ihr Kartenbild im Kontext der österreichischen und russischen Kartografie und im engen Zusammenhang mit dem benachbarten Siebenbürgen.[133] Die erste Karte der Walachei wurde in griechischer Sprache (lat. Index geographicus celsissimi principatus Wallachiae) vom Truchsess (rum. stolnicul) des Fürsten Constantin Brâncoveanu, Constantin Cantacuzino (1639–1716), entworfen und 1700 von Chrysantos Notaras in Padua veröffentlicht (vgl. Abb. 7).[134] Die Karte fand Eingang in die europäische Kartografie und galt bis in die zweite Hälfte des 18. Jahrhunderts als Hauptquelle für die Darstellung des Fürstentums. Der moldauische Fürst Demetrius (Dimitrie) Cantemir (1673–1723) fertigte um 1716 im russischen Exil eine »Tabula Geographica Moldauiae« an, die 1737 von seinem Sohn Antioh Dimitrievici Cantemir in Amsterdam als Beilage seiner *Descriptio Moldaviae* veröffentlicht wurde. Das kleinformatige Blatt wurde 1771 neu aufgelegt[135] und diente als Grundlage für die handgezeichnete Moldau-Karte »Moldaviae principatus delineante principe Demetrio Cantemirio« von Jean-Baptiste Bourguignon d'Anville.[136]

Im Auftrag des Hofkriegsrates wurde 1722 die kurzzeitig den Habsburgern zugehörige Kleine Walachei von Friedrich Schwantz von Springfels (um 1690–1728) kartiert: »Tabula Valachiae Cisalutanae«.[137] Eine 1723 von Johann Brandt in Wien erstellte Kopie wurde von Ignatz Müller für seine Ungarn-Karte (1769) herangezogen. Ausgehend von der Karte von Friedrich Schwantz hat Stephan Lutsch von Luchsenstein eine Karte des gesamten Fürstentums entworfen, für die auch weitere, einschließlich osmanische Quellen unterschiedlichen Maßstabs herangezogen wurden: »Tabula Valachae Austriacae quidem seu Cis-Alutanae, per Fredericum Schwantzium geometricae commesuratae, Turcice vero seu transalutane ex vetusto quodam exemplar desumptu combinata […]« (1738).[138]

Nach 1770 gingen die wichtigsten Impulse vom russischen General Friedrich Wilhelm von Bauer (auch: Baur, Bawr, 1731–1783) aus, der während des Türkenkrieges 1769–1774 mit der kartografischen Erfassung der Fürstentümer beauftragt wurde. Seine *Mémoires historiques et géographiques sur la Valachie, avec le Prospectus d'Atlas Géographique et Millitaire de la dernière Guerre entre la Russie et la Porte Ottomane* (Frankfurt/Leipzig 1778) wurden zur Bezugsquelle für sämtliche Darstellungen. Das Atlasprojekt Bauers ist aus finanziellen Gründen gescheitert. Erschienen ist 1781 nur die Karte der Moldau (Carte de la Moldavie, pour servir à l'Histoire militaire de la guerre entre les Russes et les Turcs, Amsterdam 1781).[139] Die Karten von Rizzi Zannoni (Atlante Polacco, 1782), Jakob Friedrich Schmidt (1723–1786; Karte von der Walachei, Moldau und Bessarabien. Nach geometrischen Messungen und astronomischen Beobachtungen verfasst, Wien 1788) und von Franz Ludwig Güssefeld (1744–1808; Charte von der Moldau und Walachey, nach den Astronomi-

6 Francesco Griselini: Karte des Temeswarer Banats, Wien 1776, Kupferstich. Privatsammlung Dr. Ovidiu Șandor, Temeswar.

HUNGARIA.
MAKOVAER C.
ARADER.
COM. INFERIOR.
ZARANDER COM.
SEGEDINER COM.
BACSER COM.
SIRMIUM.
TRANSYLVANIA
VALACHIA
REGNUM.
SERVIAE
PANCSOWAER DISTRICT
PROVIDENTIA AUGUSTORUM
TABULA
BANNATUS TEMESIENSIS
a Geometris
S.S. MM.IA. et R.A.
confecta;
quam in minorem formam
reduxit,
gradusque longitudinis, et latitudinis
adjecit
FRANCISCUS GRISELINI
ANNO R.S. MDCCLXXVI.
Augustinus Cipps Sculpsit.
Vindobonæ.

7 Constantin Cantacuzino: Karte der Walachei (Indice topografico del Principato di Valachia. Erstausgabe Padua 1700), in: Antonio Maria del Chiaro: Istoria delle moderne rivoluzioni della Valachia, Venedig 1718. Bibliothèque nationale de France, Paris.

schen Beobachtungen […], Nürnberg 1785) verweisen auf Bauers kartografisches Projekt.

Entscheidende Korrekturen erfuhr das Kartenbild der Donaufürstentümer durch die militärisch-topografischen Aufnahmen während des letzten Türkenkrieges mit österreichischer Beteiligung (1787–1792).[140] 1788 wurden die nördlichen Distrikte der Moldau,[141] und 1790/91 die Walachei, ohne die unter direkter osmanischer Verwaltung stehende Raja Brăila (türk. Ibraila), aufgenommen.[142] Die Karte wurde verkleinert auch in Kupfer gestochen.[143] Seit der Wende vom 18. zum 19. Jahrhundert bestimmten Produkte der Wiener Privatkartografie das Kartenbild der Donaufürstentümer. Franz Fried gab 1811 eine »Generalcharte der Walachey«[144] heraus, der eine Karte beider Fürstentümer mit ihren Nachbarregionen (Carte de la Valachie et de la Moldavie comprenant aussi la Bessarabie, la Transilvanie et la Bukovine, Wien [1840, 1850/56][145]) folgte.

JOSEF WOLF

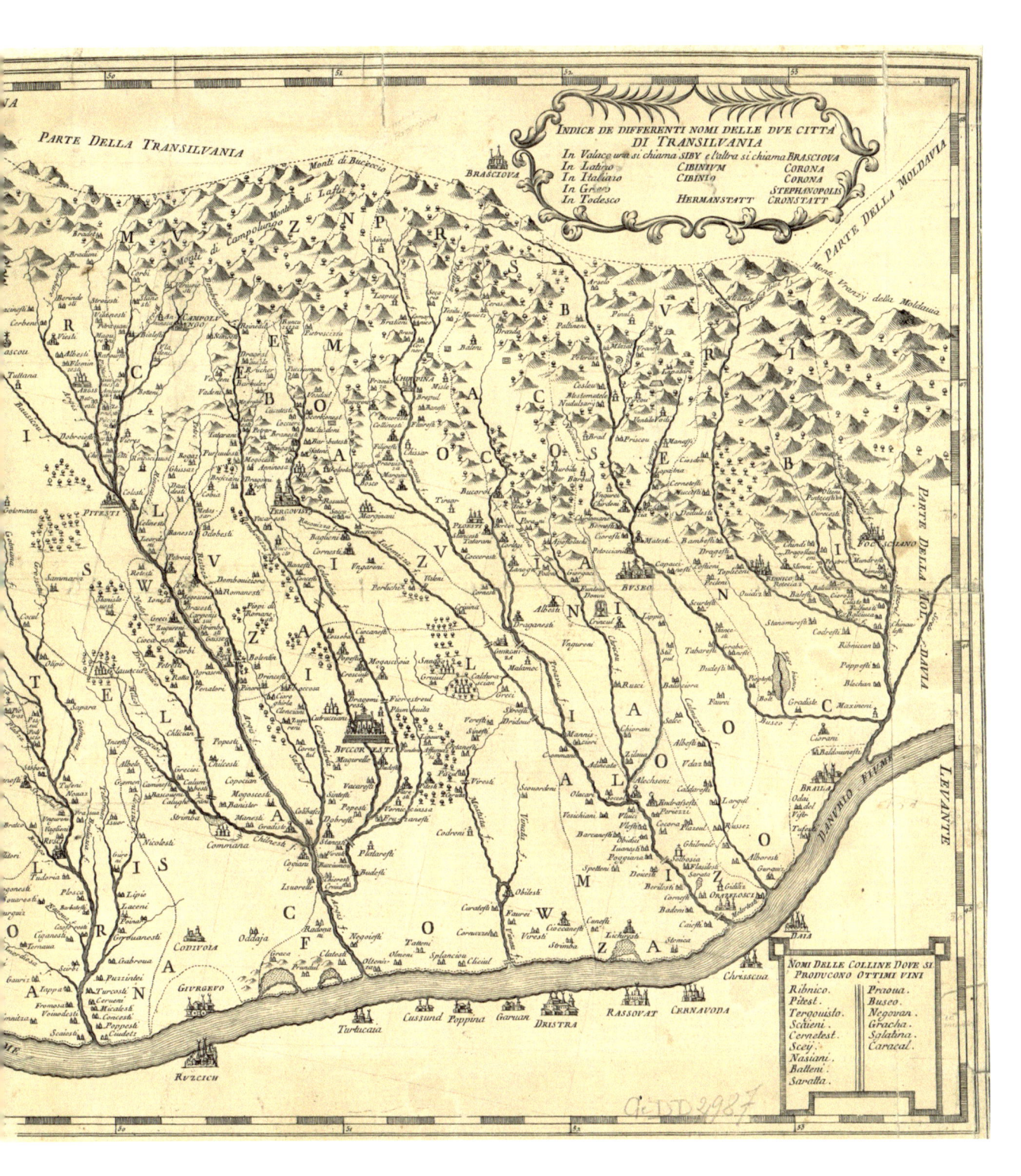

Die Kartografie des nördlichen Balkan

Seit der mittelalterlichen Staatsgründung waren Bulgarien[146] und Serbien[147] geläufige Geonyme im mittelalterlichen Kartenbild, die Küstengebiete fanden Eingang in frühe Portulane.[148] Die ersten Einzelkarten gehen auf italienische Kartografen zurück, die angesichts der osmanischen Expansion auf der Balkanhalbinsel und im mittleren Donauraum Interesse für das gesamte Gebiet zeigten. Von der frühen Atlas-Kartografie rezipiert wurde vor allem Giacomo Gastaldis »La vera descrizione di Tutta la Ungheria, Transilvania, Valachia, [...], la Bulgaria, la Bissina, Servia et Romania« (Venedig 1546). Gerard de Jode in seiner Donaukarte (Tractus Danubii III, Antwerpen 1578), Abraham Ortelius für seine Karte »Romaniae olim Thracia dicta, vicinarumque regionum, uti Bulgariae, Walachiae, Syrsiae [Serbien] etc. descriptio« (Antwerpen 1584) und Gerhard Mercartor (Walachia, Servia, Bulgaria, Romania, Duisburg 1589) haben sie als Vorkarte herangezogen. Das von der niederländischen Atlasgeografie vermittelte Kartenbild verfestigte sich im 17. Jahrhundert. Nicolas Sanson (Estats de L'Empire des Turcs en Europe, Paris 1655) konnte es nur geringfügig optimieren. Einen Erkenntnisschub für den östlichen inneren Balkan brachte Giacomo Cantelli da Vignola (La Bulgaria e la Romania com parte di Macedonia, Rom 1689). Dauerhafte Maßstäbe für die Zivilkartografie setzte Guillaume Delisles verbessertes Kartenbild von Osteuropa und dem östlichen Mittelmeer (1704).

Weitreichende Folgen für das Kartenbild der Halbinsel hatten seit dem ausgehenden 17. Jahrhundert die Türkenkriege. Es sind vor allem die um 1690 von Giovanni Morando Visconti erstellten Manuskriptkarten und die nach dem Friedensschluss von Passarowitz von O. F. von Öbschelwitz angefertigte »Carte von dem Königreich Servien […]«, die das Wissen über den inneren Balkan erweiterten. Die österreichische Armee führte Mappierungen Serbiens durch; die russische Besatzung nahm sich seit 1769 Bulgariens an. Die topografische Aufnahme, die von österreichischen Militärtopografen 1790/91 in der Walachei wie auch in Nordserbien durchgeführt wurde, war flächendeckend. Unter der Oberaufsicht von Oberst Specht wurde die »Aufnahms-Carte von Serbien«[149] erarbeitet. Für beide Imperien, Russland und Habsburger, blieb die Balkanhalbinsel auch im 19. Jahrhundert ein Interessenschwerpunkt der Militärkartografie. Österreichische und russische Militärtopografen wirkten sowohl an den ersten militärisch-topografischen Aufnahmen der neuen Nationalstaaten als auch an der Organisation eigener militärgeografischer Institute mit.[150]

Ausblick

Die frühneuzeitliche Kartografie zum Donauraum und zu Südosteuropa fällt in eine kulturgeschichtliche Phase, in der die traditionelle Einheit zwischen der Produktion von Karten als Artefakte und ihre Funktion für die Deutung des räumlichen Weltbilds brüchig wurde. In den neu eroberten habsburgischen Gebieten entwickelte sich nach dem Vorbild Frankreichs und Preußens das Mapping als fundamentale, sich zunehmend von Textkommentaren emanzipierende Repräsentation des Herrschaftsgebiets. Damit ist eine bedeutsame kartografische Innovation verbunden. Die kartografische Einführung des Gitternetzes markierte den Beginn einer von modernen Methoden des Vermessens und Berechnens beherrschten Landschafts-, Gewässer- und Siedlungsplanung. Die ästhetische Funktion der Karten als kognitive Instrumente ging zurück, die künstlerisch gestaltete Titelkartusche verlor ihren Stellenwert. Im militärischen Kontext der imperialen Auseinandersetzung zwischen Abendland und Morgenland, zwischen Okzident und Orient, dienten Karten nun wesentlich als Medien der Orientierung und der Inbesitznahme des Raums.

Die sich im 18. Jahrhundert verändernde geografische Wissenschaft beruhte primär nicht mehr auf Erinnerung und Imagination, sondern auf zunehmend genauer Vermessung und komplexen mathematischen Berechnungen von Lagebeziehungen im Rahmen imperialer und nationalstaatlicher Triangulationsnetze zur Bestimmung der Grenzen und des Staatsterritoriums. Die Flächeninhaltsberechnung erfolgte mit bewährten verfeinerten planimetrischen Methoden, die Höhenmessung durch Erstellung eines Nivellements, wobei sich durch die Verknüpfung der trigonometrischen und barometrischen Höhenmessung mit bekannten Höhenfestpunkten absolute Höhen als Grundlage der Reliefdarstellung ergaben. Verbesserte Teleskope ermöglichten zuverlässige Positionsbestimmungen, eine neue Theodoliten-Generation annähernd wahrhaftige Höhenmessungen. Zudem standen den Vermessungsingenieuren neu erschaffene logarithmisch-trigonometrische Tafeln zur Auswertung der Felddaten zur Verfügung.

Unter den militärischen Voraussetzungen des sich zuspitzenden ›Orientkonfliktes‹ wie auch der Revolutions- und Napoleonischen Kriege vollzog sich ein Umschwung von der empirischen zur wissenschaftlichen Kartografie als Teil der modernen Geografie. Die Zentren der Produktion und des Handels mit Karten verlagerten sich von Nürnberg, Augsburg und Amsterdam nach Wien, Weimar und Gotha, Paris und später nach London. Es entwickelten sich neue maßstabgerechte Karten durch neuartige Methoden der Triangulation und moderne Drucktechniken. Die Lithografie ersetzte den Tiefdruck durch Kupferplatten und ermöglichte den farbigen Kartendruck. In der ersten Hälfte des 19. Jahrhunderts ersetzten Schraffen die bis dahin in Atlanten und Einzelkarten vorherrschende Reliefdarstellung in Maulwurfshügelmanier. Die von Johann Georg Lehmann (1765–1811) eingeführten Böschungsschraffen revolutionierten die Darstellung des Geländes. Der

Übergang zur Schraffendarstellung veränderte auch die Siedlungsdarstellung: An die Stelle der Aufrisssymbole für verschiedene Siedlungstypen traten Siedlungssignaturen für statistisch erfasste Einwohnerzahlen. Damit wurde die Wende zur Zivilkartografie trotz des ungeminderten Stellenwerts der Militärkartografie eingeleitet.

In diesem Prozess kommt dem Donauraum und Südosteuropa ein doppelter Stellenwert zu – als Experimentierfeld, auf dem die Kartografie neue Wege ging, und als Großregion, die dadurch für West- und Mitteleuropa ihre spezifische kartografische Prägung erfuhr.

Anmerkungen

1 Zum Begriff ›Habsburgerreich‹ bzw. ›Österreich‹ vgl.: Hochedlinger 2003; Klingenstein 1997.
2 Akerman 2009; Edney 1997; Schenk 2005; Schenk 2011.
3 Kretschmer 1990.
4 Anastasopoulos 2013; Brummett 2015; Casale 2010; Emiralioğlu 2014.
5 Edney 2009, S. 40–45.
6 Keyzer/Jongepier/Soens 2014.
7 Kaser 1997.
8 LThK² 1957/68, Bd. 1, S. 17–19; Heiss 2016.
9 Vgl. dazu: Feigl 1993; Matschke 2004; Petacco 2005.
10 Vgl. dazu exemplarisch: Black 2009; Dörflinger 2004; Lenman 2013; Mokre 2013; Vann 1992; Veres 2014b.
11 Gatti 1901.
12 Edney 2012.
13 Hofstätter 1989; Paldus 1919; Rill 2001.
14 Mokre 2004.
15 Pedley 2005.
16 Dörflinger 1984, S. 72–75.
17 Brincken 2008.
18 Vgl. dazu: Kivelson 2006; Seegel 2012.
19 15 Bl., 132 × 159 cm, Maßstab: [ca. 1:4.280.000], 1° reduziert auf ein Zoll, 1572 überarbeitet.
20 Ptolemaeus 2006; Stückelberger 2008.
21 Wessel 2004.
22 Schilder 1976.
23 Koeman 1965.
24 Maßstab [ca. 1:1.100.000], 1676 neu veröffentlicht; Ausst. Kat. Brüssel 2007, S. 65.
25 Europa Delineata juxta Observationes Excell[entissim]orum Virorum Academiae Regalis Scientiarum […] et juxta recentissimas annotationes […], Augsburg [ca. 1750], [ca. 48 × 58 cm], Maßstab [ca. 1:11.100.000].
26 Herman Moll, 2 Bl., Maßstab: [ca. 1:7.200.000], London 1708; John Senex, 2 Bl., Maßstab: [ca. 1:6.500.000], London um 1710.
27 Paris 1786, Maßstab: 1:6.000.000.
28 Karte von Europa, in XVI Blättern, nach des H. O. C. Büsching Erdbeschreibung und den besten Hülfsmitteln entworffen, Berlin 1792, Maßstab: 1:4.400.000.
29 Large English Atlas, London 1795, 2 Bl., Maßstab: 1:5.000.000.
30 2 Bl., 102 × 81 cm, Maßstab: 1:2.900.000.
31 Reilly 1789.
32 Dörflinger 1984; Szathmáry 1996, S. 209.
33 Sechs Karten von Europa mit erklärendem Text, Berlin 1804/06; vgl. auch: Ritter 1804.
34 24 Bl., Maßstab: [ca. 1:2.350.000], Reliefdarstellung in Schraffen.
35 Maßstab: [ca. 1:2.280.000], erschienen sind neun von 16 geplanten Blättern.
36 25 Bl., Maßstab: [ca. 1:2.592.000].
37 Boer 1998; Schmale 2010.
38 Les Confins des Chrestiens et des Turcs en Terres Fermes, c'est dire La Hongrie, L'Esclavonie, La Croatie et La Dalmatie, Paris 1661.
39 Maßstab: [ca. 1:10.000.000]; Pelletier 2002, S. 66–69.
40 Todorova 1999, S. 49.
41 Hösch/Nehring/Sundhaussen 2004, S. 81 f.
42 Zur Terminologie vgl.: Brunnbauer 2013, Abschnitt 6–9; Schenk 2002.
43 Svatek 2015.
44 Todorova 1999; vgl. auch: Sundhaussen 2003.
45 Zur Abgrenzung gegenüber Asien vgl.: Kaser 2011.
46 Zur kartografischen Darstellung der Donau vgl.: Kretschmer/Dörflinger/Wawrik 1986, S. 175–177; Helczmanovszky 1951; Dumitru/Nastase 2015.
47 Meurer 2007.
48 Insgesamt 34 × 97 cm, gestochen von den Brüdern Jan und Lucas van Doeticum.
49 Karrow 1993, 70/17.
50 Török 2006.
51 Eine chronologische Zusammenstellung der Donaukarten bietet: Mrgić 2012, S. 225–258.
52 Szántai 2004.
53 Kupferdruck, 55 × 47 cm, Maßstab: [ca. 1:4.400.000].
54 Kupferdruck, 3 Bl., 109 × 47 cm, Maßstab: [ca. 1:2.000.000].
55 ÖStA, KA, Kartensammlung, B IX b 113.
56 ÖStA, KA, Kartensammlung, B IX b 106; Hohensinner 2015, S. 76.
57 Constantinescu 2015, S. 162–165.
58 Ignaz von Lauterer / Siegfried von Tauferer: Navigations-Karte der Donau von Semlin an bis zu ihrem Ausfluss ins Schwarze Meer, zur genauesten Kentnis aller in derselben befindli-

chen Inseln, Sandbänke, Wirbel, Klippen [...] so wie aller an den beiderseitigen Ufern gelegenen Städte, Dörfer und andere Ortschaften, wobei zugleich die verschiedene Breite und Tiefe des Stroms bestimt angegeben ist, Wien 1789, Kupferstich von Johann Ernst Mansfeld, 8 Teile auf 7 Bl. in verschiedenen Formaten, insgesamt 340 × 117 cm, Maßstab: [ca. 1:195.300]; Dörflinger 1984, S. 100.
59 Gez., 18 Bl., Maßstab: [ca. 1:72.000]; Hadtörténeti Intézet és Múzeum Budapest, B IX b 128/1.
60 40 Bl., Maßstab: [ca.1:7200].
61 9 Abteilungen mit 68 Sektionen, Maßstab: 1:7320, Sektionsübersichten, Maßstab: 1:28.800; NÖ Landesbibliothek, St. Pölten, B II 82/B II 86.
62 Duna-mappáció 2006, Karten im Maßstab: [1:144.000].
63 Florian Ritter von Pasetti: Karte des Donau Stromes innerhalb der Gränzen des Österreichischen Kaiserstaates, Wien 1859–1862, 60 Bl., Maßstab: [1:28.800], revidiert 1867/68, zusammengestellt, gezeichnet und in Kreide ausgeführt von Alexander Möring, Lithografie von Anton Doležal; Pasetti 1862.
64 A Duna Ulmtól a torkolatig – Die Donau von Ulm bis zur Mündung, átnézeti térképe, Budapest 1916, 222 × 23 cm, Maßstab: [1:750.000]. URL: https://maps.hungaricana.hu/hu/HTITerkeptar/2098/ (18.07.2017).
65 Zur historischen Kartografie des Pannonischen Beckens vgl.: Szántai 1996; Plihál 2009; Fodor 1952/54; Stegena 1998; Sallai 1995.
66 Török 2007b.
67 Maßstab: [ca. 1:1.129.000]; Stegena 1982; Török 1996.
68 Stuhlhofer 1981.
69 Gastaldi 1939; Hrenkó 1975; Mollo 2002, S. 27–31.
70 Maßstab: [ca. 1:650.000].
71 12 Bl., Maßstab: [ca. 1:650.000]; Szathmáry 1987.
72 Hrenkó 1979; Oberhummer/Wieser 1906; Svatek 2008.
73 Zu den Ungarn-Karten von Ortelius vgl.: Gróf 1979; Gróf 1992.
74 Pálffy 2011.
75 Bálint 1938; Bartha 1983; Fallenbüchl 1958.
76 4 Bl., Maßstab: [ca. 1:550.000]; Paldus 1907; Zur ungarischen Kartografie im gesamtmonarchischen Kontext vgl.: Csende 1981.
77 Kupferdruck, 12 Bl., 92 × 71 cm, Maßstab: [ca. 1:360.000]; Bendefy 1974.
78 Bendefy 1976; Török 2003.
79 Bel/Mikoviny 1735/42.
80 Raum 1976.
81 Bourguet/Licoppe/Sibum 2002; Fallenbüchl 1983.
82 Petrović 1982.
83 Eine Ausnahme bilden die 78 Sektionen der Zips mit einem Maßstab von ca. 1:14.400; Jankó 2007; Hadtörténeti Intézet és Múzeum 2004.
84 Jankó 2006.
85 Handzeichnung, kol., 28 Bl., 97 × 65 cm, Maßstab: [ca. 1:192.000]; Magyar Nemzeti Levéltár Országos Levéltára, Térképtár, Div. XI. - No. 2. URL: https://maps.hungaricana.hu/hu/MOLTerkeptar/4569/ (18.07.2017).
86 Hanzlík 1979.
87 Novissima Regni Hungariae [...] Tabula. Wasser und Producten Karte des Königreichs Ungarn, Wien 1791, Maßstab: [ca. 1:1.000.000].
88 60 Bl., Maßstab: [1:600.000 bis 1:8000].
89 Demeter/Márton 1802/11; Nagy 1977a; Nagy 1977b; Dörflinger 1984, S. 129–131.
90 Gönczy 1890.
91 4 Bl., 98 × 111 cm, Maßstab: [ca. 1:1.100.000].
92 Mappa Generalis Regni Hungariae partiumque adnexarum Croatiae, Slavoniae et Confiniorum Militarium Magni item Principatus Transylvaniae geometricis partium dimensionibus, recentissimisque astronomicis observationibus superstructa, adjectis finibus Provinciarum Bukovinae, Galliciae, Silesiae, Austriae, Styriae, Carinthiae, Carnioliae, Dalmatiae, Bosniae, Serviae, Valachiae, et Moldaviae [...], Pest 1806, Titelbl., 9 Kartenblätter, Maßstab: [ca. 1:470.000]; Lipszky 2005; Reisz 2002; Zur Entstehung der Karte vgl.: Reisz 1994.
93 Lipzsky 1808.
94 Zur Grenzziehung vgl.: Ivetic 2014a, S. 123–159; Kovačević 1973; Kozličić/Bratanić/Uglešić 2011; Paladini 2003.
95 Lago 1987.
96 Vgl. dazu: Ausst. Kat. Zagreb 1988; Marković 1993; Marković 2001; Selva 2013.
97 Zur Entwicklung der historischen Kartografie Kroatiens, Slawoniens und Dalmatiens vgl.: Škrivanić 1974/79; Marković 1975; Marković 1993; Slukan Altić 2003; Viličić/Lapaine 2016.
98 Ivetic 2014b, S. 215.
99 Celaschi/Gregori 2015; Iacono 2011; Marini/Procaccioli 2012.
100 Marković 1974.
101 Kühne 2002.
102 Bakewell 1994; Gerstinger 1926; Monok 1992.
103 Giacomo Cantelli / Francesco Donia: Dalmatia, Istria, Bosnia [...], Rom 1684, BnF Paris, Signatur CPL GE DD-2987 (5854). URL: http://gallica.bnf.fr/ark:12148/btv1b5964122g (27.07.2017).
104 Zur Stadtrepublik Zara vgl.: Mayhew 2008.
105 Wallis 2005.
106 Eine Auswahl von Kroatien-Darstellungen bietet die National- und Universitätsbibliothek Zagreb (Nacionalna i sveučilišna knjižnica u Zagrebu) auf ihrer Internetseite unter: »Karte 18. Stoljeća«. URL: http://db.nsk.hr/HeritageDetails.aspx?id=843 (19.07.2017).
107 Ausst. Kat. Zagreb 1999; Hajdarhodžić 1996; Krmpotić/Krmpotić 1997.
108 Roksandić 2003.
109 Mappa Geographica Limitanea in qua Imperiorum Caesarei et Ottomanici Confinia in almae pacis Carlovitzensis (1699) Congressu decreta, 39 Sektionen, 50 × 63 cm, Maßstab: 1:37.500; die Blätter 40 und 41 enthalten 91 Pläne im Kleinformat zur Positionierung der Grenzzeichen; ÖStA, KA, Kartensammlung, B IX c 634; Zu einzelnen Sektionen vgl.: Marković 1998.
110 Moschini 1806, S. 137 f.
111 Zur Darstellung des Reliefs vgl.: Sindik 1930.
112 2 Bl., 67,5 × 107,5 cm, Maßstab: [ca. 1:500.000], gestochen von Ignaz Alberti und Franz Müller.
113 Kretschmer/Dörflinger/Wawrik 1986, S. 675 f.; Blessich 1898; Black 2000, S. 24.
114 Apollonio 1998; Erber 1990/91; Roksandić 1988; Roksandić 2017; Šumrada 2006.
115 Zur kartografischen Entwicklung vgl.: Gróf 2005; Szathmáry 1987.
116 Meurer 1983.
117 Günther 1898; Török 2001; Bartos-Elekes 2009; Nussbächer 2003/10; Meschendorfer/Mittelstrass 1996.
118 Wessel 2004; Meurer 1993; Radu/Tamás 2009.
119 Tamás 2012/13.

120 Capesius 1967; Schuller 1859; Szabadi 1994.
121 Zu den Vorkarten von Darstellungen Siebenbürgens vgl.: Plihál 2001.
122 Petelei 2013, S. 88 f., 144 f. und 172 f.
123 4 Bl., 116 × 98,5 cm, Maßstab: [ca. 1:550.000], gestochen von dem Nürnberger Johann Conrad Predtschneider, Stecher der Titelkartusche ist der Kronstädter Stephan Welzer; Plihál 2000.
124 Maßstab: [ca. 1:180.000], 12 gez. Blätter mit einem Band Beschreibung; ÖStA, KA, Kartensammlung, B IX 2 a 713.
125 Raisz 1953; Veres 2014a; Veres 2017.
126 280 gez. Blätter, Maßstab: [ca. 1:28.800], ergänzt durch einen vierbändigen beschreibenden »Anhang zu der Kriegskarte Siebenbürgens«; ÖStA, KA, Kartensammlung, B IX a 715; Jankó 2009; Veres 2012; Veres 2015, Kap. 3.
127 ÖNB Wien, Kartensammlung und Globenmuseum, Handzeichnung, kol., 1 Karte in 4 Blättern + 3 Blätter, Maßstab: [ca. 1:96.500]; http://data.onb.ac.at/rec/AC04570706.
128 2 Bl., 69 × 111 cm, Maßstab: [ca. 1:422.000].
129 55 × 45 cm, Maßstab: [ca. 1:540.000].
130 Mureşan/Ionăş 2012.
131 Zur Entwicklung der Kartografie im Domänenstaat vgl.: Wolf 2017.
132 61 × 66,8 cm, Maßstab: [ca. 1:432.000]; Griselini 1780.
133 Ciortan/Radu/Penda 2004; Popescu-Spineni 1938; Popescu-Spineni 1987; Căzan 2006.
134 4 Bl., 64 × 132 cm; Rotaru/Anculete/Paraschiva 1989, S. 19–22.
135 Cantemir 1771.
136 BnF Paris, Signatur GE DD-2987 (5947 B).
137 4 Bl. zu jeweils 63 × 58,5 cm, Maßstab: [ca. 1:195.000].
138 9 Bl. unterschiedlicher Größe, kol.; ÖStA, KA, Kartensammlung, B III a 200.
139 6 Bl. zu jeweils 86 × 54 cm, insgesamt 172 × 162 cm, Maßstab: [ca. 1:288.000].
140 Docan 1912, S. 33–36.
141 107 Bl., handgez., 62,5 × 41 cm, Maßstab: [1:57.600], mit einer zweibändigen topografischen Beschreibung; ÖStA, KA, Kartensammlung, B III a 180.
142 108 Bl., handgez., 108 Sektionen, Maßstab: [ca. 1:57.600], mit dreibändiger Beschreibung; ÖStA, KA, Kartensammlung, B IX a 115-1.
143 42 Bl., handgez., 48,5 × 71,5 cm, Maßstab: [1:115.200]; ÖStA, KA, Kartensammlung, B III a 203.
144 Maßstab: [ca. 1:740.000].
145 Lithografie, 109 × 82,5 cm.
146 Beševliev/Freitag 1979; Dimitrov 1984; Wawrik 1980.
147 Marković 1975.
148 Kretschmer/Dörflinger/Wawrik 1986, S. 63–65; Ausst. Kat. Wien 1986; Brincken 1975; Oestreich 1904.
149 1791, 25 Bl., Maßstab: [ca. 1:28.800]; ÖStA, KA, Kartensammlung, Sign. B IIIa 239.
150 Haardt von Hartenthurn 1902/03; Haardt von Hartenthurn 1913; Hartl 1891; Hartl 1891/94; Jordan 1996; Korzer 1941; Truck 1898.

شهر تمشوار
طونه چايى
شهر بلغراد
شهر صوفيه
شهر اوسكوب
ولايت روم ايلى
ولايت اناطولى
شهر قونيه
شهر سيواس

Südosteuropa in der kartografischen Kenntnis der Osmanen im 17. und 18. Jahrhundert

PINAR EMIRALIOĞLU

Der adlige Offizier und Kartograf Luigi Ferdinando Marsigli (1658–1730) aus Bologna besuchte 1680 Konstantinopel als Mitglied der Delegation des venezianischen Gesandten (vgl. Abb. 1). Während seines Aufenthalts stellte er mit Hilfe seiner jüdischen Dolmetscher und der Dragomanen (sprachkundigen Reiseführern) der venezianischen Botschaft Notizen zu verschiedenen Themen zusammen, unter anderem über osmanische Würdenträger, Militär, Steuerwesen und die medizinischen Eigenschaften von Kaffee. Er sammelte Informationen zu osmanischen Plänen und Landkarten und freundete sich mit zahlreichen Intellektuellen an. Viele dieser Ärzte, Geschichtsschreiber und Geografen standen in engem Kontakt mit dem osmanischen Hof. Ein Teil der von ihm erworbenen Landkarten sind heute in den 146 Bänden der Marsigli-Sammlung in Bologna zu bewundern. Marsigli selbst zeichnete einige Karten der osmanisch-habsburgischen Grenzen unter Einbeziehung der von ihm auf seinen Reisen gesammelten Informationen. Seine Landkarte von 1680, auf der die Garnisonen der Janitscharen und die südosteuropäischen Grenzfestungen eingezeichnet sind, ist das Ergebnis seines Austausches mit den osmanischen Kartografen.[1] Diese Karte basiert auf dem Werk des osmanischen Kartenzeichners Ebu Bekir ibn Behram ed-Dimashki (gest. 1691), der zu Marsiglis Bekanntenkreis gehörte.

Marsiglis Bedeutung für das europäische militärische Kartenwesen ist unangefochten.[2] Weniger gesichert ist jedoch die Art und Weise, wie sein Kurzaufenthalt in Konstantinopel und seine Kontakte zu wichtigen osmanischen Intellektuellen Einsicht in die kartografischen Kenntnisse der Osmanen zu geben vermögen. Durch die Analyse einer anonymen Portulankarte aus dem Jahr 1652 und der geografischen Berichte von Katib Çelebi (1609–1657) sowie einer Kopie des 18. Jahrhunderts von Dimashkis Übersetzung des *Atlas Maior* von Joan I. Blaeu (1596–1673)[3] möchte dieser Artikel für das Osmanische Reich die Aneignung und Verbreitung von kartografischem Raumwissen über Südosteuropa im 17. und 18. Jahrhundert darstellen. Dabei soll die enge Verknüpfung zwischen diesen Kenntnissen und der osmanischen Politik herausgestellt werden; außerdem werden mögliche Antworten auf die Frage nach der Ausdehnung europäischer Netzwerke zum Wissensaustausch mit dem Osmanischen Reich angeboten.

Eines der bemerkenswertesten kartografischen Werke jener Epoche ist eine anonyme Portulankarte (›Seekarte‹) des Mittelmeers, über die wir nur wenig wissen (vgl. Abb. 3).[4] Wir können nur spekulieren, dass sie als unbeschriftete Karte in der Werkstatt eines europäischen Kartografen entstand und dass die Ortsnamen später im Osmanischen Reich hinzugefügt wurden. Die fünf vollständigen und fünf halben Windrosen in Blau, Schwarz und Gold weisen auf einen reichen Osmanen, vermutlich ein Mitglied des osmanischen Hofs, als Auftraggeber hin.

Auf den ersten Blick unterscheidet sich die Karte nicht von den Portulanen, die ein Jahrhundert früher für den osmanischen Hof angefertigt worden waren: Sie zeigt dasselbe Gebiet und verwendet ähnliche Techniken (unter anderem die Windrose) zur Orientierung. Bei genauerem Hinsehen wird jedoch deutlich, dass es sich hier um einen Wendepunkt in der Geschichte der geografischen Kenntnisse der Osmanen über den Südosten Europas handelt. Die Karte liefert eine viel detailliertere Darstellung der Städte und Flüsse und der Inlandstopografie als die Karten aus dem 16. Jahrhundert. Sie benennt eine große Zahl von Inseln und Städten im Mittelmeerbecken, entweder in der tra-

Ausschnitt aus Abb. 3 (vgl. S. 100).

1 Luigi Ferdinando Marsigli: Gemälde eines unbekannten Künstlers. Biblioteca Universitaria Bologna.

ditionellen osmanisch-türkischen Schreibweise oder zusätzlich markiert mit einer Flagge. Im Jahrhundert davor zeigten die Portulane nur die Städte an der Mittelmeerküste, während die Karte von 1652 auch Städte anzeigt, die wie Kairo (heute Ägypten), Aleppo (Syrien), Sivas (Türkei) und Konya (Türkei) nicht direkt am Meer liegen. Der Kartenzeichner war vermutlich gut mit der Topografie des Mittelmeerbeckens vertraut oder verfügte zumindest über Karten oder Pläne der Region. Außerdem markierte er deutlich die Flüsse Nil, Dnjepr, Po und Donau. Die Donau ist mit erstaunlich vielen Details wiedergegeben. Entlang des Flusses ist das ganze Becken sehr gut zu erkennen, genauso wie die größeren Städte und Festungen an seinen Zuströmen. Die Karte unterscheidet sich von ihren osmanischen Vorgängerinnen auch in den minutiösen Einzelheiten zu Südosteuropa. Eindeutig angegeben sind hier die Städte Skopje, Sofia, Belgrad, Temeswar (rum. Timişoara, ung. Temesvár) und die Festungen von Ofen (ung. Buda), Pest und Wien – alles Orte, an denen die Osmanen im 16. und 17. Jahrhundert gegen ihre europäischen Gegner gekämpft hatten.

Diese Beobachtungen werfen die Frage nach der Bedeutung Südosteuropas für das türkische Publikum des 17. Jahrhunderts auf. Warum bevorzugte der Kartenzeichner die Donau im Vergleich zu den anderen Flüssen im Mittelmeergebiet? Im südöstlichen Europa diente die Donau als natürliche Trennlinie zwischen den osmanischen Domänen und den europäisch-christlichen Reichen der Frühen Neuzeit. Mangels ›menschengemachter‹ Grenzen waren die Herrschaftsbereiche durch Flüsse und Berge voneinander getrennt. Die im 16. und 17. Jahrhundert in Europa hergestellten und in Umlauf gebrachten Karten betonten die Donauregion als Agglomeration von Festungen und Städten, wobei diese Orte als »potentielle Stätten von Konflikten, Verteidigung, Besatzung und Aufgabe« präsentiert wurden, um die Betrachter an die Siege christlicher Fürsten und die Niederlagen der Osmanen zu erinnern.[5] Die Portulankarte von 1652 ist wohl eine der ersten aus dem Osmanischen Reich, die dieser Tradition folgt und das Donaubecken ähnlich darstellt. Obwohl manche Orte schon auf den Portulanen und Atlanten des vorigen Jahrhunderts angegeben waren, enthält keine osmanische Karte des 16. Jahrhunderts alle diese topografischen Informationen auf einmal. Die fragliche Karte benennt Städte wie Buda, Pest, Belgrad, Temeswar und Sofia, die in der Geschichte der osmanischen Eroberungen eine Rolle spielen, und setzt Wien ans Ende der Donau, quasi als ›Roten bzw. Goldenen Apfel‹ für das osmanische Publikum.

Außerdem sind die wichtigsten politischen und administrativen Gebiete innerhalb und außerhalb der osmanischen Domänen zu sehen: Anatolien (*vilayet-i Anadolu*), der Balkan (*vilayet-i Rumili*), Afrika (*vilayet-i Afrika*), Moldau (*vilayet-i Boğdan*), Österreich (*vilayet-i Nemçe*), Frankreich (*vilayet-i Fransa*) und Spanien (*vilayet-i İspanya*). Dies steht im direkten Kontrast zu den Portulankarten, die im 16. Jahrhundert im Osmanischen Reich im Umlauf waren und von denen keine die politischen Einheiten rund ums Mittelmeer angibt. Die Erstellung dieser anonymen Karte fällt mitten in die militärischen Auseinandersetzungen zwischen dem Osmanischen Reich und Venedig um Kreta. Möglicherweise nahm der Kartograf an, es sei ein guter Zeitpunkt für die Ausarbeitung einer Mittelmeerkarte. Diese jedoch geht weit über eine einfache Darstellung des Mittelmeers für ein osmanisches Publikum hinaus, denn hier werden bestimmte Gegenden im Mittelmeerbecken hervorgehoben (insbesondere Südosteuropa), und die Aufmerksamkeit wird auf Konfliktzonen und politische Trennungen gelenkt. Zwar wäre es falsch, die Bezeichnungen für diese Gegenden als Grenzmarkierungen anzusehen, aber sie vermittelten der osmanisch-höfischen Elite dennoch ein Gefühl

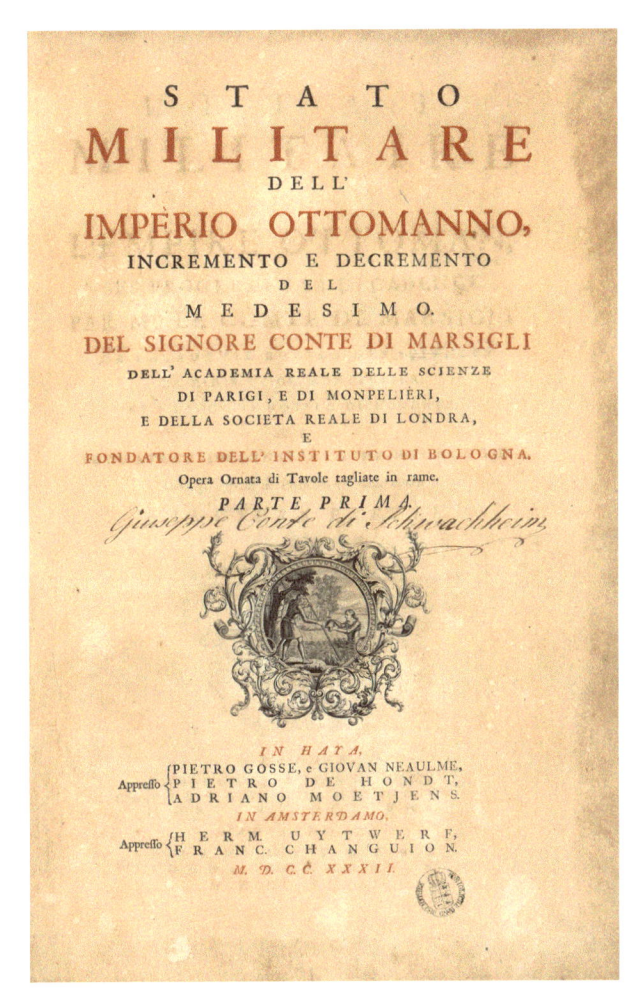

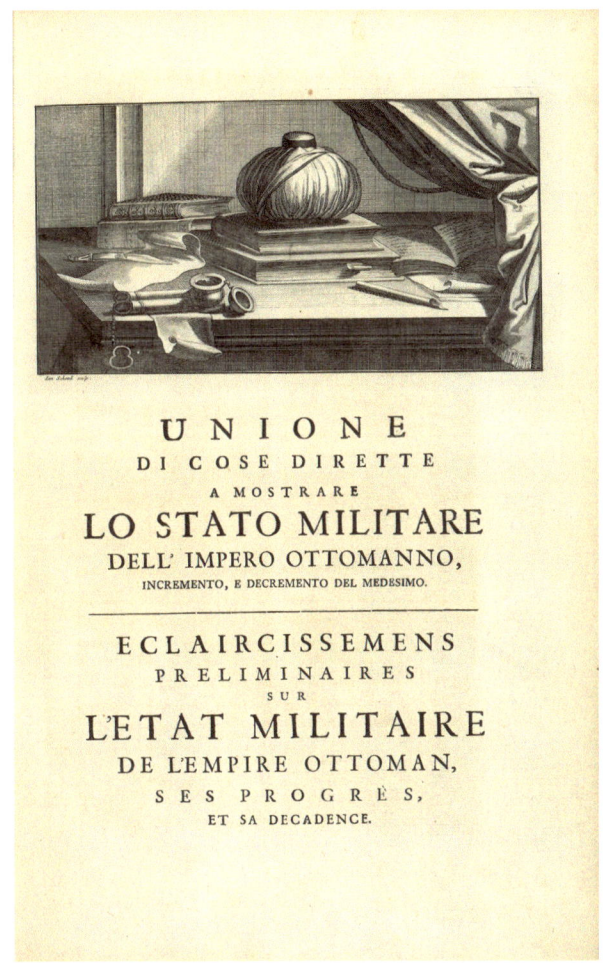

2 Marsiglis Werk über den Zustand des Militärs im Osmanischen Reich (»Stato militare dell' imperio Ottomano«), Den Haag/Amsterdam 1732. Württembergische Landesbibliothek, Stuttgart.

für die politischen und administrativen Einheiten des Mittelmeerbeckens, insbesondere der europäischen.

Die anonyme Karte gehört zu der großen Menge an geografischen Werken, die im 17. Jahrhundert im Osmanischen Reich produziert und verbreitet wurden. Besonders für die zweite Hälfte des Jahrhunderts ist eine starke Zunahme der in Konstantinopel entstandenen geografischen Unterlagen zu verzeichnen. Welche Gründe gab es für das wachsende Interesse an Kartografie? Militärische Auseinandersetzungen zwischen Osmanen und Venezianern, wie der 25-jährige Konflikt um Kreta (1645–1669), könnten als Erklärung dienen: Obwohl der Krieg einen Sieg der Osmanen brachte und die lateinische Präsenz im östlichen Mittelmeer beendete, waren die osmanische Wirtschaft und die Geduld der Bürger erschöpft. Den Venezianern hingegen bot der lange Krieg die Gelegenheit, eine Flotte im östlichen Mittelmeer stationiert zu halten. Während des Konflikts konnten beide Seiten verschiedene Anliegen im Auge behalten: den Handel und die Politik der Region, die Piraten und die britischen bzw. holländischen Handelsschiffe, die sich damals immer zahlreicher im Mittelmeer aufhielten. Der symbolische und praktische Wert von Karten während des langen Konflikts könnte die gestiegene Produktion erklären. Auch der Eingriff atlantischer Mächte in das ehemals von den Osmanen kontrollierte Territorium könnte den Bedarf angekurbelt haben.

Zwischen 1650 und 1703 waren militärische Krisen endemisch. Teure Siege und noch teurere Niederlagen kosteten das Osmanische Reich einen erheblichen Teil seines Gebiets und Prestiges. Mit der fehlgeschlagenen Belagerung Wiens (1683) begann eine Umkehrphase, die mit dem Frieden von Karlowitz (serb. Sremski Karlovci, ung. Karlóca) 1699 endete. Angesichts der militärischen Niederlagen gelang es der osmanischen Diplomatie dennoch, in den Verhandlungen, die den zahlreichen Konflikten jener Zeit folgten, das bestmögliche Ergebnis herauszuschlagen. In der Tat waren die osmanischen Diplomaten geschickt im Verhandeln; außerdem wurden sie von ihren Gegnern und von späteren Historikern stets unterschätzt. Trotz ihrer Bemühungen legt die Formulierung des Friedensvertrags von Karlowitz ein Abkommen zwischen zwei gleichgestell-

3 Anonyme Portulankarte von 1652. Bayerische Staatsbibliothek München.

ten Kaisermächten nahe – ein implizites Eingeständnis, dass der osmanische Sultan nicht mehr oberster Herrscher in Südosteuropa war.⁶ Während der Verhandlungen setzten sowohl die Habsburger als auch die Osmanen Kommissionen zur Feststellung der Grenzen ein.⁷ Die osmanischen Geografen bezeugten die militärischen Misserfolge aus erster Hand, und ihre Berichte spiegeln die Veränderungen in der Geografie der Welt und ihres Reiches wider. Während also Grenzen und Grenzkommissionen in der europäischen Kartografie und in den internationalen Beziehungen zur Norm wurden, passten sich die osmanischen Kartografen diesen Neuerungen an und übernahmen die Aufgabe, ihre herrschaftlichen Eliten und das allgemeine Publikum über den Grenzverlauf zu informieren, wobei dieser sich ja ständig veränderte, vor allem in Südosteuropa.

Einer dieser Kartografen war Katib Çelebi: Er erstellte zwischen 1653 und 1655 die osmanisch-türkischen Übersetzungen von Jodocus Hondius' (1563–1612) Ausgabe des *Atlas minor* Gerhard Mercators (1609), war führend in der Versorgung des osmanischen Hofs mit Übersetzungen und Originalwerken und betätigte sich als Geschichtsschreiber, Biograf und Geograf. Nachdem er eine traditionelle Ausbildung an einer *madrasa* (Lehranstalt) erhalten hatte, ging er 1622 an der osmanischen Kanzlei in die Lehre. 1635 gab er seine Karriere als Sekretär auf, um sich verschiedenen Studien zu widmen: Religions- und Rechtswissenschaft, Mathematik, Astronomie und Geografie, vor allem Kartografie. Katib Çelebi war einer der produktivsten osmanischen Autoren: Er hinterließ ca. 18 Werke zu unterschiedlichen Themen (enzyklopädische Projekte, Übersetzungen, diverse Abhandlungen, didaktische bzw. unterhaltsame Werke). Bald schon gehörte er zum Intellektuellenkreis Konstantinopels, zu dem westliche Gelehrte wie Antoine Galland (1646–1715) und Luigi Ferdinando Marsigli Kontakt pflegten. Çelebi und Marsigli sind einander wahrscheinlich nie begegnet, aber letzterer muss durch seine Kollegen über die Werke des Osmanen informiert worden sein.

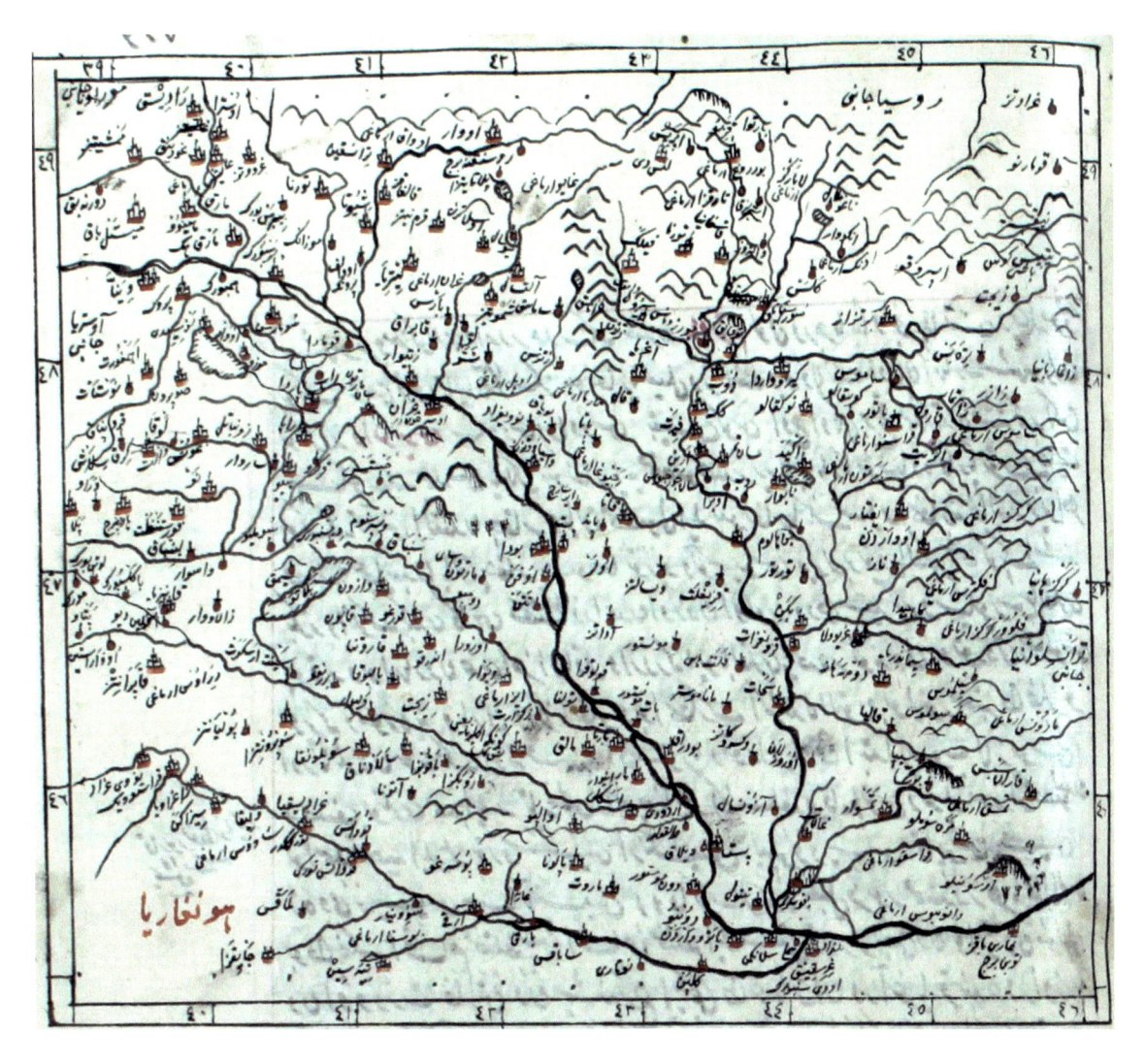

4 Karte des Königreiches Ungarn von Katib Çelebi: *Kitab Levami'u'n-Nur Terceme-yi Atlas Minor*, frühes 17. Jahrhundert. Istanbul, Süleymaniye Library.

Katib Çelebi erarbeitete seine Übersetzung von Mercators Atlas unter dem Titel *Levami'u'n-Nur fi Zulmat Atlas Minur* (»Lichtstrahlen in der Finsternis des Atlas Minor«) mit der Hilfe eines zum Islam konvertierten französischen Priesters: Mehmed Ihlas.[8] Die Übersetzung besteht aus 429 Blatt mit 148 Karten. 1604 erwarb Jodocus Hondius die Kupferplatten von Mercators Atlas. Er erweiterte den Atlas um Landkarten von Spanien und den vier Erdteilen und veröffentlichte 1606 in Zusammenarbeit mit Cornelis Claesz eine revidierte Fassung. Drei Jahre später publizierte Hondius die erste Ausgabe auf Französisch. Er und später seine Söhne Jodocus Jr. und Henricus erhöhten die Anzahl der Karten von 144 in der lateinischen Ausgabe des Atlanten (1606) auf 164 (in der Ausgabe von 1630).[9] Es ist möglich, dass Çelebi eine nach 1609 publizierte französische Ausgabe des Atlanten benutzte. Alle Karten in der osmanisch-türkischen Übersetzung zeichnete Çelebi von Hand, obwohl er keinerlei konventionelle kartografische Ausbildung erhalten hatte. In seiner Übersetzung folgte er der von Hondius begründeten Tradition und verwendete lateinische Bezeichnungen für seine Karten. Allerdings unterschied sich seine Atlas-Übersetzung von den anderen in einer Hinsicht: Die lateinischen Titel sind auf Çelebis Karten mit arabischen Buchstaben geschrieben.

Das Werk bietet eine umfassendere und detailliertere Darstellung der Welt für sein osmanisches Publikum als die Atlanten des Jahrhunderts davor. Es sind noch 14 Abschriften des Werks erhalten, fünf davon aus dem 18. und neun aus dem 19. Jahrhundert. Katib Çelebis Übersetzung beginnt mit einer Weltkarte sowie allgemeinen Karten jedes Erdteils (Europa, Asien, Afrika und die ›Neue Welt‹). Es folgen genauere Schaubilder der wichtigsten politischen und administrativen Gebilde innerhalb der genannten Kontinente. Während die meisten Karten (z. B. die der Britischen Inseln und Spaniens) weiß gelassen sind, sind andere (darunter Anatolien, Österreich, Polen, Mähren, Böhmen, Ungarn und Italien) sehr detailreich mit zahlreichen Ortsnamen und topografischen Angaben versehen. Vermutlich hatte Çelebi die unbeschrifteten Karten zur Seite gelegt in der Hoffnung, sie später noch auszufüllen. Bemerkenswerterweise vervollständigte er zunächst die Karten des südöstlichen Europas. Die Ungarnkarte ist ein ausgezeichnetes Beispiel, um zu verdeutlichen, wie viele Details aus dem Originalatlas Katib Çelebi in sein eigenes Werk übernahm (vgl. Abb. 4).[10] Die Landkarte ist sehr ausführlich mit Namen von Orten, Dörfern, Bergen und Flüssen ausgestattet. Mit Ausnahme schwarzer Tinte für Ortsnamen und topografische Angaben bzw. roter für Städte, Dörfer und religiöse Bauwerke enthält sie wenig Farbe. Obwohl Çelebi auf die in der Ungarnkarte des Originalatlanten markant eingezeichneten Grenzmarkierungen verzichtet, fügt er die einfache Entfernungsskala ein. Einer der prominentesten topografischen Anhaltspunkte ist hier die Donau. Zusammen mit den Bergen vermittelt der Fluss dem Betrachter des Atlanten eine Vorstellung von den natürlichen Grenzen dieser Region.

Während Katib Çelebis Europakarten nicht so detailliert sind wie die Karte von 1652, stellen sie dennoch wichtige Bezugspunkte für die Geschichte des kartografischen Wissens der Osmanen dar, handelt es sich doch um den ersten Versuch seitens eines osmanischen Intellektuellen, direkt aus einem zeitgenössischen europäischen Atlas zu kopieren. Daher sind sie gute Beispiele für die Ausdehnung von Netzwerken zum Austausch kartografischer Kenntnisse zwischen Europa und dem Osmanischen Reich im 17. Jahrhundert. In ihrer Studie über drei Gelehrte aus Westeuropa, die im 17. und 18. Jahrhundert das Osmanische Reich bereisten, schreibt Sonja Brentjes, das Osmanische Reich sei eigentlich eine »erweiterte Gelehrtenrepublik« ("extended Republic of Letters") für die westeuropäischen Mitglieder der ›Gelehrtenrepublik‹. Sie vertritt die These, es habe damals drei Arten von Austausch zwischen dem Osmanischen Reich und der ›Gelehrtenrepublik‹ in Westeuropa gegeben: Erstens besuchten westliche Gelehrte das Osmanische Reich mit sehr unterschiedlichen kulturellen Zielsetzungen, einschließlich der Sammlung von kartografisch-geografischem Material in dieser Weltgegend. Zweitens gab es im Osmanischen Reich Gelehrtengemeinschaften, die sich mit diversen wissenschaftlichen Projekten befassten. Und schließlich erlaubten und suchten osmanische Gelehrte und Beamte, einschließlich der religiösen Eliten, die Begegnung und Diskussion, wodurch Kenntnisse mit den westeuropäischen Reisenden ausgetauscht wurden.[11] Katib Çelebi war ein prominentes Mitglied osmanischer Intellektuellenkreise und gehörte zu den Gelehrten, die sich um zeitgenössische Informationen aus Europa bemühten und diese Daten in ihre Werke einfließen ließen.

Er begann mit der Übersetzung des Mercator-Atlanten, als er nach Möglichkeiten zur Verbesserung seines ersten enzyklopädischen Werks über Weltgeografie (*Cihannüma*) suchte. Die erste Fassung dieser Arbeit folgte noch weitgehend der Struktur der islamischen Kosmografie: Die Welt war in Gebiete, Gegenden und Einheiten unterteilt. In seine Ausgabe wollte Katib Çelebi ursprünglich auch aktuelle Informationen über Europa und die ›Neue Welt‹ einbeziehen. Später erklärte er, er habe dieses Vorhaben aufgegeben, weil die verfügbaren Quellen ihn nicht zufrieden stellten. Nach dem Erwerb von Hondius' Ausgabe des Mercator-Atlanten begann Çelebi mit der Überarbeitung des *Cihannüma*. Diesmal jedoch zählten zu seinen Quellen auch zeitgenössische europäische Berichte, darunter das *Theatrum Orbis Terrarum* von Abraham Ortelius (1527–1598), die *Introductio in totam geographiam* von Philipp Clüver (1580–1622) sowie ein Kommentar aus dem Jesuitenkolleg von Coimbra (Portugal) zu Aristoteles' *Meteorologica*. Zu seiner Verfügung standen auch die Schriften verschiedener osmanischer und islamischer Geografen und Geschichtsschreiber wie Abu al-Fida (1273–1331), Aşık Mehmed (gest. 1613), Piri Reis (gest. 1553), Hoca Sa'deddin (1536/37–1599), Hamdallah Mustaufi (um 1281–1344) und Amin Ahmad Razi (16.–17. Jahrhundert).[12]

Das *Cihannüma* verdeutlicht, wie osmanische Gelehrte zeitgenössische Informationen über die Nützlichkeit geografischen Wissens und die Geografie als Wissenschaft neu darlegten, katalogisierten und verbreiteten. In der Einführung zur zweiten Ausgabe des *Cihannüma* beschreibt Katib Çelebi zum ersten Mal das Wesen der Erdkunde: »Geografie unterscheidet sich von Kosmografie; […] die geografische Wissenschaft ist – wie Hydrografie, Orografie und Topografie – Teil der astronomischen Wissenschaft«.[13] Unter Inanspruchnahme der Werke früherer Geografen unterteilte Çelebi die Wissenschaft der Geografie außerdem in einen mathematischen und einen historischen Bereich (*cografya-yi historika*).[14] Mit Blick auf den Bereich der Historie vertritt Çelebi außerdem die Meinung, dass das Studium der Geografie nicht nur zu einem besseren Verständnis der Welt verhelfe, sondern auch zu einem strategisch-politischen Vorteil bei militärischen Konflikten:

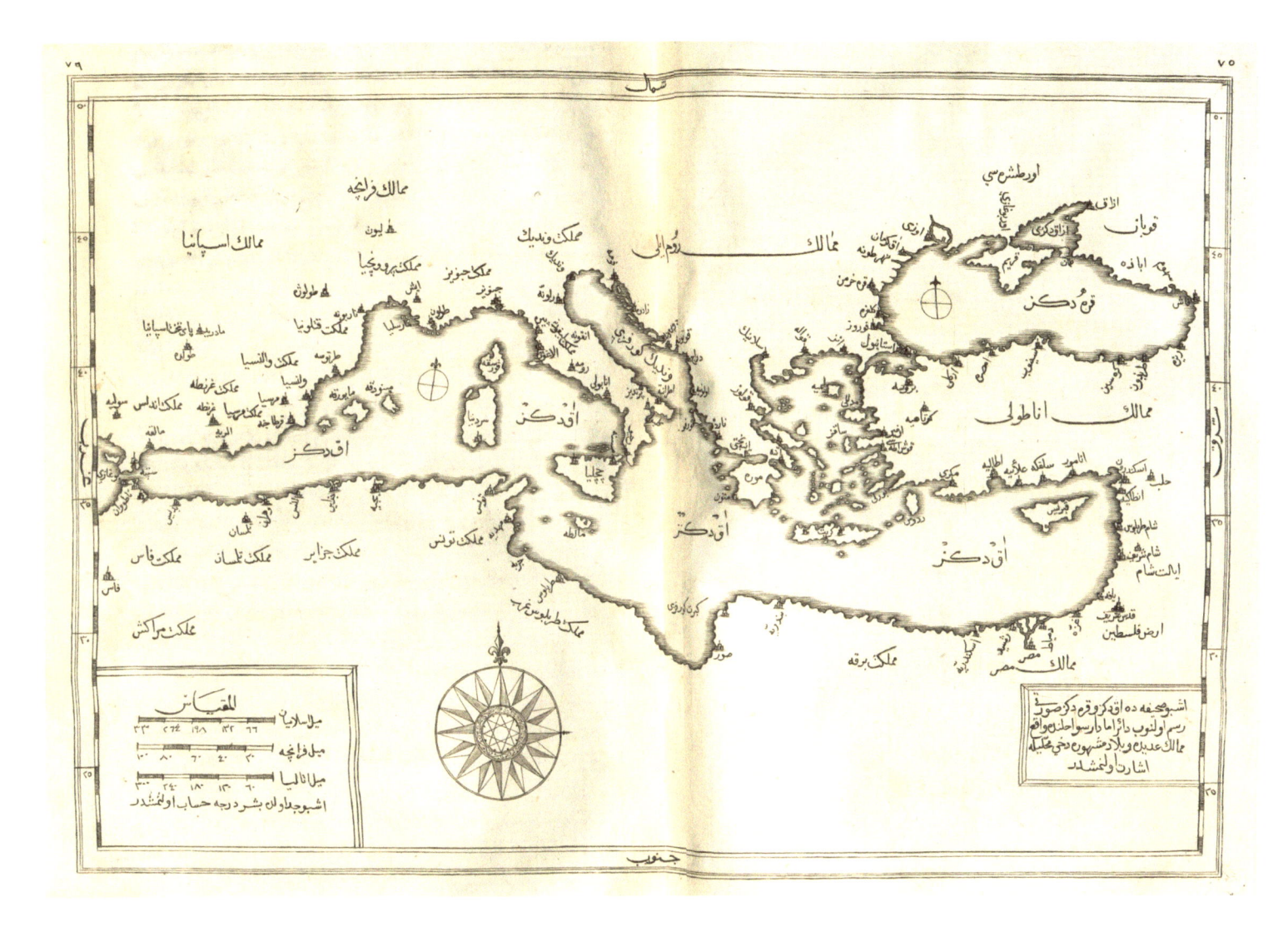

»Geografie ist eine der Wissenschaften, welche im zivilen und gesellschaftlichen Leben der Menschen recht vorteilhaft und nützlich sind, und die Beherrschung dieser Wissenschaft ist für Minister und hohe Offiziere wichtiger als alles andere [...]. Im Falle von Streitigkeiten über Staatsgrenzen hilft diese Wissenschaft bei der Lösungsfindung«.[15]

Seine stringente Argumentation für das geografische Fachwissen unterscheidet sich davon, wie osmanische Intellektuelle des 16. Jahrhunderts Geografie verstanden. Während zum Beispiel die meisten geografischen Werke im 16. Jahrhundert als »Geschichte« (tarih) bezeichnet wurden und keine eindeutige Definition von Geografie boten, liefert Katib Çelebi den Lesern hier eine strukturierte, rationale und ausdrückliche Definition der geografischen Wissenschaft und betont die Nützlichkeit dieser Forschung zur Lösung politischer und militärischer Konflikte, insbesondere bei Auseinandersetzungen um den Grenzverlauf, was nach dem Frieden von Karlowitz (1699) dringlich geworden war.

Die zweite Fassung des Cihannüma blieb unvollendet. Obwohl der Autor sein Werk keinem Mitglied des osmanischen Hofs gewidmet hatte, legen andere seiner Abhandlungen nahe, dass er sich den reformfreudigen politischen und religiösen Persönlichkeiten sehr verbunden fühlte. Neben den zehn handgeschriebenen Kopien des 17. und 18. Jahrhunderts und den 23 des 19. Jahrhunderts, gehörte das Cihannüma auch zu den ersten von İbrahim Müteferrika (1670/74–1740) herausgegebenen Werken (vgl. Abb. 5).[16] Dieser hatte 1729 die erste Druckerei mit arabischen Schriftzeichen eröffnet und veröffentlichte 1732 das Cihannüma mit einem eigenen Addendum. İbrahim Müteferrika verfügte über zahlreiche zeitgenössische Werke, als er sein Addendum erarbeitete, darunter die autografische Abschrift der zweiten Fassung des Cihannüma, ein 1621 in Arnheim gedrucktes Exemplar eines Atlas Minor auf Latein und vermutlich auch Dimashkis Übersetzung des Atlas Maior von Joan I. Blaeu.[17] Müteferrikas Ausgabe des Cihannüma wurde zu einem moderaten

5 Karte des Mittelmeerraumes und der Schwarzmeerregion aus der Druckerei Ibrahim Müteferrikas von Katib Çelebi: Kitâb-ı Cihânnümâ, Konstantınıye, [1732]. Bayerische Staatsbibliothek München.

kommerziellen Erfolg. Als Müteferrika 1746 starb und seine Druckerei aufgelöst wurde, waren von 500 gedruckten Exemplaren 251 verkauft,[18] was auch belegt, dass der osmanische Hof nicht der einzige Markt für dieses Werk war.

Mit Ausnahme einer unvollständigen großräumigen Karte Europas enthält die zweite Fassung des *Cihannüma* keine weiteren Europakarten. Hätte Katib Çelebi allerdings sein Werk zu Ende gebracht, würden sich darin wohl einige Landkarten zu unterschiedlichen Gebieten Europas finden. Müteferrika wollte Abhilfe schaffen und fügte gleich nach der doppelseitigen Projektion der Welt eine ebenfalls doppelseitige Karte des erweiterten Mittelmeerbeckens ein, auf der Anatolien, der Balkan, Spanien, Frankreich, Venedig, Genua und andere Länder eindeutig angegeben sind.[19] Diese Ausgabe beinhaltet außerdem eine Karte der Ägäis sowie eine des Golfs von Venedig einschließlich der italienischen Halbinsel. Da diese Karten in Çelebis *Cihannüma* nicht enthalten sind, stellt sich bis heute der kartografischen Forschung die Frage nach deren Herkunft und Entwicklung. Wie schon angedeutet, standen Müteferrika zahlreiche Quellen zur Verfügung. Darunter verdienen Dimashkis Übersetzung des *Atlas Maior* von Joan I. Blaeu und seine Abschriften aus dem 18. Jahrhundert besondere Aufmerksamkeit.

1668 schenkte der holländische Gesandte in Istanbul, Justinus Colier, dem osmanischen Sultan ein Exemplar der lateinischen Fassung des *Atlas Maior* (1662), und 1675 wurde Dimashki vom Großwesir mit der Aufsicht der Übersetzung dieses umfangreichen Werks beauftragt. Es enthielt ursprünglich 600 Karten. 1685 war die Übersetzung mit dem Titel *Nusretü'l-İslam ve's-Surur fi Takrir-i Atlas Mayur* (»Der Triumph des Islam und die Freude bei der Abfassung des Atlas Maior«) fertig. Es handelte sich um eine gekürzte, neunbändige Fassung mit nur 243 Karten, ein Gemeinschaftswerk verschiedener Übersetzer und Kartenzeichner.

Zehn handschriftliche Exemplare des Werks sind heute auf unterschiedliche Bibliotheken Istanbuls verteilt; eines davon ist eine gekürzte Ausgabe aus dem 18. Jahrhundert mit 110 Karten in einem Band.[20] Dieses Exemplar veranschaulicht den kartografischen Kenntnisstand der Osmanen über Südosteuropa im 18. Jahrhundert sowie die enge Verbindung zwischen dem *Cihannüma*, der Müteferrika-Ausgabe des 18. Jahrhunderts und Dimashkis Übersetzung: Text und Karten dieser Handschrift sind nicht einfach Kopien der Übersetzung Dimashkis, sondern das Ergebnis vieler Bemühungen, die verfügbaren kartografischen Kenntnisse über die Welt zu sammeln, zu ordnen, zu katalogisieren und den Lesern zu präsentieren. In der Einleitung mischt Dimashki Passagen aus Blaeus Text mit Stellen aus arabischen, persischen und osmanisch-türkischen Abhandlungen über Geografie und Planetentheorie bzw. Astronomie. Dimashki widerlegt hier die These, dass nach mittelalterlichen Geografen wie Ali Qushji (1403–1474) und Nasir al-Din al-Tusi (1201–1274) muslimische Gelehrte keinen Beitrag mehr zur astronomischen Wissenschaft geleistet hätten. Seiner Meinung nach gäbe es in der islamischen Welt nach wie vor zahlreiche Wissenschaftler, die sich für Astronomie interessierten. Dennoch beklagt er, sie würden ihr Augenmerk nur auf die theoretischen Aspekte richten. Er differenziert außerdem deutlich zwischen der Astronomie, die sich mit dem All befasst, und der Geografie, bei der es um die Erde geht. Er meint auch, wer sich in dem einen Bereich auskenne, sei auch mit dem anderen vertraut, und betont die Bedeutung geografischer Kenntnisse. Ähnlich wie Katib Çelebi ist auch er der Ansicht, die Europäer hätten aufgrund ihres geografischen Wissens die Vorherrschaft über die Muslime errungen.[21]

Nach der Einleitung beschreibt Dimashki die Geografie der Erde und ihrer Meere, Seen, Berge, Flüsse, Länder und Regionen. Die Gesamtstruktur ähnelt der ersten Fassung des *Cihannüma*. Mit Blick auf den Inhalt stellt das Werk eine Kombination von Blaeus Text mit arabischen, persischen und osmanisch-türkischen Quellen dar. Die Neuanlage des Werks spiegelt sich auch in den Karten der Handschrift wider, denn ihre Reihenfolge weicht in dieser gekürzten Fassung von der im *Atlas Maior* ab; auf die Darstellungen des Nord- und des Südpols folgen Karten von Afrika, Asien, Europa und Nord- bzw. Südamerika. Im *Atlas Maior* und Dimashkis Übersetzung hingegen ist die Reihenfolge: Europa, Afrika, Asien und Amerika (Nord und Süd). Wer die Karten im 18. Jahrhundert zeichnete, ist nicht bekannt; allerdings stammen sie – ebenso wie auch die Beschriftungen – wohl alle von derselben Hand bzw. Werkstatt.[22]

Bei aufmerksamer Betrachtung dieser Ausgabe zeigt sich, dass der Inhalt der Karten und ihre Reihenfolge die geografischen Traditionen der Araber, Perser und Osmanen widerspiegeln, vor allem Müteferrikas *Cihannüma*. Struktur und Inhalt der Karten Westasiens lassen sich bis zu Katib Çelebis *Cihannüma* in der Ausgabe von 1732 zurückverfolgen, während der ikonografische Stil eindeutig Blaeus *Atlas Maior* entstammt. Der unbekannte Zeichner passte also den Inhalt der holländischen Karten seinen eigenen Traditionen an; dabei stützte er sich aber auch in hohem Maße auf den *Atlas Maior*, vor allem bezüglich Form und Stil der Karten.²³

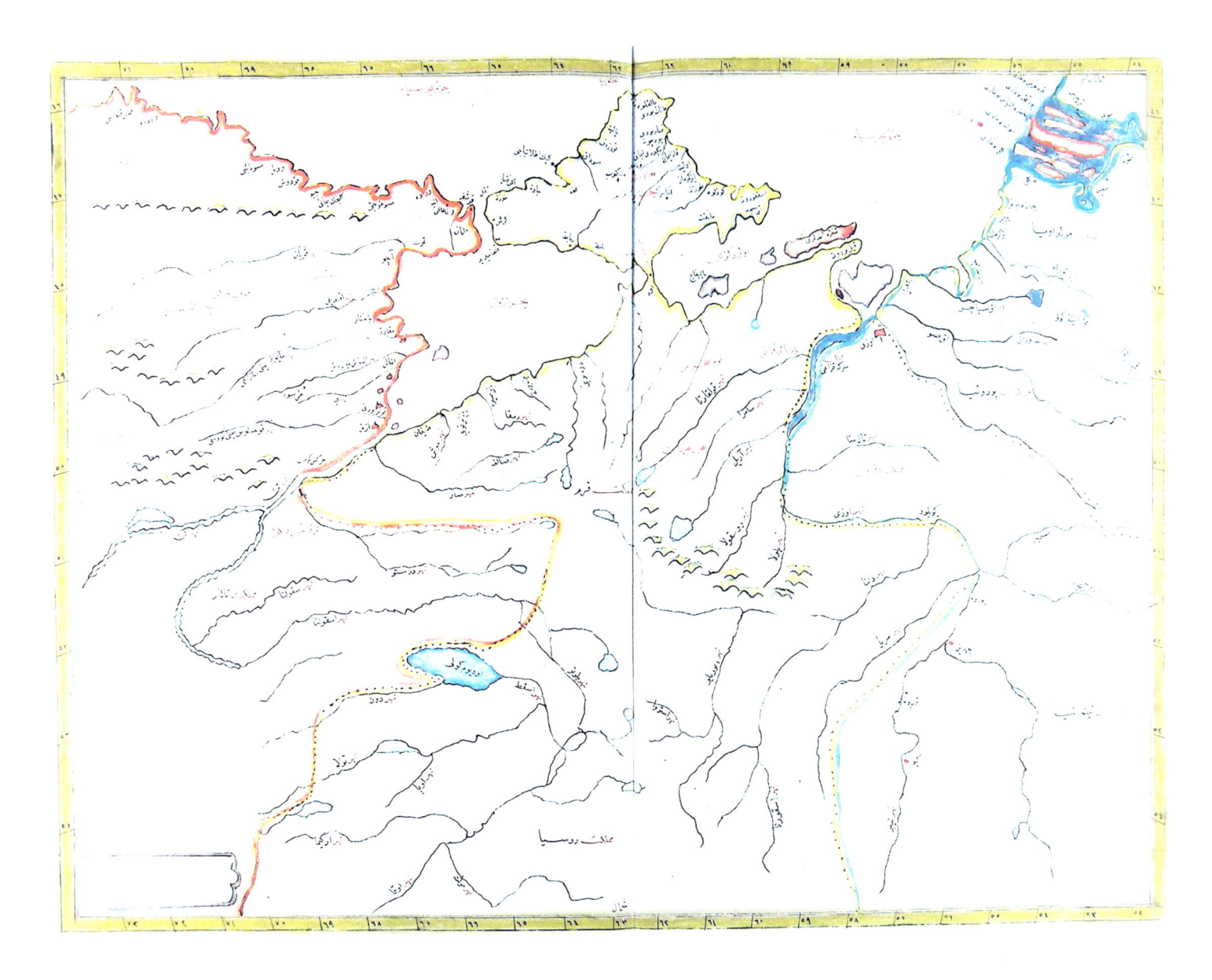

Dieser Atlas des 18. Jahrhunderts gibt Europa und Asien eindeutig vor den anderen Erdteilen den Vorzug. Zwar veränderte die Abschrift Blaeus Ordnung und katalogisierte die Europakarten eher am Buchende, unmittelbar vor den Regionaldarstellungen beider Teile Amerikas, aber von den insgesamt 110 Karten des Atlanten zeigen 40 politische Einheiten Europas. Auf 20 dieser 40 Karten sind die politischen Einheiten Südosteuropas zu sehen. Keine Karte scheint direkt aus dem *Atlas Maior* kopiert zu sein, dessen zweiter Band Karten Südosteuropas enthält. Obwohl in punkto Farbe und Stil Ähnlichkeiten bestehen zwischen dem *Atlas Maior* und dem osmanischen Atlas des 18. Jahrhunderts, haben Inhalt und Reihenfolge der osmanischen Karten nichts mit denen des *Atlas Maior* gemein. Die Karte mit dem Golf von Venedig, Dalmatien, der Walachei, Moldawien und dem Schwarzen Meer (vgl. Abb. 6) ist ein gutes Beispiel dafür, wie dieser Atlas aus dem 18. Jahrhundert sich sowohl auf europäische als auch muslimische Traditionen stützte und dabei einen eigenen Stil entwickelte.²⁴ Die Karte ist handkopiert und gesüdet. Sie enthält erheblich weniger Details als die Originalkarte aus Blaeus Atlas; allerdings verwendet der Kartograf die Grenzkennzeichnungen und Maßstäbe aus dem *Atlas Maior* und weist die politisch-administrativen Räume der Moldau, der Walachei, von Makedonien, dem Balkan, Anatolien und Dalmatien aus, was darauf hinweist, dass die Betrachter wohl vor

6 Karte von der Walachei, von Moldau und dem Schwarzen Meer von Ebu Bekir b. Behram al-Dimaşki: *Muhtasar Nusretü'l-Islam ve Surur fi Tercümet-i Atlas Mayor.* Istanbul, Süleymaniye Library.

allem an diesen Gebieten interessiert waren. Überdies enthält die Karte nur sehr wenige topografische Markierungen. Die bergigen Regionen im Norden und Süden sind hellgrün eingefärbt, und die Donau erscheint auf der Karte sehr prominent und bunt verziert: Hellgrün, ein Magenta- und ein Orangeton. Der Fluss ist genauso auffällig wie die politischen Grenzen (rote und gelbe Tinte). Festungen und Städte am Fluss sind durch kleine rote und gelbe Punkte angezeigt. Dem Betrachter vermittelt die Karte den deutlichen Eindruck, dass die Donau immer noch als unabhängige Grenze zwischen den osmanischen Territorien und den christlich-europäischen Reichen dient.

Der Ursprung dieser Darstellung Südosteuropas aus dem 18. Jahrhundert ist nicht geklärt, und es fand sich bisher keine Bestätigung dafür, dass sie direkt aus Dimashkis Originalübersetzung kopiert wurde, deren Autograf in der Bibliothek des Topkapı-Palasts aufbewahrt wird. Da jedoch keines der *Cihannüma*-Exemplare diese Gebiete so detailreich zeigt, darf man annehmen, dass der Kopist oder Kartograf diese und andere Karten von Südosteuropa direkt von Dimashkis Darstellungen abzeichnete. Die Anzahl der Karten über dieses Gebiet stützt die Vermutung, dass Südosteuropa noch eine große Rolle spielte in den politischen und kulturellen Bestrebungen des osmanischen Publikums des 18. Jahrhunderts. Zur Entstehungszeit dieser gekürzten Fassung von Dimashkis Übersetzung hatten die Osmanen ihre Herrschaftsgebiete in Südosteuropa schon größtenteils verloren und sich vom Traum der Eroberung Wiens verabschiedet. Dennoch erinnert der Atlas seine Betrachter an diese ›kostbaren‹ Orte – quasi als ein Fingerzeig auf osmanische Überlieferungen und Geschichte.

Katib Çelebi und Dimashki trugen durch ihre Werke zur Vermittlung kartografischer Kenntnisse im Osmanischen Reich bei und versuchten, die Werke früherer Generationen zu verbessern, speziell im Hinblick auf Darstellungen Europas. Çelebis und Dimashkis Übersetzungen sollten als ›Nachbildungen‹ angesehen werden, wodurch osmanische Gelehrte nicht nur kartografisches Wissen aus Europa übernahmen: Sie bemühten sich auch um dessen Verbesserung und Anpassung an ihren eigenen kulturellen und politischen Kontext.[25] Durch Nachahmung, Bearbeitung und Aneignung europäischen kartografischen Wissens boten diese osmanischen Gelehrten eine strukturierte, explizite Definition der geografischen Wissenschaft; sie betonten die Nützlichkeit geografischer Kenntnisse zur Lösung politischer und militärischer Konflikte und gestalteten die verfügbaren kartografischen Informationen in einer für die osmanischen Leser verständlichen Form.

Dimashki war mit Marsigli bekannt: Nach Ausweis der Forschung trat Marsigli an Dimashki heran und ließ sich vermutlich von ihm gegen Bezahlung in der Geografie der osmanischen Domänen ausbilden. Wir wissen heute, dass Dimashki ihn über die Fehler informierte, die er, Dimashki, im *Atlas Maior* bezüglich der osmanischen Territorien gefunden hatte. Marsigli hinterließ wertvolle Beschreibungen über die Grenzen des Osmanischen Reiches, über dessen Militär (vgl. Abb. 2) und Völker, über die christlichen Kirchen, die Harems und die Luftqualität in Konstantinopel. Nach seiner Heimkehr bot er dem habsburgischen Hof seine Dienste an, und nach dem Frieden von Karlowitz (1699) diente er als kaiserlicher Grenzkommissar und zeichnete den völkerrechtlich anerkannten habsburgisch-venezianisch-osmanischen Grenzverlauf. Er kartierte und markierte die Grenze vor Ort mit Hilfe von Johann Christoph Müller (1673–1721). Zusammen schufen sie eine geometrische Trennlinie: eine Grenze im modernen Wortsinn.

Die Betrachtungen von Ebu Bekir Dimashki und Katib Çelebi über den Nutzen geografischen Fachwissens für die militärischen Angelegenheiten der Staaten passten zu den zeitgenössischen geografischen Debatten in Europa. Während die ›Geografie‹ zu einem ernsthaften Fach gelehrter Diskussionen wurde, verwendeten Intellektuelle und Herrscher nach wie vor geografische Kenntnisse zur Artikulation ihrer Interessen. Neben ihrem praktischen Wert auf dem Schlachtfeld waren geografische und kartografische Werke nun wichtige Werkzeuge zur Kategorisierung neuentdeckter Länder und zur Klassifizierung unterschiedlicher Gesellschaften, ihrer Kulturen und Geschichte.[26] Die osmanischen Intellektuellen des 17. Jahrhunderts betrieben außerdem auch einen eigenen Meinungsaustausch über diese Themen. In der Tat schien der osmanische Hof die Ratschläge Çelebis und Dimashkis ernst zu nehmen: Der Großwesir Fazıl Mustafa Pasha benutzte während der Belagerung von Wien 1683 Teile der Dimashki-Übersetzung. Außerdem begann der osmanische Staat, Landkarten zur Beilegung von Grenzstreitigkeiten einzusetzen: So bestimmte beispielsweise eine gemeinsame Kommission von Osmanen und Vertretern des polnisch-litauischen Unionsstaats 1681 eine Reihe von Grenzen mithilfe von Landkarten, die natürliche und erbaute Merkmale zeigten. Und die habsburgischen Dokumente des 18. Jahrhunderts zu den Grenzstreitigkeiten bezüglich der Walachei, Moldau und Siebenbürgen nahmen oft Bezug auf die Karten, die der osmanische Staat in Auftrag gegeben hatte, um seine Ansprüche zu festigen.[27]

Die in diesem Beitrag erörterten Karten informierten den osmanischen Hof und gebildete Stadtbürger über die Veränderungen in der räumlichen Aufteilung Europas und der Erde und dienten einer Neubewertung der Rolle des Osmanischen Reiches auf der Weltbühne in einer Zeit, die als Beginn des osmanischen Niedergangs angesehen wird. In militärischer Hinsicht waren die Osmanen auf den Schlachtfeldern nicht mehr so schlagkräftig und verließen sich daher immer mehr auf kartografisches Wissen zur Schlichtung militärischer Kontroversen, wie wir an den Beispielen des Konflikts um Kreta und der zweiten Belagerung Wiens gesehen haben. Ab der zweiten Hälfte des 17. Jahrhunderts kam es zugleich zu einer Metamorphose der Funktionsweise des Staats: Der Sultan, der im 16. Jahrhundert die herrschaftlich-imperiale Autorität verkörperte, war nun nicht mehr Oberhaupt des Reiches, sondern nur noch einer Dynastie. Während das Sultanat schrittweise zum Symbol verkam, übernahmen die Herrschaftseliten – insbesondere die Wesire und ihre Hausstände – die Kompetenzen des Sultans und seiner Entourage in Sachen Staatsverwaltung. Es kam zu einer Erstarkung des Militärs, der Religionsgelehrten, der Handwerker und der Massen auf Kosten des Sultanats, und es kam zu einer Erweiterung der politischen Machtbasis unter Einschluss der Gruppen, die im Jahrhundert davor noch ausgegrenzt waren. Es überrascht nicht, dass die Leser und Kunden der meisten geografischen Werke jener Zeit aus sehr unterschiedlichen Teilen der Gesellschaft kamen – von Großwesiren und Religionswissenschaftlern bis hin zu Soldaten und Kaufleuten.

Anmerkungen

1 Marsigli 1732; vgl. zu ihm die Karten (mit Abb.) in diesem Band: Kat. 1.12, 1.13.
2 Zu Marsiglis Leben, Reisen und Beiträgen zur europäischen Kartografie vgl.: McConnell 1986; Stoye 1994; Cavazza 2002; Török 2006.
3 Vgl. Joan Blaeus Donaukarte in diesem Band: Kat. 1.2.
4 *Anonymer Türkischer Portolan* (1652), Bayerische Staatsbibliothek München, Cod. Turc. 431.
5 Brummett 2015, S. 90–93.
6 Petritsch 2017; Burkhardt 2017.
7 Abou-El-Haj 1967; Aksan 2013, S. 25. Zu den Grenzen des Osmanischen Reiches in Europa, besonders nach dem Frieden von Karlowitz, vgl.: Abou-El-Haj 1969; Heywood 1999, S. 228–250; Aksan 1999, S. 10.
8 Faroqhi 2004, S. 199 f.; Karamustafa 1992, S. 218. Katib Çelebi erarbeitete und übersetzte auch zahlreiche Werke zur Geschichte und Geografie des Osmanischen Reiches, Europas und des Universums. Zu Katib Çelebi und seinen Werken vgl.: Hagen 2003.
9 Krogt 1996, S. 151.
10 Katib Çelebi: *Atlas Minor*, Süleymaniye Library, Nuruosmaniye 2998, Bl. 307a.
11 Brentjes 2010, S. 122 f.
12 Zum *Cihannüma* mit Textanalyse vgl.: Taeschner 1926; Hagen 2003. Für eine detaillierte Bibliografie zu Katib Çelebi und seinen Werken vgl. ebenfalls: Gottfried Hagen: »Historians of the Ottoman Empire: Katib Çelebi.« Erstveröffentlicht auf ottomanhistorians.com, 2007. Letzter Zugang durch https://www.academia.edu/3488778/Historians_of_the_Ottoman_Empire_Katib_Celebi#.
13 Katib Çelebi: *Kitab Cihannüma* (Qustantiniyya: Dar al-Ṭabaʿa al-Amire, 1145 [1732]), Süleymaniye Library, Hekimoğlu Ali Paşa 736, S. 15.
14 Ebd.
15 Ebd., S. 16 f.
16 Zu Müteferrika jetzt: Barbarics-Hermanik 2017.
17 Zoss 2010, S. 208 f.
18 Sabev 2007, S. 71.
19 Katib Çelebi: *Kitab Cihannüma*, S. 75 f.
20 Ebu Bekir ibn Behram ed-Dimashki: *Nusretü'l-İslam ve's-Surur fi Takrir-i Atlas Mayur*, Suleymaniye Library, Nuruosmaniye 2996.
21 Ebd., Bl. 1b–7a.
22 Brentjes 2012, S. 184 f.
23 Ebd., S. 183–191.
24 Ebu Bekir ibn Behram ed-Dimashki: *Nusretü'l-İslam ve's-Surur fi Takrir-i Atlas Mayur*, Süleymaniye Library, Nuruosmaniye 2996, Bl. 870b–871a.
25 Zu einer Diskussion über die Bedeutung der Nachahmung für Verbesserungen in den Volkswirtschaften des 18. Jahrhunderts vgl.: Reinert 2012; Berg 2007; Astigarraga/Usoz 2013.
26 Zu einer Erörterung von ›Geographie‹ und ›geographischer Kenntnis‹ im 18. Jahrhundert vgl.: Withers 2007; Withers/Mayhew 2011. Zur Bedeutung der neuen geographischen Kenntnisse für die Entwicklung der Wissenschaften im 18. Jahrhundert vgl.: Nussbaum 2003.
27 Veres 2014a.

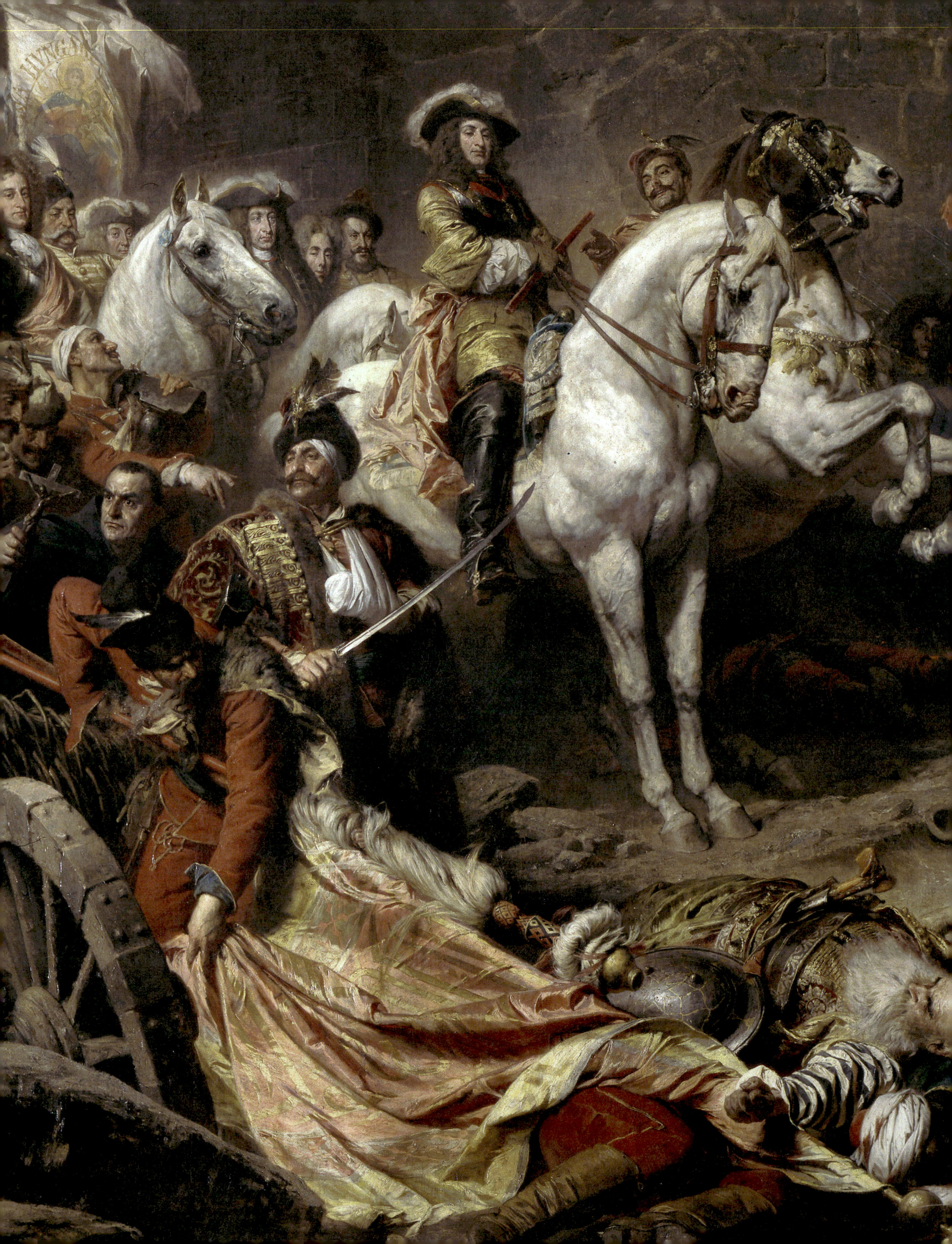

Glaubensfeinde, Revolutionäre und Nationalhelden

ROBERT BORN

Zur Funktionalisierung der Türkenkriege in Ostmitteleuropa im 19. und 20. Jahrhundert

Die kontroverse Debatte um den Beitritt der Türkei zur Europäischen Union

Im Vorfeld der ersten Phase der Osterweiterung der Europäischen Union im Mai 2004 entbrannte eine kontroverse Debatte um den anvisierten Beitritt der Türkei zu diesem Verbund. Vertreter der politischen Parteien wie auch Historiker und Publizisten diskutierten damals die Frage der historisch-kulturellen Zugehörigkeit der Türkei zu Europa höchst kontrovers.[1] Der hohe Stellenwert des Islam in der türkischen Gesellschaft stellte nach der Meinung vieler Kommentatoren ein unüberbrückbares Hindernis für eine EU-Mitgliedschaft dar.[2] Die Beitrittsskeptiker verwiesen zum einen auf die vermeintlich christlichen Grundlagen Europas, zum anderen betonten sie, dass historische Prozesse wie Reformation oder Aufklärung, die Europa entscheidend geprägt hätten, in der Türkei fehlten. Daraus ergäbe sich ein unüberbrückbarer Gegensatz zwischen der Türkei und den europäischen Staaten.[3] Trotz wiederholter Hinweise auf die säkulare Konstitution der europäischen Staaten beflügelte die Auseinandersetzung um die Aufnahme der Türkei eine Debatte über die Grundpfeiler der europäischen Identität beziehungsweise den Stellenwert der Religion innerhalb der Europäischen Gemeinschaft. Bei den Versuchen, die europäischen Werte zu definieren wie auch das Verhältnis zwischen dem christlichen Europa und dem Islam zu beschreiben, rekurrierte man häufig auf Ideen, die im Kontext der Auseinandersetzung mit dem expandierenden Osmanischen Reich formuliert worden waren. Neben Enea Silvio Piccolominis (1405–1464) Ansprache vor dem Frankfurter Reichstag von 1454, *Constantinopolitana clades*, einem für die »politische Mythologie der EU« fundamentalen Text,[4] waren dies die *Dialoge mit einem Perser* des byzantinischen Kaisers Manuel II. Palaiologos (1350–1425), die Papst Benedikt XVI. 2006 in seiner Regensburger Rede zitierte.[5] Spiegelt die Ablehnung eines türkischen EU-Beitritts eine Haltung wider, die vor allem in Staaten mit größeren türkischstämmigen Gemeinden vorherrscht,[6] oder handelt es sich dabei um das Symptom eines neuen hegemonialen Diskurses nach dem Ende des Kalten Krieges, bei dem der islamische Orient den Kommunismus als Gegenentwurf zum freiheitlichen Okzident ersetzt?[7] Als eine weitere wichtige Zäsur gelten die Ereignisse vom 11. September 2001, in deren Nachfolge es zu einer Amalgamierung der Türken mit allgemeinen Islam-Feindbildern kam.[8]

Die Debatten um die Stellung des Islam in Europa verstärkten sich noch einmal in der Nachfolge der Terroranschläge von Paris 2015 beziehungsweise der so genannten ›Flüchtlingskrise‹ im Herbst desselben Jahres. In den Verhandlungen über die Aufnahme von Bürgerkriegsflüchtlingen äußerten sich Politiker aus den Visegrád-Staaten wiederholt ablehnend und entwarfen dabei das Bild einer Bedrohung der christlichen Werteordnung Europas.[9] Als Gegenreaktion zeichnete man im Westen der EU, insbesondere in den Staaten, die zu den Gründungsmitgliedern der Gemeinschaft gehören und in denen seit einigen Jahrzehnten große muslimische Gemeinden existieren, ein Bild von Ostmitteleuropa als einer Region, in der antiislamische Ressentiments allgegenwärtig sind. Dabei wurde ausgeblendet – dies gilt gleichermaßen auch für die Länder Ostmitteleuropas selbst –, dass in Polen, Litauen, Ungarn oder Rumänien seit Jahrhunderten durchgehend muslimische Gruppen leben.[10] Deren prozentualer Anteil an der Gesamtbevölkerung erscheint im Vergleich mit südosteuropäischen Ländern wie Bos-

Ausschnitt aus Abb. 1 (vgl. S. 113).

nien-Herzegowina, Albanien oder dem Kosovo, aber auch gegenüber den Staaten im Westen des Kontinents verhältnismäßig gering. Dennoch würde eine stärkere Berücksichtigung dieser historisch gewachsenen religiösen Konstellationen in Ostmitteleuropa die Diskussionen um die Stellung des Islam in Europa um wichtige Facetten bereichern.[11]

Eine vergleichbare Situation präsentiert sich auch mit Blick auf die Debatten zum historischen Verhältnis zwischen Europa und der Türkei beziehungsweise dem Osmanischen Reich, in denen Ostmitteleuropa bisher nur marginal berücksichtigt wurde. Dies völlig zu Unrecht, da einzelne Regionen des vormaligen Königreiches Ungarn, Böhmen oder der polnisch-litauischen Adelsrepublik zeitweise direkt unter osmanischer Oberherrschaft standen oder als Vasallenstaaten dem Machtbereich der Hohen Pforte angehörten. Diese politischen Abhängigkeiten, wie auch die unmittelbare Nachbarschaftssituation prägten eine gewisse Konkurrenzsituation, bedingten aber auch gleichzeitig einen intensiven kulturellen Transfer.[12] Eine weitere Konstante der Geschichte Ostmitteleuropas zwischen dem 15. und dem Ende des 18. Jahrhunderts bildeten die militärischen Auseinandersetzungen mit dem Osmanischen Reich. Die Kämpfe beeinflussten in Verbindung mit der Erfahrung der osmanischen Besatzung die Konstruktion nationaler Identitäten und Mythen in einer Reihe ostmitteleuropäischer Staaten und Regionen nachhaltig. Diese erinnerungspolitische Dimension stand in jüngster Zeit im Fokus interdisziplinärer Forschungsprojekte und von Einzelstudien.[13] Im Folgenden sollen die nationalen Prägungen der Erinnerung an die Auseinandersetzungen mit dem Osmanischen Reich beziehungsweise dem Islam in den Ländern Ostmittel- und Südosteuropas und deren politische Instrumentalisierung in den letzten beiden Jahrhunderten vergleichend betrachtet werden.

Die Funktionalisierung der Erinnerung an die Türkenkriege in Ostmitteleuropa im 19. Jahrhundert

Die politische Funktionalisierung der ›Türkenfurcht‹ und vor allem der militärischen Erfolge über diesen Gegner bildete in der Frühen Neuzeit einen festen Bestandteil im politischen Diskurs der international agierenden Höfe der Habsburger wie auch der Herrscher der polnisch-litauischen Adelsrepublik. Als weitere Akteure sind verschiedene Gruppen des hohen und niederen Adels sowie kirchliche Institutionen zu nennen.[14] Allerdings entwickelten sich gerade im vormaligen Königreich Ungarn, befördert durch die Ausbreitung der Reformation und die ablehnende Haltung gegenüber den habsburgischen Ansprüchen auf die Stephanskrone, oppositionelle Strömungen, die bisweilen in offenen militärischen Konflikten mündeten. Nach Niederlagen flüchteten die Beteiligten nicht selten, wie 1711 Franz II. Rákóczi (ung. II. Rákóczi Ferenc, 1676–1735) ins Osmanische Reich. Diese Ereignisse stärkten die Sympathien für die ansonsten als »hostis naturalis« apostrophierten ›Türken‹. Die zunächst in den Reihen des Kleinadels verbreitete Haltung überdauerte bis weit ins 20. Jahrhundert und etablierte sich als ein wichtiger Gegenpol zu den Narrativen, die die Siege über die Osmanen glorifizierten. Die militärischen Erfolge wurden wiederholt als epochale Leistungen inszeniert. Entsprechend stellt die Selbststilisierung als Schild (scutum, clipeus), Vormauer (propugnaculum) oder Bollwerk des Christentums (antemurale christianitatis) ein seit der Frühen Neuzeit konstant wiederkehrendes Moment der historischen Erzählungen in Ostmitteleuropa dar. Auf diesem Wege wurde die eigene Zugehörigkeit zum Bereich der Zivilisation unterstrichen und gleichzeitig der Andere (Türke, Tatare, Russe) als Vertreter eines unzivilisierten Orients stigmatisiert.[15] Zudem eröffnete diese rhetorische Figur die Möglichkeit einer Selbstinszenierung als Opfer. Diese Aspekte avancierten in der Nachfolge der Napoleonischen Kriege zu bedeutenden Komponenten der Geschichtspolitik im österreichischen Vielvölkerstaat, etwa in dem besonders geförderten Medium der Historienmalerei.[16] Bilder wie der 1825 von Peter Krafft (1780–1856) gemalte Ausbruch von Nikolaus Zrinyi (ung. Zrínyi Miklós, kroat. Nikola Zrinski) aus der Festung Inselburg (ung. Szigetvár) 1566, sollten die Opferbereitschaft der Ungarn und Kroaten visualisieren.[17] Die zunächst ebenfalls mit dem Reichspatriotismus assoziierte Erinnerung an die Niederlage in Mohács (1526) erhielt in der zweiten Hälfte des 19. Jahrhunderts eine exklusiv national-ungarische Konnotation. Diese Entwicklung wurde maßgeblich durch die Erfahrung der Niederschlagung der revolutionären Bewegung in Ungarn und des anschließenden Freiheitskampfes (1848/49) durch habsburgische und russische Truppen befördert. Auch dieses Mal flüchtete eine große Anzahl von Freiheitskämpfern ins Osmanische Reich. Obwohl deren Anführer Lajos Kossuth (1802–1894) nur relativ kurz in Schumen (bulg.

Šumen, türk. Şumen) verblieb, steigerte diese Episode des Exils die Sympathien gegenüber den Türken in weiten Teilen der ungarischen Bevölkerung.

Des Weiteren fanden auch Militärs aus den polnischen Teilungsgebieten, die an den revolutionären Erhebungen in Österreich und Ungarn beteiligt waren, Asyl im Osmanischen Reich, wo eine Reihe bekannter Anführer wie Konstanty Borzęcki (türk. Mustafa Celâleddin Paşa, 1826–1876) oder Józef Bem (türk. Murad Paşa, 1794–1850) nach der Konversion zum Islam führende Positionen im Heer übernahmen. In dieser Eigenschaft beteiligten sie sich an den Kämpfen gegen das zaristische Russland, allen voran im Verlauf des Krimkrieges (1853–1856).[18] Vor diesem Hintergrund dürfte die in Österreich diffamierend gebrauchte Bezeichnung der Revolutionäre von 1848 als »Janitscharen«[19] auch ein Körnchen Wahrheit enthalten.

Die sich hier abzeichnende ablehnende Haltung gegenüber Russland beeinflusste in den folgenden Jahrzehnten die Wahrnehmung der ›Türken‹ beziehungsweise die Interpretation der vergangenen militärischen Auseinandersetzungen mit dem Osmanischen Reich maßgeblich.[20] Protagonisten der Erhebung von 1848/49 förderten zunächst die Erinnerung an tragische Niederlagen gegen die Osmanen. Während des Krimkrieges errichtete eine Gruppe polnischer Legionäre 1856 auf dem vormaligen Schlachtfeld in Warna (bulg. Varna) ein Mahnmal für den dort 1444 gefallenen Ladislaus (ung. I. Ulászló, poln. Władysław III Warneńczyk), König von Polen (reg. 1434–1444) und Ungarn (reg. 1440–1444). Das Mahnmal wurde jedoch bereits kurze Zeit später zerstört.[21]

Eine vergleichbare Konstellation zeigt sich in Mohács. Dort errichtete Soma Turcsányi (1814–1894), ein ehemaliger Teilnehmer des Freiheitskampfes, 1864 ein Denkmal am Ufer des Baches Csele, wo der Überlieferung nach mit Ludwig II. (ung. II. Lajos, tschech. Ludvík Jagellonský, kroat. Ludovik II., 1506–1526) ein weiterer Herrscher aus dem Geschlecht der Jagiellonen im Kampf gegen die Osmanen gefallen war. Die Hauptansichtsseite des mit einem schlafenden Löwen bekrönten Granitpfeilers ziert eine Reliefdarstellung des dramatischen Todes des Herrschers. Darauf nimmt auch die darunter angebrachte Inschrift Bezug, die einen Ausschnitt aus der 1824 vollendeten Elegie *Mohács* des Károly Kisfaludy (1788–1830), einem der führenden Literaten der Reformzeit, enthält. In den Zeilen erscheint das Schlachtfeld als ein Friedhof der vormaligen nationalen Größe Ungarns.[22] Der somit angestimmte tragische Grundton ist auch in den Historiengemälden von Mór Than (1828–1899), Soma Orlai Petrich (1822–1880) oder Bertalan Székely (1835–1910) allgegenwärtig. In diesen wurde der aufgefundene Leichnam des ungarischen Königs motivisch in Anlehnung an die überlieferten ikonographischen Typen der Grablegung Christi dargestellt und so die Hoffnung auf eine Wiederauferstehung der ungarischen Nation ausgedrückt. Entsprechend gelten diese Darstellungen der Niederlage von 1526 als Chiffren des Widerstands gegen die repressive Politik in der neuabsolutistischen Ära Bach.[23]

Im Gegensatz zu den tragisch konnotierten Ereignissen in Warna, Mohács oder Szigetvár, die gleichzeitig auch Warnungen vor der Gefahr der Uneinigkeit innerhalb der nationalen Gemeinschaften der Ungarn, Kroaten wie auch Polen transportierten, konzentrierten sich die zeitgleich in der Hauptstadt des Reiches initiierten geschichtspolitischen Projekte auf die Vergegenwärtigung der militärischen Erfolge im Verlauf des Großen Türkenkrieges.[24] Neben der heroischen Verteidigung Wiens 1683 inszenierte man dabei vor allem die Erfolge des Prinzen Eugen von Savoyen (1663–1736) in den unterschiedlichsten Medien.[25] Dessen Popularität wurde durch die 1858 vollendete Biografie des Prinzen von Alfred von Arneth (1819–1897) befördert. Zudem personifizierte der aus einer italienischen Dynastie stammende, überaus erfolgreiche Feldherr das Ideal einer supranationalen kaiserlichen Armee. Die mit dieser Institution assoziierten Hoffnungen bestimmten die programmatische Ausgestaltung des 1856 fertig gestellten Waffenmuseums (heute Heeresgeschichtliches Museum) im Wiener Arsenal. In der Ruhmeshalle, dem Herzstück der Anlage, nehmen die Türkenkriege einen breiten Raum ein. Die Fresken von Carl von Blaas (1815–1894) zeigen die Erstürmung von Ofen (ung. Buda) 1686, Prinz Eugens Sieg bei Zenta (serb. Senta) und den daran anschließenden Zug nach Bosnien 1697.[26]

Neue Variationen des Türkenbildes im Vorfeld des Ersten Weltkrieges

Die nationale wie auch transnationale Funktionalisierung der Erinnerung an die osmanische Expansion in Europa wurde neben dem bereits erwähnten Krimkrieg vor allem durch die Entwicklungen in der Nachfolge des Österreichisch-Ungarischen Ausgleichs von 1867 und den Folgen des Russisch-Türkischen Krieges von 1877/78 geprägt. Die Ausrichtung der Kulturpolitik in der ungarischen Reichshälfte, die selbst ein multiethnisches Gebilde war, bestimmten die beiden Kultusminister József Eötvös (1813–1871) und Ágoston Trefort (1817–1888), die für eine staatliche Förderung öffentlicher Standbilder wie auch der Historienmalerei als Medien zur Stärkung der patriotischen Gefühle eintraten. An der Ausarbeitung der entsprechenden Bildprogramme beteiligten sich neben der Ungarischen Akademie der Wissenschaften sowohl historische Gesellschaften wie auch künstlerische Vereinigungen.[27] Im Umfeld dieser Einrichtungen entstanden auch die Studien der Historiker und Turkologen József Thury (1861–1906), Imre Karácson (1863–1911) sowie Sándor Takáts (1860–1932), die einen Wandel in der Bewertung der osmanischen Besatzungsperiode in Ungarn bewirkten. Dieser Perspektivwechsel erfolgte vor dem Hintergrund der außenpolitischen Annäherung an das Osmanische Reich, die seit den frühen 1870er Jahren von Außenminister Gyula Andrássy (1823–1890) betrieben wurde. Diese zielte auf eine Eindämmung des russischen Einflusses auf die slawische Bevölkerung innerhalb der Doppelmonarchie, wie auch auf dem Balkan ab.[28] In diesem Klima kam es nach dem Ausbruch des Russisch-Türkischen Krieges 1877/78 in Ungarn zu öffentlichen Sympathiebekundungen für das Osmanische Reich.[29]

Weitere bedeutende Veränderungen der Wahrnehmung der ›Türken‹ in der östlichen Hälfte der Doppelmonarchie brachte die Suche nach den asiatischen – ›turanischen‹ – Wurzeln der Ungarn, an der sich unterschiedliche wissenschaftliche Disziplinen (Linguistik, Ethnologie, Archäologie) beteiligten. Dabei beförderte vor allem die von dem führenden Turkologen Ármin Vámbéry (1832–1913) vorgetragene These eines gemeinsamen Ursprungs von Ungarn, Finnen, Türken und Mongolen die Ausbildung der Turanismus-Ideologie.[30] Die damit verbundenen Visionen eines Großreiches, das weite Teile Asiens umfasste, bildeten einen Gegenpol zu den panslawischen oder pangermanischen Ideologien. Diese Konkurrenzsituation intensivierte sich nach dem Berliner Kongress 1878, auf dem die Souveränität Montenegros, Serbiens und Rumäniens unter Auflagen bestätigt worden war. Gleichzeitig wurde Österreich-Ungarn das Recht zugesichert, Bosnien-Herzegowina zu besetzen. In den folgenden Jahren wurde die Integration dieser an der Nahtstelle zum Osmanischen Reich gelegenen Region, nicht zuletzt mit Blick auf die Stärkung der Position Habsburgs gegenüber den rivalisierenden slawischen Nachbarn, mit besonderem Nachdruck befördert. Die Anwesenheit einer mehrheitlich muslimischen Bevölkerung in Bosnien, das zunächst als Protektorat und dann ab 1908 als Kondominium von Österreich-Ungarn verwaltet wurde, veränderte auch die Wahrnehmung dieser Religion. Das 1912 erlassene Islamgesetz garantierte schließlich dieser Bevölkerung einen besseren Schutz.[31]

Aus den geschilderten Entwicklungen resultierten neue Codierungen von historischen Erinnerungen und gleichzeitig auch konkurrierende Identitätsentwürfe. Diese komplizierte Gemengelage illustrieren die Veranstaltungen, Publikationen und Kunstwerke, mit denen man in der Doppelmonarchie im Rahmen der Zweihundertjahrfeiern der bedeutendsten Siege im Großen Türkenkrieg gedachte. Das Bürgertum nutzte die Feierlichkeiten 1883 in Wien, um seinen Anteil an der heroischen Verteidigung der Stadt hervorzuheben, während konservative Kräfte die Kommemoration des Entsatzes mit der Hoffnung eines Sieges über den als ›gottlos‹ apostrophierten Liberalismus verbanden. Zeitgleich lag bei den Jubiläumsveranstaltungen in Krakau (poln. Kraków) der Akzent auf der katholischen Komponente und der epochalen Wirkung des Sieges des polnischen Königs Jan Sobieski 1683.[32]

Vergleichbar komplex präsentierte sich auch die Situation in Ungarn, wo die Feierlichkeiten des 200. Jahrestages der Wiedereinnahme Ofens durch eine reiche Produktion historiographischer Literatur, wie auch unterschiedlicher Bildwerke begleitet wurden. Zu den eindrücklichsten in diesem Zusammenhang entstandenen Werken zählt das Monumentalgemälde von Gyula Benczúr (1844–1920) (vgl. Abb. 1).

Dieser hebt den ungarischen Anteil an dem militärischen Sieg durch die geschickte kompositorische Inszenierung der Figur des verwundeten Dávid Petneházy (1645?–1687), der entsprechend der Überlieferung als erster Kämpfer der Koalition in die Festung eingedrungen sein soll, hervor. Gleichzeitig verzichtete er auf eine negative Überzeichnung beziehungsweise Dämonisierung der unterlegenen osmanischen Kämpfer. Durch diese Akzentsetzung unterstreicht Benczúrs Schilderung der Ereignisse von 1686 die bereits erwähnte Tendenz zu einer Neubewertung der osmanischen Besatzungsperiode. Dieser Paradigmenwechsel wurde auf mehreren im Rahmen der Millenniumsfeierlichkeiten 1896 veranstalteten Ausstellungen sichtbar. So präsentierte Ferenc Eisenhut (1857–1903) in der neu erbauten Budapester Kunsthalle sein Bild

Der Tod des Gül Baba, das erste Historiengemälde, auf dem ein Ereignis aus der osmanischen Periode der ungarischen Hauptstadt geschildert wurde.[33] Darüber hinaus war die Besatzungszeit durch eine eigene Sektion in der großen historischen Ausstellung vertreten. Gegen den von der Budapester Regierung durch die Feier der Einheit der »natio Hungarica« und der tausendjährigen Staatsgründung aufoktroyierten Geschichtsentwurf regte sich auch Widerstand, vor allem in den Reihen der slawischen Gruppen. Die Kroaten nutzten den Verweis auf vergangene Auseinandersetzungen mit den Osmanen dazu, ihre nationalen Ansprüche zu veranschaulichen. So beschützt Kroatien als allegorische Frauenfigur auf dem 1892 von Ferdinand Quiquerez (1845–1893) fertig gestellten Gemälde *Antemurale Christianitatis* die Leistungen der westlichen Kultur vor einem herannahenden Trupp orientalisch gewandeter Angreifer.[34]

Kommunisten als Türken

Die konkurrierenden nationalen Narrative überdauerten die tiefgreifende Zäsur des Ersten Weltkrieges und die nachfolgende Auflösung der multiethnischen Großreiche, die Ostmittel- und Südosteuropa für mehrere Jahrhunderte geprägt hatten. Weitere Veränderungen, gerade mit Blick auf die Aktualisierung des Gedenkens an die Auseinandersetzungen mit dem Osmanischen Reich und die Instrumentalisierung des Türken-Feindbildes, erfolgten mit Blick auf die neu installierten kommunistischen Regime in Russland und Ungarn.

Die Niederschlagung der kurzlebigen Ungarischen Räterepublik (März bis August 1919) wurde in den ersten Jahren der Herrschaft des Reichsverwesers Miklós Horthy (1868–1957) symbolisch auf die erfolgreiche Abwehr der osmanischen Belagerung Belgrads (ung. Nándorfehérvár) im Sommer 1456 bezogen. Im Fokus der von dem Franziskaner und Militärbischof István Zadravecz (1884–1965) koordinierten Inszenierungen standen Johannes Hunyadi (ung. Hunyadi János, rum. Iancu de Hunedoara, um 1407–1456) und Johannes Capistrano (1386–1456). Der erst 1724 heiliggesprochene franziskanische Wanderprediger wurde auf Initiative von Zadravecz zum Patron der ungarischen Streitkräfte ernannt. Auf diese neue Funktion spielt auch die am 19. November 1922 im Inneren der Festung Ofen enthüllte Figurengruppe des Bildhauers József Damkó (1872–1955) an (vgl. Abb. 2). Darin stürmt der Franziskanerheilige mit einer Standarte, an deren oberem Ende das apostolische Kreuz, ein Bestandteil des ungarischen Staatswappens, angebracht ist, aus der Festung. Dabei tritt er auf einen gefallenen Osmanen,

1 Gyula Benczúr: Die Wiedereinnahme von Ofen 1686, 1896, Öl auf Leinwand, 708 x 351 cm. Magyar Nemzeti Galéria, Budapest.

2 József Damkó: Denkmal des Johannes Capistrano in Budapest, 1922. Foto: Robert Born.

der neben einer Standarte mit einem Halbmondaufsatz liegt. Die Sockelinschrift, »In Belgrad hast Du die letzte Gefahr beseitigt / heiliger Anführer besiege unsere gegenwärtigen Feinde«,[35] überträgt das überlieferte Türken-Feindbild auf die Anhänger der Räterepublik.[36]

Die triumphale Rhetorik von Figuren und Inschrift stellt gewissermaßen eine Ausnahme dar unter den im Ungarn der Zwischenkriegszeit errichteten Denkmälern mit Bezug auf die Türkenkriege. Durch die Kriegsniederlage des Landes und vor allem die in dem Pariser Vorortverträgen festgelegten Gebietsabtretungen, die zu einer dramatischen Verkleinerung des Staatsterritoriums führten, wurden vermehrt Vergleiche mit der Situation nach 1526 konstruiert. Der Vertrag von Trianon wurde allenthalben zu einem »zweiten Mohács« stilisiert.[37] Dieser Tenor dominierte auch auf der am 29. August 1926 in Mohács abgehaltenen Feier, an der neben den Spitzen von Staat und Kirche mit dem Botschafter der Republik Türkei erstmalig ein Vertreter der vormals siegreichen Macht teilnahm. In seiner Rede thematisierte Reichsverweser Miklós Horthy auch das Verhältnis zwischen Ungarn und der Türkei: »Aus einem einstigen Feind wurde ein guter Freund. Die Gegensätze zwischen den beiden uralten feindlichen Rassen haben sich eingeebnet. An deren Stelle sind nun verständnisvolle Freundschaft und gegenseitige warme Sympathie getreten.«[38] Damit spielte Horthy auf die von der »Ungarischen Turanischen Gesellschaft« (Magyar Turani Társaság), die federführend bei der Organisation der Feierlichkeiten mitwirkte, propagierte Blutsverwandtschaft zwischen Ungarn und Türken an. Die turanische Position blieb allerdings eine Randerscheinung im Rahmen der Geschichtspolitik des Horthy-Regimes.

ROBERT BORN

Die sich seit dem Ende des 19. Jahrhunderts abzeichnende positive Sicht auf den vormaligen Gegner bestimmte auch die Konzeption der kleinen Gedenkstätte am Sterbeort des Arnavut Abdurrahman Abdi Paşa (1616–1686). Der letzte osmanische Statthalter von Ofen erscheint dort als »heldenhafter Gegner«.[39] Die politische Annäherung zwischen Ungarn und der jungen Türkischen Republik setzte auch eine Differenzierung zwischen den Türken als Ethnie und dem Islam als Religion in der öffentlichen Diskussion in Gang. Dabei charakterisierten vor allem Vertreter des katholischen Klerus den Islam als eine Ideologie und setzten diesen mit den Ideen des Sozialismus und Kommunismus gleich.[40]

Vergleichbare konstruierte Parallelen zwischen dem Islam und dem Kommunismus beziehungsweise zwischen der Bedrohung durch den Kommunismus und der historischen ›Türkenfurcht‹ sind aus weiteren Ländern in West- und vor allem Ostmitteleuropa für die Zwischenkriegszeit überliefert. So wurde die 250-Jahrfeier der Abwehr der osmanischen Belagerung im österreichischen Ständestaat als Rahmen für Angriffe gegen die sozialdemokratische und nationalsozialistische Opposition genutzt.[41] Eine vergleichbare zweigleisige Argumentation verfolgte zeitgleich in Polen das autoritäre Regime unter der Führung Józef Piłsudskis (1867–1935). Diesem war im August 1920 bei Warschau ein Sieg über die zahlenmäßig überlegenen Truppen der Roten Armee gelungen, der später als »Wunder an der Weichsel« in die Geschichtsbücher einging. Ähnlich wie Sobieski galt auch Piłsudski für viele als Retter Polens und Europas. Die Parallelen zwischen den besiegten Bolschewiken und den heidnischen Osmanen wurden bei den Feierlichkeiten aus Anlass des 250. Jubiläums der Schlacht bei Wien wiederholt betont, vor allem auf der am 20. November, dem polnischen Unabhängigkeitstag in Krakau veranstalteten Militärparade. Diese sollte die Entschlossenheit zur Verteidigung der nationalen Interessen insbesondere gegenüber der Sowjetunion und ›Hitlerdeutschland‹ verdeutlichen. Dabei prägte die polnische Presse das Bild eines ›germanischen Islam‹ als Chiffre für die mit dem Deutschen Reich assoziierte Gefahr.[42]

Nach 1945 betonten vor allem konservative katholische Kreise und radikale Exilgruppierungen die Parallelen zwischen der frühneuzeitlichen osmanischen Bedrohung und den kommunistischen Regimes in Ostmitteleuropa. Als letzte Ausläufer dieser Entwicklung gelten die Feierlichkeiten zum 300-jährigen Gedenken an die Kämpfe bei Wien 1683. Anlässlich seines Besuchs in der österreichischen Hauptstadt erinnerte der damalige Papst Johannes Paul II. (1920–2005) an die christliche Prägung der europäischen Identität.[43]

Türkengedenken im Sozialismus

Weitaus kompatibler mit der in den ostmittel- und südosteuropäischen Staaten nach 1945 instaurierten kommunistischen Ideologie erwies sich das in der Zwischenkriegszeit in Warna erstmalig umgesetzte Konzept eines multinationalen Gedenkortes. Nach dem Ende der osmanischen Oberherrschaft wurde das vormalige Schlachtfeld durch archäologische Grabungen unter der Leitung der beiden aus Böhmen stammenden Brüder Hermengild (1858–1923) und Karel Škorpil (1859–1944) untersucht. Das von der Archäologischen Gesellschaft in Warna geplante Denkmal konnte jedoch erst in der Zwischenkriegszeit realisiert werden.[44] In einem ersten Schritt wurde 1924 ein bescheidenes Mahnmal in Form einer Pyramide errichtet. Die darauf angebrachte Inschrift würdigte den Tod des jungen Königs von Polen und Ungarn, der gemeinsam mit seinem Ritterheer für die Freiheit und den Glauben der Bulgaren gefallen war. Nur wenige Jahre später wurde mit den Planungen für eine repräsentativere Inszenierung begonnen. Mit Spenden aus der Bevölkerung und beachtlichen staatlichen Zuwendungen aus Bulgarien und Polen entstand zum 490. Jahrestag der Schlacht ein Mausoleum für den gefallenen König Ladislaus. Nach den Entwürfen des Architekten Anton Franga wurde dabei in einem thrakischen Grabhügel aus dem 4. Jahrhundert v. Chr. eine Kapelle eingerichtet (vgl. Abb. 3).

Der Typus des Grabhügels hatte mit dem nach der Schlacht bei Marathon 490 v. Chr. als Massengrab der gefallenen Athener aufgeschütteten *Soros* einen berühmten Vorläufer. Zu den prominenten Nachfolgern dieses Denkmaltyps im 19. Jahrhundert zählt der Löwenhügel in Waterloo (1826) und das Monument in Poltawa (1894), mit dem an die Entscheidungsschlacht von 1709 im Großen Nordischen Krieg erinnert wurde. Die Eingangsfront in Warna evoziert die Form eines Triumphbogens und ist mit dem Schriftzug »Vladislao Varnensi« und den Wappen von Polen, Böhmen und Ungarn verziert. Der Vorbau wird beidseitig von einer Treppe eingefasst, die auf das auf der Spitze des vormaligen Grabhügels angelegte Plateau führt. Dort wurde

3 Das in einem antiken Grabhügel eingerichtete Mausoleum für den 1444 gefallenen König Ladislaus in Warna. Foto: Park-Museum Vladislav Varnenchik, Varna.

ein Pfeiler aufgestellt, der von einem Kreuz bekrönt wird. Im Zentrum des Mausoleums wurde eine steinerne Kopie der 1906 von Antoni Madeyski (1863–1939) geschaffenen bronzenen Gisantfigur vom Kenotaph des Königs Ladislaus in der Krakauer Kathedrale aufgestellt.[45] Der Einweihungszeremonie wohnten 1935 neben dem bulgarischen Zaren Boris III. (1894–1943) auch Miklós Horthy und der polnische Präsident Ignacy Mościcki (1867–1946) bei.[46]

Die transnationale Konstellation bei der Fertigstellung des Denkmals garantierte auch dessen Weiterbestehen unter den radikal gewandelten ideologischen Vorzeichen in Ostmittel- und Südosteuropa. Die nach 1945 neu etablierten kommunistischen Regime waren zunächst bestrebt, ihre Herrschaftsbasis historisch durch Verweise auf Bauernaufstände sowie die revolutionären Erhebungen des 19. Jahrhunderts zu legitimieren. Dabei erwies sich die zeitliche Koinzidenz zwischen der kommunistischen Machtübernahme in einer Reihe von Ländern mit dem 100. Jahrestag der revolutionären Erhebungen von 1848/49 als besonders glücklich. Mitte der 1960er Jahre zeigten sich jedoch erste Zeichen einer Rückkehr des nationalen Paradigmas in der Geschichtsschreibung und damit auch der alten Antemurale-Narrative. Diese erlebten ihren Höhepunkt in den 1980er Jahren in Albanien und Rumänien sowie in Serbien und Kroatien vor dem Hintergrund des Auseinanderbrechens Jugoslawiens.[47]

Retrospektiv betrachet erscheint die Initiative zur Errichtung eines »Parks der militärischen Freundschaft« auf dem ehemaligen Schlachtfeld in Warna nicht nur als Fortsetzung der in der Zwischenkriegszeit entwickelten Konzepte, sondern gleichsam als ein Gegenentwurf zu der gerade angesprochenen Renaissance nationalistischer Erzählungen. Der zum 520. Jahrestag der Schlacht eingeweihte Komplex würdigte den prominenten Heerführer Johannes Hunyadi durch Standbilder (vgl. Abb. 4).

4 Statue des Johannes Hunyadi im »Park der militärischen Freundschaft« in Warna. Foto: Vladislav Varnenchik, Varna.

5 »Park der Türkisch-Ungarischen Freundschaft« (ung. Magyar-Török Barátság Park, türk. Macar-Türk Dostluk Parkı) in Szigetvár. Foto: Zsigmond Csákvári.

In Abstimmung mit den herrschenden ideologischen Vorgaben rückte zudem die Erinnerung an die gefallenen Untertanen in den Fokus der Inszenierung. Diesen Kämpfern gedachte man mit Beton-Kenotaphen, die mit den von Ährenkränzen und sozialistischen Sternen eingefassten Wappen von Polen, Rumänien, Ungarn, Jugoslawien, der Tschechoslowakei sowie Bulgarien verziert waren, wodurch eine sozialistische Komponente Eingang in das Erinnerungsnarrativ fand. Diese Lesart begegnet auch in dem neu errichteten Museum, dessen Exponate von den oben genannten Ländern gestiftet wurden. Die Repräsentanten dieser Staaten tauchen auch in historischen Kostümen auf der monumentalen Darstellung im Foyer auf. Die in strenger Frontalität gezeigten Kämpfer evozieren Entschlossenheit und Kampfbereitschaft. Der ursprünglich als Kreuzzug gegen die ›ungläubigen‹ Osmanen angelegte Waffengang von 1444 wurde auf diesem Wege zu einer Chiffre der Zusammenarbeit sozialistischer Länder in Ostmittel- und Südosteuropa umgedeutet.[48] Der Gegner und eigentliche Sieger in der Schlacht wurde ebenfalls in die Inszenierung miteinbezogen. In Erinnerung an die gefallenen osmanischen Kämpfer wurde auf einer Anhöhe ein mit orientalisch anmutenden Ornamenten versehenes Denkmal errichtet.

Das in Warna umgesetzte Konzept, bei dem allen an dem Konflikt beteiligten Parteien gedacht wurde, beeinflusste auch die Inszenierung am Schlachtort in Mohács. Dort sollte nach dem Willen der Partei primär die Erinnerung an die an der Schlacht beteiligten ›einfachen Menschen‹ aufrechterhalten werden. Diese Spezifizierung war eine Folge der öffentlichen Debatten, die durch das Auffinden von Massengräbern der 1526 gefallenen Kämpfer ausgelöst worden waren. Weitere Impulse lieferte die wissenschaftliche Debatte über die Ursachen und die Folgen der Schlacht von 1526. Dieser Disput war Teil der Versuche, durch die historischen Wissenschaften in der Nachfolge der Niederschlagung des Volksaufstandes von 1956 die nationale Identität historisch neu zu begründen.[49] In seiner Ansprache bei der Eröffnung des Erinnerungsparks am 29. August 1976 deutete der Vorsitzende der Patriotischen Volksfront (Hazafias Népfront) und international angesehene Volkskundler Gyula Ortutay (1910–1978) die Niederlage 1526 als Ergebnis einer inneren Fehlentwicklung. Dieser Prozess wurde durch die Niederträchtigkeit der herrschenden Klasse und »gleichermaßen durch die Entfaltung der türkischen Großmacht und die internationale Teilnahmslosigkeit« ermöglicht.[50] An den Vergleich mit der Mächtekonstellation am Anfang des 16. Jahrhundert anknüpfend verdeutlichte der Redner, dass das gegenwärtige Ungarn ein »[…] schöpferischer Teilnehmer am Bündnis der sozialistischen Nationen nicht mit den Ängsten des kleinen Volkes, sondern mit der Sicherheit des gleichrangigen sozialistischen Bündnispartners« sei.[51] Dieses ideale Bild markierte einen Bruch mit dem seit dem 19. Jahrhundert wiederholt – zuletzt nach dem tragischen Ende der Erhebung von 1956 – bemühten Bild von Ungarn als verlassene Nation. Ein Perspektivwandel, der durch die guten Beziehungen zu den sozialistischen Brüderstaaten und insbesondere zur Sowjetunion als Garanten für die Sicherheit des Landes begründet war.[52]

Radikale Abgrenzung oder Nivellierung vergangener Konflikte? Das Türkenbild nach dem Ende des Kommunismus in Ostmitteleuropa

Der Zusammenbruch der in den Inszenierungen in Warna und Móhacs beschworenen zwischenstaatlichen Kooperation in den Jahren 1989/90 bewirkte neue Formen der Aktualisierung der Türkenkriege in Ostmittel- und Südosteuropa. Dabei spielten Medien wie Film und Fernsehen eine gewichtige Rolle. Zu den prägnantesten Beispielen einer solchen Inszenierung zählt der jugoslawische Film *Die Kosovo Schlacht* (serbokroat. Boj na Kosovu),[53] ein Auftragswerk aus Anlass der 600-Jahrfeier der Schlacht auf dem Amselfeld (serb. Kosovo Polje). Dessen Premiere erfolgte in einem nationalistisch aufgeheizten gesellschaftlichen Klima, das durch die gelenkten Demonstrationen unter der Regie der Staatsführung um Slobodan Milošević (1946–2006) und der serbisch-orthodoxen Kirche erzeugt worden war.[54]

6 Die 1994/97 im »Park der Türkisch-Ungarischen Freundschaft« in Szigetvár aufgestellten monumentalen Büsten des Sultans Süleyman des Prächtigen und des Nikolaus Zrínyi, ein Werk des türkischen Bildhauers Metin Yurdanur. Foto: Zsigmond Csákvári.

Diese Entwicklungen prägten auch die Ausrichtung der Gedenkveranstaltung im Jahr 1991 in Mohács. Der damalige erste Ministerpräsident des postkommunistischen Ungarn József Antall (1932–1993) betonte, dass Ungarn bereits »genügend [Erfahrungen wie] Mohács durchlebt« habe. Als Aufgaben für die Zukunft deklarierte er daher die Etablierung der Demokratie im Inneren und die Pflege von friedlichen Kontakten zu den benachbarten Ländern. Der letzte Punkt spielte sowohl auf die in der Zwischenzeit mit militärischen Mitteln ausgetragenen Konflikte im vormaligen Jugoslawien wie auch auf den Putsch in Moskau an.[55]

Eine besondere Form der Kooperation bahnte sich im Vorfeld der Feierlichkeiten anlässlich des 500. Jahrestages der Geburt Süleymans des Prächtigen (1494–1566) an. Damals folgte die Stadtverwaltung von Szigetvár einer Bitte aus Ankara und überließ dem türkischen Staat ein Grundstück in unmittelbarer Umgebung der Stadt für einen symbolischen Pachtbetrag für 99 Jahre. Dort wurde am 6. September 1994 – dem Todestag des Sultans – im Beisein des damaligen ungarischen Bildungsministers Gábor Fodor (geb. 1962) und des türkischen Staatspräsidenten Süleyman Demirel (1924–2015) der »Park der Türkisch-Ungarischen Freundschaft« (ung. Magyar-Török Barátság Park, türk. Macar-Türk Dostluk Parkı) eingeweiht (vgl. Abb. 5). Zu den Bestandteilen dieser auf einem umfriedeten Areal eingerichteten Gedenkstätte zählten eine kolossale Bronzebüste Sultan Süleymans und eine von einem Halbmond bekrönte Aedicula über einem Steinblock, der an einen Sarkophag erinnern soll. Diese Elemente versinnbildlichen sowohl das Zelt, aus dem der greise Sultan 1566 bis zu seinem Tod die Belagerung befehligte, wie auch die über seinem Sterbeort noch im 16. Jahrhundert errichtete Türbe.[56]

Nach Protesten vor der türkischen Botschaft in Budapest gegen diese Form des Gedenkens an Sultan Süleyman, unter dessen Führung durch mehrere militärische Kampagnen etwa ein Drittel des vormaligen ungarischen Königreiches unter osmanische Herrschaft geraten war, und nach einer Beschädigung des kolossalen Bronzekopfs mit Ölfarbe, gab die türkische Regierung eine monumentale Büste des Nikolaus Zrínyi in Auftrag (vgl. Abb. 6). Das auf diesem Wege nivellierte Verhältnis zwischen den beiden historischen Gegnern bot Anlass zu kontroversen Diskussionen.

Die Debatte um Szigetvár als Erinnerungsort erlebte in jüngster Zeit eine neue Wendung, nachdem das »Türkische Präsidium für Internationale Kooperation und Koordination« (Türk İşbirliği ve Koordinasyon Ajansı Başkanlığı, TİKA) Gespräche mit der örtlichen Stadtverwaltung aufgenommen und diverse Maßnahmen im Hinblick auf die Pflege der Zeugnisse aus osmanischer Zeit vorgeschlagen hatte. Im Februar 2013 folgte anlässlich des Ungarn-Besuchs des damaligen türkischen Ministerpräsidenten Tayyip Erdoğan (geb. 1954) die Unterzeichnung einer Absichtserklärung zur Erhaltung des kulturellen Erbes der beiden Länder. Zu den wichtigsten vereinbarten Punkten zählen die Pflege der Stätten, die an das Exil der ungarischen Freiheitskämpfer in der Türkei erinnern, sowie die Wiederherstellung der nur als Ruine erhaltenen vormaligen Moschee im Inneren der Festung Szigetvár und die Auffindung der Stelle, an der das Herz und die inneren Organe Sultan Süleymans 1566 bestattet worden waren. An jenem Ort soll anschließend eine Türbe errichtet werden.[57] Die medial intensiv begleitete Suche nach dem Bestattungsort verlief erfolgreich und nach zwei Jahren wurden bereits belastbare Argumente für die Lokalisierung vorgetragen.[58] Weniger zustimmend erwies sich hingegen das öffentliche Echo auf die Pläne der TİKA, die Moschee im Inneren der Festung Szigetvár nach ihrer Wiederherstellung nicht nur als Denkmal, sondern auch als Gebetsort für moslemische Besucher zu nutzen. Einzelne Kommentatoren sahen die Initiativen zur Förderung der Erinnerungsstätten an Sultan Süleyman auch als Teil der ungarischen Strategie der Öffnung nach Osten (ung. keleti nyitás). Diese von der Viktor Orbán-Regierung verfolgte Politik wurde bisweilen als eine ›Anbiederung‹ an die autokratischen Regime im Vorderen Orient und gleichzeitiges Mittel zur Schaffung einer gewissen Distanz zu den als zentralistisch wahrgenommenen Tendenzen innerhalb der EU kritisiert.[59]

Die abschließend aufgezeigten Entwicklungen veranschaulichen deutlich die komplexe Gemengelage, die sich mit Blick auf den Umgang mit dem materiellen Erbe der osmanischen Präsenz in Ostmittel- und Südosteuropa wie auch den damit verbundenen religiösen und ideologischen Momenten ergibt.

Anmerkungen

1 Vgl. Becker 2013, S. 232–305; eine Auswahl deutschsprachiger publizistischer Beiträge bei: Leggewie 2004.
2 Shakman Hurd 2006.
3 Vgl. dazu die Wortmeldungen der Historiker Heinrich August Winkler und Hans-Ulrich Wehler in: Leggewie 2004.
4 Vgl. Helmrath 2007; Hirschi 2009, S. 46–48.
5 Martels 2013.
6 Saz 2011, S. 479–491.
7 Attia 2009, S. 73–75.
8 Feichtinger 2013, S. 301.
9 Kokot 2015.
10 Fillafer 2016; Pap/Reményi/Császár/Végh 2014; Górak-Sosnowska 2011.
11 Górak-Sosnowska 2011, S. 12–14.
12 Born/Puth 2014.
13 Srodecki 2015; Born 2015; Born/Jagodzinski 2014; Feichtinger/Heiss 2013a; Heiss/Feichtinger 2013a. Zu den verschiedenen Schlachten gegen die Osmanen als transnationale Erinnerungsorte: Bahlcke/Rohdewald/Wünsch 2013.
14 Jagodzinski 2013; Galavics 1986.
15 Srodecki 2015; Kenneweg 2012; Őze 1996.
16 Telesko 2006, S. 363–366.
17 Fata 2013, S. 868; Telesko 2006, S. 380–383; Ausst. Kat. Budapest 2000, S. 636.
18 Kołodziejczyk 2011.
19 Hadler 2016, S. 63.
20 Davinson 1963, S. 76: »Because of their bitterness against the Russians, the Poles and Hungarians were often more Turkish than the Turks.« Ferner Kołodziejczyk 2011, S. 116 f.
21 Apostołow 1989, S. 411; Kaczmarek 1997, S. 211–218.
22 Lengyel 2013, S. 854.
23 Basics 1982, S. 49 f.
24 Hadler/Feichtinger 2016, S. 265.
25 Großegger 2017.
26 Telesko 2006, S. 393–414.
27 Ausst. Kat. Budapest 2000, S. 636.
28 Ágoston 2008, S. 16–18.
29 Bertényi 2013, S. 212–217.
30 Vgl. Heiszler 2005.
31 Fillafer 2016, S. 167.
32 Hadler/Feichtinger 2016, S. 268.
33 Fabritius 2013, S. 154–157.
34 Žanić 2005, S. 36.
35 »Nándor kőfalain megtörted a végveszedelmet / Szent vezetőnk győzd meg mostani elleneink«.
36 Klimó 2003, S. 231–233; Born 2015, S. 144–146.
37 Lengyel 2013, S. 855 f.; Balogh 2013, S. 132 f.
38 Deutsche Übersetzung nach: Lengyel 2013, S. 856.
39 Barta 2013, S. 936.
40 Hanebrink 2009, S. 118–120.
41 Suppanz 2013.
42 Hadler 2014, S. 103.
43 Born 2015, S. 155–157.
44 Apostołow 1989, S. 411.
45 Apostołow 1989, S. 412; Kaczmarek 1997, S. 224–226.
46 Apostołow 1989, S. 412; Klettner 2014.
47 Born 2015, S. 159–165.
48 Bagi 2013, S. 836.
49 Őze 2009, S. 108–130.
50 Zitiert nach: Lengyel 2013, S. 859.
51 Ebd.
52 Balogh 2013, S. 134.
53 Regie: Zdravko Šotra, Drehbuch: Ljubomir Simović.
54 Sundhaussen 2001, S. 33–35.
55 Lengyel 2013, S. 861.
56 Karikó/Szabó 2009, S. 18 f.
57 http://www.tika.gov.tr/en/news/tika_builds_new_connections_between_turkey_and_hungary-8549 (20.03.2017).
58 Pap/Kitanics/Gyenizse/Hancz/Bognár/Thóth/Hámori 2015.
59 Des Sultans Innereien. Das Grab Süleyman des Prächtigen in Ungarn soll eine Pilgerstätte für Türken werden, in: Pester Lloyd, 23. August 2013. http://www.pesterlloyd.net/html/1334sultansszigetvar.html (20.03.2017).

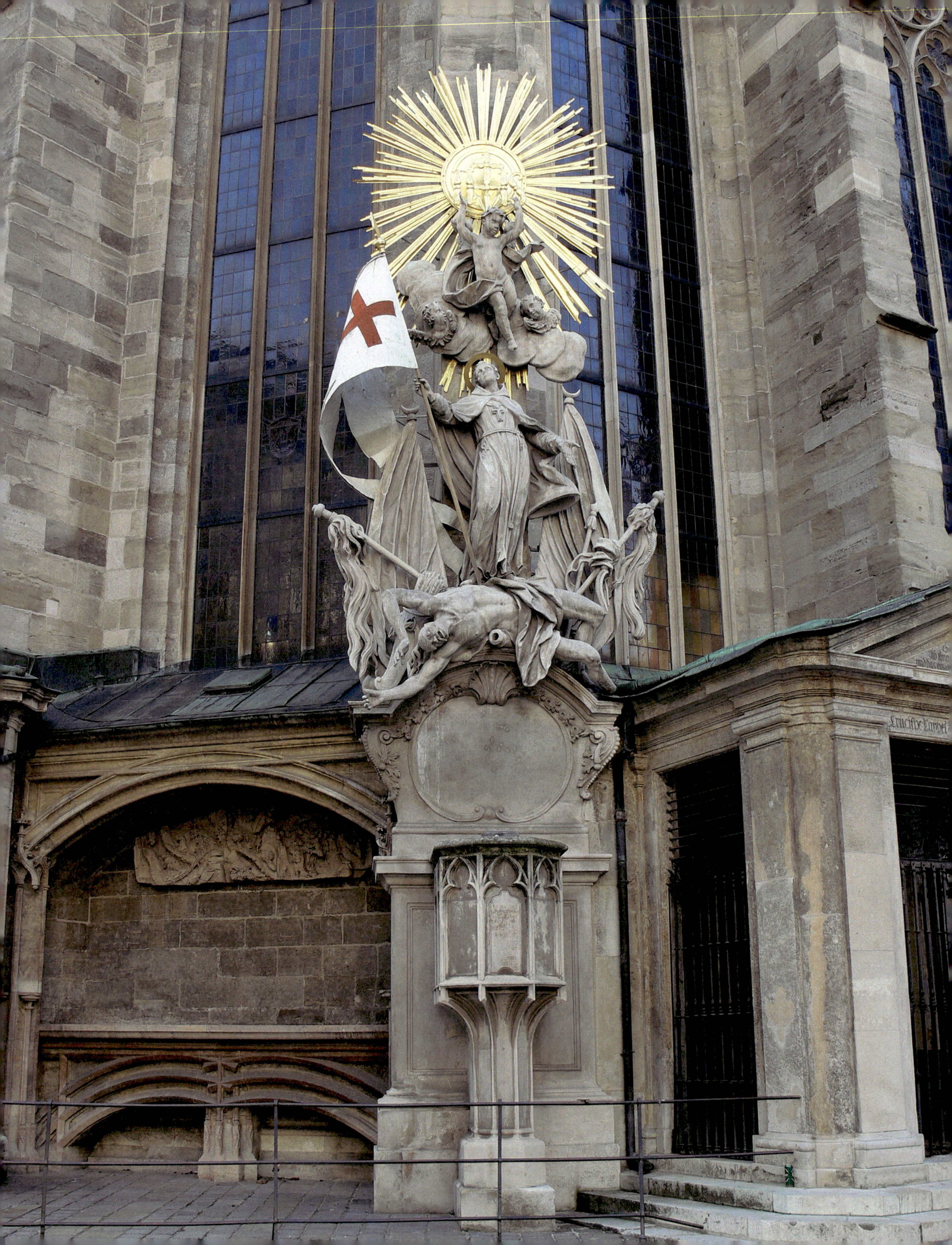
Crucifixe Cappel

Die Türken und ihre Verwendung

JOHANN HEISS

Politik mit der Geschichte

Keiner von uns hat an der Belagerung Wiens und seinem Entsatz 1683 teilgenommen.[1] Aus jeder persönlichen Erinnerung müssten sie daher längst gelöscht sein. Dennoch sind die Ereignisse in einigen Regionen Europas im Gedächtnis vieler Menschen tief verankert. Wie konnte es dazu kommen? Der deutsche Althistoriker Christian Meier stellt zum Holocaust fest, dass sich bald keiner mehr an ihn erinnern kann, man muss daran erinnert werden.[2] Diese Aussage lässt sich auf den Umgang mit der Wiener Türkenbelagerung übertragen. Mit Sicherheit kann sich niemand mehr an sie erinnern, mit Sicherheit muss man an sie erinnert werden. Die Rolle der Bewahrer des ›Türkengedächtnisses‹ übernehmen für gewöhnlich bestimmte Akteure, die damit unterschiedlichste, zumeist politische Ziele verfolgen. Sie setzen dafür die Geschichte ein und machen mit ihr Politik.[3]

Gedenkveranstaltungen

Sämtliche Akteure nutzten verschiedene Repräsentationsmöglichkeiten, die sehr oft mit Jahrestagen (Anniversarien und Jubiläen) verbunden waren. Um den 12. September, dem Tag der Entsatzschlacht, drängen sich die Gedenkveranstaltungen bis heute. Auf Seiten der Kirche waren Predigten, Prozessionen und Gnadenbilder in den ersten hundert Jahren des Gedenkens vielbenutzte Aktualisierungsmittel. Auf Seiten des Hofes (bzw. der Höfe) wurde der Entsatz durch Feste, Triumphdarstellungen, Aufführungen von Opern und Sprechstücken, Feuerwerke und Medaillenprägungen in Erinnerung gehalten. Zumindest Kirche und Wiener Magistrat nutzten seit dem späten 17. Jahrhundert propagandistisch die Möglichkeit, durch die Ausstellung von Beutestücken an den Sieg über den Feind zu erinnern, die Kirche zentral im Stephansdom, die Bürger Wiens im Bürgerlichen Zeughaus. In der Stadt Wien erinnerten die Bäckerumzüge jährlich an die Verdienste dieser Zunft, Publikationen in Buchform wie jene von Gottfried Uhlich (1718–1753) und Leopold Steinbach aus dem Jahr 1783 oder Stiche wie jene von Hieronymus Löschenkohl (1753–1807) bzw. seines Konkurrenten Christoph Torricella (gest. 1798) sprachen ein großes Publikum an.[4]

Auf den Feind treten

In figürlichen Darstellungen ist der völlige Sieg über und die Abwehr der Feinde zum Ausdruck gebracht durch die Verwendung des Motivs der ›Calcatio‹, des Auf-den-Feind-Tretens bzw. des Tretens auf sein Symbol, was in einigen Fällen noch verstärkt wird durch die Darstellung des türkischen Feindes als Barbaren. Beispiele dafür sind die Mariensäulen in Fürstenfeld, Graz und Maria Saal im Bezirk Klagenfurt (Mondsichel), eine Kremser Skulptur von Matthias Schwanthaler (1645–1686/87), welche die Madonna auf der Halbfigur eines Türken stehend zeigt, die elfenbeinerne Reiterstatuette Kaiser Leopolds I. (1640–1705), dessen Pferd auf einen wehrlosen halbnackten Türken tritt, und die Capistrankanzel an der Außenwand des Wiener Stephansdoms, auf der der Heilige auf einem liegenden, nahezu unbekleideten Janitscharen steht (vgl. Abb. 1). Das Motiv des getretenen Feindes wurde noch in späterer Zeit, wenn auch oft nur symbolisch, aufgenommen und weitertradiert (unter anderem am Denkmal am Vezirac-Hügel nahe von Peterwardein (serb. Petrovaradin)). Die meisten dieser Denkmäler wurden an öffentlich zugänglichen Orten aufgestellt.[5]

1 Capistrankanzel an der Außenseite des Stephansdoms in Wien, feierlich enthüllt am 22. Oktober 1738, gewidmet dem hl. Giovanni da Capistrano (1386–1456), der »sub pedibus Barbarum calcantis« (auf einen Barbaren unter seinen Füßen tritt), wie der Ideengeber des Denkmals, P. Placidus Herzog, 1740 schrieb. Foto: Andreas Praefcke.

2 Angebliche Türkenkugeln, Wien 19. Bezirk, Sieveringer Straße 99, Heuriger 3-Kugel-Schachner. Foto: Lisa Bolyos.

3 Vergoldete Türkenkugel, Wien 1. Bezirk, Am Hof. Foto: Wikimedia commons.

Pflege und Anpassung von Feindbildern

Um Feindbilder jahrhundertelang wirksam zu erhalten, bedarf es, welchen Feind auch immer es betrifft, ihrer Pflege. Dafür müssen sie vielseitig propagandistisch einsetzbar, also multifunktional sein. Von Feinden muss man sich klar abgrenzen können. Die Abgrenzung zu den Türken ermöglicht weit vor 1683 und bis heute die religiöse Differenz, aber nicht nur diese. Auch als Barbaren ließen sie bisweilen eine klare Abgrenzung zu, die zugleich eine deutliche Wertung nahelegte: die Feinde als Wilde, Wir als Zivilisierte. Doch die Strategie der Barbarisierung kann propagandistisch nur mit Vorsicht eingesetzt werden. Als aktuelle Gegner konnten die Osmanen nicht entwertet werden, ohne Gefahr zu laufen, die eigenen militärischen Leistungen zu schmälern. Die Türken mussten erst zumindest vermeintlich besiegt werden, um ihre Barbarisierung überzeugend und gefahrlos durchführen zu können. Barbarisierung war eine Technik, die Türken abzuwerten, Verhöhnung und Exotisierung waren andere, aber ähnlich wirkende

Verfahren. Beide Male war aus dem ›nahen‹ Feind ein ›ferner‹ Barbar bzw. Exote geworden. Mit diesen Formen der Abwertung ließ sich das Bild vom Feind schärfen, der als militärischer Antagonist eine tatsächlich fühlbare Bedrohung dargestellt hatte. Die militärische Gefahr wurde abgewendet, das Feindbild aber blieb.[6]

Erinnerung an die Erinnerung

Es zeigt sich, dass sich die Akteure der Erinnerung nicht nur auf das ursprüngliche Ereignis, sondern schon bald auf die Erinnerungen anderer bezogen, um selbst wieder Ausgangspunkt späterer Erinnerung zu werden. Auch beim Einsatz anderer Medien wie Feuerwerken orientierte man sich an früheren Vorbildern. Der Ausgangspunkt für Rückgriffe lag jedoch manchmal viel weiter zurück als 1683: Das betrifft weitgehend den kirchlichen Bereich, wo Prozessionen und die Verehrung von Mariengnadenbildern schon vor der zweiten Wiener Türkenbelagerung ein aus Byzanz übernommenes Muster darstellten. Dessen waren sich die kirchlichen Akteure im 17. Jahrhundert durchaus bewusst, dienten doch ostkirchliche Ikonen in formaler Hinsicht als Vorbild. Sie wurden ähnlich wie in Konstantinopel oder Candia (Kreta) in Belagerungssituationen auf Prozessionen in der Hoffnung auf Hilfe durch die Stadt getragen. In josephinischer Zeit begann sich ein Wandel der auf die Türken bezogenen Memorialkultur abzuzeichnen. Im Jahr 1783, anlässlich der Hundertjahrfeier des Entsatzes von Wien 1683, widmete Kaiser Joseph II. (1741–1790) die Feierlichkeiten und Veröffentlichungen den Bürgern der Residenzstadt.[7]

Gleichsetzung mit aktuellen Feinden

Eine Zielsetzung, die man mit der prolongierten Türkenerinnerung erreichen wollte, sollte jedoch auch im 19. Jahrhundert gleichbleiben, nämlich ihre Eignung für den Appell zur Einigkeit. Den Josephinismus überlebte auch der Verweis auf die Heldentaten der Vorfahren, die für das Verhalten der Nachfahren beispielgebend sein sollten. Was sich jedoch Ende des 18. Jahrhunderts wieder verstärkt ankündigte und seit der Mitte des 19. Jahrhunderts zur Hochblüte gelangte, war der Versuch, durch Gleichsetzung der Türken mit aktuellen Feinden Ängste zu schüren, dabei jedoch gleichzeitig Siegesgewissheit zu verbreiten. Dazu wurden die historischen Ereignisse weitgehend aus ihrem Kontext gelöst und auf ihren Kern reduziert, nämlich Bedrohung und Sieg. Je mehr das Ereignis darauf zugespitzt werden konnte, desto vielseitiger einsetzbar war es. Erst damit ließ es sich den jeweils gegenwärtigen Bedürfnissen anpassen bzw. neu, nämlich aktuell kontextualisieren.[8]

Gabe und Gegengabe

In der Zwischenzeit diente das in der Bevölkerung vor allem durch Prozessionen und Umzüge aufrecht erhaltene und verbreitete ›Türkengedächtnis‹ zur Herstellung von Einheit unter den Gläubigen und Untertanen, verbunden mit dem erhebenden Gefühl, die überirdischen Mächte auf der eigenen Seite zu haben. Je nach historischer Situation handelte es sich bei den zahlreichen Prozessionen, Hochämtern und dergleichen um Gelegenheiten, einerseits Bitten auszusprechen und andererseits Dank abzustatten. Eine erfüllte Bitte war gleichsam eine Gabe, die eine Verpflichtung zu einer Gegengabe hervorrief, wobei sich letztere nicht nur in materieller Form (z. B. in barocken Kirchenbauten) äußerte, sondern auch in immaterieller, d. h. festlicher Form kirchlich initiierter Dankabstattung.[9]

Bollwerk und Brücke

Die Trennlinie zum Orient kann eine Grenze zur Barbarei und Despotie, aber auch eine zu einem wissenschaftlichen, wirtschaftlichen und zivilisatorischen Hoffnungsgebiet sein. Anhand von oft verwendeten Metaphern lassen sich diese Haltungen gegenüber dem Orient nachzeichnen: einerseits Bollwerk oder propugnaculum, die vor Überflutung schützen, andererseits Brücke oder porta, die die Durchlässigkeit der Grenze beschreiben. Die Verwendung dieser Metaphorik ver-

4 Denkmal für den Wiener Bürgermeister Johann Andreas von Liebenberg (1627–1683) von Johann Silbernagel (1836–1915), am 12. September 1890 vor der Mölker Bastei am Universitätsring feierlich enthüllt. Foto: Gryffindor – Wikimedia Commons.

mittelte nicht nur die Vorstellung von grundlegenden Unterschieden, sondern setzte sie voraus. Politiker, Medienleute, Kirchenvertreter, Schriftsteller und selbst Wissenschafter machten sich auf die Suche, mussten ihre vergeblichen Mühen, Unterschiede zum sogenannten Orient möglichst exakt und wissenschaftlich festzumachen, durch die Verwendung wohlklingender Redensarten kaschieren. Letztere dokumentieren weniger nachvollziehbare Tatsachen als vielmehr die Anschauungen und Interessen derer, die sie verwendeten. Der Orient wurde damit gleichsam zum Experimentierfeld, auf dem Kriterien für die Konstruktion von Unterschieden erprobt wurden, die letztlich auch im eigenen Umfeld anwendbar waren.[10]

Die dritte Türkenbelagerung

»Wir werden verhindern, dass eines Tages ein türkischer Bezirksvorsteher über jene Landstriche residiert, über die einst Sobieskis Reiterscharen hinabstürmten, die Muselmanen vom Gebiet um den alten Krottenbach vertrieben und damit Wien dem Abendland retteten.« So zitiert die österreichische Tageszeitung *Kurier* die Klubobfrau der Freiheitlichen Partei Österreich (FPÖ), Bezirk Döbling: »Ute Mayer, so scheint es, hat sich ganz der Abwehr der dritten Türkenbelagerung verschrieben. In einem Zeitungskommentar beklagt die freiheitliche Klubobfrau seitenfüllend das ›Ausländerproblem‹ und beschreibt ihre Sorgen. Eine davon: Dass ›330 Jahre später [nach der zweiten ›Türkenbelagerung‹] die Osmanen durch die Hintertür‹ in die EU kommen und ›auf dem Stephansdom die Fahne des Propheten weht‹.«[11]

Strategische Phrasen

»Die Wiener« hingegen »kreierten ein neues Wort«, »tun immer so, als ob sie den Kaffee erfunden hätten«, »wehrten in heldenhafter Manier die Türken ab«, »haben die Kipferl erfunden«, »verspeisten das kulinarische Siegessymbol«, »fürchten sich wieder einmal«, »waren gerettet«, »sind bis heute stolz darauf«, »was täten die Wiener ohne die Türken«. »Die Wiener« sind positiv bis neutral charakterisiert, werden jedoch auch durch vielfache referentielle und prädikative, adjektive Strategien als fremdenfeindlich, rassistisch, aber mit goldenem Wiener Herz für diejenigen, die schon da sind, beschrieben. Es gibt zwei Haupthelden – für Wien und Österreich vor allem Prinz Eugen von Savoyen (1663–1736) und generell den »Polenkönig Sobieski« (Johann III. Sobieski, 1629–1696), der, über Nominations- und Funktionalisationsstrategien definiert,[12] nicht immer ausschließlich positiv dargestellt wird. Darüber hinaus gibt es in kleineren Nebenerzählungen mehrere namenlose Helden wie Boten, Spione, Kundschafter, die Wiener Bäcker etc.[13]

Konkurrenz um Deutungshoheit

»Die 1883 abgehaltenen Feiern zum Gedenken an die zweite Wiener ›Türkenbelagerung‹ in Wien und Krakau machen […] deutlich, wie sehr Erinnerung umstritten sein kann, wenn unterschiedliche Akteure um die Deutungshoheit konkurrieren. Denn mit der Integrationsfunktion solcher Feiern ist stets auch eine Abgrenzung nach außen verbunden: ›Mit dem identifikatorischen Geschichtsbild, das beim Feiern von Jubiläen in besonderer Weise zum Tragen kommt, ist durch die Aufwertung der eigenen Gruppe implizit auch eine Abwertung des Fremden gegeben‹[14].«[15]

Der Erbfeind

Die größten Feinde der Vergangenheit waren die ›Türken‹, der sogenannte Erbfeind, der das christliche Abendland und seine Machtstrukturen spürbar bedroht hatte. Die Osmanen waren im ausgehenden 18. Jahrhundert dauerhaft besiegt worden, das Feindbild ›Türke‹ jedoch blieb erhalten und ist bis heute wirksam einsetzbar. Warum und wie ist es dazu gekommen? So lautet die zentrale Frage. Und warum weiß – zumindest in Österreich – jedes Kind bis heute, wer ›uns‹ einst belagerte?[16]

Der Erbfeind als Platzhalter

So verwundert es nicht, dass in Österreich die erste direkte politische Ingebrauchnahme der ›Türken‹ als Platzhalter für neue Außenfeinde ins Jahr 1796 fiel. Mit den schweren Niederlagen an den italienischen Kriegsschauplätzen und der damit einhergehenden direkten Bedrohung durch die napoleonischen Heere wurde die Erinnerung an die ›Türken‹ aktualisiert. In Graz soll anlässlich der Einweihung der auf den Jakominiplatz versetzten Marien- oder so genannten Türkensäule am 14. August 1796 an einer Hausfassade folgende Inschrift angebracht worden sein, in der die Mutter Gottes angesprochen wurde.[17]

>»Einst hast Du gegen Osten uns befreit
Von Türken-Sklaverei und Ketten,
Geruhe gegen Westen in dieser Zeit
Von Franken-Freiheit uns zu retten.«

Mit diesen Versen wurde der einstige Erbfeind dem aktuellen Feind, den als schwer besiegbar vorgestellten Franzosen, gleichgesetzt. Verbunden damit wurde auch die Hoffnung zum Ausdruck gebracht, die neue Bedrohung, nämlich die »Franken-Freiheit« aus dem Westen in gleicher Weise wie die »Türken-Sklaverei« aus dem Osten siegreich abwenden zu können. Seit der Revolution von 1789 galten die Franzosen als Bannerträger der nationalen Idee.[18]

Der Zweck der Erinnerung an die Türken: Texte aus früheren Zeiten

1685: »der künfftigen Posteritet zur Nachricht«

»Ob zwar die im jüngst verwichenen 1683. Jahr außgestandene schwäre Türcken-Belägerung der Kayserlichen Residentz Statt Wienn / von unterschidlichen; sowohl in Latein: und Wälsch: als Teutscher Sprach in Truck außgangen / so habe ich jedoch in Durchlesung derer befunden; daß allein das militare, was auff denen Pasteyen / Revelinen / Contrascarpen, Statt Gräben / und im Feuer beschehen / darinnen beschriben / was aber sowohl von denen von Jhro Kays. May. hinderlassenen Hochansehentlichen Herren Geheimben und Deputirten Herren Räthen; als von einem Löbl: Statt Magistrat in politicis, & civilibus höchstrümblich gehandelt; meistens außgelassen worden; Dahero ich der künfftigen Posteritet zur Nachricht für nothwendig erachtet / auch das jenige neben dem militari, was beede Hohe und respectivè nachgesetzte Instantien dem allgemeinen Statt: und Defensions Weesen zum Besten in wehrender Belägerung hochlöblichist disponiret und verrichtet / hinzuzusetzen / und selbiges Einem WohlEdlen Hochweisen Statt Rath auß tragender Schuldigkeit zu offeriren; Der wird ein solches wohlmeinend auffnehmen: anbey mir mit beharrlichen Gnaden und Favor bewogen verbleiben.«[19]

5 Denkmal für Abraham a Sancta Clara (1644 – 1709), Prediger gegen die Türken, von Hans Schwathe (1870 –1950); vor dem Eingang zum Burggarten an der Ecke Hanusch- und Goethegasse, Wien 1. Bezirk, enthüllt am 22. Oktober 1928. Foto: Lisa Bolyos.

1717: »eine rechte Straff-Ruthen und Geissel der Christenheit«

»Als Käyser CAROLUS der Fünffte und Soleimannus der Erste des Nahmens, das Ottomannische Reich beherrscheten; geschahe aus Göttlicher Zulassung, daß erwehnter Sultan eine rechte Straff-Ruthen und Geissel der Christenheit, nachdem Er fast das gantze Ungern ihm unterwerffig gemacht, seinen sieghafften Arm auch über Oesterreich zu schwingen gedachte; zu welchem Ende Er das Auge derselben und den Sitz so vieler aus dem Ertz-Hertzoglichen Hauß Oesterreich gekrönten Christen-Häupter, die Stadt Wien im Jahr 1529. in seine Gewalt zu bringen, euserste Kräfften gewaget, und diese Käyserliche Residenz, welche dazumahl an Grösse und Wercken dem ietzigen Fortifications-Pracht bey weitem nicht zu vergleichen, hart belagert gehalten, vermeinende durch Behauptung dieses Orts dem Gerüchte seiner Thaten, die Bahn zu einer allgemeinen Unterwerffung des Christlichen Europa weiter zu öffnen, muste aber mit grossem Verlust der Seinigen erfahren, daß dieser Ort, zum Eckstein seines bißhero erfolgten Glücks gesetzt, welches zu überschreiten, ihm nicht zugelassen sey: Dahero er gezwungen, der süssen Einbildung in Verlassung desselbigen noch bey Zeiten sich entschlug; und in diesem vor andern glückseelig war, daß Er dem zum Entsatz belobter Stadt herannahenden Christen-Eyfer, wegen allzukühnen Unterfangens nicht zum Opffer werden durffte.«[20]

1693: Eine Stimme aus Italien

»CANTO I
Canto l' Eroe, che a l' Ottomano insulto
Vienna, sua sede Imperial, sottrasse.
Per sostener di nostra Fede il culto,
Orribil guerra entro il suo Regno Ei trasse.
Mà de l' Vnno, e del Trace il danno inulto
Non permise Leopoldo allor che andasse;
Che Dio diè spirto a' Suoi; nè sol respinto
Fù l' Aggressor; ma posto in fuga, e vinto.«[21]

1947: Maria hilft

»Einst in der türkischen Not zu Hilfe kam rettend Maria,
Stolze Gestalten in Stein zeugten vom Dank ihrer Stadt.
Nun da der furchtbarste Krieg zerstörte den Dom und das Denkmal
Jungfrau, Kaiser und Papst einzig verschonte der Brand.
Innozenz sehet den Elften und Leopoldus den Ersten
Kniend mahnen sie euch: lasset zu hoffen nicht ab!
Nie wird in künftigem Sturm ihr betendes Wien sie verlassen
Österreichs Mutter, sie hilft, seid ihr nur stark und getreu.«[22]

Zu »Maria hilft«: authentisierende Legenden

Geschickt suggerieren die Verse eine Gleichsetzung der Not der ›Türkenzeit‹ und der Zeit des Zweiten Weltkrieges wie auch der Jahre danach, allein schon durch das angesprochene Vertrauen, dass Maria wie damals, auch jetzt wieder helfen würde. Die Beteiligung großer Teile der Bevölkerung Österreichs am Naziterror wird mit einem religiös verbrämten, mit Hoffnung und Gebet abgedichteten Mantel verdeckt, der Anteil der österreichischen Bevölkerung an ihrer eigenen Not verschwiegen. Auf diesem Boden konnten authentisierende Legenden wie die von Österreich als erstem Opfer Nazideutschlands entstehen.[23]

1893: heutige und frühere Gefahren

»Der einen Gefahr sind wir entgangen aber in einer anderen noch größeren Gefahr befinden wir uns heute; ein anderes weit schmählicheres Joch als das Türkenjoch lastet auf uns und es bedarf wieder des gemeinsamen Gebetes und der geeinigten Kräfte aller Christen, dies Joch abzuschütteln. [...] Wenn wir, wie einst die Wiener vor 200 Jahren, unsere Kräfte vereinigen, aber auch unsere Gebete, wenn wir mit gläubigem Sinn Gottes mächtigen Schutz und die Fürbitte der seligsten Jungfrau und des hl. Joseph anflehen, ich zweifle nicht, dann wird auch für uns, wenn auch vielleicht erst nach langem, harten Kampfe der Tag des Sieges anbrechen, und ich wünsche, daß wir Alle ihn noch erleben. Amen.«[24]

1893: »Damals drohten erst die Sclavenketten; jetzt tragen wir sie schon«.

»Ist es also nicht wahr, daß eigentlich der Jude der Herr der Neuzeit ist und daß das ganze christliche Volk, hoch und niedrig, jung und alt unter dieser Herrschaft leidet?

Ist also, so frage ich, die Gefahr, in der wir uns befinden, nicht eben so groß, ja noch größer als die Gefahr der Wiener vor 200 Jahren? Damals drohten erst die Sclavenketten; jetzt tragen wir sie schon; denn Sclaverei bleibt Sclaverei, in welcher Form sie ertragen wird.

Dazu kommt noch das drückende Gefühl, daß wir Christen an diesem Elende selbst schuld sind; nicht der Einzelne, aber Alle insgesammt; denn wir sind Kinder unserer Zeit und tragen in gewissem Sinne alle die Verantwortung für die Vergangenheit und für die Zukunft.

Aber winkt uns denn keine Rettung? Ist keine Hilfe aus dieser Noth?

Wie einst die alten Wiener, hart bedrängt durch die türkische Uebermacht, nach Rettung ausschauten und ihre Gebete, aber auch ihre Kräfte brüderlich einigten, um sich des Feindes zu wehren, so ist dies auch unsere Pflicht. Nur so können wir aus schmählicher Knechtschaft befreit werden.«²⁵

1893: »die Sclavenfesseln werden fallen«

»Der Tag, an welchem verfassungsmäßig die Reemancipation der Juden ausgesprochen werden wird, wird ein Tag des Sieges des Christenthums sein, ebenso glorreich wie einst der 12. Sept. 1683. Die christlichen Völker werden wieder aufathmen, die Sclavenfesseln werden fallen, das schmähliche Joch wird gebrochen sein. Heil dem Staate, der dies zuerst zu Stande bringt!«²⁶

1883: Christentum, Abendland und europäische Zivilisation

»Mit vielem schönen, edlen Blute christlicher Helden und treuer Landeskinder, sowie mit dem Blute roher Barbaren stehen diese Tage in den Annalen und Jahrbüchern des Landes und der Stadt verzeichnet, und weder eine Menschenhand, noch der scharfnagende Zahn der Zeit wird im Stande sein, diese blutigen Schriftzüge zu vertilgen.

Es sind die für die Kirche, das Christenthum, für das Abendland, ja für die ganze europäische Civilisation unvergeßlichen Tage des ewig denkwürdigen Sieges über den Halbmond.

Wie einst der Seher der grauen Vorzeit, Jesaias 8, 7, die Heerschaaren Assyriens über den Euphrat vordringend erschaute und dieselben mit den Hochfluthen dieses Stromes verglich, die, über Juda strömend, Alles überschwemmten und überflutheten, ihm bis zum Halse reichten; so und nicht anders waren die aufgewühlten, wildrauschenden Wogen der Christus wie Oesterreich feindlichen Mächte an die Vorhut und Vormauer des Christenthums, bis Wien vorgedrungen, wo sie sich verderbendrohend stauten.«²⁷

1883: »Asien schien wieder einmal Europa erdrücken zu wollen«

»Schaaren des Ostens wälzten sich heran, ein buntgemischtes Heer, bei dessen Schilderung man unwillkürlich an den Zug Senacheribs, Nabuchodonosors Antiochus und des Xerxes gegen Griechenland gemahnt wird. Asien schien wieder einmal Europa erdrücken zu wollen. Eine Berechnung schlägt das Heer auf zweimalhunderttausend Krieger an, zählt dreihundert Geschütze und an Troß sechzig- bis siebenzigtausend Mann, viele Elephanten, zweitausend Kameele, zehntausend Wagen wurden verwendet.

Ueberall erhielt das Heer neuen Zuzug, wie reißende Bäche den Strom schwellen und die Lawine stürzend anwächst.

Der Khan der Tataren aus der Krim, der Fürst von Siebenbürgen, der Hospodar der Moldau, der Fürst der Wallachen, der Kurutzenkönig, alle diese hatten sich mit ihren Mannen den Türken angeschlossen. Kara Mustapha sprach das stolze Wort: ›der Säbel des Sultans wirft seine Schatten durch die ganze Welt.‹²⁸

Und er sprach ein wahres Wort, aber es waren Todesschatten, denn Mord und Brand und Blut bezeichneten seine Wege. Armes theures Wien!«²⁹

1883: »das Thor und der Schlüssel zu dem ganzen civilisirten Westen von Europa«

»So groß dem Wiener die Wichtigkeit und Bedeutung erscheinen muß, welche das Ereigniß von 1683 für seine Heimat als Einzelstadt, als besonderes Gemein-

6 Inschrift an der Rückseite des Burgtheaters, das an der Stelle der Löwelbastei erbaut und am 14. Oktober 1888 eröffnet wurde. Foto: Lisa Bolyos.

wesen hat, ungleich größer ist jene andere Wichtigkeit und Bedeutung, die dem Ereignisse von 1683 für einen viel weiteren Kreis, für das ganze civilisirte Europa, innewohnt. Auch war es ja nicht, wenn ich so sagen darf, das locale Wien, so schön und lieb es ist und seit jeher war, so frohmüthig und lebenslustig es seit Jahrhunderten auf jeden Einheimischen wie Fremden wirkte, ihn mit heiteren liebenswürdigen Banden anzog und gefangen hielt, es war nicht die Einzelstadt Wien, es war die heranwachsende Weltstadt, der hochangesehene deutsche Kaisersitz, der vornehmste und hauptsächlichste Platz an der mittleren Donau, das Thor und der Schlüssel zu dem ganzen civilisirten Westen von Europa, es war, wie man es damals nannte, das Bollwerk der Christenheit gegen die sich neuerdings heranwälzende türkische Barbarei, zu dessen Schutz jetzt Geld und Streitkräfte von allen Seiten herbeiströmten, deren vereintem Zusammenwirken zuletzt der herrlichste Sieg gelang.«[30]

1785: »die Ehre des von der Wuth des Erbfeindes befreyten Wiens«

»Was für eine herrliche Vorbedeutung, meine Christen! enthielt dieses Bild, und wie oft hat sich dasselbe schon unter unseren Vätern, und auch unter uns in der Wahrheit sehen lassen? Unserem Vaterlande hat der Himmel eine weit mächtigere Retterinn als einstens dem Israel vergönnet; er hat uns Mariam gegeben, der wir als Mittlerinn die Ehre des von der Wuth des Erbfeindes befreyten Wiens zu erkennen, und der die Kirche in Ansehung dieses Sieges das ewige Denkmaal ihres Schutzes, durch die allgemeine Feyerlichkeit ihres Namensfestes, errichtet hat.

Andächtige Zuhörer! was sollte ich, um euere Wünsche zu erfüllen, bey dieser Feyerlichkeit heute von diesem so mächtigen Namen der heiligsten Jungfrau sagen? Erlaubet mir einen solchen Stoff zu wählen, der den Umständen der itzigen Kriegszeiten angemessen, mit dem heutigen Danksagungsfeste unsrer christlichen Stadt übereinstimmend, für euch alle unterrichtend ist, was für besondere Pflichten der Dankbarkeit ihr in Rücksicht auf das Vergangene und des Vertrauens auf die Mutter Gottes in Ansehen des Gegenwärtigen habet: der Dankbarkeit, sage ich, weil es selbst das Zeugniß der Kirche bestättiget, daß sie in vorigen Kriegszeiten unsre Vorfahren augenscheinlich beschützet habe: des Vertrauens, weil die Frömmigkeit gegen sie, und die Verehrung ihres Namens, immer der mächtigste Beweggrund ihres unaufhörlichen Schutzes bleiben wird. Hierinn bestehet also alles, was ich euch heute zu euerm Troste, und eurer Aufmunterung sagen werde; denn in der That, ist es nicht genug Trostes? wenn ich sage: Maria ist besonders im Kriege unsre Mutter und Schützerinn gewesen, und das lehret uns die Erfahrung Oesterreichs.«[31]

1883: Die Feinde unserer Zeit

»Groß war in der That die Bedrängniß der christlichen Völker, als sie durch lange Zeit und oft und oft die gewaltsamen Einfälle und die Waffenmacht der Muhamedaner zu fürchten hatten, die, wie sie es im größten Theile des Orients erreicht hatten, auch dem Abendlande die Weisheit des Christenthums rauben und ihm die schlimmste Art von Lehre, Gesetz und Sitten aufdrängen wollten. Wenn es gelungen ist, dieses schmachvolle Joch abzuwenden und so gewaltsame Angriffe zurückzuweisen, so ist dieses der Eintracht zwischen den römischen Päpsten und den christlichen Fürsten und Völkern und den vereinten Bemühungen derselben zu danken. Man hatte es mit einem übermächtigen Feinde zu thun, und die höchsten Güter der Religion und Cultur hätten aus der äußersten Gefahr, von der sie bedroht waren, ohne diese Einigkeit wohl nicht gerettet werden können. Auch in unserer Zeit wird die Kirche heftig bekämpft, wenn auch von anderen Feinden und mit anderen Mitteln. Nicht so sehr äußere als innere Gegner führen die Waffen gegen die katholische Sache in zwar unblutigem, aber heftigem und unheilvollem Kampfe.«[32]

1883: Civilisation und Barbarei

»Unsere Erwägung wird aber unsere kirchlich-gläubige Ueberzeugung von den Verdiensten des Papstthums dann umso mehr zu fördern im Stande sein, wenn ich darthun kann, daß die Geschichte des christlichen Roms neben dem 12. September 1683 noch andere Ehrentage verzeichnet, Tage des Sieges der Unabhängigkeit Europas über wüste Eindringlinge, der Civilisation über die Barbarei, des Glaubens über den Unglauben.«[33]

Anmerkungen

1. Wir danken dem Autor und dem Verlag Mandelbaum *Kritik & Utopie* (Wien) für die Erlaubnis, Textauszüge aus der Publikation »Geschichtspolitik und ›Türkenbelagerung‹« (= Feichtinger/Heiss 2013b), hier (S. 123–127) abzudrucken.
2. Meier 2010, S. 77.
3. Feichtinger/Heiss 2013b, S. 7.
4. Ebd., S. 8.
5. Ebd., S. 9.
6. Ebd., S. 10.
7. Ebd., S. 11.
8. Ebd., S. 12.
9. Ebd., S. 12 f.
10. Heiss/Feichtinger 2016, S. 53.
11. Pfeifer 2013, S. 211.
12. Leeuwen 2008, S. 41.
13. Pfeifer 2013, S. 231 f.
14. Mitterauer 1997, S. 57.
15. Hadler 2013, S. 244.
16. Heiss/Feichtinger 2013b, S. 7.
17. Barbarics-Hermanik 2013, S. 219.
18. Heiss/Feichtinger 2013b, S. 10.
19. Hocke 1685, Einleitung [unpag.].
20. Huhn 1717, S. 1 f.
21. Antisari 1693, S. 3.
22. Inschrift von Paula von Preradović unter den 1947 im Stephansdom angebrachten Resten des »Türkenbefreiungsdenkmals«.
23. Heiss/Feichtinger 2009, S. 253.
24. Deckert 1894, S. 9.
25. Ebd., S. 17.
26. Ebd., S. 24 f.
27. Klinkowström 1883, S. 132 f.
28. Klopp 1882, S. 191.
29. Klinkowström 1883, S. 144.
30. Helfert 1883, S. 4.
31. Hald 1785, S. 207 f.
32. Leo XIII. 1883, S. 14 f.
33. Müller 1883, S. 67.

DER DONAURAUM

PERSPEKTIVEN DER AUSSTELLUNG

Huc animos!
Gloriosissime Imperator,
Potentissimi Reges,
Serenissimi Principes ac Proceres
Christiani!
Fallor AN DUBIUS nunc DANUBIUS quò se vertat,
ad vos respicit.
Hactenus, qua Ister, Turcicus audijt,
miserè Binominis:
Vos obtestatur, ope Vestra ut posthàc
audiat uno nomine Christianus.
Fidem, Fortunam, Fortitudinem Vestram implorat:
immitis sub Barbaro ærumnæ pertæsus,
sub mite Christi jugum postliminio redire gestit.
Tantum terrarum Turca Christo Vestro eripuit,
Christiani!
Quod Vestrum est repetite Posteros Vestros in integrum restituite
Sit Vobis labor omnibus idem
Regna Provincias, Urbes recuperare;
Religionem sub Tyrannide, Artes liberales sub Barbarie
Christianos in Carcere, ad aratrum, ad remos,
miserè gementes redimere;
Utramq. Danubij ripam Christo adserere
Sic vincat, ope Leonum, Invictissim. Leopold.
Faxit Deus Homo Christus!

Tartret Pudue Sereth Czarnovaz Mechylow Iaruga
Zedel Suchana al. Tarasonza Ampol
Neumark Zucken Bardeorcza Soczava Czudnow al. Prut Koueszemes Usczya Tyras fl. hod. Turla v. Nyester
CU- Nicuice Moldania Herlow Crolow Stephanowitz v. Stepanofce Oriow Tekin Telmana
MO- Lasty

1 DONAU – ENTSTEHUNG EINER RAUMMETAPHER

Schon in der Antike galt die Donau als mythischer Strom. Frühneuzeitliche Karten des Stromes von seiner Quelle bis zur Mündung brachten diesen Mythos ins Bild. Sie erzählen davon, dass der Strom in seinem Verlauf nicht nur Flüsse, Länder und Städte miteinander verbindet, sondern zwei Welten: Abendland und Morgenland, Europa und Asien. Die beiden Welten fanden nicht nur durch den Austausch von Gütern und Ideen, sondern auch durch kriegerische Auseinandersetzungen zusammen.

In den Türkenkriegen wurde die Donau zur blutig umkämpften Grenze, die mit hochragenden Festungsanlagen bestückt war. Seit 1699/1718 gab es eine ›christliche‹ und eine ›islamische‹ Donau, einen Fluss der Habsburger und einen Fluss der Osmanen. Es entstand eine dauerhaft wirksame politische und kulturelle Bruchlinie. Entscheidend war jedoch nicht, dass der Strom die Grenze zweier Imperien bildete, sondern dass er immer eine durchlässige Trennlinie blieb.

Kartografen und Festungsarchitekten erschlossen die neu eroberten Gebiete und entwarfen Landkarten und Pläne. Ihnen folgte die gelehrte Wissenschaft, die den Donauraum beschrieb und durch ihre Werke entscheidend zu seiner ›Erfindung‹ beitrug.

Die Zeitgenossen stellten fest, dass nicht nur der fruchtbare Boden und die reichen Bodenschätze, sondern auch die vielen Völker, die an der Donau siedeln und ineinander geflochten sind, ihren Segen ausmachen. Mitte des 19. Jahrhunderts wurde der Strom ein Sinnbild für die kulturelle Vielfalt des Staates, dessen räumliches Rückgrat er bildete – die Donaumonarchie. Der große Strom gerann zu einer bis in die Gegenwart wirksamen Raummetapher.

1.1 Luigi Ferdinando Marsigli / Frederik Ottens
Flussgott »Danubius«, 1741

Titelkupferstich, in: Luigi Ferdinando Marsigli: LA HONGRIE // ET // LE DANUBE // PAR M[ONSIEU]R LE COMTE DE MARSIGLI, // En XXXI. CARTES très fidélement gravées d'apres les Desseins // originaux & les Plans levez sur les lieux par l'Auteur même. // OUVRAGE où l'on voit la Hongrie, par rapport à ses Rivieres, à ses Antiquitez // Romaines, & à ses Mines; & les Sources & le Cours du Danube, &c. // Avec une PRÉFACE sur l'exellence & l'usage de ces Cartes, // PAR M[ONSIEU]R [ANTOINE AUGUSTIN] BRUZEN DE LA MARTINIÈRE. // A LA HAYE, // AUX DEPENS DE LA COMPAGNIE. // M.DCC.XLI.[1]

Institut für donauschwäbische Geschichte und Landeskunde, Tübingen, Kartensammlung, 27 R 2 (2).

Kupferdruck. – 44,9 × 33,4 cm (51,3 × 37 cm). – signiert rechts unten: »F[rederik] Ottens delineavit et fecit 1725«.

Verfasser, Verleger, Ausgaben: Der Zeichner und Kupferstecher Frederik Ottens (1694–1727) entstammte einer renommierten Kupferstecher-, Drucker- und Verlegerfamilie. Sein Vater Joachim Ottens (1663–1719, Kat. 3.19) arbeitete unter anderem für den Kartografen Frederik de Wit (gest. 1706). Die Brüder Frederik, Josua (geb. 1704) und Reinier Ottens (1698–1750) gründeten einen Kartenverlag, der auf Weltkarten und Atlanten spezialisiert war. Frederik verlegte sich auf Kunststiche und stellte nur gelegentlich Landkarten her.[2]

Erstmals publiziert wurde der Stich in Luigi Ferdinando Marsiglis (1658–1730) großer Donaumonografie *Danubius Pannonico-Mysicus observationibus geographicis, astronomicis, hydrographicis, historicis, physicis perlustratus* (1726).[3]

Bildbeschreibung: Flussgottheiten sind deifizierte Personifikationen von Flüssen, Bächen oder Quellen. Sie trugen schon in der griechischen und römischen Antike den Namen des Flusses, den sie beherrschten.

Danubius (lat. auch Danuvius) ist die römische Personifikation des Flusses Donau. Der langbärtige nackte Flussgott sitzt auf einem Uferfelsen und hält in der rechten Hand eine Schüppe, mit der er die Quelle geöffnet hat. In der linken Hand hält er ein umgelegtes Gefäß, aus dem Wasser quillt. Der kleine Fluss fließt in einen größeren. Schon nach damaliger allgemeiner Auffassung entstand die Donau wenig östlich von Donaueschingen durch den Zusammenfluss der zwei Quellflüsse Brigach und Breg. Die Flusslandschaft wird von Fischen mit hartstrahligen Rückenflossen und Tieren – Pferden, Rindern, Schafen, Rehen und Schweinen – bevölkert. Im Hintergrund ragen am Fuße eines Bergs die Mauertürme einer Festung hervor. Die Flussquelle im Schwarzwald wird idealisierend zu einem arkadischen Ort überhöht, wo die Menschen – ähnlich wie im Goldenen Zeitalter – unbelastet von mühsamer Arbeit, Zwängen und äußeren Umständen in einer bukolischen Natur ebenso wie der Flussgott zufrieden und glücklich leben können. Vom 16. bis zum 18. Jahrhundert entstanden zahlreiche Texte und Gemälde mit Motiven des mythischen Arkadiens. Programmatisch verdeutlicht der Kupferstich am Beginn des Kartenwerks von Luigi Ferdinando Marsigli (Kat. 1.12, 1.13, 3.14) den Anspruch, dass die Gebiete an der Donau unter der Herrschaft des habsburgischen Kaisers zu einer ›seligen‹ Landschaft, einem ›neuen Arkadien‹ würden. Damit wurde der Flussgott zu einem zentralen Element im Bildprogramm der Donaukarten.[4]

Josef Wolf

---

1 Marsigli 1741; bereits enthalten in Marsigli 1726, Bd. 1.
2 Donkersloot-de Vrij 2003, S. 149.
3 Marsigli 1726.
4 Petolescu 1986; Meyr 2006.

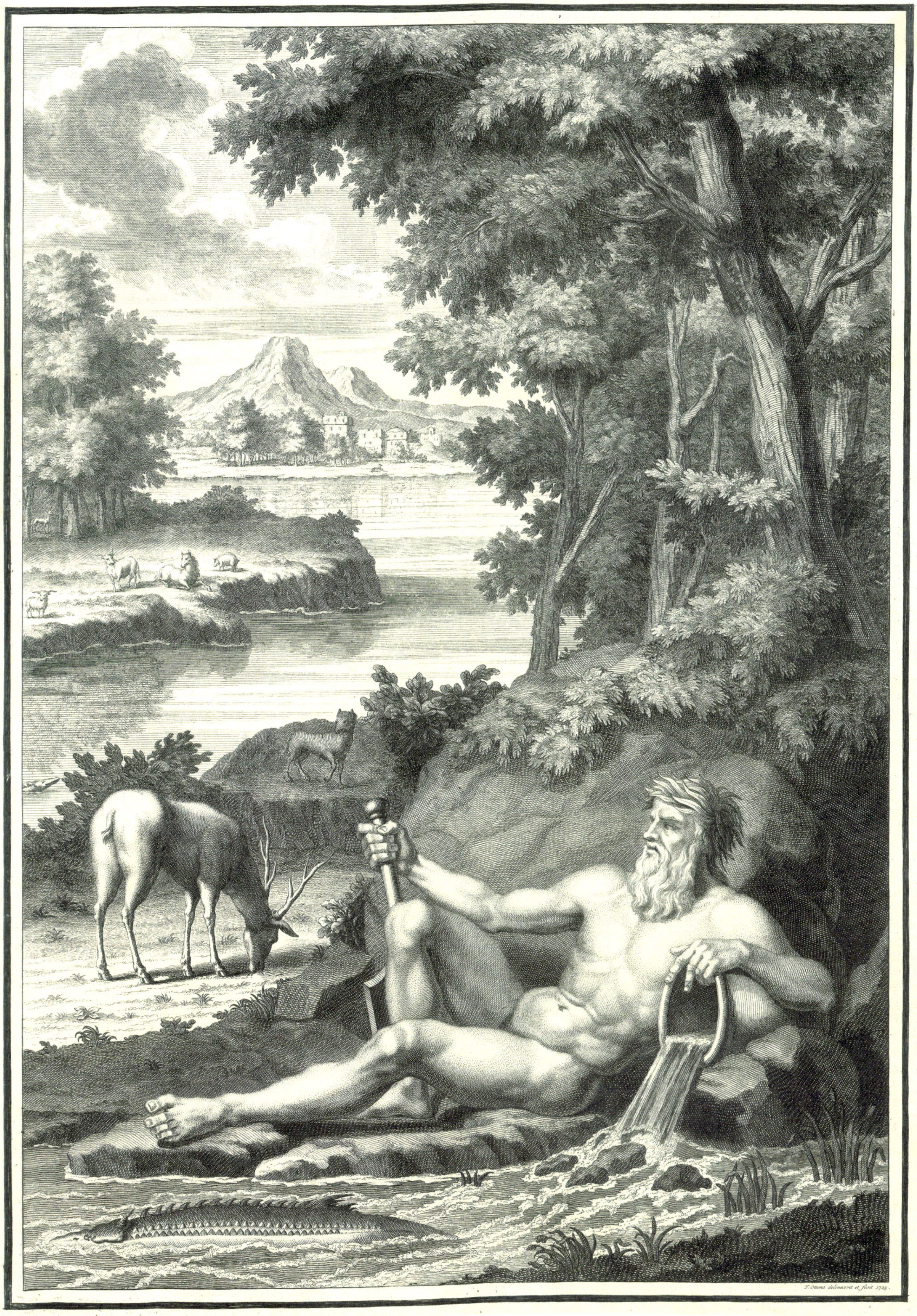
F. Ottens delineavit et fecit 1725.

1.2 [Willem Janszoon Blaeu]
Die Donau, längster Fluss Europas, von den Quellen bis zur Mündung, nach 1635

1.2a

DANUBIUS,
FLUVIUS EUROPÆ MAXIMUS,
A FONTIBUS AD OSTIA,
Cum omnibus Fluminibus, ab utroque latere, in illum defluentibus.

DANVBIVS, // FLUVIUS EUROPAE MAXIMUS, // A FONTIBUS AD OSTIA, // Cum omnibus Fluminibus, ab utroque latere, // in illum defluentibus.

Dokumentationszentrum der Banater Schwaben, Ulm an der Donau, Bestand Ewald Böss.

Kupferdruck. – Grenz- und Kartuschenkolorit, Wälder sowie äußerer Rahmen ebenfalls koloriert. – 42 × 97 cm (51,4 × 100 cm). – aus 2 Blatt zusammengesetzt.

Kartografische Angaben: nordorientiert. – Gradeinteilung. – W 8° 26' – E 30° 47'; S 42° 04' – N 50° 57'. – Maßstab: [ca. 1:2.100.000]. – grafischer Maßstab in deutschen und italienischen Meilen: »Scala milliarium Germanicorum [et] Italicorum«.

Verfasser, Verleger, Ausgaben: Die Karte ist der Amsterdamer Karten- und Atlasproduktion zuzuordnen, auch wenn kein Hinweis über Erscheinungsjahr, Verfasser oder Verleger der Karte informiert. Für das Jahr 1635 ist ihre Publikation erstmals nachzuweisen: Willem Janszoon Blaeu (1571–1638, auch Guilielmus Janssonius, Guilielmus Caesius) bringt sie in seinem zweibändigen *Theatrum Orbis Terrarum* heraus. Sie findet ebenfalls Aufnahme in die französische Fassung *Theatre du Monde* und die niederländische Ausgabe, *Toonneel des Aerdrycks,* darin aber jeweils an unterschiedlicher Stelle.[1] In der Folge wird das Blatt auch von anderen Kartografen und Verlagen gedruckt und herausgegeben. Die übersichtliche Karte strahlte in der zweiten Hälfte des 17. Jahrhunderts auf die Gestaltung von Donaukarten aus.

Bildelemente: Eine vielfarbige allegorische Darstellung der Donauquelle in der linken unteren Kartenecke und eine prachtvoll illustrierte Titelkartusche oben rechts fassen die eigentliche Karte ein. Die männlichen Figuren um die Kartusche stellen die Herrscher der beiden Welten, Okzident und Orient, Kaiser und Sultan, dar. Die diametral gegenüberliegenden Darstellungen sind aufeinander bezogen. Die mittlere und untere Donau werden zur Region, in der die imperialen Herrschaftsansprüche der beiden Kontrahenten aufeinanderprallen. Der Kaiser tritt nicht nur als Protektor des christlichen Glaubens auf, sondern auch als Schutzherr des gesamten Donauraums.

Die Kontrahenten stehen sich mit gezogenem Schwert gegenüber, beide von jeweils einer weiblichen Figur begleitet. Der mit einer Rüstung bekleidete, gekrönte Kaiser trägt deutlich erkennbare Züge Ferdinands III. (1608–1657, seit 1637 römisch-deutscher Kaiser). In der linken Hand führt er den Reichsapfel mit sich. Die weibliche Figur als Allegorie des christlichen Glaubens hält ein Kreuz mit Christusfigur in ihrer rechten Hand, ihren Unterarm auf einen goldenen Schild mit dem Doppeladler stützend. Der Sultan (Murad IV., 1612–1640, seit 1623 Sultan des Osmanischen Reiches) trägt einen federgeschmückten Turban, ist in der grünen Farbe des Propheten gekleidet und stützt mit der Linken seinen grünen Schild mit Halbmond. Seine weibliche Begleiterin als Allegorie des Islams trägt eine Öllampe. Eine Unheil verheißende Kleinreptilie nähert sich dem Sultan. Während zur Linken die weibliche Figur züchtig (in einem hoch geschlossenen Kleid) und ängstlich hinter dem Kaiser als dem ›Verteidiger des Glaubens‹ Schutz sucht, tritt der Sultan nach vorne, seine Begleiterin, in ein Gewand mit einem üppigen Ausschnitt gekleidet, steht mit ihrem rechten Fuß auf dem am Boden liegenden Kreuz, mit ihrem Arm schmiegt sie sich an den Sultan.

Inhalt: Zwischen der Donauquelle und dem Schwarzen Meer wird das Einzugsgebiet der Donau mit allen ihren Zuflüssen erfasst. Die Zugehörigkeit der dargestellten Territorien zum Habsburger- oder zum Osmanischen Reich vermerkt die Karte nicht explizit. Damit erscheint das Einzugsgebiet der Donau als ein einheitlicher, in sich geschlossener Raum.

Die Reliefdarstellung bedient sich der damals gängigen Maulwurfshügelmanier. Benannt werden die Alpen (»Alpes«), das Balkangebirge bleibt namenlos. Der nördliche Teil der Ostkarpaten (rum. Carpații Orientali) und die Waldkarpaten (slow. Poloniny, poln. Beskidy Lesiste, ukr. Lisysti Karpaty, rum. Carpații Păduroși) sind durch ihre Breite eindrucksvoll dargestellt. Nach Osten verschoben ziehen sie sich entlang des linken Altufers (»Aluata«, rum. Olt) statt westlich des Schil (rum. Jiu) bis zur Donau hin. Richtig eingezeichnet ist das siebenbürgische Westgebirge (rum. Munții Apuseni). Dadurch tritt Siebenbürgen als ein natürlicher, von Bergen umgebener Raum in Erscheinung. Namenlos eingezeichnet ist das Ungarische Mittelgebirge mit dem Ofner Bergland. Eine schmale Gebirgskette zieht sich vom Frankengebirge (»Arpatarro mons«, serb. Fruška gora) im syrmischen Ostslawonien bis zu dem Sichelburger Gebirge (kroat. Žumberačka gora oder Žumberak, slowe. Gorjanci) in Kroatien.

---

1 Blaeu/Blaeu 1635a–c; Koeman/Krogt 2000, S. 49, 2.101, V2 (45) nach blank. – S. 58, 2.111, 2.112, V2 (48) nach blank. – S. 78, 2.121, V1 (38) nach blank. – Abb. [1110:2B].

Die Insel Schütt wird in ihrer ungarischen Form »Chalokewz« (ung. Csallóköz) bezeichnet, die Insel Szentendre ist dagegen namenlos eingetragen, ebenso wie die ehemalige große Insel bei Mohács. »Ratzenmarc« (ung. Csepel) unterhalb von Pest beendet die Reihe der namentlich festgehaltenen Donauinseln. Die Donaukatarakte am Eisernen Tor sind nicht gekennzeichnet, dagegen ein »Eisenthor mons« am gleichnamigen Gebirgspass. Die Donaumündung weist fünf Stromarme auf (Abb. 1.2b). Die Gewässernamen sind lateinisch oder lateinisch-deutsch eingetragen.

Siebenbürgen zeichnet sich durch seine ausgeprägte, ausdrücklich vermerkte landschaftliche Gliederung aus: »Nosnerland« (dt. Nösnerland, rum. Țara Năsăudului) »Weinland«, »Wurzland« oder »Barzazagh« (dt. Burzenland, rum. Țara Bârsei, ung. Barczaság), Altland (rum. Țara Oltului oder Țara Făgărașului), »Landuordem Walt« (dt. Unterwald). Die von Szeklern (ung. székelyek, rum. secui) bewohnten Gebiete (lat. Terra Siculorum, ung. Székelyföld, rum. Ținutul Secuiesc bzw. Secuime) werden als Komitate (»comitatus«) und nicht als Stühle ausgewiesen.

Josef Wolf

1.3 Sigmund von Birken / Jacob von Sandrart
Die Donau, Fürstin der Flüsse Europas, von der Quelle bis zur Mündung, 1683

DIE DONAU, FÜRSTIN DER FLÜSSE EUROPAS, VON DER QUELLE BIS ZUR MÜNDUNG, 1683

DANUBIUS // FLUVIORUM EUROPAE PRINCEPS // cum omnibus // accessoriis Fluminibus, // et quae alluit // Regnis, Provinciis, Dynastiis, Urbibus: // eorumq[ue] Nominibus // priscis ac recentioribus: // A FONTE AD OSTIA. // Ex variis Historicor[um] & Geographor[um] monumentis // operâ ac studio // Sigismundi Betulii Com[itis], Pal[atini] C[aesarei]. // collectum & delineatum // sculpsit & Excudit // Iacobus Sandrart, Chalcographus // Norimbergae A[nno] C[hristi] CIƆIƆCLXXXIII.

Badische Landesbibliothek, Karlsruhe, R 2.

Kupferdruck. – Grenz- und Kartuschenkolorit, Rahmen mit Gradeinteilung ebenfalls koloriert.[1] – 49 × 118,5 cm (56,2 × 123,2 cm). – aus 3 Blatt zusammengesetzt.[2]

Katografische Angaben: nordorientiert. – Windrose mit leicht nach Osten gedrehter Kompassnadel. – Gradeinteilung. – W 8° 27' – E 29° 10'; S 40° 54' – N 50° 04'. – Maßstab: [ca. 1:1.720.000]. – grafischer Maßstab: jeweils »6 Mill[iaria] Hungarica, 10 Mill[iaria] Germ[anica] maj[ora], 15 Mill[iaria] Germanica min[ora]« entsprechen einer Maßeinheit.

Verfasser, Verleger, Ausgaben: Die Karte wurde von dem vielseitigen und äußerst produktiven Dichter Sigmund von Birken (1626–1681) verfasst.[3] In seinen Werken legte er Wert auf das Zusammenspiel von Text und Bild. Da Birken ein begabter Zeichner war, ist ihm die Erstellung der Donaukarte durchaus zuzutrauen.

Gestochen wurde die Karte von Jacob von Sandrart (1630–1708).[4] Der Nürnberger Kupferstecher, Kunsthändler und Verleger stammt aus der gleichnamigen Künstlerfamilie.[5] Seine Ausbildung erhielt er von seinem als Maler und Kupferstecher berühmten Onkel Joachim von Sandrart.[6] Dem Beispiel seines Onkels folgend, gründete er 1662 in Nürnberg die »Maler-Akademie«, die Vorläuferin der heutigen Akademie der Bildenden Künste.

Die Karte wurde sowohl als Einzelblatt als auch als dreiteilige gefaltete Beilage von Birkens Bestseller *Der Donau-Strand*[7] verkauft. Sie findet sich auch in dem von Sandrart verlegten, kleinformatigen landeskundlich-historischen Band *Der Donau-Strand mit Allen seinen Ein- und Zuflüssen, angelegenen Königreichen, Provinzen, Herrschaften und Städten […] vom Ursprung bis zum Ausflusse.*[8] Nahezu zwanzig Jahre früher, im Jahr 1664, hatten Birken und Sandrart die Karte schon einmal verlegt.[9]

Bildelemente: Links unten umrahmt ein Flussgötterpaar, umgeben von Schilf, die Stadtansicht von Donaueschingen. Die linke Figur, der männliche Gott Danubius, hält ein die Donauquelle symbolisierendes, wasserspendendes Gefäß in der rechten Hand und stützt seine Linke auf eine Schaufel oder ein Ruder. Stadtkirche und Stadtmauer Donaueschingens sind von Süden her gesehen, die Donau umfließt die Stadt.

Kartentitel und Impressum erscheinen rechts daneben in einer typisch barocken Muschelform. Auch die große Kartusche in der oberen rechten Kartenecke wird von der Figur des Danubius teilweise gerahmt, sich hier von rechts an eine bekrönte Frauengestalt wendend. Sie wird von einem einköpfigen Adler getragen, in ihrer Rechten hält sie das Zepter. Ihre ausgestreckte linke Hand hält sie der erhobenen Rechten des Flussgottes entgegen – eine Allegorie der habsburgischen Macht.

Die von Sigmund von Birken formulierten lateinischen Zeilen deuten das Gespräch. Sie sind ein Appell an den Kaiser und die christlichen Könige und Fürsten zur militärischen Rückeroberung des gesamten Donauraums aus der Hand der Muslime. Nicht Ister ist der Name des Flusses, sondern Danubius, der somit zu einem ›christlichen Flussgott‹ wird. Das imperiale Programm der Habsburger ist in lateinische Poesie gefasst (vgl. Text).

Links neben der Adresse an den Kaiser befindet sich eine Widmung in kleinem Oval. Der Widmungsempfänger, Gottlieb (auch: Amadeus) Graf von Windischgrätz (1630–1695), war als Protestant Mitglied des Reichshofrates und an zahlreichen diplomatischen Gesandtschaften für Kaiser Leopold I. (1640–1705) beteiligt.[10]

Inhalt: Die Karte verzeichnet zahlreiche Schlachten zwischen Christen und Türken. Die häufigen Einträge qualifizieren den Raum als umkämpfte Region. Der Donauabschnitt zwischen Belgrad und Orschowa (rum. Orșova) weist eine besonders hohe Dichte militärischer Ereignisse auf. ›Schicksalsschlachten‹ werden mit einem kurzen Kommentar versehen, so bei »Nicopolis« (bulg. Nikopol), auch »Schiltaw« genannt.

Bei der Beschriftung verwendet Birken sowohl antike Bezeichnungen als auch die Territorialnamen der vorosmanischen Zeit. Außer den Ländernamen Kroatien und Dalmatien wird im adriatischen Raum auf die Windische Mark (»Vinidorum Marchia«), das innerhalb Liburniens (»Liburnia«) verortete Morlakenland (»Morlacha«) und auf das Umland des Stadtstaates

---

[1] Nicht koloriertes Exemplar: GLA Karlsruhe, Hfk Planbände 7, 2.

[2] Stopp/Langel 1974, S. 220.

[3] Birken 1673/79; Birken 1990; Laufhütte 2007.

[4] Hagen/Tacke 2005. Zu Joachim von Sandrarts Leben und Werk: Klemm 1986; Ausst. Kat. Frankfurt am Main 2006; Meier 2012.

[5] Vgl. dazu: Curtius 2012.

[6] Zum Werk: Mai 1969; Stauffer 2007.

[7] Birken 1664.

[8] Birken 1664 u. ö.; Stauffer 2007, S. 494–511, Nr. 286, hier auch Hinweis auf beigelegte Karte, S. 495, weiter unten Hinweis auf Fertigstellung einer großformatigen topografischen Karte zusammen mit Sandrart im Mai 1664, Stauffer 2007, S. 476 f., Nr. 273. – Hier verwendet wurde das Exemplar des *Donau-Strands* der BLB Karlsruhe in der Auflage von 1683, dessen Erscheinungsjahr mit dem der gezeigten Karte übereinstimmt, Signatur BLB KK 507.

[9] Sigmund von Birken / Jakob von Sandrart: Danubius fluviorum Europae princeps, cum omnibus accessoriis fluminibus, et quae alluit regnis, provinciis, dynastiis, urbibus […], Nürnberg 1664.

[10] Wurzbach 1889; Zwiedineck 1898.

1. DONAU – ENTSTEHUNG EINER RAUMMETAPHER

Huc animos! // Gloriosissime Imperator, // Potentissimi Reges, // Serenissimi Principes ac Proceres // Christiani! // Fallor AN DUBIUS nunc DANUBIUS quò se vertat, // ad vos respicit. // Hactenus, qua Ister, Turcicus audÿt, // miserè Binominis: // Vos obtestatur, ope Vestra ut posthàc // audiat uno nomine Christianus. // Fidem, Fortunam, Fortitudinem Vestram implorat: // immitis sub Barbaro aerumnae pertaesus, // sub mite Christi jugum postliminio redire gestit. // Tantum terrarum Turca Christo Vestro eripuit, // Christiani! // Quod Vestrum est repetite Posteros Vestros in integrum restituite. // Sit Vobis labor omnibus idem: // Regna Provincias, Urbes recuperare; // Religionem sub Tyrannide, Artes liberales sub Barbarie // Christianos in Carcere, ad aratrum, ad remos, // miserè gementes redimere; // Utramq[ue] Danubÿ ripam Christo adserere. // Sic vincat, ope Leonum, Invictissim[us] Leopold[us] // Faxit Deus Homo Christus!

So lasset euch herbei und merket auf // O Kaiser, ruhmbekränzet, // Ihr Kön'ge machtumglänzet, // Erlauchte Fürsten, Potentaten // Ihr Christen allzumal! // Ist's Trugbild oder blicket gar Danuvius voll Zweifelmut, wohin er seine Zuflucht nehmen soll, // nach euch anitzo hin?! // Dieweil als Ister er sich türkisch rufen hört, // trägt er – bejammernswerte Kreatur – nicht einen Namen bloß. // Beschwörend bittend flehet er zu Euch, so ihr ihm hülfreich Beistand nicht versagt, auf dass inskünftig er, // nur eines Namens, christlich sei benannt. // Und eure Treue, Tapferkeit und truglos Kriegesglück ruft inniglich in seiner Not er an: // Der ungelinden Drangsal überdrüssig im Barbarenland, // verlanget unter Christi lindes Joch, in Heimkehrers Gerechtsame gesetzt, nach Rückkehr ihn. // Wie vieler Lande hat der Ottomane, Christen, Euren Christum schon entsetzt, // Zurückerfodert, was das Eure ist, uns setzet, die Euch nachgeboren, in ihr angestammtes Recht. // Dies sei Euch insgemein das nämliche Begehr: // der Kön'ge Reiche, die Provinzen, Städte neulich zu erringen; // den Glauben aus Tyrannenobmacht, die freien Künste aus Barbarenhand, // die Christen, so in Kerkerhaft, am Pflug und auf Galeeren fronden, // so kläglich zagend seufzen, zu befrei'n; // der Donau beiderseitig Ufer zu Christi Eigentum zu weih'n. // Und mit der Leuen Hülfe sei dem unbezwinglichen, sei Leopold der Sieg, // So wolle Christ es fügen, Gott und Mensch zugleich!

Zara (»Contado di Zara«, kroat. Zadar, lat. auch Iader oder Iadera) verwiesen. Bei Esseg (kroat. Osijek) wird die damals noch bestehende große Holzbrücke (»Pons Solimani«) über die Drau festgehalten.

Im Inneren Balkan fällt die von Belgrad nach Konstantinopel führende Heeresstraße auf. Die großen Donauinseln im oberen Abschnitt der mittleren Donau sind namentlich genannt. Die Metropolitanresidenz Kalocsa unterhalb der Csepel-Insel (»Colocza ol[im] Ad Statuas Calossas«) wird am Donauufer positioniert. Die für die Schifffahrt wichtigen Donaukatarakte (Eisernes Tor) sind nicht festgehalten, dagegen die stromabwärts sichtbaren Ruinen der Trajansbrücke (»Ruinae Pontis Trajani«). Am Unterlauf werden für die Donau beide Namensformen genannt (»Danubius fluvius« und »Ister fluvius«).

Selten werden Berge namentlich bezeichnet. Die Karpaten (»Montes Carpathÿ, vulgo Krapak«) wie auch das mit den Rhodopen (»Rhodope Mons«) verwechselte, in der Karte in Thrakien lokalisierte Balkangebirge (»Haemus Mons«) kommen gut zur Geltung. Die Balkankette zieht sich fälschlicherweise bis in die Norddobrudscha.

In Siebenbürgen ist das Westgebirge (rum. Munții Apuseni) im Vergleich zu den mächtigeren Südkarpaten überzeichnet. Nach dem Karpatenbogen schlagen die Südkarpaten irrtümlich in südliche Richtung statt nach West-Südwesten ein. An den Ostkarpaten wird das Wohngebiet der Szekler (»Siculi«, »Zeckler«) ausgewiesen, sonst ist allenfalls in den Ortsnamen die ethnische Diversität sichtbar. Im südöstlichen Siebenbürgen wird bei Hațeg (»Haczak«) auf die Hauptstadt der römischen Provinz Dakien (»Coloniae Ulpia Trajanae Zarmizegetusae ruina«) verwiesen. Der Pass Eisernes Tor (»Eisenthor«, »Porta ferrea«) ist falsch unterhalb von Karansebesch (rum. Caransebeș) positioniert, während die Stadt viel zu nahe an der Marosch (rum. Mureș, ung. Maros) liegt.

Moldau, Walachei und Balkanländer erscheinen als siedlungsarm. In der Dobrudscha lokalisiert Birken Troglodyten (»Troglodÿtae«), unzivilisierte Höhlenbewohner, neben den antiken vorrömischen Einwohnern, den Geten (»Getae«).

Josef Wolf

1.4 Georg Matthäus Vischer / Matthias Greischer
Ungarn mit seinen angrenzenden Provinzen, 1682

UNGARIA CUM FINITIMIS PROVINCIIS ANTIQUITUS NUNC NOVITER ET AUCTA EDITA AUCTORE G[eorgius] M[atthaeus] VISCHER. ANNO. 1682.

Landesarchiv Baden-Württemberg, Generallandesarchiv Karlsruhe, Hfk Planbände 7, 3.

Kupferdruck. – 60 × 93,3 cm. – aus 12 Blatt zusammengesetzt. – signiert rechts unten, links neben der Vedute: »Mathias Greische[r, Anm.: von der Naht verdeckt] // Sculpsit«.

Kartografische Angaben: nordorientiert. – Windrose, Magnetnadel um 15 Grad nach Westen gedreht. – W 16° 21' – E 25° 0'; S 44° 19' – N 49° 18'. – Maßstab: [ca. 1:725.000]. – grafischer Maßstab: »Scala Milliarium«: »gemeine deutsche Meillen«, »Ungarische Meillen«.

Verfasser, Verleger, Ausgaben: Georg Matthäus Vischer (geb. 1628) aus Tirol ist der Verfasser der in Wien erschienenen Karte. Immer wieder galt das kartografische Interesse des ehemaligen Geistlichen dem hier dargestellten Raum. Bekannt ist Vischer durch seine topografischen Beschreibungen und großmaßstäblichen Karten von Oberösterreich. Für Ungarn gestaltete er mehrere Karten, darunter zwei chorografische. Im kaiserlichen Auftrag bereiste er im Jahre 1672 zweimal Teile Transdanubiens und fertigte zwei nicht mehr auffindbare Karten an.[1]

Der vielseitige, unter anderem für die Fürstenfamilie Esterházy tätige Matthias Greischer (getauft 1659, gest. 1689 oder 1712) hat die Karte gestochen (Kat. 4.6). Außer dieser Karte hat Greischer Kupferstiche im Zusammenhang mit den Kriegshandlungen im südlichen Ungarn (die Schlacht bei Mohács 1687 und die Eroberung Belgrads 1688) herausgebracht.[2]

Bildelemente: Auf der Kopfleiste befinden sich Kartentitel, Verfassername und Erscheinungsjahr. Die Fläche des Kartenbildes ist an der rechten unteren Seite durch einen rechteckigen Doppelrahmen beschnitten. Dieser umschließt im oberen Drittel ein Verzeichnis der Befestigungen an der habsburgisch-osmanischen Grenze: »Erinnerung // In dieser […] Charta ist rechtmässig Zuersehen, wie unsere Christliche // Granitz häuser gegen den Tirckischen situiert seind […].« Darunter ist »Die Königliche Haubt Statt // PRESPURG« (slow. Bratislava, ung. Pozsóny) aus südlicher Richtung abgebildet; das untere Drittel nimmt die Donau ein.

---

1 Ratzel 1896; Svatek [im Druck]; Feil 1857; Puschnig 1970.

2 Matthias Greischer / Martin Johann Lerch: Wahrer und eigentlicher Abriß des scharffen Treffens unweit Siclos am Berg Arsca, den 12. Augusti 1687 und der Christl. Seiten durch Göttl[ichen] Beystand Glorwürdigst erhaltenen Victorie wider den Erbfeindt […], [s. l.] [ca. 1687]; Matthias Greischer / Martin Johann Lerch / Domenico Giovanni Fontana: Geschicht so sich den 12 Augusti Ao. 1687 zwischen der Kayserlichen und türckischen Armee zugetragen […] Fatto d'arme del di 12. D'Agosto 1687 fra l'Eser.o di Leopoldo Cesare Aug.mo e quello de' Turchi […], [s. l.] 1687; Grüchisch-Weissenburg, oder Bellgrad, sambt desselbigen Schloß, Statt, und Vorstatt, mit ihren Trechnementen und Umbezierck, [Wien] [1688].

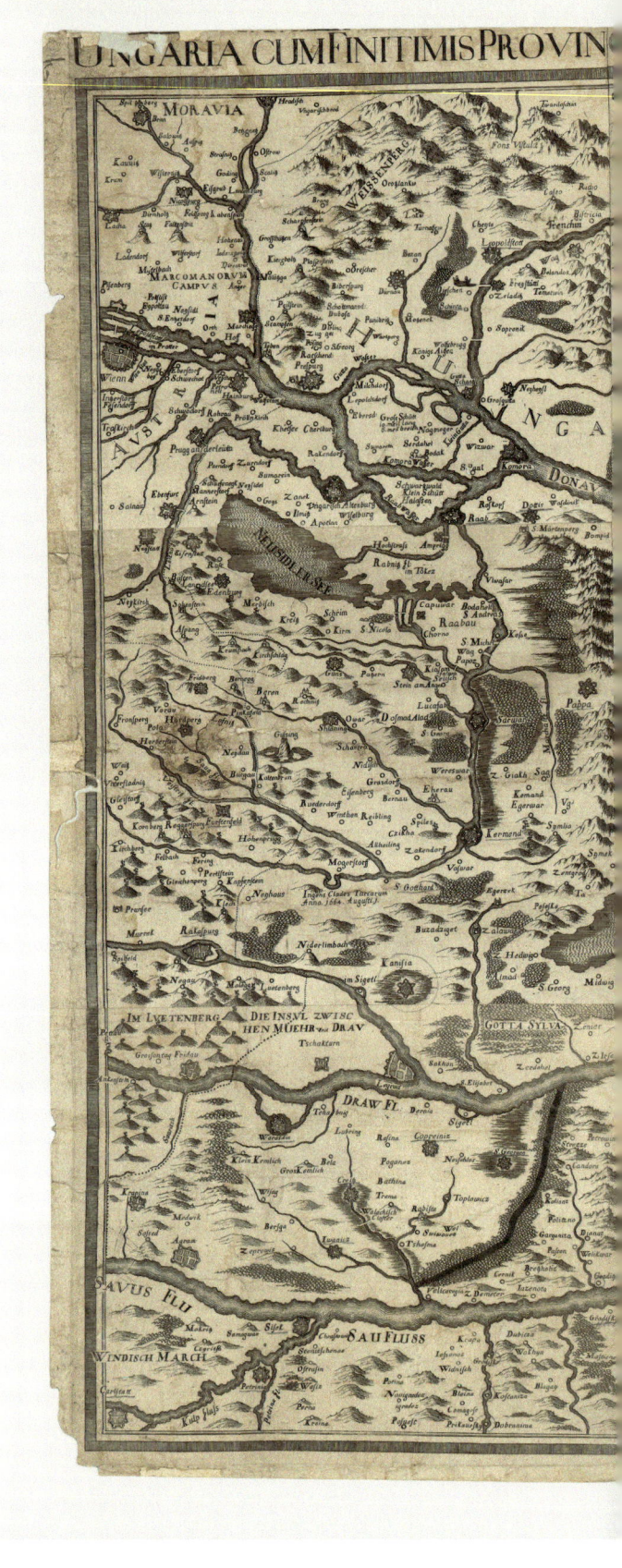

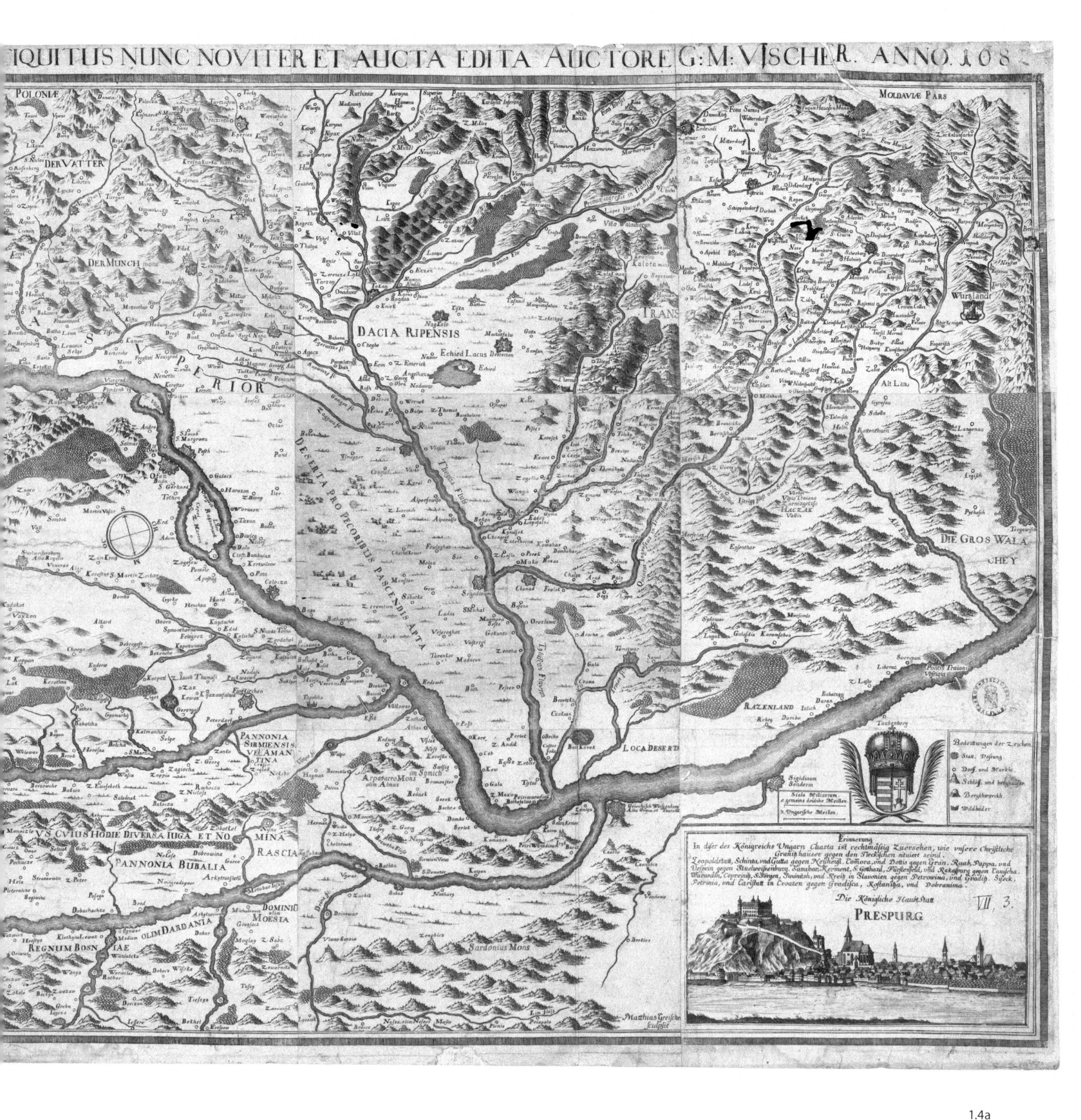

Über dem Rahmen, von links nach rechts: Maßstabsleiste, Wappen Ungarns mit Krone, Legende: Signaturen für Städte und Festungen, Dörfer und Märkte, Schlösser und Berghäuser, Bergwerke und Wildbäder.

Die Grenzburgen sind, dem Text folgend, an folgenden Stellen zu lokalisieren:

(1) gegen Neuhäus[e]l (slow. Nové Zámky, ung. Érsekújvár, türk. Uyvar) am Neutra-Fluss (slow. Nitra, ung. Nyitra) liegen am linken Ufer der Waag (slow. Váh, ung. Vág): Leopoldstadt (slow. Leopoldov, ung. Lipótvár), Schintau (slow. Šintava, ung. Sempte) und – am Zusammenfluss der Waag und der Kleinen

1.4b

Donau – auf der Großen Schüttinsel Kolárovo (ung. Gúta);

(2) gegen Gran (lat. Solva, Strigonium, ung. Esztergom, slow. Ostrihom), von 1543 bis 1683 mit Ausnahme von zehn Jahren von den Osmanen besetzt: Komorn (ung. Komárom, slow. Komárno), an der Stelle, wo die Waag in die Donau mündet, und die neu verschanzte Burg Totis (lat. Dotis, ung. Tata) in der Nähe des Schildgebirges (ung. Vértes-hegység);

(3) gegen Stuhlweißenburg (lat. Alba Regia Regina, ung. Székesfehérvár): Raab (ung. Győr), an der Mündung der Raab (ung. und slow. Rába) in die Kleine Donau, einem Seitenarm der Donau, Pápa, auf halber Strecke zwischen Raab und Plattensee sowie Wesprim (ung. Veszprém), nördlich des Balaton;

(4) gegen Kanischa (ung. Nagykanizsa, kroat. Kaniža, türk. Kanije) südwestlich des Balaton: Sárvár (dt. Kotenburg), zwischen Ödenburg (ung. Sopron) und dem Balaton, Kirment (ung. Körmend) im westtransdanubischen Komitat Vas (dt. Eisenburg), St. Gotthard (ung. Szentgotthárd) an der Raab, Fürstenfeld (ung. Fölöstöm) in der südöstlichen Steiermark und Radkersburg (heute Bad Radkersburg) in der Steiermark;

(5) in Slawonien (kroat. Slavonija) gegen Petrovina (kroat. Jastrebarsko) und Gradište: Warasdin (lat. Varasdinum, kroat. Varaždin, ung. Varasd) am rechten Ufer der Drau, Kopreinitz (kroat. Koprivnica, ung. Kapronca), am gleichnamigen Fluss, Sankt Georgwar (kroat. Đurđevac, ung. Szentgyörgyvár) in der Draugegend (kroat. Podravina), Ivanić-Grad im nördlichen Kroatien am Fluss Lonja in der Moslavina, Kreutz (dt. auch Kreuz, kroat. Križevci, ung. Kőrös), nordöstlich von Zagreb;

(6) in Kroatien (kroat. Hrvatska) gegen Gradiška (dt. Neu-Gradisca, kroat. Nova Gradiška, ung. Újgradiska) am Save-Übergang, Kostajnica (kroat. Hrvatska Kostajnica), südlich von Petrinja und Sisak am Fluss Una, und Dobrani: Sisak (lat. Sicia, dt. veraltet Sissek, ung. Sziszek) an der Mündung der Kupa in die Save, Petrinja (dt. Petrinia), an der Kupa, unweit von Sisak, sowie Karlovac (dt. veraltet Karlstadt, ung. Károlyváros) an der Kupa in Zentralkroatien.

Inhalt: Prägnantes Merkmal der Karte sind die überzeichneten Flussläufe, die den Raum klar, anschaulich und plastisch gliedern. Vischer bietet lateinische, ungarische und deutsche Gewässernamen. Das Donauknie bei Waitzen (ung. Vác) ist zwar angezeigt, aber schlecht erfasst. Die Inseln unterhalb Wiens sind genau eingezeichnet. Bei der Großen Schüttinsel (»Gross Schütt«) vermerkt er, dass sie zehn Meilen lang und sechs Meilen breit sei. Zwischen Alt-Ofen (ung. Ó-Buda) und Pest liegt die Margaretheninsel (»S[ancta] Margretta«). Die Klippen des Eisernen Tores sind nicht eingezeichnet, dagegen wird auf die Ruinen der Trajansbrücke (»Pontis Traiani Vestigia«) hingewiesen (Abb. 1.4c).

Der Ursprung der in den Schlesischen Beskiden entspringenden Weichsel (»Fons Vistula«) ist eine von mehreren verzeichneten Flussquellen. Flüsse werden zuweilen mit Doppelnamen bezeichnet. Verwiesen wird auf die Thermalquellen (»Thermae«) nordwestlich von Großwardein (lat. Magnovaradinum, rum. Oradea, ung. Nagyvárad).

Antike und mittelalterliche Herrschafts- und Provinznamen überlagern sich. Auf dem linken Ufer der unteren Drina erstreckt sich die Provinz »Dominiu[m] olim Moesia« und beidseitig der Save an der Grenze zu Bosnien (»Regnum Bosniae«) die Provinz »Pannonia Bubalia olim Dardania«.

Die grafische Darstellung des Gebirges in Maulwurfshügelmanier weist zeittypische Mängel auf, die Karte enthält aber mehr Gebirgsnamen als andere zeitgleiche Darstellungen. Nordwestlich von Buda erstreckt sich das Schildgebirge (»Vertes mons«). An der Grenze Oberungarns zu Mähren liegt der »Weissenperg« (dt. Weiße Karpaten, slow. Biele Karpaty). Das Fatra-Gebirge – Kleine und Große Fatra (slow. Malá/Veľká Fatra), wird als »Der Vatter« bezeichnet. An der nordwestlichen Grenze Siebenbürgens zur Moldau liegt der »Pogau Havassa Mons«, die Waldkarpaten als Verlängerung der Ostkarpaten.

Im Kartenbild erscheinen die wichtigsten siebenbürgischen Pässe (»Eysenthor«, »Rottenthurn«). Das im Südosten Siebenbürgens liegende Burzenland (»Wurtzland«, rum. Țara Bârsei, ung. Barczaság) wird mit dem Wappen von Kronstadt (rum. Brașov, ung. Brassó) dargestellt. Als weitere Landschaft erscheint das nördlich der Fogarascher Berge (rum. Munții Făgăraș), in der Au des Flusses Alt (rum. Olt) liegende »Altland« (rum. Țara Oltului oder Țara Făgărașului). Im Hatzegtal (»Haczak Vallis«, rum. Țara Hațegului) wird auf die Hauptstadt des römischen »Vlpia Traiana Zarmiz[e]getusa« verwiesen.

Im südlichen Banat werden Wüstungen (»Loca deserta«) vermerkt, an die sich östlich entlang der Donau, etwa in der heutigen Klissur (rum. Clisura Dunării, serb. Klisura), eine Waldlandschaft mit der Bezeichnung »Razenland« anschließt, d.h. ein von Serben bewohntes Gebiet. Gleichzeitig wird aber auch in Slawonien eine »Rascia« eingezeichnet. Der Doppelvermerk dieses auf Migrationsbewegungen verweisenden ›moving space‹ ist auf Karten selten anzutreffen.

Josef Wolf

1.5 Lucas Georgius Ssicha
Grundriss des Schlosses von Pressburg, 1683

1 Schäfer 1971, S. 255, Nr. 1403; Kisari Balla 2000, S. 155 f., Nr. 235, Abb. S. 494, Nr. 235.

2 Die bei Merian verwendeten Ansichten ähneln in einigen Fällen stark den im GLA Karlsruhe in den Hfk-Planbänden überlieferten, sind aber nicht identisch, so zum Beispiel Hfk Planbände 13, 60: »Grundriß des Schlosses Karoli in Oberhungarn«, 1666; Schäfer 1971, S. 249 f., Nr. 1370, und Merian 1672 zwischen S. 1164 und 1165, untere Hälfte: »Grundtriß deß Schlosses KAROLE, // in ober Hungarn, A[nn]o 1662. – Ansichten von »Tokay« aus dem Jahr 1666, Hfk Planbände 13, 54 und 55; Schäfer 1971, S. 262 f., Nrn. 1457 und 1458, und Merian 1672 zwischen S. 1166 und 1167: »Prospect der Vöstung Tockai, // von Or[ient] gegen Occi[dent] anzusehen. 1664«. Wiederum etwas andere Perspektive in der kleinformatigen Zeichnung Hfk Planbände 4, 3; Schäfer 1971, S. 263, Nr. 1459.

Eigentlicher Grundtriß des Schloß // Preßburg. // Anno. 1683.

Landesarchiv Baden-Württemberg, Generallandesarchiv Karlsruhe, Hfk Planbände 14, 17.

Federzeichnung, koloriert. – 43,8 × 61,3 cm. – signiert unten rechts: »Lucas Georgius Ssicha delin[eavit] Anno 1683«.[1]

Kartografische Angaben: nordorientiert. – Windrose. – E 17° 06'; N 48° 8,6'. – Maßstab: [ca. 1:1260]. – grafischer Maßstab: Wiener Ruten, »60 Wiener Ruten zue. 12. Werkschuch«. – grafischer Maßstab der Profile in »werckschuch«.

Verfasser: Zeichner des Grundrisses ist der Prager Armeeingenieur und Kupferstecher Lucas Georg Ssicha. Einige Pläne und Stadtansichten von Kriegsschauplätzen vor allem aus den 1660er Jahren sind mit seiner Signatur überliefert, weitere ihm zuzuordnen. Im neunten Band von Merians *Theatrum Europaeum* (1672) finden sich ebenfalls Stiche nach durch Ssicha signierten Zeichnungen von Ansichten und Grundrissen von den Kriegsschauplätzen, unter anderem von Kallo (ung. Nagy-Kálló), Tokay (ung. Tokaj) und Karoli (rum. Carei, ung. Nagykároly).[2]

Inhalt: Die Kombination von Grundriss und Profilen zielt auf die Wehrfähigkeit der Anlage ab. Eine Legende erklärt Details der Anlage, wie beispielsweise Zu- und Ausgänge, Wasserversorgung, Aufstellung der Batterien, Munitionslager, Lager für Brennstoff. Verwiesen wird auch auf die Zugänge zum oberen Schloss, auf das Quartier des Hauptmanns und die Baracken des Büchsenmeisters sowie den Platz eines Schmiedes. Eine »Steinbruchs gruebe« mag vielleicht jetzt als Wasserspeicher dienen. Jenseits des Grabens, auf der Seite »gegen dem Gebeirg«, befinden sich die Unterkünfte der Burgbesatzung, die »Heÿducken Stattl«.

Die gut sichtbar auf einer Anhöhe über der Donau liegende Burg (slow. Bratislavský hrad) ist das Wahrzeichen von Pressburg (slow. Bratislava, ung. Pozsóny). Bereits im 13. Jahrhundert war hier von der ungarischen Herrscherfamilie der Arpaden eine steinerne Burg errichtet worden. Immer wieder wurde die Burganlage umgebaut, so auch durch Kaiser Sigismund (1368–1437) und Kaiser Ferdinand I. (1503–1564).

Der vorliegende Plan und Grundriss hält die Veränderungen in der Zeit vor 1683 fest. Ab 1635 wurde die Burganlage um einen Stock erhöht und weitere zwei Türme wurden angefügt. Einige Jahrzehnte später wurden zu den Befestigungen zwei Bastionen hinzugefügt. Bei ihrem Thronantritt 1740 erhob Königin Maria Theresia (1717–1780) die Burg zu ihrer ungarischen Residenz.

Josef Wolf

GRUNDRISS DES SCHLOSSES VON PRESSBURG, 1683

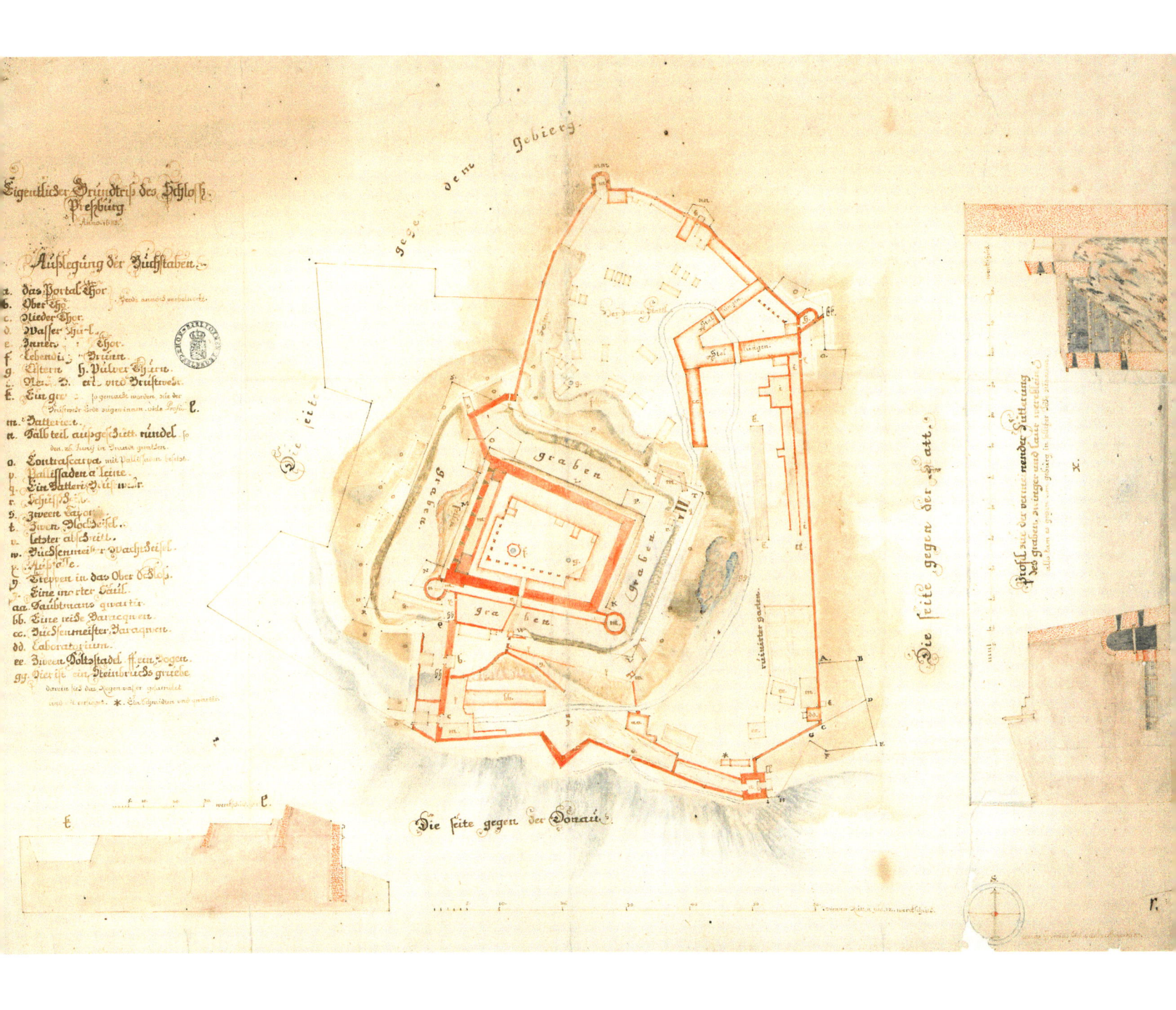

1.6 [?] De Jamaigne
Die Große und die Kleine Insel Schütt, um 1670

Abriß // Der Groß[en] und Kleinen Insul // Schutt: in Ungarn.

Landesarchiv Baden-Württemberg, Generallandesarchiv Karlsruhe, Hfk Planbände 13, 19.

Federzeichnung, koloriert. – 37,2 × 50,2 cm (41,2 × 55,5 cm). – signiert rechts unten: »De Jamaigne.«[1]

Kartografische Angaben: nordwestorientiert. – W 17° – E 17° 56'; S 47° 35' – N 48° 15'. – Maßstab: [ca. 1:140.000]. – grafischer Maßstab: nicht näher bestimmte Maßstabsleiste.

Verfasser: Die zeichnerische und kartografische Ausführung der Karte lässt an einen Militäringenieur mit soliden Fertigkeiten und topografischen Kenntnissen als Verfasser der Karte denken. Auf einem Plan der Festung Gran (ung. Esztergom) von 1683 signiert de Jamaigne denn auch als »Capitain de Canons et Ingenieur«.[2]

Inhalt: Nach der Porta Hungarica bei Theben (slow. Devín) beginnt bei Pressburg (slow. Bratislava) der Mittellauf der Donau. Die Verengungen des Flusslaufs vor Wien und bei Hainburg hinter sich lassend, konnte sich das Wasser auf dem flachen Land auf einem weiten Areal verbreiten. Durch Anschwemmung von Schottermassen ist ein deltaähnliches Zwischenstromgebiet entstanden. Die vorliegende Karte ist daher ein wichtiges Quellendokument für die Veränderungen des Flusslaufs in den letzten 350 Jahren.

Die von den beiden Inseln gebildete Donauniederung grenzt im Süden an die Kleine Ungarische Tiefebene, die von der Raab (ung. und slow. Raba) und der Leitha (ung. Lajta) gebildet wird. Im Norden grenzt sie an das von Waag (slow. Váh) und Neutra (slow. Nitra) durchflossene Flachland. Der mehrfach aufgeteilte Strom fließt durch breite, häufig überflutete Stromauen. Das von der nördlichen, Kleinen Donau und dem mittleren Donauarm umflossene Gebiet bildet die 87 km lange und bis zu 25 km breite Große Schütt-Insel (slow. Žitný ostrov, früher Čalokez, ung. Csallóköz).

Die flache, überschwemmungsanfällige, 48 km lange und 10 km breite Kleine Schütt-Insel (ung. Szigetköz, slow. Malý Žitný ostrov) liegt auf der rechten Donauseite und wird durch das heutige Hauptflussbett der Donau und die Altenburger oder Wieselburger Donau (ung. Mosoni Duna) gebildet. In Raab (lat. Jaurinum, Javarinum, ung. Győr, slow. Ráb) vereinigt sich der

---

1 Schäfer 1971, S. 216, Nr. 1167; Kisari Balla 2000, S. 137, Nr. 183, Abb. S. 442, Nr. 183.

2 GLA Karlsruhe, Hfk Planbände 8, 24; Schäfer 1971, S. 239, Nr. 1304; Ausst. Kat. Karlsruhe 2010, S. 176f. (mit Abb.): »Vöstung unnd Statt // Gran // Wie selbe den 30 May 1683 be // sehen und erfunden worden«.

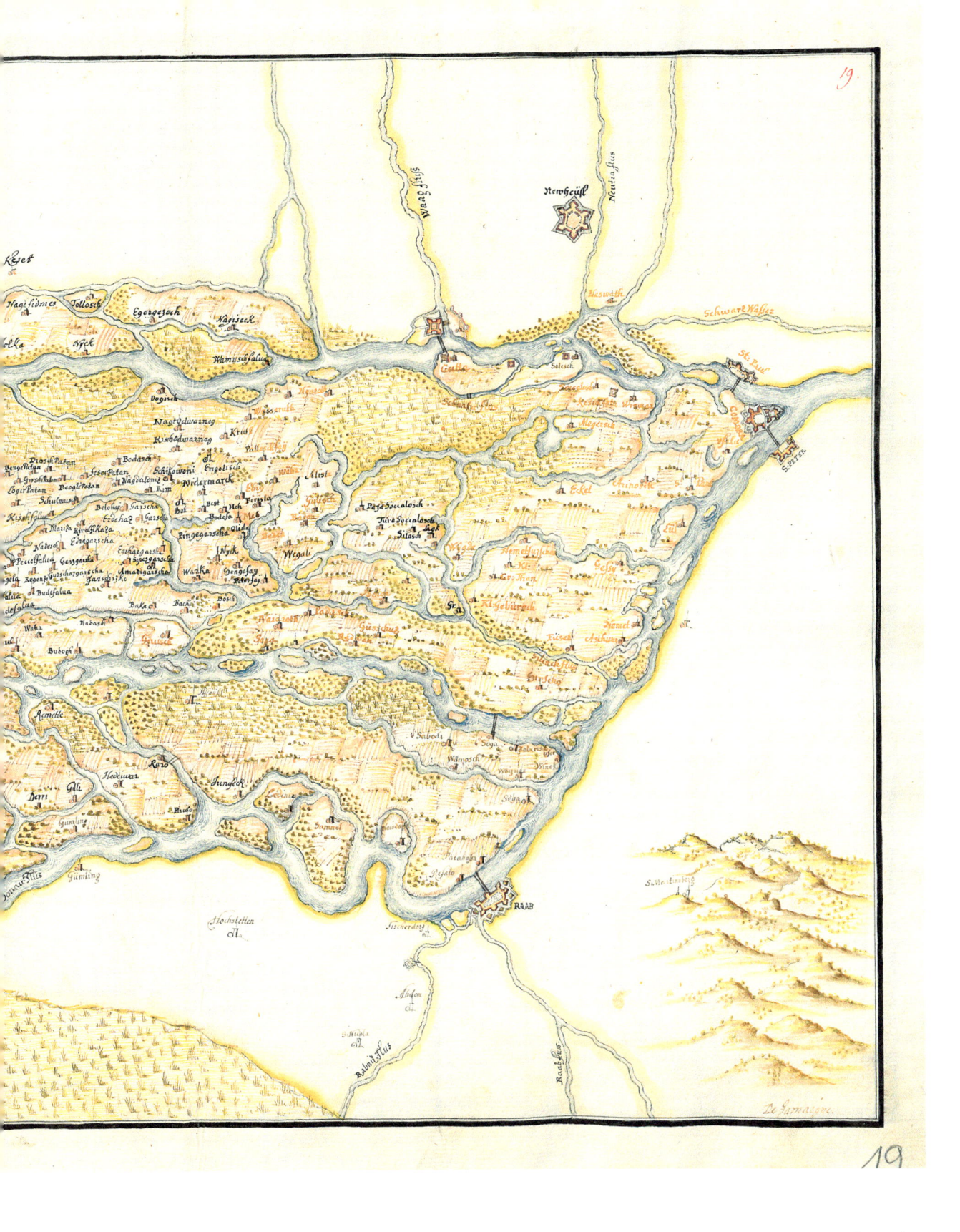

rechte Donauarm mit dem Fluss Raab und fließt bei Gönyű wieder in den mittleren Donauarm zurück.³

Die Karte, in der auch mehrere Brücken eingezeichnet sind, gehört zu den wichtigen frühen detaillierten kartografischen Darstellungen der beiden Schütt-Inseln. Der Kartograf konzentriert sich auf eine pointierte Darstellung der Inseln. Er verwendet ungarische und slowakische Ortsnamen in deutscher Schreibweise wie auch deutsche Ortsnamen für das umliegende Gebiet.

Die Schütt-Insel ist am Rande von Festungen und befestigten Plätzen gesäumt: Pressburg, Altenburg, Raab und Komorn im Süden, Gutta im Norden.

Josef Wolf

3 Weithmann 2012, S. 32.

1.7 Johann Georg Fischer
Grundriss und Profile der Festung Komorn, 1682

Gros Commoren. // Eigendlicher Berichd der Alten vnnd Neüen Vestung Gros Commoren. Was disses Jahr // 1682 Das grose Wasser an der Donau Seiten uor grosen Schaten gethan, auch Was sonsden // hoch nodwentig zu erbauen vnd Repariren, Wie der grund Rüs vnd deroselben // Profil aigentlich zeigen wird, Wan aber Das Jahr das nodwentigste nicht solte er= // =bauet vnnd ausgebesert werden, Mochte bey negsd Kombenten Grossen Wasser noch // 10. mal gresseren S[ch]aten geschegen vnnd Großen Kosden verursachen.

Landesarchiv Baden-Württemberg, Generallandesarchiv Karlsruhe, Hfk Planbände 6, 3.

Federzeichnung, koloriert. – 42,5 × 60,2 cm. – signiert unten rechts: »Johann Georg Fischer«.[1]

Kartografische Angaben: ost-südostorientiert. – W 18° 36' – E 18° 47'; S 47° 43' – N 47° 50'. – Maßstab: [1:2500]. – grafischer Maßstab in rheinländischen Ruten unten links: »Mastab von reinläntischen Ruten zu ob[ige]m Grunt Rüs geherig«. – grafische Maßstäbe einzelner Profile: »Num[mer] 2.«: »Schalla von 100 Schugen« [Anm.: Schuh]; »Num[mer] 5.«: »150 Schug«.

Verfasser: Der nicht näher bekannte Verfasser zeichnet auf der Fußleiste mit »Johann Georg Fischer«.[2] Ein weiterer, undatierter Plan zur Festung Komorn ist von ihm überliefert. Er ist nicht mit dem in Füssen tätigen Baumeister Johann Georg Fischer (1673 – 1747) zu verwechseln. Fischer könnte zu den Militäringenieuren gehört haben, die vom Hofkriegsrat zumeist aus dem Ausland berufen und vertraglich in Dienst genommen wurden. Sie prägten die Entwicklung der regionalen und lokalen Kartografie im östlichen Habsburgerreich.

Inhalt: Die Grenzfestung Komorn hatte nach der Schlacht von Mohács (1526) und der ersten Belagerung Wiens durch die Osmanen (1529) eine große Bedeutung im allmählich sich formierenden habsburgischen Verteidigungssystem erlangt. Zum einen kontrollierte die Festung die militärischen Bewegungen in beide Stromrichtungen, zum anderen konnten hier auch Schiffe anlegen. Die Burg wurde mit einer starken Besatzung von über 1000 Mann ausgestattet. Die fruchtbaren Auenböden der Großen Schütt-Insel trugen zur Versorgung der Garnison bei, Holz lieferten die Wälder im Umland; auf den Hügeln des Donautieflands wurde auch Weinbau betrieben. Komorn wurde zum wichtigsten Punkt der frühen habsburgischen Donauflottille.

Der etwas aus der Mitte nach links gerückte Festungsgrundriss auf einem Sporn zwischen Donau und Waag (slow. Váh, ung. Vág) wird ergänzt durch eine

---

1 Schäfer 1971, S. 245, Nr. 1341; Kisari Balla 2000, S. 46 f., Nr. 21, Abb. S. 280, Nr. 21.
2 GLA Karlsruhe, Hfk Planbände 6, 52; Schäfer 1971, S. 245, Nr. 1343: »Eigentlicher Grundriß und Ruin der Bruck-Schantz«, hier signiert Fischer als »Ingenier«.
3 GLA Karlsruhe, Hfk Planbände 6, 1, anonym: »Die Festung Comorren wie sie izt zumachen stünde« und 6, 2; Schäfer 1971, S. 245, Nr. 1342.

Reihe von Profilen, die links unten – die Donauseite betreffend – und in der Mehrzahl am rechten Rand des Plans eingepasst sind. Der Grundriss ist mit einer ausführlichen Legende am oberen Rand versehen.

Die beiden Flüsse boten der Festung Komorn einerseits ein hohes Defensivpotenzial. Andererseits konnten Überschwemmungen, wie jene von 1682, verheerende Folgen haben. Eine Ponton-Insel wurde durch das Wasser an die Festung gedrückt und versunkene Schiffe verstopften den Flusslauf. Durch Anschwemmungen entstanden zwei »angeschüttete« Inseln an der Waag-Mündung. Die sonst uneinnehmbare Festung war jetzt bei Niedrigwasser dem Feind zugänglich. Umfangreiche Maßnahmen zur Behebung des Schadens wurden eingeleitet, um die Festung zu stärken.[3] Ein Vergleich des Grundrisses mit einem Festungsplan aus dem Jahre 1626[4] zeigt die Weiterentwicklung der Festung im Einklang mit Entwicklungstendenzen, die sich in der zweiten Hälfte des 17. Jahrhunderts abzeichneten (Vauban-Festung).[5]

Josef Wolf

4 Plan der Grenzfestung Komorn, 1626, Hadtörténeti Intézét és Múzeum, Budapest, 3362 Kp; Ausst. Kat. Wien 2001, S. 22, Nr. IV-12a.

5 Vgl. dazu: Duffy 1985; Duffy 1996.

1.8 Johann Philipp von Hannenstein
Stadtansicht von Ofen (Buda), 1685

Offen // wie selbige in Perspectiv Zu sehen Allß Die Kayserlichen daß Erstemahl darvor Geruckt unter Comanto deß Hertzog von Lothringen

Landesarchiv Baden-Württemberg, Generallandesarchiv Karlsruhe, Hfk Planbände 14, 85.

Federzeichnung, koloriert. – 20 × 57 cm (23,7 × 61 cm). – signiert unten, links von der Mitte: »Von Hannenstein [1]685«.[1]

Kartografische Angaben: ostorientiert. – E 19° 2,4'; N 47° 29,8'. – Maßstab: [1:2600].

Verfasser: Über den Zeichner, Johann Philipp von Han(nen)stein, Ingenieur in der kaiserlichen Armee, sind ansonsten keine biografischen Nachrichten bekannt. Weitere handgezeichnete Karten und Pläne über den Donauraum sind überliefert, die er nicht nur mit seinem Namen, sondern auch mit »Hauptman[n]« oder »Ingenie[u]r« signierte.[2]

Inhalt: Die während der Belagerung 1684 entstandene, aber auf 1685 datierte Ansicht vermittelt ein realistisches Panorama der Stadt aus nordwestlicher Richtung. Die Ansicht enthält keine Legende und auch keinen grafischen Maßstab. Eingezeichnet sind im Umland der Burg der Gerhardsberg und das Blockhaus (»S[ancti] Gerhardi Berg und Plockhaus«). Am Horizont verortet der Zeichner die Insel und den Ort Szentendre (»S[ankt] Andreas«) und die Stadt Waitzen (»Watz«, ung. Vác). Im Unterschied zu den zahlreichen Minaretten, die auf gedruckten Stadtveduten der Zeit erschienen, nimmt der Zeichner nur fünf in seine Darstellung auf. In Pest ragen zwei Minarette in die Höhe.

Unter den dargestellten Gebäuden hebt sich der Burgpalast (ung. Budavári palota), auch als Königliche Burg (ung. Királyi Vár) bekannt, hervor. Seine Anfänge reichen bis ins 13. Jahrhundert zurück. Nach dem Mongolensturm 1241/42 ließ König Béla IV. (1206–1270, seit 1235 König von Ungarn) auf dem Plateau eine Burg als königliche Residenz errichten. Seine Nachfolger haben den Gebäudekomplex kontinuierlich ausgebaut. Anstelle abgerissener Teile ließ König Ludwig I. von Anjou (ung. Lajos I. Nagy, 1326–1382, seit 1342 König von Ungarn und Kroatien) eine neue Burg errichten. In dieser

---

1 Schäfer 1971, S. 232, Nr. 1257; Kisari Balla 2000, S. 174, Nr. 263, Abb. S. 522, Nr. 263; Ausst. Kat. Karlsruhe 2010, S. 144 f.

2 GLA Karlsruhe, Hfk Pläne Be 20 schwarz; Schäfer 1971, S. 216, Nr. 1170. – GLA Karlsruhe, Hfk Planbände 6, 8; Schäfer 1971, S. 231, Nr. 1250. – GLA Karlsruhe, Hfk Planbände 14, 26; Schäfer 1971, S. 267, Nr. 1485.

Zeit wurden der auf der rechten Seite der Karte dargestellte, die ganze Burganlage überragende Stefansturm (ung. István-torony) und das Palastgebäude errichtet. Ein weiterer Ausbau der Befestigungsmauern und des Palastes erfolgte unter Kaiser Sigismund von Luxemburg (ung. Luxemburgi Zsigmond, 1368–1437, seit 1387 König von Ungarn und Kroatien). Neben Wehranlagen wurde die Burg auch mit repräsentativen Gebäuden, Klöstern und Schulen ausgestattet. König Mathias Corvinus (ung. Hunyadi Mátyás, 1443–1490, seit 1458 König von Ungarn und Kroatien) baute den Burgpalast zu einem Renaissance-Palast aus, der zum Zentrum der ostmitteleuropäischen Renaissancekultur wurde.[3]

Nachdem die Türken die Burg schon 1526 und 1529 eingenommen hatten, wurde sie 1541 endgültig besetzt und zum Sitz eines Eyalets (türk. Eyālet-i Budin) erhoben. Sie nannten den Palast Iç Kala (Inneres Schloss) und die Zitadelle Hisar Peçe. Reisende apostrophierten den gesamten Gebäudekomplex als »Palast der Goldenen Äpfel«.

Während der osmanischen Zeit scheiterten vier kaiserliche Belagerungen (1542, 1598, 1603 und 1684). Der Dauerbeschuss der Burg während der Belagerungen von 1684 und während der Einnahme 1686 verursachte große Zerstörungen. Nach der Eroberung wurden zwar die Mauern und die Basteien provisorisch instandgesetzt, der Palast war jedoch so stark beschädigt, dass auf einen Wiederaufbau verzichtet wurde.

Josef Wolf

[3] Lörinczy 1967; Szabóky/Száraz 1990.

1.9 Guillaume Sanson / Vincenzo Maria Coronelli / Pieter I. Mortier
Die Donau, von der Quelle bis zur Mündung, um 1700

LE COURS // DU // DANVBE // Depuis sa Source // Iusqu'a ses Embouchures // Dreßé sur les Memoires les plus // Nouveaux du P[ère] Coroneli et autres // Par le S[ieu]r SANSON, // PRESENTÉ // A MONSEIGNEUR LE DAUPHIN. // A AMSTERDAM Chez PIERRE MORTIER et Compagnie. // Avec Privilege

Institut für donauschwäbische Geschichte und Landeskunde, Tübingen, Kartensammlung, 2.2.96.

Kupferdruck. – teilkoloriert. – 59 × 121 cm (64 × 131 cm). – aus 3 Blatt zusammengesetzt.

Kartografische Angaben: nordorientiert. – Gradeinteilung. – W 8° 27' – E 29° 7'; S 40° 57' – N 50° 7'. – Maßstab: [ca 1:3.000.000]. – grafischer Maßstab: Tausend geometrische Schritte oder italienische Meilen: »Mille Pas Geometriq[ues] ou Milles d'Italie«, gemeine französische, deutsche, polnische und ungarische Leugen: »Lieues Communes de France«, »Lieues Communes d'Allemagne«, »Lieues Communes de Pologne«, Lieues Communes d'Hongrie«; Stadien: »Stades«; gemeine Tagesreisen: »Dietes ou Journées Communes«.

Teilkolorierte Nebenkarte oben links im Kartenbild: PRINCIPAVTÉ // DE // FVRSTEMBERG. – grafischer Maßstab: »Eschelle pour la pettite Carte de la Source du Danube«: deutsche Leugen, französische Leugen und italienische Meilen oder tausend geometrische Schritte: »Lieues d'Allemagne, Lieues de France, Milles d'Italie ou Mille pas Geometriques«.

Nebenkarte rechts auf der Fußleiste mit eigener Titelkartusche, grenzkoloriert: LE BOSPHORE // DE THRACE // Aujourduy le Detroit ou // Canal de // CONSTANTINOPLE // Dreßé sur les Memoires de Mons[ieu]r // Gallant et de plusieurs Autres. // Par le P[ère] Coronelli Cosmographe // etc. – Windrose. – grafischer Maßstab: italienische Meilen: »Milles d'Italie«.

Außerdem befinden sich auf der Fußleiste fünf Stadtansichten. Die Veduten besitzen jeweils eine Beschreibung und eine kleine Legende. Abgebildet sind: Großwardein (lat. Magnovaradinum, rum. Oradea, ung. Nagyvárad): »VARADIN ou le GRAND VARADIN, en François, WARD en Hongrois, GROSS WARDEIN en Allemand […]«. – Kanischa oder Großkirchen (ung. Nagykanizsa, früher Kanizsa, kroat. Kaniža, türk. Kanije): »CANISE, que les Allemans nomment KANISCHA […]«. – Temeswar (rum. Timișoara, ung. Temesvár): »TEMESWAR, Ville Capitale en Haute Hongrie, pres de la Transilvanie […]«. – Sigeth (ung. Szigetvár, kroat. Siget, türk. Zigetvar): »SIGETH ou ZIGETH. Ville principale du Comté de même nom en Basse Hongrie vers l'Esclavonie«. – Belgrad: »BELGRADE, que les Turcs nomment BIOGRAD, Ville Capitale de la Rascie, dans la Servie, au conflent de la Riv- // iere de Save dans le Danube, et proche de la Hongrie au Midi vers l'Orient […]. – Konstantinopel: »CONSTANTINOPLE. Ville de Romanie, anciennement fut nommeé BYZANCE, du nom de son fondateur Byzas

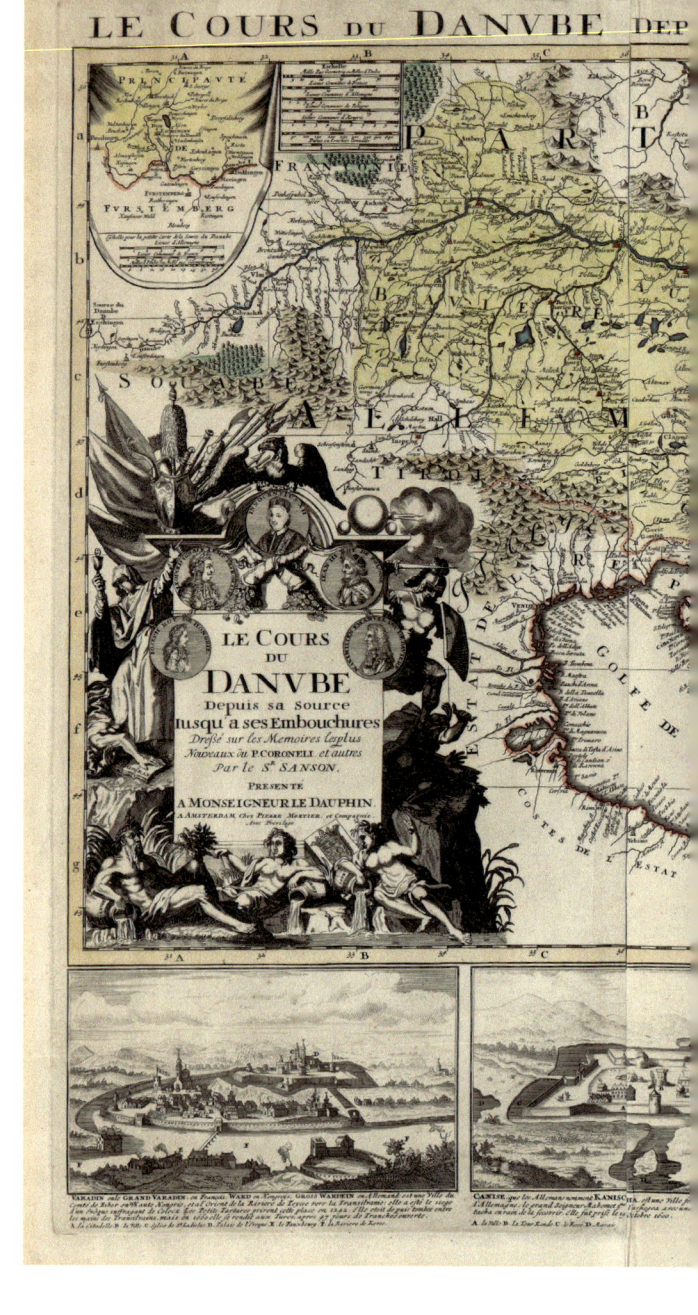

---

1 Vincenzo Maria Coronelli: Le Cours du Danube, Depuis sa source, Iusqu'a ses Embouchures ou sont partie de l'Empire d'Allemagne. Et des Estats qui ont esté ou sont encore de l'Empire des Turcs en Europe. Avec Partie des Estats de la Ser[enissi]me Republique de Venise […] Corrigée et augmentée Par le S[ieu]r. Tillemon, Paris 1688, Neuauflage 1716: Ancien Royaume de Hongrie; Maßstab [ca. 1:680.000], Maßstab in graf. Form (Milles d'Italie ou Milles Pas Geometriques, Lieües Communes de France), 4 Teile auf 4 Bl., Grenzkolorit, mit zahlreichen Wappen auf dem Kartenfeld.

158 1. DONAU – ENTSTEHUNG EINER RAUMMETAPHER

Megarien qui en fit une Colonie // Grecque 686 ans avant la Naissance de Jesus Christ« (Abb. 1.9b).

Verfasser, Verleger, Ausgaben: Laut Titel wurde die Karte von »Sieur Sanson« aufgrund der Aufzeichnungen Coronellis konzipiert. Die direkte Anrede verweist auf ein Mitglied der renommierten französischen Kartografenfamilie Sanson, und zwar auf den Sohn von Nicolas Sanson d'Abbeville (1600–1667), Guillaume Sanson (1633–1703), der das Werk seines Vaters fortführte. Coronelli selbst hatte jedoch schon 1688 gemeinsam mit Jean-Baptiste Nolin (1657–1725) eine Donaukarte veröffentlicht.[1]

Nicolas Sanson der Ältere (oder Sanson d'Abbeville) gilt als Vater der Geografie in Frankreich und steht am Beginn einer Geografendynastie: Seine Söhne Adrien (1639–1718) und Guillaume, beide »géographes du roy«, setzten gemeinsam mit seinem Neffen Pierre Duval (1619–1683), dem Enkel Pierre Moulard Sansons (gest. 1730), sowie mit Alexis-Hubert Jaillot (gest. 1712) und Gilles Robert de Vaugondy (1688–1766) sein kartografisches Werk fort. Die Sanson-Schule nahm bis in die zweite Hälfte des 18. Jahrhunderts hinein eine dominante Stellung in der französischen Kartografie ein.[2]

Vincenzo Maria Coronelli (1650–1718) war zeitlebens ein berühmter Kartograf, Kosmograf und Hersteller von Globen.[3] 1684 gründete er die erste geografische Gesellschaft der Welt, die »Accademia cosmografica degli argonauti«. 1717 erhielt er von Kaiser Karl VI. den Titel eines »Comissario et Direttore perpetuo del Danubio e altri fiumi dell' Imperio«.[4]

Coronelli zeigte in der zweiten Phase des Großen Türkenkrieges ein konstantes Interesse für den Donauraum und die Europäische Türkei. Der Donaukarte

2 Zur Kartografenfamilie Sanson: Kretschmer/Dörflinger/Wawrik 1986, S. 699–701; Pastoureau 1982; Hofmann 2007, S. 1585–1588.

3 Zu Coronellis Leben und Werk: Tavoni 1999; Cavazza 1999; Armao 1944; Di Fonzo 1951; Andrissi 1951.

4 Scimemi 1951.

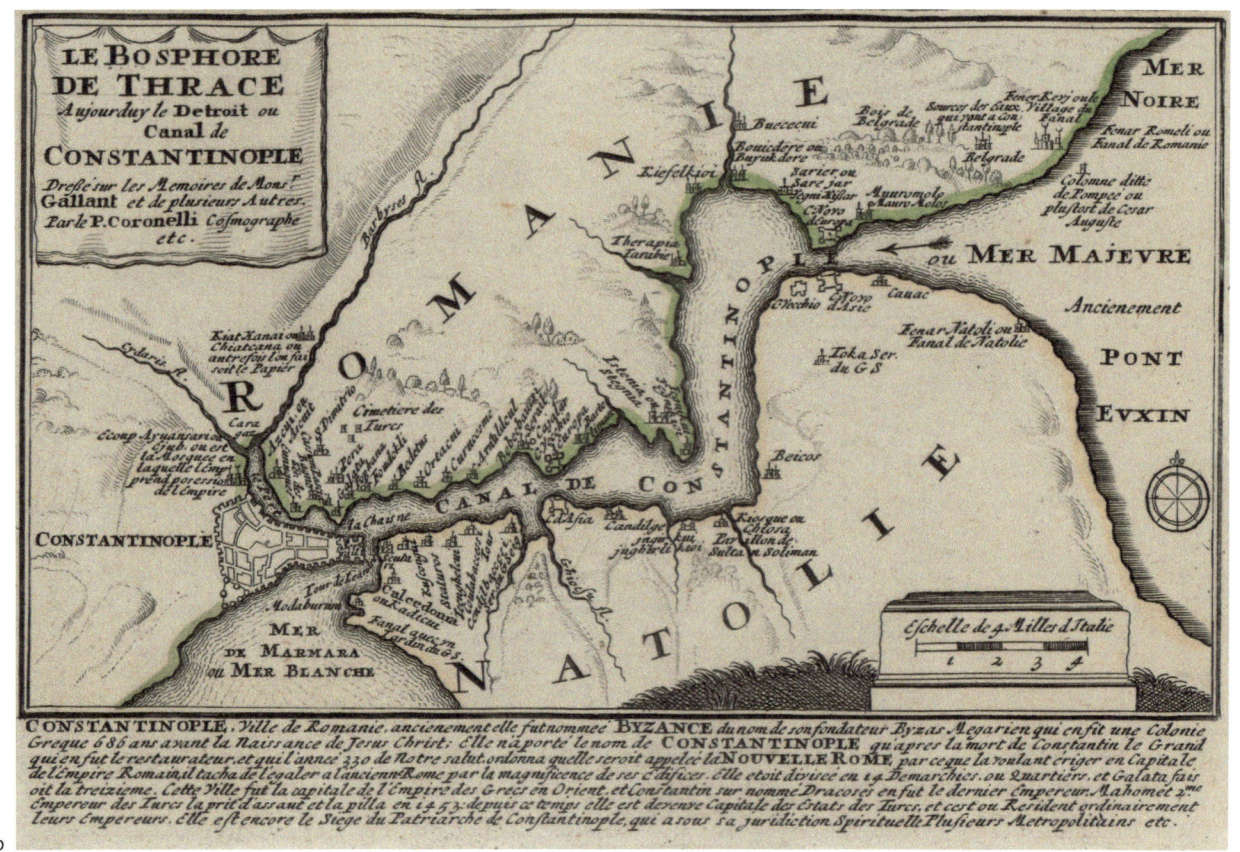

1.9b

5 Vincenzo Maria Coronelli: Le Royaume De Hongrie Divisé en Haute, et Basse, Hongrie avec L'Esclavonie. Subdivisees en leurs Comtez […], Paris 1687.

6 Alexis-Hubert Jaillot: Estats de l'Empire du Grand Seigneur des Turcs, en Europe, en Asie, et en Afrique […], Paris 1686, Maßstab [ca. 1:3.700.000], Neuauflage durch Reiner und Josua Ottens, Amsterdam 1720.

7 Nicolas Sanson [d'Abbeville]: Theatre de la guerre en Hongarie, Transilvanie […], Amsterdam: Pieter Mortier 1696, Maßstab: [ca. 1:1.307.000], Neuauflage 1708.

8 Nicolas Sanson [d'Abbeville]: Estats de l'Empire des Turqs en Europe, Paris: Alexis-Hubert Jaillot, Pieter Mortier 1696.

geht eine Karte von Ungarn (1687) voraus, die ebenfalls von Nolin verlegt wurde.⁵

Die Karte wurde von dem Kartografen, Kupferstecher und Verleger Pieter I. Mortier (auch: Pierre, 1661–1711, Kat. 5.11) herausgegeben. Aus politischen Gründen aus Frankreich nach Amsterdam geflüchtet, gründete er dort 1685 ein Verlagshaus. In dem gemeinsam mit Jaillot verlegten *Atlas Nouveau* (um 1700–1708) hat er 1692 eine von Jaillot konzipierte Karte des Osmanischen Reiches übernommen,⁶ ebenso, wie darin zwei Karten von Sanson – Ungarn⁷ und Europäische Türkei⁸ – Platz gefunden haben.

Bildelemente: Die große Donaukarte von Guillaume Sanson (Kat. 2.6) und Vincenzo Maria Coronelli (Kat. 2.3, 5.6) präsentiert in der umfangreich kolorierten Hauptkarte die Donau von der Quelle bis zur Mündung mit dem gesamten Einzugsgebiet des Flusses. Der äußerste Teil der Gewässer des Quellgebiets befindet sich außerhalb des Kartenbildes (wie Kat. 1.2), links des kolorierten Rahmens mit der Gradeinteilung. Diesem gönnen die Kartenmacher mit der kleinen Nebenkarte der Donauquelle oberhalb einen genaueren Blick. Die eigentliche Donau fließt hier zunächst mit dem »Weyerbach R[iviere]«, der einem nördlich von Assen gelegenen Weiher (»Weyer«) entspringt, dann mit der Breg (»Brige R[iviere]«) zusammen. Die Darstellung verweist auf zwei Quellen, eine hydrologische – die des Quellflusses Breg – und eine symbolische, den lokalen Donaubach.

Die denkmalartig aufgebaute Titelkartusche zeigt im unteren Teil Flussgötter, die den Strom aus Wasserbehältnissen mit den Namen der Donau, Drau und Save speisen. Den Titel umrahmen Porträtmedaillons der Herrscher jener Staaten, die 1684 die Heilige Liga gründeten: im Zentrum Papst Innozenz XII. (1615–1700), links Kaiser Leopold I. (1640–1705) und dessen Sohn Joseph I. (1678–1711), König von Ungarn, rechts Johann (Jan) III. Sobieski (1629–1696), König von Polen, und Kurfürst Maximilian Emanuel (1662–1726), Herzog von Bayern.

Inhalt: Der in der Karte gezeigte Teil der Europäischen Türkei (»Partie de la Turquie en Europe«) umfasst die Länder »Bosnie«, »Servie«, »Bulgarie« und »Romanie«. »Sagora« im Süden und »Syrtta« im Norden sind als Landschaftsnamen, das rumänische Transdanubien als Dobrudscha (rum. Dobrogea, bulg. Dobrudža, türk. Dobruca) eingetragen. Bessarabien (»Bessarabie«) ist eine eigenständige Territorialeinheit. Die Ukraine wird als Teil von Polen behandelt. In der Westukraine sind die Landschaften »Volhynie« (dt. Wolhynien) und »Kamieniec« (ukr. Kamjanez-Podilskyj, poln. Kamieniec Podolski, rum. Camenița) eingezeichnet.

Vor allem im zentralen und westlichen Balkan sind an vielen Stellen Landschaftsnamen eingezeichnet, die das Gelände kleinkammrig gliedern. Vermerkt sind unter anderem die Görz (»Goric, Goritia«, it. Gorizia, slowe. Gorica, furlanisch Gurize) in Friaul und »Cosulovopoglie Pr[ovincia]« im Umland von Zara (kroat. Zadar). Im Inneren, südlich, am Fluss Cetina, wird »Cettina ou Trenzena Prov[incia]« bei Cetinje verortet. In Nord- und Zentralbosnien werden »Rama Pr[ovincia]« am Oberlauf des Rama-Flusses, »Vsora Pr[ovincia]« (serb. Ozora), »Cracovo« (serb. Krakovo), »Livasco Pr[ovincia]« (serb. Livasko), »Bas Sale Pr[ovincia]« und »Haut Sale Pr[ovincia]« erwähnt. Der Terminus »Herzegovine« bezeichnet die Provinz insgesamt.

Die Donauinseln sind bei Wien und bis Theben (slow. Devín) genau vermerkt. Eingezeichnet ist die auch als Komorn-Insel bezeichnete Große Schütt-Insel (»I[sle] Komore ou Grand Schut«), und die Kleine Schütt-Insel (»Petit Schut«). Ab Esztergom hält die Donau auf Südwestkurs, das Donauknie ist noch nicht erkannt. Die Csepel-Insel unterhalb von Pest wird irrtümlich als Margaretheninsel (»Isle Marguerite«) bezeichnet.

Der mittlere und untere Abschnitt der Donau waren damals geografisch kaum erkundet und werden verzerrt dargestellt. Das Donauknie bei Călărași ist nicht erkannt, ebenso wie der letzte östliche Richtungswechsel am Zusammenfluss von Sereth (rum. Siret) und Pruth mit dem Strom den Kartografen entging. Die Donaumündung besteht aus einem Flussarm mit mehreren Verzweigungen.

Die Karpaten bilden die Grenze zu Schlesien und Kleinpolen »Mont[agnes] Krapack«. An der Grenze Nordsiebenbürgens zur Moldau liegt das Rodnaer Gebirge (»Mont Schneberg«, rum. Munții Rodnei). Eingezeichnet sind mehrere Landschaften: »Land vor dem Wald«, » Quartier de Altland« (rum. Țara Oltului), »Quartier de Burceland«, (dt. Burzenland, rum. Țara Bârsei), »Quartier de Velnland«. Der in das Banat führende Eiserne-Tor-Pass (»La Porte de Fer«) wird auch als Gebirge (»Montagnes de Eisenthor ou Vaskapu«) bezeichnet.

Namentlich eingezeichnet ist das Schildgebirge (ung. Vértes hegység), der Bakonyer Wald (ung. Bakony hegység) bleibt dagegen namenlos. Der Landschaftsname »Im Schumat« befindet sich nordöstlich des Balaton, südöstlich von Stuhlweißenburg (ung. Székesfehérvár), unterhalb des Flusses Sárvíz (»Sarwitz R[ivulus]«). Transdanubien weist bedeutende Waldflächen auf.

Das Balkangebirge wird »Mont Argentaro ou de Costegnas« genannt. Bei »Ternowo« (bulg. Trnovo) schlägt es nach Südosten ein, um bei der antiken und mittelalterlichen »Mesembria« (bulg. Mesemvrija) am Schwarzen Meer zu enden.

Ethnische Diversität wird nur wenigen Regionen zugeschrieben. In Siebenbürgen sind die Szekler (»Secules«) genannt. Entlang der Grenze zur nördlichen Moldau und Polen wohnen »Moldaves« und »Saxons«, im südwestlichen Hunyader Komitat wird auf die »Hongrois« hingewiesen. Oberhalb des Eisernen-Tor-Passes werden Rumänen (»Aux Valaques«) genannt. Im Kosovo, südlich von Prizren, am »Puca Mont« (alb. Pukës) wohnen die »Meritidi Peupl[e]«. Albanische oder montenegrinische Volksstämme wie »Vurali Peup[le]« oder »Pulati Peup[le]« werden auch an anderen Stellen vermerkt.

Josef Wolf

1.10 [Samson Schmalkalder]
Die Belagerung von Belgrad, 1688

PROSPECT DER BELAGERUNG // BELGRADO // ODER // GRIGISCH WEISENBURG // Ann[o]. 1688. m[ense]. Augusto

Landesarchiv Baden-Württemberg, Generallandesarchiv Karlsruhe, Hfk Pläne La 17 rot.

Bleistift- und Federzeichnung. – 21 × 31,6 cm.[1]

Kartografische Angaben: südostorientiert. – E 20° 27'; N 44° 49'. – Maßstab: [1:3000].

Verfasser: S[amson] Schmalkalder (Kat. 3.12), dem die unsignierte Ansicht zugeordnet wird, zeichnete zwei weitere, namentlich signierte Ansichten von Belgrad.[2] Mehrere Pläne unterschiedlicher Kriegsschauplätze, an denen er sich im Durlacher Infanterieregiment des Schwäbischen Reichskreises unter Markgraf Karl Gustav von Baden-Durlach (1648–1703) aufhielt, sind erhalten. Eine große Zahl von Zeichnungen von der Hand Schmalkalders ist aus dem Pfälzischen Erbfolgekrieg überliefert. Geburts- und Sterbedatum des Offiziers und Zeichners sind unbekannt.[3]

Bildelemente: Die Kartusche unten links auf einem Sockel, gehalten von einem einköpfigen Adler, enthält den Titel der Karte. Rechts davon eine gekrönte Figur mit gezogenem Schwert, im Hintergrund erbeutete türkische Standarten mit Rossschweifen und Waffen, Schießbogen mit Pfeilköcher. Die Kartusche inszeniert den kaiserlichen Sieg über seine Gegner: Auf der linken Seite der stehende Herrscher, auf der rechten Seite zwei gefesselte Türken, auf dem Sockel sitzend, daneben aufgespießte Türkenköpfe, herumliegende Kanonen, Kanonenkugeln und Pulverfässer; kaiserliche Soldaten treiben Schlachtvieh für die Belagerer zusammen.

Inhalt: Aus nördlicher Richtung blickend zeigt die Stadtansicht von Belgrad den oberhalb der Mündung der Save in die Donau auf einem Plateau liegenden Burgplatz (türk. Kale meydanı, serb. Kalemegdan) mit seiner Vorstadt. Die Festung teilt sich in die auf dem Kalkplateau liegende Oberstadt und die in der Ebene liegende Unterstadt. Die Zitadelle bildet den Kern der Festung.

Die Aufstellung der Belagerungsarmee in der Ebene ist flächig in zwei parallelen Kreisbögen wiedergegeben, dazwischen sind das kaiserliche Hauptquartier, das Lager des Herzogs von Mantua und das bayerische Hauptquartier gut sichtbar. Gekennzeichnet ist auch die Stelle, an der eine Bresche geschlagen werden sollte. Die Festung wird beschossen. Save und Donau werden an den Blatträndern links und rechts in mittlerer Höhe skizziert.

Belgrad kam 1521 nach zwei gescheiterten Belagerungen (1440 und 1456) unter osmanische Herrschaft, wurde zum Sitz des Sancakbeyi von Semendria (serb. Smederevo) und zu einem wichtigen Stützpunkt für die osmanischen Feldzüge nach Mitteleuropa. Der wichtige Handelsplatz galt als eine der größten Städte im europäischen Teil des Osmanischen Reiches. Ende des 16. Jahrhunderts zählte die Stadt mehr als 10.000 Einwohner, Mitte des 17. Jahrhunderts sogar 50.000 Einwohner. Die Heeresstraße nach Konstantinopel und die strategische Lage an zwei Wasserstraßen – Donau und Save – verliehen der Stadt eine Schlüsselrolle im imperialen Kommunikationssystem. Die Festungsgarnison und die zahlreichen Soldaten im Winterquartier oder auf Durchzug waren den Handel fördernde Wirtschaftsfaktoren. Mit der Zuwanderung muslimischer Bevölkerung nahm Belgrad allmählich den Charakter einer orientalischen Stadt an. Die vorliegende Stadtansicht zeigt zehn Moscheen außerhalb und eine innerhalb der Festung.[4]

---

[1] Schäfer 1971, S. 230, Nr. 1242; Kisari Balla 2000, S. 218, Nr. 378, Abb. S. 637, Nr. 378.

[2] GLA Karlsruhe, Hfk Planbände 23, 23 und Hfk Planbände 23, 39; Schäfer 1971, S. 229f., Nrn. 1240 und 1241.

[3] Rott 1917, S. 147; Schäfer 1971, S. 276; Wüst 2010, S. 58.

[4] Ágoston/Masters 2009, S. 89.

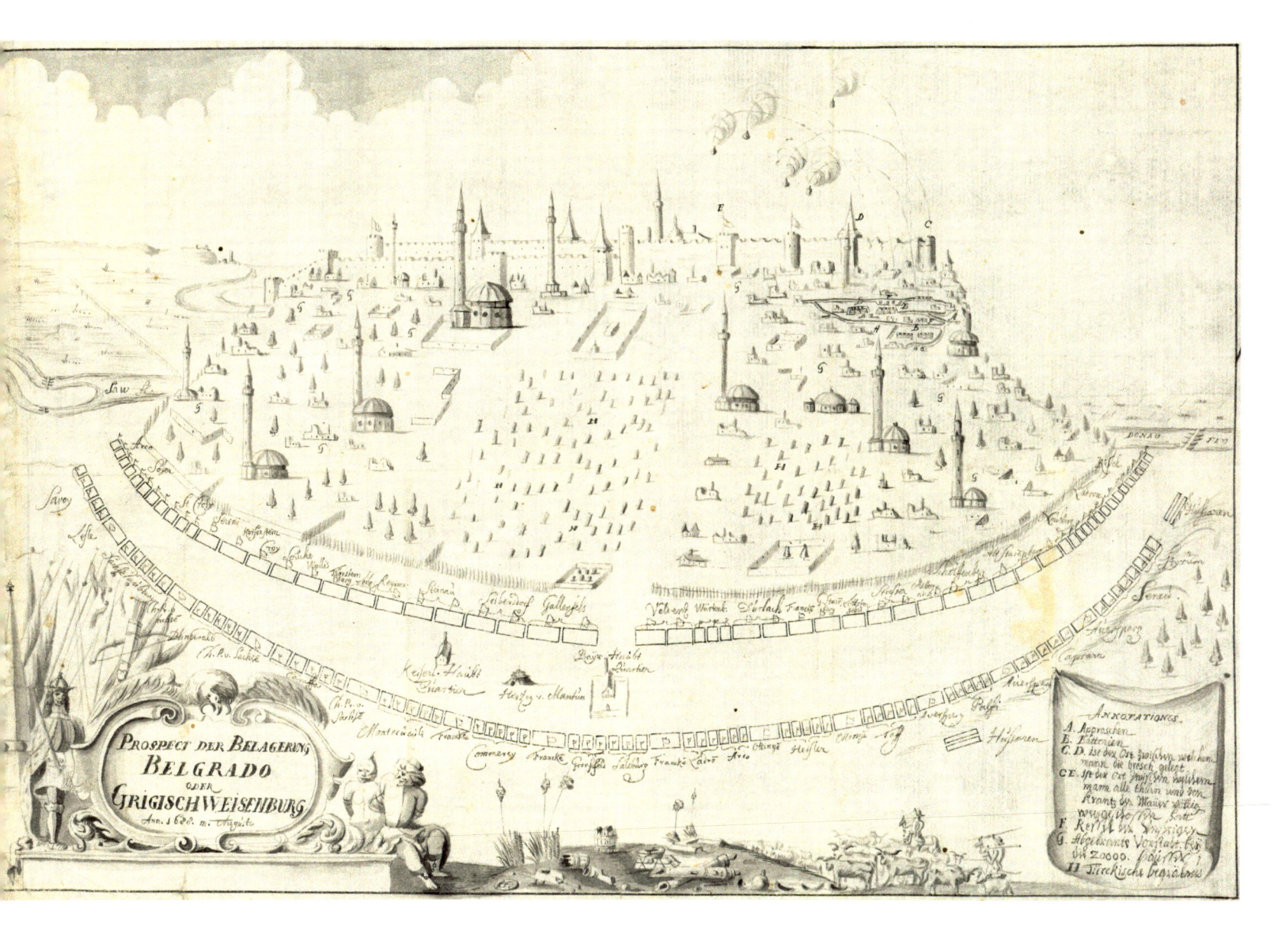

Für die Osmanen stellte Belgrad ein großes Hindernis auf ihrem Weg in die Pannonische Tiefebene dar, für die ungarischen Könige und in ihrer Nachfolge die habsburgischen Kaiser galt die Burg als ›Bollwerk der Christenheit‹ auf dem Weg in das Balkaninnere und nach Konstantinopel. Im ausgehenden 17. und im 18. Jahrhundert wurde der im Hochmittelalter und in der Frühen Neuzeit entstandene Mythos vom Bollwerk (»antemurale«) Belgrad stets neu aktiviert. Dreimal wurde Belgrad während der habsburgisch-osmanischen Kriege von den Kaiserlichen kurzzeitig eingenommen (1688/90, 1717–1739 und 1789/91).

Kurz nach dem letzten österreichischen Türkenkrieg – während des ersten serbischen Aufstands (1804–1813) – erhoben die gegen die osmanische Zentralmacht rebellierenden Serben Belgrad zu ihrer Hauptstadt. Es waren die ersten Regungen des nationalen Zeitalters auf der Balkanhalbinsel. 1867 verließ die osmanische Garnison die Hauptstadt des Fürstentums Serbien, gefolgt von der verbliebenen muslimischen Bevölkerung. Heute erinnern die komplexe Festungsanlage, die Moschee, das Mausoleum (türk. türbe) und einige Toponyme an die osmanische Vergangenheit der Stadt.

Josef Wolf

1.11 Giovanni Morando Visconti
Der Donauabschnitt zwischen Belgrad und Widin, nach 1690

MAPA CHE DIMOSTRA LA // noua strada fatta per la comunicatione da Vidino // a Belgrado, con l'operationi fatte nell'Isola al di- // sotto d'Orsoua per chiuder il Danubio, e le strade // ad ambe le rippe.

Landesarchiv Baden-Württemberg, Generallandesarchiv Karlsruhe, Hfk Planbände 6, 43.

Federzeichnung, koloriert. – 29 × 40,8 cm. – signiert unten mittig: »G[iovanni] M[orand]o Visconti Ingeg[ne]re«.[1]

Kartografische Angaben: südostorientiert. – W 20° 27' – E 22° 52'; S 43° 57' – N 44° 49'. – die ehemalige Insel Ada Kaleh: N 44° 42' 58"; E 22° 27' 20". – Maßstab Hauptkarte: [1:490.000], Nebenkarte: [1:1600]. – grafischer Maßstab der Hauptkarte in Reisestunden: »scala d'ore dieci che serue per la carta«. – grafischer Maßstab der Nebenkarte in Wiener Klafter: »scala di Kläufter che serue per il forte«.

Verfasser: Der Tessiner Giovanni Morando Visconti (1652–1717, Kat. 2.4, 3.10, 3.13, 4.7, 5.1, 5.9) war Ingenieur und Festungsbaumeister im kaiserlichen Heer. Unter Maximilian Emanuel von Bayern (1662–1726) nahm er an der Belagerung Belgrads 1688 teil. 1690 begleitete er Ludwig Wilhelm von Baden-Baden (1655–1707, »Türkenlouis«) auf seinem Feldzug ins Balkaninnere. Zahlreiche Pläne, nicht nur von Festungen und Städten, sind unter dem Namen des später für das Fortifikationswesen in Siebenbürgen verantwortlichen und bedeutenden Ingenieurs überliefert.[2]

Inhalt: Die Karte hat die neue, 1690 errichtete Verbindung auf dem Landweg zwischen Belgrad und Widin zum Thema. Die Straße (Zahl 3 in der Legende, gestrichelt und gelb koloriert) führt von dem oberhalb von Widin liegenden Ort »Palankuza« durch das Gebirge über das »Porezza Tor« nach »Porezza« (serb. Poreč). Von hier entfernt sie sich von der Donau und biegt südwestlich nach »Hipek« ab. Signatur 2 zeigt Feldlager für die Wasser- und Nahrungsversorgung. Die Straße führt bei Golubac ansteigend vorbei bis nach

---

1 Schäfer 1971, S. 225, Nr. 1217; Kisari Balla 2000, S. 69f., Nr. 54, Abb. S. 313, Nr. 54.

2 Pfister 1993; Sabău 2007.

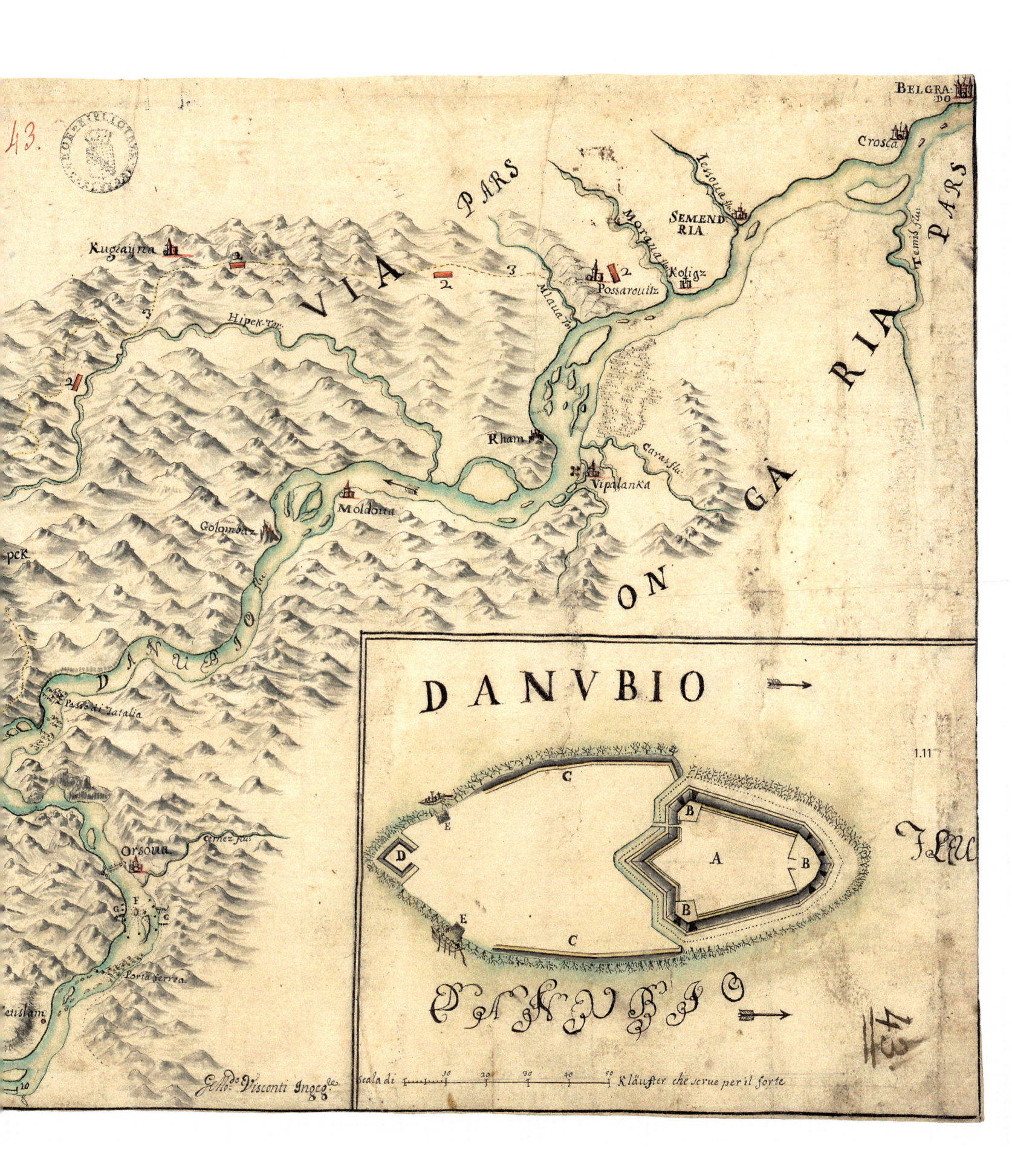

DER DONAUABSCHNITT ZWISCHEN BELGRAD UND WIDIN, NACH 1690

»Kugiaÿna«, und von dort über den Mlava-Durchbruch (»Mlaua Tor«) nach Passarowitz (»Passarouitz«, serb. Požarevac). Die freien Flächen des Plans werden links oben mit einem Rahmen, der den Kartentitel und die Legende für beide Karten enthält, und rechts unten mit einem Rahmen, der die von der Donau umflossene Festung auf der Insel Ada Kaleh vorführt, ausgefüllt.

Im Kontext der Kriegspläne, die auch einen Vorstoß der Kaiserlichen in die Walachei vorsahen, war dieser Abschnitt der Donau von besonderer Bedeutung. Anstoß für die Planungen, aber auch deren Achillesferse war das Eiserne Tor (lat. Porta ferrea, türk. Demirkapi, serb. Gvozdena vrata, rum. Porțile de Fier, bulg. Železni vrata), das 134 km lange Durchbruchstal des Stromes. Dieser Abschnitt war wegen der vielen, auch in der Karte eingezeichneten Felsen sowie der von der Strömungsgeschwindigkeit erzeugten Strudel der für die Schifffahrt gefährlichste Teil der Donau.

Auf dem rechten Donauufer sind in der Karte die Flüsse »Iessoua« (serb. Jezova), »Moraua« (serb. Morava), »Mlaua« (serb. Mlava) und »Hipek«, auf dem linken Ufer »Cernez« (rum. Cerna) bei Orschowa, Karasch (rum. Caraș, serb. Karaš) bei »Vipalanka« (dt. Neupalanka, serb. Banatska Palanka) und Temesch (»Temis«, rum. Timiș, serb. Tamiš) eingezeichnet. Oberhalb von Widin befindet sich noch die Timok-Mündung (»Timok flu[men]«). Stromaufwärts von Poreč ist der Jatalia-Pass (»Passo die Iatalia«) festgehalten.

Da die Uferstraße auf der südlichen Seite der Donau errichtet wurde, waren Siedlungen auf dem nördlichen Ufer weniger bedeutsam. Bis auf »Orsoua«, Alt-Moldova (»Moldoua«, rum. Moldova Veche) und »Vipalanka« werden keine anderen Orte genannt. Am südlichen Ufer hingegen findet man »Belgrado« (Belgrad), »Crosca« (serb. Grocka), »Semendria« (serb. Smederevo), »Koligz« (serb. Kulić), »Possarouitz« (serb. Požarevac), »Rham« (serb. Ram), »Golombaz«, »Porezza« (serb. Poreč), »Fetislam« (serb. Kladovo), »Palankuza« und schließlich Widin.

Von strategischer Bedeutung waren die Festung Widin, der befestigte Ort Orschowa (rum. Orșova, dial. Rușava) und vor allem die Insel Ada Kaleh. Nach der Schlacht von Nikopolis (bulg. Nikopol) war Widin 1396 unter osmanische Herrschaft gefallen. Mit dem Vordringen der Habsburger an die Donau kam dem Gebiet die Funktion einer Pufferzone zwischen den beiden Mächten zu. Orschowa wurde 1717 von den habsburgischen Truppen erobert. Die Stadt wurde zur wichtigen Zollstation für den Transithandel aus dem Osmanischen Reich über das Temeswarer Banat nach Zentraleuropa. Durch die Nähe zur Festung auf Ada Kaleh kam dem befestigten Ort als Einfallstor in das Banat über das Temesch-Cerna-Tal (rum. Valea Timișului și a Cernei) eine strategische Rolle in den Türkenkriegen des 18. Jahrhunderts zu.

In der vorteilhaften Lage der Insel Ada Kaleh (türk. für Inselfestung) – bis hierher war die Donau stromaufwärts schiffbar – erkannte die kaiserliche Heeresleitung schon früh deren besondere strategische Bedeutung. Nach dem Fall Belgrads 1688 erkundeten Militäringenieure die Insel. Die Kriegspläne sahen den Bau eines Bollwerks vor, das Truppenbewegungen, Munitions- und Proviantransporte stromaufwärts unterbinden sollte. Visconti unterbreitete auch Alternativvorschläge: Zwei Festungen, eine auf Ada Kaleh, und ein Fort auf der vorgelagerten kleinen Insel, und eine zweite Festung unterhalb von Ada Kaleh, nach dem Eisernen Tor, auf einer Insel bei Fetislam. Ein weiterer Vorschlag lief darauf hinaus, die Durchfahrt bei Ada Kaleh durch Auslegung von Baumstämmen über die Donau zu behindern.[3]

Der Bau der in der Nebenkarte eingezeichneten Festung konnte erst nach dem Übergang der Insel an die Habsburger im Friedensschluss von Passarowitz 1717 vollendet werden. Auf dem in der Karte enthaltenen Grundriss entstanden »Neu-Orschowa« (lat. Orsova Nova) oder die Carolinen-Insel (lat. Insula Carolina).

Die Festung war am unteren Ende der Insel platziert (Buchstabe A in der Legende). In der Verlängerung der Festung waren Mauern vorgesehen (C) und am oberen Ende eine Bastei (D). Boote verweisen auf Anlegestellen. Die in der Hauptkarte eingezeichneten Buchstaben G und F (die kleine Insel, die Ada Kaleh vorgelagert ist) fehlen in der Legende.

Von Belgrad bis Semendria sind drei Inseln, einige weitere bis Neupalanka und sechs auf der Höhe von Alt-Moldova und Golubac eingezeichnet. Größere Inseln liegen auf der Höhe von Grocka, an der Mlava-Mündung und bei Alt-Moldova; zwischen »Fetislam« und Widin sind drei große Inseln eingezeichnet. Vor Widin liegt eine weitere Insel (rum. Insula Calafat).

Bei Orschowa ist eine Brücke vermerkt, die von Visconti entworfen und 1690 errichtet wurde.[4] Die Reste der Trajansbrücke, die von 103 bis 105 im Taldurchbruch zur Unterstützung der Truppen im zweiten Feldzug Kaiser Trajans gegen die Daker errichtet worden war, sind ebenfalls eingezeichnet.

Josef Wolf

3 GLA Karlsruhe, Hfk Planbände 6, 32; Schäfer 1971, S. 219, Nr. 1184; GLA Karlsruhe, Hfk Planbände 6, 35: »passo Chiuso con // arbori […]«; Schäfer 1971, S. 220, Nr. 1186.

4 Bezug hierauf nimmt GLA Karlsruhe, Hfk Planbände 8, 14: [Giovanni Morando Visconti]: Ein kleiner abriss Von der Brucken unterhalb Portaferra alwo Ihro Durchleücht die Donau Passiert Und ist mann in willens gewessen die Insell auf solche arth Zu behaubten, [1690]; Schäfer 1971, S. 252, Nr. 1388.

Luigi Ferdinando Marsigli / Johann Christoph Müller
Das Einzugsgebiet der mittleren und unteren Donau, 1741

MAPPA POTAMOGRAPHICA // IN QUA // FLUVII AC FLUVIOLI NOMINATIORES FERE OMNES // QUI // IN MONARCHIA HUNGARIAE // AD DANUBIUM // SIVE IMMEDIATE SIVE MEDIATE CONFLUUNT; // LACUS ITEM AC PALUDES // IDEA GENERALI REPRAESENTANTUR. In: Luigi Ferdinando Marsigli: LA HONGRIE // ET // LE DANUBE // PAR M[ONSIEU]R LE COMTE DE MARSIGLI, // En XXXI. CARTES très fidélement gravées d'apres les Desseins // originaux & les Plans levez sur les lieux par l'Auteur même. // OUVRAGE où l'on voit la Hongrie, par rapport à ses Rivieres, à ses Antiquitez // Romaines, & à ses Mines; & les Sources & le Cours du Danube, &c. // Avec une PRÉFACE sur l'exellence & l'usage de ces Cartes, // PAR M[ONSIEU]R [ANTOINE AUGUSTIN] BRUZEN DE LA MARTINIÈRE. // A LA HAYE, // AUX DEPENS DE LA COMPAGNIE. // M.DCC.XLI.[1]

Institut für donauschwäbische Geschichte und Landeskunde, Tübingen, Kartensammlung, 27 R 2 (9).

Kupferdruck. – 42,5 × 60,3 cm (51,5 × 70 cm).

Kartografische Angaben: nordorientiert. – Windrose. – Gradeinteilung. – W 12° 15' – E 30° 03'; S 41° 59' – N 49° 38'. – Maßstab: [ca. 1:2.570.000].

Erläuterung der Karte: links oben: »NOTANDUM // Primo, Lineolas, DANUBIUM, TIBISCUM, SAVUM, MARUSIUM, // fluvios per transversum secantes, indicare loca, quibus eorumdem fluvior, // Latitudo et Profunditas; aliquorum etiam Velocitas, exploratae habentur: // Secundo, Lineas, ab una montium extremitate ad aliam porrectas // quatuor totidem huc spectantibus Profilis, (quibus ostenditur, quanta // depressione. Danubius, aliiq[ui], insigniores quidam // fluvii, respectu unius lineae Horizontalis, alveo // suo decurrant:) mediantibus appositis literis correspondere«.

Verfasser, Verleger, Ausgaben: Luigi Ferdinando Marsigli (1658–1730, Kat. 1.1, 1.13, 3.14), General und Universalgelehrter, Reisender und Sammler, ist der Verfasser der vorliegenden thematischen Karte, die das Einzugsgebiet der Donau in Ungarn und bis zum Schwarzen Meer darstellt.[2] Marsigli hatte als Erster den Donauraum, der im Mittelpunkt seines geografischen Werkes steht, umfassenden wissenschaftlichen Untersuchungen unter verschiedenen Aspekten unterzogen und 1726 eine sechsteilige Monografie veröffentlicht: *Danubius Pannonico-Mysicus, Observationibus Geographicis, Astronomicis, Hydrographicis, Historicis, Physicis Perlustratus*. Sie enthielt bereits die vorliegende Karte.

Der Kartograf Johann Christoph Müller (1673–1721, Kat. 1.13, 2.8, 3.14), der wichtigste Mitarbeiter Marsiglis, setzte dessen Konzeption zeichnerisch um. Wie Marsigli war auch er Mitglied der Kommission, die nach dem Frieden von Karlowitz 1699 die habsburgisch-osmanische Grenze festlegte.[3]

Der Universalgelehrte Antoine-Augustin Bruzen de La Martinière (1683–1746) gab 1741 die Donaukarten in vorliegender Ausgabe heraus.[4] Der hohe Preis des Monumentalwerks *Danubius Pannonico-Mysicus* und das Interesse an den Karten führten zur Zusammenfassung dieser in einer eigenen Publikation – noch vor der Veröffentlichung der französischen Ausgabe der Donaumonografie, von der der in Den Haag lebende Publizist Kenntnis hatte.

Inhalt: Die thematische Karte nimmt sämtliche Nebenflüsse der Donau, die unmittelbar oder mittelbar in den Strom münden, in den Blick. Marsigli strukturierte die Darstellung des Gewässernetzes des mittleren und unteren Donaulaufs und strebte die Vereinheitlichung der geografischen Bezeichnungen an. Er markierte auch die weite Überschwemmungs-, Sumpf- und Morastlandschaft entlang der Theiß, in der Batschka und dem Banat, die bis ins 19. Jahrhundert hinein zu einem Markenzeichen dieser Regionen werden sollte. Auf Marsiglis wissenschaftlichem Werk über den Fluss gründet die sich schrittweise bildende, bis in die Gegenwart wirksame Raummetapher »Donau« bzw. »Donauraum«. Seine Karten führen eindrucksvoll »fließende Räume« vor Augen, so wie diese von seinen Zeitgenossen wahrgenommen wurden.

Aus der Zusammenarbeit zwischen Marsigli und Müller entstanden die ersten einigermaßen genauen Karten Ungarns, Kroatien-Slawoniens und des Donaulaufs auf der Grundlage der Hydrografie. Hinzu

[1] Marsigli 1741; bereits enthalten in Marsigli 1726.
[2] Zu Luigi Ferdinando Marsigli: Kretschmer/Dörflinger/Wawrik 1986, S. 466 f.
[3] Zu Müller als Kartenzeichner und Autor anonymer Karten und Planzeichnungen: Deák 2006, S. 151–153, 175–178.
[4] Zu Antoine-Augustin Bruzen de La Martinière: Hoefer 1859.

kamen Orientierungspunkte von abseits des Flusslaufs liegenden Orten, dann Straßen, Berge und Sümpfe. Die astronomischen Positionsbestimmungen wurden fast ausnahmslos an Flussläufen durchgeführt. Eine ihrer wichtigsten, durch astronomische Ortsbestimmungen untermauerten Erkenntnisse betraf den Lauf des Flusses. Die Darstellung des zuvor kontinuierlich abfallend abgebildeten Laufs des Stromes in östlicher Richtung korrigierten sie durch eine wirklichkeitsnahe veränderte Darstellung, die in den Karten östlich von Gran (ung. Esztergom) die Kursänderung am Donauknie unverkennbar einzeichnete.

Die Karte zeigt das Einzugsgebiet der Donau von Wien bis zum Schwarzen Meer und gibt eine Übersicht über alle im Königreich Ungarn in die Donau mündenden Flüsse und Bäche sowie über die Seen und Sümpfe. Es ist die erste hydrologische Karte des Donauraums. Die Anmerkung (»Notandum«, s.o.), mit der die Karte versehen ist, macht den Kartenleser auf die dünnen Linien aufmerksam, die die Hauptflüsse Donau, Theiß, Marosch und Save kreuzen. An jenen Ortspunkten hat Marsigli die Breite und Tiefe der Flüsse gemessen. Die vier Linien verbinden Gebirgsmassive, die außerhalb des von Karpaten, Dinariden und Balkangebirge gebildeten Donaubeckens liegen, und andere Wasserscheiden generieren. Um das Flussgefälle in vergleichender Betrachtung zu dokumentieren, erstellte Marsigli Profile des jeweiligen Flussbetts. Quer durch das Karpatenbecken hat er Unterschiede des Fließgefälles der Flüsse Donau, Alt (rum. Olt), Marosch (rum. Mureș, ung. Maros), Samosch (rum. Someș, ung. Szamos), Theiß (ukr., serb. Tisa, ung. Tisza) , Bosna, Drina, Save (kroat., serb. Sava), Temesch (rum. Timiș, serb. Tamiš), Verbas (serb. Vrbas), Drau (slowe., kroat. Drava, ung. Dráva), Eipel (slow. Ipeľ, ung. Ipoly), Gran (slow. Hron, ung. Garam) und Waag (slow. Váh, ung. Vág) ermittelt. Die Höhenmessungen wurden mit dem Barometer durchgeführt. Nach der Zusammenfassung der Informationen über die Einzugsgebiete der Flüsse präsentiert er die Nebenflüsse der Donau der Reihe nach, markiert ihre Quelle und Mündung, ermittelt ihre Länge und Breite und klassifiziert sie. Marsigli hat auch Wasserproben aus Flüssen, stehenden Gewässern, Brunnen, Mineral- und Thermalquellen, ebenso wie aus Hagelkörnern und dem Regenwasser entnommen. Das Wasser der Theiß bei Szegedin hatte nach Geruch und Farbe die schlechteste Qualität. Jenes ihres Nebenflusses Marosch stufte er als das beste ein. Damit unternahm er die ersten Studien zur Wasserqualität im Donauraum.

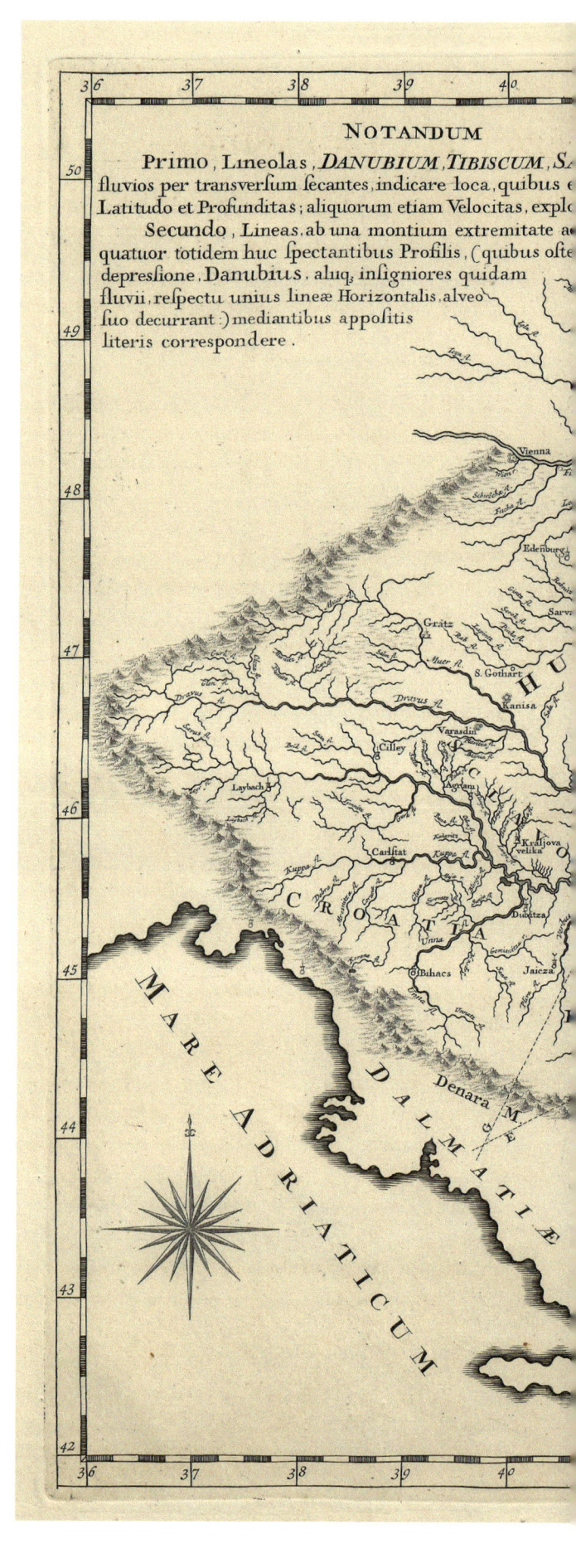

MAPPA POTAMOGRAPHICA
IN QUA
FLUVII AC FLUVIOLI NOMINATIORES FERE OMNES
QUI
IN MONARCHIA HUNGARIÆ
AD DANUBIUM
SIVE IMMEDIATE SIVE MEDIATE CONFLUUNT;
LACUS ITEM AC PALUDES
IDEA GENERALI REPRÆSENTANTUR.

Die Karte ist auch hinsichtlich der Raumgliederung des untersuchten Gebiets interessant. Das engere Königreich Ungarn (»Hungaria«) gliedert sich in Ober- und Niederungarn (»Hungaria Superior«, »Hungaria Inferior«). Zu den Ländern der ungarischen Krone zählen Kroatien (»Croatia«), Slawonien (»Sclavonia«) und Siebenbürgen (»Transilvania«). Die im 16. und 17. Jahrhundert hinsichtlich ihrer territorialpolitischen Zugehörigkeit schwankenden Landesteile (Partes Regni adnexarum, Partium) werden als »obere« und »untere Teile des Königreichs« (»Partes Regni Superiores«, »Partes Regni Inferiores« bezeichnet). Die Beschriftung der »unteren Teile« ist in das Gebiet zwischen Theiß, Donau, Marosch und Ausläufern der Südkarpaten (im Banat) eingetragen. Als einziges Regionym ist auf dem Gebiet Ungarns die Batschka (»Bacska«) eingetragen, die in allen Karten des 16. und 17. Jahrhunderts eine Sonderstellung einnimmt. Im Partium wird die Marmarosch (»Marmaros«) zur Region aufgewertet. Zwei Landschaften sind in Siebenbürgen entlang der Ostkarpaten im Szeklergebiet angeführt, »Giorgio« (rum. Gurghiu, ung. Görgény) und »Csik« (rum. Ciuc, ung. Csík). Im osmanischen Bereich der Karte liegen die Nebenländer der ungarischen Krone Serbien (»Servia«), Bulgarien (»Bulgaria«), Walachei (»Valachia«), Moldau (»Moldavia«) und Teile Thrakiens (»Thraciae pars«). Im Norden der Moldau sind Gebietsteile Podoliens (»Podoliae pars«) erfasst. Die Karte enthält nur wenige, der Orientierung dienende Siedlungspunkte, Hauptstädte und zentrale Orte der dargestellten Länder und Provinzen.

Der zentrale Begriff der Darstellung ist das ›Einzugsgebiet‹. Darunter ist ein durch Wasserscheiden begrenztes Gebiet zu verstehen, welches durch einen Fluss mit allen seinen Nebenflüssen entwässert wird. Diese Erkenntnis führte Marsigli zu einer systematischen Betrachtung wasserscheide-bildender Gebirge. Das im Südwesten Bulgariens gelegene, fast immer mit Schnee bedeckte höchste Gebirge der Balkanhalbinsel Rila, aus dem die Mariza entspringt, und nicht die südlich anschließenden Rhodopen oder das Pirin-Gebirge in Bulgarien bildet nach Marsigli die Wasserscheide hin zur Ägäis. Die Wasserscheide hin zur Ostsee wird von der Babia Gora gebildet. Das Gebirge ist im südlichen Polen in den Karpaten, wo auch die Quelle der Weichsel liegt, aufgeschlossen. Marsigli erkennt klar das Dinarische Gebirge (kroat. Dinaridi, Dinarsko gorje) als ein Hochgebirge, das sich vom Südrand der Julischen Alpen (slowe. Julijske Alpe, ital. Alpi Giulie) im heutigen Slowenien bis in den Norden Albaniens zieht. Die Bezeichnung »dinarisch« entstammt dem Dinara-Gebirge in der Zagora im dalmatinischen Hinterland, über das heutzutage die Grenze zwischen Kroatien und Bosnien und Herzegowina verläuft.

Es sind wiederum natürliche Grenzen, die Gebirgsketten, die Marsiglis Donauraum abgrenzen. Seine produktive Vorstellung bedient sich eines Konstrukts, in dessen Mittelpunkt Höhenverhältnisse – das Gebirge – stehen. Die zusammenhängenden Gebirgsketten erhalten ein in seiner Darstellung überbetontes Rückgrat: die das Kartenbild vertikal strukturierende, nördlich von Sofia beginnende, an die Serbischen Karpaten aufschließende und auf der anderen Seite von den Ausläufern der Südkarpaten über das siebenbürgische Westgebirge (rum. Munții Apuseni) bis zu den Waldkarpaten fortgeführte Gebirgskette, die sich praktisch quer durch das ganze Einzugsgebiet der Donau zieht. In Siebenbürgen wird als einziger Berg das Tarcău-Gebirge (»Tarcu M[ons]«) eingezeichnet: Es ist nach Marsigli das Quellgebiet von Marosch und Alt.

Der Zweck von Marsiglis hydrografischer Karte war, Zusammenhänge zwischen dem Gewässernetz und der Verbreitung von Pflanzen und Tieren festzustellen. Seit der zweiten Hälfte des 18. Jahrhunderts bildeten solche Karten die Grundlage für die Wasserwirtschaft, durch Wiedergabe von Überschwemmungsflächen (Dammbrüche, Sümpfe, Moräste, tote Flussarme), die der Entwässerung zugeführt werden sollten, und des Navigationspotentials der Flüsse zwecks Beseitigung der Hindernisse für die Schifffahrt und Schaffung neuer Wasserstraßen durch Kanalbau.

Josef Wolf

Luigi Ferdinando Marsigli / Johann Christoph Müller
Das Eiserne Tor, 1741

Sectio XIV., TAB[ula] 16., der MAPPA GENERALIS // IN QUA // DANUBII FL[umen] // CAETIUM MONTEM INTER ET BULGARIAE FLUMEN JANTRAM, In: Luigi Ferdinando Marsigli: LA HONGRIE // ET // LE DANUBE // PAR M[ONSIEU]R LE COMTE DE MARSIGLI, // En XXXI. CARTES très fidélement gravées d'apres les Desseins // originaux & les Plans levez sur les lieux par l'Auteur même. // OUVRAGE où l'on voit la Hongrie, par rapport à ses Rivieres, à ses Antiquitez // Romaines, & à ses Mines; & les Sources & le Cours du Danube, &c. // Avec une PRÉFACE sur l'exellence & l'usage de ces Cartes, // PAR M[ONSIEU]R [ANTOINE AUGUSTIN] BRUZEN DE LA MARTINIÈRE. // A LA HAYE, // AUX DEPENS DE LA COMPAGNIE. // M.DCC.XLI.[1]

Institut für donauschwäbische Geschichte und Landeskunde, Tübingen, Kartensammlung, 27 R 2 (33).

Kupferdruck. – 46,0 × 64,6 cm (51,5 × 70 cm).

Kartografische Angaben: nordostorientiert. – Gradeinteilung. – W 12° 15' – E 30° 03'; S 41° 59' – N 49° 38'. – Kennzeichnung der Anschlusskarten links oben und links unten. – Maßstab: [ca. 1:54.000].

Verfasser, Verleger, Ausgaben: Die Karte wurde von Luigi Ferdinando Marsigli (1658–1730, Kat. 1.1, 1.12, 3.14) konzipiert und von Johann Christoph Müller (1673–1721, Kat. 1.12, 2.8, 3.14) gezeichnet. Die Kupferplatten wurden bei Georg Christoph Eimmart (1638–1705) in Nürnberg hergestellt. Herausgeber ist Antoine-Augustin Bruzen de La Martinière (1683–1746, Kat. 1.12).

Inhalt: Die Karte ist eine der Detailkarten, die in Marsiglis Monografie über die Donau die einzelnen Abschnitte des Flusslaufs und der jeweiligen Umgebung darstellen. Eine den Abschnittskarten vorangestellte Generalkarte zeigt den Donaulauf vom Kahlenberg (»Caelius Mons«) bis zum Zusammenfluss mit der Jantra in Nordbulgarien.[2]

Der Generalkarte, die auf den Lauf des Flusses reduziert ist, sind die nummerierten Abschnitte der Detailkarten zu entnehmen. Sie beruht auf astronomischen Messungen der Ortslagen. Auf Grund der von Johann Christoph Müller 1696 durchgeführten magnetischen Variationsmessungen konnten die bei Eger, Szolnok, Szeged und Titel ermittelten Werte mit der von Edmond Halley (1656–1742) für die Seenavigation veröffentlichten Isogon-Karte verglichen werden. Die Gradeinteilung der Karte ist dennoch nicht im Einklang mit den Entfernungen der Orte untereinander. Stark verzeichnet sind die Biegungen der Donau von Buda und Pest bis zur Mündung der Drau. Die Verzerrungen der Karte gehen weniger auf die Ungenauigkeit des Kartografen als auf die geringe Anzahl der Positionsbestimmungen zurück.[3]

Zwar suggeriert die Generalkarte eine gewisse Einheitlichkeit, doch sind Informationsdichte und Zuverlässigkeit der einzelnen Abschnittskarten sehr unterschiedlich. Die detailreicheren Sektionen führen sämtliche Ufersiedlungen, Einzelgehöfte wie auch die aus dem Flussbett oder den Auen ragenden Inseln an. Für größere Ufersiedlungen werden Grundrisse verwendet. Das Gelände ist anschaulich, Berge sind perspektivisch dargestellt.

Die Karte der »Sectio XIV« umfasst den Stromabschnitt von oberhalb bis unterhalb des Eisernen Tores (lat. Porta ferrea, rum. Porțile de Fier, serb. Đerdap). Sämtliche Inseln, Stromhindernisse, Siedlungen entlang der Ufer und Spuren der römischen Zeit finden Erwähnung. Der dargestellte Donauabschnitt ist Teil der Landschaft Ključ, im weitesten Sinne der Timoker Krain (serb. Timoška krajina).

Die Detailkarte weist bis zum Eisernen Tor an mehreren Stellen aus dem Wasser ragende Felsklippen aus. Der Donaulauf ist nach dem Durchbruch am Eisernen Tor von mehreren Biegungen gekennzeichnet, die auf die hohe Strömungsgeschwindigkeit zurückzuführen sind. Die Karte hält alle damaligen Inseln fest, nur wenige sind jedoch namentlich gekennzeichnet. Unbenannt ist die strategisch wichtige Insel Ada Kaleh.

Das Gebirge auf der rechten Uferseite (Serbische Karpaten, serb. Srpski Karpati) ist eine Verlängerung des Karpatenbogens und erstreckt sich östlich des Morava-Beckens, westlich des Flusses Timok und nördlich der Nišava. In seiner »Mappa potamographica« (Kat. 1.12) wie auch in anderen, handgezeichneten Karten

1 Marsigli 1741; bereits enthalten in Marsigli 1726.

2 Marsigli 1741, IdGL Tübingen, 27 R 2 (19). – Zu den verschiedenen handgezeichneten Versionen der Generalkarte von 1696 bis 1702: Deák 2006, S. 194 f., Nrn. 1–4.

3 Deák 2006, S. 156.

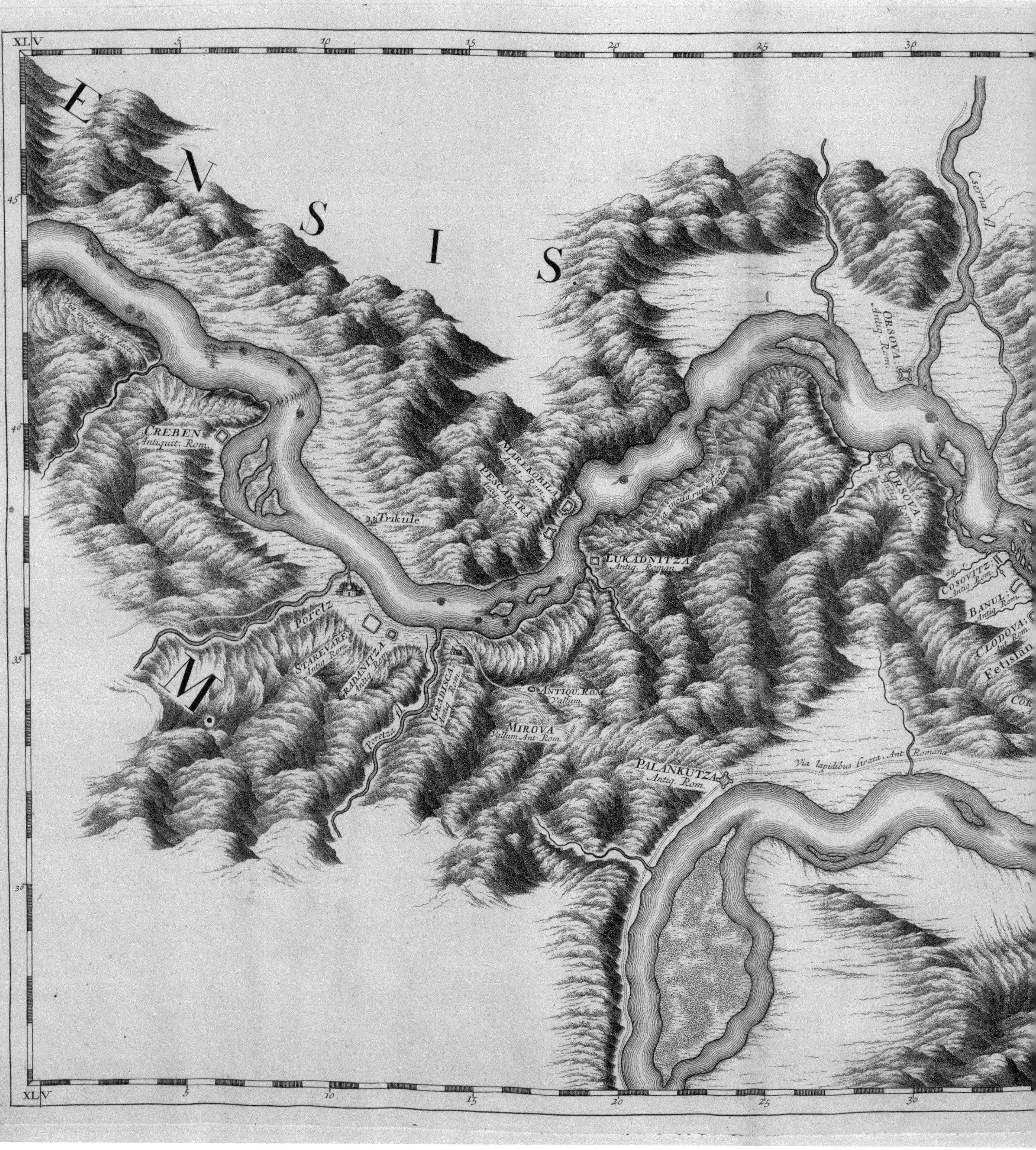
E N S I S
M
Cserna fl.
ORSOVA Antiq. Rom.
ORSOVA
CREBEN Antiquit. Rom.
MARKOBILA Antiq. Rom.
PESCABARA Antiq. Rom.
Trikule
Via incisa rupe facta
LUKADNITZA Antiq. Roman
Poretz
STAREVARE Antiq. Rom.
GRADANITZA Antiq. Rom.
GRADISCA Antiq. Rom.
Poretza
ANTIQU. ROM. Vallum
MIROVA Vallum Ant. Rom.
PALANKUTZA Antiq. Rom.
Via lapidibus strata. Ant. Romana
COSOVITZ Antiq. Rom.
BANUL Antiq. Rom.
CLODOVA Ant. Rom.
XLV

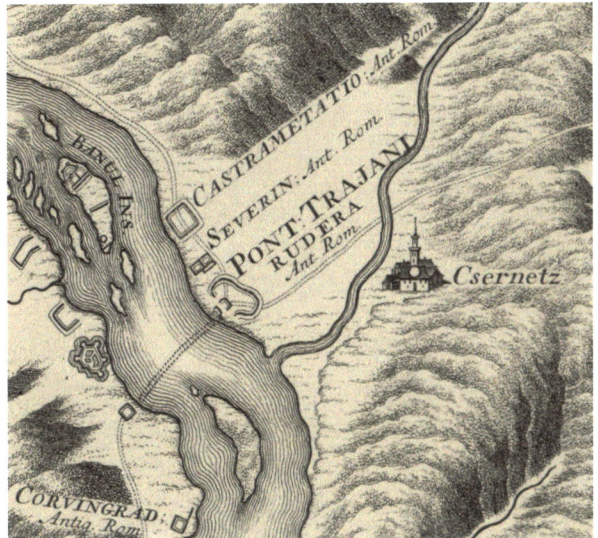

stellt Marsigli die Gebirgskette als Verbindungsglied der Karpaten zum Balkangebirge dar. Das Relief wird perspektivisch dargestellt. Dicht aneinander stehende abgerundete Maulwurfshügel geben die Strukturen des gebirgigen Geländes wieder, die in der Regel in Nord-Süd-Richtung liegen. Östlich der Morava erreichen die auf der Nord- und Südseite abgekrümmten Gebirge eine Mächtigkeit von über 1000 m. Die Berge sind nicht namentlich gekennzeichnet, nicht einmal an exponierten Stellen, wie am Berg Greben (serb. Veliki Greben).

Größere und befestigte Orte wie das beidseitig der Donau lokalisierte »Orsova« (dt. Orschowa, rum. Orşova) – schon in der osmanischen Zeit und erst recht nach 1716/18 ein wichtiger Grenz- und Transitpunkt für die ›griechischen‹ Händler aus dem Balkan – sowie Poreč und Fetislam (serb. Kladovo) auf dem rechten Ufer sind mit Grundrisssignaturen versehen.

Römische Ruinen (»Antiq[uitates] Rom[anorum]«) begegnen einem häufig in dem beidseitig dünn besiedelten Gebiet. In der Umgebung von »Mirova« ist ein Wall (»Vallum«), bei »Lukadnitzka« sind Spuren der von Kaiser Trajan aus Anlass des ersten Dakerkrieges im Jahre 101/102 in den Fels gehauenen Straße (»Via incisa rupe facta«). Bei Severin sind ein römisches Kastell (»Castrametatio«), die Überreste der Trajansbrücke (»Pont[us] Trajani Rudera«, Abb. 1.13b) und weitere römische Gebäudereste (»Ant[iquitates] Rom[anorum]«) eingezeichnet.

Nur wenige Flüsse münden in diesem Abschnitt in die Donau: auf der rechten Seite »Poretza fl[umen]« (serb. Porečka reka), auf der linken Seite die Cerna bei Orschowa und die Topolniţa (rum. Timiş, serb. Tamiš).

Josef Wolf

1.14 Donaukarte mit Navigationsangaben, nach 1738

NEV ACCURAT, VND NOCH NIEMALEN IN OFFENTLICHER EXPRESSION HERAVS GEGEBENER PRACTICIRTER DONAV STROHM. // Von seinen wahren Vrsprung, bis er sich nach Hinderlegten 324. Teutshen Meilen in das Schwarze Meer stürzet, auf deren Berühmtesten, und Ansehlichsten Besten Herrnen // Ingeneur diser zeit, welche solchen von seinem Vrsprung bis Versenckung in das Meer. Bewandert, gemessen, und Gegründet haben, also mit grosser mühe und Fleis entworffen u[nd] Beschriben // das diser Welt=bekante Fluss noch niemahlen also Volkommen Ausgegangen ist. Massen aller orten seine Thieffe, weite u[nd] Breite, alle Gefährliche orth, u[nd] Gränzen angezaigt worden, was vor Länder // er Durchwandert, was vor Namhaffte Vestungen, Stätte Castel Schlesser Klöster Märck dörffer er vorbeÿ Passiret, wie vill Grosse u[nd] gleine Fluss er in sich Trincket, wo u[nd] was vor gegenden under denen // Lezten dreÿen Rom[ischen] Kaÿsern Belagerung u[nd] Schlachten geschehen seÿnd, auf das sünreichestes angezaigt worden, also das die Hernen Liebhaber in keiner andern ausgegangenen Landkarten // finden werden, was hier angezigt ist. N[ota] B[ene] ist zu mörken das die Donau gemessen worden, nicht das sie gross oder glein sondern in Besten gang.

Privatsammlung Dr. Ovidiu Şandor, Temeswar.

Kupferdruck. – Grenz- und Gewässerkolorit. – kolorierte Ansichten. – kolorierte Erläuterungen zu den Ansichten. – 42,56 × 100,9 cm (50 × 109 cm).

Kartografische Angaben: Hauptkarte (Mittellauf): nordwestorientiert. – Nebenkarte (Oberlauf): nordorientiert. – Nebenkarte (Unterlauf): nordostorientiert. – Himmelsrichtungen vermerkt. – Hauptkarte: W 16° 20' – E 25° 34'; S 43° 15' – N 48° 15'; Nebenkarte (Unterlauf): W 25° 56' – E 29° 50'; S 43° 23' – N 45° 20'; Nebenkarte (Oberlauf): W 8° 30' – E 16° 18'; S 47° 22' – N 49° 4'. – Maßstab der Hauptkarte: [ca. 1:900.000]; Nebenkarte (Oberlauf): [1:1.900.000]; Nebenkarte (Unterlauf): [1:600.000]. – grafischer Maßstab für den mittleren Donaulauf, oben links: »Scala von 13 Gemeinen Teütshen Meilen.«, »Scala von 9 Hungarische Meillen«, »Scala von 20000 Klafftern«; für die Karte des Oberlaufs: »Scala von 20 gemeine Teütsen Meillen«; für die Karte des Unterlaufes: »Scalla von 10 gemeinen Theütschen Meillen«.

Verfasser, Herausgeber, Ausgaben: Die Karte ist sehr wertvoll durch die komplexe Darstellung der Ufersiedlungen wie auch durch die hydrografischen Angaben. Der Autor der Karte ist unbekannt. Auch der Stecher der Karte ist unbekannt. Auf den Wiener Verleger Etienne Briffaut (Kat. 4.9) verweist eine handschriftliche Anmerkung auf der Rückseite: »Le Danube depuis la premiere Source jusqu'a L'Embochure // chez Brifau Nr. 1. T.L.V.«

Der »Marsch deren Türken über // die Donau vor Orsova 10. Maÿ 1738« wird in der Karte erwähnt. Sie fielen ins Banat ein und besetzten Orschowa (rum. Orşova), Ada Kaleh, Mehadia und Semendria (serb. Smederevo) auf dem gegenüberliegenden Donauufer sowie Užice an der Grenze Serbiens zu Bosnien. Erwähnt wird auch die Schlacht bei »Cornia« (rum. Cornea), nördlich von »Meadia« (rum. Mehadia):

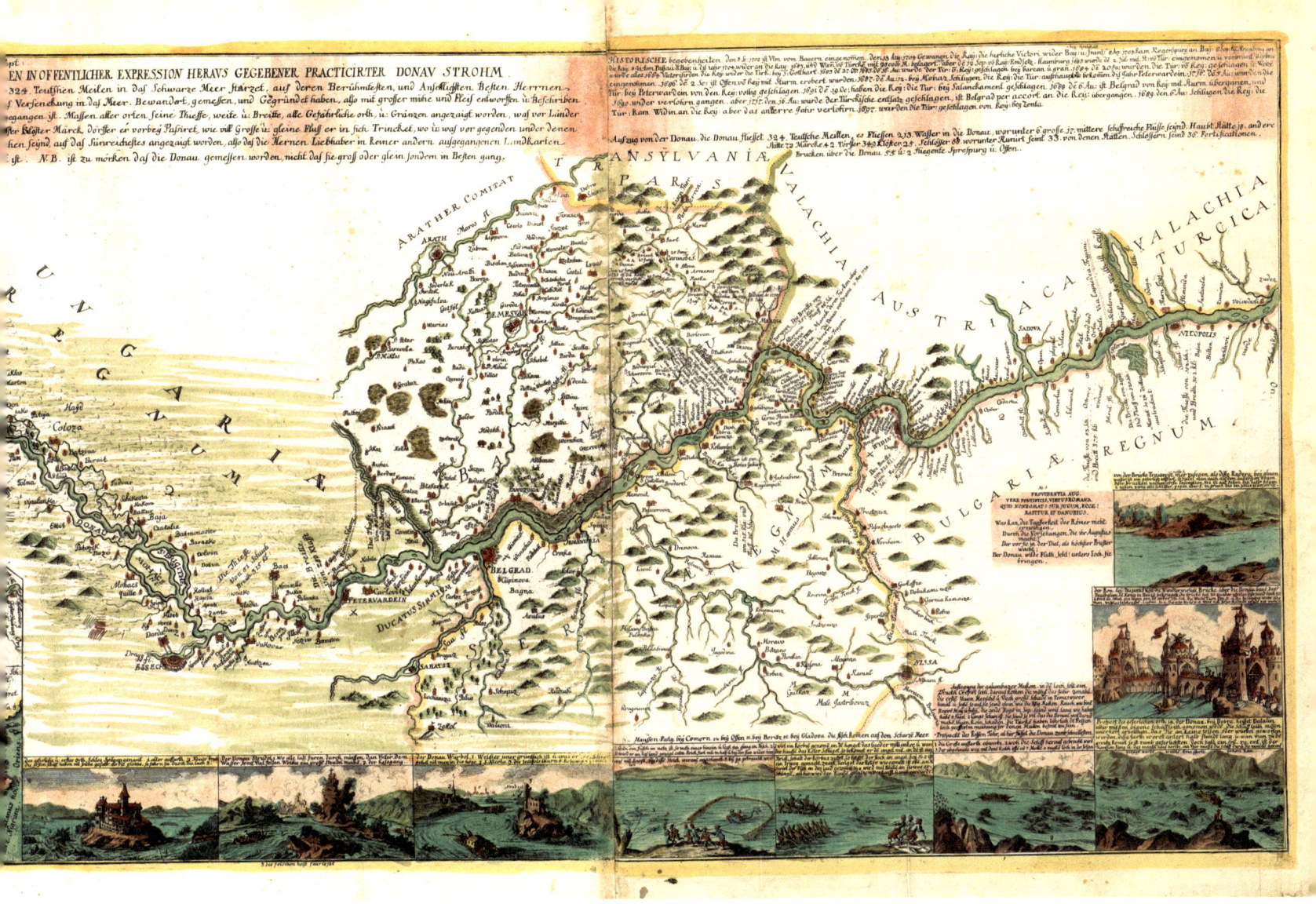

»K[aiserliche] mit dem T[ürken] Badalie A[nn]o 1738 15 Julÿ«. Es ist dies der Terminus post quem für die Entstehung der Karte. Die Schlacht vom 23. Juli 1739 bei Grocka wie auch die Grenzänderungen in der Folge des Friedens von Belgrad im September sind nicht mehr berücksichtigt.

Bildelemente: Die dreiteilige Karte zeigt die Donau von der Quelle bis zur Mündung, beginnend mit der ersten Nebenkarte in der linken Ecke über die Hauptkarte und in der zweiten Nebenkarte in der linken unteren Ecke endend.

Der obere Kartenrand wird innerhalb des Rahmens links von Maßstabsleisten und Legende, mittig vom Titel und rechts von geschichtlichen Aufzeichnungen eingenommen, deren Anordnung – mehr oder weniger – den in der Legende vermerkten und in der Karte eingezeichneten Schlachtensignaturen von Westen nach Osten folgt, beginnend mit: »Den 8 Se[ptember] 1702 ist Vlm von Bayern eingenommen«. Wien ist der erste Ort der Hauptkarte, auch hier findet sich eine Signatur für eine Schlacht, dazu oben die Erklärung: »1683. wird Wienn von Türcken mit 280000 M[ann] belagert 14 Ju[li]. aber den 12 Sep[tember] von Kaÿ[serlichen] Endsetz[t].« An die Nebenkarten schließen in der Fußleiste neun Abbildungen markanter Orte mit Textfeldern und Legenden an, die letzten von ihnen füllen den Platz am rechten Bildrand. Dargestellt sind unter anderem gefährliche Donauabschnitte (Abb. 1.14b) und der Hausenfang (Abb. 1.14c). Der Hausen (Beluga-Stör) zählt zu den größten Knochenfischen, der vom Schwarzen Meer her donauaufwärts schwamm.

Inhalt: Die Karte konzentriert sich mit Ausnahme der vollständig dargestellten Provinzen Banat und Serbien auf den Fluss. Dabei ist die Teilung der Karte praktischer Natur – sie spart Platz und füllt im Gegenzug leeren Kartenraum. Sie hat aber ihren Preis: Die drei Karten haben unterschiedliche Maßstäbe und liefern daher ein täuschendes Bild von der Länge des jeweils dargestellten Abschnitts. Das Hauptaugenmerk gilt dem mittleren Donaulauf, der sich von Wien bis

Der Donau Strudel, 1. Wo alle laßt furen durch müeßen, dan Vnfer dem Waßer seint Viel felsen Welche ein große Strudel mache, 2. der hefsgang..

3 die felschen heißt sauriesel

der Donau Würbel, 1. Welcher uner gründlich ist u was er [...] gehet nit mer in die höge, 2. S. Nicola. 3. der teuffels thurn 4. hefsgang 5. [...]

stromabwärts hinter Nikopol erstreckt. Er ist detaillierter dargestellt als Ober- und Unterlauf. Besonders berücksichtigt werden die Grenzen (gepunktete Linie) des Habsburgerreiches an der Nahtstelle zum Osmanischen Reich, sowohl im Königreich Serbien (»Serviae Regnum«) als auch in der Walachei, die in die »Valachia Austriaca« (Kleine Walachei) und die »Valachia Turcica« geteilt wird. Dagegen wird das Zugehörigkeitsattribut »Turcica« nicht auf die dargestellten Gebietsteile der Moldau (»Pars Moldaviae«) angewandt, die als osmanischer Vasallenstaat einen ähnlichen Rechtsstatus wie die Walachei hatte.

Das Temeswarer Banat wird als »Banatus« bezeichnet; Syrmien (»Ducatus Sirmium«, serb. Srem, kroat. Srijem) ist von Ostslawonien abgehoben. Bulgarien (»Bulgariae Regnum«) und Serbien werden als Königreiche bezeichnet, worunter Nebenländer der ungarischen Krone verstanden werden. Die Zugehörigkeit zum osmanischen Machtbereich wird nur durch die Grenzziehung und den ausdrücklichen Hinweis auf die Grenze sichtbar. Gegenüber von Peterwardein (serb. Petrovaradin) wird auf die »Raczenstadt« (serb. Novi Sad) hingewiesen. Von dort führt bis zur Theiß (»Theis«) die »Römer Schanz«. Für die Aktualität der Karte spricht die Eintragung einer Kolonistensiedlung im südwestlichen Banat, das zwischen »Werschez« (dt. Werschetz, serb. Vršac) und »Vipalanka« (dt. Neupalanka, serb. Banatska Palanka) liegende, in der frühen karolinischen Zeit entstandene und im Türkenkrieg eingegangene »Lagersdorff« (dt. Lagerdorf, serb. Straža, rum. Straja).

An zahlreichen Stellen innerhalb der Karte sind Breite und Tiefe des Flusses eingetragen (Breite in Klafter (Wiener Maß 1,90 m) / Tiefe in Schuh (Wiener Maß 31,6 cm). In Ulm ist die Donau 15 Schuh tief, ab hier »draegt es erst die last // schiff«; zuvor, ab Riedlingen wird »zum ersten mit // flessen« (Flößen) gefahren. Vor Petronell werden die Werte 352/38 angegeben, nach Pest 350/93, unterhalb der Mohács-Insel 315/51, zwischen Tricule und »Dabova« (rum. Dubova) 276/51. An dieser Stelle findet sich der Vermerk: »Allhier ist die Donau // zumb Schmölosten [...]«. Weiter stromabwärts, bei Ada Kaleh, wird die Breite mit 357 Klafter und die Tiefe mit 46 Schuh angegeben, und bei der Mündung des Kilia-Armes (rum. Chilia) mit 640/112.

Die Karte leidet an Projektionsdefiziten. Die Nordorientierung wird nicht konsequent eingehalten, so dass das Banat beispielsweise breit- statt langgestreckt erscheint. Das Donauknie bei Gran (ung. Esztergom) ist zu schwach konturiert. Die Darstellung des Stromes schlägt die kartografisch überlieferte Südostrichtung ein, statt der von Luigi Ferdinando Marsigli (Kat. 1.1, 1.12, 1.13, 3.14) und Johann Christoph Müller (Kat. 1.12, 1.13, 2.8, 3.14) aufgezeigten Südrichtung. Falsch ist der Richtungswechsel der Donau nach Norden bei Peterwardein, so dass die Breitenlage Belgrads nördlicher als jene von Peterwardein erscheint. Statt bei Widin die Ostrichtung einzuhalten, scheint der Strom nach Nordosten zu fließen. Dadurch wird auch die Form des Donauknies bei »Silistria« (bulg. Silistra) verkannt: Der Strom fließt schräg, der kartografischen Überlieferung entsprechend, nach Nordosten, statt bis »Brailla« (rum. Brăila) die Nordrichtung einzuhalten.

Die starke Mäandrierung des Flusses im Mittellauf ist grafisch gut gelöst, ebenso die Darstellung der Binnendeltas, die sich hier an verschiedenen Stellen durch mit dem Hauptstrom verbundene Alt- und Nebenarme bilden. Zwischen Kalocsa und Baja breitet sich der Fluss auf dem rechten Ufer aus und ergießt sich in die Niederungen. Das auf der linken Seite des Flusses eingezeichnete Überschwemmungsgebiet zieht sich vom Donauknie bei Waitzen (ung. Vác) bis nach Peterwardein. Dagegen ist die Morastlandschaft des Banats eher zurückhaltend dargestellt.

Von den zahlreichen eingezeichneten Inseln werden nur wenige mit Namen genannt: die beiden Schütt-Inseln (»Schutt Ins[ula] Maio[r]«, »Schütt Ins[ula] Min[or]«), die Insel bei Szendendre (»S[ank]t Andrae Ins[ula]«, »Csepel Ins[ula]«), und, neu auf Karten, die beiden, von einem Donauarm getrennten Inseln bei Mohács (»Mohacs Ins[ula]« und »S[ank]t Brigithe Ins[ula]«). Bei Ostrovo, in der Nähe von Kostolac, wird die größte Insel im Stromabschnitt zwischen Belgrad und Eisernem Tor, die von fünf kleineren Inseln umgebene »Sand Insul« (serb. Ostrvo) vermerkt.

Aufmerksamkeit wird der in zwei Ansichten beschriebenen Trajansbrücke geschenkt. Auf dem rechten Ufer des Alt (rum. Olt) wird bis zu dessen Mündung die Römerstraße (»Via lapiedea Trajani«) erwähnt. Der anonyme Verfasser verwechselt »Neu Orsova« mit dem Banater »Altorsova«. An der Stromenge »Eisen Thor«, ebenfalls eigens abgebildet, sind aus dem Wasser herausragende Klippen eingezeichnet.

Die Donau fließt in den »Pontus Euxinus hodie Mare Nigrum«. Vermerkt werden die türkisch-tatarischen Bezeichnungen der fünf Mündungsarme: »Ostium Kilia«, »Ostium Tusla«, »Ostium huzerutjue«, »Ostium Sunne« und »Ostium Porese«. Eingezeichnet ist die Hafenstadt Konstantza (»Chiustenge als Prostauicza«, rum. Constanța).

Die Karte enthält nur wenige Namen stromnaher Gebirge. Die Serbischen Karpaten werden dem Balkangebirge (»M[ons] Haemus«) zugeordnet, das sich bis an die Donau hinzieht. Offensichtlich hielt der Verfasser die Darstellung der Ufergegenden für wichtig. So vermerkt er südöstlich von Golubac: »Alhier ist ein Hohes Gebürg«, etwas weiter stromabwärts bei »Miras« ein »Hohes gebürg«, womit das Miroč-Gebirge (serb. Miroč planina) gemeint ist. Östlich von Kalocsa werden die Weiten der Heide (»Haÿd«), das Alföld, angekündigt. Richtig ist oberhalb von »Carans[e]bes« (rum. Caransebeș, dt. Karansebesch) der »Eisen Thor«-Pass (»Porta ferrea«) eingezeichnet.

Josef Wolf

LE THEATRE DE
GUERRE
Sur
LES FRONTIERES
DES DEUX EMPIR
depuis
VIENNE jusques à CONSTANTINO
ou se trouvent
LA HONGRI
LA TRANSILVANIE
LA VALAQUIE, LA MOLDA
L'ESCLAVONIE, LA BOSNI
LA SERVIE, et LA BULGAR
La Republique de Ragu
et partie de
LA DALMATIE de L'ALBAN
et de
LA ROMANIE.
Tiré de Plusieurs Voyages et Ambass.
Par N. de Fer, Geographe de sa Majesté Cato
de Monseigneur de Dauphin
A PARIS
Chez I.F. Benard dans l'Isle du Palais su
Quay de l'Orloge a la Sphere Royale
Avec Privilege du Roy 1737

2 VIELGESTALTIGKEIT DER STAATENWELT

Das Reich – ob nun das Habsburgerreich oder das Osmanische Reich – war ein zentraler Grundbegriff frühneuzeitlicher, weiterhin theologisch begründeter Vorstellung von universaler Herrschaft. Beide Imperien waren das Ergebnis territorialer Machtausdehnung, die mit Grenzveränderungen einherging.

Kartografen brachten diese Prozesse ins Bild. Regionen und Landschaften konnten – abseits der Zentralgewalt – eine gewisse politische Eigenständigkeit bewahren. Das geografische Wissen entfaltet mit dem Leitmedium ›Karte‹ eine eigene Dynamik. Räumlichkeit wird als Territorialität verstanden. Herrschaftliche Inbesitznahme und symbolische Bezeichnung sind eng miteinander verbunden.

Für die Kennzeichnung von Herrschaft greifen Kartografen auf vereinfachte, bisweilen auch imaginierte Länderwappen oder andere Hoheitszeichen zurück, die symbolisch räumliche Differenz herstellen. Wappen unterscheiden Herrschaften voneinander und definieren territoriale Zugehörigkeit. Herrschaftsansprüche werden in den Kartuschen mit Feindbildern kombiniert.

Die vormoderne Staatenordnung impliziert deutliche Hierarchien, die in der geografischen Darstellung sichtbar werden. Der Kartograf und Globenhersteller Vincenzo Coronelli fasst diese Rangfolge programmatisch im Titel seines *Atlante Veneto* (1691/96) zusammen, in dem er als Spitze der politischen Ordnung die Imperien beschreibt, denen Königreiche, sonstige Formen der Territorialherrschaft und Provinzen nachgeordnet sind.

2.1 Justus I. Danckerts / Dancker Danckerts
Königreich Ungarn, Griechenland und die umliegenden Regionen, [1688]

REGNI // HUNGARIAE, GRAECIAE // ET MOREAE // ac Regionum, quae ei quondam // fuêre Christiani, ut // TRANSILVANIAE, VALACHIAE, MOLDAVIAE, // BESSARABIAE, BOSNIAE, SCLAVONIAE, SERVIAE, // BULGARIAE, CROATIAE, ROMANIAE, DALMATIAE, // MORLACHIAE, RAGUSANAE REPUBLICAE, // Maximaeq[ue] Partis // DANUBII FLUMINIS, // Novissima Delineatio per Justinum Danckerum.

Privatsammlung Dr. Ovidiu Şandor, Temeswar.

Kupferdruck. – Grenz- und Kartuschenkolorit,[1] Rahmen mit Gradeinteilung ebenfalls koloriert. – 49,6 × 58,4 cm (50,6 × 59,3 cm). – signiert unten links: »D[ancker] Danckerts sculp[sit]«.

Kartografische Angaben: nordorientiert. – Windrosen. – Gradeinteilung. – W 11° 53' – E 32° 18'; S 34° 44' – N 50° 43'. – Maßstab: [ca 1:2.300.000]. – grafischer Maßstab: ungarische, deutsche und ›gallische‹ Meilen bzw. Wegstunden: »Milliaria Hungarica 10 in uno gradu«, »Milliaria Germanica sive geometrica«, »Milliaria Gallica sive Horae itineris«.

Verfasser, Verleger, Ausgaben: Die Karte ist ein Produkt der Amsterdamer Verlegerfamilie Danckerts (Kat. 3.3, 5.7), die namhafte Kupferstecher, Landkarten- und Atlantenverleger hervorbrachte. Justus I. Danckerts (1635–1701), der Sohn des Firmengründers Cornelis I. Danckerts (1603–1656), publizierte zusammen mit seinem Sohn Theodor I. (geb. 1660) zwischen 1690 und 1700 in Amsterdam mehrere Atlanten.[2] Sein Bruder Dancker Danckerts (1634–1666) war vor allem durch seine Porträts, Stadtansichten und Landschaften bekannt. Aufgrund der Lebensdaten des Kupferstechers wurde die von Dancker signierte, der Karte zugrunde liegende Kupferplatte spätestens 1666 angefertigt. Es stellt sich daher die Frage, ob nicht eine ältere, im Kupferplattenbestand vorhandene und für einen Atlas von Cornelis II. Danckerts (1664–1717, Kat. 5.7) bestimmte Karte vor dem Hintergrund des vom Großen Türkenkrieg (1683–1699) entfachten öffentlichen Interesses für den Donauraum und die Balkanhalbinsel

---

1 Die Karte wurde auch unkoloriert vertrieben.

2 Zur Verlegerfamilie Danckerts und deren Atlantenproduktion: Koeman 1969, S. 88–97.

180 2. VIELGESTALTIGKEIT DER STAATENWELT

2.1a

REGNI
HUNGARIAE, GRAECIAE
ET MOREAE
ac Regionum quae ei quondam
fuere Christiani, ut
TRANSILVANIAE, VALACHIAE, MOLDAVIAE,
BESSARABIAE, BOSNIAE, SCLAVONIAE, SERVIAE,
BULGARIAE, CROATIAE, ROMANIAE, DALMATIAE,
MORLACHIAE, RAGUSANAE REPUBLICAE,
Maximaeq; Partis
DANUBII FLUMINIS.
Accuratissima Delineatio per Justinum Danckerum.

2.1b

3 Bei Koeman 1969, S. 91–96, Dan 1–5, an unterschiedlichen Stellen eingeordnet.

4 Justus I. Danckerts: Regni Hungariae, Graeciae et Moriae […] maximaeque partis Danubii […], novissima delineatio […], Amsterdam [o. J.].

5 Philibert Bouttats / Justus I. Danckerts: Regni Hungariae, Graeciae et Moreae ac regionum quae et quondam fuere christiani […] maximaeque partis Danubii fluminis, auctore Philiberto Bouttats juniore, novissima delineato [sic] […], Antwerpen [o. J.].

6 Frederik de Wit: Regni Hungariae et Regionum, quae ei quondam fuére unitae, ut Transilvaniae, Valachiae, Moldaviae, Serviae, Romaniae, Bulgariae, Bessarabiae, Croatiae, Bosniae, Dalmatiae, Sclavoniae, Morlachiae, Ragusanae Reipublicae Maximaeq[ue] Partis Danubii Fluminis, Novissima Delineatio, [Amsterdam] 1688, Maßstab: [ca. 1:2.100.000].

7 Reinier Ottens / Josua Ottens / Jacob Keyser: Novissima tabula regni Hungariae et regionum quondam ei unitarum […] exactissime juxta meliorum geographorum observationes hic quoque demonstrantur, [Amsterdam] [o. J.], Maßstab: [ca. 1:2.000.000].

neu aufgelegt wurde. Die Karte wurde als Einzelkarte und, eventuell mit abweichendem Impressum, als Atlaskarte publiziert.³

Die bibliografischen Angaben zum Typus der vorliegenden Karte weisen wechselnde Autoren und eine zeitliche Einordnungsbreite von mehreren Jahrzehnten (1680–1720) auf. Die erste, unkolorierte Ausgabe der Karte ist um 1680 mit dem gleichen Titel, aber ohne die Liste der militärischen Auseinandersetzungen erschienen und führt allein Justus I. Danckerts als Verfasser an.⁴ Eine zweite Ausgabe erschien mit verändertem Titel: »Regni Hungariae, Graeciae et Moreae ac regionum quae et quondam fuere christiani […] maximaeque partis Danubii fluminis, auctore Philiberto Bouttats juniore, novissima delineato per Justinum Danckerum« (etwa 1687/88), vor der Eroberung Belgrads durch die kaiserliche Armee am 16. September 1688.⁵ Darin wird die Karte dem Kartografen Philibert Bouttats junior (geb. 1663) zugeschrieben. In dieser Karte wird bei der »Erklärung der im Königreich Ungarn belagerten Städte« bei Belgrad nur die Belagerung der Stadt im Jahre 1687 angeführt (»exp[ugnata] 1687«). Dagegen findet in der hier vorliegenden Karte Belgrad als wieder eroberte Stadt (»Belgrado exp[ugnata]1529. rec[uperata] 1688«) Erwähnung. Da keine weiteren Schlachten mehr aufgelistet sind, ist diese Karte nach 1688 und vor dem Sieg der kaiserlichen Armee bei Slankamen 1691

veröffentlicht worden. Denkbar ist demnach, dass die Karte aus Anlass der Einnahme Belgrads durch Herzog Maximilian Emanuel von Bayern (1662–1726) erschienen ist.

Gebietsausschnitt und Darstellung der vorliegenden Südosteuropakarte wurden von zeitgenössischen niederländischen Kartografen in Karten mit leicht abgewandelten Titeln übernommen, so beispielsweise von Frederik de Wit (1630–1706): »Regni Hungariae et Regionum, quae ei quondam fuére unitae« (1688),⁶ und Reinier (1698–1750) und Josua Ottens (geb. 1704): »Novissima tabula regni Hungariae et regionum quondam ei unitarum« (ca. 1725).⁷

Über Jahrzehnte hinweg erwiesen sich die geografischen Vorstellungen über Südosteuropa, die von den niederländischen Kartografen dem westeuropäischen Publikum vermittelt wurden, als ziemlich konstant.

Bildelemente: Auf der fast quadratischen Karte wird der freie Raum in der linken unteren Ecke genutzt für eine zweispaltige Erläuterung: »Expugnatae Civitates in Regno Hungariae«. Diese Liste von Belagerungen und Feldschlachten beginnt zeitlich mit den Schlachten von Philippopel (bulg. Plovdiv) 1364 und Adrianopel (türk. Edirne) 1365, die das Ende des Byzantinischen Reiches als Territorialmacht auf dem Balkan darstellen, wird über die Eroberung Konstantinopels 1453 und den Fall

Ofens (ung. Buda) 1541 fortgesetzt bis zum Großen Türkenkrieg, und endet mit der Eroberung Belgrads 1688. Fallweise wird das Jahr der osmanischen Eroberung und der habsburgischen Rückeroberung angegeben. Einige Datumsangaben sind falsch, nicht aber die Belagerungen und Schlachten des Großen Türkenkrieges auf dem Gebiet des Königreiches Ungarn. Auf der Karte sind diese Orte rot unterstrichen.

Die Titelkartusche in der Mitte unten wird umrahmt von einer männlichen Heiligenfigur in rotem Mantel vor einer Schlachtenszene, mit dem Kreuz in der linken Hand auf das Titelfeld zeigend; rechts sitzt ein Engelchen; über der Szene schwebt der byzantinische Adler.

Inhalt: Die Karte weist Positionsdefizite auf. Graz, Stuhlweißenburg (ung. Székesfehérvár), Buda, Großwardein (rum. Oradea), Klausenburg (rum. Cluj-Napoca), Hermannstadt (rum. Sibiu) und der nördliche Donauarm Kilia (rum. Chilia) befinden sich fast auf dem gleichen Breitengrad. Vor allem die Gebiete am östlichen Rand, beginnend mit dem Banat und der Kleinen Walachei, weisen Verzerrungen auf.

Eingezeichnet sind staatliche, teils auch innerstaatliche Grenzen. Die großen Gebirgsketten (Karpaten, Balkangebirge) sind nicht in ihrer Kompaktheit dargestellt. Das rumänische Westgebirge (rum. Munții Apuseni) ist überzeichnet. Eingezeichnet sind in Siebenbürgen wichtige Gebirgspässe, aber nicht das Eiserne Tor Siebenbürgens (lat. Porta ferrea Transylvaniae, rum. Poarta de Fier a Transilvaniei), das Einfallstor der Türken nach Siebenbürgen.

Der Donaulauf wird von Passau bis zur Mündung dargestellt. Der Strom fließt in Nord-Süd-Richtung, der Orientierungswechsel am Donauknie (ung. Dunakanyar) war dem Verfasser noch nicht bekannt. Die Wiedergabe der großen Donauinseln ist leicht überzeichnet. Der Strom mündet in vier Armen in das Schwarze Meer, wovon der nördliche und südliche Arm Trichtermündungen bilden. Der Alt (»Alauta Flu[men]«, lat. Aluta, rum. Olt) fließt irrtümlich durch Hermannstadt, der grenzbildende Fluss Timok fehlt. Eingezeichnet sind aber die Heeresstraße von Belgrad nach Konstantinopel wie auch das antike Troja (»Troie«, gr. Troiē, türk. Truva).

Auf der Balkanhalbinsel sind mehrere Landschaftsnamen angeführt wie »Macedonia«, »Morlach[i]a« oder »Istria«. Sorglos geht der Kartograf mit dem Begriff »Tartaria« im südlichen Bessarabien, Budschak (tatarisch und türk. Bucak, russ. und ukr. Budžak, rum. Bugeac) sowie der Otchakower (ukr. Očakiv) Tatarei (»Tartaria Oczakoviensis«) um. Das Kartenbild spiegelt einen aus heutiger Sicht noch geringen Wissensstand von den topografischen Verhältnissen im Donauraum und auf dem Balkan wieder.

Josef Wolf

2.2 Martin Stier / Mauritius Lang
Grenzburgen im Königreich Ungarn, 1664

Landkarten des Königreichs Ungarn, // und dennen andern angräntzenden Königreichen, Fürsten= // thumen, und Landschafften, sambt denen Gränitz-Posten, so die Röm[isch] Kaÿ[serliche] Maÿ[estät] und daß Hochlöbl[iche] Ertzhauß Österreich, von dem // Adriatischen Meer an, biß in Sibenbürgen vor Vestungen und Plätze // gegen dem Erbfeind zu Nutz der gantzen Christenheit, stätig erhalten, // und in allen versehen lassen müssen. […] Martin Stier Kaÿ[serlicher] // Ober Ingenier delineauit, [Wien] 1664.

Landesarchiv Baden-Württemberg, Generallandesarchiv Karlsruhe, Hfk Planbände 7, 10.

Kupferdruck. – Grenz-, Küsten-, Wald- und Kartuschenkolorierung, kolorierte Bildelemente, kolorierter Rahmen. – 97,5 × 148 cm. – aus 12 Blatt zusammengesetzt. – signiert rechts unten, links von der Maßstabskartusche: »Mauritius Lang sculpsit // Viennae.«

Kartografische Angaben: nordorientiert. – Windrose. – W 12° 30' – E 46° 46'; S 44° 25' – N 48° 42'. – Maßstab: [ca. 1:760.000]. – grafischer Maßstab unten rechts: »Kleine«, »Mitlere«, und »Grosse Meilln«.

Verfasser, Verleger, Ausgaben: Das kurze Leben des Verfassers der großformatigen, aus militärisch-strategischen Zusammenhängen entstandenen Karte, des Oberingenieurs im kaiserlichen Heer, Martin Stier (1620–1669, Kat. 4.1, 4.2, 4.3), ist erst durch neuere Arbeiten bekannt.[1] Der aus Augsburg stammende, ebenfalls eher dürftig belegte Kupferstecher Mauritius (Moritz) Lang stach die erste Auflage der Karte. Er ist um 1650 in Wien, später in Tyrnau und Kaschau nachgewiesen, wo er als Buchillustrator arbeitete und Porträts stach.

Die Karte geht auf eine 1661 von Stier im Auftrag des Wiener Hofkriegsrates, ebenfalls aus zwölf Blatt bestehende, gezeichnete Landkarte Ungarns (»Mappa limitum contra Turcas«) zurück.[2] Ihr lagen bestehende Grenzfestungslinienkarten wie auch Festungsvisitationen zugrunde. Der Druck und die handgezeichnete Karte stimmen bis auf wenige militärisch bedingte Abweichungen überein.

Als erste Karte von Ungarn ist das Blatt mit einer – diesem Exemplar fehlenden – Ortstabelle auf einem separaten Blatt[3] ausgestattet. Bis zu der von Johann Christoph Müller (1673–1721, Kat. 1.12, 1.13, 2.8, 3.14) herausgegebenen und mit Ortsregister versehenen Ungarn-Karte (1709) besaß nur noch Guillaume Sansons (1633–1703, Kat. 1.9, 2.6) »Théatre De La

---

1 Grundlegend: Krompotic 1997, S. XXIII f., S. 303–321; Török 2007a, S. 1848–1850.

2 ÖNB Wien, Handschriftensammlung, Cod. 8332; Hinweis: Ausst. Kat. Wien 2001, S. 5.

3 Anders: BLB Karlsruhe, O 2, 1.2; Stopp/Langel 1974, S. 200 f.

4 Johann Christoph Müller / Johann Andreas Pfeffel / Christian Engelbrecht: Augustissimo Romanor[um] Imperatori Iosepho I. Hungariae Regi Invictissimo Mappam hanc Regni Hungariae propitiis elementis fertilissimi cum adjacentibus regnis et provinciis nova et accuratiori forma ex optimis schedis collectam […], [Augsburg] 1709, Maßstab: [ca.1:550.000], BLB Karlsruhe, Q 2. URL: https://digital.blb-karlsruhe.de/id/3966666 (17.06.2017); Stopp/Langel 1974, S. 212; Guillaume Sanson / Pieter I. Mortier / David Mortier: »Théatre De La Guerre En Hongarie, Transilvanie &c.; Partie Orientale de la Hongrie«, Amsterdam [u. a.] [ca. 1703/06].

2.2a

Guerre En Hongarie« (ca. 1703/06) ein vergleichbares Verzeichnis.⁴

In den Türkenkriegen konnte die Karte der Orientierung, vor allem im zuverlässig dargestellten transdanubischen Raum, dienen, aber auch öffentliches Interesse wecken. Dieses bedingte zwei weitere Auflagen. 1684 und 1687 wurde sie von Martin Endter (1653– 1744) mit veränderter Titelkartusche, umrahmt vom Doppeladler und darüber angebrachter Widmungskartusche, in Nürnberg herausgegeben. Die Karte wurde hierfür von Johann-Alexander Böner (1647–1720) exakt nachgestochen.⁵ Endter widmete die »vermehrte und verbesserte Landkarten« programmatisch Kaiser Leopold I. (1640–1705).⁶

Bildelemente: Die kolorierte Titelkartusche befindet sich links oben in ovalem barockem Rahmen, der mit allerlei Kriegs-, Vermessungs- und Zeichengerät gespickt ist (Abb. 2.2b). Sie enthält die Legende mit Signaturen für die in der Karte beschriebenen Grenzfestungen: »Croatische und Meer Gränitz Posten«, »Raberische Gränitz Posten«, »Windische und Banatische Gränitzen«, »Bergstätterische Gränitz Plätze«, »Graff Serinische Gränitz Plätze«, »Ober Ungarische Gränitz Plätze«, »Battianische Gränitz Plätze« und »Türckhische Gränitz Posten«. In der gegenüberliegenden Ecke, rechts unten, ist die Maßstabskartusche angebracht. Weitere dekorative Elemente sind die über die Karte verteilten farbigen Wappen wie auch einige Segelschiffe auf dem Adriatischen Meer.

Inhalt: Im Mittelpunkt der Karte steht das Grenzverteidigungssystem entlang der habsburgisch-osmanischen Grenze. Zur Sicherung der Kriegsbereitschaft wurde gutes Kartenmaterial über die von den Osmanen besetzten Gebiete benötigt. Stiers Ungarnkarte gilt als in dieser Hinsicht häufig benutzt und weit verbreitet.

Die Karte stellt die Organisation des aus Grenzhauptmannschaften oder Generalaten (»supremus capitaneatus confiniorum«) bestehenden ungarischen Grenzverteidigungssystems dar. Auf der gegnerischen Seite bauten die Osmanen ihre im ehemaligen Königreich Ungarn liegenden Festungen aus. Karten über die Grenzfestungsgebiete kam große Bedeutung zu und waren der Geheimhaltung unterworfen. Dennoch wussten die beiden Kontrahenten über Kundschafter gut über das Fortifikationssystem des Gegners Bescheid. Die hiesige Angabe der Grenzposten ist bezeichnend für die frühneuzeitlichen Auffassungen von ›Grenze‹. Die Entscheidungsträger hatten nur eine ungefähre Vorstellung eines Grenzraums und nicht einer genauen Demarkationslinie.

In der Kontinuität älterer Darstellungen weist Stiers Karte eine projektionsbedingte Verzerrung am südöstlichen Kartenrand auf. Die ›weißen Flecken‹ spiegeln das prekäre Raumwissen wieder. Namentlich genannt werden die Komitate in Ungarn und in Kroatien-Slawonien. Für Siebenbürgen fehlt jeder Hinweis auf die Verwaltungsstruktur. Mit Ausnahme der Grenzfestungen enthält die Karte keine Elemente, die auf die osmanische Bedrohung abheben. Die von den Osmanen besetzten Gebiete werden so dargestellt, als wären sie weiterhin Teile des alten Ungarn. Die eingezeichneten Wappen wie auch die Komitatsnamen täuschen das Bild einer intakten Verwaltungsstruktur vor, als wäre sie von den Umwälzungen der osmanischen Herrschaft nicht betroffen.

Außer territorialpolitischen Entitäten, die mit ihren Wappen illustriert sind (»Moraviae Pars«, »Avstria«, »Stiria«, »Carintia«, »Carniolia«, »Frivli«, »Bossnia«, »Dalmatia«, »Croatia«, »Sclauonia«, »Servia«, »Hvngaria«, »Transiluania«, »Rvssia [sic!] Pars«, »Bulgariae Pars«), werden weitere Landschaftsnamen genannt: Görz (»Goritia«), Istrien (»Istria«) und drei Landschaften in Dalmatien: Krbava (»Carabauia«, dt. veraltet Corbavien), Lika (»Licha«) und die Banovina (»Banadego«, das Banat im weitesten Sinne als spezifische Herrschaftsform in südungarischen Grenzräumen). Für Ungarn, Siebenbürgen, die Walachei, Bulgarien, Serbien und Bosnien ist keine Regionalisierung erkennbar. Die Walachei wird »[Valachia] Transalpina« genannt. Die niederungarische Landschaft zwischen Donau, Theiß, Marosch und den Ausläufern der Südkarpaten – das spätere Temeswarer Banat – wird von zwei Komitaten gebildet (»Chanadiensis« und »Temisiensis Comit[atus]«). Im südlichen Banater Bergland, zwischen Karasch (rum. Caraș, serb. Karaš) und Donau befindet sich Raszien (»Rascia«), das sonst meist in Syrmien (serb. Srem, kroat. Srijem) und Ostslawonien platziert ist.

Die Darstellung der Gewässer ist fehleranfällig. Der Donaulauf (»Donnaw Fl[umen]«) lehnt sich an die im 16. und 17. Jahrhundert gängigen kartografischen Darstellungen an. Genannt werden die großen Donauinseln Schütt (»Grosse Schüt«, »Kleine Schüt«), Szentendre (»Insulae S[ancti] Andreas«) und die unterhalb von Pest liegende, von »Raitzen« (Serben) bewohnte Insel Csepel (»Ratzen Marckt«). Zwischen Belgrad und dem Eisernen Tor sind mehrere namenlose Inseln eingezeichnet. Nicht eingetragen ist sowohl das Eiserne Tor mit seinen Stromschnellen als Hindernis für die Schifffahrt, als auch die Insel Ada Kaleh. Stier vermerkt ungefähr die Ruinen der Trajansbrücke (»Pontis Trajani vestigia«). Eine Brücke ist von Ofen nach Pest eingezeichnet, nicht aber die lange Holzbrücke über die Drau (slowe., kroat. Drava) bei Esseg (kroat. Osijek). Mohács (»Mokatz«) liegt in der Karte etwas abseits und nicht am Donauufer.

Die Marosch (rum. Mureș, ung. Maros) wird als »Merisch fl[umen]« bezeichnet und ihre Nebenflüsse sind eingezeichnet. Der Alt (lat. Aluta, rum. Olt) wird als »Aluata« angeführt. Am zuverlässigsten, wenn auch nicht fehlerlos, ist die Darstellung der Gewässer in Transdanubien.

---

5 Martin Stier / Johann Alexander Boener: Vermehrte und Verbesserte Landkarten des Königreichs Ungarn und deren andern angrentzenden Königreichen, Fürstenthumen und Landschafften, samt denen Grentz-Posten so die Röm[isch] Key[serliche] Maj[estät] und das Hochlöb[liche] Ertzhauß Oesterreich, von dem Adriatischen Meer an, biß in Siebenbürgen vor Vestungen und Plätze gegen dem Erbfeind zu Nutz der gantzen Christenheit, stetig erhalten, und in allen versehen lassen müssen, Nürnberg 1684, Maßstab: [ca 1:450.000]. – Weiterer Druck: 1687.

6 Zur Karte: Dörflinger/Wagner/Wawrik 1977, S. 122; Krompotic 1997, S. 287–300, Abb. Nrn. 225–239; Török 2007a, S. 1850.

Eingezeichnet ist der Neusiedler See (»Newsidler See«), der Plattensee (»Balaton Lacvs«) wie auch der in der Karte von der Temesch (rum. Timiș, serb. Tamiš) gebildete See, der in den meisten Karten des 16. und 17. Jahrhunderts zutreffender als »Lacus Beczkerek« eingezeichnet ist, hier aber unbenannt ist. Durch Temeswar (»Temesswar«) fließt irrtümlicherweise ein aus dem nordwestlichen Flachland kommender Nebenfluss der Temesch. Nur die großen Inseln an der dalmatinischen Küste werden namentlich in ihrer italienischen Namensform gekennzeichnet.

Die Darstellung des Reliefs erfolgt in epochentypischer perspektivischer Maulwurfshügelmanier. Im Unterschied zu anderen Karten heben sich weite, unbezeichnete Ebenen (Kleine und Große Ungarische Tiefebene, ung. Alföld) flächenmäßig vom ebenfalls unbezeichneten Bergland ab. Das Balkangebirge wird nah an die Donau herangeführt. Die Konturen des Karpatenbeckens gehen verloren. Eingezeichnet ist der nach Siebenbürgen führende Eisernes-Tor-Pass (»Vasiapu od[er] Eißenthor«, rum. Poarta de Fier a Transilvaniei, ung. Vaskapu-hágó oder Erdélyi Vaskapu) wie auch der »Rothenthurm-[Pass]« durch die Südkarpaten in die Walachei.

Eingezeichnet sind an mehreren Stellen Berge, wo es keine gibt: im südungarischen Alföld, in den Komitaten Bács und Bodrog (Batschka, ung. Bácska, serb. Bačka), ebenso in dem Flachland nordwestlich von Temeswar. Das Frankengebirge (serb. Fruška Gora) in Syrmien hingegen gilt als nichtalpine Landschaft und wird als Wald dargestellt. Im ostungarischen Komitat Torontál (»Tarantaliensis Com[itatus]«) erstrecken sich die Berge bis zur mittleren Theiß (»Theijs fl[umen]«). Eingezeichnet sind Berge auch östlich von Kalocsa (»Colocza«), das genauso nahe an der Donau liegt wie »Pax« auf dem gegenüberliegenden Tolnaer Donauufer. Das von Stier in Augenschein genommene Transdanubien hebt sich hinsichtlich der Reliefdarstellung von allen anderen Gebieten ab. Die direkte Wahrnehmung des Raums schlägt sich in der Qualität der kartografischen Darstellung nieder.

Josef Wolf

PARTIE DE LA MORAVIE
PARTIE DE LA SILESIE
ARCHIDUCHE
D'AUSTRICHE
STEYER MARCK
CARNIOLE
KRAIN
CROACIE
COM DE SOPRON
CASTEL FERRAT
LAC DE BALATON
CANAL DE SEGNA dans La Mer de Venise
OCCIDENT

LE ROYAUME DE HONGRIE
Diuisé en
HAUTE, et BASSE, HONGRIE
auec L'ESCLAVONIE,
Subdiuisees en leurs
COMTEZ.
Par le P. Coronelli Cosmographe de la Ser.me Republique de VENISE

2.3 Vincenzo Maria Coronelli / Jean-Baptiste Nolin
Karte des Königreiches Ungarn, 1688

LE ROYAUME DE HONGRIE // Diuisé en // HAUTE, et BASSE, HONGRIE // auec L'ESCLAVONIE, // Subdiusees en leurs // COMTEZ. // Par le P[ère]. Coronelli Cosmographe de la Ser[enissi].me Republique de VENISE // Dedié // A Monsieur ROUILLÉ Seigneur du Coudray, Conseiller du Roy en ses Conseils, Procu // reur General de sa Majesté en sa Chambre des Comptes. // A PARIS // Chez I[ean] B[aptiste] Nolin sur le Quay de l'Horloge du Palais, proche la Rue de Harlay, a l'Enséigne de la // Place des Victoires. Avec Privilege du Roy. 1688.

Landesarchiv Baden-Württemberg, Generallandesarchiv Karlsruhe, Hfk Planbände 7, 5.

Kupferdruck. – Grenzkolorit. – 74,2 × 110,2 cm. – aus vier Blatt zusammengesetzt. – Kartusche signiert am linken unteren Rand: »N.G.[?] f[ecit]«.

Kartografische Angaben: nordorientiert. – Kegelprojektion. – Gradeinteilung. – W 13° 45' – E 23° 40'; S 20° 00' – N 48° 47'. – Maßstab: [ca. 1:730.000]. – grafischer Maßstab: italienische Meilen (»Milles d'Italie«) = tausend geometrische Schritte: »Milles Pas Geometriques«; französische, deutsche, polnische und ungarische gemeine Leugen: »Lieües Communes de France«, »Lieües Communes d'Allemagne«, »Lieües Communes de Pologne«, »Lieües Communes de Hongrie«; 40 Stunden = 55 mm.

Verfasser, Verleger, Ausgaben: Verfasser der detailreichen, aber dennoch übersichtlichen Karte ist der venezianische Universalgelehrte, Karten- und Globenmacher Vincenzo Maria Coronelli (1650–1718, Kat. 1.9 [mit Angaben zur Person], 5.6). An der noch im selben Jahr erschienenen Neuauflage war Jean-Nicolas du Tralage (alias Sieur de Tillemon) beteiligt, der für Verbesserungen verantwortlich zeichnet.[1] Jean-Baptiste Nolin (1657–1708), in dessen Pariser Haus die Karte erschien, war erfolgreicher Verleger, aber auch selbst Kupferstecher und Kartograf, der es bis zum »géographe du roy« und zum »géographe du Duc d'Orléans« brachte. Nolin hatte das Monopol von Coronellis renommierten Landkarten, beide kooperierten auch bei der Herstellung von Tischgloben.

Unter dem gleichen Titel gab Coronelli bei Nolin zur gleichen Zeit eine ebenfalls aus vier Blättern bestehende Karte heraus. Damit auch die Einzelblätter benutzt und verkauft werden konnten, wurden sie mit eigenen Titeln versehen: (1) »Partie du Royaume de HONGRIE, vers le Septentrion et l'Occident«; (2) »Partie du Royaume de Hongrie, vers le Septentrion et l'Orient«; (3) »Partie du Royaume de Hongrie, Vers le Midy et l'Occident«; (4) »Partie du Royaume de Hongrie, vers le Midy et l'Orient«. Auch diese Ausführung der Karte wurde durch Jean-Nicolas du Tralage (alias Sieur Tillemon) korrigiert und ergänzt.

Bildelemente, Nebenkarten: Die Titelkartusche ist in der rechten unteren Ecke der Karte angebracht. Sie wird im oberen Teil umrahmt von erbeuteten Feldzeichen und Kriegsgerät unter einem Adler sowie zwei Gefangenen. Links sind zwei männliche Figuren zu sehen, davon eine vorwärts stürmend mit Schwert in der linken und erbeuteter gekrümmter Waffe mit Halbmondspitze in der rechten Hand. Einen der Männer begleitet die Personifikation des Königreiches Ungarn: eine sitzende gekrönte weibliche Figur mit Zepter in der Linken, die Rechte der zweiten männlichen Figur reichend. Auf der rechten Seite befindet sich ein fliehender Türke. Die Karte ist dem französischen Adligen Hilaire Rouillé du Coudray (1651–1729) gewidmet, dessen Familienwappen hier dargestellt ist. Links und rechts des Wappens sind unten die Umrisse zweier Festungen unter Beschuss sichtbar. Zahlreiche weitere Wappen sind über das Kartenbild verteilt.

Unter der Widmung befindet sich die Legende der Signaturen und Buchstaben. Asterisk und Buchstaben erläutern die bei den Ortsnamen sowie bei Bezeichnungen für Flüsse und Berge eingesetzten Sprachen; bis zu zehn sind möglich: »* Noms anciens«, »A. Noms Allemans«, »F. ou Fr. en Francois« bis hin zu »T. en Turc« und »R. en Russien«. Dazu stehen unter anderem die Symbole von »Archeueché« für Erzbistum, »Garnison Chrestienne« für christliche bzw. »Garnison Turque« für türkische Garnisonen; weiterhin stehen Symbole für Hauptstädte, Klöster, jüngste Eroberungen und

---

1 Vincenzo Maria Coronelli / Nicolas du Tralage: Le Royaume de Hongrie Divisé en Haute, et Basse, Hongrie avec l'Esclavonie, subdivisees en leurs Comtez […] corrigée et augmentée par le S[ieu]r Tillemon, et dédiée à Monsieur Rouillé, Seigneur du Coudray, Conseiller du Roy en ses Conseils […], Paris 1688.

»Champ de Bataille« (Schlachtfeld). Im Kartenbild werden nicht nur die Signaturen, sondern für viele Orte auch Festungsgrundrisse verwendet.

Oben rechts befindet sich eine Nebenkarte, ebenfalls mit Grenzkolorit und Gradeinteilung: ANCIEN ROYAUME DE HONGRIE. Die Karte stellt Ungarn mit seinen Nebenländern Ungarn, Slawonien, Kroatien, Dalmatien, Siebenbürgen, Moldau, Bessarabien, Walachei, Serbien, Bosnien und Bulgarien dar.

Inhalt: Die mehrsprachige Karte weist die Provinz- und Komitatsgrenzen, die osmanischen und die von den christlichen Armeen neu eroberten Festungen, wie auch die wichtigsten Schlachten aus.

Der Kartenautor legt hier – im Vergleich zu anderen Karten – Wert auf die Gebirgsbezeichnungen: Alpen (»Auff der Alben / M[ons] Albanus / Albius Mons«) in Slawonien; nordöstlich von Požega werden gleich drei Berge namentlich genannt (»Montagnes Babinagora«, »Claudius M[ons]«, »Mottay Mont[es]«). Richtig eingezeichnet ist auch das syrmische Frankengebirge (serb. Fruška Gora). Die ungarische Gebirgslandschaft ist Coronelli ebenfalls geläufig. Westlich von Pressburg erhebt sich der »Weisenberg Mont.«. Die Karte enthält aber auch imaginäre Darstellungen, wie im Alföld und im südungarischen Bodroger Komitat (Batschka). Bei den Karpaten ist nur der Zipser (lat. Scepusium, slow. Spiš, ung. Szepes, poln. Spisz), der an Polen verpfändete Abschnitt, namentlich gekennzeichnet (»Szepesi Krempak« – die Polen selbst nannten indes dieses Gebirge nicht Karpaten, sondern »Krem'pak«, woraus einige der polnischen Sprache nicht kundige Kartografen und Reiseschriftsteller »Krapak« bildeten).

Eher unübersichtlich ist die Gebirgslandschaft Siebenbürgens dargestellt. Die »Montagnes d'Erdel« – der Terminus lässt auf eine ungarische Quelle (Erdélyi-hegység) schließen – sind schwer einem Gebirgsmassiv zuzuweisen. Der »Mezewz M[ons]« (rum. Munții Meseș, ung. Meszes-hegység) ist richtig an der Grenze zu Ungarn lokalisiert, ebenso wie der »Schneberg M[ons]« [›Schneeberg‹ in Sinne von schneebedecktem Gebirge (lat. Mons nivis, nivium oder albus)]. Die niederungarische Landschaft zwischen Donau, Theiß (rum. und serb. Tisa, ung. Tisza) und Marosch (rum. Mureș, ung. Maros) sowie den Ausläufern der Südkarpaten – das Banat – wird als »Com[itatus] de Temeswar« bezeichnet. Wie auf allen Karten seit der Renaissance wird im südlichen Banat der rätselhafte, schon vom Humanisten Nicolaus Olahus (1493–1568) in seiner Beschreibung von Ungarn erwähnte Campus Maxon (»Champ Maxon, ou Marocz Feld, et Campus Marons, sive Maxons L.«), eine ausgedehnte Waldlandschaft nördlich der Donau, eingezeichnet. Hervorgehoben wird auch der Pass, der aus dem östlichen Banater Bergland nach Siebenbürgen führt (»Vaskapu. H. Eisenthorn«, rum. Poarta de Fier a Transilvaniei). Seen und Moräste sind überzeichnet.

In Slawonien, südlich von Požega, liegt die Landschaft »Cernik ou Czernik Pays«, und »Rascie«, das Land der »Raitzen« (Serben), erstreckt sich über Ostslawonien und Syrmien (serb. Srem, kroat. Srijem). In Siebenbürgen sind zwei von Sachsen bewohnte Landschaften (»Quartier«), das »Quartier de Nosnerland« (dt. Nösnerland, rum. Țara Năsăudului) und ein »Quartier de Landvordemwald aux Saxons« – eine damals von Sachsen bewohnte südwestsiebenbürgische Gegend von Broos (rum. Orăștie) bis Mühlbach (rum. Sebeș) – ethnisch markiert. Obwohl die rumänische Bevölkerung im ganzen Land verbreitet war, wird auf zwei Landschaften mit hoher Konzentration von »Walachen« (»Aux Valaques de Transilvanie«), im Siebenbürgischen Westgebirge (rum. Munții Apuseni) und im südwestlichen Hunyader (rum. Hunedoara) Komitat hingewiesen. Außerdem werden hier ansässige »Moldawier« (»aux Moldaves«) erwähnt.

Siebenbürgen wird als Land ethnischer Vielfalt wahrgenommen. Dagegen war die vom Kartografen beschriebene Diversität Dalmatiens übersichtlicher. »Wenden« und »Uskoken«, die der venezianische Kartenautor aus eigener Erfahrung gekannt haben dürfte, werden als rohe Völker bezeichnet (»Valeduino, ou Vinodo et Vscoques, Peuples destruits«).

Josef Wolf

2.4 [Giovanni Morando Visconti]
Karte der Balkanhalbinsel und des südöstlichen Donauraums, [1689/90]

[Karte der Walachei, Bulgariens, Thessaliens, Serbiens, Bosniens, der Herzegowina, Teilen Dalmatiens, Kroatiens und Slawoniens]

Landesarchiv Baden-Württemberg, Generallandesarchiv Karlsruhe, Hfk Planbände 6, 42.

Federzeichnung. – Grenz- und Gewässerkolorit, Windrose ebenfalls koloriert. – 39,2 × 49 cm.[1]

Kartografische Angaben: süd-südostorientiert, die gesüdete Karte ist nach Norden völlig verzerrt, daher können die Südkoordinaten nur vage definiert werden. – Windrose. – W 16° 57' – E 28° 01'; S 21° 43' – N 46° 08'. – Maßstab: [ca. 1:1.680.000]. – grafischer Maßstab: »Scala di 48 hore«.

Verfasser: Die unsignierte Karte könnte aufgrund grafischer Merkmale und des Überlieferungskontextes dem Festungsarchitekten und Kartografen Giovanni Morando Visconti aus dem Tessin (1652–1717, Kat. 1.11, 3.10, 3.13, 4.7, 5.1, 5.9) zugeschrieben werden.

Inhalt: Die Militärkarte wurde mit Blick auf einen Friedensabschluss nach dem Feldzug von Markgraf Ludwig Wilhelm von Baden-Baden (1655–1707) in das Balkaninnere 1689 und vor der Rückeroberung Belgrads durch die Osmanen 1690 gezeichnet.[2] Dargestellt wird die Balkanhalbinsel von der Walachei, von Slawonien und Dalmatien bis nach Thessalien und Albanien. Der Gebietsausschnitt endet im Norden bei Hermannstadt (»Hermenstat«), »Kronsta[d]t«, im Szeklergebiet (»Siculia«) und in der südlichen Moldau. Die roten Linien stellen geplante Grenzziehungen nach Abschluss des Friedens dar. Doppelt gepunktete Linien weisen ein Straßennetz aus und veranschaulichen die angestrebte Grenzziehung unter verkehrstechnischen Gesichtspunkten. Mehrere Verbindungslinien – Binnenstraßen und Transitrouten – sind auszumachen:

(1) Vom »Golfo di Salonik« über Skopje (»Uskopia«, alb. Shkup, türk. Üsküp) und Plovdiv (»Philipopoli«) nach Konstantinopel;
(2) von »Ragusi« (kroat. Dubrovnik) über »Jagad« (kroat. Jagodina), »Janivaros« (serb. Novi Pazar) und »Sopubina« nach Niš (»Nissa«); von hier verzweigt sich der Weg (a) nach »Semendra« (lat. Semendria, serb. Smederevo) an der Donau und Belgrad, und (b) über »Priscina« (alban. Prishtinë oder Prishtinë, serb. Priština) nach Skopje;
(3) von Niš über Sofia nach Skopje;
(4) von »Saralio« (serb. Sarajevo) nach »Visograd« (kroat. Višegrad) und »Jagad« (kroat. Jagodina) im östlichen Bosnien, wo sie in die aus »Ragusi« (kroat. Dubrovnik) kommende Straße einmündet;
(5) von Split (»Spalatr[o]«) nach Süden über die Flüsse Rama, Neretva (»Naretva«) und Bosna nach Sarajevo und von hier weiter nach Zvornik (»Suornic«); Die vorgeschlagenen Grenzlinien ziehen sich unter anderem
(6) von Brod über Zvornik an der Drina und Valjevo (»Valiova«) entlang der Morava nach Golubac (»Kolombaz«) an der Donau.

Eingezeichnet ist der »Milkov« (rum. Milcov) als Grenzfluss zwischen den Fürstentümern Moldau (rum. Moldova) und Walachei (»Valachia«) wie auch die grenznahe Stadt »Foxan« (rum. Focșani). Für die Walachei strategisch wichtige Städte wie die Donaustädte unter osmanischer Verwaltung (raja) Brăila (»Braila«) und Giurgiu (»Giurge«) werden aufgeführt.

Der spätere (nach 1718) Grenzpunkt zwischen der Walachei und dem Temeswarer Banat, Cerneți (»Czernez«), ist bereits eingetragen. Das Banat wird als »Vlasca« (serb. Vlaška) bezeichnet, d. h. eine von »Wlachen« bewohnte Landschaft. Die Batschka (»Baczka«, serb. Bačka, ung. Bacska) wird als Region ausgewiesen.

In Bulgarien (»Bulgaria«) werden keine weiteren Siedlungen außer Widin (»Vidin«) und »Nicopolis« (bulg. Nikopol) dargestellt. »Mazva« (serb. Mačva, ung. Macsva) mit dem befestigten Hauptort »Sabacz« (serb. Šabac) an der Save wird als eine Raumeinheit betrachtet und erinnert an die mittelalterliche Grenzmarke des Macsvaer Banats (lat. Banatus Macsvensis). Bosnien (»Bosnia«) wird von der Herzegowina (»Erzegovina«) abgegrenzt. Eingezeichnet sind mehrere weitere abgegrenzte Territorialeinheiten, die an der Grenze zu Albanien liegen: »Bior« im Umland der Stadt »Collassin« (montenegr. Kolašin), »Stari Vlak«

---

1 Schäfer 1971, S. 220, Nr. 1188; Kisari Balla 2000, S. 69, Nr. 53, Abb. S. 312, Nr. 53.

2 Eine weitere, im gleichen Kontext entstandene Karte: GLA Karlsruhe, Hfk Planbände 6, 9; Schäfer 1971, S. 218, Nr. 1176.

(kroat. Stari Vlak), um die gleichnamige Burg bei Sadine und »Propolia« (serb. und kroat. Dobropolje).

Obwohl eine gebirgige Großregion Gegenstand der Karte ist, sind die großen Höhenzüge – Karpaten und Balkangebirge – nicht namentlich gekennzeichnet. Ein »Gemerna Mo[ns]« (serb. Gemena) begegnet in der Herzegowina, »Golia M[ons] und Ieliza M[ons]« (serb. Velika Golica) im westlichen Serbien und »Sopogian M[ons]« im südwestlichen Serbien bei »Cosova« (Kosovo), südlich des Raška-Flusses (»Rasca«) und von Novi Pazar (»Movipazar« [sic]). Nördlich von »Priscina« (alb. Prishtinë, serb. Priština) befindet sich der »Solak M[ons]« (serb. Solak, d. h. Salzberg).

Josef Wolf

2.5 Guillaume Delisle / Matthäus Seutter / Jeremias Wolff
Königreich Ungarn und benachbarte Regionen, nach 1703

TABULA // HUNGARIA // Et Regionum, quae praeterea ab ea dependent, // Delineata juxta magnum numerum annotationum // et mappas manuscriptas vel impreßas, // Correcta per Observationes Comitis Marsilii et // non-nullorum aliorum, // Per Guillielmum de l'Isle, Geographum // Academiae Regalis Scientiarum // prostat nunc in // Officina // Ier[onymi] Wolfii // Aug[ustae] Vind[elicorum].

Badische Landesbibliothek, Karlsruhe, Q 18.

Kupferdruck. – Grenz-, Gewässer- und Gebirgskolorit, Rahmen mit Gradeinteilung ebenfalls koloriert. – 47,2 × 64,2 cm (56 × 70 cm). – signiert in der Maßstabskartusche unten links: »Matthaeus Seütter sc[ulpsit]. Aug[ustae] // Vindelicor[um]«.[1]

Kartografische Angaben: nordorientiert. – Gradeinteilung. – W 14° 11' – E 35° 34'; S 40° 34' – N 51° 24'. – Maßstab: [ca. 1:2.680.000]. – grafischer Maßstab: gemeine ungarische, deutsche, venezianische Meilen (in Dalmatien üblich) und gemeiner Tagesmarsch: »Communia Milliar[ia] Hungar[ica]«, »Communia Mill[iaria] Germanica«, »Mill[iaria] Veneta, quibus utuntur in Dalmatia«, »Communia Diurna itinera«.

Verfasser, Verleger, Ausgaben: Der Verfasser der französischen Vorlage der Karte,[2] Guillaume Delisle (1675–1726), stammt aus einer Familie von bedeutenden Kartografen, Wissenschaftlern und Forschern.[3] Er genoss selbst einen herausragenden Ruf als Kartograf, dessen Produkte auf wissenschaftlicher Leistung beruhten. Delisle führte den Titel eines »géographe du roy« und war Mitglied der Akademie der Wissenschaften in Paris. Die französische Hauptstadt schickte sich um die Wende zum 18. Jahrhundert an, Amsterdam als zentralen Ort der Kartenherstellung zu überflügeln.[4]

Die Augsburger Ausgabe der Karte, von Matthäus Seutter (auch: Matthias, 1678–1757, Kat. 4.8, 5.3) nach der Vorlage von Delisle gestochen, erschien im Verlag von Jeremias Wolff (1663–1724, Kat. 3.15). Von dessen Produktion, gerne nach Vorlagen von Delisle, sind nur wenige Karten nachgewiesen, die Ungarnkarte ist eine davon.[5] Seutter arbeitete einige Jahre bei Jeremias Wolff,[6] bevor er selbst als Verleger tätig wurde.[7]

Delisle legt Wert darauf, im Kartentitel Luigi Ferdinando Marsigli (1658–1730, Kat. 1.1, 1.12, 1.13, 3.14) als Gewährsmann zu erwähnen, dessen Beobachtungen – unter anderem – für die Korrektur des aus vorliegenden handgezeichneten und gedruckten Karten zusammengetragenen Wissens über den Gegenstand der Karte herangezogen wurden. Persönliche Bezie-

---

1 Stopp/Langel 1974, S. 213.

2 Guillaume Delisle / Henri Liébaux: Carte de la Hongrie et des Pays qui en dependoient autrefoi. Dressée sur un grand nombre de memoirea et Cartes manuscrites ou imprimées. Rectifiez par les Observations du C[om]te Marsilii et quelques autres, Paris 1703, Maßstab: [ca. 1:2.500.000].

3 Tooley 1979.

4 Hierzu grundlegend: Petto 2007.

5 Ritter 2007, S. 22, hier Liste der nachgewiesenen Karten.

6 Ritter 2007, S. 23.

7 Sandler 1892.

hungen zwischen den beiden kamen erst nach 1704 zustande. Das Interesse Delisles für den Donauraum und die Balkanhalbinsel hat sich in zwei weiteren Karten niedergeschlagen, die von der vorliegenden Karte abgeleitet wurden: (1) »Carte particulière de la Hongrie de la Transilvanie, de la Croatie et de la Sclavonie« (1717) und (2) die bei Reinier und Josua Ottens erschienene »Nouvêlle Carte Du Royaume De Dalmacie Divisé en ses Comtés, Territoires, etc. la Morlaquie, la Bosnie, et la Servie, Partie de la Hongrie, Croatie, Albanie, Istrie, & du Roy[aum]e de Naples« (1750).[8]

Bildelemente: Die freien Bildräume der klar und übersichtlich gestalteten Karte werden links unten von der Maßstabskartusche, rechts unten von der dekorativen Kartusche mit Kartentitel sowie Autoren- und Verlegerangabe gefüllt. Sie ist gerahmt von floralen Elementen, einem Luchskopf in der Mitte oben und

8 Guillaume Delisle / Luigi Ferdinando Marsigli: Carte particulière de la Hongrie de la Transilvanie, de la Croatie et de la Sclavonie dressée sur les observations de Mr. le comte Marsilli et sur plusieurs autres mémoires, Paris 1717, Maßstab: [ca. 1:400.000]; Guillaume Delisle / Vincenzo Coronelli / Giovanni Giacomo de Rossi / Jean-Baptiste Nolin: Nouvêlle Carte Du Royaume De Dalmacie Divisé en ses Comtés, Territoires, etc. la Morlaquie, la Bosnie, et la Servie, Partie de la Hongrie, Croatie, Albanie, Istrie, & du Roy[aum]e de Naples, Amsterdam 1750, Maßstab: [ca. 1:1.300.000].

zwei Adlern unten sowie zwei Figuren in ungarischer ›Nationaltracht‹ – Husarenmantel mit aufknöpfbaren Applikationen und zwei Riegeln zum Verstellen der Taillenweite und osmanisch anmutender, mit Federbusch verzierter Mütze. Als Zeichen für die angebrochene Friedenszeit hält die linke Figur eine Öllampe in der linken Hand und stützt sich mit der rechten auf einen Stock, die andere trägt einen gezähmten Greifvogel. Im Hintergrund werden türkische Standarten (türk. Osmanl-i Sancagi) als Zeichen des Sieges der kaiserlichen Armee präsentiert. Der Uniformrock der Husaren ist nicht zufällig gewählt: Um 1700 kam nach ungarischem Vorbild auch in den westlichen Staaten diese der leichten Kavallerie (Dragonerregimenter) zugeordnete Truppengattung auf.

Inhalt: Die Karte zeigt neben dem eigentlichen Ungarn auch Kroatien, Slawonien, Bosnien, Siebenbürgen, die Walachei, Moldau, Bessarabien, Teile Polens und der Ukraine sowie die Europäische Türkei im damaligen Verständnis – Serbien, Bosnien, Bulgarien, das nördliche Griechenland und Albanien.

Die Gebirgsketten des Balkan und der Karpaten sind hinsichtlich ihrer Form und Orientierung richtig eingetragen. Die Große Ungarische Tiefebene (ung. Nagyalföld) weist gegenüber früheren Darstellungen nur noch wenige Erhebungen auf. Die Sandhügel im Südwestbanat (serb. Deliblatska peščara) werden als »Deserta« bezeichnet. Bei der Donaumündung fällt der Fluss »Cavasoviens« (rum. Casimcea) auf, der von der Donau kommend nördlich von Konstantza (»Chiustange vel Proslaviza«, rum. Constanța, türk. Küstendji) ins Schwarze Meer fließt. Eingezeichnet ist auch die Schlangeninsel (»I[le] Ilanada vel Gizrenaur«, ukr. Ostriv Zmiïnij, türk. Yilan Adası, rum. Insula Șerpilor). Die Verwendung der Konjunktion »vel« (oder) bei mehreren geografischen Namen verweist auf die Heranziehung von rumänischen oder russischen Kartenvorlagen.

Niederungarn (»Hungaria Inf[erior]«) umfasst in der Auffassung des Kartografen Transdanubien, Oberungarn (»Hungaria Super[ior]«) und die restlichen Gebiete, einschließlich der südungarischen Landesteile. Neu ist die Einzeichnung der Verkehrswege von Ungarn nach Siebenbürgen. Eingezeichnet sind auch die alten Römerstraßen, die die Kleine Walachei (rum. Oltenia) und irrtümlicherweise auch die Große Walachei (rum. Muntenia) von Süden nach Norden durchkreuzen. Bei einigen Orten wird die wirtschaftliche Bedeutung hervorgehoben, so beim nordmoldauischen Ort Cotnari, bekannt für seine Weine (»Kotinara loc[us] ob generosa vina celebris«).

Ziemlich genau ist der Westbalkan dargestellt, wobei venezianische Karten den Ausschlag gegeben haben. Als eine zwischen Kroatien und Dalmatien liegende Landschaft ist das von Morlaken bewohnte Gebiet eingezeichnet (»Morlachia«). Konstantinopel wird der europäischen Seite des Bosporus zugeordnet.

In Siebenbürgen werden zwei Landschaften vermerkt: das Burzenland (»Burczland«, rum. Țara Bârsei, ung. Barcaság) mit seinem Zentrum Kronstadt (rum. Brașov) und das Hatzegtal (»Vallis Harzag«, rum. Țara Hațegului). An mehreren Stellen kommt in den geografischen Bezeichnungen die ethnische Vielfalt Siebenbürgens zum Tragen: »Zecklenses v[e]l Siculi« (Szekler), »Land vor dem Wald aux Saxons«, d. h. Sachsen aus dem Unterwald, und »rumänische Dörfer« (»pagi Valachorum«).

Kennzeichnend für die Karte ist die Mehrsprachigkeit der Ortsnamen – deutschsprachige, lateinische, ungarische und sonstige nationalsprachliche Namensformen. Als Synonym für »Presburg« (slow. Bratislava, ung. Pozsóny) wird »Posen« genannt, die ungefähre phonetische Aussprache des ungarischen Ortsnamens der damaligen Hauptstadt des Königreiches Ungarn. »Jeni-basar« (serb. Novi Pazar), im südwestlichen Serbien, wird wie andere Orte auf dem Balkan in der türkischen Namensform wiedergegeben.

Josef Wolf

Nicolas Sanson / Guillaume Sanson / John Bowles

Königreich Ungarn und benachbarte Regionen, nach 1738

The KINGDOM of // HUNGARY // And the STATES that have // been Subject to it, which are now // the Northern Parts of Turkey in // EUROPE.

Privatsammlung Dr. Ovidiu Şandor, Temeswar.

Kupferdruck. – Grenzkolorierung, Rahmen mit Gradeinteilung ebenfalls koloriert. – 56,0 × 86,6 cm (59,4 × 88,8 cm).

Kartografische Angaben: nordorientiert. – W 14° 01' – E 32° 59'; S 39° 49' – N 50° 57'. – Maßstab: [ca. 1:1.800.000]. – grafischer Maßstab: italienische Meilen: »Italian Miles«, gemeine französische Leugen: »Common Leagues of France«, gemeine deutsche Leugen oder große polnische Leugen: »Comm[on] Leag[ues] of Germany or Great Leagues of Poland«, ungarische Leugen: »Leagues of Hungary« und Leugen von einer Reisestunde: »Leagues of one Hours Traueling«.

Verfasser, Verleger, Ausgaben: Der Verleger, John Bowles (1701–1779), nennt sich zum einen in seiner Widmung an den König, zum anderen im Impressum in der Maßstabskartusche: »LONDON // Printed for Iohn Bowles at the Black // Horse in Cornhill.«

Der vorliegenden Ausgabe der Karte – aktualisiert in Kopftitel und Widmung – gehen zwei ältere Versionen voraus: Sie ist eigentlich die Neuauflage einer bereits von William Berry (geb. 1669) herausgegebenen Sanson-Karte »The kingdom of Hungary and the states that have been subject to it which are now the northern parts of Turkey in Europe […] Sold by William Berry at the sign of the Globe, between Charing-Cross, and White-Hall« (1683?).[1] Auch Berry hatte die Karte bereits dem König, seinerzeit Charles II. (1630–1685), gewidmet. Bowles ersetzte Wappen und Namen. Die Vorlage hierzu ist vermutlich Sansons bei Alexis-Hubert Jaillot verlegte Karte: »Le Royaume de Hongrie et les Estats qui en ont esté sujets et qui font présentement la partie septentrionale de la Turquie en Europe« (1673).[2]

Sowohl Berry als auch nach ihm Bowles verweisen in der Kopfleiste auf den Urheber des Kartenbilds, allerdings vermerken sie auch, dass die Karte Verbesserungen unterzogen worden sei; Berry nannte sich dabei selbst, Bowles schreibt sie den Beobachtungen anderer zu. Die Zuschreibung an Sanson ist vage, als Verfasser können sowohl Nicolas Sanson d'Abbeville (1600–1667), als auch dessen Sohn Guillaume (1633–1703, Kat. 1.9) angesehen werden.[3]

Bildelemente: Erweiterter Titel in der Kopfleiste: The KINGDOM of HUNGARY and the STATES that have been Subject and depended of that CROWN uiz. [with] TRANSILVANIA, MOLDAVIA, VALACHIA, CROACIA, BOSNIA, DALMATIA, SERVIA, BULGARIA, In which there are at present the // GOVERNMENT of BUDA, of TEMESWAR, or BOSNIA, and part of that of ROMELIA. The PRINCIPALITIES of TRANSILVANIA, MOLDAVIA, VALACHIA and the REPUBL[IC]. of RAGVSA, which make at present the Northern part of the TURKEY in EUROPE, In // which the CHRISTIANS have yet part of HUNGARIA, and of CROACIA, belonging to the EMPEROR, and part of DALMATIA, to the REPUBLICK of VENICE. // Described By Sanson. Corrected and amended from the latest Observations.

Im unteren Teil der Titelkartusche befindet sich die Widmung des Verlegers Bowles an König George II. (August) (1683–1760, reg. 1727–1760): »To the most Serene and most Sacred Ma[jes]ty of // GEORGE II // By the grace of God King of Great // Britain, France and Ireland. // This Mapp of HUNGARY // is Humbly Dedicated and // Presented by your Majesties // Loyall Subject and Servant, // Iohn Bowles.«

Über der Mitte der gerahmten Titelkartusche halten zwei Putti das gekrönte Wappen von König George II. Das Königswappen ist, wie üblich, von der Devise des Hosenbandordens ›umgürtet‹: »HONI. S[OIT QUI MA]L. Y. PENS[E].« Ein von Schilf hinterfangener Wassergeist, der ein Pferd zügelt, zur Linken und zur Rechten sind dekorative Elemente von schwer zu entschlüsselnder Symbolik.

Der grafische Maßstab wird seitlich links von einem Husar, rechts von einem Sipahi mit langem Zopf umrahmt, die sich mit gezogenem Schwert gegenseitig auflauern. Die Titelkartusche links oben und die Maßstabskartusche mittig an der rechten Seite füllen leere Flächen des Kartenbilds.

---

1 William Berry / Nicolas Sanson: The Kingdom of Hungary […], [London] [1683], Maßstab: [ca. 1:2.100.000], Beinecke Rare Book & Manuscript Library, New Haven. URL: http://brbl-dl.library.yale.edu/vufind/Record/3443282 (16.06.2017).

2 Guillaume Sanson oder Nicolas Sanson: Le Royaume de Hongrie et les Estats qui en ont esté sujets et qui font présentement la partie septentrionale de la Turquie en Europe […] Dressé sur les mémoires les plus nouveaux par le S[ieu]r Sanson, Paris 1673. URL: http://gallica.bnf.fr/ark:/12148/btv1b530274876 und weitere (16.06.2017).

3 Kretschmer/Dörflintger/Wawrik 1986, S. 699–701.

Inhalt: Die Karte enthält lateinische und englische Namen für Meere sowie weitere mehrsprachige Gewässer- und Ortsnamen, vielfach gekennzeichnet mit H für ungarisch, A für deutsch oder auch verbunden mit einem »al[ia]s« oder »or«. Die Donau heißt »Danube fl[umen] or Ister fl[umen]«.

Da die Druckplatte nur geringfügig verändert werden konnte, weist der Kartenmacher darauf hin, wann die einzelnen Provinzen erobert wurden. Obwohl das Grenzkolorit den venezianischen vom osmanischen Herrschaftsbereich abhebt, präzisiert der Kartograf mit Blick auf Dalmatien: »The Venetians have the Coast &.c // and the Turks, the Skirts of the upland // Country of Dalmatia.« Das osmanische »Gouvernment of Temeswar« erstreckt sich richtigerweise nördlich der Marosch bis in die östlichen ungarischen Komitate. Der Kartenmacher vermerkt jedoch bei dem zentralen Ort Temeswar: »The City & Country // of Temeswar has been // in the Emperor's hands from // 1718, & since confirm'd to him by Treaty«.

Ethnische Diversität wird kaum dargestellt. So werden Ostslawonien und Syrmien als »Rascia« bezeichnet. In Kroatien wird das Land der Morlaken (»Morlaquie«) ausgewiesen. Eingezeichnet ist die Heeresstraße von Belgrad über Sofia nach Konstantinopel mit Wiedergabe der einzelnen Streckenabschnitte. An der Donaumündung ist zu lesen: »The Danube is computed to be // about 1500 English miles long« (ca. 2405 km, d. h. die heute gültige Länge wird um mehr als 400 km zu niedrig geschätzt).

Diese Erläuterungstexte, die in Berrys Karte noch nicht vorhanden waren, sind aufschlussreich. Zu Konstantinopel heißt es: »Constantinople was founded by Pausanias K[ing] // of Sparta, about 660 Years before Christ, and was called // Byzantium, which Name it retrained till Constantine the great // orderd it to be rebuilt and called it Constantinople. // The French in conjunction with the Venetians took it in the year 1203 [richtig: 1204], and fifty years after it was retaken by the Greeks // who remain'd masters of it till the year 1453 when it fell into // the hands of Mahomet IId. Emperor of the Turks.«

Zu Mohács wird erläutert: »Muhacz is famous for a // Battle fought near it between // Lewis K[ing] of Hungary, at the head // of 25000 men, & Solyman the Magnificent, // at the head of 300000, wherein the // former's army were cut to pie: // ces, &c. himself perished in // a Bog.«

Der Schwerpunkt der Erläuterungen fällt auf den außerhabsburgischen Herrschaftsbereich und die Länder und Regionen an der unteren Donau. Zur Moldau wird vermerkt: »This Country abounds with Corn & excellent // Wine, and their Horses are much valued. // It is Govern'd by a Prince call'd Hospodar, who is // tributary to the Turks. In the year 1686 the Poles // overrun it and oblig'd the Inhabit: // ants to submit to the Emperor, but // it was restored to the Turks by the Treaty // of Carlowitz.« Bei der Walachei wird auf das Verhältnis des Vasallenstaats zur Hohen Pforte hingewiesen: »In 1415 this country was com: // pelled to submit to the Ot- // toman yoke. It is Governed // by the Waywood [Woiwode] or Prince na: // med by the Grand Seignior, to // whom he pays 30,000 // Ducats p[e]r. annum«.

Zu Podolien: »This country yields Wax and Honey in // abundance. The neighbourhood of the Turks hath // subjected it to frequent Invasions. At the peace of // Carlowitz [1699] it was agreed the Turks should quit all // pretensions to Podolia & the Ukrain, and restore to // the Poles what they had in their hands.«

Nordöstlich der »Tatars Oczakow« und nordwestlich der Grenzen der Kleinen Tatarei (»Confines of Little Tartary«) erstreckte sich am rechten Ufer des unteren Dnjepr: »Dzike Polie // ou // Campagnes Desertes // et // Inhabitées«. Bei der nordostmoldauischen Grenzburg Bender (rum. Tighina) hält Bowles den erzwungenen Aufenthalt des schwedischen Königs Karl XII. (1682–1718, reg. 1697–1718) fest: »Tekin als[o] // Tigina // et Bender, here the late // King of Sweden resided // after his defeat by the Mos= // =covites at the Battle of Pultowa [Poltawa (ukr., russ. Poltava)].« Er vermerkt auch den Fall der strategisch wichtigen Festung Otschakow (ukr. Očakiv, russ. Očakov, türk.-krimtatarisch Özü): »Oczakow was taken by the Russians in // 1737, who in 1738 after having demo= // lished the Fortifications quitted it.« Über die »Tartars of Budziak« im südlichen Bessarabien bemerkt er: »Budziak which gives name // to a Clan of Tatars, is a Plain // about 12 German leagues in length // and 5 or 6 in breadth. There are about // 80 or 90 Villages of these Libertines, who live // upon Rapine, running into the neighbouring Plains // to steal Christians & sell them. Their Villages are moveable, // for their houses are built on Wheels & drawn from the one place to ano= // ther as their pasture fails or abounds.«

Josef Wolf

2.7 Nicolas de Fer / Herman van Loon / Jacques-François Besnard
Kriegskarte – die Grenzen zwischen dem Habsburgerreich und dem Osmanischen Reich, 1737

LE THEATRE DE LA // GUERRE // Sur // LES FRONTIERES // DES DEUX EMPIRES // de puis // VIENNE jusques à CONSTANTINOPLE. // ou se trouvent // LA HONGRIE, // LA TRANSILVANIE, // LA VALAQUIE, LA MOLDAVIE, // L'ESCLAVONIE, LA BOSNIE, // LA SERVIE, et LA BULGARIE, // La Republique de Raguse, // et partie de // LA DALMATIE de L'ALBANIE // et de // LA ROMANIE. // Tiré de Plusieurs Voyages et Ambaßades. // Par N[icolas] de Fer, Geographe de sa Majesté Catolique et // de Monseigneur de Dauphin. // A PARIS, // Chez I[acques] F[rançois] Benard dans L'Isle du Palais sur le // Quay de l'Orloge a la Sphere Royale. // Avec Privilege du Roy 1737.

Privatsammlung Dr. Ovidiu Şandor, Temeswar.

Kupferdruck. – Grenz-, Gebirgs-, Gewässer-, Flächen- und Kartuschenkolorit. – 47,4 × 62,8 cm (52,9 × 68,2 cm). – signiert unten links: »H[ermann] van Loon sculp[sit]«.

Kartografische Angaben: nordorientiert. – Windrose. – »VIENNE, est à 48 Degrez 22 Minutes dé Latitude Septentrionale, // et à 35. Degrez 15. Minutes de Longitude. // CONSTANTINOPLE, est a 41. Deg[rés] 00. Min[utes] de Latitude Septentrion[ale] // et à 50. Degrez 00. Minutes de Longitude.«. – W 16° 20' – E 30° 21', S 40° 57' – N 49° 04'. – Maßstab: [ca. 1:2.120.000]. – grafischer Maßstab: ungarische und deutsche Leugen, Leugen einer Reisestunde: »Douze Lieües de Hongrie«, »Quinze Lieües d'Allemagne«, »Vingt Lieües d'une Heure chacune«.

Verfasser, Verleger, Ausgaben: Der Autor der Karte, Nicolas de Fer (1646–1720, Kat. 5.8), zählt zu den führenden französischen Kartografen und Kartenverlegern an der Wende zum 18. Jahrhundert.[1] Mit dem von seinem Vater übernommenen Kartenverlag spezialisierte sich de Fer in erster Linie auf die Atlantenherstellung, beispielsweise *Côtes de France* (1690), *Atlas Royal* (1695), *Petit et Nouveau Atlas* (1697).[2] Sein späterer Atlas, *Atlas Curieux où le Monde représenté dans des cartes générales et particulières du Ciel et de la Terre*« (1700–1705), und auch der *Atlas ou Recüeil de Cartes Geographiques Dressees Sur les Nouvelles Observations de Mrs. de L'Academie Royale des Sciences* (1709)[3] erlebten mehrere Auflagen. Aktuelle Ereignisse bildeten einen weiteren Schwerpunkt seiner Veröffentlichungen. Grenzverläufe, neu erworbene Gebiete sowie Stadt- und Festungsansichten (z. B. der Atlas *Forces de l'Europe*, 1690–1695)[4] standen im Fokus seines verlegerischen Interesses. De Fer bestand, anders als andere zeitgenössische Kartenverleger, darauf, seine eigenen Karten zu verlegen und nicht die anderer Kartografen. Markenzeichen des Kartografen war eine Armillarsphäre, die sogenannte »Sphère royale«, die er in seinen Werken anbrachte.

Der Kartenverlag von de Fer ging an seine Schwiegersöhne Guillaume Danet (gest. 1732) und Jacques-François Besnard (auch: Bénard, gest. 1751) über, den Verleger vorliegender Karte. Sie wurde von Herman van Loon (auch: Vanloo, Kat. 5.8) gestochen, der an einigen von de Fers Atlanten mitwirkte.[5]

Die erste Ausgabe der Karte ist 1704 erschienen: »LE THEATRE DE LA // GUERRE // Sur // LES FRONTIERES // DES DEUX EMPIRES […] Par N[icolas] de Fer, Geographe de sa Majesté Catolique et // de Monseigneur de Dauphin. // A PARIS, // Chez l'Auteur dans l'Isle du Palais Sur le // Quai de l'Orloge a la Sphere Royale: // Avec Privilege du Roy. // 1704.« – links unten: »H[erman] van Loon Sculp[sit]«.

Es handelt sich um eine Einzel- und Atlaskarte, die auch in de Fers bereits erwähnten *Atlas ou Recüeil de Cartes Geographiques Dressees Sur les Nouvelles Observations de Mrs. de L'Academie Royale des Sciences* Aufnahme gefunden hatte.[6]

Bildelemente: Die auffällige Titelkartusche der fast quadratischen Karte unten rechts ist an der Meerenge zwischen Europa und Asien, die das Schwarze Meer mit dem Marmarameer verbindet, positioniert. Im Unterschied zu der östlichen Grenze Europas war die südöstliche mit klaren räumlichen Vorstellungen verbunden. Der Bosporus, damals auch als »[Wasser-]Straße von Konstantinopel« bezeichnet, war der wichtigste Abschnitt der südöstlichen eurasischen Grenze.

Auf einem kleinen Podest inmitten fließenden

1 Kanas 2012, S. 214 f.
2 Fer 1690; Fer 1695; Fer 1697.
3 Fer 1700/05; Fer 1714/16; Fer 1709.
4 Fer 1690/95.
5 Im Einzelnen nachzuvollziehen bei: Pastoureau 1984.
6 Fer 1709.

Wassers liegen drei mit Kreuzen besetzte Kronen, eine männliche Figur in Husarenuniform hat die rechte Krone ergriffen. Die Kronen stehen für den Sieg über die Osmanen. Die christlichen Großmächte, die Ansprüche auf die Kontrolle über den Bosporus erhoben, strebten damit auch eine Kontrolle über das Schwarze Meer an. In Verbindung mit der Zahl der Kronen ist auch eine Anspielung auf die epochenspezifischen Vorstellungen eines ›dritten Rom‹ denkbar, das mehrere Dynastien für sich in Anspruch nahmen. Auf der Vorderseite des Podests ist ein Medaillon von Kaiser Konstantin angebracht. Der thrakische Bosporus wird als Bollwerk dargestellt. Gegenüber dem asiatischen Stadtteil liegt er wie ein Fels in der Brandung. Die Burg zeigt Galata (heute der Stadtteil Karaköy innerhalb des Stadtviertels Beyoğlu, lat. und it. Pera) – bis zur osmanischen Eroberung eine eigene Stadt am nördlichen Ufer des Goldenen Horns.

Inhalt: Wien und Konstantinopel sind in der Maßstabskartusche mit Breiten- und Längenangaben versehen – ein Novum. Die Grenzziehung in Dalmatien trennt zwischen den osmanischen (»Dalmatie Aux Turcs«) und christlichen Gebieten (»Dalmatie Aux Chretiens«). Die Gebirgsketten sind klar angeordnet, wenn auch ihre Länge und Orientierung nicht durchweg stimmt. Das Balkangebirge wird als »Monts Constegnaz ou Balkan« bezeichnet. Anders als in älteren

Karten bildet es keinen geschlossenen Kreis mit den Alpen und Karpaten. An mehreren Stellen sind irrtümlich Berge eingezeichnet, so z. B. im nordwestlich von Temeswar liegenden Flachland. Der Bakonyer Wald (ung. Bakonyerdő) ist angedeutet, dagegen fehlt das in Nordost-Südwest-Richtung verlaufende, die Große Ungarische Tiefebene von der Kleinen Ungarischen Tiefebene trennende Ungarische Mittelgebirge (ung. Dunántúli-középhegység, veraltet Nyugati-középhegység). Die Karpaten werden nur im Zipser Abschnitt (lat. Scepusium, slow. Spiš, ung. Szepes, poln. Spisz) namentlich genannt (»Montagnes Appelées par les Sczepezi Carpack«). Überzeichnet sind das siebenbürgische Westgebirge (rum. Munții Apuseni) und das Biharer Gebirge (rum. Munții Bihorului). Bei den siebenbürgischen Südkarpaten (rum. Munții Carpații Meridionali) werden drei Berge hervorgehoben: »Mont Sarcan« südlich von Fogarasch (rum. Făgăraș), der deutlich nach Westen verschobene Michelsberg (»Mont St. Michel«) und »Mont Avasalcenl«. Das Zarander Gebirge (rum. Munții Zărandului) wird als »Mont Makya« bezeichnet. Das Vorgebirge in der Walachei (Subkarpaten, rum. Subcarpații Munteniei) dehnt sich zu weit in die Ebenen aus. Im Süden Dalmatiens ist als einzige Ebene die »Plaine de Bilequia« genannt.

Eingezeichnet sind die großen Donauinseln, wie die Csepel-Insel unterhalb von Pest (»Isle Ratzenmarckt ou Ste. Marguerite«), die mit der Margaretheninsel (ung. Margit-sziget) verwechselt wird. Wichtigste Donaumündung ist der nördliche Donauarm Kilia (»Keli ou Septentrionale«, rum. Chilia). Die obere Theiß (rum. und serb. Tisa, ung. Tisza) gilt als Überschwemmungslandschaft.

Die Bergorte im Siebenbürgischen Erzgebirge werden unter dem Namen »4 Villes, ou Chateaux des Montagnes« zusammengefasst. In der Moldau finden unter dem Namen »Hongrois« die östlich von Cotnari verorteten Tschangonen (rum. ceangăi, ung. csangó) Erwähnung.

Auffallend sind die vielen großflächigen Wüstungsgebiete: in der Batschka (»Desert de Bachmeghe«), die »wenig bekannte« Landschaft in der Nordostwalachei (»Pays Deserts Peu Connus«), die »Campagnes Desertes« zwischen Jassy (rum. Iași) und Bender (rum. Tighina). Bessarabien (»Bessarabie«) wird als Provinz ausgewiesen, innerhalb der die Budschaker Tataren (»Tartares Budziak«) erwähnt werden. Die weiten Niederungen zwischen Dnester, Bug und Dnjepr sind namentlich gekennzeichnet.

Eingezeichnet ist der Vermessungspunkt von dem aus die Grenzziehung zwischen dem Habsburgerreich und dem Osmanischen Reich nach dem Friedensschluss von Karlowitz (serb. Sremski Karlovci, ung. Karlóca) 1699 ihren Anlauf genommen hat (»Bornes et Retrenchent des deux Empires«).

Josef Wolf

Johann Baptist Homann / Johann Christoph Müller
Generalkarte des Königreiches Ungarn, um 1720

2.8

REGNI // HUNGARIAE // Tabula Generalis // ex Archetypo MÜLLERIANO S[uae] C[aesareae] M[ajestatis] Capit[aneus] et Ing[egnere] // desumta, et in hanc formam contracta // Viis Veredariis aucta, // Novissimaeq[ue] Pacis Passarovicensis Confiniis illustrata // á // IO[anne] BAPT[ista] HOMANNO // Sac[rae] Caes[areae] Maj[estatis] Geographo // Norimbergae.

Institut für donauschwäbische Geschichte und Landeskunde, Tübingen, Kartensammlung, 2.4.61.

Kupferdruck. – Grenz- und Flächenkolorit. – 47,2 × 57 cm (53 × 63,5 cm).

Kartografische Angaben: nordorientiert. – Kegelprojektion. – W 15° 31' – E 26° 29'; S 43° 24' – N 49° 33'. – Maßstab: [ca. 1:1.640.000]. – grafischer Maßstab in ungarischen und deutschen Meilen: »Milliaria Hungarica«, »Milliaria Germanica«, in einer ganzen und einer halben Postmeile: »Cursus Postae unius et dimidiae«.

Verfasser, Verleger, Ausgaben: Die kompakte Karte mit Postrouten stammt aus dem Nürnberger Verlag von Johann Baptist Homann (1664–1724, Kat. 4.11, 5.12), einem der bedeutendsten Kartenverlage im 18. Jahrhundert.[1] 1702 gegründet, stieg der Verlag zunächst mit Einzelkarten, dann mit dem *Atlas über die gantze Welt* (1707)[2] in den von ausländischen Kartografen dominierten deutschen Kartenmarkt ein und konnte diesen aufgrund günstigerer Verkaufspreise bald dominieren. 1715 wurde der Firmengründer zum »kaiserlichen Geographen« (»Suae Sacrae Caesareae Majestatis Geographus«)[3] ernannt und in die Königlich Preußische Akademie der Wissenschaften aufgenommen. Sowohl Johann Baptist Homann als auch seine Nachfolger kooperierten mit Wissenschaftlern, wie beispielsweise mit dem Astronomen Johann Gabriel Doppelmayr (1677–1750), oder beschäftigten Forscher, um der internationalen Konkurrenz gewachsen zu sein. Dennoch gelang es den »Homannschen Erben« im darauffolgenden Jahrhundert nicht, das gut eingeführte Unternehmen am Markt zu halten.

Die Karte basiert auf einer von Johann Christoph Müller (1673–1721, Kat 1.12, 1.13, 3.14) mutmaßlich in Augsburg veröffentlichten Karte aus dem Jahr 1709,[4] welche später von Kartografen als Grundkarte für die Darstellungen Ostmitteleuropas herangezogen wurde. Dieser neue kartografische ›Urtyp‹ gilt als bestimmend für das Kartenbild Ungarns, Kroatien-Slawoniens und Siebenbürgens bis ins späte 18. Jahrhundert.

Müller zeichnete die große Karte 1706/07 im Auftrag der ungarischen Stände, in deren Namen die Ungarische Hofkammer in Pressburg agierte, also in militärisch-politischen Zusammenhängen. Die anspruchsvolle Titelvignette dieser Karte wurde vermutlich vom Hofmaler Antonio Bellucci (1654–1726) angefertigt[5].

Die Verwendung unterschiedlicher Grundkarten verleiht der Müllerschen Karte einen kompositen Charakter, der sich auch im Maßstab der Karte niederschlägt: Dieser schwankt auf den einzelnen Landesgebieten beträchtlich.[6] Die Karte, der eine Kegelprojektion zugrunde liegt, ist dennoch vergleichsweise sehr genau. Das Gradnetz ist in Bogenminuten unterteilt, die natürliche Größe einer Breitenminute beträgt 1892 Meter. In der Gradleiste befinden sich horizontal große und vertikal kleine Buchstaben. Sie erleichtern das Auffinden der Ortsnamen aus einem Ortsregister oder ihre genaue Bestimmung nach Kolonne und Zone.

Müller standen für die Ungarnkarte nicht nur die Karten der Grenzziehung nach 1699, sondern auch sonstige amtliche Karten zur Verfügung. Außerdem führte er selbst neue Positionsbestimmungen und Vermessungen vor Ort durch und kartierte ›à la vue‹.

In der Kartusche rechts oben, über grafischem Maßstab und Zeichenerklärung, befindet sich ein Hinweis auf die Vorzüge der Karte, insbesondere hinsichtlich der Rektifizierung der Abbildung des Donaulaufs. Müller verweist darin auf die veränderte Darstellung aufgrund von Vermessungen. Auf vorhergehenden Darstellungen floss die Donau in südöstliche Richtung, während sie in den von Luigi Ferdinando Marsigli (1658–1730, Kat. 1.1, 1.12, 1.13, 3.14) und Müller erstellten Karten hinter Esztergom (dt. Gran) und bis zum Zusammenfluss mit der Drau eine Südrichtung einschlägt – »eoque fit, ut totius Hungariae figura alia facie prodeat« – Ungarn wurde mit einem völlig veränderten Aussehen versehen, so Müller. In der später

[1] Grundlegend über den Homannschen Verlag in Nürnberg: Ausst. Kat. Nürnberg 2002.
[2] Homann 1707.
[3] Hochedlinger 2001.
[4] Johann Christoph Müller / Johann Andreas Pfeffel / Christian Engelbrecht: Augustissimo Romanor[um] Imperatori Iosepho I. Hungariae Regi Invictissimo Mappam hanc Regni Hungariae propitiis elementis fertilissimi cum adjacentibus regnis et provinciis nova et accuratiori forma ex optimis schedis collectam […], [Augsburg] 1709, Maßstab: [ca. 1:550.000], BLB Karlsruhe, Q 2. URL: https://digital.blb-karlsruhe.de/id/3966666 (17.06.2017); Stopp/Langel 1974, S. 212.
[5] Zur Entstehung der Karte: Fallenbüchl 1969; Stopp/Langel 1974 stellen einen Zusammenhang her zu einer 1706 in Nürnberg für Prinz Eugen von Savoyen-Carignan gezeichneten Karte mit den ungarischen Grenzen, S. 212.
[6] Fallenbüchl 1969, S. 146.

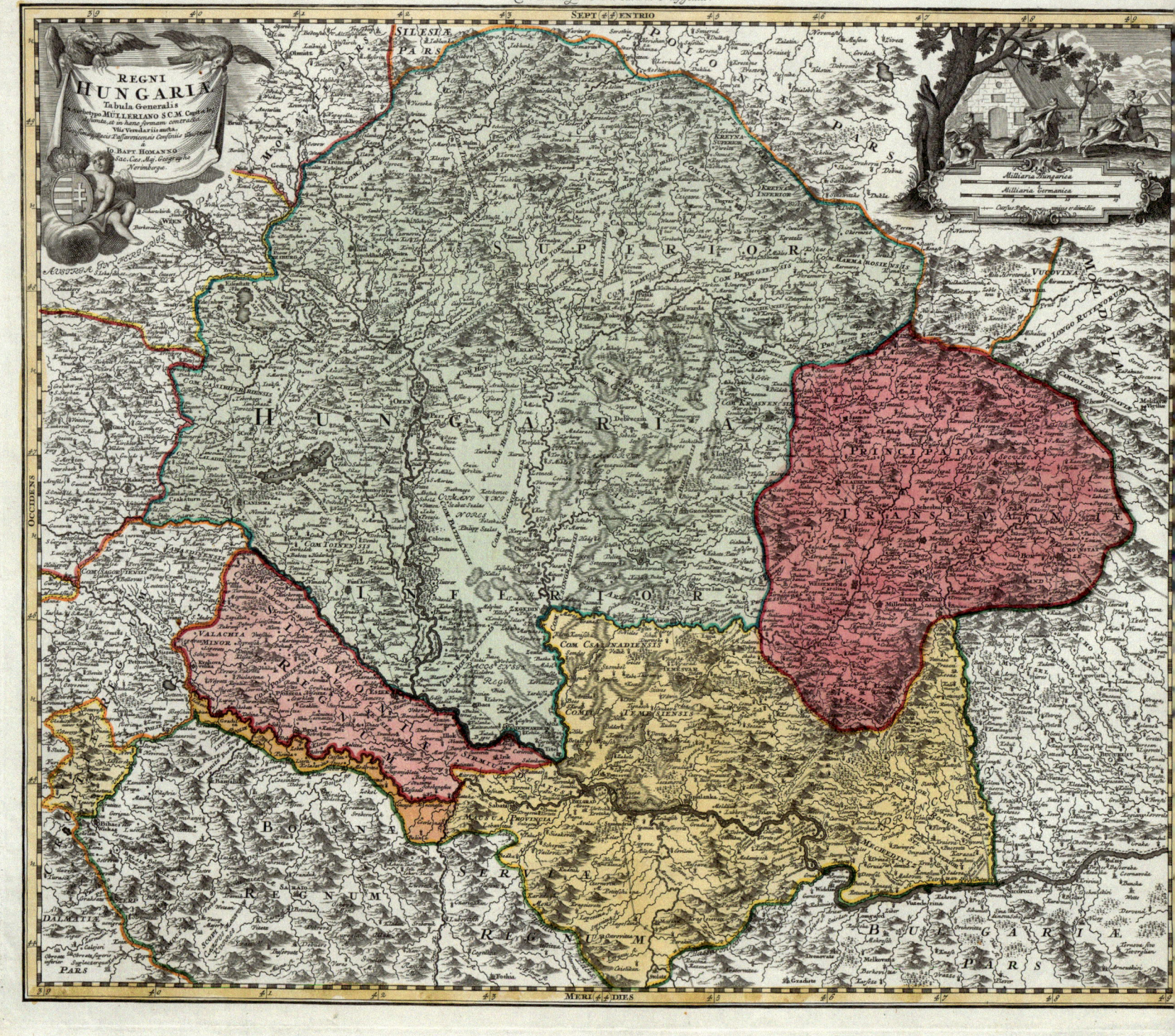

REGNI HUNGARIÆ Tabula Generalis

gemeinsam mit Marsigli herausgegebenen Donaukarte (Kat. 1.12, 1.13) sind die Biegungen der Donau von Pest bis zur Mündung der Drau stärker akzentuiert als in hiesiger Ungarnkarte. Trotz der grundlegenden Berichtigung des Donaulaufs hat aber auch Müller den südlichen Richtungswechsel der Donau bei Waitzen (ung. Vác) nicht in seiner Vollständigkeit erkannt.

Die bereits hohe Auflage der Ungarnkarte sorgte für europaweite Verbreitung, die von den zahlreichen Auflagen der danach bei Homann publizierten Karte noch potenziert wurde.

Bildelemente: Oben links in der durch das Format und den gewählten Ausschnitt recht gedrängt wirkenden Karte befindet sich die unkolorierte Titelkartusche: Zwei Adler mit ausgebreiteten Flügeln halten in ihren Krallen einen breiten Banner mit der Titelinschrift; links darunter, auf einer Wolkenbank, sitzt ein Putto mit dem gekrönten Wappen des Königreiches Ungarn. Eine weitere unkolorierte Darstellung befindet sich über der Maßstabskartusche oben rechts: drei als Staffette an einer Siedlung vorbeiziehende Eilboten.

Inhalt: Der Gebietsausschnitt erstreckt sich im Osten bis zum Karpatenbogen. Für die dargestellten Gebiete, Staaten und Provinzgrenzen wird Grenzflächenkolorit verwendet, die Komitate sind nicht abgegrenzt, nur bezeichnet. Das nordwestliche Karpatenbecken erscheint undeutlich. Insgesamt kommen wenige Relieftoponyme vor, so bei den Südkarpaten (rum. Carpații Meridionali) nur ein unbedeutendes Gebirge, »Kertz Montes« (rum. Munții Cârței). Eingezeichnet sind die siebenbürgischen Gebirgspässe. Der Eisernes-Tor-Pass (rum. Poarta de Fier a Transilvaniei), der den Zugang osmanischer Truppen nach Siebenbürgen ermögliche, wird jedoch nicht namentlich bezeichnet. Es könnte sich um den nur als »Porta« bezeichneten Pass handeln, womit er aber falsch eingezeichnet wäre. Auch im zentralen und westlichen Balkan ist die Reliefgliederung undeutlich. Es fehlt die Differenzierung zwischen Gebirgsketten und Hochebenen. Für das infolge des Friedensschlusses von Passarowitz (serb. Požarevac) 1718 neu geschaffene Königreich Serbien sind die »Friedensgrenzen« (»Confinia Pacis«) dargestellt, wie auch die alte Heeresstraße, die von Belgrad nach Konstantinopel führt. Am unteren Donaulauf sind Donaukatarakte (Eisernes Tor) und die unterhalb von Neuorschowa (Insel Ada Kaleh) liegende Trajansbrücke gekennzeichnet.

Für Ungarn und Siebenbürgen werden vor allem für Städte deutsche Ortsnamen verwendet. Irreführend ist die Verwaltungstopografie vor allem bei vom Wiener Hof aus dem ungarischen Staatsgebiet ausgegliederten Gebieten. Da für die Darstellung eine vorrätige Kupferplatte überarbeitet wurde, erscheinen im neu entstandenen Domänenstaat Temeswarer Banat weiterhin alte, schon in der Osmanenzeit nicht mehr bestehende Komitatsbezeichnungen (»Com[itatus] Csanadiensis« und »Com[itatus] Temesiensis«). Eingezeichnet ist die slawonische Militärgrenze. Syrmien erscheint noch als zwischen Habsburgern und Osmanen geteilt, obwohl die Teilung im Friedensvertrag überwunden wurde. Südlich der unteren Save ist unter »Macsua Provincia« (serb. Mačva) die alte Grenzmarke, Banatus Macsvensis, eingetragen. Mehrere Landschaften erscheinen in der Karte, unter anderem »Vucovina« im nördlichen Fürstentum Moldau, »Szerp« (serb. Serp), und »Klamocs« (serb. Glamoč) in Westbosnien. Außer der Komitatsbezeichnung Bodrog (»Com[itatus] Botrogiensis«) wird im südlichen Ungarn auch die »Bacosensis Regio« angeführt. Eine ›Merkwürdigkeit‹ stellt die »Römer Schantz« in der Batschka dar. In der Nordmoldau wird zwischen »Campo Longo Moldaviae« (Moldauer Langental, bei Câmpulung Moldovenesc) und »Campo Longo Ruthenorum« (Ruthenisches Langental) unterschieden.

Josef Wolf

2.9 Philip Lea / Richard Palmer
Das Königreich Ungarn und seine Nebenländer, [1686]

A NEW MAPP // of the KINGDOM of // HUNGARY // And the STATES that // have been Subject to it, // which are at present the // Northern Parts of Turkey in // EUROPE // Sold by Phil[ip] Lea at the Atlas and // Hercules in Cheapside London.

Privatsammlung Dr. Ovidiu Şandor, Temeswar.

Kupferdruck. – Grenz-, Flächen- und Kartuschenkolorit, Rahmen mit Gradeinteilung ebenfalls koloriert. – 48,8 × 57,6 cm (50,5 × 59,5 cm). – signiert unten rechts: »R[ichard] Palmer sculp[sit]«.

Kartografische Angaben: nordorientiert. – Windrose. – Gradeinteilung. – W 14° 15' – E 32° 26'; S 39° 45' – N 50° 18'. – Maßstab: [ca. 1:2.660.000]. – grafischer Maßstab: englische Meilen: »English Miles«, gemeine französische Leugen: »Common Leagues of France«, gemeine deutsche Leugen oder große polnische Leugen: »Common Lea[gues] of Germany or Great Lea[gues] of Poland«, ungarische Leugen: »Leagues of Hungary«, Leugen von einer Reisestunde: »Leagues of one Hours Traueling« und italienische Meilen: »Italian Miles«.

Verfasser, Verleger, Ausgaben: Der Kupferstecher Richard Palmer (gest. 1700) hat die bei Philip Lea verlegte Karte gestochen. Lea brachte auch Atlanten heraus, so den *Atlas containing the Best Maps of the several parts of the World collected by Phil[ip] Lea who selleth all sorts of Mathematical Books and Instruments*.[1]

Die Karte ist als Einzelkarte und Atlasblatt erschienen und wurde mit verändertem Impressum aufgelegt, so zum Beispiel: »London. Printed for Tho[mas] Terrey at the Red // Lyon without Newgate, and Ric[har]d. Palmer in // Fullwood Rents Near Grays Inn. Stationer« (1695).[2] Das Kartenbild scheint, wie dasjenige der Karte von John Bowles (1701–1779) »The kingdom of Hungary […]« (Kat. 2.6), abgeleitet zu sein von der Karte der Sansons, die bei Alexis-Hubert Jaillot verlegt wurde: »Le Royaume de Hongrie et les Estats qui en ont esté sujets et qui font présentement la partie septentrionale de la Turquie en Europe« (1673).[3] Allerdings sind die

---

1 Lea 1690.
2 Philip Lea / Richard Palmer: A new mapp […], London [1695]. URL: https://collections.leventhalmap.org/search/commonwealth:cj82kq481 (16.06.2017).
3 Guillaume Sanson oder Nicolas Sanson: Le Royaume de Hongrie et les Estats qui en ont esté sujets et qui font présentement la partie septentrionale de la Turquie en Europe […] Dressé sur les mémoires les plus nouveaux par le S[ieu]r Sanson, Paris 1673. URL: http://gallica.bnf.fr/ark:/12148/btv1b530274876 und weitere (16.06.2017).

206   2. VIELGESTALTIGKEIT DER STAATENWELT

CANYSA
GREAT WARADIN
BELGRAD ZYGETH GYULA ALBA REGALIS

A NEW MAPP of the KINGDOM of HUNGARY And the STATES that have been Subject to it, which are at present the Northern parts of Turkey in EUROPE

Sold by Phil. Lea at ye Atlas and Hercules in Cheapside London.

R. Palmer sculp:

Kartuschen komplett anders gestaltet, der Kopftitel fehlt, die Veduten sind neu. Weiter tradiert wird jedoch die teilweise Zweisprachigkeit der Orte.

Bildelemente: In der Kopfleiste, ungefähr das obere Viertel des gesamten Blatts füllend, befinden sich – aufgeteilt auf zwei Reihen – neun Stadtansichten: Es handelt sich um »Buda« (dt. Ofen), »Canysa« (ung. Nagyk Kanizsa) und »Great Waradin« (dt. Großwardein, rum. Oradea), »Novigrad«, »Temeswar« (rum. Timișoara, ung. Temesvár), »Belgrad«, »Zygeth« (ung. Szigetvár), »Gyula« und »Alba Regalis« (dt. Stuhlweissenburg, ung. Székesfehérvár).

In der kleinen Kartusche links oben widmet Richard Palmer die Karte dem Prinzen Georg von Dänemark und Norwegen, Herzog von Cumberland (1653 –1708), Ehemann von Königin Anne von Großbritannien: »To His Royall Highness George // Prince of Denmark, and // Norway & c[eter]a // This Mapp is Humbly Dedicated // and Presented // By Richard Palmer«. Über der Widmung befindet sich ein gekröntes Wappen auf mit verschiedenen Wappen umrandetem Tatzenkreuz. Der dreigeteilte Wappenschild beinhaltet die Wappen Dänemarks, Norwegens und Schwedens und ist umgürtet mit dem Wahlspruch des Hosenbandordens: »HONI: SOIT: QUI: MAL: Y: PENSE«.

Der Kartentitel ist in einem Bildrahmen an der rechten Kartenseite, etwa mittig, angebracht, darüber befindet sich ein Putto mit ungarischer Krone in der rechten und Zepter (?) in der linken Hand. Links des Titels steht ein Putto mit Kreuz in der rechten und einem Schwert, das auf das Kreuz zeigt, in der linken Hand, einen liegenden Türken mit dem Fuß niederhaltend und auf ihn blickend; darunter Banner in der Farbe des Propheten, grün, mit drei Halbmonden.

Inhalt: Insgesamt weist die sehr übersichtliche Karte klare Gebirgsketten auf. Die Balkankette verläuft jedoch irrtümlich nach Südwesten, die Karpaten hingegen sind richtig dargestellt, aber ohne benannt zu werden. Im Unterschied zu anderen zeitgenössischen Karten sind richtigerweise keine Berge in die nördliche Große Ungarische Tiefebene (ung. Nagyalföld) eingezeichnet. Berge sind aber auch an Stellen dargestellt, wo es sie nicht gibt, unter anderem in der zentral-südlichen Walachei. Die Donau nimmt entsprechend der damaligen Auffassung ab Pressburg einen kontinuierlichen Südost-Verlauf. Die Mündung des drittgrößten europäischen Flusses, Djnepr (»Nieperor Boristhene R[iver]«), in das Schwarze Meer ist detailliert dargestellt.

In dem verzerrt dargestellten Bessarabien wohnen die Budschak-Tataren (»Tartars of Budziak«). Jenseits des Dnepr werden das Kosakenland (»Country of the Cosaqves«) und die Kleine Tatarei (»Little Tartary«) lokalisiert. Im Nordosten der Otchakower Tataren (»Tartars Oczakow«) liegen »Dzike Polie ou Campagnes Desertes Inhabitees« (Ebene der Dziki oder wüste, unbewohnte Ebenen). Dabei sind unter »dziki« rohe, »wilde«, unzivilisierte Menschen zu verstehen.

Der südliche Donauraum und der Nordbalkan werden durch folgende Raumentitäten beschrieben: »Croacia«, »Sclavonia«, »Dalmatia«, »Bosnia«, »Albania«, »Macedonia«, »Bulgaria« und »Romania«. Innerhalb von Ostslavonien wird Raszien (»Rascia«) verortet. Dieser ›moving space‹ verweist in den Karten des 17. Jahrhunderts meist auf das Kerngebiet serbischer Staatlichkeit im zentralen Innerserbien. Die imaginäre Landschaft ist ein Indiz für das Migrationsgeschehen in diesem Raum, das von den Süd-Nord-Wanderungen durch umfangreiche Fluchtbewegungen der christlichen Bevölkerung aus dem Balkaninneren vor dem Hintergrund der Türkenkriege geprägt ist. Das osmanische Herrschaftsgebiet ist lediglich durch Überschriften wie »Government of Buda« oder »Government of Bosnia« gekennzeichnet. Ethnische Diversität wird auch durch mehrsprachige Ortsnamen markiert. Leas Karte ist eine der wenigen in dieser Zeit, in der keine Schlachten eingezeichnet sind.

Josef Wolf

François Joseph Maire / [Hieronymus Benedicti]
Karte des Russisch-Österreichisch-Osmanischen Krieges, 1788

GEOGRAPHISCHE GENERAL KARTE // Der Gränzen zwischen denen dreyen Kaiserthümern und // ihren nach und nach geschehenen Veränderungen // vom Jahr 1718 bis heütigen Tags // oder // Kriegs schauplatz gegenwärtigen Kriegs. // Dieser general Karte sind noch verschiedene andere Partikulär Karten der // angränzend sehr interessanten Ländern, auf einen grösseren Maasstab // beigefügt von F[rançois] I[oseph] M[aire] 1788 Wien.
CARTE // générale des limites entre les trois Empires, // et leurs Variations suceessives dépuis l'année 1718 jusqu'à ce jour // ou // THEATRE DE LA GUERRE PRESENTE. // à cette Carte générale se trouvent annexées plusieurs autres Cartes // particulieres des Contrées les plus intéressantes, sur uneplus grande Echelle // par F[rançois] I[oseph] M[aire] 1788. // à Vienne.

Institut für donauschwäbische Geschichte und Landeskunde, Tübingen, Kartensammlung, 1.2.1.17.

Kupferdruck. – Grenz-, Flächen- und Kartuschenkolorit. – Hauptkarte eines siebenteiligen Kartensatzes. – 66,5 × 149 cm (71,1 × 152,4 cm). – aus drei Blatt zusammengesetzt. – in 24 Teilen auf Leinen aufgezogen.

Kartografische Angaben: nordorientiert. – polständiges Meridiangitternetz. – stilisierter Kompass statt Windrose. – Gradeinteilung. – W 13° 19' – E 42° 00'; S 40° 01' – N 49° 09'. – Maßstab: [ca. 1:1.490.000]. – grafischer Maßstab: Gemeine polnische und deutsche Meilen: »Milles communs de Pologne et d'Allemagne«, russische Wersten: »Versts«, türkische Meilen: »Milles de Turquie«, französische Leugen: »Lieues de France«.

Verfasser, Verleger, Ausgaben: François Joseph Maire (1738–1788, Kat. 4.13) aus Lothringen war spätestens 1771 in Wien als »ingénieur hydraulique et géographe« tätig. Er beschäftigte sich intensiv mit Wasserbau und betrieb über einige Zeit hinweg das Vorhaben, das Territorium der Habsburgermonarchie durch ein System von Kanälen und Wasserstraßen umzugestalten.[1]
Während des Russisch-Österreichisch-Osmanischen Krieges (1787–1792) publizierte Maire, das gesteigerte öffentliche Interesse bedienend, ein umfassendes Kartenwerk. Es besteht aus einer Hauptkarte und sechs losen Beikarten unterschiedlichen Formats mit unterschiedlichen Maßstäben. Absicht ist, die territorialen Veränderungen eines Zeitraums von 70 Jahren zu visualisieren.

Die Blätter der Beikarten zur Krim, zum Bug und zum Banat stach der Wiener Kupferstecher Hieronymus Benedicti (gest. 1809, Kat. 4.13). Ihm dürfte wohl auch die unsignierte Hauptkarte zugeschrieben werden.

Bildelemente, Nebenkarten: Die Titelkartuschen sind in der linken oberen und unteren Ecke des Kartenbilds angebracht. Die deutschsprachige Inschrift oben ist schlicht gerahmt, die untere, französischsprachige, programmatisch geziert mit habsburgischem Doppelkopfadler, Joch und Fußfessel zerreißend, und mit einem russischen Adler, der einen Turban zerfetzt. Rechts liegt ein zerbrochener goldener Halbmond, daneben eine türkische Standarte.

Am unteren Rand werden freie Kartenräume – elegant unter der Silhouette des Schwarzen Meers eingepasst – durch Informationen gefüllt: An die Erklärung der Grenzlinien schließen sich rechts Ausführungen zu den verwendeten Vorgängerkarten und zu Gewährsmännern an.

Dabei handelte es sich um den Geografen und Kartografen Giovanni Antonio Bartolomeo Rizzi Zannoni (1736–1814), Autor einer »Carte de la partie septentrionale de l'empire otoman […]« (1774),[2] den Kartografen François Kauffer (1751–1801), der zusammen mit dem Brücken- und Straßenbauingenieur Jacques Foucherot (1746–1813) eine Karte des Marmarameers veröffentlicht hatte (1784),[3] und T. R. Isleniev (auch: Islenief), dessen astronomische Beobachtungen im Zusammenhang einer »Mappa Nova Geographica Moldaviae et Walachiae ad recentiores observationes astronom. T. R. Islenief, et Chartas geogr. L.G.R. de Bauer concinnata«[4] und einer Generalkarte von Ungarn genannt werden.[5] Mit Sulzer könnte Franz Joseph Sulzer (1727–1791), Historiker, Geograf, Offizier im österreichischen Heer und Verfasser der *Geschichte des transalpinischen Daciens* (1781/82)[6] gemeint sein, mit Bauer der Generalleutnant, Ingenieur und Festungsbaumeister in russischen Diensten, Friedrich Wilhelm Bauer (1731–1783),

1 Biografisches zusammengetragen bei Dörflinger 1984, S. 92–95.
2 Giovanni Antonio Bartolomeo Rizzi Zannoni: Carte de la partie septentrionale de l'empire otoman dédiée a monseigneur le comte de Vergennes conseiller du Roy […] Par son très humble et très obeissant serviteur Rizzi Sannoni de l'Academie royale des Sciences et belles lettres de Gottingue, Pr. ingenieur géographe de la Marine, [s. l.] 1774.
3 François Kauffer / Jacques Foucherot: Carte De La Mer De Marmara, Du Canal Des Dardanelles & de Celui De Constantinople Levée sur les Lieux en 1776. Par les S[ieu]rs Kauffer, ing[énieu]r géographe et Foucherot, ingénieur des Ponts et Chaussées de France, Paris 1784. URL: http://gallica.bnf.fr/ark:/12148/btv1b531006285/f1.item (21.06.2017).
4 [o. J.], Dörflinger 1984, S. 99.
5 Ebd., S. 179.
6 Sulzer 1781/82, mit Karten hinten im ersten Band; Wurzbach 1880; Schumann 1894.

7 Bauer 1778; Amburger 1953.

8 Daniel Berger / Jan Hendrik van Kinsbergen: Carte de la Crimée. Levée pendant la dernière guerre de 1772 & dédiée […], Berlin 1776; Daniel Berger / Jan Hendrik van Kinsbergen: Carte de la Mer noire et de la Mer d'Assow levée pendant la guerre en 1773 […], Berlin 1779.

9 Choiseul-Gouffier 1782/1822.

10 Vernon 1676; Spuler 1936, S. 244.

dessen *Mémoires historiques et géographiques sur la Valachie* (1778) von anderen Kartografen als Informationsquelle herangezogen wurden.[7] Der niederländische Admiral Jan Hendrik van Kin[g]sbergen, Graf von Doggersbank (1735–1819), stand ebenfalls in russischen Diensten und war kartografisch tätig, überliefert sind zumindest eine Karte der Krim (1776) und eine des Schwarzen Meers (1779)[8].

Bei Marie-Gabriel-Florent-Auguste de Choiseul-Gouffier (1752–1817) handelt es sich um einen französischen Diplomaten und Althistoriker, den Autor von *Voyage pittoresque de la Grèce* (1782–1822)[9], ein Werk, das dem europäischen Publikum eine Vorstellung vom modernen Griechenland und den Inseln vermittelte.

Francis Vernon (gest. 1677) ist ein englischer Reisender, dessen 1675 in Venedig begonnene Reise durch Dalmatien über Griechenland schließlich bis Persien führte. Vernons Positionsbestimmungen für Griechenland und Kleinasien wurden von Reiseschriftstellern noch im frühen 19. Jahrhundert herangezogen.[10]

François Baron de Tott (ung. Báró Tóth Ferenc,

1733–1793), französischer Diplomat und Militär ungarischer Herkunft, war von 1769 bis 1775 Militärberater der Hohen Pforte. Seine vielbeachteten *Mémoires sur les Turcs et les Tatares* (1784) räumten mit manchen in Europa kursierenden Stereotypen auf.[11] Sie führten zu einer wissenschaftlichen Auseinandersetzung, an der vor allem Claude-Charles de Peyssonnel (1727–1790) beteiligt war,[12] ein französischer Diplomat und Schriftsteller, dessen Veröffentlichungen ebenfalls von Kartografen rezipiert wurden.[13]

Darunter, im selben Textfeld, erfolgt die Verknüpfung mit den »Partikulär Karten«. Die exakten Titel der sechs kleineren Kartenblätter lauten schließlich:

(1) Plan De Constantinople et Du Bosphore. Pour servir de renseignement à la Carte des Limites des trois Empires ou Théatre de la Guerre présente. 1788.

(2) Helespont ou Detroit Des Dardanelles. Pour servir […] 1788.

(3) Post Karte von der Halbinsel Taurien oder Krim. Pour servir de renseignement à la Carte des Limites des trois Empires ou Théatre de la Guerre de 1787 entre la Russie et les Turcs. 1788.

11 Tott 1784.

12 Peyssonnel 1785; hierzu Einleitung von Ferenc Tóth in: Tott 2004; Tóth 2013.

13 Peyssonnel 1765; Peyssonnel 1785.

KARTE DES RUSSISCH-ÖSTERREICHISCH-OSMANISCHEN KRIEGES, 1788

(4) Confluent Et Embouchure Du Bog Et Du Dniéper. Pour servir de renseignemens à la Carte des Limites des trois Empires ou Théatre de la Guerre de 1787 et 88 entre la Rußie et les Turcs. 1788.

(5) Carte De la partie d'Albanie occupée par le Bacha de Scutari, […] et partie des Territoires Montenegrins, et partie des Territoires des Rep.ques de Venise, et de Raguse, Pour servir […] 1788. Karte Des Theiles von Albanien so der Bascha von Scutari in besitze hat, Der District der Montenegriner, und ein Theil der Besitzungen der Rep. Venedig und Ragusa. (Kat. 4.13).

(6) Le Bannat De Temeschwar d'après les nouvelles indications. […] 1789. Temeswarer Bannat, nach den neuesten Anzeigen.

Inhalt: Die Karte enthält die gekennzeichneten Grenzveränderungen seit dem Friedensschluss von Passarowitz 1718 in Dalmatien, an der unteren Donau und im nördlichen Schwarzmeergebiet, die Kriegsschauplätze (Schlachtfelder bei Banja Luka und Tatarenlager) auf dem russisch-osmanischen Kriegsschauplatz, die venezianischen, habsburgischen und osmanischen Territorien an der dalmatinischen Küste sowie Staats- und Provinzgrenzen. Sonstige Verwaltungseinheiten werden nur punktuell namentlich genannt. Die Provinzgrenzen sind nicht immer richtig eingezeichnet, dagegen sind die osmanischen Grenzfestungen und -städte mit Raja-Statut – Städte unter direkter osmanischer Militärverwaltung mit ihrem Umland – vermerkt: Alt-Orschowa (rum. Orșova Veche), Turnu, Giurgiu, Brăila und Bender (rum. Tighina). Dabei wurde die Festung Alt-Orschowa im Frieden von Belgrad 1739 dem Kaiser zugeschlagen, nur die stromabwärts liegende, heute versunkene strategische Donauinsel Neu-Orschowa (rum. Ada Kaleh) wurde dem Osmanischen Reich zurückgegeben. Damit ist auch die Grenze zwischen dem Temeswarer Banat und der Walachei von 1739 falsch eingetragen. Das Siedlungsbild des Banats ist veraltet, Orte, die in anderen Karten eingetragen sind oder in Anton Friedrich Büschings *Neue[r] Erdbeschreibung*, Teil 1 (1754),[14] vorkommen, fehlen in der Karte. Auch der wichtige Durchbruch bei Cornea (dt. Kornia), zwischen Mehadia und Slatina, ist nicht eingetragen. Die Schreibweise der Siedlungen ist uneinheitlich.

Ziemlich genau sind die größeren Donauinseln dargestellt, die Mündung des Stromes weist vier namentlich gekennzeichnete Arme auf. Unter »Wasserleutung« ist der gescheiterte Versuch der Umleitung des Cerna-Laufs zwecks Berichtigung der Grenze zwischen der Walachei und dem Temeswarer Banat 1740/41 eingezeichnet. Siebenbürgen wird als vollständig gebirgiges Gebiet ausgewiesen, nicht alle Pässe sind eingezeichnet. Das Balkangebirge (»Emmeh Dag«, »H[a]emus«) wird zwar namentlich genannt, breitet sich aber bis zur Donau aus.

Fehler unterlaufen dem Verfasser auch beim Flusssystem Buna (»Bajana«) und Morača (»Meraca«), das mit dem Scutarisee (alban. Liqen/-i i Shkodrës, serb. und montenegr. Skadarsk) zusammenfällt. Es fehlen auch noch andere Flüsse, unter anderem der Schwarze Drin (alb. Drin/-i i Zir, mazed. Crni Drin).

Im Schwarzmeergebiet grenzt die Karte sauber den russischen von dem osmanischen Herrschaftsbereich und die einzelnen von Tataren bewohnten Gebiete ab. Weniger übersichtlich sind Territorialverhältnisse im Kaukasus dargestellt. Für die Halbinsel Krim wird die antike Bezeichnung Taurien (»Tauride«) verwendet, wogegen Cherson, das Wort, mit dem Griechen die Krim bezeichneten, für die Landschaft im ehemaligen Khanat der Krim steht, die 1774 an Russland gefallen ist. Ohne ihre Benennung und nur mit Festungssignatur eingezeichnet ist auch die Stadt Cherson (russ. und ukr. Herson), die 1778 neben der 1737/38 errichteten Befestigungsanlage gegründet wurde.

Auffällig sind die Umrisse der an der Schwarzmeerküste bei der Mündung des Dnepr-Bug-Liman und des Beresan-Liman liegenden Festung Otchakow (ukr. Očakiv, türk.-krimtatarisch Özü). Von den Russen 1737 erobert, musste sie im Friedensschluss von Belgrad an das Osmanische Reich zurückgegeben werden. Im Russisch-Osmanischen Krieg 1787–1792 fiel die Festung nach sechsmonatiger Belagerung erneut an das Zarenreich und löste die so genannte Ochakov-Krise aus, die die ›Orientalische Frage‹ in der europäischen Diplomatie einleitete. Der Plan, hier ein Ansiedlungsgebiet, »Neu-Moldau«, für Flüchtlinge aus den Fürstentümern Moldau und Walachei einzurichten, scheiterte.

Innerhalb »Neurusslands« (»Nouvelle Russie«) wird von der Verwaltung der Ukrainer (»Regim ukrmncow«, eigentlich »ukraincow«) und den »freien Kosaken« (»Kosaci slobodci«) differenziert. Hervorgehoben werden die »Plaines Desertes« im nördlichen Schwarzmeergebiet als potentieller Kolonisationsraum. Das Mündungssystem des Dnepr wie auch die Limanlandschaft sind deutlich dargestellt.

Josef Wolf

14 Büsching 1754.

William Faden

Das Herrschaftsgebiet der Türkei in Europa, 1795

2.11

EUROPEAN // DOMINIONS // of the // OTTOMANS, // OR // TURKEY // IN EUROPE. // London. // Published by W[illiam] Faden. Geog[raphe]r to the KING, and to // H[is] R[oyal] H[ighness] the PRINCE of Wales; [London] Charing // Cross. August 12th. // 1795.

Privatsammlung Dr. Ovidiu Şandor, Temeswar.

Kupferdruck. – Grenzen und Küstenlinien koloriert. – nachträglich stark aufgetragenes Grenzkolorit an der Ost- und Nordküste des Schwarzen Meers, einschließlich der Krim, bis zur russisch-polnischen Grenze, Rahmen mit Gradeinteilung ebenfalls koloriert. – 54,5 × 74 cm (56,8 – 76 cm). – in 15 Teilen auf Leinen aufgezogen.

Kartografische Angaben: nordorientiert. – polständiges Meridiangitternetz. – Gradeinteilung. – W 15° 38' – E 42° 19'; S 34° 53' – N 49° 17'. – Maßstab: [ca. 1:2.950.000]. – grafischer Maßstab: gemeine türkische Leugen, deutsche Meilen, russische Wersten, italienische oder geografische Meilen, britische Meilen: »Agachs or Common Turkish Leagues«, »German Miles«, »Russian Wersts«, »Italian or Geographical Miles«, »British Miles«.

Verfasser, Verleger, Ausgaben: Der englische Kartograf und Verleger William Faden (1750 –1836) wurde unter König George III. (1738 –1820) zum »royal geographer« ernannt. Während des Amerikanischen Unabhängigkeitskrieges (1775 –1783) hatte Faden den *North American Atlas* (1777)[1] veröffentlicht. Die vorliegende Karte ist auch in anderen Atlanten enthalten: in dem von Faden herausgegebenen *General Atlas* beziehungsweise *New General Atlas* (hier: 1811)[2] und in Neuauflagen; in Mahmud Raif Efendis türkischer Ausgabe des Atlanten, *Cedid Atlas Tercümesi*,[3] die 1803 in Üsküdar (heute Stadtteil von Istanbul) erschienen ist.

Bildelemente: Die Maßstabskartusche links unten ist in die freie Fläche des Mittelmeers eingepasst. Die reich verzierte Titelkartusche rechts unten wird in ihrem unteren Teil von vier Putti umgeben. Ein stehender Putto links und ein rauchender Putto rechts umrahmen zwei weitere Putti, die zu ihren Füßen sitzen und von denen zumindest einer gefesselt ist. Dazwischen liegt ein dekoratives Arrangement verschiedener Früchte. Aus einer auf einem Sockel aufgestellten Feuerschale rechts steigt eine Flamme hervor. Rings um die Kartusche angebrachte gekettete Waffen wie auch osmanische Standarten versinnbildlichen die Niederlagen der Osmanen. Ganz rechts unten ist das Werkzeug des Zeichners und Stechers zu sehen. Zwischen den beiden Kartuschen durchbricht das Kartenbild mit den Umrissen der Insel Kreta den unteren Kartenrahmen.

Inhalt: Die Karte mit ungewöhnlichem Ausschnitt – der schon den Zeitgenossen auffiel: »ein Blatt, worauf der ganze Umriss des Schwarzen Meeres und ganz Anadoli« erscheint[4] – ist übersichtlich gestaltet. Faden scheint sich dabei an den Gebietsausschnitt und die Kartenkomposition von Emanuel Bowen »A New & Accurate Map of Turkey in Europe« (1752)[5] anzulehnen.

Das schöne Blatt gewährt eine präzise Übersicht über den südosteuropäischen Raum. Die Karte grenzt Europa von Asien ungefähr ab. Zur Übersichtlichkeit trägt nicht zuletzt die kompakte Reliefdarstellung bei. Weitere Differenzierungen (z. B. Gebirge, Vorgebirge, Hügelland, Hochebene) unterbleiben. So greifen in Siebenbürgen Ost- und Südkarpaten auf die Hochebene über. Für das Balkangebirge werden die Termini – »M[oun]t Balkan«, »M[oun]t Haemus« oder »Emmeh Dag« – verwendet. Als einzige Ebene findet die »Plain of Sophia« Erwähnung. Der Kaukasus (»Mount Caucasus«) ist landschaftlich-regional strukturiert (»Circassia«, »Cabarda«, »Abkhas[ia]«, »Odisci« oder »Mingrel« und »Guria«). Ein augenfälliger Schriftzug macht auf das »Desert of Astrachan« aufmerksam.

Auch das den Großraum strukturierende Gewässernetz trägt zur Übersichtlichkeit bei. Grafisch anspruchsvoll ist die Darstellung der Küsten und Inseln. Die Bezeichnung des Schwarzen Meers ist mehrsprachig, darunter auch in der »moldo-wlachischen« Sprache (»Mare Niagra«, rum. Marea Neagră). Der Donaulauf ist genau eingezeichnet. Die Mündung besteht aus vier Armen, wobei »Ruski Bogasi« oder »Souhna« als der tiefste bezeichnet wird. Das Überschwemmungsge-

---

1 Faden 1777; Harley/Petchenik/Towner 1978.

2 Faden 1811, Nr. 38; Faden gab den Atlas, der aus Karten verschiedener Produzenten bestand, öfter, auch mit wechselndem Umfang oder als Sammlung ohne Titelblatt heraus; ab 1795 könnte die Karte innerhalb eines Exemplars vorliegen.

3 Beispielsweise zu sehen im Exemplar der Library of Congress, Washington. URL: https://www.loc.gov/resource/g3200m.gct00235/?sp=50 (22.06.2017).

4 Zach 1798, S. 30.

5 Emanuel Bowen: A New & Accurate Map of Turkey in Europe. With the Adjacent Countries of Hungary, Little Tartary &c. Collected from the Best Authorities, The Whole Being Regulated by Astron Observations, [London] 1752.

biet zwischen den Mündungsarmen wird als »Piczina« (Piscina) bezeichnet. Eingezeichnet ist auch die der Donaumündung vorgelagerte Schlangeninsel (»Ilan Adassi« oder »Serpents I[sle]«).

Länderübergreifende Hauptstraßen sind mit gepunkteter Doppellinie eingezeichnet. Das Gebiet westlich der ungarischen Grenze wird als »Germany« bezeichnet, für mehrere ungarische und siebenbürgische und »Macedonia« als Regionen vermerkt. Das Festland von Griechenland (»Greece«) besteht aus »Morea« mit der Landschaft »Tripolizza« und »Livadia«; darin befinden sich Thessalien (»Thessaly or Janny«) wie auch, entlang des Vardar, das mazedonisch-romanische Wlachengebiet (»Vlakia«). Das kleinkammerige Albanien (»Alban[ia]«) weist Landschaftsbezeichnungen auf, die auf Stammesnamen hindeuten. Der Schriftzug »Arnaui« (Arnauten, Albaner) bezieht Teile des südlichen Innerserbiens mit ein. Raszien (»Rascia«) wird zwischen Novi Pazar und Ključevac, nördlich des heutigen Kosovo verortet. Am Unterlauf des Timok leben die »Timozani« (serb. Timočani, rum. Timocenii) und am Unterlauf der Resava, Nebenfluss der Morava, die »Omoli«.

Sauber abgegrenzt sind die Gebiete unter venezianischer Herrschaft. Der Westbalkan besteht aus Bosnien, der Herzegowina und Montenegro. In Nordbosnien, südlich der Save, liegt »Posavia« (serb. Posavina). Die habsburgischen Gebiete werden mit ihrer im 18. Jahrhundert festen staatlichen und regionalen Struktur wahrgenommen: Kroatien, Slawonien, Syrmien und Dalmatien. Obwohl der Domänenstaat Temeswarer Banat 1778 seine Eigenständigkeit verloren hatte und an das Königreich Ungarn angegliedert worden war, wird die ehemalige Provinz weiterhin als eigenständiges Territorium angeführt. Für das Fürstentum Moldau wird auch sein türkischer Name verwendet (»Bogdan or Moldavia«); eingezeichnet ist auch die seit 1774 habsburgische Bukowina. Nördlich der Dobrudscha (»Dobrudze«) beginnen die von Tataren bewohnten Gebiete (»Budziak Tartars«, »Tartars of Otschakow«), die sich bis zum nördlichen Kaukasus (»Tartars of Cuban«) erstrecken.

An das vormoderne Kartenbild erinnern die eingetragenen archäologischen ›Merkwürdigkeiten‹: Unterhalb von »New Orsowa«, der heute gefluteten ehemaligen Insel Ada Kaleh, wird die »Trajans Bridge« vermerkt, westlich von Belgrad die »Ruins of Sirmium«, nordwestlich von Konstantinopel eine »Ancient Wall destroyed«.

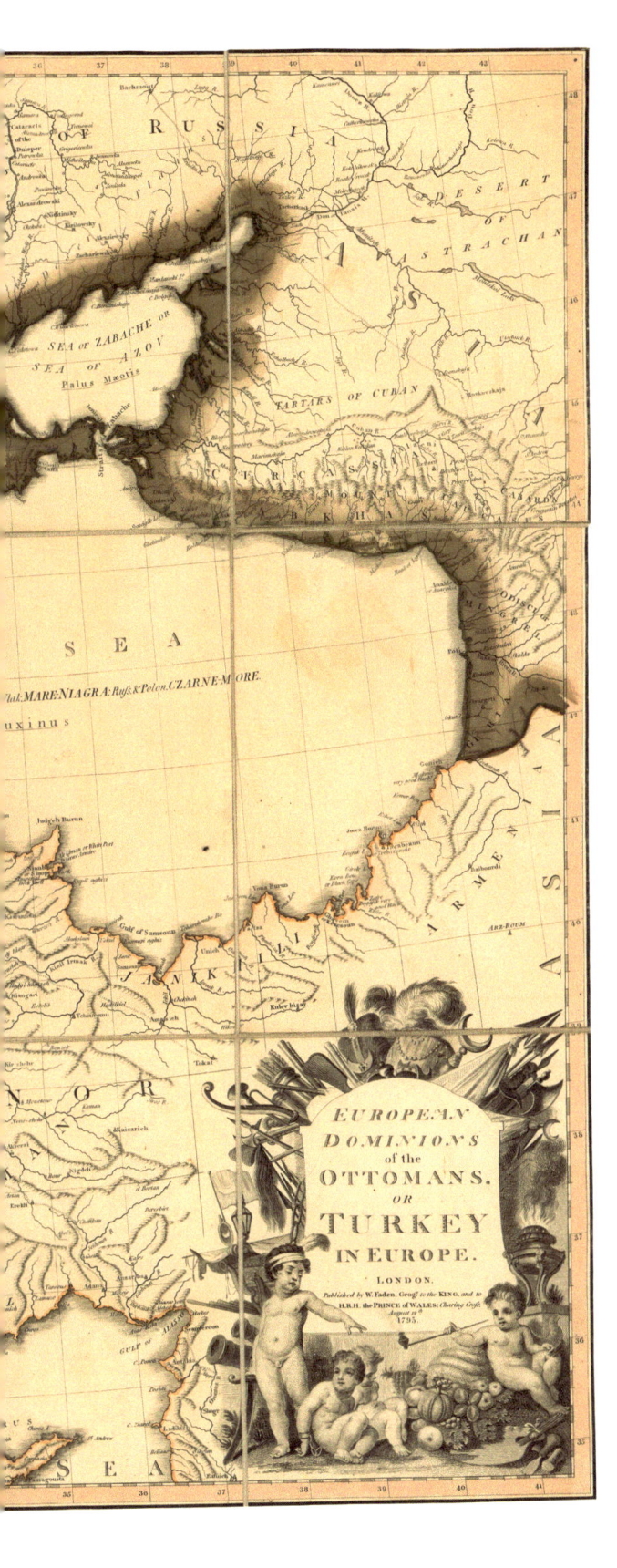

Josef Wolf

Städte werden deutsche Ortsnamen verwendet. Fadens politische Geografie bewegt sich von Staaten über Territorien bis zu ethnisch markierten Landschaften. Innerhalb von Rumelien (»Roumiili«) werden »Bulgaria«

2.12

CHARTE von UNGARN, SIEBENBÜRGEN u.s.f.

Nach den bewährtesten Hülfsmitteln neu entworfen und gezeichnet von F. GÖTZE

Weimar
Im Verlage des Geograph. Instituts
1804.

Erklärung der Zahlen.

im KÖNIGR. UNGARN.

I. Kreis diesseits der Donau
1. Presburger Gespannschaft
2. Neutraer
3. Trentshiner
4. Thuroczer
5. Arver
6. Liptauer
7. Sewohler
8. Barsher
9,10. Gross und klein Honter
11. Gömörer
12. Neograder
13. Pest, Pilisch und Solt
14. Batsher
15. Klein Kumanien

II. Kreis jenseits der Donau
16. Oedenburger Gespannschaft
17. Wieselburger
18. Raaber
19. Craner
20. Stuhlweissenburger
21. Wesprimer
22. Eisenburger
23. Salader
24. Tolner
25. Schimegher
26. Baranyer

III. Kreis diesseits der Theiss
27. Hewescher u. äussere Solnokker Gsp.
28. Borochaner
29. Torner
30. Gömörer
31. Zbanywarer
32. Zipser mit den 16 Städten u. dem Sitz
33. Sharoscher der 5 Lanzenträger
34. Ungherwarer
35. Ugotscher diesseits der Theiss
36. Beregher
37. Zempliner
38. Tshanograder
39. Land der Jazyger
40. Gross Kumanien

IV. Kreis jenseits der Theiss
41. Marmarosher Gespannschaft
42. Ugotscher jenseits der Theiss
43. Sathmarer
44. Szabolcher
45. Biharer
46. Bekescher
47. Arader
48. Tshanader
49. Torontaler
50. Temeswarer
51. Karachswarer

im KÖNIGR. SLAVONIEN
52. Syrmier Gespannschaft
53. Poseganer
54. Veröcer

im KÖNIGR. CROATIEN
55. Waradiner Gsp.
56. Kreutzer
57. Agramer

58. Militair-Gräntze

im GROSSFÜRST. SIEBENBÜRGEN
59. Karlsburger Gespannschaft
60. Hunyader und Zaránder
61. Hermanstädtischer
62. Kokelburger
63. Bursenland und Haromszeger
64. Fogarascher
65. Oderhelver
66. Obere Torenburger, untere Clausenburger und Dobokar
67. Obere Clausenburger, untere Torenburger und Aranyosch
68. Innere Szolnocker
69. Mittlere Szolnocker

Mittlere Ungarische Meilen 13,5 = 1° des Aequators.

Oesterreichische Polizey Meilen 14,69 = 1° des Aeq.

Geographische Meilen 15 = 1° des Aequators.

2.12 [Johann August Ferdinand Götze]
Ungarn, Kroatien-Slawonien und Siebenbürgen, 1804

CHARTE // von // UNGARN, SIEBENBÜRGEN, // u.s.f. // Nach den bewährtesten Hülfsmitteln neu entworfen // und gezeichnet // von // F[erdinand] GÖTZE. // WEIMAR // Im Verlage des Geograph[ischen] Instituts // 1804.

Institut für donauschwäbische Geschichte und Landeskunde, Tübingen, Kartensammlung, 2.2.55.

Kupferdruck. – Grenz- und Flächenkolorit, Rahmen mit Gradeinteilung ebenfalls koloriert, farbige Unterstreichungen. – 42,8 × 60,6 cm (44,6 × 62,8 cm).

Kartografische Angaben: nordorientiert. – polständiges Meridiangitternetz. – Gradeinteilung. – W 15° 00' – E 26° 13'; S 43° 44' – N 49° 58'. – Maßstab: [ca. 1:1.680.000]. – grafischer Maßstab in (mittleren) ungarischen und geografischen Meilen und in österreichischen »Polizey-Meilen« (13,5 Mittlere ungarische Meilen, 14,69 österreichische Polizey-Meilen, 15 geografische Meilen = jeweils 1 Breitengrad).

Verfasser, Verleger, Ausgaben: Als Verfasser und Zeichner des Kartenbilds gilt der nicht näher bekannte Johann August Ferdinand Götze (1773–1819), vielleicht identisch mit dem Übersetzer von Matthew Flinders' Buch *A voyage to Terra Australis* (1814): *Reise nach dem Austral-Lande in der Absicht, die Entdeckung desselben zu vollenden, unternommen in den Jahren 1801, 1802 und 1803* (1816),[1] welches in Weimar im Verlag des Industrie-Comptoir publiziert wurde.

Die erste Auflage der Karte ist 1802 erschienen; sie wurde mehrfach neu aufgelegt. Die hier beschriebene zweite Auflage von 1804 wurde 1805 auch als Nr. 36 in dem *Allgemeinen Hand-Atlas der ganzen Erde*[2] von Adam Christian Gaspari (1752–1830) publiziert. Die berichtete Auflage von 1817, die noch einmal 1820[3] für den *Hand-Atlas* als Nr. 39 gedruckt wurde, beschließt die Folge.

Die Karte passte in das von Friedrich Justin Bertuch (1747–1822) in Weimar initiierte schulgeografische Programm im »Geographischen Institut«, dem Kartenverlag des Industrie-Comptoirs.

Bildelemente: Als Titelkartusche dient eine schlichte Scheibe in der rechten oberen Ecke. Links oben befindet sich die Zeichenerklärung mit Signaturen für Siedlungen sowie einer kurzen Liste von Abkürzungen, die zuweilen vor den Ortsnamen zu finden sind: »N. Nagy, Gross. // K. Kisch, Klein. // F. Felschö, Ober. // A. Alschö, Unter. // M. Magyar, Ungrisch. // O. Olasch, Walachisch. // f. Falva, Falu, Dorf.«

Über die Legende unter der Titelkartusche am rechten Kartenrand wird der Inhalt der Karte zunächst farblich, dann über ein Nummernsystem erschlossen. Im Königreich Ungarn sind die einzelnen Komitate (Gespanschaften) nach Flüssen bezeichneten Raumeinheiten zugeordnet: I. »Kreis disseits der Donau« (gelb), II. »Kreis jenseits der Donau« (schlammgrün), III. »Kreis diesseits der Theiss« (rot), IV. »Kreis jenseits der Theiss« (wieder schlammgrün). Es folgen das »KÖNIGR[eich] SLAVONIEN« (blau), das KÖNIGR[eich] CROATIEN« (türkis), dann, als gleichwertige Territorialeinheit betrachtet, die »Militair-Gräntze« im äußersten Süden (orange) und am Ende das »Grosfürst[entum] Siebenbürgen« (wieder türkis).

---

1 Flinders 1816.

2 Gaspari 1805; Adam Christian Gasparis *Allgemeiner Hand-Atlas der Ganzen Erde nach den besten astronomischen Bestimmungen, neuesten Entdeckungen und kritischen Untersuchungen entworfen und zu A. C. Gaspari vollständigem Handbuche der neuesten Erdbeschreibung bestimmt*, erschien bis 1840 in mehreren, sich unterscheidenden Auflagen.

3 Ferdinand Götze: Charte von Ungarn, Siebenbürgen u.s.f. Nach den bewährtesten Hülfsmitteln neu entworfen und gezeichnet von F. Götze, Neuberichtigt im Jahr 1817, Weimar 1820.

2.12b

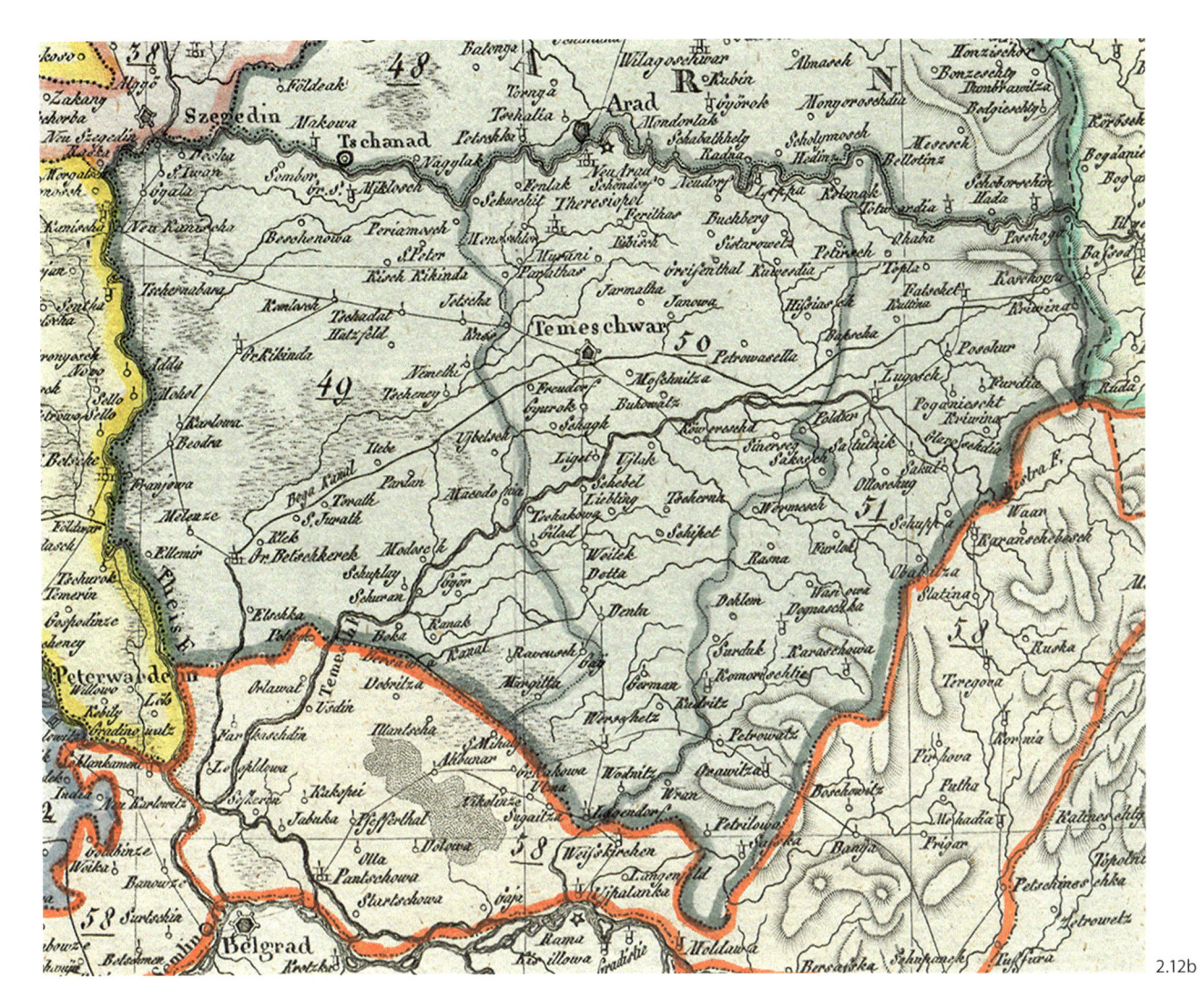

Inhalt: Die Zeichenerklärung weist sieben Siedlungsklassen mit piktografischen Positionssignaturen aus. Dadurch vermittelt die Karte eine neue inhaltliche Sichtweise. Die Ortsnamen werden in deutscher Aussprache und Schreibweise wiedergegeben. Das Gewässernetz ist überlegt generalisiert, die Richtung und Ausdehnung der Gebirgsketten stimmt. Außer Siedlungen sind Haupt- und wichtige Komitatsstraßen eingetragen. Eingezeichnet sind auch die Binnendünen – umgangssprachlich auch »Sandwüste« oder »Europäische Sahara« genannt – im südwestlichen Banat (serb. Deliblatska peščara). Die Überschwemmungsflächen in der Großen Ungarischen Tiefebene entlang der Theiß und Donau, in der Batschka und im Banat sind überzeichnet. In Siebenbürgen sind die Verwaltungseinheiten der Sachsen und Szekler nicht vermerkt. Auch die siebenbürgische Militärgrenze ist nur partiell eingetragen.

Josef Wolf

2.13 Johann Jakob Lidl
Postkarte Ungarns und der benachbarten Regionen, um 1750

POSTKARTE UNGARNS UND DER BENACHBARTEN REGIONEN, UM 1750

Neu // und Accurat verfaste // General Post Land=Karte // des // sehr grossen Welt beruhmten Konig=Reichs // Hungarn // In sich haltend alle, angräntzende Länder, Geburge, Städe, Pässe // und andere, so wohl alle, als beÿ gegenwärtigen Kriegs=Zei- // ten neue endeckte Merckwurdigkeiten, mit allen Schlachten // sambt der beÿgefügten Jahrs Zahl, und anderen noch darzu // gehörigen Nothwendigkeiten auf das beste versehen, mit sonderbah= // ren Müh und Fleisz, in Kupfer gestochen und verlegt. // durch. // Johan Jacob Lidl, Kayse[rlicher] Priv[ilegierter] und Wiennerischer Uni[versitäts-] Kupfer= // stecher, Wohnhaft beÿm goldenen Straußen auf der Freÿung.

Badische Landesbibliothek, Karlsruhe, Q 1.

Kupferdruck. – Grenzkolorit, teilweise Kartuschenkolorit, teilweise Gewässerkolorit. – 73 × 122,8 cm (73 × 158,2 cm). – aus 8 Blatt zusammengesetzt. – auf Leinen aufgezogen.[1]

Kartografische Angaben: nordorientiert. – Windrose, leicht nach Westen verdreht. – Gradeinteilung. – W 14° 13' – E 45° 57'; S 40° 35' – N 50° 09'. – Maßstab: [ca. 1:2.000.000]. – grafischer Maßstab: italienische, deutsche und ungarische Meilen: »Milliaria Italica«, »Milliaria Germanica«, »Milliaria Hungarica«.

Verfasser, Verleger, Ausgaben: Autor, Stecher und Verleger der Karte ist Johann Jakob Lidl (1696–1771), der aus den Österreichischen Niederlanden nach Wien zugewandert war. Über ihn sind nur wenige biografische Daten bekannt. Um 1740 war er in Wien tätig und dabei nicht nur mit der Herstellung von Karten, sondern auch von anderen Druckwerken beschäftigt.[2] Seine Karten beziehen sich vor allem auf militärpolitische Ereignisse.[3] Der Höhepunkt seiner kartografischen Tätigkeit fällt in die Zeit des Siebenjährigen Krieges (1756–1763), als Lidl von der gestiegenen Nachfrage nach kartografischen Darstellungen profitierte. Die Karte ist auch in einer verkleinerten Ausgabe mit deutsch-lateinischem Titel erschienen: »Mappa nova Generalis et Specialis Danubii. Continens Principatus ab Origine ejus cum influxu in mare nigrum, una cum Regno Hungariae, Principatu Transylvaniae adjacentibusque Regnis, nec non totius Graeciae, et Archpelagi Districtu, novissime, et accuratissimé concinnata. Neu und Accurat eingerichte General und Special Land Karten betreffend dem Ursprung des in gantz Europa berühmten Donau Stroms« (um 1750).[4] Eine im Schwarzen Meer eingesetzte Nebenkarte stellt den Oberlauf der Donau von der Quelle bis Tulln dar.

Bildelemente: Die Hauptkarte mit den im dicht gefüllten Kartenbild nur schwer wahrnehmbaren Postrouten wird am linken Rand gerahmt mit in zwei Spalten angebrachten Abbildungen von Grundrissen (Abb. 2.13c) von zwanzig Festungen aus dem südlichen Donauraum, der westlichen Balkanhalbinsel und dem nördlichen Schwarzmeerraum: »ZWORNIK.« (Zvornik). – »WIHATS.« (Bihać) // »BANIALUCA.« (Banja Luka). – »SERAGLIO.« (Sarajevo) // »USSITZA.« (Užice). – »NISSA.« (Niš) // »VAILOVA.« (Valjevo). – »SEMENDRIA.« (Smederevo) // »ORSOVA.« (Orşova). – »VIPALANKA.« (Banatska Palanka) // »MEADIA.« (Mehadia). – »PANZOVA.« (Pančevo) // »WIDIN.« (Vidin). – »NOVIBAZAR.« (Novi Pazar) // »NICOPOLIS.« (Nikopol). – »KRAJOVA.« (Craiova) // »BENDER.« (rum. Tighina). – »ASSOFF.« (Azov, türk. Azak) // »RATSCHA.« (Rača) [kleine Festung auf einer Insel am Einfluss der Drina in die Save]. – »OCZAKOW.« (ukr. Očakiv, türk.-krimtatar. Özü). Die Karte wurde vermutlich auch ohne die Grundrisse vertrieben.[5]

Am rechten Rand begrenzt ein mehrspaltiges alphabetisches Ortsregister – eine bei Lidls Karten ab einem bestimmten Zeitpunkt übliche Beigabe –,[6] die Hauptkarte: »Register der Neü und Accurat Hungarischen Post= // Landkarten, wie solche mit Ziffern an denen Rücken= // Blättern angezeiget, und nach dem A.b.c. zum nutzlichen // Gebrauch, nicht allein vor die Hochgelehrte, sondern vil= /mehr vor die zu disem Studium anfanger Jugend, und // dessen Länder unbekant, sich leichtlich darinen zu erkennen […]« – »Index novae, et Accuratae Regni Hungariae // Mappae Postariae […]«.

Auf der Rückseite ist das Ortsnetz der Karte zum leichteren Auffinden der Plätze spiegelbildlich angebracht.[7]

Links oben und rechts unten in der Hauptkarte befinden sich Kartuschen: rechts unten auf einfacher steinerner Tafel, nur wenig verziert mit geometrischen Instrumenten, der Kartentitel, links oben die mit Flussgott und Putto allegorisch umrahmte Widmung an den kaiserlichen Feldmarschall Johann Joseph Philipp Graf Harrach (1678–1764). Dieser war von 1739, nach der Niederlage bei Grocka, bis 1762 Präsident des Hofkriegsrates. Harrach war maßgeblich an der Entschei-

[1] Stopp/Langel 1974, S. 211.

[2] Zum kartografischen Werk: Dörflinger 1984, S. 50–57.

[3] Ebd., S. 56.

[4] Johann Jakob Lidl: Mappa nova Generalis […], Wien [um 1750], Maßstab: [ca. 1:4.000.000].

[5] Dörflinger 1984, S. 56; Szántai 1996, S. 345, LIDL 1a.

[6] Dörflinger 1984, S. 55 f.

[7] Stopp/Langel 1974, S. 211; Szántai 1996, S. 345.

dung für die Erweiterung der Österreichischen Militärgrenze ins Banat und nach Siebenbürgen beteiligt. Während des Spanischen Erbfolgekrieges (1701–1714) war Harrach zum General und Feldmarschalleutnant avanciert. Die kleine bildliche Darstellung rechts neben der Widmung (Abb. 2.13b), ein auf Wien zureitender Bote, nimmt wohl auf Harrachs Rolle nach der Schlacht von Turin am 7. September 1706 Bezug, als Prinz Eugen von Savoyen-Carignan (1663–1736) ihn als Übermittler der Siegesbotschaft entstandte.

Die Legende in Form einer in der Seefläche der Adria aufgerollten Papierrolle ist zweisprachig, die Siedlungsqualität differenziert dargestellt und jeweils mit einer Signatur bezeichnet: »Fortalitium. Vestung // Urbes. Städte // Emporia Haupt Städte. // Op[p]ida Märckt oder Stadtlein // Arces. Schlösser // Pagi. Dörffer // Episcopatus Bisthum // Archiepiscop[atus]: Ertz=Bisthum // Castra Lager. // Stationes Rastäg.« – Unter der Bezeichnung der Haupt- und Poststraßen: »Postae, exitus et reditus Copiaru[m]. // Posten zugleich hin- u[nd] Rück Marsch. // Via Ordinaria Ordinari: Wegg«, befindet sich eine Liste der Kriegsschauplätze von der ersten Türkenbelagerung Wiens (1529) bis zu den Schlachten von Kornia (rum. Cornea) und Mehadia im letzten Türkenkrieg (1738).

Inhalt: Das von Lidl vermittelte, teilweise dicht gedrängte komplexe Kartenbild weist eine Mischung von grundlegenden überlieferten Informationsdefiziten und auf neuerem Raumwissen beruhenden Richtigstellungen auf. Der Darstellung des Donauraums und der Balkanhalbinsel fehlt noch die geodätische Grundlage. Bei der territorialen Zuschreibung des betrachteten Raumes richtet sich Lidl entsprechend sowohl an den auf Legitimation abzielenden historischen Bezeichnungen (»Hungariae superior // Hungariae inferior«, »Croatiae Reg[num]«, »Sclavoniae Regnum«, »Bosniae Regnum«, »Regnum Serviae«, »Bulgariae Regnum«, »Macedoniae Regnum« etc.) als auch an den Bezeichnungen der aktuellen Verwaltungseinheiten aus. Alte und neue Bezeichnungen, osmanische Sandschakate (»sangiacatus«) und ehemalige Königreiche und Fürstentümer überlagern sich. So finden sich auf dem Gebiet des Königreiches Bulgarien auch die Toponyme »Thracia«, »Rum« (an der Ägäis) oder, südlich von Plovdiv (»Philippopolis«), eine Bezeichnung aus der Zeit der Kreuzzüge, »Quadraginta Ecclesia«. Nordwestlich von »Sophia« wird ein thrakischer Stamm verortet (»Sardicensis«). Antike Volksstämme sind in vielen anderen

2.13b

Gegenden lokalisiert. Aktuelle, bekannte Ethnien des Raums fehlen hingegen, auch in Durchdringungs- und Überlagerungsräumen wie Siebenbürgen, Oberungarn, Dalmatien oder Bosnien.

Die Darstellung Siebenbürgens ist ungeordnet bis konfus. Die ›national‹ konnotierten Selbstverwaltungskörperschaften der Szekler und Siebenbürger Sachsen sind eingetragen, nicht aber die Komitate der ungarischen Adelsnation. Den nach 1716/18 entstandenen, aus dem Königreich Ungarn ausgegliederten neuen habsburgischen Domänenstaat Temeswarer Banat hat Lidl überhaupt nicht zur Kenntnis genommen. Das Gebiet wird weiterhin als Komitatsterritorium (»Com[itatus] Csanadiensis«, »Comit[atus] Temesiensis«) eingetragen.

Die Grenzziehung ist mehrfach fehlerhaft. Das Sandschakat Nikopolis dehnt sich beidseitig der Donau bis in die Nähe der Hauptstadt der Walachei, Bukarest, und ihrer Vorgängerin Târgoviște aus. Die Donaustadt Brăila, eine Gebietskörperschaft nach osmanischem Recht (raja), wird von dem Vasallenfürstentum nicht abgegrenzt. Auf die Grenze zwischen dem Osmanischen Reich und Polen weist nicht nur die Grenzlinie bei der Festung »Chozyn« (ukr. Hotinj, poln. Chotiń, rum. Hotin) hin, sondern auch die Beschriftung »Turcici Status fines«. Klar ist die Grenzeinzeichnung am westbalkanischen Triplex Confinium.

Das Ausweisen hoher Siedlungsdichte mindert mancherorts die Übersichtlichkeit und grafische Qualität. Den Siedlungsnamen fallen andere geografische Informationen zum Opfer. Dennoch ermöglicht das Bild regionale Differenzierungen, so beispielsweise zwischen Siebenbürgen einerseits und den benachbarten Fürstentümern Moldau und Walachei andererseits; in Ungarn heben sich Oberungarn und Transdanubien

2.13c

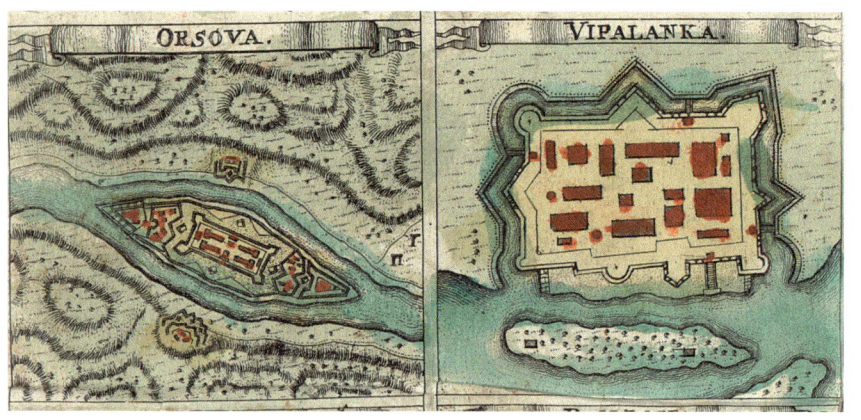

durch ihre hohe Siedlungsdichte vom schwach bevölkerten Zwischenstromland zwischen Donau und Theiß und den ostungarischen Komitaten ab.

Die Gebirge werden nach wie vor in der Maulwurfshügelmanier symbolisiert. Weder das Balkangebirge (»Balkan olim Haemus mons«) noch die Karpaten (»Mont[es] Carpathici«) werden deutlich. Übersichtlicher, wenn auch nicht ganz genau in der Positionierung, ist die Karte bei den Dinarischen Alpen (Dinariden, kroat. Dinaridi, Dinarsko gorje). Im dominant montanen Balkaninneren (Serbien, Bosnien) fehlt die Orientierung. Klar eingezeichnet sind hingegen die Berge, die die südliche Grenze Serbiens bzw. des heutigen Kosovo zu Albanien und Mazedonien bilden: »Monte Marianari«, »Scardus Mons« (serb. Šar Planina) und »Monte Argentaro« (it. Montagna dell' Argento). In Slawonien liegen Berge nur im westlichen Landesteil. Gegenüber Peterwardein, in der Südbatschka liegt »Raitzenstatt« (serb. Novi Sad). Eingezeichnet ist hier auch die »Römer-Schantz«. Südwestlich von Skopje (»Skopia«) wird ein »Campus Magnus Kupres« (serb. Kupreško polje) eingezeichnet und auf dem umfangreichen Stadtgebiet von Zara (kroat. Zadar) »Crahovo Polie« (kroat. Orahovo Polje) als Landschaft.

In der Walachei ziehen sich die nordöstlichen Vorkarpaten bis an die Donau. Unterhalb von Ploieşti ist als Landschaftsname »Prachova« eingetragen, das Prahova-Tal. Entlang des Alt (»Aluta«, rum. Olt) ist die Karolinenstraße, die von Siebenbürgen in die Kleine Walachei führt, eingezeichnet (»Via lapidea Imperatoris«). In der nördlichen Moldau sind die beiden »Langentäler« – »Campo Longo Moldaviae« und »Campo Longo Ruthenorum« – ethnoterritorial markiert. Die Budschaker Tartarei (»Tartaria Budzakiensis«) ist ein räumlicher Bezugspunkt.

Das Banater Bergland wird im Großen richtig aufgezeigt. In Siebenbürgen wird das Burzenland (»Bortzen Land«) im Umland von Kronstadt festgehalten. Die Darstellung der Pässe wie Ghimeş, Buzău und Rucăr (»Porta Chemes«, »Porta Busa« und »Rukari«) ist unsachgemäß. In Ungarn sind in der Großen Tiefebene (Nagyalföld) keine Berge mehr eingezeichnet. Vermerkt ist Kleinkumanien (»Cumani Minores«, ung. Kiskunság) wohl eher aus verwaltungsrechtlichen Gründen. Namenlos eingezeichnet ist das Ungarische Mittelgebirge.

Von Wien bis zur Schütt-Insel sind die Donauinseln genau eingezeichnet. Ihre Zahl reduziert sich stromabwärts abschnittsweise. Vor Gran (ung. Esztergom) wird eine unbenannte Insel dargestellt, es folgen die Inseln Szentendre (»Andre I[nsula]«) und »Csepel I[nsula]« statt dem alten »Ratzenmarkt«. Am linken Ufer sind Überschwemmungsgebiete angedeutet. Das Eiserne Tor (»Porta ferr[e]a«) wurde nach den Erfahrungen der letzten Türkenkriege realisiert.

Bis zum Ende des 18. Jahrhunderts wurde der Flussverlauf am unteren Abschnitt des Unterlaufs falsch dargestellt. Luigi Ferdinando Marsigli (1658–1730, Kat. 1.1, 1.12, 1.13, 3.14) hat zwar die Darstellung des mittleren Donaulaufs durch die Entdeckung des Donauknies grundlegend verändert, seine Donau-Karte reicht jedoch nur bis zur Jantra-Mündung. Zwei weitere einschneidende Laufänderungen blieben bis zur Durchführung von astronomischen Ortsbestimmungen und Vermessungen in den letzten drei Jahrzehnten des 18. Jahrhunderts unerkannt: Eine erste Änderung der Laufrichtung erfolgt oberhalb von Călăraşi, die zweite bei Galatz (rum. Galaţi): Zwischen der Sereth- (rum. Siret) und Pruthmündung (rum. Prut) schlägt der Strom nach Osten Richtung Schwarzmeer ein.

Der Strom, der am Unterlauf als »Ister sive Danubius« bezeichnet wird, mündet bei Lidl in zwei verzweigten Armen ins Meer. Die Schlangeninsel (»Ins[ula] Ilanada«, ukr. Ostriv Zmiinij, rum. Insula Şerpilor) ist hier vorgelagert. Nördlich von Konstantza (»Chiustenga«, rum. Constanţa, türk. Kustendji, veralt. Küstendje) ist der neue Leuchtturm (»Nuova Scala«) eingezeichnet. Das, was auf früheren Karten als Fluss mit der Mündung nördlich von Konstantza eingezeichnet war, wird bei Lidl ein See (»Lacus Carasu«) entlang des Flusslaufs.

Josef Wolf

Franz Müller

Postkarte von West- und Teilen Südosteuropas, 1798

2.14

Neueste und Vollständigste // POSTKARTE // von ganz // DEUTSCHLAND // Niederlanden Schweiz Pohlen Ungarn // und den // angränzenden Theilen Frankreichs u[nd] Italiens // WIEN // zu finden bey Artaria et Comp[agnie] 1798.

Institut für donauschwäbische Geschichte und Landeskunde, Tübingen, Kartensammlung, 1.2.1.20.

Kupferdruck. – Grenz- und Flächenkolorit, Rahmen mit Gradeinteilung durch Ausklinker mehrfach durchbrochen, ebenfalls koloriert. – 61 × 98 cm (63,5 × 98 cm). – in 24 Teilen auf Leinen aufgezogen. – signiert unten rechts: »gestochen von Franz Müller in Wien 1798«.

Kartografische Angaben: nordorientiert. – Gradeinteilung. – W 2° 10' – E 44° 27'; S 43° 46' – N 54° 31'. – Maßstab: [ca. 1:620.000].

Verfasser, Verleger, Ausgaben: Die Postroutenkarte erschien bei Artaria und Compagnie, (Kat. 2.15, 4.12, 5.13) einem der drei großen Wiener Kartenverlage an der Wende vom 18. zum 19. Jahrhundert – Artaria, Tranquillo Mollo und Kunst- und Industrie-Comptoir. Neben Stichen und Musikalien wurde von ihnen auch eine wachsende Zahl von Landkarten verlegt. Der Verlag war als »Giov. Artaria et Comp.« 1765 in Mainz gegründet worden. Der schließlich auf Landkarten spezialisierte Wiener Verlag Artaria geht auf die Eröffnung einer Kunsthandlung im Jahr 1770 und die Gründung eines Musikalienverlags im Jahr 1774 durch die jüngeren Familienmitglieder Carlo (1747–1808) und Francesco Artaria (1744–1808) zurück.[1] Die Karte wurde von Franz Müller (1745–1816, Kat. 4.12, 5.13), einem häufig für den Verlag Artaria tätigen Kupferstecher, gestochen.

An der Geschichte dieser Karte lässt sich das Schicksal so mancher Kupferplatte verdeutlichen: Der Vorgänger der vorliegenden Postkarte war, mit noch etwas größerem Kartenausschnitt, während des Türkenkrieges 1788 beim Verlag Artaria erschienen: »Neue und vollkomene Postkarte durch ganz Teutschland nach Italien, Franckreich, Niederland, Preussen Polen und Ungarn«.[2] Trotz Mängeln ist sie 1790, 1792 und wohl auch noch einmal 1796 unverändert neu aufgelegt worden. Im gleichen Jahr schied Tranquillo Mollo (1767–1837) als Teilhaber aus, die Kupferplatte nahm er mit und gab 1800 eine neue Karte mit anderem Titel und inhaltlichen Ergänzungen unter seinem Verlagsnamen heraus.[3]

Bereits 1798 hatte nunmehr der Artaria-Verlag die hier beschriebene, neue Postkarte in einem etwas größeren Maßstab herausgegeben, die den territorialen Veränderungen der Revolutionskriege Rechnung trug. Nach einer geringfügig korrigierten Neuauflage 1799 veräußerte der Verlag diese Kupferplatte an Giovanni Cappi (1765–1815), der das Unternehmen im Jahr 1801 ebenfalls verließ und ein eigenes gründete. 1802 brachte er neue Abzüge mit lediglich verändertem Titel auf den Markt.[4]

Wegen der hohen Nachfrage nach Postkarten wurde zeitgleich Franz Müller beauftragt, nochmals eine neue Postkarte im gleichen Maßstab und mit ähnlichem Bildausschnitt zu zeichnen und zu stechen.[5] Sowohl inhaltlich als auch gestalterisch war diese Karte eine qualitative Fortentwicklung. Territoriale Veränderungen erforderten zumindest 1806 und 1808 nachweisbare Neuauflagen, in denen vor allem Grenzen und Territorialbezeichnungen, auch in den Titeln, aktualisiert wurden.[6] Dazwischen erschien 1807 erneut die bei Cappi verlegte Karte.

Bildelemente: Der Titel und das Impressum befinden sich links oben in einer recht einfach gestalteten Kartusche in der Form eines Vorhangs. Der schlichte Kopfleistentitel lautet: »Nouvelle Carte de Poste de Toute L'Allemagne et des Provinces Limitrophes.«

Inhalt: Die Karte zeigt in großen Gebietsausschnitten das weit gespannte Routennetz der kaiserlichen Reichspost, dem überregionalen Postunternehmen des Heiligen Römischen Reiches kurz vor seinem Ende. In der vorliegenden Karte führt die Poststraße im Südosten bis Bukarest. Im frühen 19. Jahrhundert war das Postnetz bis nach Ost- und Südosteuropa vorgedrungen, wenn auch die Dichte der Postrouten und das Reiseaufkommen geringer als in Westeuropa waren.

Der Bedarf an Postkarten, dem die Verlage nach-

1 Zum Verlag Artaria und dessen Produktion von Landkarten: Dörflinger 1984, S. 270–313 und Dörflinger 1988, S. 353–418.

2 Johann Ernst Mansfeld: Neue und vollkomene Postkarte durch ganz Teutschland nach Italien, Franckreich, Niederland, Preussen, Polen und Ungarn. […], Wien 1788, Maßstab: [ca. 1:2.000.000].

3 Dörflinger 1984, S. 286 f.

4 Franz Müller: Neueste und vollständigste Post Karte von ganz Deutschland, Niederlanden, Schweiz, Pohlen, Ungarn und den angränzenden Theilen Frankreichs u. Italien. Nouvelle Carte de Poste de toute l'Allemagne Pays Bas Suisse, Pologne, Hongrie, une grande partie dela France et del'Italie, Wien 1802; Dörflinger 1984, S. 303 f.

5 Franz Müller: Neueste Post Karte von Ganz Deutschland durch Frankreich, Holland, Preussen, Pohlen, Ungarn, Italien, und Schweiz &c. Nouvelle Carte des Postes D'Allemagne de France, Hollande, Prusse Pologne, Hongrie Italie, Suisse &c., Wien 1802; Dörflinger 1984, S. 304.

6 Franz Müller: Neueste Post Karte von Ganz Deutschland Ungarn, Preussen, Holland, Schweitz, nebst dem grösten Theile von Frankreich, Pohlen und Italien: Nouvelle Carte des Postes D'Allemagne de France, Hollande, Prusse Pologne, Hongrie Italie, Suisse =

2.14

et des Provinces Limitrophes.

Carta di Posta di Tutta la Germania, Francia, Olanda, Prussia, Pologna, Ungheria, Italia E Svizerra, Wien: Artaria 1806; Franz Müller: Neueste und vollstaendigste Post Karte von ganz Deutschland, Niederlanden, Schweiz, Polen, Ungarn und den angränzenden Theilen Frankreichs und Italien: Nouvelle Carte de Poste de toute l'Allemagne, Wien: Cappi 1807; Franz Müller: Neueste Post Karte von Ganz Deutschland, Ungarn, Preussen, Holland, Schweitz, Nebst den grössten Teilen von [...] Nouvelle Carte des Postes d'Allemagne = Carta di posta di tuta la Germania. Par Müller d'après la paix de Tilsit 1807, Wien: Artaria 1808.

7 Der Römisch-Kayserlichen Auch zu Hungarn und Böheim [et]c. Königlichen Majestät Frauen, Frauen Mariae Theresiae [...] Neue Post-Ordnung In gesambt- Dero Oesterreichischen Ländern, Wien 1748. URL: http://digi.ub.uni-heidelberg.de/diglit/maria_theresia1748/0017 (23.06.2017); Dörflinger 1984, S. 82.

8 Dörflinger 1984, S. 83.

zukommen suchten, resultierte nicht zuletzt aus der Einführung der regelmäßigen Personenbeförderung – neben dem Befördern von Nachrichten und Warensendungen – in Postwägen, »Caleschen«, im Zuge der von Maria Theresia (1717–1780) erlassenen »Kaiserlich Königlichen österreichischen Postordnung« vom 14. Dezember 1748.[7] Was später durch ein flächendeckendes Eisenbahnnetz geleistet wurde – im Donauraum in der zweiten Hälfte des 19. Jahrhunderts –, war jetzt das Hauptgeschäft der Post.

Betreiber der Kaiserlichen Reichspost war die Familie Thurn und Taxis, innerhalb derer das Amt des Generalpostmeisters erblich war. In den österreichischen und böhmischen Ländern wurde die Post 1722 verstaatlicht: Die Adelsfamilie Paar, die den Oberhofpostmeister stellte, musste das Lehen der Hofpost gegen eine jährliche Pacht an die Hofkammer abtreten; die Organisation des Postwesens blieb jedoch weiterhin in ihren Händen. Die neu eroberten Gebiete an der östlichen Peripherie des Habsburgerreiches – Ungarn, Kroatien und Slawonien, Siebenbürgen und das Banat – wurden in das erbländische Postnetz eingebunden.

Mit der Hilfe der übersichtlichen Legende links unten erschließen sich dem Kartenpublikum die planmäßigen Kommunikations- und Reiseverbindungen. Die Poststraßen sind nach Streckenabschnitten gliedert: »Eine viertel Post – Un quart de Poste // Eine halbe Post – Un demi Poste // Drei viertel Post – trois quarts de Poste // Eine einfache Post – Post simples // Eine u[nd] eine halbe Post – Poste & demi // Eine doppelte Post – Deux Postes«. Diese Einheiten informieren über die voraussichtliche Dauer und den Preis des Transports; eine »Post« entspricht etwa 15 km, zwei österreichischen Postmeilen und somit einer Dauer von circa zwei Stunden.[8] Der Darstellung liegen Ortssignaturen nach drei Siedlungsgrößen (»Hauptstädte«, »Kleine Städte«, »Kleine Örter«) zugrunde. Innerhalb des Straßen- und Postnetzes erfolgt eine Klassifizierung der Straßen. Dabei werden Liniensignaturen für unterschiedliche Straßen- und Postroutenklassen verwendet: »Hauptstrasse« – »Chaussée« und »Fahrende Posten« – »Poste aux Chariots«, »Extra Posten« – »Poste pour les Couriers«, »Reitende ohne extra Post« – »Poste aux lettres«.

Die Karte enthält den Hinweis, dass »ausser den Kaiserlichen Ländern [...] die Posten meistentheils Stunden« genannt werden. Unter »Stunden« ist eine Wegstunde gemeint, ein Maß, das die Strecke angibt, welche von einem Reisenden zu Fuß in einer Stunde bei einer bestimmten Geschwindigkeit unter normalen Geländebedingungen zurückgelegt werden kann.

Obwohl optimiert, haften der Karte Mängel an (Gradnetz, Positionsfehler, Verlauf von Küstenlinien und Flüssen).

Josef Wolf

[Maximilian de Traux]
Postkarte von Europa, 1812

2.15

Nouvelle Carte des Postes // des états les plus fréquentés // DE L'EUROPE // Limitée par les Villes // de PARIS, LONDRES, HAMBOURG, DANZIG, ODESSA, // CONSTANTINOPLE, NAPLES &. // Avec des Supplément jusqu'à // PETERSBOURG, MOSCOU, MADRIT et STOKHOLM // Nouvellement dressée par // A. P. H. Nordmann // et Coloriée d'aprés son état actuel // POSTCARTE // DES // GRÖSSTEN THEILS // von // Europa // 1812 // Publiée et se Vend // à VIENNE chéz ARTARIA et COMPAG[nions] // MANNHEIM chéz DOMENICO ARTARIA // MILAN chéz FERDINANDO ARTARIA // Deposée à la Bibliothéque Imp[eriale] et Roy[ale] de Vienne // Enregistrée à la Bibliotheque Imp[eriale] de Milan

Institut für donauschwäbische Geschichte und Landeskunde Tübingen, Kartensammlung, 2.2.97.

Kupferdruck. – Grenzkolorit. – Rahmen durch Ausklinker durchbrochen, ebenfalls koloriert. – 93 × 140 cm (98,5 × 142,9 cm). – aus 4 Blatt zusammengesetzt. – in 32 Teilen auf Leinen aufgezogen.

Kartografische Angaben: nordorientiert. – Gradeinteilung. – W 1° 51' – E 29° 09'; S 40° 51' – N 54° 46'. – Maßstab: [ca. 1:1.650.000]. – grafischer Maßstab: »Gewöhnliche deutsche Meilen 15 auf 1 Grad.«; »Milles com[munes] d'Allemagne de 15 au Dégré.«; »Gewöhn[liche] Französ[ische] Stunden 25 auf 1 Grad.«; » Lieues com[munes] de France de 25 au Dégré.«; »Russische Werste 104 ½ auf 1 Grad.«; »Werstes de Russie de 104 ½ au Dégré.«; »Türckische Berris 66 auf 1 Grad.«; »Berris de Turquie de 66 au Dégré.«; »Italiänische Meilen 60 auf 1 Grad.«; »Milles d'Italia de 60 au Dégré.«; »Preußische Meilen 14 auf 1 Grad.«; »Milles de Prusse de 14 au Dégré.«

Verfasser, Verleger, Ausgaben: Im Juli 1812 – während des Russlandfeldzuges Napoleons – publizierte der Wiener Verlag Artaria et Co. (Kat. 2.14, 4.12, 5.13)[1] gemeinsam mit dem Verlag Domenico (II.) Artaria (1765–1823) in Mannheim und Ferdinand Artaria in Mailand diese Postkarte. Der Kartograf lieferte eine aktuelle Karte mit allen Grenzänderungen bis Anfang 1812, d. h. die territorialen Veränderungen des Friedens von Bukarest (1812), der den 7. Russischen Türkenkrieg beendete, sind noch nicht berücksichtigt.

Einiges mag darauf hindeuten, dass es sich bei A. P. H. Nordmann um ein Pseudonym für den aus den Österreichischen Niederlanden stammenden kaiserlichen Ingenieuroffizier und Kartografen Maximilian de Traux (1766–1817) handelt, der auch Karten im Kunst- und Industrie-Comptoir veröffentlichte. Statt mit seinem Namen zu zeichnen, verwendete de Traux öfter ein Kürzel oder griff auf fremde Namen zurück.[2]

Bereits im Mai 1813 kam der Verlag den militärpolitischen Entwicklungen mit einer korrigierten Neuauflage nach. Nach dem Wiener Kongress (1815) wurden die Kupferplatten erneut aktualisiert und in den Ausgaben von 1818 und 1821 Titel, Grenzen und Grenzkolorit abgeändert wie auch Straßenführungen ergänzt.[3] Ein Kupferstecher ist nicht genannt.

Bildelemente, Nebenkarten: Die Poststreckenkarte mit dem eher schlichten Titelfeld am rechten Rand gibt trotz eines großen Gebietsausschnitts, vielen Zusatzinformationen und einer Menge an Text ein sehr übersichtliches Gesamtbild ab.

Am linken und rechten Rand befinden sich in der oberen Häfte je zwei zusätzliche Postroutenkarten, deren Kartenbild jeweils an den Verlauf der Route angepasst ist: »Supplément de // Paris // a // MADRID – Supplément de // Milan // a // MADRID, Supplément de // Kowno // jusqu'à // Petersbourg – Supplément de // Wilna // jusqu'à // Moskou.« Darunter sind an der linken Seite Hinweise allgemeiner Natur sowie zu landestypischen Besonderheiten des Postbetriebs »à l'usage du Voyageurs« in französischer Sprache beigegeben: »Allemagne, états Autrichiens, // Prusse, Pologne, et Suisse // Dans tous les pays susdits, […] une poste // est de 2 milles d'Allemagne de 15 au Degré. // En Autriche le Prince de Paar est Grand- // maitre héréditaire des Postes dans la plus // grande partie de la Confédération du Rhin // c'est le Prince de Thurn-Taxis.

Grande-Brétagne. // […] Il n'ya point // de véritables maitre de Poste Tous ceux qui // prennent une Patente, ou Privilège peuvent fournir // des chevaux à cet Usage.

1 Zum Verlag Artaria und dessen Produktion von Landkarten: Dörflinger 1984, S. 270–313 und Dörflinger 1988, S. 353–418.

2 Zur Identität Nordmann – de Traux: Dörflinger 1988, S. 402 f., S. 612 f.

3 Ebd., S. 403. – Im franz. Titel wurde »[…] Limitée par les Villes« durch »[…] Divisée dans ses Etats d'aprés le Congrès de Vienne et les derniers Traités de Paris« ersetzt; die entsprechende Änderung wurde auch im dt. Titel vorgenommen: »Nach Eintheilung des Wiener Congresses.«

2.15

Nouvelle Carte des Postes
des états les plus fréquentés
DE L'EUROPE
Limitée par les Villes
de PARIS, LONDRES, HAMBOURG, DANZIG, ODESSA,
CONSTANTINOPLE, NAPLES
Avec des Supplément jusqu'à
PETERSBOURG, MOSCOU, MADRIT et STOKHOLM
Nouvellement dessiné par
A. P. H. Nordmann
et Coloriée d'après son état actuel

POST-CARTE — GRÖSSTEN THEILS
von
EUROPA
1812
Publiée et se Vend
à
VIENNE chez ARTARIA et COMP.
PRAGUE chez DOMENICO ARTARIA
MILAN chez FERDINANDO ARTARIA

2.15a

Françe. // En France […] les postes sont // évaluées à 2 lieues de 25 au degré La vrai // mêsure itinéraire, et ordonnée par les loix est // le Myriamêtre dont 11 3/8 par Degré. Mais elle n'est // pas encore en Usage: Voyez Itinéraire de l'// Empire français.

Espagne et Portugal // Les frais de poste se payent par lieux, et non par // postes. Dans le Supplément de la Carte on a reduit // les lieues en postes de 2 lieues de france. Le Sur // intendant des postes est le secretaire d'état Seu- // lement les routes principales sont montées en // chevaux. On ne peut guéres voyager qu à cheval. […]

Turquie. // Dans la Turquie européenne on compte Géo- // graphiquement par Berrys de 66 au Dégré ou // par Agachs de 22 ½ au Dégré. Mais on paye les // chevaux en raison d'heures de Chemin au pas de // Chameau. […].

Remarques générales. // 1. On n'est pas obligé aux postillons // de changer leurs chevaux pendant la Course. // 2. Il ne faut jamais payer d'avance l'argent de la Course. // 3. Les stations de poste deviennent en général // plus Courtes, à l'approche des villes capitales. // 4. […] // 5. Si le postillon exige plus que la Carte n'indique, // n'est pas toujours une conséquence du défaut // de la Carte, on demande les tarifs aux maîtres // de poste, paia que les postillons usent souvent // de cette supercherie pour tromper les voya- // geurs. Pour éviter cesi, il est trés neçessaire, // de se munir, des Tarifs des postes ainsi // que des Calculs des raports des différentes // monnoies. // 6. Dans tous les noms Russes et polonais on // prononçe de c comme tz. P[ar] Ex[emple]: Sandec comme // Sandetz. […]_le cz comme // le c Italien ou le tsche francais. La lettre // u se prononçe comme ou ainsi que dans // toute l'Allemagne, Hongrie, Croatie &. Ceci // est fort néçessaire à savoir pour se faire // entendre des postillons. // 7. Les noms français de plusieurs villes, dif- // ferent sensiblement des noms nationaux: comme P[ar] Ex[emple] Regensburg Ratisbonne, Aachen // Aix la Chapelle, […]. On ne dit // plus en français Javarin pour Raab, Strigonie // pour Gran, St. Hypolite pour S. Pölten, mais // on se reglé à présent d'aprés leurs vrais noms. // 8. On ne fait point mention du prix des Chevaux, // ni des pourboire aux postilion dans les // differens pays, cef deux articles etant // sujets à des changemens fréquens.«

Im zweisprachigen »Avis« werden »die H[erre]n Reisenden und H[erre]n Postmeisters, welche in dieser // Carte Fehler finden möchten, [..] höflichst gebeten solche // den Verlegers derselben Artaria et Comp[agnie] in Wien, an- // zeigen zu wollen, da diese lezten nichts anders Wün- // schen als die gänzliche Vollkommenheit dieser Carte.«

Unter den Erläuterungen befindet sich eine Himmelsrichtungsscheibe mit Wien (»Vienne«) im Zentrum und den von dort ausgehenden Verkehrsrichtungen in verschiedene Städte. Rechts daneben, ins Kartenbild eingepasst, die Legende der Siedlungen, die in ihrer Klassifikation an den Kriegszustand angepasst ist: »Signes« für »HAUPTSTAEDTE […]« – »BEFESTIGTE HAUPTSTAEDTE […]« – »Grosse Städte […]« – »Grosse Festungen […]« – »Kleine Städte […]« – »Kleine Festungen […]« – »Marcktflecken und Dörfer […]«. Das Straßennetz lehnt sich an die postalische Nutzung und Ausstattung der Wege an: »Post Strassen« – »Routes de Poste«, »Weg ohne Posten« – »Chemins sans Poste«, »Eine Post« – »Une Poste entiere«, »Eine halbe Post« – »Une Demi Poste«, »Ein viertel Post« – »Un quart de Post«. Dazu die zweisprachige Anmerkung: »Bloss die Örter welche mitten auf denen // Strassen angezeigt findet, sind die wahren Poststazionen […].«

Am rechten Rand angebracht ist eine Übersicht des staatlichen Aufbaus Europas mit Kennzeichnung der Grenzfarben und einer Nummerierung zum Wiederfinden in der Karte: »EMPIRES // Kaiserthümer« (4 Staaten), »ROYAUMES // Königreiche« (14), »GRAND-DUCHÉS // Gross-Herzogthümer« (5), »DUCHÉS // Herzogthümer« (8), »PRINCIPAUTÉS // Fürstenthümer« (16), »REPUBLIQUES // Republicken« (Schweiz und San Marino), »VILLES-ANSEATIQUES // Hansee-Stadt« (Danzig) und 4 Territorien mit Sonderstatus, »Provinces Illiriennes á la France«, »Les 7 Isles Ionnienne [à la] France«, »Malte Gozzo a Cumino à L'Angle[terre]«, »Isles Azores au Portugal«.

Inhalt: Der dauerhafte Kriegszustand in Europa seit 1791 und die napoleonische Herrschaft über Teile Deutschlands, Italiens oder Dalmatiens intensivierten Mobilität und Kommunikation. Die Verhängung der Kontinentalsperre durch Napoleon erforderte effiziente Kontrollmechanismen auch im Bereich der Post. Mit der Auflösung des Heiligen Römischen Reiches hatte die Kaiserliche Reichspost 1806 aufgehört zu existieren – genauso wie das Generalat der Thurn und Taxis über die Post. Auch wenn immer mehr Staaten dazu übergingen, die Postdienste zu verstaatlichen, versuchten die Thurn und Taxis, ihre Post als Privatunternehmen zu führen –

2.15b

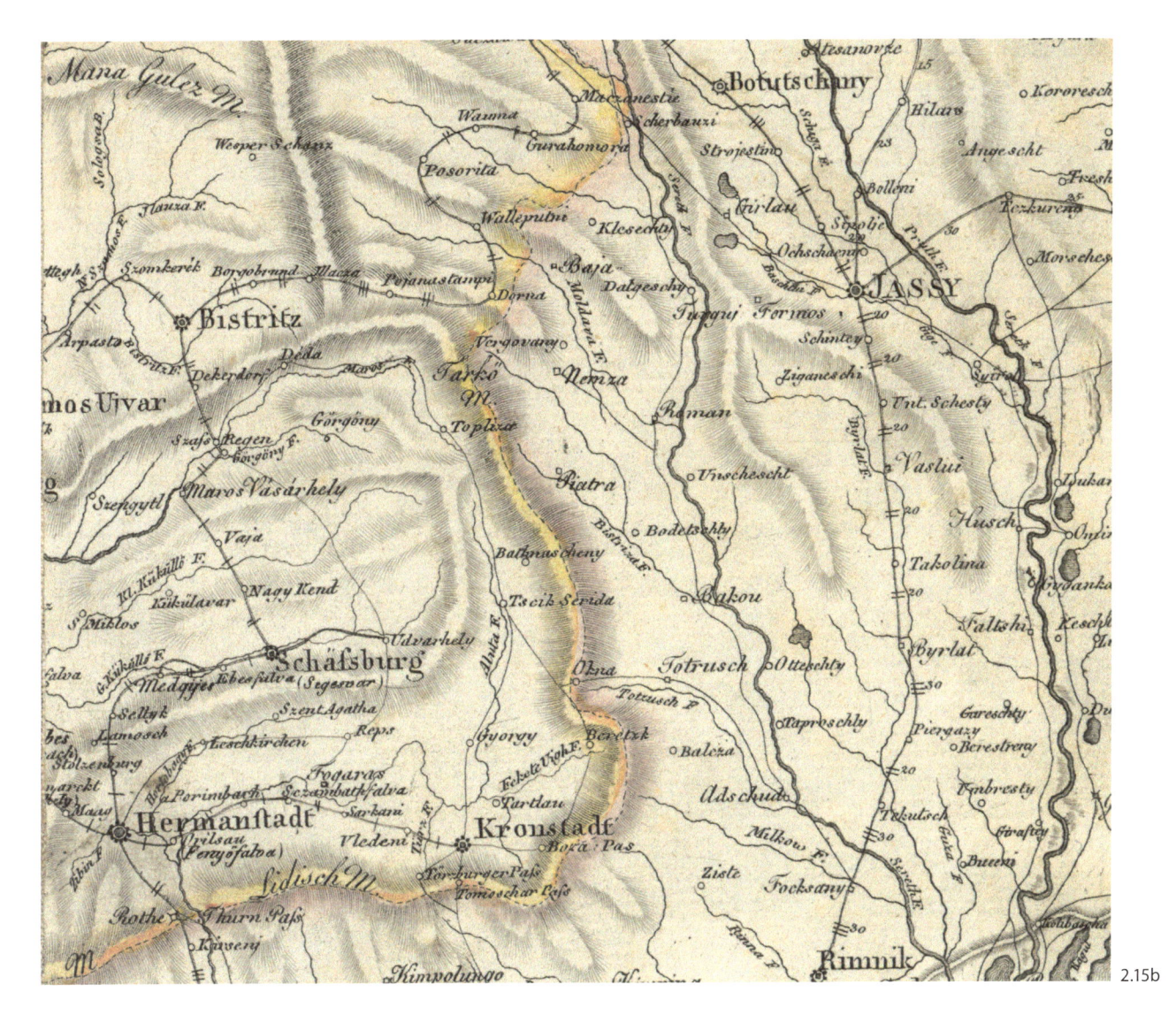

bis 1867; in Österreich oblagen die Dienste der Post der Familie Paar – wie es die »RÉMARQUES« erwähnen (vgl. Kat. 2.14). Der mit den territorialen Veränderungen einhergehende Umbau der Postorganisation erforderte eine neue kartografische Darstellung.

Der Kartograf verzichtet auf territoriale Bezeichnungen, Staaten sind nur durch Grenzfarben getrennt. Dies suggeriert einen einheitlichen postalischen Kommunikationsraum mit länderspezifischen Merkmalen. Bemerkenswert ist der Ansatz, bei der Schreibweise der Ortsnamen nationalsprachliche Formen heranzuziehen. In Ungarn kommen punktuell zweisprachige, deutsch-ungarische Ortsnamen zur Anwendung.

Verwendet werden auch französische Exonyme und Seenamen, in der österreichischen Monarchie hingegen häufig deutsche Gewässernamen. Gekennzeichnet sind die Überschwemmungslandschaften entlang von Donau und Theiß, im Banat und in der Batschka, die den Verkehr behindern. Die fünf Arme der Donaumündung sind namentlich genannt.

In der Darstellung des Reliefs hat sich der Kartograf anstelle der traditionellen Maulwurfshügel für die modernen Geländestrich-Raupen entschieden. Die Karte enthält mit wenigen Ausnahmen keine Reliefbezeichnungen. Eingezeichnet sind die für die postalische Kommunikation wichtigen Gebirgspässe.

Josef Wolf

GEOMETRISCHER EIGENTLICHER GRUND UNDT

abriß der gegent des Closters S:t Gotthardt am Raabfluss in Nider Ungarn, welche mit fleiß abgemessen, darbey dan repræsentiret wirdt der Christlichen armeen Lager und Türkisches Heer unterm comando des gros Visiers, auch das alda sehr memorable treffen, so zwischen beeden theilen, nachdem die Tureken über gedachten fluss gesetzet den 1. Aug: Anno 1664 frühe vorgeloffen, bey welchem ein theil Christen von anfang zimlichen schaden erlitten, von den andern aber solche feinde attaquiret und ihre fürie aufgehalten worden, wie solches alles weitlauftiger hier vor augen gestelt und durch die gezeignete erklärung angedeutet wirdt.

PLAN GEOMETRIQUE ET VERITABLE DELINEATION DES

environs du Cloistre de S:t Gotthard, situé sur la riviere de Rab dans la basse Hongrie, ou se voyent les campements des armées Chrestiennes et de celles des Turcs commandées par leur grand Visir, et la memorable et sanglante bataille qui a esté donnée entre les deux parties le premier jour d'Aust del annee 1664 au matin dans le commencement de la quelle les Turcs, apres avoir passé la ditte riviere, ont eu quelque avantage sur une partie des Chrestiens, cependant qu'une autre a attaqué les dits Turcs et empesché de poursuivre leur pointe comme le tout est plus amplement expliqué icy bas.

3 SCHAUPLÄTZE DER TÜRKENKRIEGE: MILITÄRKARTOGRAFIE UND VISUELLE MEDIEN

Die militärische Auseinandersetzung mit dem Osmanischen Reich wurde in einem geografisch unzureichend bekannten Gebiet geführt, das – je mehr die kaiserliche Armee in den Südosten, an die untere Donau und in das Balkaninnere vorstieß – zunehmend ›terrae incognitae‹, weiße Flecken, aufwies.

Die Kriegsführung war jedoch auf Raumwissen angewiesen, das vom kriegswissenschaftlichen Denken, vom geografischen Diskurs und der kartografischen Praxis abhängig war. Der kaiserliche General Raimondo Montecuccoli wies in seinen Schriften auf die Bedeutung kartografischen Wissens hin. Dabei handelte es sich nicht nur um strategisch bedeutsame Übersichtskarten, sondern vor allem um Kenntnisse über ein geografisch begrenztes und topografisch beschreibbares Gelände.

Die Türkenkriege verliehen der Militär- und Festungskartografie einen ungeahnten Aufschwung. Die Militärtopografie begann sich mit dem Einfluss des Terrains auf die Gefechtshandlungen zu befassen, Festungsarchitekten optimierten die Form der Befestigungsanlagen.

Während die Raumrepräsentation den konzeptionellen Raum der militärischen und politischen Entscheidungsträger wie auch der Geografen und Militärkartografen darstellt, verleiht der Repräsentationsraum den mentalen und imaginären Vorstellungen auf der medialen Ebene Ausdruck. Er ist ein aus der Distanz erlebter Raum, in dem die Türkenkriege vom Kartenleser nacherlebt werden.

Karten und visuelle Medien – illustrierte Flugblätter und Schlachtenbilder – sind die Vermittlungsformen des ›Kriegsschauplatzes‹ an der Donau. Die barocke Metapher vereint in sich sowohl das wahrnehmbare Kriegsgeschehen als auch die konkrete mediale Form. Der ›Schauplatz‹ impliziert die Anwesenheit der Akteure – von Heeresführern und Truppen – wie auch der Zuschauer. Die Zeichner der Darstellungen sind oft Augenzeugen des Geschehens. Medien inszenieren den Verlauf der Geschehnisse mit dem Ziel, Kriegsbereitschaft zu fördern. Die meisten Darstellungen erschienen, als das Ereignis längst vergangen war. Damit mutierte der Kriegsschauplatz zeitnah zum Erinnerungsort.

3.1 Jean Willading / Matthäus von Sommer
Die Schlacht von Mogersdorf / Sankt Gotthard, [1664]

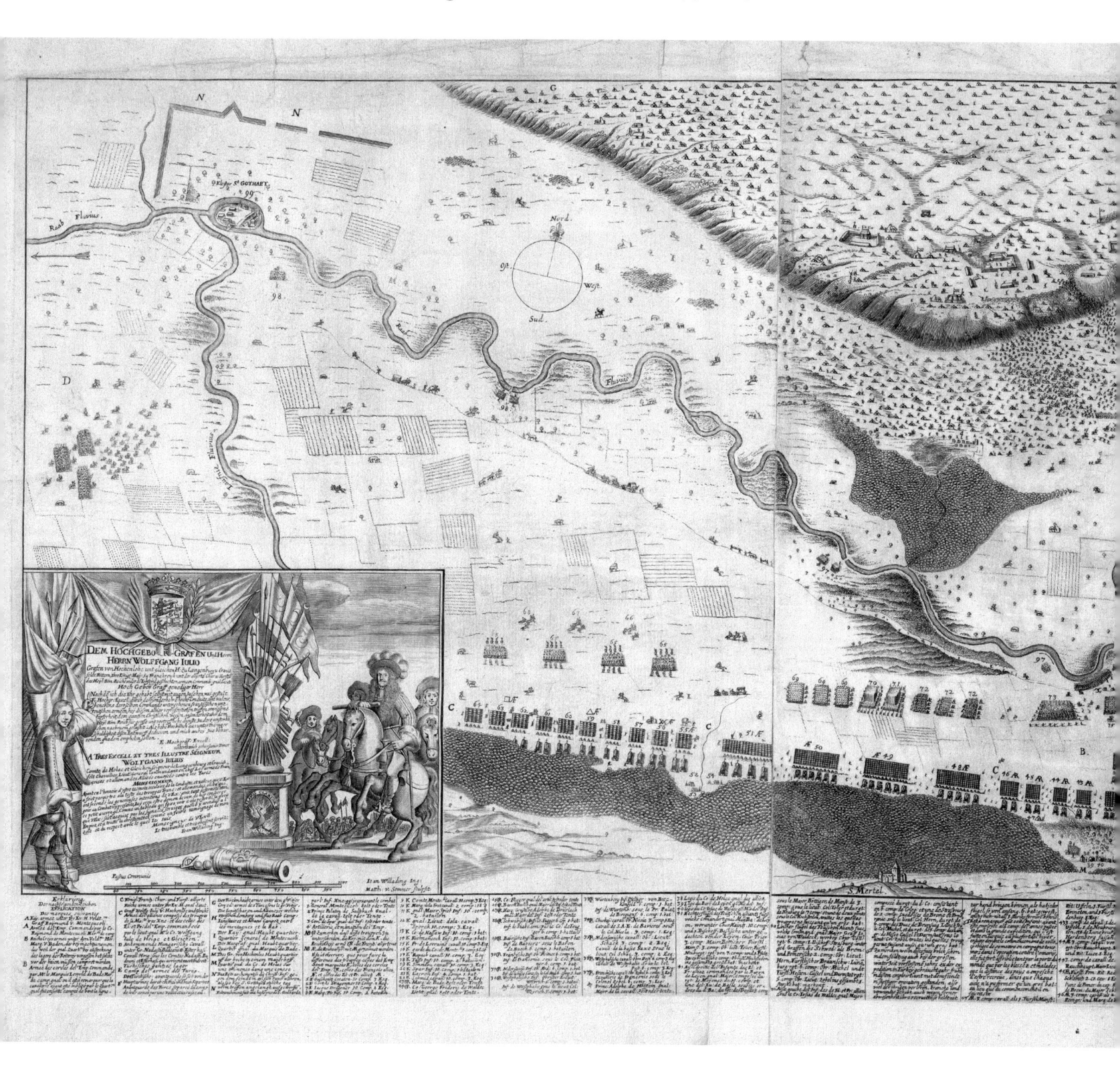

DIE SCHLACHT VON MOGERSDORF / SANKT GOTTHARD, [1664]

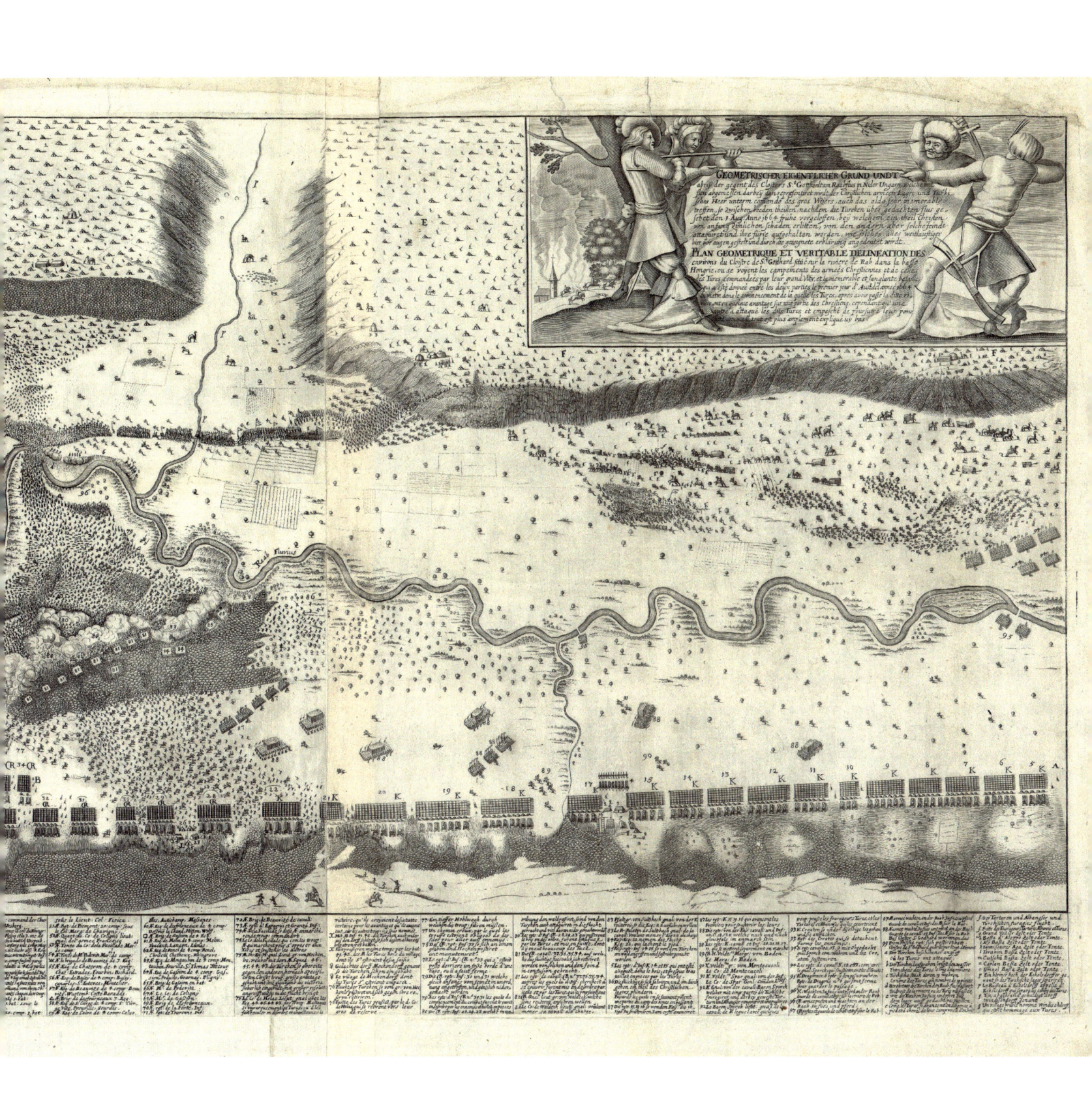

GEOMETRISCHER EIGENTLICHER GRUND UNDT // abriß der gegent des Closters St. Gotthardt am Raabflus in Nider Ungarn, welche mit // fleis abgemessen darbeÿ dan repraesentiret wirdt der Christlichen armeen Lager und Turcki= / sches Heer unterm commando des gros Viziers, auch das alda sehr memorable // treffen, so zwischen beeden theillen, nachdem die Türcken über gedachten flus ge= // setzet den 1. Aug[ust] Anno 1664 frühe vorgeloffen, beÿ welchem ein theil Christen // von anfang zimlichen Schaden erlitten, von den andern aber solche feinde // attaquiret und ihre fürie aufgehalten worden, wie solches alles weitlauftiger // hier vor augen gestelt und dürch die gezeignete erklärung angedeütet wirdt.

– PLAN GEOMETRIQUE ET VERITABLE DELINEATION DES // environs du Cloistre de St. Godhard situé sur la riviere de Rab dans la basse // Hongrie, ou se voÿent les campements des armeés Chrestiennes et de celles // des Turcs comandeés par leur grand Vizir, et le memorable et sanglante bataille, // qui a esté donneé entre les deux parties le premier jour d'Aust [eigentlich: août] del anneé 1664 // du matin dans le commencement de la quelle les Turcs, apres avoir passé la ditte ri= // viere, ont eu quelque avantage sur une partie des Chrestiens, cependant qu'une // autre a attaqué les dits Turcs et empesché de poursuire leur poinc // arte comme le tout est plus amplement expliqué icÿ bas.

Landesarchiv Baden-Württemberg, Generallandesarchiv Karlsruhe, Hfk Pläne La 158-2 rot.

Kupferdruck. – 49 × 126 cm (57 × 132,5 cm). – aus 3 Blatt zusammengesetzt. – signiert unten links, rechts in der Widmungskartusche: »Iean Willading Ing[enieur] // Matthi[as] v[on] Sommer sculpsit.«

Kartografische Angaben: südwestorientiert. – Windrose. – W 16° 00' – E 16° 17'; S 46° 53' – N 46° 59'. – Maßstab: [ca. 1:1800]. – grafischer Maßstab in gemeinen Schritten: »Passus Communis«.

Verfasser, Verleger, Ausgaben: Jean (auch: Johann) Willading (1630–1695) wird in der Literatur als Verleger und Drucker der Karte genannt.[1] Der kaiserliche Artillerist und Ingenieur war Zeuge der Schlacht, von ihm stammt der Entwurf des Kupferstichs. Matthäus von Sommer (auch: Mathias van Somer, Someren, 1648–1672), ein niederländischer Kupferstecher, stach das Blatt.

Die Schlachtendarstellung wurde von Willading mit dem gleichen Bildmotiv wohl in mindestens zwei Versionen hergestellt.[2] Das Exemplar im Familienarchiv der Fürsten von Hohenlohe trägt den handschriftlichen Titel: »Situationsplan von dem Treffen bei SCT. GOTTHARD AN DER RAAB, wobei sich Graf Wolfgang Julius von Hohenlohe-Neuenstein besonders ausgezeichnet hat, 1664«.[3]

Bildelemente: Wie im Kartentitel bereits ausgeführt, verbindet der perspektivische Plan der Schlacht beim Kloster St. Gotthard an der Raab[4] mehrere Ebenen: Er bietet eine genaue Darstellung des Ortes und der Umgebung sowie der Feldlager der einander gegenüberstehenden Parteien. Zudem schildert er Etappen der Schlacht. Die gleichmäßig detailreiche Wiedergabe der Landschaft, zum Beispiel der mäandrierenden Raab, liefert dafür eine Grundstruktur.

Eine ausführliche Legende nimmt die Fußleiste vollständig ein. Es bedurfte einer Menge von Buchstaben, Zahlen und Signaturen, um alle Informationen zu bezeichnen. So werden nicht nur die Stellungen im Überblick und im Detail erklärt, sondern häufig werden auch Zusammenhänge oder Probleme benannt. Zum Beispiel hat der Generalquartiermeister des Markgrafen von Baden-Baden bei der Errichtung des Lagers die Reiterei »vergessen«, die dann vor den Linien campieren musste (B).

Die Legende setzt ein mit der Aufstellung der kaiserlichen Truppenkontingente und deren Befehlshabern (A–D). Markgraf Hermann von Baden-Baden (1628–1691) befehligte die Truppen der Reichskreise. Es folgen die osmanische Armee (E–H), dann die Standorte der Hauptquartiere der verbündeten Armee (I–N). Die einzelnen Zelte der Befehlshaber sind exakt lokalisiert, zum Beispiel von General Raimondo Montecuccoli (1609–1680) (I, Nr. 1) und »Marq[uis] de Bade Zelt oder Tente« (L, Nr. 23), das Hauptquartier des Grafen von Hohenlohe-Neuenstein befand sich »uff der hoche in einem maijerhoff« (M, Nr. 38: Logis des Grafen). Gekenzeichnet sind auch das »Retranchement« der christlichen Infanterie gegen die feindlichen Truppen (N) sowie die Artillerie und Munitionsvorräte der kaiserlichen Armee (N, Nr. 4).

Die Titelkartusche oben rechts und die Widmungskartusche unten links sind einander diagonal gegenüber platziert. In der Titelkartusche bekämpft sich ein kaiserliches und ein osmanisches Soldatenpaar. Im linken Hintergrund ziehen Reiter an einer Kirche vor-

---

1 Scheutz 2016, S. 337.

2 Ebd., S. 338, dort Hinweis auf: Paas 2007, nach S. 240, Faltblatt (P 2782), Variante von P 2781 mit geänderter Titelkartusche; weiteres Exemplar: ÖNB Wien, Kartensammlung, Signatur AB 9 C 3.

3 HZA Neuenstein, GA 105 Nr. 308. URL: http://www.landesarchiv-bw.de/plink/?f=3-1196 (24.06.2017); Scheutz 2016, S. 337, dort auch sekundärer Hinweis auf ein koloriertes Exemplar der British Library London und Hinweis auf: Paas 2007, nach S. 240, Faltblatt (P 2781); weiteres Exemplar: UB Erlangen-Nürnberg, Handschriftenabteilung, Signatur H61/KAT.C 4.

4 Zur Schlacht bei Mogersdorf/St. Gotthard: Sperl/Scheutz/Strohmeyer 2016.

bei. In der mit räumlicher Wirkung gestalteten Widmungskartusche stellt sich Willading selbst dar, wie er mit gezogenem Hut den Kupferstich Generalfeldmarschall Wolfgang Julius von Hohenlohe-Neuenstein (1622–1698) widmet, der auf einem Pferd sitzend, den Marschallstab in der Rechten, dargestellt wird. Die ausführliche Widmungsinschrift wird bekrönt durch das hohenlohische Wappen. Der aus der Asche aufsteigende Phönix mit dem Zusatz »E flam[m]is clarior« (»Aus der Asche um so glänzender«) ist der Leitsatz des Hauses Hohenlohe. Osmanische Standarten verweisen als Trophäen auf den Sieg der kaiserlichen Truppen, der später als Verdienst von Graf Wolfgang Julius gefeiert wurde.[5]

Inhalt: Die Schlacht bei Mogersdorf (ung. Nagyfalva) oder Schlacht bei St. Gotthard (ung. Szentgotthárd) gilt als entscheidendes Aufeinandertreffen im Türkenkrieg von 1663/64. Die Feldschlacht fand am Hochwasser führenden Fluss Raab (ung. Rába) zwischen Mogersdorf und dem Zisterzienserkloster St. Gotthard im Burgenland statt. Der aus kaiserlichen, französischen und Reichstruppen bestehenden Armee unter der Führung von Montecuccoli gelang es, die osmanische Hauptstreitmacht, die unter dem Kommando des Großwesirs Köprülü Fâzıl Ahmed Pascha (1635–1676) stand und sich augenscheinlich auf Wien zubewegte, aufzuhalten. Die 50.000 Mann starke osmanische Hauptstreitmacht traf am 30. Juli auf die kaiserliche, nur noch 25.000 Mann zählende alliierte Hauptarmee, die am linken Ufer des Flusses bei Mogersdorf Stellung genommen hatte.

Das Kartenbild rechts zeigt den von Montecuccoli selbst befehligten Flügel im Westen. Er wurde von den kaiserlichen Regimentern, begleitet von der von Freiherr Johann Sporck (1600–1679) angeführten Kavallerie und der Artillerie in Frontstellung gebildet. In der Mitte standen die Reichstruppen unter Georg Friedrich Graf Waldeck (1620–1692), die französischen Truppen – eine Hilfsbrigade und zwei Infanterieregimenter – unter Jean de Coligny-Saligny (1617–1686) sicherten den linken Flügel. Nach wechselseitigen Angriffen – das osmanische Herr hatte zunächst über die Raab gesetzt – wurde die Schlacht durch die Eroberung des feindlichen Brückenkopfes durch Montecuccoli entschieden: Die osmanischen Truppen konnten nicht mehr über die Raab zurückweichen, weitere Angriffe unterblieben. Am 10. August 1664 wurde der Krieg mit dem Friedensschluss von Eisenburg (ung. Vasvári béke, türk. Vasvar Antlaşması) beendet.[6]

Die Schlacht war nebst der Schlacht bei Mohács (1526) und der Schlacht am Kahlenberg (1683) eine der bedeutendsten Feldschlachten, die in den Türkenkriegen überhaupt geschlagen wurde. Sowohl in Ungarn als auch in Österreich und Kroatien besteht bis heute eine lebendige, mit der Schlacht verbundene lokale und regionale Erinnerungskultur.

Josef Wolf

5 Wurzbach 1863.

6 Zum Verlauf der Schlacht vgl.: Peball 1964; Peball 1978; Sperl/Scheutz/Strohmeyer 2016.

3.2 Daniel Suttinger
Die Belagerung Wiens, 1683

Türckische= Belagerung, // der Kayserlichen Haubt und Residentz Statt // Wien in Oesterreich. 1683.

Österreichische Nationalbibliothek, Wien, Kartensammlung, AB 7 A 69.

Kupferdruck. – 35,6 × 52,8 cm (38,3 × 54 cm). – signiert am linken Rand unter der Maßstabsleiste: »D[aniel] S[uttinger] K[aiserlicher] H[auptmann] V[ermessungs-] I[ngenieur] del[ineavit] et fecit«.

Kartografische Angaben: ostnordostorientiert. – Kompass als Windrose. – N 48° 12' 37"; E 16° 21' 38". – Maßstab: [ca. 1:2700]. – grafischer Maßstab in [Wiener] »Klaffter«.

Verfasser, Verleger, Ausgaben: Der vorliegende Plan mit dem sehr markanten und unvermittelt wirkenden Bildausschnitt aus der Vogelperspektive stammt von dem Ingenieur Daniel Suttinger (1640–1690). Er kam aus Sachsen, wohin er wenige Jahre nach der Belagerung aus bislang unbekannten Gründen wieder zurückging und in die kurfürstlich-sächsische Feldartillerie eintrat. Sein Vater stammte aus Wien. Erst 1682 gelangte Suttinger in kaiserliche Dienste, nachdem er zuvor einige Jahre Mitglied der Wiener Stadtguardia war. An dem Ausbau der Festungsanlagen Wiens vor der Belagerung war Suttinger unter dem Festungsbaumeister Georg Rimpler (1636–1683) unmittelbar beteiligt. Rimpler, ebenfalls aus Sachsen stammend, kam bei der Belagerung ums Leben. Nach dessen Tod verteidigte Suttinger die Leistungen des Festungsbaumeisters in zwei Schriften.[1]

Zu Suttingers zeichnerischem Werk zählen unter anderem Stadtansichten und -pläne wie zum Beispiel »wahre Abbildungen« von Wien.[2] 1684 zeichnete Suttinger einen Plan, »Wienn in Oesterreich«, der nur in Reproduktionen überliefert ist.[3] Aus dem Jahr 1687 stammt die Zeichnung für den später von Mauritius Bodenehr in Dresden gestochenen »Grund-Riß und Situation der Kayßerl[ichen] Haupt- und Residenz-Statt Wienn in Oesterreich, wie selbe von Türken belagert und attaquiret, und durch die […] Christen entsetzt worden«.[4]

Beim hier vorliegenden Blatt handelt es sich um einen Einblattdruck aus dem Jahr 1683.[5] Der Kupferstich erschien in den folgenden Jahren in verschiedenen Varianten, so auch in der 1688 in Dresden erschienenen Schrift Suttingers, *Entsatz der kayserlichen Haubt- und Residentz-Stadt Wien in Oesterreich*[6] oder in einem 1702 in Wien verlegten Druck mit dem Titel: *Kurtz-Lesens-Würdige Erinnerung Von Herrührung, Erbau- und Benambsung, Auch Vilfältig-anderen, alt- und neuen Seltenheiten, Bemerck- und Andenckungen, sowohl in- als um die Käyserliche Haubt- und Residentz-Stadt Wienn In Oesterreich.*[7]

Bildelemente: Am linken Rand des Blatts ist unter dem Privileg die Maßstabsleiste angebracht, darunter die zweispaltige Legende. Die Widmung an Kaiser Leopold I. (1640–1705, reg. 1658–1705) ist in ihrer Gestaltung eher unscheinbar. Darunter platzierte Suttinger in der rechten Bildecke die Detailansicht eines Bollwerks.

Inhalt: Die doppelte Erfahrung Suttingers als Experte und als Zeitzeuge schlägt sich auch in der Qualität der Darstellung nieder. In dem nach der Schlacht angefertigten Kupferstich hält er den Hauptangriff bei der Belagerung Wiens durch das von Großwesir Kara Mustafa (gest. 1683)[8] geführte osmanische Herr fest. Er wurde an der Südwestseite der Stadt ausgeführt und legte es darauf an, die Bastionen zwischen »Kärnter

---

1 Suttinger 1687; Suttinger 1696. – Die sich mehrere Jahrzehnte hinziehende Auseinandersetzung um Rimpler wurde zusammengefasst von Herlin, vgl. Rimpler 1724.

2 Erwähnt bei Pick 1983, S. 101 f.

3 Albert Camesina (Hg.): Plan der Stadt Wien. Wienn in Österreich, aufgenommen von Hauptmann und Ingenieur Danil Suttinger. Reproduciret nach dem in Stifte Heiligenkreuz befindlichen Originale, Wien 1876 [Nachdr. der Ausg. 1684], Maßstab: [ca. 1:1800], südorientiert; Plan der Stadt Wien im Jahre 1683 (1684) von Daniel Suttinger. Wienn In Oesterreich (Linke Hälfte) [und] (Rechte Hälfte), [Wien] [1919], Maßstab: [ca. 1:2300], verkleinerte Reproduktion nach der kolorierten Originalzeichnung von 1684, in: Eisler 1919, S. 18 ff.

4 Daniel Suttinger / Mauritius Bodenehr: Grund-Riß und Situation der Kayßerl[ichen] Haupt- und Residentz-Statt Wienn in Oesterreich […], Dresden 1688 und nochmals [Wien 1702].

5 ÖNB Wien. URL: http://data.onb.ac.at/rec/AC06787078 (25.06.2017).

6 Suttinger 1688; Blatt abgedruckt in Dörflinger/Wagner/Wawrik 1977, S. 133, Taf. 41, Lit.

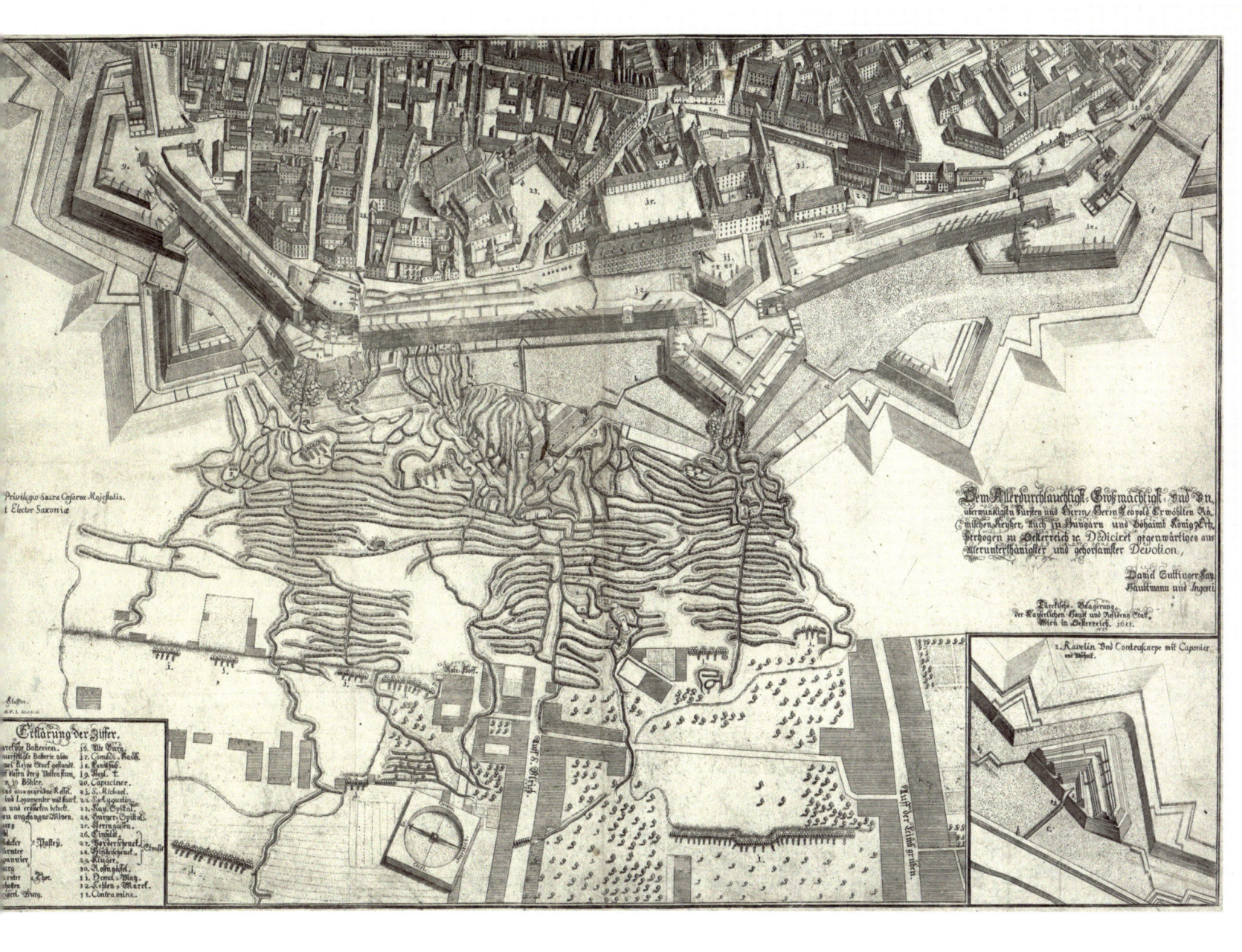

Thor« (Nr. 13) am rechten Bildrand und »Schotten Thor« (Nr. 14) zu zerstören. Suttingers Abbildung führt die Bollwerke am südwestlichen Rand der Stadt vor Augen, fokussiert auf den kritischen Abschnitt zwischen der »Burg Pasteÿ« (Nr. 7) und der »Löbl Pasteÿ« (Nr. 8) im engeren, zwischen der »Melcker Pasteÿ« (Nr. 9) und der »Kärnter Pasteÿ« (Nr. 10) im weiteren Sinn. Der Ingenieur zeigt eindrucksvoll die Wirksamkeit der Laufgänge des osmanischen Heeres, die sich in einem großflächig angelegten, weitverzweigten, nur scheinbar chaotischen Wirrwarr in Richtung Festungsmauerwerk vorarbeiten. Die Wirkung von Sprengungen und Beschuss mit schweren Geschützen stellt er ebenfalls dar.

Die Nebenkarte (unten rechts) zeigt die Entsatzstrategie (Nr. 33): Die Belagerten gruben Minengänge den feindlichen Mineuren entgegen, um die Sprengkraft der auf die Festung gerichteten Minen abzuleiten und die Verteidigungsanlagen vom Explosionsdruck zu schützen.

Josef Wolf

S. 212. Das dort abgedruckte Stück unterscheidet sich im Privileg an der linken Blattseite von der hiesigen Ausgabe; während jene ein kaiserliches Privileg ausweist, führt die hiesige das kaiserliche und das kurfürstlich sächsische Privileg.

7 Erinnerung 1702, hier zwischen S. 20 und S. 21.

8 Kreutel/Teply 1982.

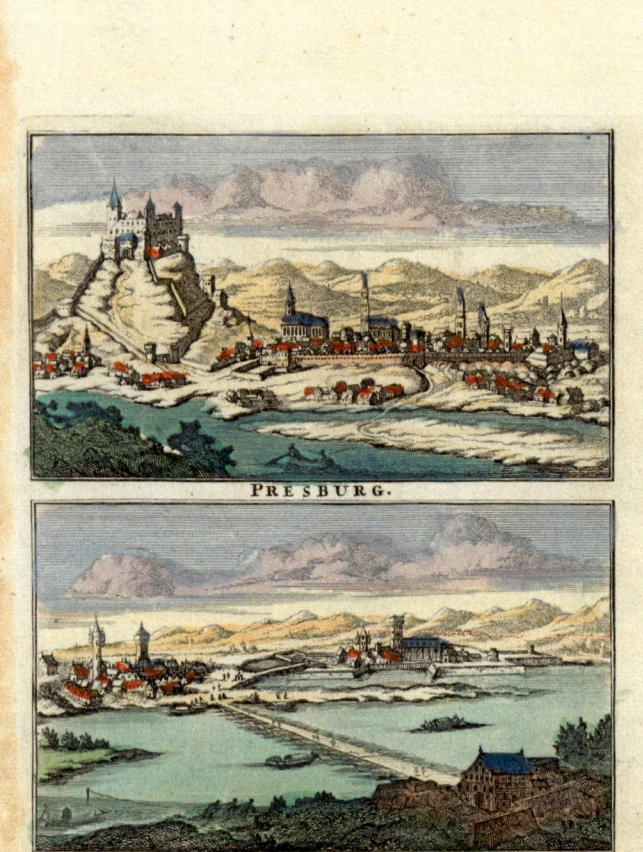

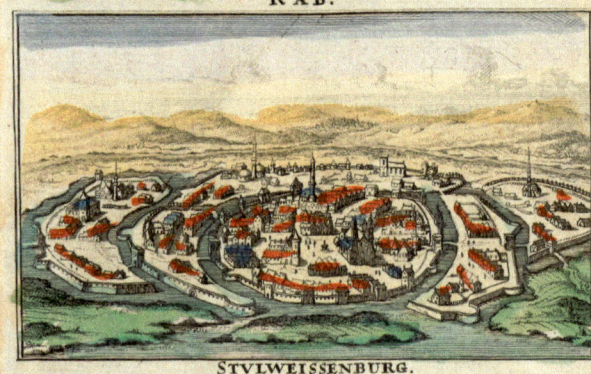

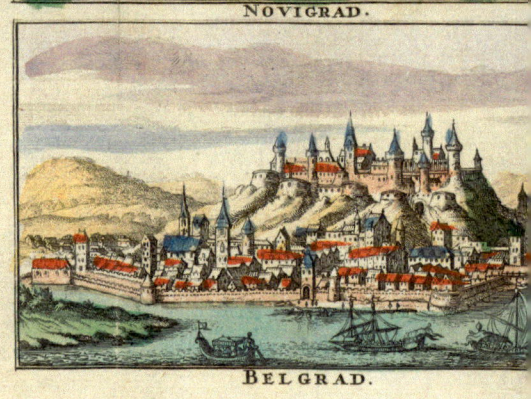

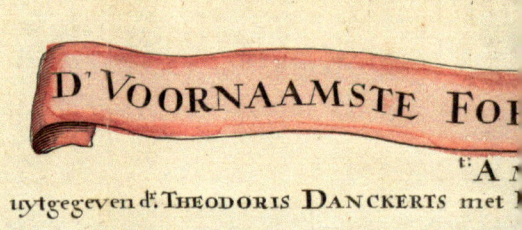

PRESBURG. CANISCHA.

COMORA. NOVIGRAD.

RAB. BELGRAD.

STULWEISSENBURG.

D' VOORNAAMSTE FO[R]
't A[M]
uytgegeven d[r]. THEODORIS DANCKERTS met [...]

GRAN. OFFEN v. PEST.

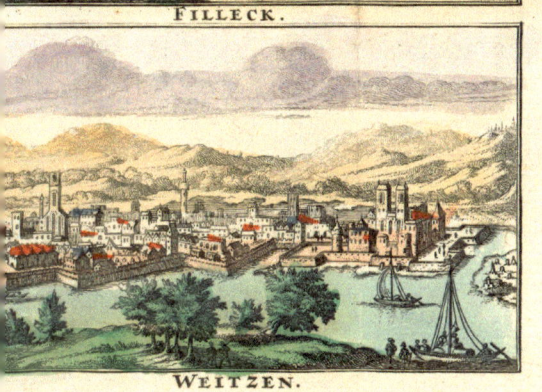

SIGETH.
CASCHAV.
FILLECK.
ERLA.
WEITZEN.
TOCKAY.
WARDEIN.

SEN van HUNGARIA
DAM
n de E:H: Staten van Holl: en Westvries-lant.

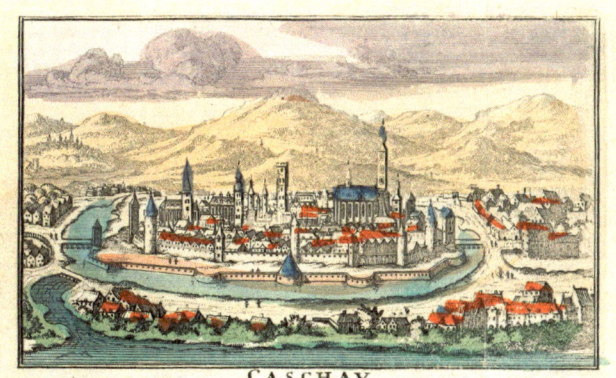

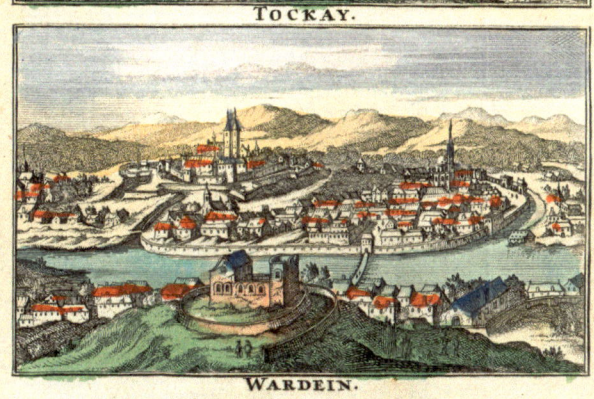

CONSTANTINOPEL.
TEMESWAR.

3.3 Theodor I. Danckerts
Ostmittel- und südosteuropäische Stadtansichten, nach 1684

D'VOORNAAMSTE FORTRESSEN van HUNGARIA // t[ot] AMSTERDAM // uytgegeven d[oo]r Theodoris Danckerts met Prievelegio van de E[dele] H[eeren] Staaten van Holl[and] en Westvries-lant.

Landesarchiv Baden-Württemberg, Generallandesarchiv Karlsruhe, Hfk Pläne, G 180 rot.

Kupferdruck, koloriert. – 42 × 57 cm (55,5 × 65 cm).

Kartografische Angaben: Koordinaten in der unten angeführten Reihenfolge: N 48° 8' 32"; E 17° 06' 0" (Bratislava). – N 46° 27' 17"; E 16° 59' 30" (Nagykanizsa). – N 47° 55' 42"; E 23° 53' 16" (Szigetvár). – N 48° 43' 18"; E 21° 15' 25" (Košice). – N 47° 45' 34"; E 18° 08' 43" (Komárno). – N 44° 10' 56"; E 15° 32' 51" (Nógrád). – N 48° 16' 16"; E 19° 49' 16" (Fiľakovo). – N 47° 54' 15"; E 20° 54' 15" (Eger). – N 47° 41' 02"; E 17° 38' 29" (Győr). – N 44° 49' 24"; E 20° 27' 7" (Beograd). – N 47° 47' 36"; E 19° 07' 53" (Vác). – N 48° 07' 17"; E 21° 24' 44" (Tokaj). – N 47° 11' 43"; E 18° 24' 32" (Székesfehérvár). – N 47° 03' 16"; E 21° 56' 22" (Oradea). – N 47° 47' 57"; E 18° 44' 29" (Esztergom). – N 47° 29' 45"; E 19° 02' 23" (Budapest-Buda). – N 47° 29' 42"; E 19° 03' 11" (Budapest-Pest). – N 41° 0' 37"; E 28° 58' 38" (İstanbul). – N 45° 45' 23"; E 21° 13' 44" (Timișoara).

Verfasser, Kupferstecher, Verleger: Theodor I. Danckerts (geb. 1660) ist Verfasser, Kupferstecher und Verleger des dekorativen Blattes. Er war der Sohn von Justus I. Danckerts (1635–1701, Kat. 2.1) und Bruder von Cornelis II. Danckerts (1664–1717, Kat. 5.7).[1] Das Blatt wurde in einem der Danckerts-Atlanten veröffentlicht.[2] Theodor I. Danckerts führte die Offizin der renommierten Kartografen- und Kupferstecher-Familie (Kat. 2.1) in Amsterdam mit herrschaftlichem Privileg von 1703 bis 1726. Er entwarf und produzierte unter anderem eine Karte des Fränkischen Reichskreises.[3] Zu seinen bekanntesten Werken zählt die Karte des Ärmelkanals, die auch Tiefenangaben enthält: »Novissima et Accuratissima Canalis inter Angliae et Galliae Tabula«.[4]

Nach dem Muster des vorliegenden Blattes gab die Offizin Blätter mit Ansichten aus verschiedenen Gegenden heraus. Etwa zeitgleich veröffentlichte Justus I. Danckerts ein Einzelblatt mit 18 Festungsansichten des Peloponnes: »D'Voornaamste Fortressen van Moraea«,[5] ein Hinweis auf das Interesse der Danckerts-Familie und des potentiellen Publikums auch am südosteuropäischen Raum.

Inhalt: Das Blatt enthält 18 Veduten (à circa 8 × 14 cm) folgender Festungen und Städte: »PRESBURG«, »CANISCHA«, »SIGETH«, »CASCHAV«, »COMORA«, »NOVIGRAD«, »FILLECK«, »ERLA«, »RAB«, »BELGRAD«, »WEITZEN«, »TOCKAY«, »STVLWEISSENBURG«, »WARDEIN«, »GRAN«, »OFFEN v[nd] PEST«, »CONSTANTINOPEL«, »TEMESWAR«.

Für die Darstellung der einzelnen Orte zog Danckerts vermutlich ältere Stadtansichten – Einblattdrucke, Atlasblätter und Buchillustrationen – heran, wobei er die Vorlagen für seine Zwecke überarbeitete und stark reduzierte. Abstrahiert man von individualisie-

---

1 Donkersloot-de-Vrij 2003, S. 50 f.; Atlanten der Familie Danckerts: Koeman 1969, S. 88–97.

2 Danckerts [nach 1696]; Koeman 1969, S. 96, Dan 5 (93).

3 Theodor I. Danckerts: Circulus Franconicus in quo sunt […], Amsterdam [ca. 1690].

4 Theodor I. Danckerts: Novissima et Accuratissima Canalis inter Angliae et Galliae Tabula […], Amsterdam [nach 1700].

5 Justus I. Danckerts: D'VOORNAAMSTE FORTRESSEN van MORAEA, t[ot] AMSTERDAM uytgegeven door IUSTUS DANCKERTS […], Amsterdam [ca. 1690]; auch in: Danckerts [nach 1696]; Koeman 1969, S. 96, Dan 5 (97).

OFFEN v. PEST.   CONSTANTINOPEL.

3.3b

renden Bauelementen, sind die Ansichten oft nahezu miteinander austauschbar. Für eine zentralperspektivische Darstellung in Miniatur war keine detailreiche Beobachtung erforderlich.

Im Verlauf des 16. und 17. Jahrhunderts wurden fast alle bedeutenden Städte und Burgen des Königreiches Ungarn durch Kupferstiche oder Radierungen im Bild erfasst. Die Reproduktion von Stadtansichten im Druckmedium war spätestens seit der Wende vom 16. zum 17. Jahrhundert ein kommerzielles Unternehmen, an dem Künstler, Werkstätten und Verleger beteiligt waren. Die bekanntesten Werke sind die *Civitates Orbis terrarum* (erschienen von 1572 bis 1617) von Georg Braun (1541–1622) und Franz Hogenberg (Frans Hoog[h]enbergh, 1535–1590)[6] sowie Matthäus Merians (1593–1650) vielbändige, ab 1642 erschienene *Topographia Germaniae*, zu der der Ungarn-Kenner Martin Zeiller (1589–1661) die Texte schrieb.

Die in Sammelwerken oder auch in Sigmund von Birkens *Donau-Strand* (Kat. 1.3)[7] enthaltenen Stadtansichten geben selten ein realistisches Bild der osmanischen Festungen wieder. Wegen der vielfach unterbundenen Kommunikation setzte mit der osmanischen Eroberung auch ein Wirklichkeitsverlust in der Darstellung der Städte im ehemaligen Königreich Ungarn ein. Das Erscheinungsjahr des Bilderbogens liefert kaum Anhaltspunkte für die Entstehung der Bildvorlagen.

Danckerts konnte in seiner Arbeit auf die kostbaren Druckplatten seiner Familie zurückgreifen, die für Neuauflagen oder zur Illustration neuer Werke herangezogen wurden. Um ein harmonisches Bild der verschiedenen Stadtansichten zu erreichen, war es nicht ungewöhnlich, bestimmte Merkmale zu akzentuieren. So wurden nicht existierende Türme von Kirchen, Verteidigungsanlagen, Minarette – augenfällig hier in der Stadtansicht von Konstantinopel (Abb. 3.3b) – oder Staffagen im Außenbereich, hier zuweilen Baumgruppen oder Schiffe, eingezeichnet. Die Verlagerung des weit entfernten Gebirges in den nahen Bildhintergrund bezweckte eine perspektivische Darstellung. Ganz im Stil seiner Zeit war Danckerts bestrebt, Städte und Burgen als wehrhaft, prächtig und wohlgeordnet zu präsentieren. Ein augenfälliges Mittel um dieses Ziel zu erreichen, war die disproportionale Überhöhung der Minarette und Mauertürme wie auch der Stadtbefestigung insgesamt – hier zum Beispiel besonders auffallend bei Filleck.

Josef Wolf

6 Braun/Hogenberg 1965.

7 Birken 1664 u. ö.

3.4 [Wolfgang Ludwig von Grünthal]
Belagerung von Ofen, 1684

GRUNDRIS VON DER // STATT OFEN WIE SEL= // BE BELEGERT WORDEN // IM IAHRE // 1684.

Landesarchiv Baden-Württemberg, Generallandesarchiv Karlsruhe, Hfk Pläne La 134-2 rot.

Federzeichnung, koloriert. – 43,5 × 63,5 cm (45,5 × 64,5 cm).[1]

Kartografische Angaben: nordorientiert. – W 18° 56' 56" – E 19° 05' 37"; S 47° 27' 50" – N 47° 33' 2". – Maßstab: [ca. 1:10.500].

Verfasser: Aufgrund des Überlieferungskontextes dürfte der nicht signierte Plan wohl von dem baden-durlachischen Leutnant Wolfgang Ludwig von Grünthal (1659–1726) gezeichnet worden sein.

Bildelemente: Am rechten Rand befindet sich die zweispaltige Legende (»Explicatio«). Sie benennt nicht nur Örtlichkeiten – unter anderem türkische Bäder, Moscheen und Begräbnisplätze –, sondern auch die Positionierung einzelner Truppenteile und das kaiserliche Hauptquartier. In der linken unteren Ecke sind drei Bäume auf einer Anhöhe zu sehen, die einen Betrachterstandort suggerieren. Genauso wie auch das Landschaftsrelief durchbrechen sie die reine Aufsicht durch die Verwendung der sogenannten Kavaliersperspektive. Der Zeichner bietet ein Schrägbild des Landschaftsausschnittes in der Form einer schiefen Parallelprojektion.

Inhalt: Die Eroberung von Buda, der Hauptstadt des Königreiches Ungarn, am 29. August 1541, war in Wien ebenso wie im Heiligen Römischen Reich Deutscher Nation mit großer Besorgnis aufgenommen worden. Die Burg galt als zentraler Ort des Königreiches Ungarn. Nach der Eroberung stand sie im Ruf eines ›Schildes des Islam‹ oder eines ›Sperrriegels‹ des Imperiums – die osmanische Bollwerks-Rhetorik ist hier in der christlichen ähnlich. Wegen ihrer Lage und der Stärke ihrer Mauern wurde die Burg für uneinnehmbar gehalten. In der Folge scheiterten wiederholte Versuche (1542, 1598, 1603, 1684) der kaiserlichen Armee, die Burg wieder einzunehmen.

Die am rechten Donauufer errichtete Burg Ofen liegt auf einem hügeligen, von mehreren Bergen umgebenen Gelände. Die Burg und auch das Königliche Schloss stehen auf dem Burgberg (ung. várhegy).[2] Zur Zeit der ersten Belagerung 1684 waren die Wasserstadt und die Untere Stadt wie auch das weiter oben liegende Alt-Ofen (ung. Ó-Buda) eigenständige Siedlungen. Auf dem gegenüberliegenden linken Ufer ist Pest sichtbar. Die Verbindung zwischen den beiden Ufern wurde von einer Schiffsbrücke hergestellt, die wegen des Eisganges zu Beginn des Winters abgebaut und im Mai wieder aufgestellt wurde.

Nach dem Entsatz Wiens 1683 konnte noch im gleichen Jahr Gran (ung. Esztergom) zurückerobert werden. Im Frühjahr 1684 kam durch Vermittlung von Papst Innozenz XI. (1611–1689) ein militärisches Bündnis – die Heilige Liga – zustande, dem nebst dem Kaiser das Königreich Polen und die Republik Venedig beitraten.

Die kaiserliche Hauptarmee, begleitet von Schiffen, beladen mit Kanonen, Munition und Proviant, bewegte sich entlang des linken Donauufers auf Buda zu. Bei Párkány (slow. Štúrovo) setzte sie auf der Flussbrücke über den Strom, um das unterhalb von Gran am Donauknie liegende Plintenburg (ung. Visegrád) zu belagern. Nach der Einnahme der Festung kehrte sie nach Gran zurück, um ihren Weg auf dem linken Donauufer in Richtung Pest fortzusetzen. Unterwegs wurde Waitzen (ung. Vác) eingenommen. Die osmanische Besatzung von Pest floh über die Schiffsbrücke in die Burg Ofen und zerstörte auf dem Rückzug den einzigen Übergang. Daraufhin errichtete die kaiserliche Hauptarmee eine Brücke an der Spitze der nördlich von Buda liegenden Insel Szentendre, die auf der Karte falsch platziert ist. Sie steht auf der in vielen Karten

1 Schäfer 1971, S. 231, Nr. 1251; Kisari Balla 2000, S. 223 f., Nr. 385, Abb. S. 644, Nr. 385; Ausst. Kat. Karlsruhe 2010, S. 138 f.

2 Zu Burg und Schloss: diesbezügliche Stichworte in: Horler/Pogány 1955/1962.

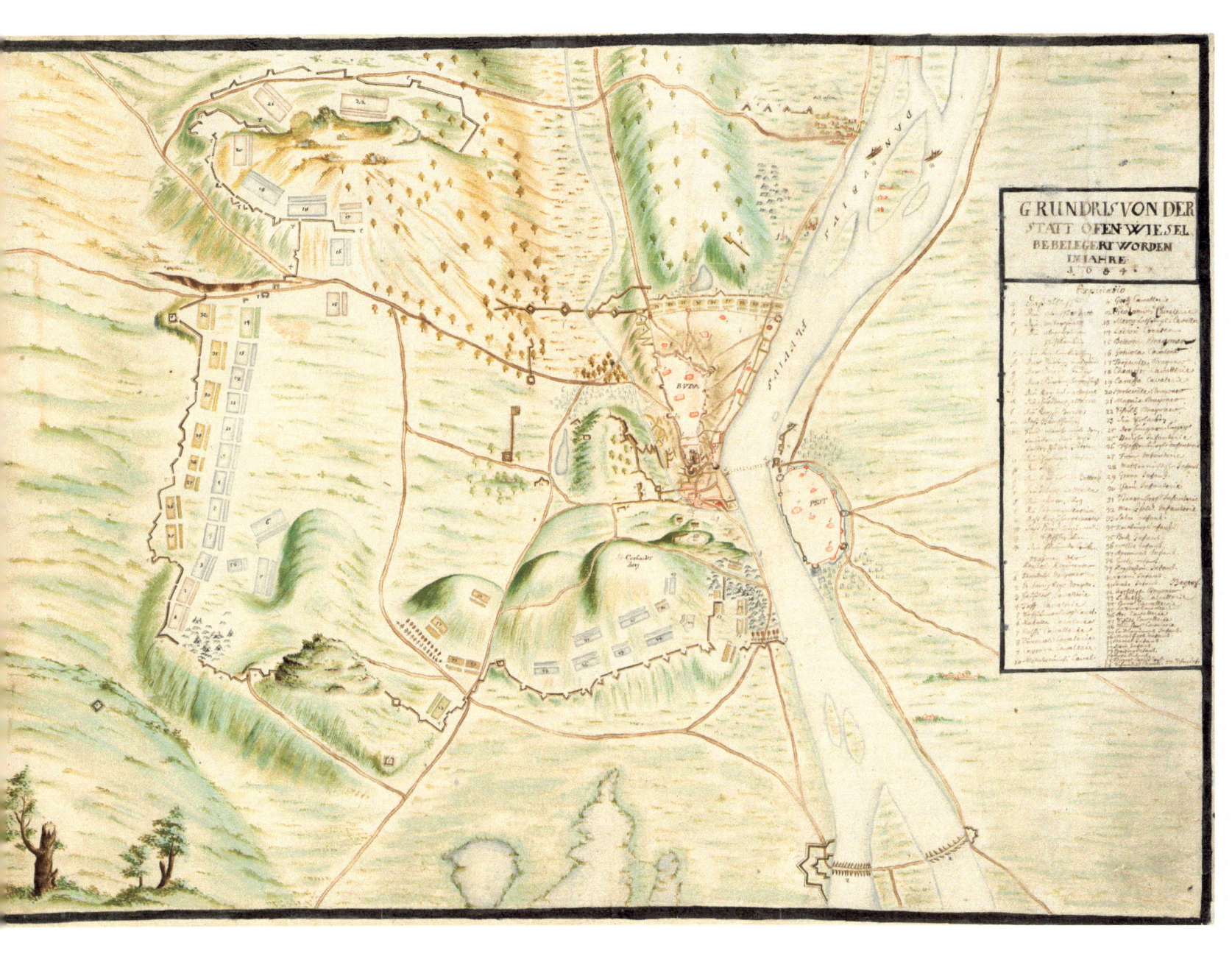

der damaligen Zeit als »Ratzenmarckt« bezeichneten Csepel-Insel, die südlich von Ofen, im türkisch kontrollierten Gebiet liegt.

Am 14. Juli kam die Belagerungsarmee unterhalb der Burg an. Die Belagerer errichteten an der Margaretheninsel (ung. Margit-sziget) eine ›fliegende‹ Brücke, um die Verbindung mit dem in Pest zurückgelassenen Besatzungsregiment zu sichern. Um die Burg wurden Verteidigungsschanzen gegraben und ein Belagerungswerk aufgebaut.

Die Karte dokumentiert die wichtigsten Umstände und Momente der gescheiterten Belagerung.[3] Die ›fliegende‹ Brücke an der Margaretheninsel widerlegt Annahmen, dass auch hier eine Schiffsbrücke geschlagen wurde.

Im September und Oktober fanden fast täglich Ausfälle der Belagerten statt. Am 7. Oktober konnte die Burg durch türkische Frachtschiffe fast widerstandslos mit Nachschub, Nahrung und Munition versorgt werden. Der Widerstand der Belagerten wie auch die fortgeschrittene Jahreszeit bewogen das kaiserliche Heer am 3. November, die Belagerung abzubrechen und sich in Richtung Gran zurückzuziehen Die kaiserlichen Truppen hatten 20.000 Tote zu beklagen.

Josef Wolf

3 Zur Belagerung: Bánlaky 1940, Abschnitt A.

3.5 Belagerung von Eger, 1687

[ohne Titel]

Landesarchiv Baden-Württemberg, Generallandesarchiv Karlsruhe, Hfk Planbände 14, 77.

Federzeichnung, koloriert. – 19,5 × 30,3 cm (20 × 30,9 cm).[1]

Kartografische Angaben: südorientiert. – N 50° 4′ 46″; E 12° 22′ 12″ (Koordinaten beziehen sich auf die Bildmitte). – Maßstab: [ca. 1:4300].

Bildelemente: Die sparsam kolorierte Zeichnung von unbekannter Hand zeigt die zweiteilige Burg Eger (lat. Agria, dt. Erlau, slow. Jáger) in einem großzügigen Landschaftsausschnitt. Die Ansicht ist rechts oben durch eine Legende ergänzt. Im unteren Teil des Blatts ist ein Ausschnitt eingeblendet, der Profile abbildet. Durch Kleinbuchstaben sind diese in der großen Zeichnung verortet. Die ausführliche Legende vermittelt einen Eindruck vom unmittelbaren Geschehen der Belagerung, zum Beispiel: »1. Die Stadt Erlau wie sich die= // selbe an den Ohrt praesentirt // wo wir können ankommen«.

Inhalt: Wegen ihrer strategischen Lage und starken Mauern galt die Burg Eger nach Ofen (ung. Buda) als die wichtigste osmanische Grenzfestung. Sie hielt nicht nur den Weg zu den reichen oberungarischen Bergstädten frei, sondern ermöglichte auch den nördlichen Zugang nach Siebenbürgen. Hatte Eger 1552 noch verteidigt werden können, war es 1596 durch die Osmanen eingenommen worden. Zu den osmanischen Burgkapitänen zählten vornehme, in Ungnade gefallene und an die europäische Peripherie des Reiches verbannte hohe Beamte.[2]

Die Einnahme von Erlau ist im historischen Bewusstsein sowie in der Fachliteratur mit dem Namen des Generals Antonio Graf von Caraffa (1646–1693) verbunden. Dieser spielte zwar eine bedeutende Rolle, doch das Hauptverdienst gebührt dem Oberstleutnant Graf Giovanni d'Oria (Doria).[3] Im Sommer 1687 wurde er vom bayerischen Kurfürsten Maximilian II. Emanuel (1662–1726) mit der Belagerung der Burg beauftragt.

Die vorliegende Karte wurde aus diesem Anlass von einem wahrscheinlich als Kundschafter ausgesandten Militäringenieur gezeichnet. Diese Annahme geht aus der Legende hervor: »12. habe ich von meinem Stand weiter nicht sehen können als angedeutet.«, teilt der Zeichner mit. Er zeichnete jene Objekt- und Geländemerkmale ein, die er im Hinblick auf die Belagerung für wichtig hielt. Eine zentrale Frage war die Seite, von der die Belagerung zu erfolgen hatte. Der Plan nennt zwei mögliche Stellen, wobei Punkt »m« (der Legende) als der vorteilhaftere betrachtet wurde. Der Verfasser

---

1 Schäfer 1971, S. 236, Nr. 1286; Kisari Balla 2000, S. 172, Nr. 258, Abb. S. 517, Nr. 258; Ausst. Kat. Karlsruhe 2010, S. 170 f.

2 Zur osmanischen Grenzburg: Balázs Sudár: A török Eger. URL: http://mult-kor.hu/20130501_a_torok_eger (03.03.2017).

3 Sugár 1989.

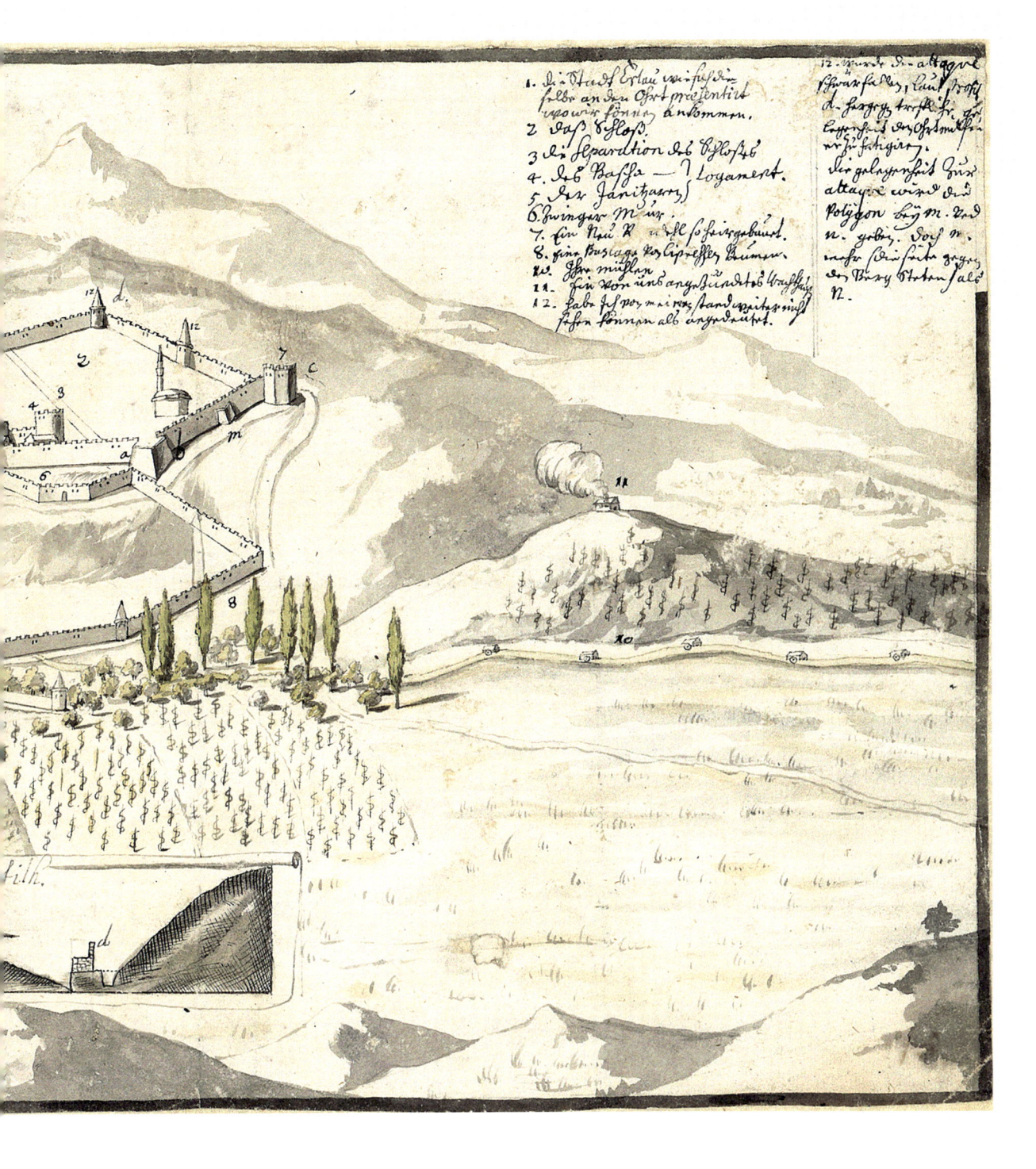

gibt auch die Profile der Burgmauern wieder. Im Burginnern werden zwei wichtige Gebäude ausgewiesen: die Wohnung des Pascha und das Quartier der Janitscharen.

Die Belagerer entschieden sich schließlich nicht für die Stürmung der Burg, sondern dafür, die Garnison auszuhungern, die nach dem Fall von Ofen auf keinen wirksamen Entsatzangriff hoffen konnte. Pascha Rustem übergab am 28. November 1687 die Burg den Belagerern, eine der ersten Accord-Übergaben im Großen Türkenkrieg. Die Kapitulationsvereinbarung wurde von D'Oria ausgestellt, jedoch nach ihrer Vorlage von Caraffa abgeändert.[4] Die bewaffnete Garnison erhielt dennoch freien Abzug nach Großwardein (rum. Oradea). Der freiwillig mitziehenden Zivilbevölkerung wurden zum Transport 300 Wagen zur Verfügung gestellt. In Eger blieben etwa 300 muslimische Bewohner zurück, die der Zwangstaufe unterzogen wurden, ein nicht gerade einmaliger und von der Forschung bislang kaum beleuchteter Vorgang im Großen Türkenkrieg.

Josef Wolf

4 Zum Vergleich der beiden Fassungen: Sugár 1989.

3.6 Gegend von Mohács, 1686

Topographischer // Entwurff der umbliegenden // Gegend bey Seitzu.

Landesarchiv Baden-Württemberg, Generallandesarchiv Karlsruhe, Hfk Planbände 6, 6.

Federzeichnung, koloriert. – 34,7 × 65,5 cm.[1]

Kartografische Angaben: südwestorientiert. – W 18° 32' – E 18° 56'; S 45° 45' – N 46° 17'. – Maßstab: [ca. 1:74.000]. – grafischer Maßstab in Wegstunden: »1 Stundt […] 2 Stundt vegs«.

Verfasser: Der Kartograf ist nicht genannt. Die Zählung am oberen Rand: »Folium primum«, die Linienführung der Straßen bis an die Bildränder sowie die nicht erklärten Zahlensignaturen deuten darauf hin, dass der Plan Teil eines größeren Kartenwerks war.

Inhalt: Das dargestellte Gebiet befindet sich im heutigen Dreiländereck Ungarn, Kroatien und Serbien. Die Wahrnehmung des Gebietes basiert auf Begehung. Dabei bilden Landmarken räumliche Referenzstellen – Einzelobjekte oder Siedlungen. Die Karte hält die Lagebeziehungen zwischen ausgewählten Orten und auch wichtigen Straßen fest: von Ofen (ung. Buda) nach »Mohats« (dt. Mohatsch, ung. Mohács, kroat. und serb. Mohač) und von dort nach »Bonngovar« (kroat. Branjin Vrh, ung. Baranyavár) und »Esseck« (dt. Esseg/Essegg, kroat. Osijek, ung. Eszék). Beidseitig der Donau sind Feldlager eingemessen. Die unbenannte, im frühen 19. Jahrhundert trockengelegte große Donauinsel bei Mohács wird auf der östlichen Seite von einem stark mäandrierenden Flussarm umflossen. Der Weg von Szekcső (»Seitzu«, »Sechu«) nach Baja führt über die Donauinsel. Eingezeichnet ist der Zusammenfluss von Sárvíz (»Scharviza«) und Donau. Moräste, Bewuchs und Bodenerhebungen sind die wichtigsten Geländemerkmale. Auf der Donauinsel befinden sich kleinere Moräste, großflächige im Mündungsbereich des Sárvíz. Die im südlichen Bereich des Gebietsausschnitts liegende Hügellandschaft ist in Maulwurfshügelmanier gekennzeichnet.

Außer Gewässer- und Siedlungsnamen sind keine sonstigen Geländebezeichnungen festgehalten. Orte werden mit schematischen Aufrisszeichnungen dargestellt. Um Baja befindet sich eine Mauer; bei Mohács erscheint auch ein Minarett in der Silhouette. Die kaiserlichen Truppen sind auf beide Ufer der Donau verteilt. Eingezeichnet sind die Standorte der Feldlager.

Das Dorf Szekcső im Mittelpunkt des Gebietsaus-

---

1 Schäfer 1971, S. 235, Nr. 1280; Kisari Balla 2000, S. 49, Nr. 23, Abb. S. 282, Nr. 23.

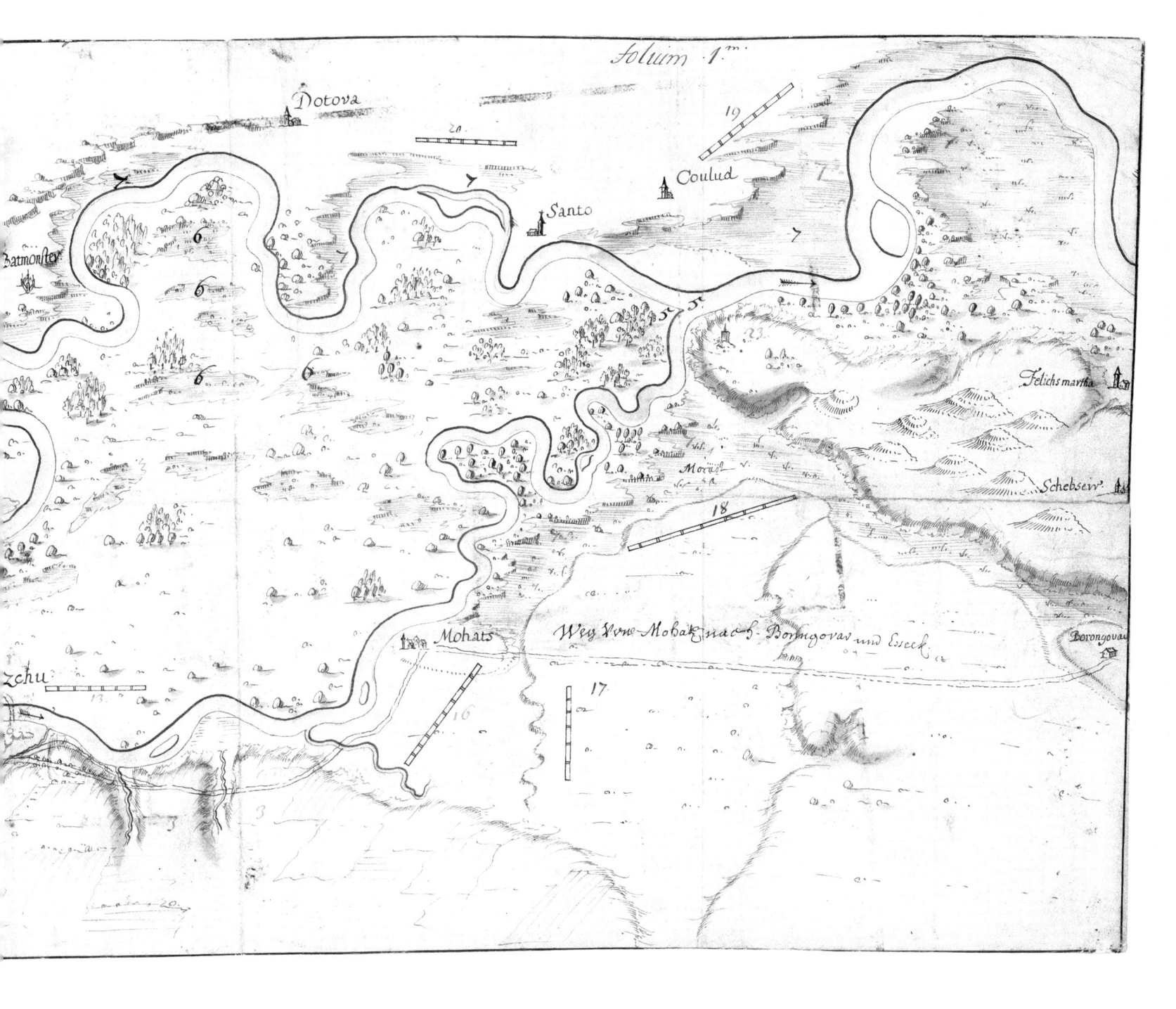

schnitts liegt an der Donau im östlichen Komitat Baranja (dt. auch Branau) in einer hügeligen Landschaft. Seine strategische Lage haben bereits die Römer erkannt (»castellum Lugio«). Diese günstige Lage an einer wichtigen Donaufurt, die Transdanubien mit dem von Donau und Theiß begrenzten Zwischenstromland verband, bestimmte die Funktion des Ortes auch während der Herrschaft Bélas IV. (1206–1270, seit 1235 König von Ungarn), damals ein blühender Marktflecken. In osmanischer Zeit war der Ort Sitz einer Nahije, einer Verwaltungseinheit unterhalb eines Sandschaks.[2]

Szekcső wurde im September 1686 von der kaiserlichen Armee eingenommen. Nur wenige Familien waren während der Kriegswirren im Ort verblieben. In der Schlussphase des Großen Türkenkrieges kamen serbische Flüchtlinge in den Ort. Die deutsche Ansiedlung setzte im frühen 18. Jahrhundert ein.

Josef Wolf

[2] Bezerédy 1975.

3.7 Charles Juvigny / Justus van der Nypoort
Die Schlacht von Mohács, um 1687/88

DIE SCHLACHT VON MOHÁCS, UM 1687/88

Vera Delineatio exparte Rom[ani] Imperatoris victoriosi conflictus // contra Imperatorem Turcarum, quorum circa Vigintimilia in // palestra occisi caeterinignominiosam fugam coacti sunt, acci= / dit. 12 Augusti: Anno 1687. inter Siclos et Mochaz in Inferio= // ri Vngaria ab actui praesente Carolo Juvignÿ Sac[rae] Caes[aris] Maÿe[statis] Ingeniuero advivum delin[eavit]. Warhaffter Endtwurf des sigreichen treffens // so den 12 Augusti. 1687 von Ihro Rom[isch] Kaÿs[erlichen] Maÿ[e]s[tät] // und deren des Röm[ischen] Reichs coniungierten [vereinigten] Waffen // wieder den Erbfeindt erhalten, in deme dero beÿ 20.000 // niedergemacht, alle Übrige in die flucht gesprengt wor= // den, Beschehen in Nieder Vngaren; 2 stondt [Stunden] von Siklos // und 4 stond von Mohaz und 4 von Œseck. wie di Buch= // staben weisen Nach dem Leben gezaichnet durch Charlo // Juvignÿ Rom[isch] Kai[serlicher] Maÿ[estät] Ingeniuer.

Landesarchiv Baden-Württemberg, Generallandesarchiv Karlsruhe, Hfk Pläne La 40-2 rot.

Kupferdruck. – 32 × 68,5 cm (32,5 × 69 cm). – aus 3 Blatt zusammengesetzt.[1]

Verfasser, Kupferstecher, Verleger: Der Stich wurde von Charles [Joseph] Juvigny entworfen (Kat. 4.6), von dessen Hand weitere Blätter überliefert sind, wie beispielsweise eine Karte der Belagerung von Ofen (1686),[2] die er als Offizier und Ingenieur eines Mannsfeldischen Regiments signierte. Der aus den Niederlanden stammende, in Wien tätige Justus van der Nypoort (auch: Nyport, Nieuport)[3] stach das Blatt und brachte es heraus. Vermutlich ist es in Wien um 1687/88 erschienen.

Bildelemente: Die Darstellung wird von einem Eichenblattgeflecht umrandet. Im Vordergrund leitet detailliertes Schlachtgeschehen, zum Beispiel der Kampf um eine osmanische Fahne, den Blick ins Kartenbild. In diesem ist die zentralperspektivische Darstellung tiefenräumig vor der Silhouette des Bergs Harsány (ung. Harsány hegy) angelegt und auf das große Zelt des osmanischen Feldherrn ausgerichtet. Links im Hintergrund sind die Burg Siklós und die Dörfer am Fuße des Berges Harsány eingezeichnet.

Die lateinische Titelinschrift befindet sich oben links, der deutsche Titel oben rechts, beide auf einem Vorhang. Ein Tulpenkranz grenzt den rechten Titel nach unten hin von der Legende ab.

Die Aufstellung der kaiserlichen Truppen ist von einer weiteren Kartusche am oberen Rand, links vom deutschsprachigen Titel, umschlossen. Darin werden die Standorte der einzelnen Einheiten namentlich von 1 bis 63 aufgeschlüsselt.

Die Widmung von Justus van der Nypoort, in der linken unteren Bildecke auf einem Postament vor einer Baumgruppe angebracht (Abb. 3.7b), gilt Kardinal Leopold von Kollonitsch (1631–1707). Dieser war Erzbischof der Erzdiözese Gran (ung. Esztergom) und Fürstprimas des Königreiches Ungarn. In Wien war der Kardinal populär, nachdem er sich 1683 in der belagerten Stadt um die Bevölkerung verdient gemacht hatte. Das Postament wird vom Wappen Kollonitschs mit Kardinalshut gekrönt. Am Fuße des Postaments sitzen zwei gebeugte Gefangene.

Inhalt: Nach der Eroberung von Buda (1686) drang das kaiserliche Heer nach Siebenbürgen und Südungarn vor. Im Feldzug des darauf folgenden Jahres bewegte sich die 40.000 Mann starke Hauptarmee unter Herzog Karl V. von Lothringen (1643–1690) entlang der Donau Richtung Esseg (kroat. Osijek). Eine zweite Armee unter Kurfürst Maximilian II. Emanuel von Bayern (1662–1726) rückte gleichzeitig von Szolnok entlang der Theiß gegen Peterwardein (lat. Petrovaradinum, serb. Petrovaradin) vor. Mitte Juli vereinigten sich die beiden Armeen an der Donau. Die osmanischen Truppen (ca. 60.000 Mann) unter dem Großwesir Süleyman Pascha (Großwesir 1685–1687) errichteten ihr Feldlager vor Esseg.[4] Die beiden Heere waren durch den Fluss Drau getrennt. Zwar gelang es den Kaiserlichen Ende Juli 1687, einen Brückenkopf am rechten Ufer des Flusses zu errichten. Dieser musste aber aufgegeben werden. Verfolgt von osmanischen Truppen entschied sich Herzog Karl von Lothringen zum Rückzug. Anfang August verschanzte sich die kaiserliche Armee südlich von Mohács.

Am 12. August griff die osmanische Reiterei das kaiserliche Heer an, als dieses in Richtung Siklós aufbrechen sollte. Der Angriff scheiterte am unerwartet heftigen Widerstand der Kaiserlichen, die eine Gegenattacke starteten. Dabei gelang es, die osmanischen Stellungen zu durchbrechen und mit dem linken Flügel unter Jean-Louis de Bussy-Rabutin (1642–1717) und Eugen von Savoyen-Carignan (1663–1736) schließlich die Verschanzungen der Osmanen einzunehmen.

Der Verfasser der Karte legt Wert darauf, Augenzeuge der Schlacht gewesen zu sein. Die Darstellung

---

1 Ein nahezu identisches Blatt ist signiert unten links: »Nÿpoort fe[cit] et excudit«, GLA Karlsruhe, Hfk Pläne La 40-1 rot.

2 Charles Juvigny / Matthias Greischer: Ichnographica imago obsidionis, expugneationisque Bvdensis […] Grund-Riß der Belagerung, und Eroberung Ofen […], Wien 1686; GLA Karlsruhe, Hfk Pläne La 129, 2–5 rot; Ausst. Kat. Karlsruhe 2010, S. 154f.

3 Rózsa 1972, S. 213–222.

4 Zur Schlacht aus osmanischer Perspektive vgl. Hóvári 1989, S. 63–74.

zeigt den entscheidenden Moment der Schlacht vor dem osmanischen Feldherrenzelt, das auf der Ostseite weiträumig von den kaiserlichen Regimentern umstellt ist. In den Kampf ist nur der linke Flügel der kaiserlichen Truppen involviert. Die Regimenter sind nicht mehr geordnet, Kavalleristen und Infanteristen, Sipahis und Janitscharen kämpfen um das Überleben. In der Bildmitte rechts ist die Flucht der osmanischen Reiter und des Fußvolks zu sehen, die den Zusammenbruch der Armee einleitete und in der Folgezeit den kaiserlichen Truppen den Weg nach Syrmien und Slawonien frei machte.

Unter dem Eindruck des kaiserlichen Sieges erkannten die ungarischen Stände noch im gleichen Jahr auf dem Reichstag von Pressburg die Erblichkeit der ungarischen Krone im Haus Habsburg an. Für die Integration des Königreiches in die Habsburgermonarchie wurde die »Kommission zur Errichtung des Königreichs Ungarn« unter Leitung von Kardinal Kollonitsch eingesetzt.[5]

In Erinnerung an die Schlacht von Mohács 1526, die seinerzeit das Schicksal des Königreiches Ungarn besiegelt hatte, wurde die Schlacht am Berg Harsány (ung. Nagyharsányi csata) auch als Schlacht am Berg Szársomlyo (ung. Szársomlyó hegyi csata) bezeichnet und zur zweiten, nun siegreichen Schlacht bei Mohács[6] (ung. második mohácsi csata) stilisiert.

Josef Wolf

5 Kalmár/Varga 2010.
6 Zum Ort der Schlacht 1687: Veress 1989; topografische Analyse von Karten und Schlachtenbildern bei Nagy 1989.

3.8 Leopold Hendl
Marschkarte für Ostslawonien, 1687

Marsch // Des Kaÿs[erlichen] Corpo, wie solliches vnder Dem // Commando Jhro Excell[enz] Herrn General Veld // Marschal Leütenand Graffen von Dünwald [Anm.: Johann Heinrich Graf von Dünewald (gest. 1691)] etc. // Marschirt und was Dardurch Erobert worden // von Den 17. august[i] Bis 17. octob[ris] 1687.

Landesarchiv Baden-Württemberg, Generallandesarchiv Karlsruhe, Hfk Planbände 1, 14.

Federzeichnung, koloriert. – 44,5 × 57 cm (45 × 58 cm). – signiert am rechten unteren Rand auf einem Quader mit eingelassener Windrose: »Leopo[ld] Hendl G[eneral] Q[uartier] // Maister Leütna[nt] f[ecit]«.[1]

Kartografische Angaben: südorientiert. – Windrose. – W 17° 19'– E 20° 30'; S 44° 33'– N 46° 05'. – Maßstab: [ca. 1:465.000]. – grafischer Maßstab: »Dreij Meihl // Dreij Stunt«, ergänzt um eine Signatur: »Bedeút […] Nach[t]lager«.

Verfasser: Von Leopold Hendl, der sich selbst auf der Federzeichnung als Quartiermeister und Leutnant bezeichnet, liegen im Generallandesarchiv Karlsruhe zwei weitere Pläne vor, ein »Entwurf« des Marschs vom 30. September bis 16. Oktober 1685 unter Baron de Mercy[2] sowie ein Grundriss der Festung »Zolnock« aus dem gleichen Jahr.[3]

Bildelemente: Im Vordergrund suggeriert ein Landschaftselement, in dem ein Quader mit der Windrose platziert ist, einen etwas erhöhten Betrachterstandpunkt. Die unausgefüllten Räume auf der Karte werden von Titel, Beschreibung und grafischer Maßstabsleiste jeweils auf einer ausgerollten Schriftrolle eingenommen. Die größte, die fast die gesamte linke Seite einnimmt, enthält die detaillierte Beschreibung der Marschroute. Sie stellt gleichzeitig eine Legende zu der in der Karte gepunkteten Wegstrecke inklusive der rot unterstrichenen Nachtlager dar.

Inhalt: Leopold Hendl beschränkt sich auf die chorografische Übersicht Slawoniens zwischen Donau (»Donnau fl[umen]«), Save (»Sau fl[umen]«) und Drau (»Thraw fl[umen]«). Damit hebt er das Gebiet hervor, in dem sich die kaiserlichen Truppen nach dem Rückzug der Osmanen aufgehalten haben. Erkennbar ist die Überschwemmungslandschaft am linken Drauufer. Im Gebiet nördlich von Požega sind agrarische Nutzflächen eingetragen. Auwälder ziehen sich entlang des linken Drauufers, die gesamte Landschaft nördlich der Linie Voćin-Esseg-Virovitica (»Votschin«, »Osseck«, »Verawitiza«) ist bewaldet. Die regionalen Reliefverhältnisse werden von der Karte korrekt erfasst. Siedlungen sind undifferenziert dargestellt, Burgen und Festungen jedoch gekennzeichnet. Die Karte dokumentiert Landschaft und Siedlungsstrukturen am Ende der osmanischen Zeit. In der ausführlichen Legende beschreibt Hendl die einzelnen Gefechte mit den türkischen Truppen zwischen dem 12. August und dem 17. Oktober 1687. Er schließt mit dem Satz: »Ist also Durch Die gnad Gottes ganz Sclavonien // Erobert worden«

Slawonien[4] (lat. Slavonia, kroat. Slavonija) bezeichnet eine historische Region des Dreieinigen Königreiches Kroatien, Slawonien und Dalmatien, die sich zwischen Donau, Drau und Save bis nach Bosnien erstreckt. Infolge der osmanischen Eroberungen im 16. Jahrhundert – mit Ausnahme des Gebietes von Zagreb (lat. Agria, dt. Agram) – schrumpfte das Gebiet Slawoniens auf die Landschaften Syrmien (lat. Syrmium, kroat. Srijem, serb. Srem, ung. Szerém), Virovitica und Požega. Als Zentrum dieses Gebietes gilt Zagreb. Die habsburgische Raumordnung knüpfte nach 1699 an

---

1 Schäfer 1971, S. 217, Nr. 1173; Kisari Balla 2000, S. 34, Nr. 3, Abb. S. 262, Nr. 3.

2 GLA Karlsruhe, Hfk Pläne G 70 rot; Schäfer 1971, S. 217, Nr. 1172.

3 GLA Karlsruhe, Hfk Pläne G 197 rot; Schäfer 1971, S. 261, Nr. 1447.

4 Zu den Regionen Slawonien und Syrmien: Einträge in Hösch/Nehring/Sundhausen 2004, S. 629–631 und S. 647 f.; Steindorff 2015.

das mittelalterliche Königreich Slawonien (Sclavonien) an. Durch die Eroberung verschob sich das als »Slawonien« bezeichnete Gebiet von Westen nach Osten. Diese Ostverschiebung steht im engen Zusammenhang mit der Fortentwicklung der Kroatischen und Slawonischen Militärgrenze[5] nach 1702. Während der südliche Part Slawoniens als Militärgrenze zum Osmanischen Reich eingerichtet wurde, wurde im nördlichen Provinzialgebiet die Komitatsverfassung eingeführt. Zuwanderungen während der Flucht der serbischen Bevölkerung nach der Rückeroberung Belgrads 1690 (serb. Velika seoba) wie auch Ansiedlungen in der Militärgrenze führten zu einer Zunahme ethnokonfessioneller Diversität in der Region.[6]

Josef Wolf

5 Zur Militärgrenze: Čubrilović 1989.

6 Hierzu vgl. die ersten systematischen Landesbeschreibungen: Taube 1777/78; Luca 1791.

3.9 Belgrad, vor 1688

Plane De // Bellegrade.

Landesarchiv Baden-Württemberg, Generallandesarchiv Karlsruhe, Hfk Planbände 6, 7.

Federzeichnung, koloriert. – 42 × 57,5 cm
(42,8 × 58,4 cm).[1]

Kartografische Angaben: südsüdostorientiert. – E 20° 27' 7"; N 44° 49' 24" (Koordinaten beziehen sich auf die Bildmitte). – Maßstab: [1:9000].

Verfasser: Der Plan der Stadt Belgrad am Zusammenfluss von Save und Donau wurde von einem unbekannten, Französisch sprechenden Verfasser gezeichnet. Aufgrund von Ähnlichkeiten im Kartenbild handelt es sich vermutlich um denselben Zeichner wie bei Kat. 3.18. Er ist im Vorfeld der am 25. August 1688 begonnenen Belagerung von Belgrad durch die von Kurfürst Maximilian II. Emanuel von Bayern (1662–1726) befehligte kaiserliche Armee entstanden.

Bildelemente: Die Legende schlüsselt in französischer Sprache die mit Zahlen bezeichneten Örtlichkeiten auf: »1. la haute uille // 2. le Chasteau // 3. le bassin // 4. magasin a bleé // 5. l[']arsenal // 6. une haupety fort, qui // est sure une montagne // attay et leueé // 7. un pety uilage auec une// mosquee, qui senome Zemon // 8. belle uedere[2] du grand seigneur // 9. simetier greque // 10. simetier armenien // 11. simetier juiffe // 12. simetiere turque // 13. pont de batteau // 14. pont sure pelloty.« Rechts unten befinden sich in kleinen Nebenzeichnungen als Aufriss das Profil des Grabens und der Festungsmauern; aus dem Stadtbild ragen die Minarette der Moscheen hervor.

Inhalt: Der Plan diente der Anlage der Belagerungssysteme (Laufgräben, Stellung der Artillerie). Das Profil der Mauern war für den Beschuss durch Kanonen größeren Kalibers wichtig. Einzelne Gebäude der Umgebung sind bildhaft dargestellt, Anhöhen werden vom Zeichner durch Schraffen wiedergegeben. Die Hausparzellen der an der Donau liegenden Unteren Stadt (»basse ville«) wie auch der Wasserstadt lassen das Straßensystem und die Siedlungsstruktur gut erkennen.

Die Inselkarte lässt das Banater Gebiet unberücksichtigt. Nach Syrmien führt eine lange Brücke über die Save, fast in die Nähe des auf einer Anhöhe liegenden

---

1 Schäfer 1971, S. 229, Nr. 1239; Kisari Balla 2000, S. 49f., Nr. 24, Abb. S. 283, Nr. 24.

2 Mit Belvedere; unter der »schönen Aussicht«, ist der Palast des Pascha zu verstehen.

befestigten Semlin (serb. Zemun). Da das linke Saveufer als Aufmarschgebiet für die Angreifer in Betracht kam, wies der Zeichner auf dessen morastige Beschaffenheit (»mares«) hin. Auffallend ist das Interesse des Zeichners an der religiösen Vielfalt in Belgrad. Im Plan sind die nahe beieinander liegenden Friedhöfe der Orthodoxen (»Griechen«), Armenier und Juden eingetragen, ebenso der etwas entferntere Begräbnisplatz der Türken. Im Westen der Unteren Stadt wird ein See (»estan«) verortet, der wahrscheinlich aus den Lehm- und Sandgruben entstanden ist, die die Baustoffe für den Festungs- und Hausbau lieferten.

Josef Wolf

3.10 Giovanni Morando Visconti
Hermannstadt (rum. Sibiu), um 1691

Abbozzo della Pianta Geometrale con suua situatione di Hermastat Città in Transiluania, misvrata con passi andan: // ti, e proportionata alla figura et al sitto, à occhio con attentione per quello miha permesso la breuità del tempo di farlo [et]c.

Landesarchiv Baden-Württemberg, Generallandesarchiv Karlsruhe, Hfk Planbände 4, 9.

Federzeichnung, koloriert. – 26 × 28,5 cm (26,5 × 29,5 cm). – signiert unten Mitte: »G[iovanni] Mor[an]do Visconti Ingeg[ne]re fe[cit]«.[1]

Kartografische Angaben: nordorientiert. – Maßstab: [ca. 1:4000]. – grafischer Maßstab in Wiener Klaftern: »Scala di Klöfter 200 che serue per la pianta tradotta da passi andanti // in Klofter.«

Verfasser: Der Plan stammt von dem Ingenieur und Festungsbaumeister Giovanni Morando Visconti (1652–1717, Kat. 1.11 [mit Informationen zur Person], 3.13, 4.7, 5.1, 5.9).

Bildelemente: Die Legende füllt die linke untere Ecke und schlüsselt die mit Großbuchstaben bezeichneten Örtlichkeiten auf. Am unteren Rand rechts merkt Visconti in einer Bemerkung an, dass er in wenigen Tagen einen verbesserten und exakten Plan vorlegen möchte, damit der Kriegsrat (»Consiglio di guerra«) erkennen könne, was an diesem Ort noch getan werden müsse.

Inhalte: Die am Zibin (rum. Cibin), einem Nebenfluss des Alt (rum. Olt), im südlichen Siebenbürgen liegende Stadt besteht aus Ober- und Unterstadt (»città alta« und »città bassa«). Eingezeichnet sind die bastionierten Stadtmauern mit 35 Türmen, die evangelische Hauptkirche und die drei zentralen Plätze (»Piazze«, heute: Großer Ring, rum. Piața Mare; Kleiner Ring, rum. Piața Mică; Albert-Huet-Platz, rum. Piața Albert Huet) in der Oberstadt. Visconti nennt die vier Stadttore und schlägt die Verbesserung der Festungswerke vor. Eingezeichnet, aber nicht mit einem Namen versehen, ist in dem sehr schematischen Plan der Fluss Zibin. Außerhalb der Mauern sind landwirtschaftliche Parzellen und eine unregelmäßige Dorfsiedlung sichtbar.

Die österreichische Herrschaft wertete wenige Jahre später den zentralen Ort der siebenbürgisch-sächsischen Ständenation (Hauptstuhl) auf: Hermannstadt wurde zum Sitz der Provinzialregierung und des Militärkommandos, zur Hauptstadt Siebenbürgens.

Josef Wolf

---

1 Schäfer 1971, S. 242, Nr. 1322; Kisari Balla 2000, S. 45 f., Nr. 19, Abb. 278, Nr. 19.

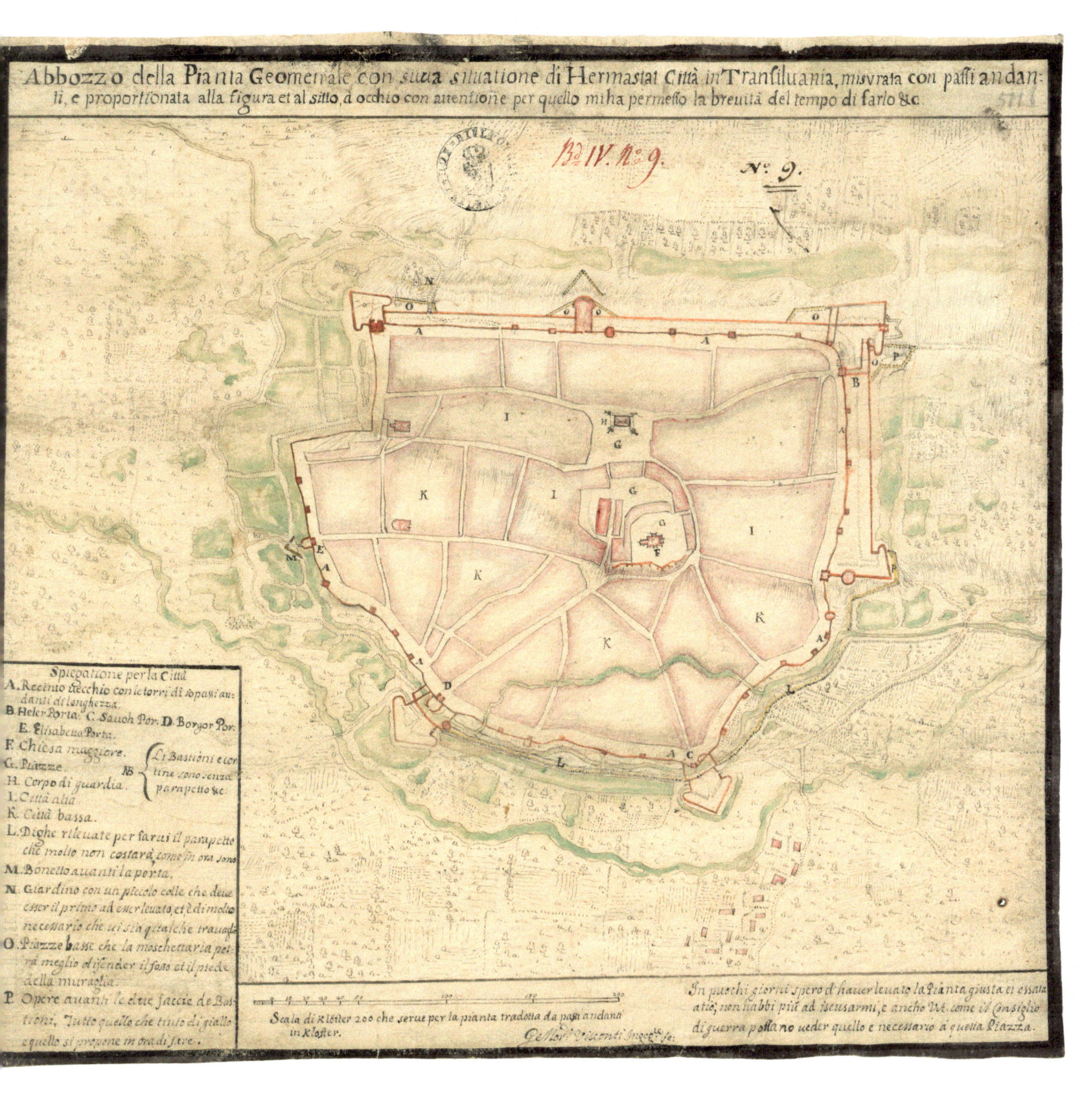

Abbozzo della Pianta Geometrale con sua situatione di Hermastat Città in Transiluania, misurata con passi andanti, e proportionata alla figura et al sitto, à occhio con attentione per quello mi ha permesso la breuità del tempo di farlo &c.

Spiegatione per la Città
A. Recinto vecchio con le torri di sopra passi andanti di longhezza
B. Heler Porta. C. Sauoh Por. D. Borgor Por.
E. Elisabetta Porta.
F. Chiesa maggiore.
G. Piazze.
H. Corpo di guardia.
I. Città alta.
K. Città bassa.
L. Dighe rileuate per farui il parapetto che molto non costarà, come in ora sono
M. Bonetto auanti la porta.
N. Giardino con un piccolo colle che deue esser il primo ad esser leuato, et è di molto necessario che ui sia qualche trauaglio
O. Piazze basse che la moschettaria potrà meglio difender il fosso et il piede della muraglia.
P. Opere auanti le due faccie de Bastioni. Tutto quello che tinto di giallo è quello si propone in ora di fare.

NB Li Bastioni e cortine sono senza parapetto &c.

Scala di Klafter 200 che serue per la pianta tradotta da passi andanti in Klafter.

Gio. Mor. Visconti Ingeg.re fe.

In pochi giorni spero d'hauer leuato la Pianta giusta et essata, e non habbi più ad iscusarmi, e anche VE come il Consiglio di guerra possano ueder quello è necessario à questa Piazza.

3.11 Heinrich Tobias von Hasslingen
Die Schlacht bei Slankamen, 1691

Einbandtitel: Der Kayserlichen // Armée Feld=Zug // Anno 1691. // Unter dem Commando Ihro Durch= // laucht (plenissimo Titulo) deß Herrn // Ludwig zu Baaden. // – Durch d[er] Röm[isch] Kayserl[ichen] Majestät bestellten Ge= // neral-Quartier-Meister und Obristen // Herrn TOBIAM von Haßlingen.

Landesarchiv Baden-Württemberg, Generallandesarchiv Karlsruhe, Hfk-Hs Bd. 7, Bl. 88 (Eigentum des Hauses Baden).

Federzeichnung, koloriert. – 29,4 × 38,5 cm.[1]

Kartografische Angaben: nordostorientiert. – N 45° 08' 25"; E 20° 15' 34".

Verfasser: Zu den zahlreichen Aufgaben eines Generalquartiermeisters gehörte das Abfassen des Feldzugsjournals. Heinrich Tobias von Hasslingen (geb. 1649) zeichnete sich unter Karl V. von Lothringen (1643–1690) beim Entsatz Wiens aus und diente zwischen 1690 und 1697 in Ungarn als Generalquartiermeister, später als Generalfeldwachtmeister. Ihm ist die Überlieferung umfassender Informationen und zahlreicher Pläne in seinem Journal des Feldzugs von 1691 zu verdanken.[2]

Inhalt: Die Zeichnung zeigt die Aufstellung der feindlichen Armeen in unmittelbarer Nähe des Donauufers bei Slankamen am Zusammenfluss von Theiß und Donau am 19. August 1691. Die osmanische Stellung auf einer Anhöhe ähnelt hinter einer Verschanzung einer Wagenburg. Gut erkennbar sind die keilförmige Formation der Reiterei sowie Zelte, Fahnen, Turbane und sogar Rossschweife. Die militärische Hierarchie der Osmanen geht aus der Größe der Zelte und ihrer räumlichen Anordnung hervor. Obwohl Kanonen feuern, ist die Schlachtordnung auf beiden Seiten intakt. Die Aufstellung des kaiserlichen Heeres ist mit den Namen der Regimenter beschriftet; hier sind die vielen Geschütze und die gemischte Aufstellung von Kavallerie und Infanterie augenfällig. Hingegen tritt die osmanische Artillerie, die Unterstützung von französischen Artilleriespezialisten erfuhr, nicht in Erscheinung. Eingezeichnet ist auch der in der Nähe der Donau gelegene Standort des Gepäcks (»Pagage«), um Proviantlieferungen auf dem kurzen Weg sicherstellen zu können. Die Landschaft im Hintergrund ist gekennzeichnet durch die wellenartigen Bergkuppen des Frankengebirges. Der grasbewachsene, stellenweise morastige Untergrund ist anschaulich wiedergegeben.

Das kaiserliche Heer war bei Slankamen in Verteidigungsstellung gegangen, nachdem es zuvor zwei Tage in unvorteilhafter Schlachtaufstellung bei Semlin (serb. Zemun) verharrt hatte, ohne dass es zu einer Auseinandersetzung gekommen war. Der vorgetäuschte Rückzug zeitigte nicht ganz das erwartete Ergebnis: Auch die zahlenmäßig überlegenen osmanischen Truppen hatten ihre dortigen Verschanzungen verlassen, waren den kaiserlichen ohne anzugreifen gefolgt und um deren Lager herum auf die Anhöhe an der Donau gezogen. Damit hatte sich das osmanische Heer allerdings nur noch den Rückzugsweg über den Fluss offen gehalten; den kaiserlichen Truppen war ebenfalls keine Rückzugsmöglichkeit mehr gegeben, und von weiterem Nachschub waren sie auch abgeschnitten. Ein Angriff schien die einzige Möglichkeit, die dem habsburgischen Heer unter Ludwig Wilhelm von Baden-Baden (1655–1707) geblieben war.

Die Auseinandersetzung begann am 19. August nachmittags um drei Uhr.[3] Entgegen ursprünglicher Pläne begann die Schlacht auf der rechten Seite mit dem Beschuss der osmanischen Lagerbefestigung. Das Zentrum der kaiserlichen Truppen bildete das brandenburgische Hilfskorps unter General Hans Albrecht von Barfus (1635–1704). Die rechte Seite nahm Feldzeugmeister Karl Ludwig Graf de Souches (gest. 1691) ein. Hier befand sich der größte Teil der Artillerie auf einer Anhöhe, um die Verschanzungen des osmanischen Lagers unter Beschuss nehmen zu können. Die Reserve bildete dahinter eine Kavallerie-Einheit unter Prinz Georg Christian von Holstein-Sonderburg (1653–1691). Der Beschuss der Befestigungen des osmanischen Lagers auf der rechten Seite misslang mehrmals, und das Vorrücken des linken Flügels wurde durch das schwierige Gelände massiv behindert. Gleichzeitig tobte der Kampf auf der Donau, wo die osmanische Flottille Oberhand behielt und den kaiserlichen Nachschub völlig unterband. Überdies gelang

---

1 Schäfer 1971, S. 225, Nr. 1219.
2 Grundlegend: Greiner 2017.
3 Umfassend und mit Bezug zum Feldzugsjournal: Greiner 2017; Badisches Landesmuseum, Karlsruhe. URL: http://www.tuerkenbeute.de/kun/kun_lou/SchlachtSlankamen_de.php (30.06.2017).

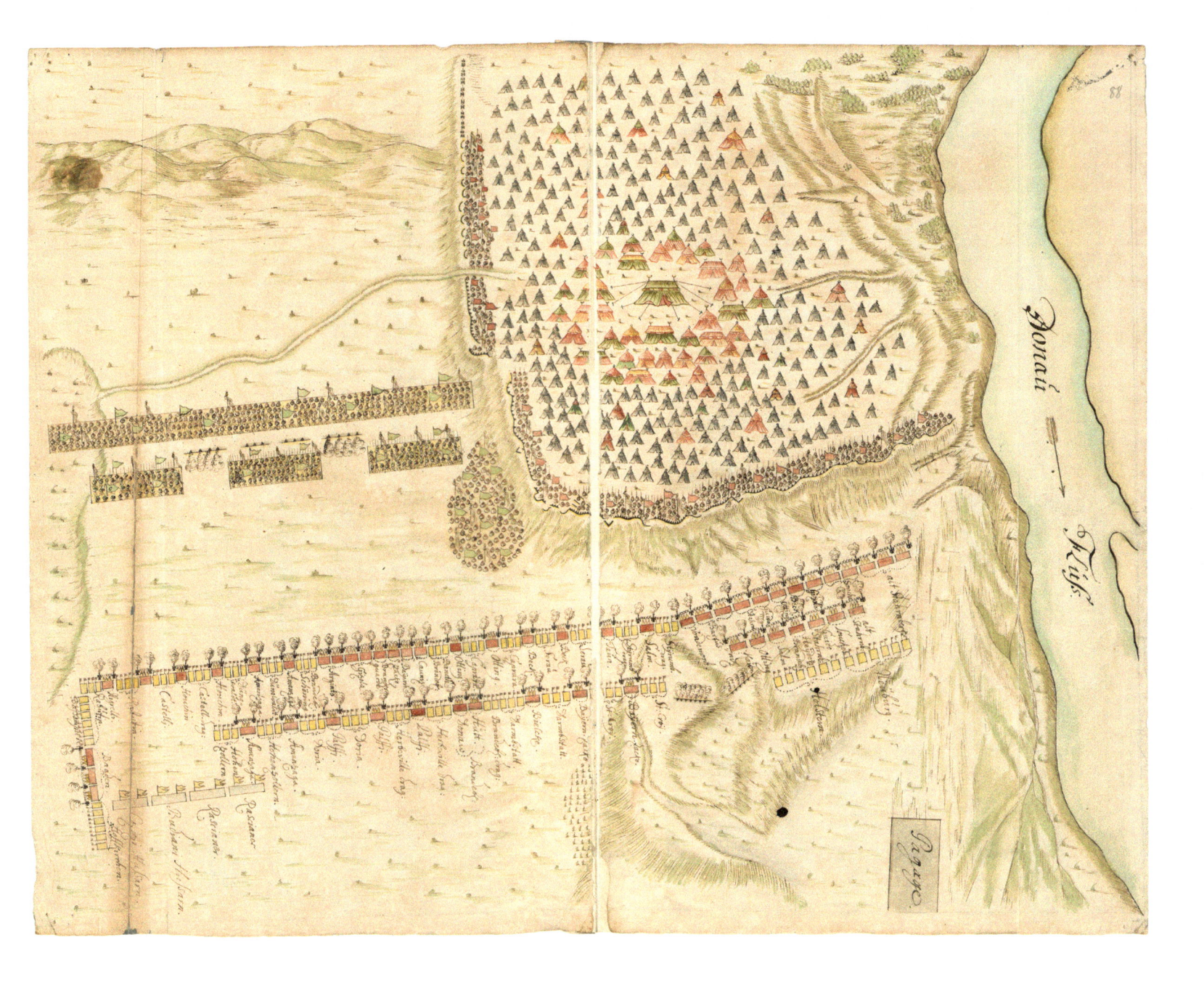

es den osmanischen Truppen eine Lücke in der Front aufzureißen, die aber die Kaiserlichen wieder schlossen und die ursprüngliche Ordnung wiederherstellten.

Die Situation änderte sich mit dem persönlichen Einschreiten des Türkenlouis. Ludwig Wilhelm ließ die Kavallerie auf der linken Seite in Richtung des osmanischen Lagers vordringen, was schließlich gelang. Die türkische Reiterei floh teilweise oder wurde in ihr eigenes Lager zurückgedrängt, das vom habsburgischen Heer nun eingeschlossen und erstürmt werden konnte. Im Lager selbst wurde schließlich ein brutaler Kampf ausgefochten, in dem die kaiserlichen Truppen die auf beiden Seiten verlustreiche Schlacht auf blutige Weise für sich entschieden. Das osmanische Lager fiel mit dem gesamten Tross und der Artillerie in die Hände der kaiserlichen Truppen. Großwesir Mustafa Köprülü fiel im Kampf – eine Szene, die in der Historienmalerei des 19. Jahrhunderts aufgegriffen wurde. Die kaiserlichen Truppen hatten 5000 Gefallene zu beklagen. Markgraf Ludwig Wilhelm überbrachte persönlich dem Kaiser die Nachricht vom Sieg, mit dem Zusatz, dass in diesem Jahrhundert wohl kein »scherffers und blutigers gefecht vorbeygangen, indeme die Turcken wie verzweifelte leut gefochten, undt mehr alß ein stundt lang […] die victori in händen gehabt«.

Der Sieg ermöglichte der kaiserlichen Armee den größten Teil Ungarns gegen die Osmanen zu behaupten. Die hohen Verluste wie auch die Zerstörung der kaiserlichen Donau-Flottille hielten den Markgrafen jedoch davon ab, nach Belgrad zu ziehen.

Josef Wolf

3.12 Samson Schmalkalder
Prospekt von Slankamen, [1691]

PROSPECT von // SCHLANKOMEN // sambt dem Einfall der Theÿs in die Donau.

Landesarchiv Baden-Württemberg, Generallandesarchiv Karlsruhe, Hfk Planbände 21, 40.

Federzeichnung. – 21 × 41 cm (27,7 × 42,2 cm). – signiert unten rechts: »S[amson] Schmalkalder ad vivum del[ineavit]«.[1]

Kartografische Angaben: nordorientiert. – ohne Koordinaten und Maßstab. Das Gelände kann nicht referenziert werden.

Verfasser: Der Regimentsquartiermeister Samson Schmalkalder (Kat. 1.10) zeichnete den Prospekt vor Ort. Im Infanterieregiment des Schwäbischen Reichskreises unter Markgraf Karl Gustav von Baden-Durlach (1648–1703) war er Augenzeuge mehrerer Kriegsschauplätze und fertigte eine große Zahl von Zeichnungen an.

Inhalt: Die realistische, auf das Minarett und den am Horizont liegenden Ort Titel (»Titul«) ausgerichtete Perspektivdarstellung zeigt von einem erhöhten Standort aus Slankamen kurz nach dessen Eroberung durch die kaiserliche Armee. Der befestigte Ort liegt unweit des Zusammenflusses der Donau mit der Theiß (»Theÿsa fl[umen]«, serb. Tisa, ung. Tisza), am rechten, erhöhten Donauufer im östlichen Syrmien. Die eingesessene Bevölkerung bezeichnete ihn nach der Anlage der neuen Siedlung (serb. Novi Slankamen) 1783 als Alt-Slankamen (serb. Stari Slanklamen, ung. Szalánkemén, türk. Salankamen). Der Ortsname bedeutet »Salzstein«, wahrscheinlich weil sich hier ein Salzmagazin befand, das über die Marosch und Theiß mit Salz aus Siebenbürgen versorgt wurde.

Auf der Donau ist eine kleine kaiserliche Tschaike zu sehen, mehrere Boote liegen vor Anker. Die kleinen, wendigen, mit wenig Aufwand zu betreibenden Holzruderschiffe empfahlen sich für den Einsatz in den seichten, breiten Donauarmen. Bei Kriegsgeschehen kamen sie bis nach Wien zum Einsatz.[2] Tschaikisten (serb. Šajkaši), wie die meist serbische Besatzung der Flussschiffe genannt wurde, standen sowohl im Dienste der Osmanen als auch der Habsburger. Bis zur Verlegung der Flussmatrosen im Dienste der Habsburger in das Tschaikisten-Bataillon der Slawonischen Mili-

---

1 Schäfer 1971, S. 259, Nr. 1427; Kisari Balla 2000, S. 199 f., Nr. 338, Abb. S. 597, Nr. 338.
2 Zum Bootstyp: Schäfer 2008.

tärgrenze mit der Kommandostelle in Titel Mitte des 18. Jahrhunderts waren sie vor allem in Komorn, Ofen (ung. Buda) und auf der Csepel-Insel (in den Karten zumeist als »Ratzenmarkt« bezeichnet) stationiert.

Auf der Zeichnung führt vom nördlich gelegenen »Alte[n] Ruinirte[n] Schlos« eine Mauer entlang der Donau zur türkischen Siedlung, die mit einer Moschee und weiteren öffentlichen Gebäuden, darunter einem Kuppelbau, ausgestattet ist. Mehrere eingeschossige Gebäude in rechteckiger Form hatten wohl als Unterkünfte für die militärische Besatzung gedient.

Josef Wolf

3.13 [Giovanni Morando Visconti]
Karte der Balkanhalbinsel und des südöstlichen Donauraums, [1689/90]

LA PRESENTE MAPPA // DIMONSTRERA // COMME VA LA LINEA DEL MONTE EMO ET A QVELLO PVO SERVIRE // PER LO STABILIMENTO DELLA FRONTIERA DVN IMPERIO.

Landesarchiv Baden-Württemberg, Generallandesarchiv Karlsruhe, Hfk Planbände 6, 47.

Federzeichnung, koloriert. – 32,5 × 55,5 cm (33 × 83,5 cm).[1]

Kartografische Angaben: südwestorientiert. – W 18° 10' – E 23° 35'; S 42° 15' – N 45° 46'. – Maßstab: [1:1.200.000].

Verfasser: Die unsignierte Karte könnte aufgrund des Überlieferungskontextes und der Gestaltung durch den Tessiner Ingenieur, Festungsarchitekten und Kartografen Giovanni Morando Visconti (1652–1717, Kat. 1.11, 2.4, 3.10, 4.7, 5.1, 5.9) gezeichnet worden sein.

Bildelemente: Die ausführlichen Erläuterungen nehmen fast das ganze linke Drittel der Karte ein. Das Blatt besitzt einen auffälligen, leicht trapezförmigen Zuschnitt.

Inhalt: Die Karte wurde im Kontext der in Wien stattfindenden Vorgespräche zu Friedensverhandlungen zwischen den Bevollmächtigten der beiden Imperien erstellt. Dabei spielen die Kommunikationswege eine zentrale Rolle. Verschiedene Straßenverbindungen werden im Hinblick auf ihre strategische Bedeutung diskutiert: Drei Hauptverbindungen zwischen der Donau und der Adria werden benannt (»Dal Danubio fino al mare Adriatico si propongano tre apperture per strader maestre […]«).

Die chorografische Darstellung bietet – der Überschrift der Erklärung entsprechend – eine auf die Reliefgliederung fokussierte Übersicht mit Einzeichnung von Grenzlinien. Sie enthält nur wenige topografische Orientierungspunkte. Dargestellt wird die westliche Balkanhalbinsel von der Walachei über Serbien und Bosnien bis nach Albanien. Die westliche Hälfte des inneren Balkan besteht aus Dalmatien (»Dalmatia«), Herzegowina (»Erzecovina«), Bosnien (»Bosnia«) und Kosovo (»Cosova«).

Die Gebirgsdarstellung erfolgt in Maulwurfshügelmanier, bei der die Oberflächenformen in schematischer Aufrissdarstellung in der Form gerundeter Bergkuppen ohne exakte Rücksicht auf die tatsächliche Gestalt und Lage der Berge gezeichnet werden. Der Kartograf scheint bei der Darstellung des Hochgebirges das Prinzip ›je steiler, desto dunkler‹ anzuwenden.

Wenn auch nicht farblich gekennzeichnet, so macht die Karte doch die Aufteilung Bulgariens in wesentliche Landschaftszonen sichtbar. Obwohl die Gebirgszüge nicht benannt werden, sind sie erkennbar. Das Land ist durch das Balkangebirge (bulg. Stara plani'na) in die

---

[1] Schäfer 1971, S. 221, Nr. 1190.

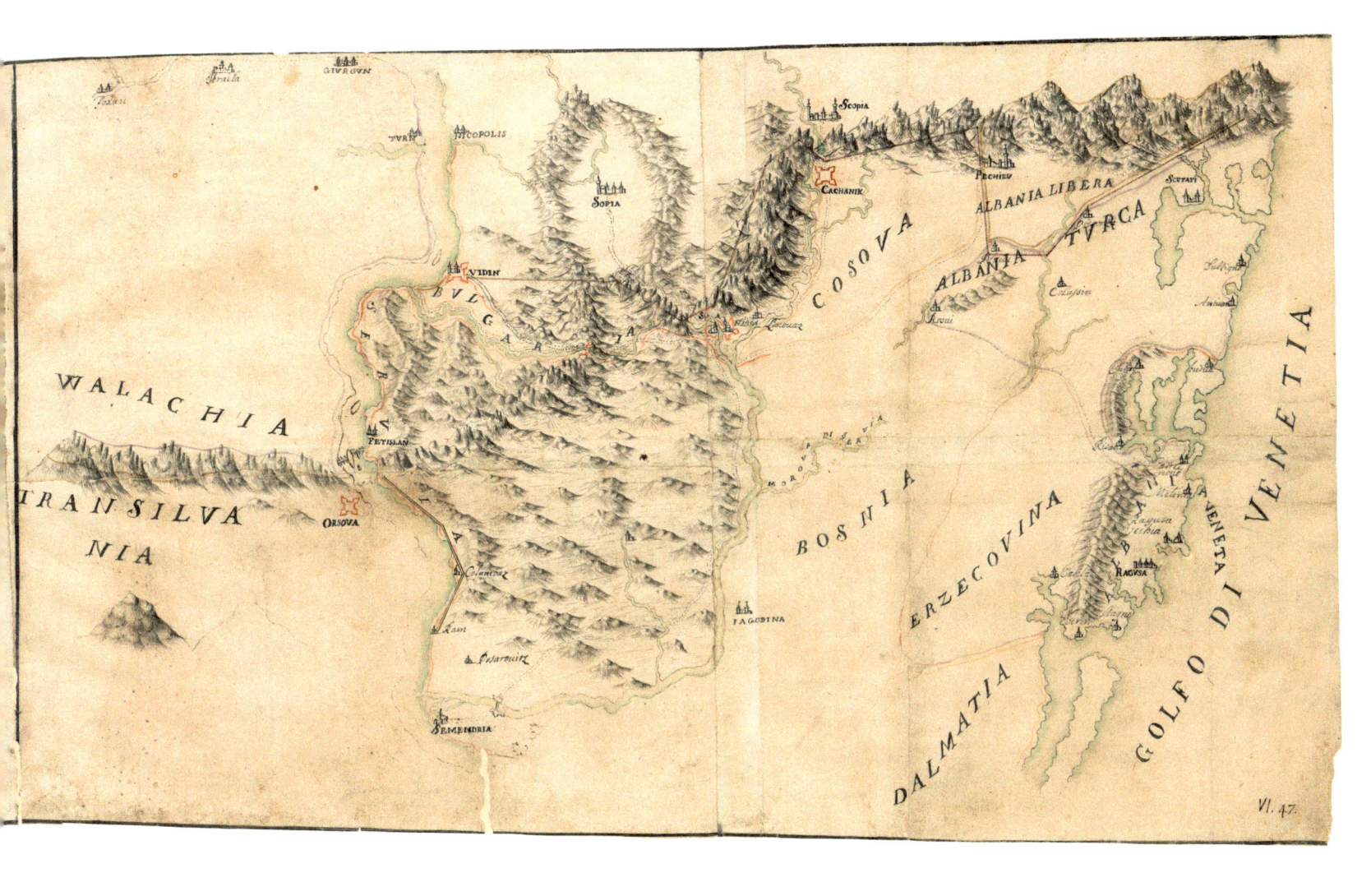

nördlich gelegene Donauebene und die südlich gelegene (oberthrakische) Tiefebene geteilt. Pirin und Rila bilden im Südwesten die höchsten Gebirge des Landes. Deutlich erkennbar ist der Sofioter Talkessel.

Ein zweites Gliederungselement bilden die Flüsse Donau und Morava. Richtig eingezeichnet sind die beiden Quellflüsse der Morava. Der rechte Quellfluss, die am Nordhang des Gebirges Skopska Crna Gora nördlich von Skopje (»Scopia«) entspringende südliche Morava, fließt nach Nordwesten. Die westliche Morava wird als »Morava di Servia« bezeichnet. Der Militärgeograf Visconti erfasst die kommunikative Bedeutung der Morava. Durch den Zusammenfluss der Westlichen und Südlichen Morava südlich von Varvarin entsteht die Große Morava, die östlich von »Semendria« (serb. Smederevo) in die Donau fließt. Stellenweise werden in der Darstellung auch die vielen Mäander der breiten, sich zum Tieflandfluss verwandelnden Großen Morava sichtbar. Die Morava-Vardar-Furche war seit der Antike die wichtigste Durchgangsstraße von Pannonien zur Ägäis. Sie sollte auch die wichtigste Verkehrsader bei den vom Habsburgerreich angestrebten Besitzerweiterungen in das Balkaninnere bilden.

Bei Albanien wird zwischen »freiem« (»Albania Libera«) und »türkischem Albanien« (»Albania Turca«) unterschieden. Der nordalbanische Raum wird in Stämme aufgeteilt, wobei sieben kaisertreue christliche Hauptstämme erwähnt werden. Das Kraba-Gebirge sondert die beiden Hauptstämme der Skipetaren oder Arnauten, wie die Albaner seit dem 18. Jahrhundert im deutschen Sprachraum bezeichnet wurden, die nördlichen, katholischen Ghegen und die südlich wohnenden, griechisch-orthodoxen Tosken voneinander ab.

Josef Wolf

3.14 [Luigi Ferdinando Marsigli / Johann Christoph Müller]
Grenzkarte für die Vorbereitung der Friedensverhandlungen, [1698]

3.
Ungvar.
Mungats.
N
A.
Teisse fl.
Tokay.
Zatmar.
Samos fl.
I.
Cuvar.
G
N
E
Groswardein.
R
Kris Köres fl.
Fekete Köres fl.
Giula.
Feir Köres fl.
Siebenbürgische Carlstatt
Bisteriz fl.
Gyrghiny.
Gemes.
Georg Schloß.
Joseph statt.
Arat.
Maros fl.
Kukuly minor fl.
Dobra.
Deva.
Eleonora statt.
Hermanstat.
Fogaras.
Olt fl.
Siebenbürgische Leopold statt.
Cronstat.
Oitos.
Temisvar.
Carandsebes.
Beghi fl.
Temis fl.
Medies.
Roten turn.
Orsova.
Braila.
C
H
Georgs.

3.14a

MAPPA // LIMITANEA // ad usum Pacis inter utrumq[ue] Imperium.

Landesarchiv Baden-Württemberg, Generallandesarchiv Karlsruhe, Hfk Planbände 2, 3.

Federzeichnung, leicht koloriert. – 59,7 × 109,8 cm (64 × 114 cm). – aus 8 Teilen zusammengesetzt.[1]

Kartografische Angaben: nordorientiert. – W 14° 28'– E 28° 2'; S 43° 21'– N 49° 15'. – Maßstab: [ca. 1:1.100.000]. – grafischer Maßstab: »Milliar[ia] Geometrica«.

Verfasser: Die Karte wurde mutmaßlich von Luigi Ferdinando Marsigli (1658–1730, Kat. 1.1, 1.12, 1.13) entworfen und wahrscheinlich von Johann Christoph Müller (1673–1721) gezeichnet (Kat. 1.12, 1.13, 2.8).

Inhalt: Der böhmische Kanzler Franz Ulrich Graf Kinsky (1634–1699) erhielt in seiner Zuständigkeit für auswärtige Angelegenheiten am Wiener Hof am 28. August 1698 eine Denkschrift mit der Karte, in deren Mittelpunkt die zukünftige Grenzziehung nach dem anvisierten Friedensschluss und die militärische Infrastruktur der neu eroberten Gebiete standen. Die ersten Friedensverhandlungen hatten schon nach der Einnahme Ofens (ung. Buda) durch die Habsburger (1686) begonnen. Die verlustreiche Schlacht bei Mohács 1687 (Kat. 3.7) bestärkte die Türken in ihrer Absicht, den Krieg zu beenden. Fast ununterbrochen fanden geheime Verhandlungen mit dem Wiener Hof statt, deren Fortgang allerdings durch die französische Diplomatie mit Blick auf die spanische Erbfolge behindert wurde.

Um einen Zweifrontenkrieg, an Donau und Rhein, zu vermeiden, entschied sich das oberste politische Gremium im Habsburgerreich, die »Geheime Konferenz«, zu einem Friedensschluss. Das Beharren der Türken auf die Rückgabe der von der kaiserlichen Armee besetzten Gebiete (Siebenbürgen, Belgrad und kroatische Grenzgebiete) wie auch die Rückeroberung Belgrads 1690 legten die Verhandlungen allerdings wieder auf Eis. Der Sieg des kaiserlichen Heeres bei Zenta (serb. Senta) am 11. September 1697 wie auch der Friede von Rijswijk zwischen Kaiser Leopold I. (1640–1705) und dem französischen König Ludwig XIV. (1638–1715) vom 30. Oktober 1697, der den Pfälzischen Erbfolgekrieg beendete, veranlassten die Osmanen schließlich doch, auf das Friedensangebot des Kaisers einzugehen.[2]

Die der Karte beigelegte, in der Erklärung auf der linken Seite erwähnte Denkschrift widmet sich der Verteidigung der Pässe, dem Straßen- und dem Brückenbau, Projekte die »ad usum futuri belli« dienen sollten. Ein Erläuterungstext am linkeren oberen Rand der Karte führt den Titel der Karte inhaltlich weiter aus, indem er die für die künftige Sicherung des Landes, d. h. des Königreiches Ungarns wie auch der neu erworbenen Gebiete strategisch wichtigen topografischen Gegebenheiten und Festungsbauten erläutert.

Integriert in das klar strukturierte, detaillierte Gewässersystem der Karte und das Relief der wesentlichen Gebirgsketten sind mehrere Straßenprojekte, die die Kommunikation zwischen den Hauptfestungen und den Grenzräumen aufrechterhalten sollen. In Erscheinung treten auch die Moräste in Südungarn und im Banat, entlang der Theiß und der Donau wie auch am Zusammenfluss des Sárviz (»Sarvis fl[umen]«) mit der Donau. Das Gebiet zwischen Donau und Theiß wird »Interamnia« (lat. interamna, auf dt. zwischen den Flüssen/Zweistromland) bezeichnet.

Die Größe der Signaturen klassifiziert das Festungssystem, das vor allem in den Grenzräumen ausgebaut werden sollte. In Slawonien war der Auf- und Ausbau der Hauptfestungen »Una Statt, Iessenova« (kroat. Jasenovac), »Brod« (kroat. Slavonski Brod) und »Ossek« (dt. Esseg, kroat Osijek,) vorgesehen, jenseits der Drau lag das Augenmerk auf »Neu Canischa« (ung. Nagykanizsa, kroat. Kaniža, türk. Kanije). In Arad sollte auf einer von zwei Marosch-Armen gebildeten Insel die Festung »Ioseph-statt« (Abb. 3.14b) entstehen. Ambitionierte Projekte hatten die Grenzregion Siebenbürgen im Blick, die die längste Grenze zu den beiden Vasallenstaaten des Osmanischen Reiches, Moldau und Walachei, aufwies. Im Hatzeg-Tal (rum. Valea Hațegului) auf dem Weg zum Vulkan-Pass (rum. Pasul Vulcan) und zum Eisernen-Tor-Pass sollte »Eleonora Statt« bei »Ui Vassarhely« (rum. Sarmizegetusa, ung. Úi Vásárhelyi) entstehen. Marsigli orientierte sich hier an der zentralen Rolle des Ortes in der römischen Zeit als Provinzhauptstadt Dakiens. Weitere Hauptfestungen waren »Hermanstat« (dt. Hermannstadt, rum. Sibiu), »Cronstat« (dt. Kronstadt, rum. Brașov) und die »Siebenbürgische Leopoldstatt« bei »Margemburg« (eigentlich die alte Marienburg des Deutschen Ordens, rum. Feldioara) im »Burzeland« (rum. Țara Bârsei)

---

1 Schäfer 1971, S. 227, Nr. 1224; Kisari Balla 2000, S. 38, Nrn. 5, 6, 7, Abb. S. 264–266, Nrn. 5, 6, 7; Ausst. Kat. Karlsruhe 2010, S. 78 f.
2 Abou-El-Haj 1974.

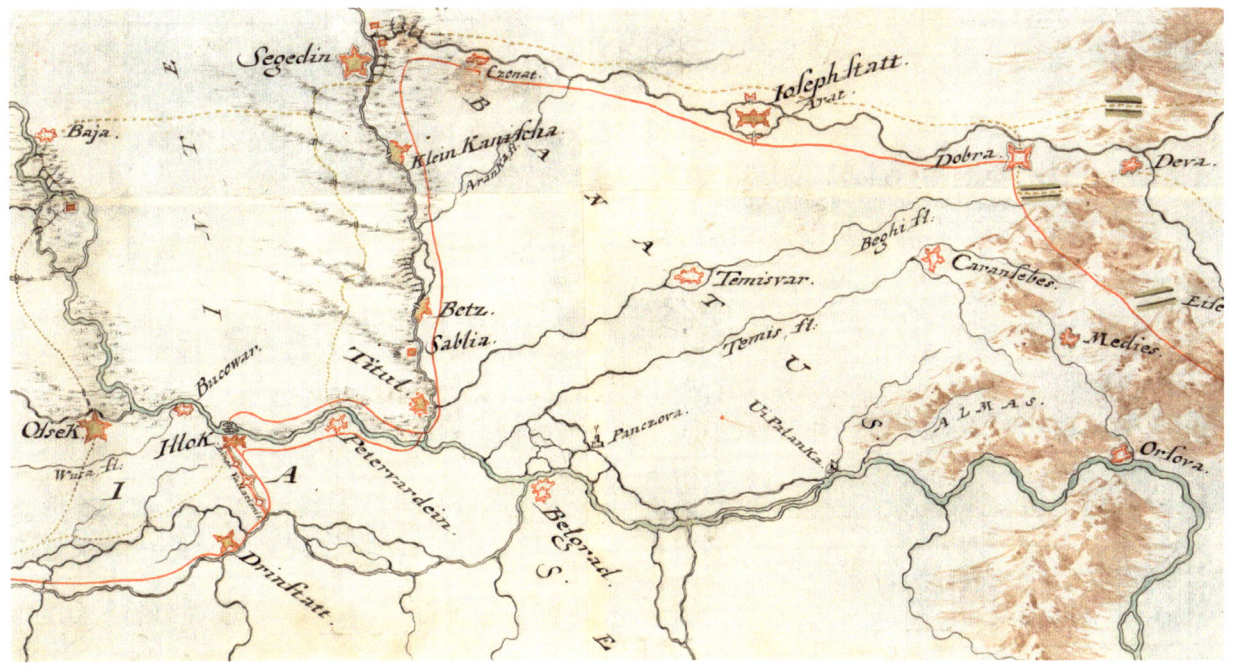

sowie die »Siebenbürgische Carlstatt, Samos Uivar« (rum. Gherla, ung. Szamosújvár).

Im Eyâlet Temeswar verlaufen die Grenzen auf der Karte entgegen dem Prinzip der natürlichen Grenze entlang des linken Marosch- und Theißufers auf osmanischen Gebiet, d. h. beide Flussläufe und die befestigten Plätze auf beiden Ufern – »Segedin« (dt. Szegedin, ung. Szeged), »Klein Kanischa« (auch: Türkisch Kanischa, serb. Novi Kneževac), »Betz« (dt. Betschkerek, serb. Zrenjanin), »Sablia« (serb. Žablja), »Titul« (serb. Titel) – befanden sich in kaiserlicher Hand, für die Osmanen ein untragbarer Zustand. Vom Zusammenfluss der Theiß mit der Donau verläuft die Grenze entlang des rechten und linken Donauufers, von der Save-Mündung (»Savus fl[umen]«) flussaufwärts bis zum »Clina fl[umen]« (kroat. Glina) zunächst am linken und wechselt bei Jasenovac (»Una Statt«) auf das rechte Saveufer.

Das Eyâlet Temeswar wird mit »Banatus« bezeichnet, ein Terminus, der sich im Friedensvertag von Karlowitz 1699 nicht duchsetzen sollte, aber das Konstrukt des späteren Domänenstaats Temeswarer Banat vorwegnahm. Es scheint dem Verfasser der Karte wichtig, im Südbanat die grenznahe, als Aufmarschgebiet geeignete Landschaft »Almas« (dt. Almasch, rum. Almăj, Țara Almăjului) einzuzeichnen. Der zentrale Ort Temeswar ist von der Bega (»Beghi fl[umen]«) ganz umflossen.

Da Kinsky schließlich von einer Teilnahme an der Friedenskonferenz Abstand nahm, ließ der Kaiser sich durch den Reichshofratspräsidenten Wolfgang Graf von Oettingen (1629–1708) vertreten. In die Instruktion, die er mit auf den Weg nahm, flossen auch die in der ausgestellten Karte und der Textbeilage enthaltenen Vorschläge ein. Der zweite Bevollmächtigte, Obristfeldwachtmeister Graf Leopold von Schlick (1663–1723), genoss ebenfalls die Unterstützung von Kinsky. Marsigli hatte eine beratende Funktion in den Verhandlungen und hielt während der Verhandlungen engen Kontakt zu Kinsky.

Die Kaiserlichen stimmten schon in den Vorverhandlungen der Schleifung von Burgen zu, die Osmanen behielten für den Verzicht auf Siebenbürgen das Eyâlet Temeswar. Abgesehen von wenigen Gebieten und Flussabschnitten sollten die genauen Grenzverläufe später von ausgewählten Beauftragten durch eine gemeinsame Grenzziehungskommission entschieden werden. Nach der Beendigung des Kongresses wurde Marsigli zum kaiserlichen Kommissär für die Grenzregulierung ernannt.[3]

Josef Wolf

3 Popovic 2012.

3.15 Cyriak Blödner / Johann August Corvinus / Jeremias Wolff
Die Schlacht bei Peterwardein, 1716

1 Zur Biografie: Bonacker 1957, dort auch Werkeverzeichnis.

2 Ebd., S. 110, Nr. 16; 2. Ausgabe 1717–1725 mit leicht modifiziertem Titel: Ebd., S. 117, Nr. 33.

3 Zum Beispiel: GLA Karlsruhe, Planbände 2, 24f.; Schäfer 1971, S. 77, Nr. 413 und S. 78, Nr. 417; Bonacker 1957, S. 105, Nr. 5, Taf. II und S. 106f., Nr. 7, Taf. III.

4 Cyriak Blödner: Plan der Schlacht bei Peterwardein […], [1716]; Bonacker 1957, S. 111, Nr. 17; ÖStA Wien, KA, H III d 905. – Designation der Bataillie Zwischen […] Peterwaradein u[nd] Carlowiz […], [1716]; HStA Stuttgart, A 30/31, Nr. 247; Bonacker 1957, S. 111, Nr. 18. – Temeswar [1716]; HStA Stuttgart, A 30/31, Nr. 252; Bonacker 1957, S. 112, Nr. 20. – Plan Von der passage der kayserl. Armeé über die Donau an dem ausflus der Temes sambt derren Lager und mouvement in dem Lager vor Belgrad den 18. Junii 1717, [1717/18]; HStA Stuttgart, A 30/31, Nr. 257; Bonacker 1957, S. 112, Nr. 21. – Plan De La Bataille de Bellgrad […], [1717]; ÖStA Wien, KA, H III d 955; Bonacker 1957, S. 113, Nr. 23 u. a.

5 Zum Verleger Jeremias Wolff: Ritter 2007.

6 Bonacker 1957, S. 116, Nr. 30.

Eigentliche Designation // Der Bataille, welche zwischen // der Kayserlichen Armée unter // Commando Ihro Hoch-Fürstlichen // Durchl[aucht] Eugenii Francisci Prin= // zens von Savoye und Piemont, und // der Türckischen unter ihrem Gross- // Vezir den 5. Augusti A[nn]o 1716. zwi= // schen Peterwardein und Carlowiz // zu der erstern unvergleichlichem // Ruhm und der letztern großen // Niederlag gehalten worden. // Entworffen auff der Wahlstatt // von // Cyriakus Blödner Kayserl[icher] // Ingenieur Major.

Institut für donauschwäbische Geschichte und Landeskunde, Tübingen, Kartensammlung, 2.5.40.

Kupferdruck. – 53,9 × 41,7 cm (56,7 × 45,4 cm). – signiert links zwischen oberem und unterem Bild: »I[ohann] A[ugust] Corvinus sculps[it]«, rechts Impressum: »Ieremias Wolff excud[it] Aug[ustae] Vind[elicorum]«.

Kartografische Angaben: westnordwestorientiert. – W 19° 51' – E 19° 54'; S 45° 14' – N 45° 16'. – Maßstab: [1:13.000].

Verfasser: Die zweigeteilte, hochformatige Schlachtendarstellung, bestehend aus Grundriss und Fußleistenbild, wurde von dem württembergischen Ingenieur-Offizier und Kartograf in kaiserlichen Diensten Cyriak Blödner (auch: Blödtner, Blodner, Plettner, 1672–1733) entworfen.[1] Zeitgenossen war er bekannt durch sein Kartenwerk *Theatrum Belli Rhenani, Worinnen enthalten Dero Röm[isch] Kayserl[icher] und Cath[olischer] M[a]y[estät] Carolo VI und De[s] H[eiligen] Röm[ischen] Reichs Armée Feldzug 1713* (1713–1715).[2] Der aus Thüringen stammende Blödner nahm am Spanischen Erbfolgekrieg (1701–1714) an der Rheinfront teil.[3] Als Kartograf kam er 1715 nach Siebenbürgen und war Teilnehmer der Belagerung von Temeswar und Belgrad; von den dortigen Schauplätzen existieren mehrere kolorierte Pläne und Karten der Schlachten von Peterwardein, Temeswar und Belgrad.[4]

Die Karte wurde von Johann August Corvinus (1683–1738) gestochen, der häufig für den Verlag von Jeremias Wolff (1663–1724, Kat. 2.5)[5] tätig war, der auch dieses Blatt vertrieb.[6]

Bildelemente: Die Karte nimmt die oberen drei Viertel des Blattes ein, der Sockel mit dem Schlachtenbild das untere Viertel. Im Kartenbild herrscht ein angenehmes Verhältnis zwischen dem quadratischen Feld mit der Beschreibung der Schlacht und Legende links oben und der üppig verzierten Titelkartusche am rechten unteren Rand. Diese, vom Kartenrand überschnitten, befindet sich in geschwungenem Barockrahmen mit Eichenblattverzierung, der unten mit einem Halbmond-Anhänger abschließt; oben verzierter Rahmenbeschlag, darauf Turban mit Federbusch, flankiert von Streitkolben und schmalem Schild, links und rechts Standarten mit Halbmond, Stichwaffen, unter dem Turban ein Pfeilköcher mit gebrochenen Pfeilen, seitlich Kanonen. Die Tafel links oben in schlichtem Rahmen ist ebenfalls üppig mit allerlei Kriegsgerät geschmückt. In der bildlichen Darstellung der Sockelleiste, ebenfalls barock gerahmt, ist das Kampfgeschehen auf hügeligem Gelände zu sehen. Die Darstellung ist perspektivisch auf den Turm des »Löffelholz hoff[s]« ausgerichtet, wo starke Rauchwolken aufsteigen. In der Karte befindet sich der Löffelholzhof ebenfalls in der Bildmitte. Im Vordergrund steht der Einsatz der Reiterei gegen die Janitscharen. Ein Trompeter bläst zum Angriff. Rechts im Bild drängt die Kavallerie, angeführt von einem Offizier mit gezogenem Degen, die Türken zurück.

Das Blatt bietet eine eng miteinander zusammenhängende Text-Bild-Kombination, in dem nicht nur eine Legende, sondern der Hergang der Schlacht anschaulich und verständlich, eventuell mit übertriebenen Zahlen, wiedergegeben wird. Dabei sind die Buchstabensignaturen sowohl in der Karte als auch in der Schlachtenszene unten zu finden: »Kurtze Beschreibung der Bataille // und Erklärung der Buchstaben. // Nachdem die Türcken mit einer Macht von 200000. Mann über die Sau [Anm.: Save] // gesetzt, machten sie wieder das alte Caprarische [Anm.: Bezug auf General Antonio Graf Caprara] mit der Kayser[lichen] Infan= // terie besetzte Retrenchement [Anm.: Verschanzung] bey Peterwardein, davon das innere mit A. // das äuse-

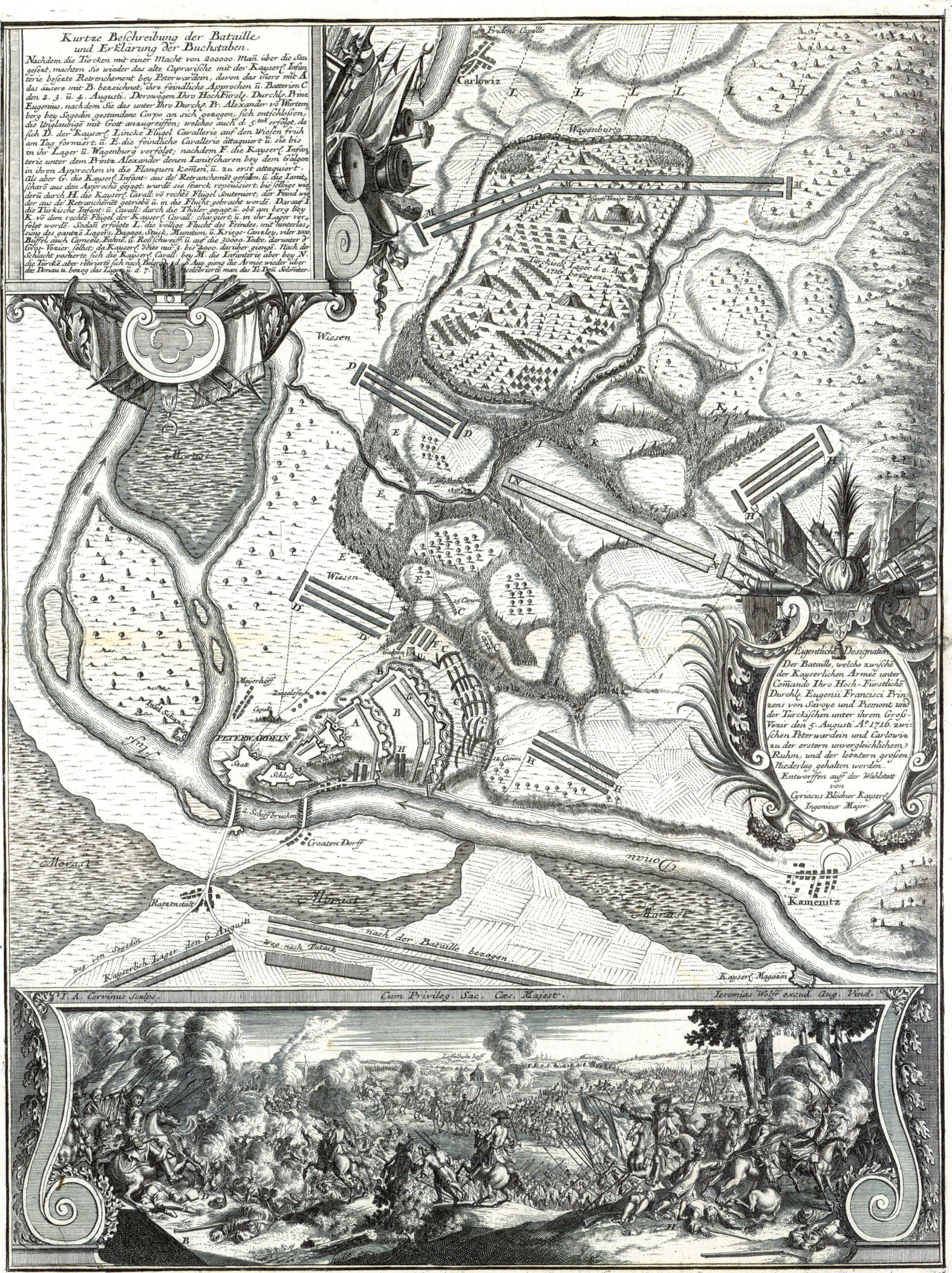

Kurtze Beschreibung der Bataille und Erklärung der Buchstaben.

Nachdem die Türcken mit einer Macht von 200000 Mann über die Sau gesetzt, machten sie wieder das alte Capravische mit der Kayserl. Infanterie besetzte Retranchement bey Peterwardein, davon das äußere mit A das untere mit B bezeichnet, ihre feindliche Approchen u. Batterien C den 2. 3. u. 4. Augusti. Derowegen Ihro Hochfürstl. Durchl. Prinz Eugenius, nachdem Sie das unter Ihro Durchl. Pr. Alexander v. Württemberg bey Segedin gestandenes Corps an sich gezogen, sich entschlossen, die Ungläubige mit Gott anzugreiffen; welches auch d. 5ten erfolgt, da sich D. der Kayserl. Lincke Flügel Cavallerie auf den Wiesen früh am Tag formiret u. E. die feindliche Cavallerie attaquiret u. sie bis in ihr Lager u. Wagenburg verfolget, nachdem F. die Kayserl. Infanterie unter den Prinz Alexander denen Lantscharen bey dem Graben in ihren Approchen die Flanquen kommen, u. zu erst attaquiret, als aber G. die Kayserl. Infant: aus der Retranchement gefallen u. die Lantscharz aus den Approche jaget, wurde sie fewrck repoussiret, bis selbige wieder H. die Kayserl. Cavall vö. rechte Flügel Soutenirt, der Feind wieder aus der Retranchement getrieben u. in die Flucht gebracht worden. Darauf I. die Türkische Infant: u. Cavall: durch die Thaler jaget, u. ob am berg bey K. vö einem rechten Flügel der Kayserl. Cavall. chargiret u. in ihr Lager verfolget worden. Sodann erfolgte L. die völlige Flucht des Feindes mit Hinterlassung des ganzen Lagers, Bagage, Stück, Munition u. Kriegs-Canzley, vieler 1000 Büffel, auch Camele. Ferd. d. Rossschwartz u. auf die 3000 Rahr. darunter d. Groß-Vezier selbst, die Kayserl. Sites vor 3. bis 4000. darüber gieng. Nach die Schlacht postierte sich die Kayserl. Cavall. bey M. die Infanterie aber bey N. die Türcke aber retirirte sich nach Belgrad, d. 8. Aug. geng die Armee wieder über die Donau u. bezog das Lager, d. 7. Feldbriefe man die N. Theil. Soleniter.

Eigentliche Designation Der Bataille, welche zwischen der Kayserlichen Armée unter Comando Ihro Hoch-Fürstliche Durchl. Eugenii Francisci Prinzens von Savoye und Piemont und der Türckischen unter ihrem Groß-Vezier den 5. Augusti A° 1716. zwischen Peterwardein und Carlowiz zu der erstern unvergleichlichem Ruhm, und der letztern großen Niederlag gehalten worden. Entworffen auff der Wahlstatt von Cyriacus Blocher Kayserl. Ingenieur Major.

J. A. Corvinus sculps.   Cum Privileg. Sac. Cæs. Majest.   Jeremias Wolff excud. Aug. Vind.

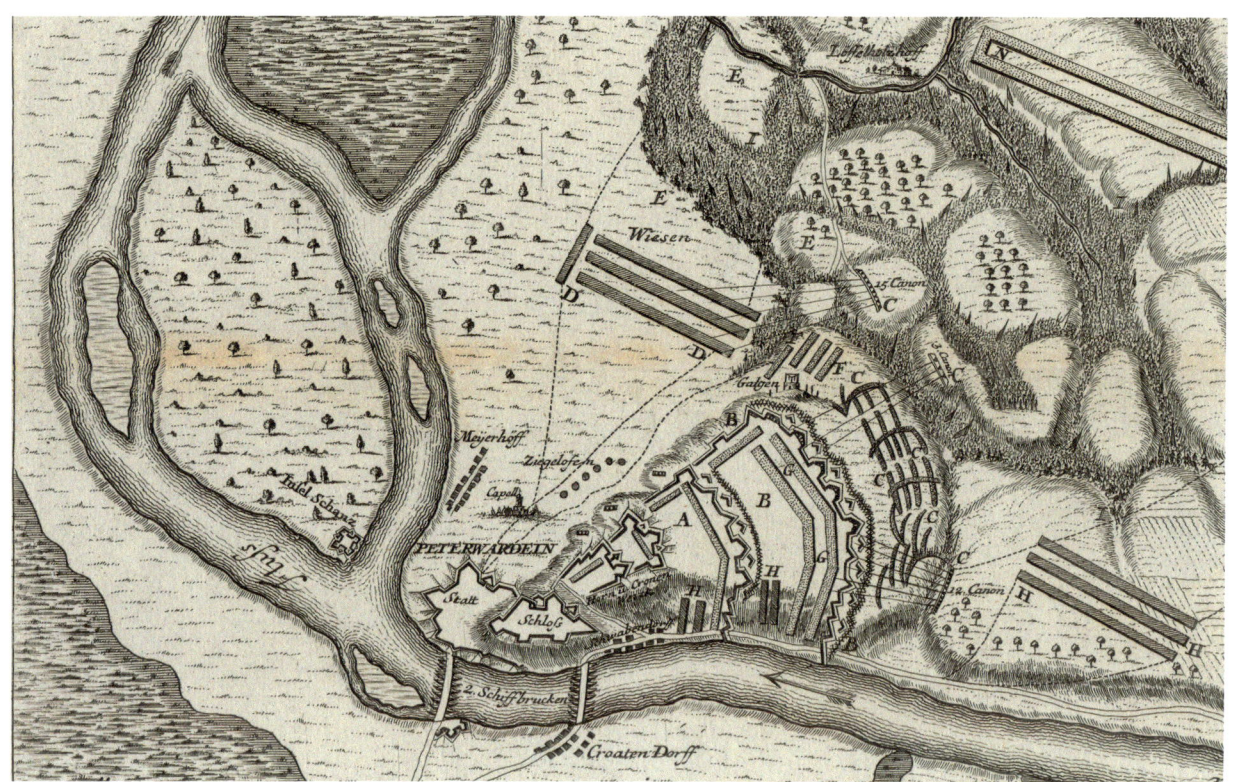

3.15b

re mit B. bezeichnet, ihre feindliche Approchen [Anm.: Schützengräben, Laufgräben] und Batterien C. // den 2. 3. und 4. Augusti, Derowegen Ihro HochFürs[t]l[ichen] Durchl[aucht] Prinz // Eugenius, nachdem Sie das unter Ihro Durchl[aucht] Pr[inz] Alexander von Würtem= // berg bey Segedin gestandene Corpo an sich gezogen, sich entschlossen, // die Unglaubigen mit Gott anzugreiffen; welches auch d[en] 5ten erfolgt, da // sich D. der Kayserl[ichen] Lincke Flügel Cavallerie auf den Wiesen früh // am Tag formiert, und E. die feindliche Cavallerie attaquiert und sie bis // in ihr Lager und Wagenburg verfolgt; nachdem F. Kayserl[iche] Infan= // terie unter dem Printz Alexander denen Ianitscharen bey dem Galgen // in ihren Approchen in die Flanquen kommen, und zu erst attaquiert. // Als aber G. die Kayserl[iche] Infant[erie] aus dem Retranchement gefallen, und die Ianit= // scharen aus den Approchen gejagt, wurden sie starck repoussiert [Anm.: zurückgedrängt], bis selbige wie= // derum durch H. die Kaiserl[iche] Cavall[erie] vom rechten Flügel soutenirt [unterstützt], der Feind wie= // der aus dem Retranchement getrieben und in die Flucht gebracht worden. Darauf I. // die Türckische Infant[erie] und Cavall[erie] durch die Thäler gejagt, und oben am berg bey // K. von dem rechten Flügel der Kayserl[ichen] Cavall[erie] chargiert, und in ihr Lager ver= // folgt worden. Sodann erfolgte L. die völlige Flucht des Feindes, mit hinterlas- // sung des gantzen Lagers, Bagage, Stück [Anm.: Kanonen], Munition, und Kriegs-Canzley, viler 1000. // Büffel, auch Cameele, Fahnen, und Roßschweiff, und auf die 30000. Todte, darunter d[er] // Gros-Vezier selbst; da Kayserl[icher] seits nur 3. bis 4000. darüber giengen. Nach der // Schlacht postierte sich die Kayserl[iche] Cavall[erie] bey M. die Infanterie aber bey N. // die Türcken aber retirierten sich nach Belgrad, d[en] 6. Aug[usti] gieng die Armée wieder über // die Donau und bezog das Lager und d[en] 7. celebrierte man das Te Deum Solenniter [Anm.: feierlicher Gottesdienst mit dem Lob Gottes]«.

Inhalt: Die Darstellung in der eigentlichen Kartenfläche zeigt die Aufteilung der Regimenter und deren Kommandanten sowie die Schlachtordnung. Die kaiserlichen Stellungen liegen im Schutz der Festung. In der Wagenburg der Belagerer ist das große Zelt des Großwesirs erkennbar. Die Donau füllt den linken und unteren Teil der Karte, ein weiteres, kurzes Stück in der Gegend um »Carlowiz« (serb. Sremski Karlovci) ist ebenfalls zu sehen. Gegenüber der Festung ist die »Insel Schanz« eingezeichnet. Zwei Schiffsbrücken führen über die Donau in die (untere) »Statt« und in die Festung. Außerhalb der Festung werden »Meÿerhöff«, ein »Ziegelofen« und eine »Capell[e]« vermerkt. Bodenbewuchs und Moräste sind anschaulich dargestellt. Oberhalb der Festung, hier am rechten Kartenrand, liegt das Dorf »Kamenitz« (serb. Kamenica). Auf dem linken Donauufer liegen ein »Croaten Dorff« und die »Ratzenstatt« (serb. Novi Sad). Dort gabelt sich der Weg nach »Segedin« und »Futack« (serb. Futog). Anhöhen werden mit Schraffen modelliert.

Ende Juli 1716 hatten die osmanischen Streitkräfte die Save überquert und näherten sich auf dem rechten Ufer der Festung Peterwardein (lat. Petrovaradinum, serb. Petrovaradinska tvrđava, heute Ortsteil von Novisad). Die Festung war seit 1688 in habsburgischem Besitz und seit 1692 kontinuierlich in der Fläche und unterirdisch zur größten Festungsanlage im Habsburgerreich ausgebaut worden. Die Pläne hierzu gehen unter anderem auf Luigi Ferdinando Marsigli (1658–1730, Kat. 1.1, 1.12, 1.13, 3.14) zurück.

Prinz Eugen von Savoyen-Carignan (1663–1736) kam einer sich abzeichnenden Belagerung durch die Streitkräfte des Großwesir Damad Ali Pascha (1667–1716) zuvor, als die Osmanen wohl bereits begannen, Laufgräben auszuheben. Wie der Text schildert, ließen Prinz Eugen und Karl Alexander von Württemberg (1684–1737) die kaiserlichen Truppen in den Morgenstunden die zahlenmäßig deutlich überlegenen osmanischen Truppen überraschend angreifen und konnten dadurch einen entscheidenden Sieg erringen. Große Teile des osmanischen Heeres ergriffen die Flucht, eine Menge Beute blieb zurück. Die Siegesbotschaft erreichte Wien am 8. August, das erste Flugblatt berichtete am 12. August über die Schlacht.

Josef Wolf

3.16 Caspar Rad
Belagerung Temeswars, [1717–1720]

TEMESWAR.

Privatsammlung Dr. Ovidiu Şandor, Temeswar.

Kupferdruck, koloriert. – 39,5 × 43,6 cm (44,5 × 52,5 cm). – Impressum links unter der Legende: »bey Caspar Rad neben dem barfüser Thohr zu // finden in Augsburg«.

Kartografische Angaben: südsüdostorientiert. – E 21° 13' 44"; N 45° 45' 23". – Maßstab: [1:4600].

Verfasser, Kupferstecher, Verleger: Die Karte wurde vom Augsburger Kupferstecher und Verleger Caspar Rad (gest. 1739) verlegt. Möglicherweise ist er selbst auch der Autor.[1] Einem ähnlichen Muster wie bei dieser Karte folgt Rads Karte zur Belagerung von Belgrad, allerdings mit ausführlicher Legende, Kopftitel und ohne zusätzliches Bild.[2]

Bildelemente: Das Blatt mit ausdrucksstarker Kolorierung ist zweigeteilt in eine Ansicht der unter Beschuss stehenden und brennenden Stadt Temeswar (rum. Timişoara, ung. Temesvár) einerseits und die in einen Grundriss eingezeichnete Belagerung mit Einbezug der Umgebung andererseits – so können zwei Perspektiven simultan gezeigt werden. Das Panoramabild am oberen Rand zeigt die Festung und die beiden Vorstädte Große Palanka (»gross Balanck«) und Kleine Palanka (»Kleine balanck«) von Süden betrachtet. Die Ansicht hebt auf das orientalische Gepräge der Stadt ab: Sie weist 13 Moscheen und mehrere Türme auf, davon fünf am Schloss. Der »brant« in der Großen Palanka, wovon auch ein Kuppelbau betroffen ist, entspricht der Wirklichkeit des Angriffs.

Die Legende links unten schließt nach folgender Erklärung an den einfachen Titel an: »[…] // Ist die Haubtstatt der Graffschafft Te= // meswar, wurde von Ihro Kaÿs[er]l[ichen] u[nd] Cathol[ischen] // Maÿ[e]st[ät] Armee unter dem Commando Ihro // Durchl[aucht] des Printzen Eugenÿ von Savoÿ // den 1.ten. Sept[ember] A[nno] 1716. belägert, und den // 13. ocdober darauf mit acord [(Kapitulations-)Vereinbarung] erobert.«

Die Erklärung und die Legende sind auf einer Tafel, hinter der etwas Laub hervorrankt, angebracht. Rechts davon ist ein Husar dabei, einen Janitscharen, den er zu Boden tritt und gleichzeitig an den Haaren niederhält, mit gezogenem Schwert zu attackieren. Auf dem Boden liegt der Turban des Gegners, der in der Linken noch den Säbel hält.

Inhalt: Die Karte zeigt den Belagerungsring mit der namentlich beschrifteten Aufstellung der Truppen. Mit Ausnahme der Bega-Inseln im Westen und Osten war die Stadt von der Belagerungsarmee ganz umschlossen.

Die beiden Ausfallversuche der belagerten osmanischen Garnison finden in der Karte Erwähnung. Der erste Ausfall ereignete sich im Nordosten, der zweite im Süden. Die Straßenverbindungen sind französischsprachig beschriftet: im Norden »Chemin de Schonat« (dt. Tschanad, rum. Cenad, ung. Csanád), an dem sich die »alte Moschee« befindet, »Chemin de Arrath« (rum. Arad) und »Chemin de Transylvanie«, im Süden »Chemin de Pelgrade« (serb. Beograd).

Die Morast- und Überschwemmungsflächen im unmittelbaren Umland der Stadt beschränken sich auf den Begalauf und auf das südliche Stadtgebiet Richtung Temesch (rum. Timiş), wo Altarme in Erscheinung treten. Die agrarische Nutzung des städtischen Umlands geht sehr deutlich aus den eingezeichneten Parzellen hervor.

Weil nach der Schlacht von Peterwardein (1716, Kat. 3.15) eine Belagerung Belgrads zu riskant schien, hatte sich Prinz Eugen von Savoyen-Carignan (1663–1736) für die Belagerung und Eroberung Temeswars entschieden. Die Festungsstadt wurde von den kaiserlichen Truppen umzingelt, die Belagerung begann am 1. September 1716. Prinz Karl Alexander von Württemberg (1684–1737) führte den Sturm gegen den Vorort Große Palanka. Die osmanischen Garnisonstruppen wurden zurückgeworfen und bis zum Graben der

---

[1] Bei Gier/Janota/Künast 1997 nur zwei kurze Hinweise auf Caspar Rad, S. 597 und S. 1252.

[2] BnF Paris, GE D-26051. URL: http://gallica.bnf.fr/ark:/12148/btv1b53075984m (30.06.2017).

Hauptumfassung verfolgt. Die Große Palanka geriet in den Besitz der Belagerer. Am 10. Oktober erfolgte der Angriff auf die innere Stadt. Zahlreiche Kanonen beschossen die Bastion, durch die das Arader Tor führte. Die türkische Garnison kapitulierte am 12. Oktober. Am darauf folgenden Tag fand die Übergabe der Festung statt – wie in der Erklärung berichtet wird – und am 17. Oktober begann der vereinbarte Abzug der Besatzung und der türkischen Zivilbevölkerung.³

Die Belagerung Temeswars war Thema der zeitgenössischen Medien – illustrierte Flugblätter, Karten, Presseberichte, Kriegschroniken.⁴

Josef Wolf

3 Zur Eroberung Temeswars: Feldzüge 1891, S. 217–270; Wolf 2016.

4 Jancsó 2016.

3.17 Banat und Nordostserbien, 1717

CARTE // uber // Dero Romische Kaÿs[erlichen] u[nd] Cathol[ischen] Majest[ät] // Haubt Armée in Servien gloriosen Feltzuog. // Anno 1717. // Unter Heroischste Regirung // S[eine]r Kaÿs[erlichen] Catholische[n] Majest[ät] // CAROLUS VI. // unter Comando // S[eine]r des Herren des Pr[inzen] Eugenÿ von Savoÿen [Anm.: Eugen Franz Prinz von Savoyen-Carignan (1663-1736)] Hoch[fürstlichen] // R[eichs] K[ommandanten], Hoff-Kriegs Rhatts Presidenten und General [Feldmarschall, Anm.: Fehlstelle. Prinz Eugen war seit dem 21. Februar 1707 Reichs-Generalfeldmarschall.] // Gegen // Der friedbruchigen Türckischen Armeè unter [ihrem] // Gros Sultans // ACHMET III.

Privatsammlung Dr. Ovidiu Şandor, Temeswar.

Federzeichnung, aquarelliert. – Pergament. – 65,5 × 57 cm (66 × 59 cm). – rechter Teil einer mehrteiligen Karte.

Kartografische Angaben: nordorientiert. – W 20° 37' – E 22° 54'; S 43° 39' – N 45° 48'. – Maßstab: [1:230.000].

Verfasser: Die Karte wurde von einem nicht namentlich genannten Ingenieur-Offizier, vermutlich aus dem Umfeld des kommandierenden Generals der im Banat stationierten Truppen, Claudius Florimund von Mercy (1666–1734), gezeichnet.

Bildelemente: Über der nur teilweise erhaltenen Titelkartusche ist ein Wappen vor gekreuztem Bischofsstab und Schwert zu sehen. Es besteht aus einem Schild mit neun Feldern, geziert von einem Kardinalshut. Kaiserkrone und spanische Krone zieren links und rechts eine Säule, die als »Säulen des Herakles« zum spanischen Wappen gehören. Ein Spruchband, das oben die Devise »PLUS ULTRA« der spanischen Habsburger führt, windet sich um Säulen und Kartusche; links sind ein Speer und eine Standarte mit Rossschweifen angebracht. Möglicherweise würde der fehlende Rest der Titelkartusche Aufschluss über einen eventuellen Widmungsempfänger, den Träger des Wappens, möglicherweise auch über Entstehungsjahr und Zeichner der Karte geben.

Schwerpunkte der chorografischen Darstellung sind das Gewässernetz und die Reliefdarstellung. Die Darstellung vor allem des Grenzgebirges und des südöstlichen Berglands in Maulwurfshügelketten wird wohl erschwert durch das Malen mit Aquarellfarben auf Pergament. Mit dem teuren Beschreibstoff versuchte man, der Bedeutung des Inhalts Rechnung zu tragen. Auf den ersten Blick würde man Vorzüge vermuten – glatte Oberfläche, Festigkeit und Dauerhaftigkeit. Allerdings saugt die mit Bimsstein geglättete und mit Kreide geweißte Oberfläche schwer Farbe auf und ist nicht wasserabweisend. Auf der Karte sind nicht nur einige Schadstellen zu sehen, sondern auch der Fließeffekt der Aquarellfarben, die sich zwischen den Fasern ausbreiteten. Die Informationen der Karte, zum Beispiel zur Topografie, sind mitunter sehr detailreich und genau, und Zahlensignaturen deuten auch auf die Existenz einer Legende hin.

Inhalt: Der vorliegende Teil einer ursprünglich größeren Karte zeigt das Banat von Temeswar bis an die Donau und von der mittleren Temesch bis zum Dreiländereck Banat-Siebenbürgen-Walachei wie auch das nordöstliche Serbien. Die Karte enthält folgende geografische Bezeichnungen: »Comitatus Temesiensis« für das Gebiet des Banats, »Serviae Pars«, »Valachiae Pars« und »Transylvan[iae] Pars« für die angrenzenden Gebietsteile. Weder der territorialpolitische Status der beiden im Südosten eroberten Gebiete – des künftigen Temeswarer Banats (lat. Banatus Temesvariensis, rum. Banatul Timișoarei, serb. Temišvarski Banat, ung. Temesi Bánság) –, noch jener der Kleinen Walachei (lat. Valahia Minor/Valahia Austriaca, dt. Kleine Walachei/Österreichische Walachei, rum. Valahia Mică/Oltenia) waren zum damaligen Zeitpunkt schon bestimmt.

Die Bezeichnung »Komitat Temesch« mag auf die legitimistische Sicht des Kartografen hinweisen, der das Gebiet zwischen Donau, Theiß, Marosch und Südkarpaten dem Königreich Ungarn zuordnet. Ohne Kenntnis des künftigen Rechtstatus des neuen ›acquisiticum‹ griff der Kartograf auf die Bezeichnung »Comitatus Temesiensis« als pars pro toto für das gesamte niederungarische Gebiet zurück. Die schon 1715 auf dem Landtag in Pressburg artikulierten Forderungen der ungarischen Stände, in den künftigen neu eroberten Gebieten die Komitatsverfassung einzuführen, wurden von den beiden zentralen Wiener Stellen, Hof-

PARS

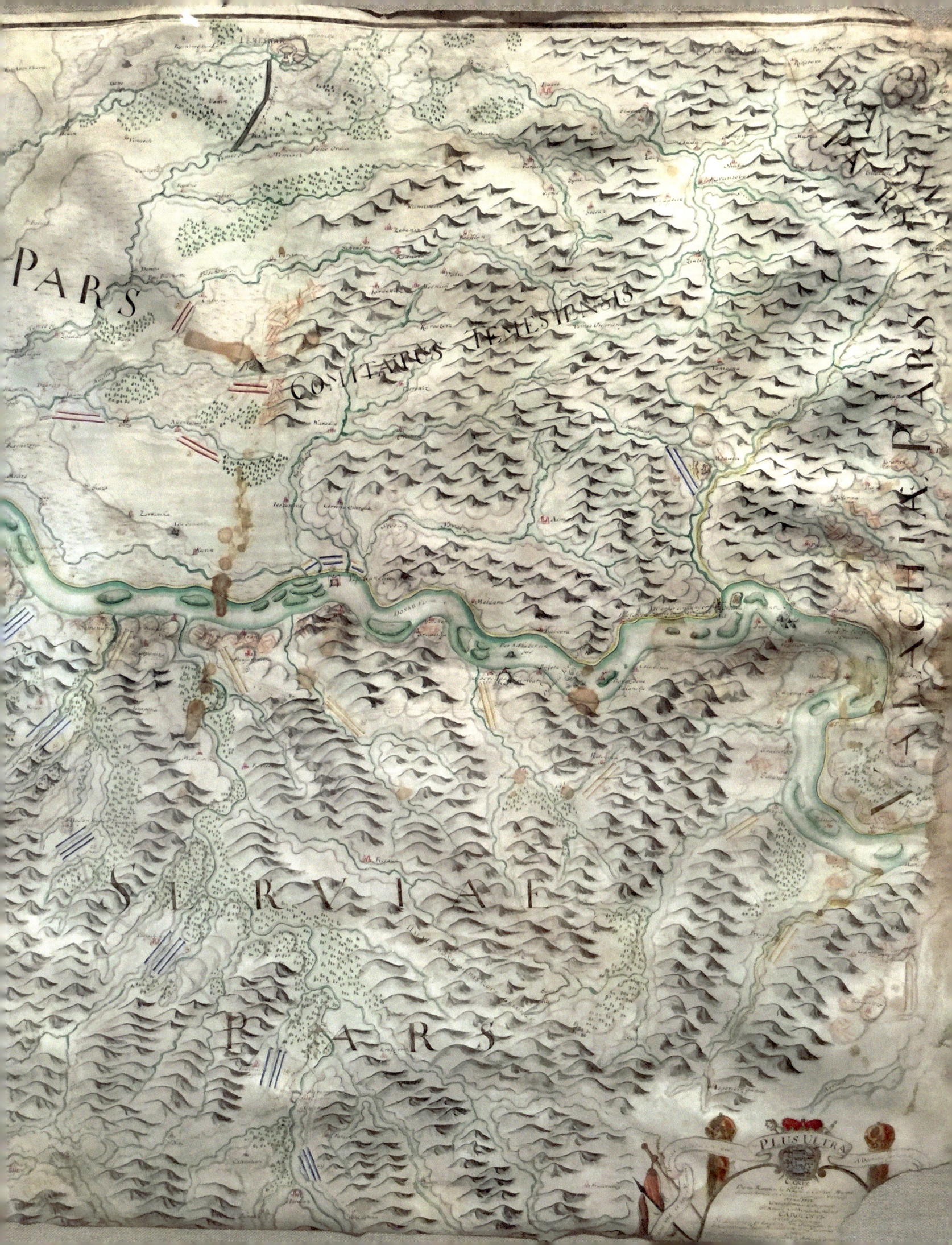

COMITATUS TEMESIENSIS

VALACHIAE PARS

SERVIAE PARS

PLUS ULTRA

kriegsrat und kaiserliche Hofkammer, zurückgewiesen. Möglicherweise führte die Karte bis zur Theiß oder sogar bis in das von Theiß und Donau gebildete südliche Zwischenstromland, stand doch im Feldzug des Jahres 1717 Belgrad im Visier der Heeresleitung.

Am oberen Kartenrand ist der mittlere Lauf der Bega gut zu erkennen (Begge fl[umen], rum. Bega, dial. rum. Beghei, serb. Beghej, ung. Béga), wobei es sich hier um die Alte Bega (rum. Begheiul Vechi, serb. Stari Beghej, ung. Béga) vor der 1727 einsetzenden Kanalisierung des Flusses handelt. Das Gewirr der Flussarme bei Temeswar ist überschaubar, die Insel bei Tschene (»Csene«, rum. Cenei) ist die größte auf dem dargestellten Lauf. Namenlose Moräste sind auf dem rechten Bega-Ufer nördlich von Tschene, entlang der Bega, wie auch in dem Zweiflussgebiet zwischen Bega und Temesch (»Temes fl[umen]«, rum. Timiș, serb. Tamiš,

ung. Temesch) zu finden. Breite Auwälder ziehen sich auf dem linken Bega-Ufer flussaufwärts von Diniaş (»Tinasch«) bis östlich von Temeswar ins Gebiet zwischen Bega und Temesch. Die sumpfigen Donauriede dehnen sich bis nach Ujpalanka (serb. Nova Palanka, heute Banatska Palanka) aus.

Die Karte enthält nur wenige historische Angaben: Nordwestlich von Tschene wird »Ein Alter Thurn« vermerkt, von Temeswar führt in südliche Richtung bis zur Temesch die »Alte Römer Schantz«. Erwähnt werden auch die Ruinen der Trajansbrücke (»Rudera Pontis Trajani«) bei »Severin« (rum. Turnu Severin).

Nordöstlich von Temeswar ist die »Grose palancka« eingezeichnet, westlich »ruinirte Dörfer«. Westlich von »Temisch« (rum. Timişeni) wird auf eine Brücke über die Temesch (»Pons Ordia«) verwiesen, über die der Weg nach Lugosch (rum. Lugoj), Karansebesch (rum.

Caransebeș) und Orschowa (rum. Orșova) bzw. nach Temeswar führte.

Die Flussbreite der Donau ist überzeichnet, dadurch ist die Darstellung der Donauinseln anschaulich. Unterhalb von Alt-Orschowa wird »Neu-Orsava«, die Insel Ada Kaleh, mit einer Befestigungsanlage dargestellt. Auf dem rechten Ufer wird »Fetislan oder Vetislav eine Palancka« (serb. Kladovo/Kladovska tvrđava) hervorgehoben. Auf für die Schifffahrt gefährliche Stellen wird besonders hingewiesen. So wird bei Dubova (»Dubcova«) vermerkt: »Der Alt Vatter ein Fels«, weiter unten wird auf die »Dathuli Vortices Danubii« (Klippen des Tachtholi) und das Eiserne Tor hingewiesen.

Die Karte enthält kaum Gebirgsnamen. Eingezeichnet ist das Balkangebirge (»Haenus Mons«) und im Dreiländereck zwischen Ungarn, Siebenbürgen und Walachei der »Murarul M[ons]« (rum. Muntele Morarul), auf dem die unterhalb Orschowa in die Donau mündende Tscherna (»Czerna fl[umen]«, rum. Cerna) entspringt.

An verschiedenen Stellen sind, an den Verkehrsverbindungen in verschiedenen Farben, die gängigen Signaturen von Standorten für militärische Marsch-, Feld- und Sammellager eingezeichnet: rote Linien innerhalb des Banats mit Ausnahme der Burgen Mehadia und Neupalanka, gelbbraune im nicht eigens bezeichneten Bulgarien und violettblaue dreifache Linien in Serbien, entlang des linken Timokufers oder am linken Ufer der Morava bei »Hassan Bassan Pallancka« (serb. Smederevska Palanka). Bei Mehadia und Neupalanka, wo sich wegen der vielen Inseln oberhalb des befestigten Ortes eine geeignete Übergangsstelle anbot, sind violettblaue Linien eingezeichnet, die auf die Möglichkeit der Belagerung durch türkische Truppenverbände verweisen.

Josef Wolf

3.18 Schlacht von Belgrad, 1717

[ohne Titel]

Landesarchiv Baden-Württemberg, Generallandesarchiv Karlsruhe, Hfk Pläne La 15 rot.

Federzeichnung, koloriert. – 36 × 50 cm (37,9 × 52,2 cm).[1]

Kartografische Angaben: nordorientiert. – W 20° 23' – E 20° 37'; S 44° 45' – N 44° 52'. – Maßstab: [ca. 1:36.500].

Verfasser: Der vermutlich französischsprachige Kartograf und Augenzeuge der Schlacht ist unbekannt. Aufgrund von Ähnlichkeiten im Kartenbild handelt es sich vermutlich um denselben Zeichner wie bei Kat. 3.9. Die Truppenbewegungen im Zeitraum zwischen Juni und August wurden auch von anderen französischsprachigen Augenzeugen im Offiziersrang festgehalten.[2]

Bildelemente: Der Plan zeigt in der Hauptkarte die belagerte Festung Belgrad auf einem Sporn an der Mündung der Save in die Donau in einem großzügigen Ausschnitt des Umlands. Die ausführliche Legende der Hauptkarte befindet sich unten rechts. Mit ihrer Hilfe gelingt nicht nur eine Momentaufnahme des genannten Datums, des 16. Augusts 1717, sondern auch die Truppenbewegungen, zumindest der Wochen zuvor, können erfasst werden, wenn es beispielsweise heißt: »F. Postes que nous auons pris aux Turcks« oder: »O. Nouvau Quartier dela Court. // P. Vieux Quartier dela Court.« Links unten befinden sich Nebenpläne von zwei Forts. Durch Buchstabensignaturen sind sie in der Hauptkarte auszumachen: Das »Fortin du Sau« befindet sich bei R fast unmittelbar an der Mündung der Save.

Inhalt: Die Karte des Augenzeugen enthält genaue Angaben über die Truppenstellungen durch Objektbezüge im Terrain, die Dynamik eines Kampfgeschehens lässt sie dennoch nur annähernd nachvollziehen. Die prekäre Position der kaiserlichen Truppen zwischen Save und Donau sowie zwischen der Festung in osmanischen Händen und dem starken Entsatzheer kommt deutlich zur Geltung. Die Truppenteile des osmanischen Entsatzheeres sind im unteren Teil der Karte mit den Signaturen BB – FF bezeichnet. Weit reichen die Laufgräben, die vom Buchstaben Z bezeichnet werden.

Eingezeichnet sind die idealisierten Beschusslinien der Kanonen. Gezeigt werden zwei Brücken über die Save und zwei unterhalb von Belgrad über die Donau ins Banat. Hinzu kommen zwei Übergänge über die »Donauitza« (serb. Dunavica) auf der Banater Seite. Semlin (serb. Zemun) ist unbenannt, doch wird unter C »Communication de Semlin avec les Approches« ausgewiesen.

Moräste sind sowohl auf der syrmischen und vor allem auf der Banater Seite eingezeichnet. Verwiesen wird auf einen »Canal« auf der syrmischen Seite, der wahrscheinlich das Überschwemmungsland entlang der Save entwässerte.

Keine zweite Stadt hat so viele Belagerungen bzw. Schlachten erlebt wie Belgrad: Allein sechs gingen seit 1440 derjenigen von 1717 voraus. Der bis ins 20. Jahrhundert hinein wirkende Mythos ›Belgrad‹ beruhte vor allem auf der Verteidigung der Stadt durch Johannes von Hunyadi (1407–1456) 1456 und dem Sieg Prinz Eugens von Savoyen-Carignan (1663–1736) im Jahr 1717.

Die Eroberung Belgrads war das Ziel des Feldzugs von 1717, konnte doch von der Festung aus der gesamte Schiffsverkehr auf Donau und Save beherrscht werden. Nach dem Übergang über die Donau legte die kaiserliche Armee die »Eugenischen Linien«, den Ring um die Festung, an. Die osmanische Garnison hielt jedoch dem Artilleriebeschuss stand und setzte auf ein großes Entsatzheer. Dieses wurde aber trotz seiner deutlichen zahlenmäßigen Überlegenheit während der Nacht durch einen Angriff des kaiserliche Heeres überrascht, besiegt und in die Flucht geschlagen.

---

[1] Schäfer 1971, S. 230, Nr. 1247; Kisari Balla 2000, S. 217 f., Nr. 377, Abb. S. 636, Nr. 277.

[2] Beispiele bei Rocher 2013, S. 61–67.

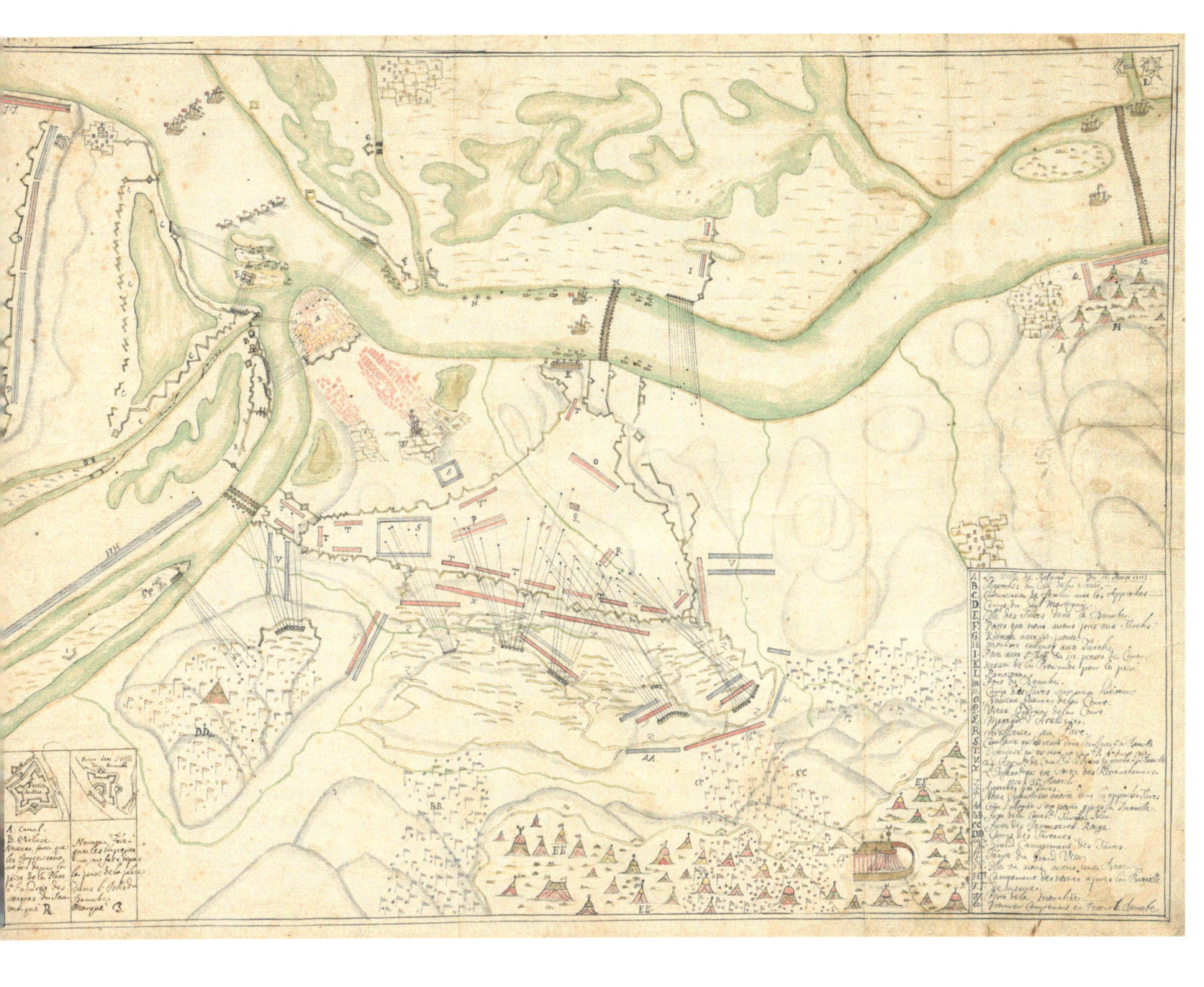

Am 18. August wurde Belgrad gegen Abzug der Besatzung und türkischen Bevölkerung übergeben, vier Tage später die Festung geräumt. Zwar wurden die Verschanzungen eingeebnet, aber die Zirkumvallationslinie erhielt man, um sie in eventuell nachfolgenden Kriegen wieder zu verwenden.

Der Friede von Passarowitz (serb. Požarevac) markierte 1718 das Ende des Krieges.[3] Das Habsburgerreich erlangte mit den Gebietsabtretungen des Osmanischen Reiches – Temeswarer Banat, Kleine Walachei sowie Nordserbien mit Belgrad und ein Grenzstreifen in Nordbosnien – seine größte Ausdehnung. Im Frieden von Belgrad 1739 gingen die eroberten Gebiete mit Ausnahme des Banats wieder verloren. Türkische Untertanen auf habsburgischem Gebiet erhielten Zugeständnisse im Hinblick auf Schifffahrt und Handel. In der Folgezeit setzte eine intensive, staatlich gesteuerte Einwanderung in das entvölkerte Ungarn und das Banat ein, die hauptsächlich von bäuerlich-handwerklichen Siedlern aus dem deutschen Südwesten getragen war.

Josef Wolf

3 Ingrao/Samardžić/Pešalj 2011.

3.19 Joachim Ottens
Belagerung Belgrads, [1717–1719]

Afbeelding van de Belegering der STAD BELGRADO, door den Troepen van syn KEYSERLYKE MAJESTYT CAROLUS den SESDEN, Gekommandeert door syn // HOOGHEIT den PRINS EUGENIUS von SAVOJEN. A[nn]o = 1717. te Amsterdam by JOACHIM OTTENS op den Nieuwendyk in de Werelt-Kaart. Gedrukt na't Origineel van Weenen.

Institut für donauschwäbische Geschichte und Landeskunde, Tübingen, Kartensammlung, 2.5.45.

Kupferdruck, koloriert. – 33,8 × 35,4 cm (37,3 × 39,5 cm).

Kartografische Angaben: nordorientiert. – N 44° 49' 14"; E 20° 27' 45" (Koordinaten beziehen sich auf die Bildmitte). – Maßstab: [ca. 1:18.000].

Verfasser, Verleger, Auflagen: Joachim Ottens (1663–1719) war der Begründer des gleichnamigen Verlagshauses in Amsterdam. Seine Söhne Reinier (1698–1750) und Josua (geb. 1704) führten die Firma fort, der ältere Sohn Frederik (1694–1727, Kat. 1.1) war Kupferstecher. Der Verlag Ottens veröffentlichte auflagenstarke Kupfer- und Holzschnittkarten, die oft von Buch- und Kartenhändlern in Auftrag gegeben wurden. Motive des östlichen und südöstlichen Kriegsschauplatzes kennzeichneten das Repertoire des Verlags. Ottens' nicht datierte Karte steht im Kontext des europaweiten medialen Interesses am Kampfgeschehen um Belgrad. Das Impressum, das auf den Titel folgt, weist daraufhin, dass Ottens eine Vorlage aus Wien benutzte.[1]

Bildelemente: Der Titel findet sich in der Kopfleiste. Darunter, am rechten Kartenrand, ist eine Erklärung in einfachem Rahmen angebracht: »De Stad Belgrado is met Kapitulatie // overgegaen aen zyn Hoogheit den Prins // Eugenius van Savojen twee daagen naar t' // verslaan van het Turkse-Leger, Synde op // den 18 Augustus A[nn]o 1717.« Weitere Erklärungen finden sich innerhalb des Kartenbildes, so ist zum Beispiel bei der Brücke über die Dunavica auf dem Banater Gebiet zu lesen: »Bruggen over welke 10 Compagnies Granadiers en // 1200 Paarde syn gepasseert op den 11 Iuly om de Turikse // Redute te Actaqueere onder Commando des generaels Mercy«.

Inhalt: Donau und Save (»Sau«) gliedern das klar strukturierte Kartenbild. Zwei Schiffsbrücken führen vom syrmischen Gebiet über die Save nach Belgrad. Unterhalb der Burg führt eine weitere Schiffsbrücke über die Donau ins Banat. Am Ende der Brücke wurde ein Fort errichtet, dessen Besatzung von Generalfeldwachtmeister Ottokar Franz Jakob Graf von Starhemberg (1681–1733), angeführt wurde. Von den über den Strom geschlagenen Brücken kündet das zeitgenössische Lied vom *Edlen Ritter*, das zur Popularität von Prinz Eugen von Savoyen-Carignan (1663–1736) beitrug.

Klar tritt die Topografie der befestigten Stadt hervor: das Schloss (»Casteel«), die Oberstadt (»Bove Stad«) an der Save, die raitzische Vorstadt (»Raitzen Voor Stad«) und die Wasserstadt (»Water Stad«) am Zusammenfluss von Donau und Save. Auf der der Festung vorgelagerten Großen Kriegsinsel (»Turks Eyl[and]«, serb. Veliko Ratno Ostrvo) liegt ein Fort, auf dem die grüne Fahne des Propheten mit Halbmond weht. Semlin (»Semblin«, serb. Zemun) wurde von den Türken in Brand gesetzt.

Gezeigt wird die Aufstellung der Truppen südöstlich von Belgrad. Die Stadt ist im Süden von der Donau bis zur Save von den kaiserlichen Truppen umstellt. Im Gebiet zwischen Dunavica und Donau wurde eine türkische Redoute errichtet. Eine weitere Redoute ist stromabwärts von Belgrad bei Višnjica (»Wisnitza«) zu sehen. An mehreren Stellen wurden Verschanzungen gegraben. Südlich der Stadt ist der Ort »Miliwo« (serb. Milivo) eingezeichnet. Moräste (»Moeras«) sind an drei Stellen entlang des linken Save-Ufers im gegenüberliegenden syrmischen Gebiet und am Banater Donaufer vermerkt.

Oberhalb des Zusammenflusses von Donau und Save stehen die großen Segelschiffe der kaiserlichen Truppen »S[anctus] Eugenius«, »Sanctus Leopold« und »S[ancta] Elisabeth«. Weitere fünf Schiffe, darunter die »S[anctus] Joseph« und die »S[anctus] Francisc[us]«, befinden sich unterhalb der Festung. Die Kriegsschiffe

---

1 Mögliche Vorlage: Abriss von dem kaÿs. Lager vor Belgrad, wie solches am 23. Iuly zum erstenmal auf der Wasser-Seiten beschossen worden, [s. l.] [o. J.], nicht koloriert, Univerzita Karlova. URL: http://digitool.is.cuni.cz/R/-?func=dbin-jump-full&object_id=1015565&silo_library=GEN01 (03.07.2017), und nochmals koloriert. URL: http://mapy.mzk.cz/mzk03/001/052/798/2619316620/ (03.07.2017).

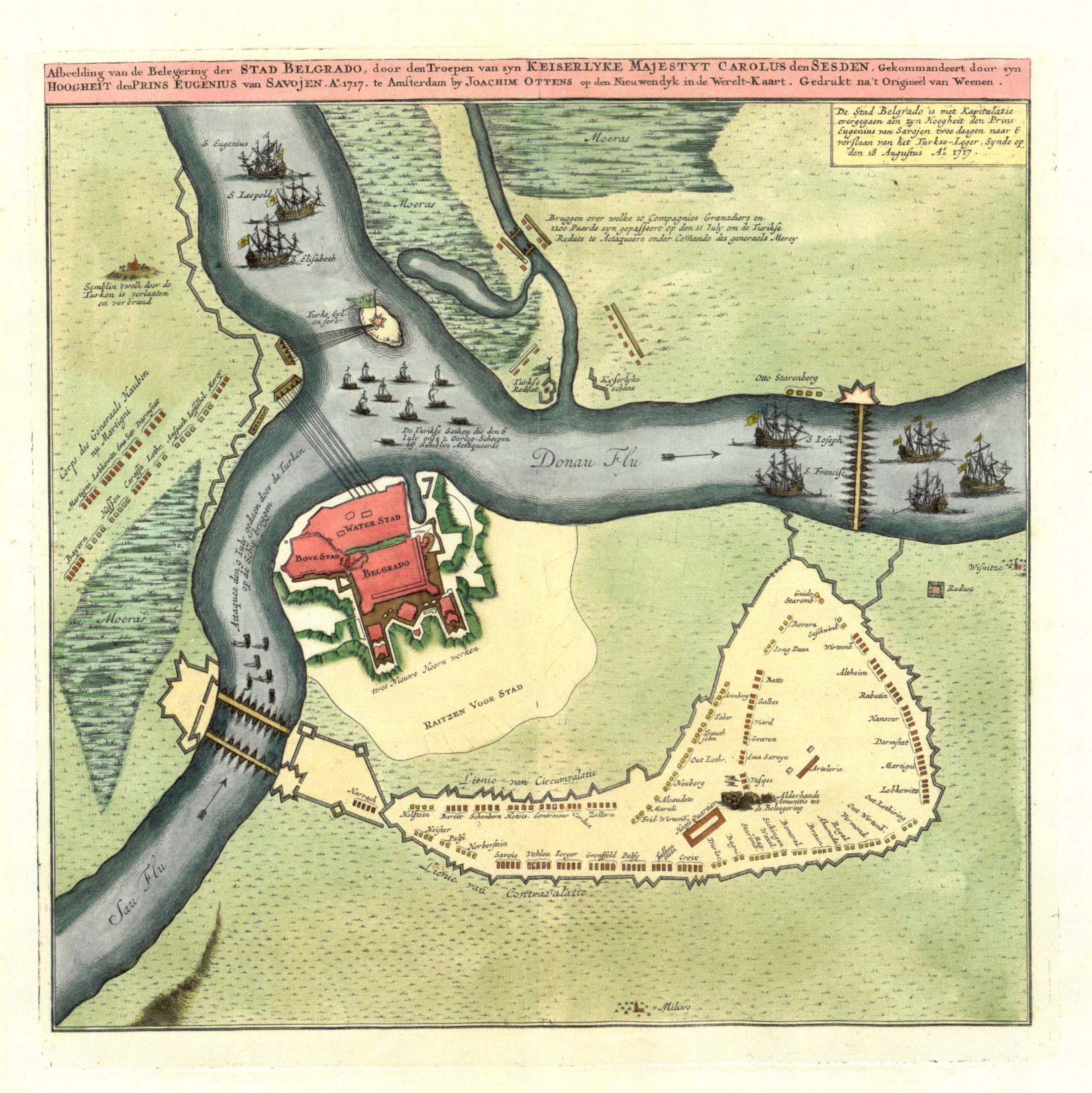

(»Oorlog-Scheepen«) sind Zwei- und Dreimaster mit Riemenantrieb. Die Segel wurden in der Regel nur in der Marschfahrt, nicht im Gefecht eingesetzt.

Die topographische Darstellung des Schlachtfelds ist ungenau. Der eigentliche Schauplatz des Kampfes war ein Bergrücken, der sich zwischen dem Kolubara- und dem Isar-Bach zur Donau zieht.

Josef Wolf

3.20 Die befestigte Donauinsel Ada-Kaleh, 1738

Plan de L'Isle et Fort d'Orsowa // Assiegé par les Turcs en 1738.

Landesarchiv Baden-Württemberg, Generallandesarchiv Karlsruhe, Hfk Pläne La 27-1 rot.

Ferderzeichnung, koloriert. – 22,4 × 36,5 cm (23,5 × 37,7 cm).[1]

Kartografische Angaben: nordorientiert. – E 22° 27′ 20″; N 44° 42′ 59″ (Koordinaten beziehen sich auf die Mitte der Insel). – Maßstab [1:11.500]. – grafischer Maßstab: »Eschelle« in »Toises« (altfranzösisches Längenmaß, etwa dem Wiener Klafter entsprechend).

Verfasser: Der vermutlich französischsprachige Ingenieur-Offizier, der den Plan zeichnete, ist unbekannt.

Inhalt: Der Plan zeigt die in den 1970er Jahren geflutete, auf der Höhe der heutigen rumänischen Stadt Orschowa (rum. Orşova) und dem serbischen Ort Tekija in der Donau liegende Insel Ada Kaleh (auch: Carolineninsel, Neu-Orschowa, türk. aṭa ḳalʿe, auf dt. Inselfestung) im Jahr 1738. Im Großen Türkenkrieg hatte die Insel wegen ihrer Lage eine besondere strategische Bedeutung (Kat. 1.11). Nach 1689 waren hier erste Befestigungsanlagen errichtet worden. Die Burg Orschowa und die befestigte Insel konnten erst im Spätsommer 1717 nach dem Fall Belgrads durch die kaiserlichen Truppen erobert werden. Nach 1718 wurde sie vom Temeswarer Generalkommando beschleunigt ausgebaut.

Die Karte veranschaulicht den Stand der Festungsanlagen mitten im Russisch-Österreichisch-Osmanischen Krieg (1736–1739), als die Insel im Vorfeld des Einbruchs der Osmanen in das Banat 1738 erobert wurde. Nach dem Friedensschluss von Belgrad 1739 verblieb die Insel mit Ausnahme der österreichischen Besetzung von 1789 bis 1791 dauerhaft in osmanischem Besitz.[2]

Die Karte vermerkt auf den beiden Stromufern die Landesgrenzen: »Frontiere du Bannat de Temiswar«, »Frontieres de la Servie«. Zusätzlich zu den Festungsanlagen auf der Insel, wurden auch die beiden Ufer befestigt. Am linken Donauufer entstand das »Fort St. Charles« und auf dem rechten das »Fort Ste. Elisabet«, dem eine weitere, kleine Befestigung (»Tour Fortifiée«) nachgelagert war. Auf dem rechten Donauufer ist das osmanische Zeltlager (»Camp des Turcs«) zu erkennen. Die Kommandostelle »Quartier du Serasquier« lag unweit von Alt-Orschowa (»Vieux Orsouva«, rum. Orşova Veche). Weiter sind auch die befestigten Stellungen der Batterien auf beiden Ufern und die Beschussrichtungen eingezeichnet. Der Weg nach Mehadia (»Passage vors Meadia«) über das Gebirge in das Temesch-Cerna-Tal (rum. Valea Timişului şi Cernei), den die osmanische Armee sowohl 1738 als auch 1788 bei ihrem Einfall ins Banat genutzt hat, ist explizit ausgewiesen. Der Zeichner suggeriert grafisch das starke Gefälle des Stromes. Die Bergformationen sind in einer Art Schummerung dargestellt.

Beim Friedensschluss 1739 bildete die Umgebung der strategisch wichtigen Insel eine Ausnahme. Grundsätzlich sollte die alte Grenze zwischen dem Temeswarer Banat und der Kleinen Walachei wie vor dem Frieden von Passarowitz (1718) die neue Scheidelinie zwischen Habsburger- und Osmanenreich bilden. In der Umgebung der wieder türkisch gewordenen Festung auf der Insel Neu-Orschowa verlief die Grenze aber nicht in der Strommitte, sondern aus strategischen Erwägungen nördlich davon im Landesinneren, wie die Kartierung der eingesetzten Grenzziehungskommission zeigt.[3]

Im Zeitalter des Reisens verlor die Donauinsel als »Porta Orientalis« und romantisches Reiseziel die Funktion des Bollwerks. Heute steht ihr Name für eine versunkene Welt – im übertragenen und eigentlichen Sinn.

Josef Wolf

[1] Schäfer 1971, S. 253, Nr. 1391; Kisari Balla 2000, S. 219f., Nr. 379, Abb. S. 638, Nr. 379.

[2] Jakovljević 2012.

[3] ÖStA Wien, KA, Kartensammlung, B IX c 635.

Plan de L'Isle et Fort d'Orsowa

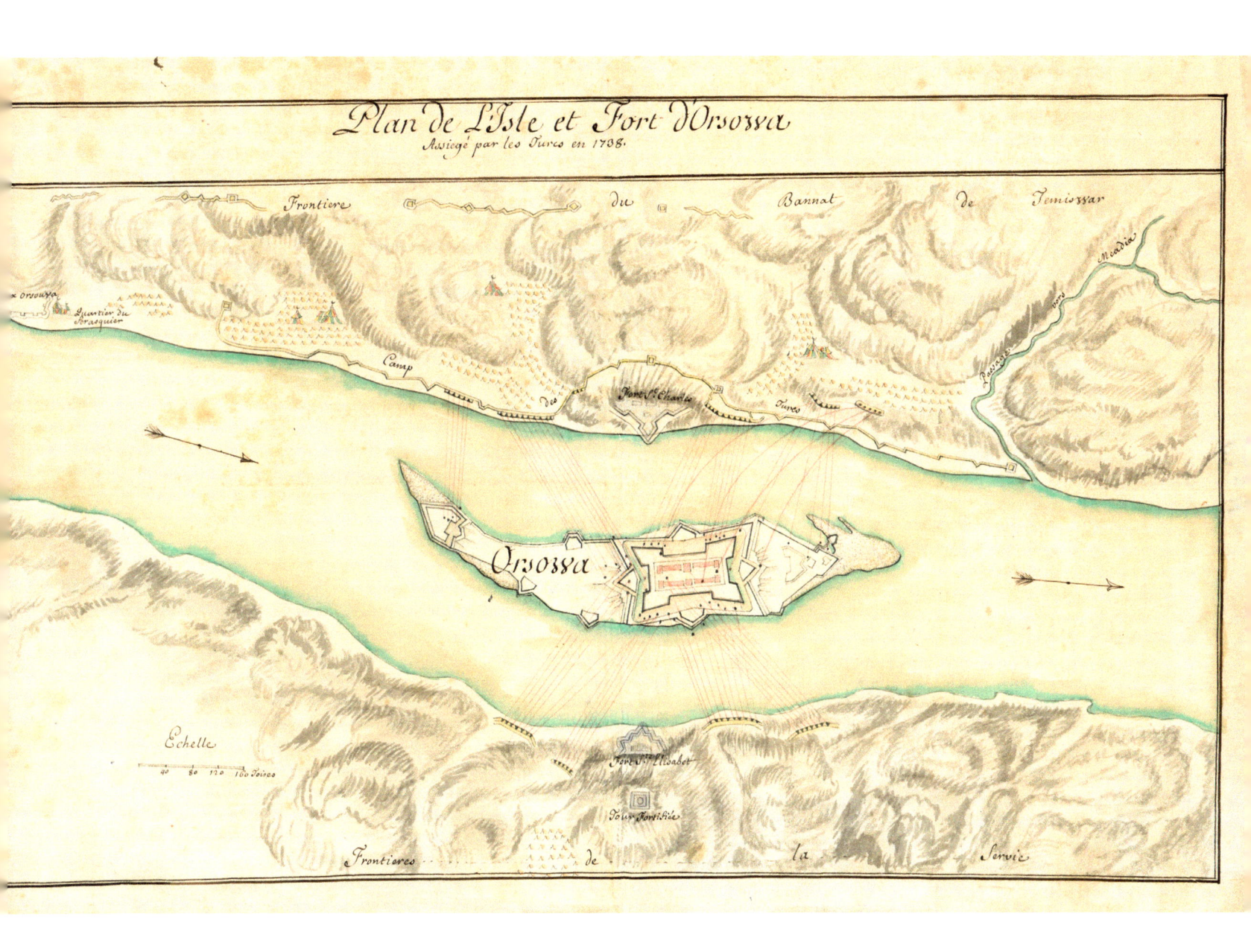

Assiegé par les Turcs en 1738.

3.21 Der russisch-österreichisch-osmanische Kriegsschauplatz, 1788

NEUE KARTE von den gegenwärtigen Kriegs-Schauplatze zwischen den Kaÿserl[ich] Königl[ichen] oder Oesterreichschen, Russisch Kaÿserl[ichen] und Türkischen Arméen, welche vorzüglich den grösten Theil der Europäischen Türkeÿ, die KRIM- // KUBAN und NOGAEISCHE Tatarey, BESSARABIEN, das Schwarze Meer, die ganze MOLDAU und WALLACHEY, SERVIEN, Bosnien, Dalmatien, Croatien, UNGARN, SIEBENBÜRGEN, CALLICIEN, die Bukowine nebst denen bisherigen Stellungen gedachter Armeen enthält. 1788.

Institut für donauschwäbische Geschichte und Landeskunde, Tübingen, Kartensammlung, 2.2.82.

Kupferdruck. – Grenz- und Flächenkolorit. – 38,7 × 59,1 cm (39,9 × 61,5 cm).

Kartografische Angaben: nordorientiert. – Windrose mit leicht nach Westen verdrehter Kompassnadel. Windrosen in den Nebenkarten. – Gradeinteilung. – W 12° 14' – E 51° 56'; S 38° 26' – N 51° 06'. – Nebenkarten ebenfalls nordorientiert. – Maßstab: [ca. 1:5.000.000].

Verfasser: Verfasser und Kupferstecher sind unbekannt. Die grafische Gestaltung und die Inhalte könnten auf ein Produkt aus Wien verweisen. Die informative Karte musste sich gegen eine starke Konkurrenz behaupten. Im gleichen Jahr kam in Wien Abbé Max Schimeks gut informierter *Österreichisch-Russisch-Türkischer Kriegsatlas* bei Franz Anton Schrämbl heraus.[1]

Bildelemente: Der Titel der Karte befindet sich in der Kopfleiste. Die schildförmige Kartusche rechts oben liefert die Buchstabenerklärung, die aufgrund der ausführlichen Beschriftungen, Erklärungen und Signaturen im Kartenbild fast überflüssig ist. Sie ist mit allegorischer Lorbeerblattumrandung geschmückt, die im oberen Teil von einem Marschallstab mit einem schlichten Helm zusammengehalten wird. Links ist Kriegswerkzeug zu sehen: Rossschweif mit Halbmondspitze, Muskete mit aufgestecktem Bajonett, Kanonenrohr und Trompete.

1 Schimek/Schrämbl 1788.

DER RUSSISCH-ÖSTERREICHISCH-OSMANISCHE KRIEGSSCHAUPLATZ, 1788

In der Fußleiste links befindet sich die »Berechnung der Stärcke der Kayserl[ichen] Königl[ichen] Armée«, rechts die »Stärcke der Russisch Kayserl[ichen] Armée – regulair und irregulairer Truppen« mit quantitativer Aufgliederung nach Waffengattungen. »Die Türckische Armée« ist mit Waffengattungen und geografischer Herkunft der Truppenteile beschrieben. Bei der russischen und osmanischen Armee gibt es auch Hinweise auf die Seemacht.

Dazwischen, in der Bildmitte, enthält die detaillierte linke Nebenkarte die »Schlacht bey Kinburn d[en] 12. Oct[ober] // 1787« mit der Umgebung der Festungen Ochakow und Kinburn, die rechte den »PLAN von BELGRAD«. Diese zeigt die Festung, die Vorstädte, die Wasserstadt, die Aufstellung der Regimenter und Batterien bei der gescheiterten ersten Belagerung des Jahres 1788. Auf dem syrmischen Ufer ist Semlin (serb. Zemun) lokalisiert, auf dem Banater Ufer Pantschowa (»Panczova«, serb. Pančevo). Das linke Ufer der Donau mit dem Nebenfluss »Kleine Donauwiz« (serb. Dunavica) ist als Überschwemmungsland gekennzeichnet, während auf der syrmischen Seite die Parzellierung auf agrarische Nutzung hinweist.

Inhalt: Der 2. Russisch-Österreichische Türkenkrieg 1787–1792 wurde von der Annexion der Krim durch Katharina II. (1729–1796, reg. 1762–1796) ausgelöst.[2] Die Hauptkarte weist die Staatsgrenzen wie auch die Binnengrenzen der drei kriegführenden Mächte aus. Die ›Europäische Türkei‹ besteht aus den Provinzen Bosnien, »Servien«, Albanien, »Macedonien«, Bulgarien, »Romanien« (Rumelien), »die Wallachey«, Moldau, Bessarabien, die »Westliche Nogaÿ«, die »Oczakowsche Tatareÿ«. Der »Europäischen Türkey« steht die »Asiatische Türkei« gegenüber. In russischem Besitz waren im nördlichen Schwarzmeergebiet die Krim, die »Nogäysche Tatareÿ«, »Neu Servien« und die »Russische Ukraine«. Bessarabien war im Norden von Tataren bewohnt, ausgewiesen ist die Landschaft »Budziack« (dt. Budschak, tatarisch und türk. Bucak, russ. und ukr. Budžak, rum. Bugeac). Die kleinräumliche Territorialstruktur des Kaukasus ist gut erkennbar: Astrachan, »kubanische Tatarey« und sonstige Territorien. Die östlichen Provinzen des Habsburgerreiches sind »Gallizien«, Siebenbürgen, Ungarn, »Croatien«. Die österreichischen Erbländer werden als »Ein Theil von Deutschland« bezeichnet. »Pohlen« und »Volhynien« erscheinen in ihrem Gebietsumfang vor der dritten Teilung des Landes (1795). In Dalmatien sind die Herrschaftsbereiche abgegrenzt: »Öster[reichisches]«, »Venetianis[ches]« und »Türkisch[es] Dalmatien«.

Die Darstellung des Donaulaufs mit fünf Mündungen entspricht dem damaligen Kenntnisstand. Die Überschwemmungslandschaften auf dem rechten Donauufer oberhalb des Zusammenflusses von Drau und Donau, am rechten Ufer der mittleren und unteren Theiß sind gut zu erkennen. Dagegen erscheint das eigentlich im Ruf von Sümpfen, Miasmen und ungesunder Luft stehende Banat morastfrei.

Das Relief wird in Schraffen dargestellt. Nur wenige Gebirge werden namentlich bezeichnet, so das »Karpatische […] Gebürge« oder der Moraru-Berg (rum. Muntele Morarul) im Godeanu-Gebirge am Eisernen-Tor-Pass, an der Schnittstelle von drei Regionen (Triplex Confinium): von Siebenbürgen, dem Banat und der Kleinen Walachei. Die Flussnamen sind in der Regel deutsch oder in deutscher Schreibweise wiedergegeben, deutsche Ortsnamen begegnen vor allem in Siebenbürgen und Ungarn.

In die thematische Karte sind wichtige Straßenverbindungen, Sammelpunkte der drei Armeen und Lager von Truppeneinheiten, der türkischen Flotte in der Adria und der russischen im Schwarzen Meer eingezeichnet. Das »grosse […] Lager der Türckischen Armeé« lag bei Adrianopel (türk. Edirne), die türkische Flotte versperrte den Zugang zu den Dardanellen. Zum Zeitpunkt des Erscheinens der Karte war das Banat noch kein Aufmarschgebiet der österreichischen Armee. Die »Römer Schanz« führt als antikes Relikt oberhalb von Peterwardein (serb. Petrovaradin) quer durch die Südbatschka.

Josef Wolf

2 Hochedlinger 2003.

Temeswar und andere Festungen im Banat, [1788/89] 3.22

Des neu-eröffneten // KRIEGSTHEATRI // in Ungarn 4ter theil, // stellet vor, die Gegend u[nd] Grundriß // der Vestung // TEMESWAR, // mit denen im Bannat liegenden // VESTUNGEN.

Privatsammlung Dr. Ovidiu Șandor, Temeswar.

Kupferdruck. – Flächen- und Gewässerkolorit, Titelkartusche einer Nebenkarte koloriert, Rahmen und Windrose ebenfalls koloriert. – 32,3 × 47,1 cm (34,6 × 49,3 cm). – Impressum unten Mitte: »Nürnberg verlegt bey Adam Ionathan // Felßeckers Seel[igen] // Erben«.

Kartografische Angaben: nordwestorientiert. – Windrose in der Hauptkarte, Kompassscheiben in den Nebenkarten »ORSAVA« und »VIPALANKA«, Kompassnadel oder Richtungspfeil in der Nebenkarte »MEADIA«. – E 21° 13′ 44″; N 45° 45′ 22″ (Koordinaten beziehen sich auf die Mitte der Altstadt). – Maßstab: [ca. 1:9340].

Verfasser, Verleger, Ausgaben: Verfasser und Stecher der von der Nürnberger Offizin Felßecker gedruckten, nicht datierten Karte sind unbekannt. Für Nürnberger Verlage war es in Bezug auf Kartenproduktion schwierig, in Konkurrenz zum marktbeherrschenden Homann-Verlag zu treten. Beim Ausbruch des Russisch-Österreichisch-Osmanischen Krieges 1737 brachte Felßecker eine Karte[1] heraus, die das Allgemeininteresse befriedigen sollte und später auch einer Druckschrift des Publizisten Julius Friedrich Scharfenstein (1689–1756) beigefügt wurde.[2] Scharfenstein hatte auch eine geografische Beschreibung des russisch-österreichisch-osmanischen Kriegsschauplatzes (1737) abgefasst,[3] innerhalb der eine »Geographische Beschreibung des Königreichs Ungarn und derer demselben incorporirten Länder« enthalten ist. Sie war als Anleitung für Kartenleser gedacht.[4] Der Titel der hier bei Scharfenstein erwähnten Karte deutet auf einen mehrteiligen Kartensatz, von dem der vierte Teil die Vorgängerkarte für den vorliegenden veränderten Neudruck unter Verwendung der alten Kupferplatte während des nächsten Russisch-Österreichisch-Osmanischen Türkenkrieges darstellte.

Bildelemente: Die Hauptkarte mit dem Grundriss der Festung Temeswar und der Umgebung wird in den Kartenecken ergänzt durch eine Nebenkarte links oben: »Neuer Plan des befestigten Basses // MEADIA // an der Wallachischen Gräntz«, eine Nebenkarte rechts oben: »Die Kayserliche // Gräntz Vestung // ORSAVA«, und eine Nebenkarte rechts unten: »Die Vestung // VIPALANKA«. Links davon befindet sich die Legende für die Festung Temeswar mit einer Liste der Bastionen.

Die Titelkartusche ist links unten angebracht. Ein einköpfiger Adler krönt die den geschwungenen, leicht schräg angebrachten Barockrahmen des Kartentitels, in seiner rechten Kralle führt er ein Schwert; an den oberen Rändern des Rahmens befinden sich zwei gezündete Granaten; vor dem Rahmen am Boden liegendes Kriegsgerät. Die Umfassungen der Nebenkarten bilden den Kontrast zur Gestaltung der Titelkartusche, allerdings ist die Nebenkarte »Vipalanka« auf der vorderen Fläche eines klassizistischen Sockels angebracht, der eine Illusion von räumlicher Tiefe schafft. Das von einem Strahlenkranz umgebene ›Ungarische Kreuz‹, bestehend aus einem senkrechten Balken mit zwei Querbalken, wobei der obere kürzer ist als der untere, steht für die staatsrechtliche Rückgliederung des eigenständigen Domänenstaats Temeswarer Banat an das Königreich Ungarn (1778) und verweist somit auf die Zeit um 1780. Im Kartenbild befindet sich teils oben und teils unten der Schriftzug »TEMESWARER // BANNAT«.

Inhalt: Die Stadt Temeswar[5] ist richtig an der Bega (»Behge fl[umen]«) und nicht an der Temesch (rum. Timiș) verortet. Die Flussbegradigungen, die seit 1727 mit dem Bau des Bega-Kanals unternommen wurden, sind in der Karte nicht sichtbar. Das Umland der Stadt ist sumpfig. Aus dem Morast westlich der Stadt führt die »Alte Römer Schantz« heraus. Agrarisch genutzte Parzellen befinden sich fast nur auf der Nordseite.

Die noch nicht völlig ausgebaute Festung[6] zeichnet sich durch ein reguliertes Straßennetz aus. Mit Signaturen versehen sind die beiden Kirchen innerhalb der Festung Temeswar. Der Grundstein der das Patrozinium des Hl. Georg tragenden römisch-katholischen Domkirche wurde 1736 gelegt. Die zweite Kirche auf dem Hauptplatz (heute Domplatz, rum. Piața Unirii) ist die serbisch-orthodoxe Christi-Himmelfahrtskathe-

1 Neu-Eröfnetes Kriegs-Theatrum in Ungarn Rußland und der Türckey, worinnen alle Provintzien, wie sie an das Türckische Reich angräntzen, zu ersehen sind, Nürnberg 1737.

2 Scharfenstein 1738.

3 Scharfenstein 1737.

4 Ebd., S. 35–41.

5 Zur Stadtgeschichte: Rieser 1992; Ilieșu 2005.

6 Zur Entwicklung der Festung und Innerstadt: Opriș 2007, S. 58–87.

drale (serb. Srpska Vaznešnja Gospodnjeg Crkva), die 1737 abbrannte und nach dem Türkenkrieg im barocken Stil neu errichtet wurde.

Die Karte zeigt zwei durch eine Brücke verbundene Ortsteile der Vorstadt »Große Palanka«. Auf deren Gebiet ist in der spätkarolinischen Zeit die Vorstadt Fabrik entstanden. Die Temeswar-Sektion der Josephinischen Landesaufnahme (1769–1772) hält dagegen bereits vergleichsweise eine veränderte Siedlungsstruktur fest: Als Vororte sind »Mihalla« (rum. Mehala), die alten (»Alte Mayerhoff«) und neuen Meierhöfe (»Neuer Meyerhoff«) nebst der Fabrik (»Fabrique«) festgehalten. Die seit 1744 bestehenden »Neuen oder Teutschen Maierhöfe« wurden unter Joseph II. (1741–1790) in Josefstadt umbenannt. Die vorliegende Karte erfasst somit nur unzureichend die in der spättheresianischen Zeit schon klar ausgeprägte polizentrische Struktur der Stadt.[7]

Außerhalb der Festung wird im Nordosten ein unbenannter Gebäudekomplex und ein »Rothes Haus«

7 Die Josephinische Landesaufnahme ist online zu finden unter: URL: http://mapire.eu/de/order/overview-map/23 (04.07.2017); zur Entwicklung der Vororte im 18. Jahrhundert: Opriș 2007, S. 45–58.

sidentengarten und Festung steht eine schon bei der Eroberung 1716 verlassene Moschee (»Mosche«).

Das Straßennetz weist die Wege nach Mehadia, Ujpalanka (dt. auch: Neupalanka, serb. Nova Palanka, Ortsteil von Banatska Palanka, ung. Új-Palánka), Pantschowa (serb. Pančevo), Belgrad auf der Südseite der Festung, auf der Nordseite die Wege nach Szegedin (ung. Szeged), Arad, Lippa und auf der Westseite der Weg zum Theißübergang bei Zenta (serb. Senta) aus. Der auf der Nordostseite vermerkte Weg nach Karansebesch (rum. Caransebeș) ist falsch eingetragen.

Ujpalanka war schon in der osmanischen Zeit als Donaufurt ein befestigter Platz. In der karolinischen Zeit wurde Ujpalanka zu einer wichtigen Anlegestelle für Schiffe. Während der frühen deutschen Ansiedlung wurden die Einwanderer hier an Land gesetzt.

Nachdem die Burg zu Beginn des letzten Türkenkrieges in türkische Hand geriet, wurde sie am 21. Oktober 1788 von Generalmajor Ferdinand Johann Nepomuk Graf Harrach von Rohrau (1740–1796) zurückerobert. Der Grundriss verweist jenseits der Donau auf das »ruinirt[e]« mittelalterliche Schloss »Ram« (lat. Rama, serb. Ram, Ortsteil der Gemeinde Veliko Gradište).

Die am Craiova-Fluss (»Krajova fl[umen]«) liegende mittelalterliche Burg Mehadia war nach ihrer Eroberung 1716 mit zwei Forts befestigt worden, weitere kamen nach 1739 hinzu. Ende April 1739, nach der Einnahme der Burg Orschowa, wandten sich die Türken Mehadia zu und eroberten nach mehreren Wochen Belagerung die Burg, die jedoch Anfang Juli von Großherzog Franz von Lothringen zurückerobert werden konnte. Bis zum Kriegende wechselte sie noch einmal den Besitzer. Der Frieden von Belgrad 1739 sah ihre Schleifung vor, die sich aber bis 1752 hinauszögerte. Der verbliebene Rest wurde im letzten Türkenkrieg zerstört.

Alt-Orschowa (»alt Orsava«, rum. Orşova Veche, heute Orşova) breitet sich beidseitig der Burg aus. Auf der Ostseite mündet die Tscherna (»Cserna fl[umen]«, rum. Cerna) in die Donau. Die Topografie der »Fortificirte[n] Insel« ist jene bis zu ihrem Verlust durch die Habsburger 1739. Aus der Karte geht nicht hervor, dass sie längst nicht mehr in kaiserlichem Besitz ist.

Topografische Veränderungen waren für den Nürnberger Verlag nicht entscheidend, um die Karte neu aufzulegen. Der ›Kriegsschauplatz‹ blieb in einer sich wiederholenden militärpolitischen Konstellation der gleiche.

Josef Wolf

gezeigt. Zwischen dem Weg nach Lippa (rum Lipova) und jenem nach Arad wird auf den »Brunnen«, verwiesen, womit die bis ins 20. Jahrhundert hinein als »Paschabrunnen« bezeichnete Wasserquelle gemeint war. Im gleichen Bereich ist auch der orthodoxe Friedhof (»Raitzen Begräbnis«) verortet. Zwischen dem Arader Weg und dem nördlichen Abschnitt der Römerschanze ist der »Comendanten Garten« (auch: Präsidentengarten, der Sommersitz des Präsidenten der Banater Landesadministration) eingezeichnet. Zwischen Prä-

Theatrum Belli inter Imperat. CAROL. VI. et SULT. ACHMET IV. in partibus regnorum SERVIÆ et BOSNIÆ, ex avthenticis subsidÿs delineatum a Ioh. Fr. Öttingero Loc. ten. Imper.

4 GRENZLÄNDER AN DER SÜDWESTLICHEN PERIPHERIE

Seit der Mitte des 16. Jahrhunderts bildete ein System von habsburgischen Grenzfestungen einen Schutzwall gegen militärische Angriffe und Seuchen. Aus dem Grenzraum entwickelte sich eine territoriale Grenze. Bis zum Friedensschluss von Karlowitz 1699 war diese noch mit erheblicher Unschärfe behaftet. Im Übergang vom Grenzsaum zur linearen Grenze erfuhr der Raum durch Vermessung und Aufstellung von Grenzpfählen symbolische Veränderungen. Gleichzeitig konnten Grenzstreitigkeiten vermieden werden.

Mit der Ausdehnung des habsburgischen Machtbereichs wurde die windische und kroatische Militärgrenze ostwärts nach Slawonien, in das Banat und nach Siebenbürgen erweitert. Die Militärgrenze wurde so zu einer »Vormauer« zwischen Orient und Okzident. Der Grenzraum stand unter militärischer Sonderverwaltung.

Festungen prägen das Bild, das am häufigsten mit der Militärgrenze assoziiert wird. Der gute Ruf der Militärgrenze war jedoch nicht nur auf die von den Grenzern im Kleinkrieg und in auswärtigen Konflikten bewiesene Loyalität beschränkt, sondern zog auch ihre Rolle bei der Bekämpfung der Seuchengefahr und des Räuberwesens mit ein.

Die Militärgrenze trennte entwickelte und randständige Welten und prägte das Leben an der Peripherie des Habsburgerreiches. Zollschranken und Quarantänehäuser führten Kontrolle und Trennung vor Augen. Der Bevölkerung des Grenzraumes wie auch der europäischen Öffentlichkeit vermittelte sie den Willen des Habsburgerreiches, Souveränität und Sicherheit durchzusetzen und Schutz zu gewähren. Für die Bevölkerung im osmanischen Machtbereich symbolisierte sie jedoch Exklusion. Massenhafte kriegsbedingte Flüchtlingsbewegungen öffneten aber auch während der Türkenkriege die ›geschlossene‹ Grenze für Zuwanderer.

4.1 Windische und kroatische Militärgrenze, um 1657

Mappa über die Windische; Petrinianische // vnnd Banatische[1] granitzen.

Landesarchiv Baden-Württemberg, Generallandesarchiv Karlsruhe, Hfk Planbände 12, 27.

Federzeichnung, koloriert. – 38,4 × 51,2 cm (42 × 54,8 cm).[2]

Kartografische Angaben: nordorientiert. – W 15° 23' – E 17° 36'; S 45° 24' – N 46° 27'. – Maßstab: [ca. 1:320.000]. – grafischer Maßstab in »Meillen«.

Verfasser, Ausgaben: Die unsignierte Karte entstammt einem Kartenwerk, das vor allem das Ergebnis einer 1657 durchgeführten Festungsvisitation der steirischen, windischen und kroatischen Grenzstädte zusammenfasst. Hierin wurde eine einheitlich angelegte Beschreibung der südwestlichen Grenzgebiete des Habsburgerreiches angestrebt. Das Beschreibungswerk – bestehend aus Text, Karte und Bild mit einem Umfang von etwa 150 Blättern – ist zusammen mit weiteren Karten und Plänen dem Feldmarschall Annibale Gonzaga (1602–1668) gewidmet. Er hatte 1658 den Oberbefehl über die kaiserlichen Truppen in Ungarn erhalten und war ab 1665 Präsident des Hofkriegsrates.

Das Konvolut ist in zwei Bänden zusammengefasst und enthält Karten, Pläne und Grundrisse von Grenzburgen, Schlössern, Städten und ihrer nächsten Umgebung, Fortifikationsprojekte sowie tabellarische Aufstellungen des Artilleriebestandes.[3] Die meisten Zeichnungen des ersten, recht homogenen Bandes, aus dem die Karte stammt, erstellte der kaiserliche Oberingenieur Martin Stier (1620–1669, Kat. 2.2, 4.2, 4.3). Eine explizite thematische Verbindung besteht zur ebenfalls hierin überlieferten »Mappa über die Croatische und Meer // granitzen samt den Cameralischen Stätten« (Kat. 4.2)[4] als zweite von insgesamt drei Übersichtskarten.

Bildelemente: Der Kartentitel und die kleine Legende sind in eine Barockkartusche in der rechten unteren Ecke geschrieben. Es gibt lediglich Signaturen für »Graniz Haubtmanschafften«, »Czardackhen [Tschar-

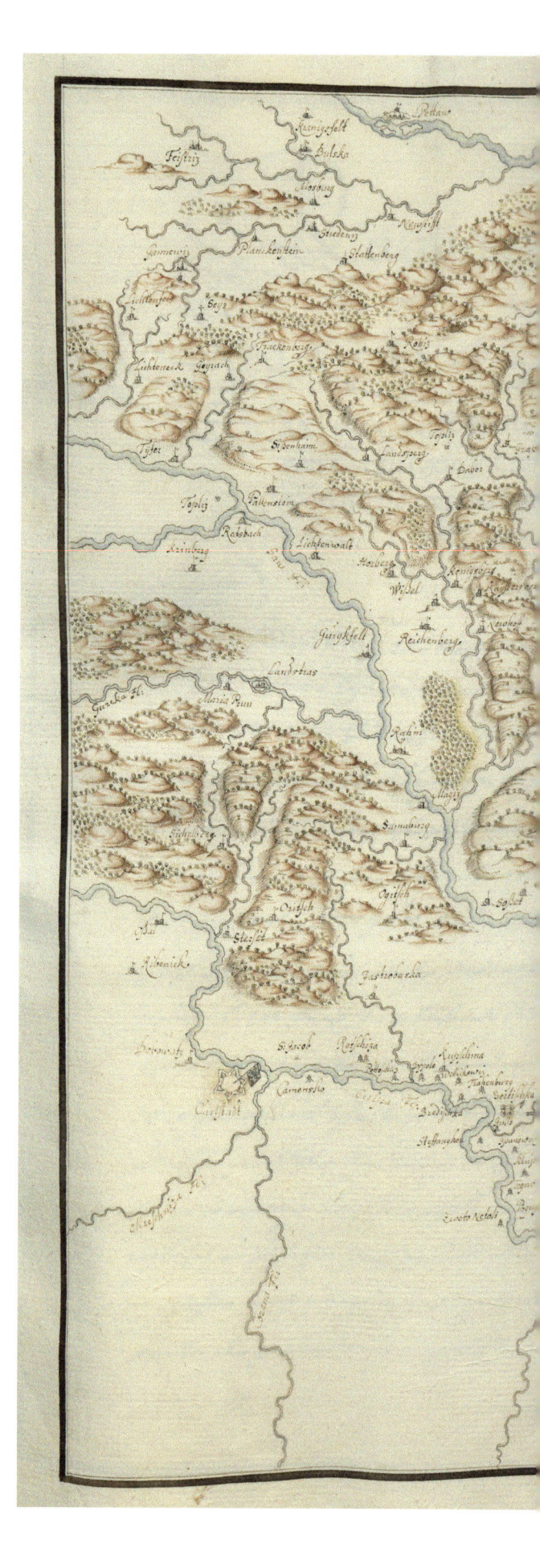

---

1 »Banatische« = Banalgrenze, jener Grenzabschnitt, der dem Banus von Kroatien nachgeordnet war.
2 Schäfer 1971, S. 199, Nr. 1039; Kisari Balla 2000, S. 108, Nr. 113, Abb. S. 372, Nr. 113.
3 GLA Karlsruhe, Hfk Planbände 12 und 13; Schäfer 1971, S. 197, Nr. 1027 und S. 207, Nr. 1107a; Kisari Balla 2000, S. 107 und 128; Ausst. Kat. Karlsruhe 2010, S. 88 f.; Wüst 2010, S. 57.
4 GLA Karlsruhe, Planbände 12, 59.

27.
Mappa vber die Windische, Petruni anische vnnd Banatische graniizen.
Brauiz Haubtmanschaffte
Tzardackhen,
Schartheüßer,
Wattverhacke.
3 Meillen

daken, Grenzwachtürme]«, »Schartheüszer« und »Walttverhacke [Baum- oder Waldverhaue]«. Auf der Basis befindet sich der grafische Maßstab.

Inhalt: Die chorografische Karte war für einen militärischen Nutzerkreis bestimmt, weshalb die aus Flusstälern bestehenden Verkehrsachsen von Bedeutung sind. Gebirgsnamen sind unwichtig, Berge und Flachland ergeben sich aus der Darstellungsart: Unbemalte Flächen bilden das Flachland und die Hochebenen ab; meist mit Bewuchs gekennzeichnete, im Hügelland abgeflachte, schattierte Maulwurfshügel stehen für Berge.

Die deutlich herausgearbeitete Hydrologie ist das Gerüst der auf das Gebiet der windischen und kroatischen Grenze ausgerichteten Inselkarte. Eingezeichnet sind die Hauptflüsse Drau (»Trah Fl[uss]«) und Save (»Saw Fl[uss]«) mit ihren wichtigsten Nebenflüssen. Detailliert ist der Lauf der im Vergleich zur Save gut erforschten Drau dargestellt. Größere Inseln sind jene bei Pettau (»Pettaw«, slowe. Ptuj) und Warasdin (kroat. Varaždin). Viele Inseln reihen sich vom Zusammenfluss der Mur (»Muhr Fl[uss]«) bei Legrad (»Legradt«) bis Brezovica (»Preßowitza«) und Visovac (»Wißowaz«). Die Südostorientierung des Flusses ab Legrad ist richtig eingezeichnet. Dagegen werden im dargestellten Abschnitt der Save nur zwei Inseln bei »Agram« (kroat. Zagreb) gezeigt. Eindrucksvoll – ein Gewirr von Mäandern, Altarmen sowie bewohnten und unbewohnten Inseln – ist der Mittellauf der Česma (»Czaschma F[luss]«) dargestellt, die unterhalb von Sisak in die Save mündet.

Die Karte verzichtet auf die Einzeichnung von Territorialgrenzen; der habsburgische und osmanische Herrschaftsbereich sind namentlich nicht abgegrenzt. Die Vorstellung von Grenze war damals an die Existenz von Grenzburgen gebunden. Daher werden, dem nach und nach erfolgten Ausbau des gegen die Osmanen gerichteten Grenzburgensystems folgend, in der Karte die Burgen entlang der Kupa bis zu deren Mündung in die Save, von Karlstadt (slow. Karlovac) bis nach Sisak festgehalten. Novigrad, Sankt Georgen und »Weißer Thurn« waren die äußersten Burgen im Osten. Eingezeichnet sind wichtige, militärisch relevante Siedlungen, Klöster und Wallfahrtsorte. Die Ortsnamen in der Krain sind Deutsch; auch im kroatischen Gebiet sind einige deutsche Toponyme eingezeichnet, wie z. B. »Auff den Rain« unterhalb der Burg Ivanić (»Ibanisch«) und »Maria Himelfart« unterhalb von Sisak.

Zum Schutz des südlichen und südwestlichen Grenzraums war im 16. Jahrhundert ein militärisches Sonderverwaltungsgebiet, die Österreichische Militärgrenze (lat. confinium militare, kroat. Vojna Krajina), eingerichtet worden. Die neue Form der territorialen Organisation umfasste die Herrschafts- und Besiedelungsstrukturen sowie den Ausbau der Grenzburgen und deren Besatzungen.

Josef Wolf

Kroatische Grenze und Meergrenze, um 1657

4.2

Mappa über die Croatische und Meer // granitzen sambt den Cameralischen Stätten.

Landesarchiv Baden-Württemberg, Generallandesarchiv Karlsruhe, Hfk Planbände 12, 59.

Federzeichnung, koloriert. – 38,5 × 50,8 cm (42 × 54,8 cm).[1]

Kartografische Angaben: nordorientiert. – Windrose, leicht nach Westen verdreht. – W 12° 51′ – E 15° 42′; S 43° 57′ – N 46° 34′. – Maßstab: [ca. 1:565.000]. – grafischer Maßstab in »Meillen«.

Verfasser: Die unsignierte Karte entstammt demselben Werk wie die ebenfalls anonym überlieferte »Mappa über die Windische; Petrinianische // vnnd Banatische granitzen« (Kat. 4.1). Inhaltlich schließt sie ebenfalls an jene Karte an, indem sie das in südwestliche Richtung angrenzende Gebiet beschreibt. Auch hier ist die Autorschaft von Martin Stier (1620–1669, Kat. 2.2, 4.1, 4.3), kaiserlicher Oberingenieur, in Erwägung zu ziehen.

Bildelemente: Die tafelförmige Titelkartusche rechts oben mit kleiner Legende ist von einem Barockrahmen umgeben. Auf der Basis befindet sich der grafische Maßstab. Zwei Segelschiffe kreuzen auf dem Adriatischen Meer. Von der Kompassscheibe führen strahlenartig Linien zur Küste. Die Farbsignaturen der Legende listen auf: »Croatische [gränitzen]«, »Mere gränitzen«, »Cameralische [Stätten]«, »Türkische Posten« [Grenzposten].

Inhalt: Die Karte weist nur wenige Territorialbezeichnungen wie »Croatia«, »Istria«, und »Goritia« aus. Der habsburgische und osmanische Bereich erfahren keine namentliche Abgrenzung. Sie waren in den ›mental maps‹ der lokalen und zentralen militärischen Akteure fixiert. Für große Teile der im Grenzgebiet lebenden Bevölkerung hatte jedoch die Herrschaftszugehörigkeit keine wesentliche territorialpolitische Bedeutung.

Das erfasste Gebiet reicht von der nordwestlichen Halbinsel Istrien über das Kroatische Küstenland (kroat. Hrvarsko Primorje) um Rijeka und Senj mit den Inseln der Kvarner Bucht, Norddalmatien wie auch das gebirgige Hinterland bis nach Bosnien und an die mittlere Kupa (dt. Kulpa).

Gewässernamen wie »Golfo de Trieste« und »Mare Adriaticvm« verweisen auf die Meeresflächen. Anschaulich dargestellt sind die der Küste vorgelagerten großen Inseln von der Kvarner Bucht bis zur Insel Pag (»Bago Isvla«, ital. Pago) nördlich von Zadar (»Zara«): »Vegia Isola« (kroat. Krk, ital. Veglia Isola), »Cherso Isola« (kroat. Cres) und »Arbe Isola« (kroat. Rab). Während der Küstenstreifen an einigen Stellen (unterhalb des Velebit und des Biokovo-Gebirges) nur wenige Kilometer breit ist, reicht er an anderen Stellen weiter ins Landesinnere. Zahlreiche Einbuchtungen sind von »Zeng« (kroat. Senj) bis südlich von »Veza« am Fuße des Velebit eingezeichnet, wahrscheinlich aus Sicherheitsgründen, um der von Uskoken praktizierten Seepiraterie Herr zu werden.

Die heute als Mittelkroatien bezeichnete dinarische Gebirgsregion ist sowohl von Mittelgebirgen wie auch wenigen Hochgebirgen geprägt. Sie bilden, in der Karte gut sichtbar, die Wasserscheide zwischen Donau und Adriatischem Meer. Nur wenige Gebirgsnamen sind eingezeichnet, wie beispielsweise das »Mozschilla Gebürg« (kroat. Mozilla gora) im Velebit, zwischen Grobnik (»Grobnig«) und dem Zirknitzer See (»Cirgnizer See«, slowe. Cerkniško jezero). Erkennbar sind das Gebirgsland zwischen Rijeka und Karlovac (kroat. Gorski kotar) und die Täler zwischen dem entlang der Küste verlaufenden, nicht namentlich gekennzeichneten Gebirgszug des Velebit und dem osmanischen Herrschaftsgebiet in Westbosnien wie auch ein Teil des Hinterlandes Westdalmatiens. Die Kennzeichnung der Höhe des Gebirges ist hier wie in topografischen Karten der Zeit nicht von Bedeutung. Entscheidend waren die Terrain- und Kommunikationsverhältnisse über Flusstäler, die den dargestellten Gebietsausschnitt strukturieren und militärische Kommunikation wie auch territorialpolitische Kontrolle ermöglichten.

Die meisten eingezeichneten Nebenflüsse sind nicht namentlich gekennzeichnet. Im Nordwesten findet der Isonzo (»Lisonza Flus«) und die durch Laibach (»Labach«, slowe. Ljubljana) fließende, bei Kaltenbrunn in die Save mündende »Kl[eine] Labach« Erwähnung. Mehrere befestigte Inselorte sind an der Gacka einge-

---

1 Schäfer 1971, S. 201, Nr. 1057; Kisari Balla 2000, S. 114, Nr. 131, Abb. S. 390, Nr. 131.

4. GRENZLÄNDER AN DER SÜDWESTLICHEN PERIPHERIE

zeichnet. Bei Novigrad an der Adria ist ein Fluss mit Abfluss in einen See vermerkt – keine Einzelerscheinung im Karstgebiet. Dicht besiedelt ist das Gebiet zwischen Slunj (»Slun«) und Karlovac (»Carlstadt«). Bei Buccari (»Bucarÿ«) wird auf das »Wein Thal« hingewiesen; Rijeka (ital. Fiume) war unter dem Namen »S[t]. Veith« bekannt.

Josef Wolf

4.3 Grenzburg Varaždin, um 1657

Abrieß von Waraßdien.

Landesarchiv Baden-Württemberg, Generallandesarchiv Karlsruhe, Hfk Planbände 12, 32.

Federzeichnung. – 37,8 × 51 cm (38,3 × 51,8 cm).[1]

Kartografische Angaben: nordwestorientiert. – E 16° 20' 15"; N 46° 18' 30".

Verfasser: Die Zeichnung ist nicht signiert. Der Überlieferungszusammenhang im ersten der beiden, Annibale Gonzaga gewidmeten Planbände[2] liefert allerdings Anhaltspunkte. Darin stammen bis auf wenige nicht namentlich signierte Pläne nahezu alle vom kaiserlichen Oberingenieur Martin Stier (1620–1669, Kat. 2.2, 4.1, 4.2). Daher könnte auch die Zeichnung von Warasdin von ihm oder einer Person aus seinem Umfeld angefertigt worden sein. Das Gros der Pläne entstand 1657 bei Visitationen.

Bildelemente: Im Vordergrund der Darstellung aus der Vogelperspektive ist die königliche Freistadt, im Hintergrund die Burg zu sehen. Sichtbar sind die Festungswerke, die aus dem Mittelalter stammenden Pfarrkirchen (St. Nikolaus und St. Veit) und die 1642–1646 von den Jesuiten erbaute Kirche Mariä Himmelfahrt, das bedeutendste frühbarocke sakrale Bauwerk der Stadt. Im Bild erscheint auch die mittelalterliche, 1582 bis auf die Grundmauern niedergebrannte, vom Franziskanerorden betreute und um 1650 im Barockstil wiedererrichtete Kirche St. Johannes. Ein großflächiger Brand 1776 veränderte die Gestalt der Festungsstadt grundlegend.[3]

Inhalt: Die mittelalterliche königliche Burg Varaždin (lat. Varasdinum, dt. Warasdin, ung. Varasd) liegt am rechten Ufer der mittleren Drau. Auf dem Gebiet der Stadt Warasdin bestanden seit dem Mittelalter zwei Gemeinden: die Burg- oder Altstadtgemeinde (kroat. Starogradska općina) und seit dem frühen 13. Jahrhundert die königliche Freistadt (lat. libera Villa Varasd/ libera Civitas Warasdi(n)ensis, kroat. slobodna Varoš Varaždin). Burg und Burggemeinde wurden von den Burgkapitänen (comites castri, capitanei castri) verwaltet. Die Stadtgemeinde hatte ihre örtliche, unmittelbar dem König nachgeordnete Verwaltung. Die Bürgerschaft bestand aus Bürgern kroatischer und deutscher ›Nation‹. Das Warasdiner Grenzland bildete einen Teil der kroatischen Militärgrenze.

Die Burg wurde im Zusammenhang mit den frühen Türkeneinfällen ausgebaut und erhielt die typische Form einer Wasserburg. Ihre Entwicklung war von einem häufigen Besitzerwechsel gekennzeichnet. 1527 kam sie in Besitz der Habsburger und wurde elf Jahre

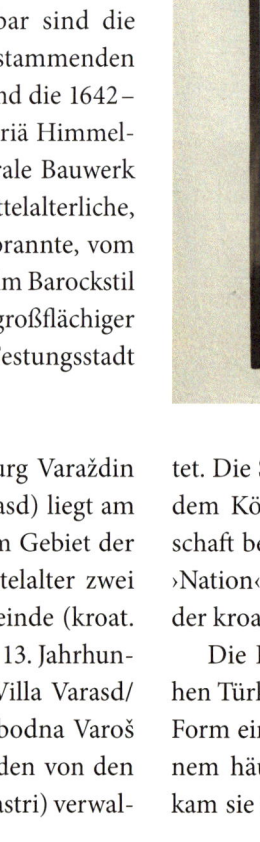

---

1 Schäfer 1971, S. 199, Nr. 1042; Kisari Balla 2000, S. 109, Nr. 116, Abb. S. 375, Nr. 116.
2 GLA Karlsruhe, Hfk Planbände 12; Schäfer 1971, S. 197, Nr. 1027; Kisari Balla 2000, S. 107; Ausst. Kat. Karlsruhe 2010, S. 88 f.; Wüst 2010, S. 57.
3 Lentić-Kugli 1977.

Abrieß von Waraßdien

später in das Grenzburgensystem integriert. Wegen der drohenden Türkengefahr führte König Ferdinand I. (1503–1564) eine ständige militärische Besatzung ein. Von 1591 an befand sich die Burg im erblichen Besitz der einflussreichen Magnatenfamilie Erdödy, die gleichzeitig Burgkapitäne und Gespane des gleichnamigen Komitats (kroat. županija Varaždin, ung. Varasd megye) waren.

Den Höhepunkt ihrer politischen Entwicklung erreichte die Stadt 1756, als Varaždin für zwei Jahrzehnte der administrative Zentralort – Residenz des Banus und des königlich-kroatischen Rates (lat. Consilium Regium Croaticum, kroat. Hrvatsko kraljevsko vijeće) – Zivilkroatiens wurde.[4] In dieser Zeit eignete sich die aufblühende Stadt das Aushängeschild »Klein Wien« als Bezeichnung an – ein ›moving space‹ – auf den mehrere ehemalige ostmittel- und südosteuropäische habsburgische Provinzstädte bis in die Gegenwart Anspruch erheben.

Josef Wolf

4 Lončarić 2014.

4.4 Georg Hufnagel
Grenzburg Petrinja, [1657]

PETRINA. // In ditione Turcarum. – PETRINA. // In ditione Christianorum.

Institut für donauschwäbische Geschichte und Landeskunde, Tübingen, Kartensammlung, 2.5.38.

Kupferdruck, koloriert. – 36 × 50 cm (47,4 × 59,7 cm). – Rückseite mit Text: »Petrinae Descriptio«. – signiert auf der Bildleiste zwischen den Abbildungen, von unten nach oben: »Acceptum ab amico depinxit et communicauit Geor[gius] Houfnaglius A[nn]o 1597.«

Kartografische Angaben: ostnordostorientiert. – Kompassnadeln statt Windrose. – E 16° 16' 14''; N 45° 26' 42'' (die Koordinaten beziehen sich auf den Zusammenfluss der Flüsse). – Maßstab: [ca. 1:1439]. – grafischer Maßstab in Schritt: »Schala paßuum« mit Bezug auf die neue habsburgische Grenzburg.

Verfasser, Verleger, Ausgaben: Der umtriebige Zeichner und Miniaturenmaler Georg Hufnagel (auch: Georgius Houfnaglius, Joris Hoefnagel, 1542–1600) war Sohn eines Diamanthändlers aus Antwerpen und an zahlreichen Orten und Höfen Europas tätig. Die Vedute von Petrinja wurde zunächst 1617/18 in Georg Brauns (1541–1622) Standardwerk mit Stadtansichten *Civitates orbis terrarum* beziehungsweise *Beschreibung und Contrafactur der vornembster Stät der Welt* (Antwerpen/Köln, 1572–1618) auf der Grundlage einer Vorlage von 1597 publiziert.[1] Georg Hufnagel stellte – wie auch andere Künstler – Vorlagen der Ansichten als Auftragsarbeiten her. Der Kupferstecher Frans Hogenberg (1535–1590) und seine Nachfolger verwendeten diese und ältere Darstellungen und überarbeiteten sie. Die Texte stammen von Georg Braun.

Auf Hufnagel gehen mehrere Ansichten ungarischer und siebenbürgischer Städte zurück, die vor allem in den sechsten Band von Brauns Werk eingingen. So finden sich unter anderem Abbildungen von Tata (Bd. 6, Nr. 34), Ofen (ung. Buda, Bd. 6, Nr. 30), Erlau (ung. Eger, Bd. 6, Nr. 32), Komorn (slow. Komárno, ung. Komárom, Bd. 5, Nr. 55), Szolnok (Bd. 6, Nr. 33), Pápa (Bd. 6, Nr. 35) und Klausenburg (rum. Cluj-Napoca, Bd. 6, Nr. 41). Die Veduten der Kölner Ausgabe der *Beschreibung* wurden bis weit ins 18. Jahrhundert hinein nachgedruckt und prägten dauerhaft die europäische Vorstellung der frühneuzeitlichen ungarischen, kroatischen und siebenbürgischen Städtelandschaft.

---

1 Braun/Hogenberg 1572/1618, hier Bd. 6: Theatri Praecipvarvm Totivs Mvndi Vrbivm Liber Sextvs, Köln 1618, Nr. 36, UB Heidelberg, Signatur A 330 A GROSS RES:6. URL: http://digi.ub.uni-heidelberg.de/diglit/braun1618bd6/0114 (05.07.2017).

2 Janssonius 1657.

3 Braun/Hogenberg 1572/1618, hier Bd. 6: Theatri Praecipvarvm Totivs Mvndi Vrbivm Liber Sextvs, Köln 1618.

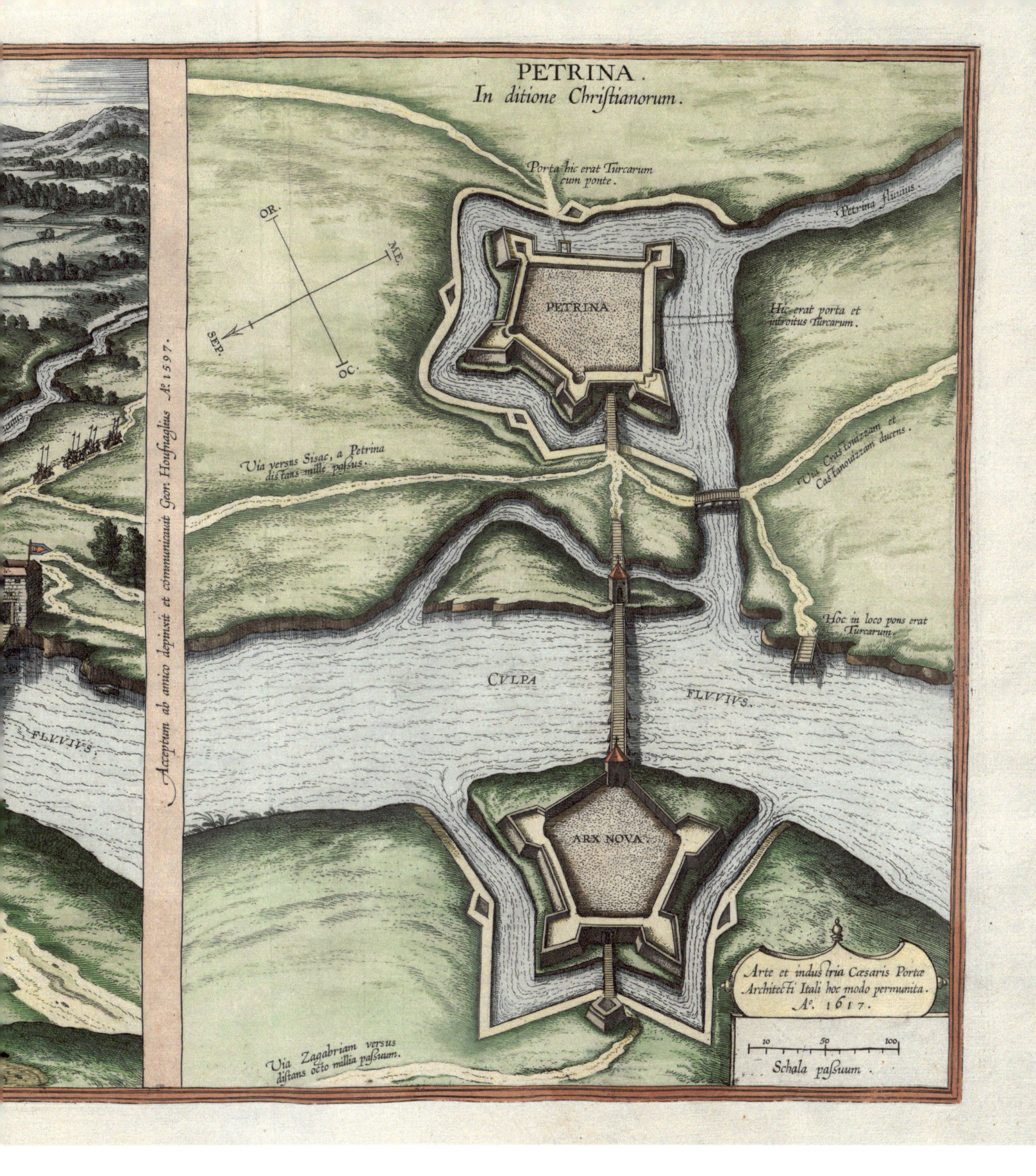

Im Jahr 1657 publizierte der Verleger Johannes Janssonius (auch: Jan Janszoon, 1588–1664) im zweibändigen *Urbium Totius Germaniae Superioris Illustriorum Clariorumque Tabulae*[2] erneut die Ansicht von Petrinja. Dort erhielt das Doppelblatt aus Text und Bild die Zählung »114«, die das vorliegende Blatt auf der ersten Seite aufweist. Weitere kleine Unterschiede sind auszumachen. Die Ansicht von Petrinja ist der innere

4 Zur kartografischen Darstellung des spätmittelalterlichen und frühneuzeitlichen Petrinja, vgl.: Lipovac 2005.

GRENZBURG PETRINJA, [1657]   305

Teil einer Doppelseite, während auf den Außenseiten die historische und topografische Beschreibung »PETRINA« beziehungsweise »PETRINA DESCRIPTIO« gedruckt ist. Beim vorliegenden Doppelblatt handelt es sich um einen zweispaltig gesetzten lateinischen Text, unter dem sich auf der ersten Seite unter der linken Spalte der Vermerk »Hung[aria]«, unter der rechten Spalte die Zählung befindet. Dies unterscheidet das Blatt vom Blatt 36 des sechsten Bandes der Kölner Ausgabe von Brauns *Civitates*. Dort ist der lateinische Text einspaltig in einer anderen Type gesetzt, und darunter auf der ersten Seite die Zählung »36« zu lesen.[3]

Bildelemente: Auf der linken Seite präsentiert die zweigeteilte Darstellung die Burg unter türkischer Herrschaft in einer Gesamtansicht aus der Vogelschau; der einen Turban tragende Grenzwächter auf dem diesseitigen Ufer der Kupa (»Cvlpa Flvvivs«) verweist auf die militärische Funktion der Grenzburg; an seiner Seite steht eine weibliche Figur in südslawischer Tracht, die ihre Hand auf die Schultern ihres Beschützers legt. Die vom Wasser umflossene und beflaggte alte türkische Burg liegt auf dem rechten Ufer der Petrinjčica (»Petrina Fluuius«), an deren Zusammenfluss mit der Kupa (»Colapis seu Culpae & Petrinae confluentes sita«). Die Mauern und das Burginnere sind bildhaft aus westlicher Perspektive dargestellt. Auf dem linken Ufer der Petrinjčica sind Reiter dargestellt, die sich von der Burg entfernen; auf dem rechten Ufer, hinter der Burg, laufen bewaffnete Menschen auf einen Turm mit Halbmondfahne zu.

Der rechte, etwas größere Teil des Drucks besteht aus dem Grundriss der Befestigungsanlage unter christlicher Herrschaft. Er zeigt sowohl die alte als auch die neue Burg (»Arx nova«). In einer kleinen Kartusche rechts unten wird vermerkt, dass diese durch den italienischen Architekten Cesare Porta auf diese Weise befestigt wurde (»Arte et industria Caesaris Portae // Architecti Itali hoc modo permunita. A[nn]o 1617«). Von der im Westen, jenseits der Kupa liegenden neuen Burg führt ein Weg nach Zagreb (»Via Zagabriam [sic] versus // distans octo millia paßuum«), von der alten Burg führen Wege nach Sissek (kroat. Sisak) und Kosteinitz (kroat. Hrvatska Kostajnica): »Via versus Sisac a Petrina // distans mille paßus« – in diesem Fall mit Angabe der Entfernung – und »Via Crastouizzam et // Castanouizzam ducens«. Der Grundriss gibt auch Hinweise auf die alte Topografie. Eingezeichnet ist das ehemalige südwestliche Eingangstor (»Hic erat porta et // introitus Turcarum«) wie auch das frühere südliche Brückentor (»Porta hic erat Tvrcarum // cum ponte«). Die Fließrichtung der Kupa ist durch die Wellenform erkennbar. Eine neue Brücke verbindet die alte und die neue Burg.[4]

Inhalt: Die geografische Lage der Burg ist dem Verfasser der rückseitigen Beschreibung unklar: Das Schloss Petrinja (»Petrina Castellum«) wird in »Kroatien oder Liburnien« verortet. Der Herausgeber verweist auf die strategische Lage der türkischen Burg. Von hier aus, so ist zu lesen, übten die Türken »Terror« auf die benachbarten Regionen aus: »Magnum haec clades Christianis earum regionem incussit terrorem«. Es ist seine Sicht auf den Kleinkrieg, der mit unterschiedlicher Intensität entlang des gesamten Grenzburgensystems herrschte.

Die Eroberung der Burg 1596, auf die ausführlich im Kontext des Langen Türkenkrieges (1593–1606) eingegangen wird, entlastete die umliegenden Grenzburgen. Erwähnt wird der Durchzug der aus dem Balkan über Bosnien kommenden osmanischen Truppen in Richtung Ofen (ung. Buda) oder Raab (»Javarinum seu Rabam«, ung. Győr). Bei der Nachricht des Falls der Grenzburg seien die Türken von Verzagtheit ergriffen worden (»Hujus cladis fama tantam in Turcarum castris excitavit trepidationem«). Der zur Entlastung der Garnison herbeigeeilte Serdar sei mit seinen Reitern geflohen. Christliche Gefangene hätten erzählt, dass die Türken die Burg verwüsten wollten.

Für den Autor der Beschreibung ist die Burg für die Verteidigung Kroatiens und der Steiermark sehr wichtig. Kaiser Rudolf II. (1552–1612, reg. 1576–1612) entsandte einen italienischen Architekten zum Ausbau der Burg, der eine neue Festung nach italienischer Bauart jenseits der Kupa errichtete, während die alte Burg weiterhin als Proviant- und Munitionslager verwendet wurde. Der Aktualitätsbezug der Darstellung ist unverkennbar: Sie wurde ein Jahr nach der Eroberung der Burg ausgeführt.

Trotz des Neubaus hatte die Burg Petrinja im frühen 18. Jahrhundert ihre strategische Stellung eingebüßt, nicht aber die Petrinjaer Grenze. Nach dem Friedensschluss von Karlowitz 1699 bildeten die Flüsse Una, Save und Donau die Grenze zum Osmanischen Reich. Das südöstlich von Petrinja, an der Una gelegene Kosteinitz wurde zur Schlüsselfestung und zum Einfallstor von und nach Bosnien ausgebaut.

Josef Wolf

Gerhard von Vogelsang
Die Grenzburg Bihać, [1735/37]

4.5

PLAN // und // PERSPECTIVE // von // BIHATSCH // in // CROATIEN. // G[erhard] v[on] Vogelsang f[ecit].

Landesarchiv Baden-Württemberg, Generallandesarchiv Karlsruhe, Hfk Pläne G 26 rot.

Federzeichnung, koloriert. – 35,6 × 53,8 cm (37,2 × 55,2 cm). – auf Leinen aufgezogen.[1]

Kartografische Angaben: westorientiert. – E 15° 52' 19"; N 44° 48' 53" (Koordinaten beziehen sich auf die Mitte der Insel). – Maßstab: [ca. 1:4000]. – grafischer Maßstab: »Maas-Stab von 300 Klaffter«.

Verfasser: Über den Zeichner der Karte, Gerhard von Vogelsang, vermutlich Offizier und Ingenieur, liegen keine biografischen Angaben vor. Einige weitere Pläne von seiner Hand sind erhalten, so ein Plan der Stadt Esseg (kroat. Osijek): »Plan der im Königreich Sclavonien kayserlich-königlichen Haubt- und Grentzfestung Esseck« (um 1735). 1742 hat er die Belagerung der Stadt Mirandola festgehalten. Außerdem erstellte er um 1745 einen Plan der neuen Verteidigungsanlagen der Festung Luxemburg.[2]

Bildelemente: Der sorgfältig ausgeführte Grundriss zeigt die Stadt und die Festungswerke mit ihrer Umgebung. Den oberen Teil des Blattes nehmen zu etwa einem Drittel zwei durch gezeichnete Rahmen abgegrenzte Felder ein. Links oben ist die barocke, mit Blumen- und Muschelschmuck gezierte Titelkartusche, umgeben von einem Teil der Legende. Im etwas größeren Feld, oben mittig ist der Grundriss der Hauptkarte in eine Ansicht der Stadt aus der Vogelperspektive projiziert. Rechts daneben befindet sich der Rest der detaillierten Legende. Sie informiert vor allem über wichtige strategische Positionen, wie Tore, Türme, Kommunikationswege, Befestigungen oder Gräben, beschreibt aber auch deren momentanen Zustand und Qualität.

Inhalt: Die Stadtsilhouette wird von den Bastionen und zwei Türmen beherrscht: der am südlichen Ausgang der Festung liegende Kapitänsturm und das Minarett der Fethija-Moschee (bosn. Džamija Fethija), die ursprünglich im gotischen Stil errichtete Kirche des hl. Antonius von Padua (kroat. crkva svetog Antuna Padovanskog). Diesen Sachverhalt erwähnt die Legende: »14. Die Moschée so vor diesem das Chlo= // ster S[anc]t[i] Antonii gewesen, mit ei= // ner Mauer umbgeben.« Außerhalb der Mauern, am Fuße der Berge, ist die St. Lucaskirche (»St. Lucas«) eingezeichnet, weiterhin werden »Die Felder von Zackovatz« (bosn. und kroat. Čakovec) vermerkt. In beiden Stadtplänen fällt die innerhalb der Stadt liegende, von der Legende als: »17. Ein felsen welcher die Stadt von einander // scheidet« bezeichnete Formation auf.

Die am Fluss, nahe der Grenze zu Kroatien liegende Burg Bihać (dt. veraltet Wihitsch oder Wihatsch) war aus habsburgischer Perspektive das Einfallstor der Osmanen nach Europa. Ober- und unterhalb der Burg verläuft der Fluss Una durch enge Schluchten, im Tal dehnt er sich jedoch zu einem breiten Talkessel aus. Südöstlich von Bihać erhebt sich das Grmeč-Gebirge, im Westen verläuft die kroatische Grenze auf dem Bergzug der Plješevica (»Berge von Pessevitza«). Die auf einem Hügel auf dem linken Ufer der Una errichtete Burg hat die gesamte Talebene im Blick. Im Mittelalter war die Burg zeitweise Residenz der ungarischen Könige; bis zur osmanischen Eroberung trat hier auch mehrmals der kroatische Landtag (sabor) zusammen.

Die exponierte Bastion der kroatischen Grenzoberhauptmannschaft behauptete sich bis zum Sommer 1592 erfolgreich gegen türkische Angriffe. Noch vor 1620 errichteten die Osmanen einen Sandschak (türk. sancak, bosn., kroat. und serb. sandžak) Bihać, der die Burg und das weitere Umland umfasste. Gemeinsam mit anderen Sandschaks bildete Bihać die bosnische Provinz (eyalet-i Bosna), unter der sämtliche slawonische, kroatische und dalmatinische Territorien zusammengefasst waren.[3] Nach der überraschenden Niederlage der Osmanen in der Schlacht von Sissek (kroat. Sisak) am 22. Juni 1593 wurde die an einer Hauptmilitärstraße Richtung Wien stehende Burg während des Langen Türkenkrieges (1593–1606) von den Osmanen zu einem Stützpunkt ihrer Expansion ausgebaut. Trotz mehrmaliger Belagerung durch kaiserliche Truppen konnte die Burg von den Habsburgern nicht eingenommen werden.

Josef Wolf

---

1 Schäfer 1971, S. 231, Nr. 1249; Kisari Balla 2000, S. 205 f., Nr. 356, Abb. S. 615, Nr. 356.

2 GLA Karlsruhe, Hfk Pläne G 52 rot; Schäfer 1971, S. 237, Nr. 1293. – GLA Karlsruhe, Hfk Pläne La 105, 2; Schäfer 1971, S. 161, Nr. 893. – GLA Karlsruhe, Hfk Pläne G 95 rot; Schäfer 1971, S. 169, Nr. 914.

3 Koller/Clewing 2007.

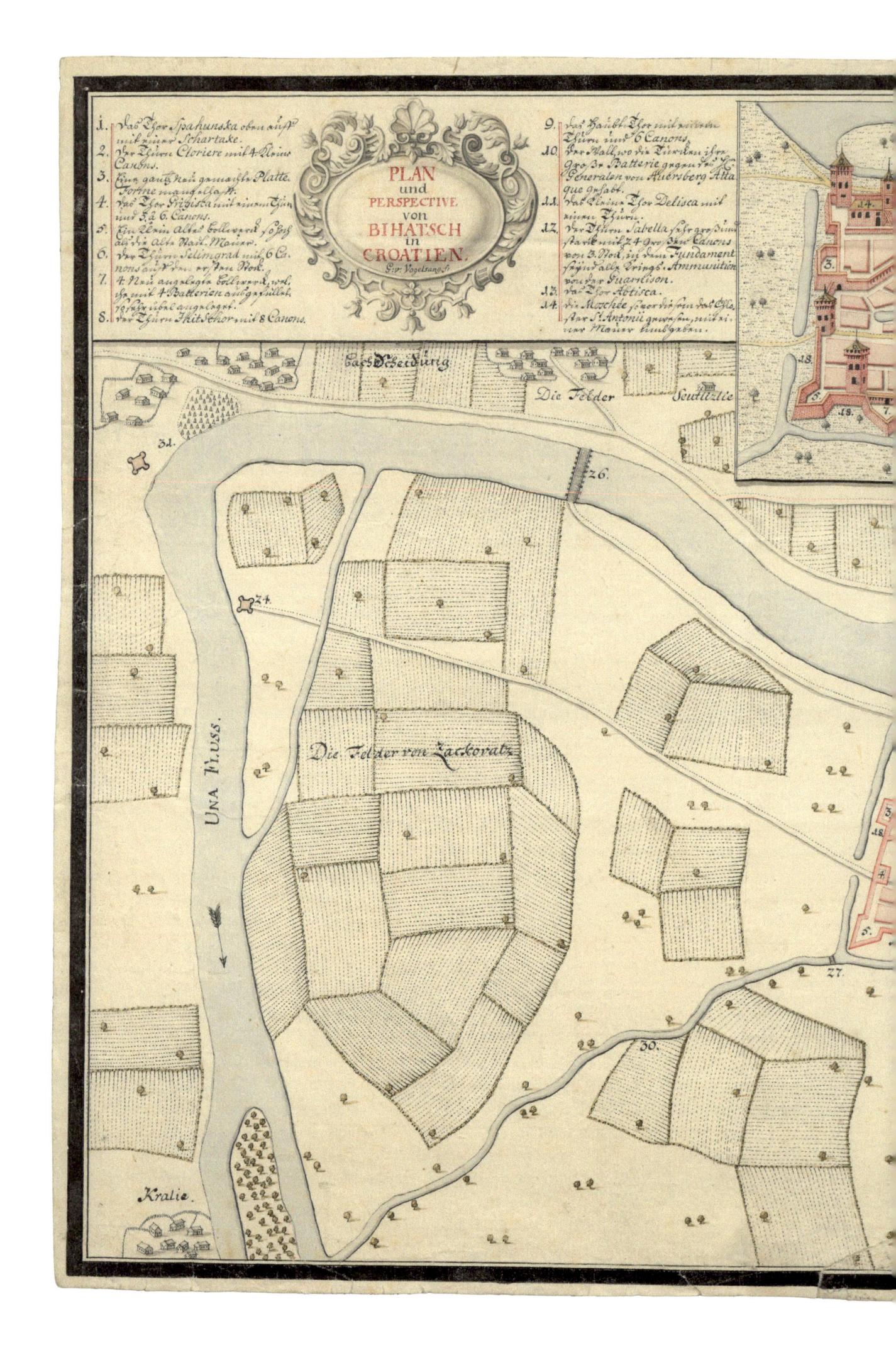

PLAN und PERSPECTIVE von BIHATSCH in CROATIEN.
Giv. Vogelsang f.

1. Das Thor Spahunska oben auff mit einer Schartake.
2. Der Thurn Cloriere mit 4 kleine Canons.
3. Eine ganz neü gemachte Platte Forme mangelhaft.
4. Das Thor Frigista mit einem Thurn und 5 à 6 Canons.
5. Ein klein Altes bollwerck, so hoch als ihr Statt Maur.
6. Der Thurn Selimgrad mit 6 Canons auf Öben er: Ein Stock.
7. 4 Neu angelegte bollwerck, wel: so mit 4 Batterien ausgerüstet, 10 she übel angelegt.
8. Der Thurn Ikitschor mit 8 Canons.
9. Das Haubt Thor mit vieren Thürn und 6 Canons.
10. Der Wall, wo die Türken ihre gro: Br: Batterie gegen den Generalen von Auersberg Attaque gehabt.
11. Das klein: Thor Delisca mit einem Thurn.
12. Der Thurn Sabella sehr groß und stark mit 24 groß en Canons von 3 Pod, in dem Fundament sÿnd alle Kriegs Ammunition von der Guarnison.
13. Das Thor Abtisca.
14. Die Moschée, so vor diesem das Closter St. Antonÿ gewesen, mit einer Maur umbgeben.

Das Scheidung
Die Felder
Soutlizlie
Una Fluss
Die Felder von Zackovatz
Kralie

15. Die Mauer des Castels wo obiger H.r General
16. die Breche geschoßen.
17. Ein Thurm nebst Holtz.
    Ein Felßen welcher die Stadt von einander scheidet.
18. Situation in Forme eines bedekten Weegs an den Graaben sehr wohl parpallisirat.
19. Communications Thor mit gemeldeten bedekten Weeg.
20. Eine Mauer welche Vermelten bedekten Weeg einschließt, worinnen zugleich die Wallachen logiren.
21. 22. 23. et 24. Schartaken.
25. Ein von Pfählen angelegter Zaun.
26. Ein brukn über den Fluß Una.
27. Ein Digue oder Fahr, welcher das Waßer aus dem Stadt-Graaben außhält.
32. Mühlen mit einem übel gemachten Zaun, das niemand darüber gehen kan.

28. Ein Unbewohnte Vorstadt.
29. Der Thurn annandt des Traitres.
30. Ein Graaben in welchem das Waßer aus dem Stadt-Graaben seinen Außfluß hat.
31. Begräbnuß mit einer Palanka und einer Schartake umgeben, um die Passage über den Una Fluß zu defendiren.
33. Ein Mühl wo mann eine Brücke über das Waßer pflagen kann.
34. et 35. Berge.

Maas-Stab von 300 Klaffter.

UNA FLUSS

Berge von Peßevitza.

St. LUCAS.

4.6 Charles Joseph Juvigny / Johann Martin Lerch / Matthias Greischer
Festung Esseg, [1687]

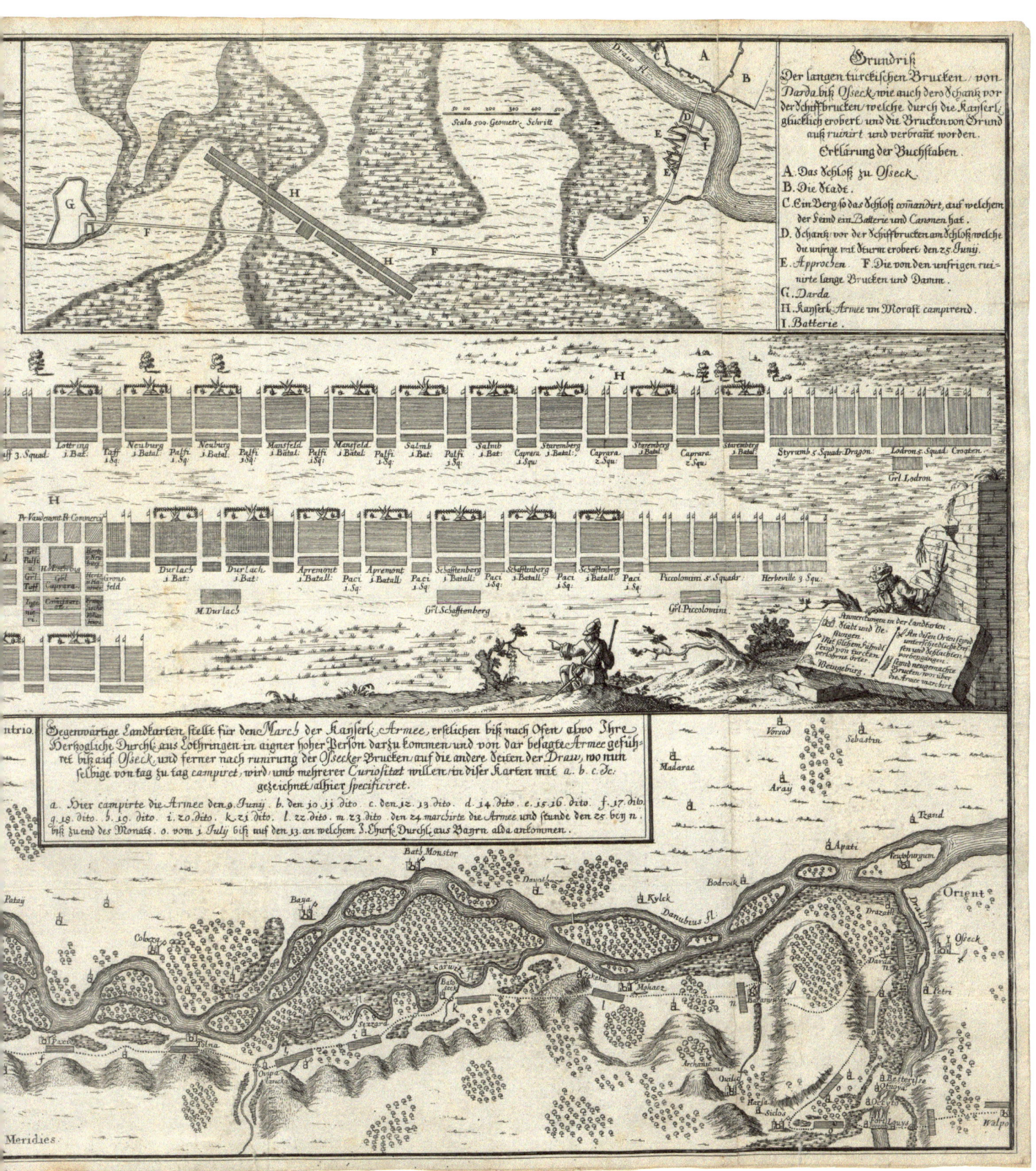

Grundriß
Der langen turckischen Brucken, von
Darda biß Osseck, wie auch dero Schanz vor
der Schiffbrucken, welche durch die Kayserl.
glücklich erobert, und die Brucken von Grund
auß ruinirt und verbrant worden.

Erklärung der Buchstaben.

A. Das Schloß zu Osseck.
B. Die Statt.
C. Ein Berg so das Schloß comandirt, auf welchem
    der Feind ein Batterie und Canonen hat.
D. Schanz vor der Schiffbrucken am Schloß welche
    die unsrige mit Sturm erobert, den 25. Junij.
E. Approchen. F. Die von den unsrigen rui-
    nirte lange Brucken und Damm.
G. Darda.
H. Kayserl. Armee im Morast campirend.
I. Batterie.

Gegenwärtige Landtkarten stellet für den March der Kayserl. Armee, ersltlichen biß nach Ofen, alwo Ihre
Herzogliche Durchl. aus Lothringen in aigner hoher Person darzu kommen, und von dar besagte Armee geführ-
et biß auf Osseck, und ferner nach ruinirung der Ossecker Brucken, auf die andere Seiten der Draw, wo nun
selbige von tag zu tag campiret, wird, umb mehrerer Curiosität willen, in diser Karten mit a. b. c. &c.
gezeichnet alhier specificiret.

a. Hier campirte die Armee den 9. Junij. b. den 10. 11 dito. c. den 12. 13. dito. d. 14. dito. e. 15. 16. dito. f. 17. dito.
g. 18. dito. h. 19. dito. i. 20. dito. k. 21. dito. l. 22. dito. m. 23. dito. den 24. marchirte die Armee und stunde den 25. bey n.
biß zu end des Monats. o. vom 1. July biß auf den 13. an welchem I. Churf. Durchl. aus Bayrn alda ankommen.

FESTUNG ESSEG, [1687]

Fürstellung // Der kayserl[ichen] Haubt=Armee unterm Commando Ihrer // Herzogl[ichen] Durchl[aucht] aus Lothringen, wie selbige bey Osseck den 25. // Junÿ A[nn]o 1687. in doppelter Battaglia sich repraesentirt, samt // dem Prospect und Grundriß des Haubt=Passes Osseck, auch // welcher Gestalt die Schantz an der türckischen Schiffbrucken // vor dem Schloß erobert, alda Posto gefasset, und die lange // Brucken gäntzlich ruinirt worden. // Mit beygefügter Geographisch-Ungarischer Landkarten, // in welcher der völlige March und tägliche Campirung der // kayserl[ichen] Armee von Barkan auß, biß auf besagtes // Osseck und von dar, über die Draw, bis nacher Wal= // po [Anm.: Valpovo], ausführlich zu sehen. // Aus selbst eingenommenen Augenschein aufs fleissigste ob= // servirt durch den kaÿs[erlichen] FeldIngenieur Charle[s] Joseph // Juuignÿ, und den Curiesen Liebhabern der warhafften // Novitaeten von ihme aus dem kayserlichen Feld= // läger übersendet. // Zu finden in Wienn bey Matthia[s] Greischer Academischen // Kupfferstecher, gegen dem kayserlichen Ballhauß über.

Landesarchiv Baden-Württemberg, Generallandesarchiv Karlsruhe, Hfk Pläne G 138 rot.

Kupferdruck. – 36 × 65,8 cm (37,8 × 67,4 cm). – aus drei Blatt zusammengesetzt. – signiert unten mittig: »I[ohann] M[artin] Lerch et M[atthias] Greischer // f[ecerunt] et excudeb[ant]«. – Rückseite beschriftet: »Ossegk«.[1]

Kartografische Angaben: Hauptkarte: südorientiert. –E 18° 41' 44"; N 45° 33' 37" (Koordinaten beziehen sich auf die Stadtansicht in der Mitte); Nebenkarte unten: westorientiert. – W 18° 12' – E 19° 25'; S 45° 25' – N 47° 47'; Nebenkarte oben rechts (vergrößerter Ausschnitt aus der Hauptkarte): nicht referenzierbar. – Maßstab der Hauptkarte: [ca. 1:9600]. – Maßstab der Nebenkarte unten: [ca. 1:570.000]. – grafischer Maßstab der Nebenkarte unten: »Scala von 6. Meilen // […] // Eine Meil zu anderthalb Stunden gerechnet«. – grafischer Maßstab der Nebenkarte rechts oben: »Scala 500. Geometr[ische] Schritt«.

Verfasser, Verleger, Ausgaben: Die Karte wurde von Charles Joseph Juvigny (Kat. 3.7) entworfen und von Matthias Greischer (getauft 1659, gest. 1689 oder 1712, Kat. 1.4) gestochen. Der Ingenieuroffizier Juvigny und der Kupferstecher Greischer arbeiteten bei einem der ersten Kupferstiche, der die Eroberung Ofens (ung. Buda) zeigt, ebenfalls zusammen.[2] Außerdem war der Kupferstecher Johann Martin Lerch (1643–1693), dessen Wirken in Wien und Prag bekannt ist, daran beteiligt.

Bildelemente: Das Blatt umfasst drei Karten mit einer Menge an Informationen in Textform. Die Hauptkarte im oberen Teil vermittelt von einem erhöhten Betrachterstandpunkt aus die Aufstellung des kaiserlichen Heeres an der Drau vor der Festung Esseg, die im Hintergrund als Ansicht im Aufriss zu sehen ist. Auf der linken Seite befindet sich eine Baumkulisse mit einem galoppierenden Boten, der eine Botschaft in der Hand hält. Ein von Ochsen gezogenes Kanonengespann begleitet von zwei Infanteristen und einem Kavalleristen zieht in Richtung Kampfgeschehen. Auf der rechten Seite weist vor einer Mauerstaffage ein kaiserlicher Soldat mit Hellebarde auf einen rechteckigen Quaderstein mit der kleinen Legende, die sich auf die untere Karte bezieht. Ein sitzender Soldat mit gegürtetem Säbel und Muskete zeigt auf die Schlachtaufstellung. Diese ist mit den Namen der Regimenter und der Truppenstärke beschriftet.

Der ausführliche Titel links oben benennt auch das Kartenbild der Haupt- und das der unteren Nebenkarte, die einen Flussabschnitt der Drau bzw. der Donau zeigen. Im unteren Kartenbild selbst finden sich eine weitere Erklärung und Legende: »Gegenwärtige Landkarten stellt für den March der kaÿserl[ichen] Armee, erstlichen biß nach Ofen alwo Ihre // Hertzogliche Durchl[aucht] aus Lothringen [Anm.: Karl V. Leopold (1643–1690)] in aigner hoher Person darzu kommen und von dar besagte Armee gefüh= // ret biß auf Osseck, und ferner nach runirung der Ossecker Brucken, auf die andere Seiten der Draw, wo nun // selbige von tag zu tag campiret, wird, umb mehrerer Curiositaet willen, in dieser Karten mit a.b.c. etc. // gezeichnet, alhier specificiret.« Die Buchstabenlegende erschließt den Weg der kaiserlichen Truppen von »Barkan« (slowe. Štúrovo, ung. Párkany) bis Esseg zunächst in Tagesabschnitten. Am Ende heißt es: »Den 24 [Juni] marchirte die Armee und stunde den 25. bey (n). // biß zu end des Monats. (o) vom 1. Julÿ biß auf den 13. an welchem I[hre] Churf[ürstliche] Durchl[aucht] aus Bayrn alda ankommen.«

Die kleine Nebenkarte rechts oben zeigt den Grundriss der langen türkischen Brücke von Darda bis Esseg. Die untere Nebenkarte stellt den Lauf der Donau

1 Stopp/Langel 1974, S. 209f.
2 Charles Juvigny / Matthias Greischer: Ichnographica imago obsidionis, expugnationisque Budensis […] Grund-Riß der Belagerung, und Eroberung Ofen […], Wien 1686; GLA Karlsruhe, Hfk Pläne La 129, 2–5 rot; Ausst. Kat. Karlsruhe 2010, S. 154f.; Szalai 2013.

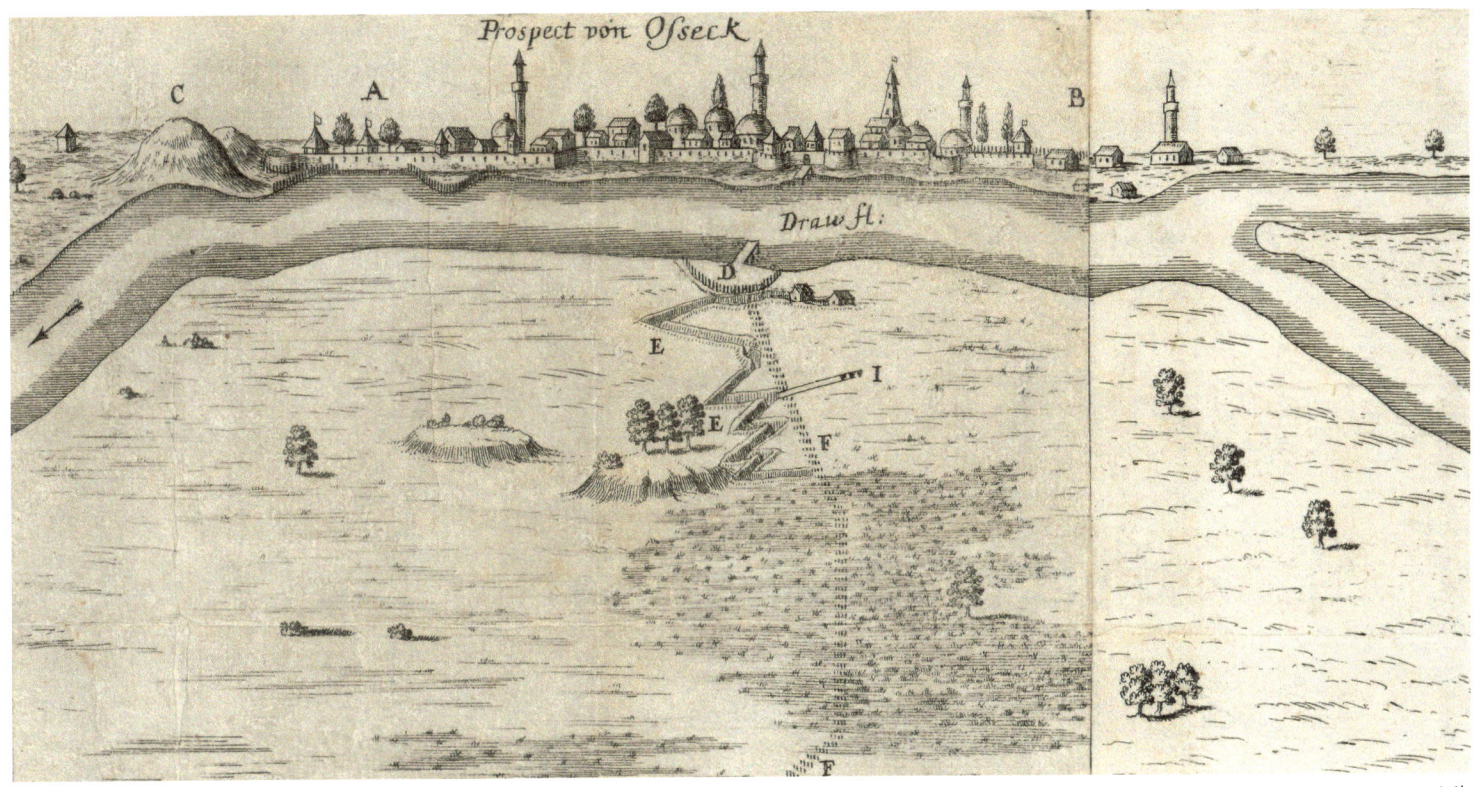

von Gran (ung. Esztergom) bis Apatin (»Apati«) dar, wo die Drau in die Donau mündet. Die Karte spannt bildlich und wörtlich den Bogen vom »Occident« zum »Orient«. Laut der Legende auf dem Quaderstein werden von den Osmanen verlorene Orte mit »solchen Fähndl« angezeigt.

Inhalt: Die am Ufer der Drau liegende mittelalterliche Burg Esseg (kroat. Osijek) wurde 1526 von den Türken eingenommen. Die dem Sandschak Požega zugeordnete befestigte Stadt blieb bis zum 29. September 1687 – einem Zeitpunkt, der nur wenige Wochen nach dem hier abgebildeten Aufmarsch liegt, – unter osmanischer Herrschaft. Die Darstellung der von Norden her betrachteten Stadt lehnt sich an das gängige Muster zeitgenössischer Prospekte an. Minarette verleihen ihr ein osmanisches Gepräge.

Die nach der Schlacht am Berg Harsány am 12. August 1687 (Kat. 3.7) von Norden her anrückende kaiserliche Belagerungsarmee musste ihr Feldlager inmitten der Moräste aufschlagen, wie die kleine Nebenkarte rechts oben unter »H« zeigt: »Kayserl[iche] Armee im Morast campirend«. Eingezeichnet sind die Truppenstellungen und Namen der Truppenteile wie auch die europaweit bekannte lange Holzbrücke, die über die Drau und die dahinterliegenden Sümpfe bis in den Ort Darda führte. Während der Belagerung wurde die Brücke zerstört. Detailgenau stellt der Augenzeuge Juvigny jenen Abschnitt der Drau dar, an dem die Belagerungsarmee aufgestellt war, sowie den Weg, den sie zuvor entlang der Donau zurückgelegt hatte. Nach der habsburgischen Eroberung wurde die zerstörte Festung neu aufgebaut.

Josef Wolf

4.7 Giovanni Morando Visconti / Johann Conrad Predtschneider
Belgrad und Niš, [1699]

Disegno di NISSA. // come fú forteficato l'Anno 1690.

PIANTA di BELGRADO // Con sue noue fortificationi fateui l'A[nn]o 1695 – // e 1696.
Si uedano parimente li uasti Borghi, // e la giusta Situatione.

Aus: Giovanni Morando Visconti / Stephan Welzer / Johann Conrad Predtschneider: Mappa della, // Transiluania, // e Prouintie contigue nella quale si vedano // li Confini dell'Ongaria, e li Campam[en]ti fatti // dall' Armate Cesaree in queste ultime guere […], Hermanstadt // An[n]o 1699.[1]

Hadtörténeti Intézet és Múzeum, Budapest, B IX a 487/15.

Kupferdruck. – 48,5 × 30 cm.

Kartografische Angaben: Belgrad: nordostorientiert. – E 20° 27' 26"; N 44° 49' 20" (Koordinaten beziehen sich auf die Bildmitte). – Maßstab: [ca. 1: 17.000]. – Niš: ostsüdostorientiert. – E 21° 53' 44"; N 43° 19' 34" (Koordinaten beziehen sich auf die Bildmitte). – Maßstab: [ca. 1:12.000].

Verfasser, Kupferstecher, Ausgaben: Zwar wird der Zeichner der beiden Grundrisse nicht im Blatt genannt, aber sie sind eindeutig dem Tessiner Ingenieur und Festungsbaumeister Giovanni Morando Visconti (1652–1717, Kat. 1.11, 2.4, 3.10, 3.13, 5.1, 5.9) zuzuschreiben. Er nahm an der Belagerung Belgrads 1688 sowie im Jahr 1690 am Feldzug des Markgrafen Ludwig Wilhelm von Baden-Baden (1655–1707) ins Balkaninnere und an die untere Donau teil. Hiervon sind einige handgezeichnete Karten überliefert. Bei dem vorliegenden Stich handelt es sich um Nebenkarten aus der großen »Mappa della Transiluania« von Visconti (1699). Die Karte wurde vom Nürnberger Kupferstecher Johann Conrad Predtschneider (Kat. 5.9) gestochen.

Inhalt: Das Blatt enthält zwei unterschiedlich große Grundrisse in verschieden gewählten Ausschnitten und Maßstäben. Auch die Details werden auf verschiedene Weise akzentuiert.

Die Topografie von Belgrad war dem Kartografen Visconti aufgrund seiner Biografie vertraut. Hinzu kommt, dass er 1690 mit der Visitation der Festungsanlagen beauftragt wurde. Die Darstellung der von den Osmanen nach der Rückeroberung 1695/96 unternommenen Erweiterung der Festung erfolgte auf der Grundlage der Berichterstattung von Kaufleuten und Kundschaftern. Der regelmäßige Zuschnitt der Häuserparzellen erscheint in der Oberen Stadt akzentuierter als in anderen Stadtplänen. Herausgestellt ist die Esplanade (»Spianata«) und der von der kaiserlichen Administration angelegte Platz (»Piazza fatta da gl' Imperiali«). Landwirtschaftlich genutzte Flächen werden auch innerhalb der Festung ausgewiesen. Für die Darstellung von Anhöhen und Flussufern verwendet Visconti Schummerungslinien. Die Lage auf dem Sporn zwischen Save und Donau kommt durch die Breite der Gewässer, die der Ausschnitt betont, deutlich zur Geltung.

Der schon von Ptolemäus in seiner *Geographie* als »Naissus« vermerkte strategisch wichtige Ort Niš (»Nissa«) liegt an der Heeresstraße zwischen Belgrad und Sofia. Er wurde erstmals 1385 von den Türken erobert, um dann von 1458 bis 1878 unter osmanischer Herrschaft zu bleiben. Als Sitz eines Paschas kamen Stadt und Burg eine zentrale Funktion im gleichnamigen Eyâlet zu. Unter Markgraf Ludwig Wilhelm von Baden-Baden wurde Niš im November 1689 von den kaiserlichen Truppen kurzzeitig eingenommen, fiel dann aber im Vorfeld der Rückeroberung Belgrads 1690 wieder an die Osmanen.

Die Karte zeigt den Grundriss der Festung am Ufer der Nišava (»Nissau Flu[men]«), die nordwestlich von Niš in die Südliche Morava mündet. Auf dem linken Ufer wurde ein Fort errichtet, hier sind auch landwirtschaftliche Nutzflächen eingezeichnet. Festgehalten werden die vier Aus- und Einfallsrichtungen: nach Belgrad (»Strada di Belgrado«), Vidin (»Strada per Vidino«), Sofia (»[…] Sophia«) und nach dem Kosovo (»[…]Cos[so]ua«). Nicht sichtbar ist die geografische Lage der Festung, die in einem von trockenen und kristallinen Bergen umgebenen, weiten flachen Tal an der Grenze der Rhodopen liegt.

---

[1] Giovanni Morando Visconti / Stephan Welzer / Johann Conrad Predtschneider: Mappa della […], Hermannstadt 1699, Maßstab: [ca. 1:550.000], Hadtörténeti Intézet és Múzeum, Budapest, Signatur B IX a 487/15. URL: https://maps.hungaricana.hu/en/HTITerkeptar/367/ (07.07.2017).

Die Architektur der den Kern des heutigen Stadtbezirks Mediana bildenden Festung (serb. Niška tvrđava) ist repräsentativ für den osmanischen Festungsbau. Außer den Festungsmauern sind das südliche Stambuler Tor (serb. Stambol-kapija), das nördliche Belgrader Tor (serb. Beogradska kapija) gut, und das nördliche Vidin-Tor (serb. Vidin-kapija) und das südöstliche Jagodin-Tor (serb. Jagodinska kapija) teilweise erhalten.

Josef Wolf

4.8 Matthäus Seutter
Stadt und Festung Belgrad, nach 1737

BELGRADUM // sive ALBA GRAECA, // Serviae Metropolis ubi Savus fluvius Danubio // miscetur, una cum arce munitißima est, et hinc cla= // vis Hungariae appellatur, // per M[atthäum] Seutter S[acrae] C[aesaris] et C[aesareae] R[egiae] M[ajestatis] Geogr[aphum] Augustae Vind[elicorum]. // BELGRAD od[er] GRIECHISCH WEISSENB[URG] // die Haupt Statt der Provinz Servien, zwischen der Do= // nau und Sau Strom, ist samt dem Schloß vortreff[lich] befestiget // und wird daher der Schlüßel zu Ungarn genennet. // durch Matth[äus] Seutter, Ihro Kaÿser[licher] // u[nd] König[licher] Catho[lischer] Majestät Geogr[aph] in Augsp[urg].

Institut für donauschwäbische Geschichte und Landeskunde, Tübingen, Kartensammlung, 2.5.35.

Kupferdruck, teilkoloriert. – 48,9 × 57 cm (52,9 × 61,6 cm).

Kartografische Angaben: Grundriss: ostsüdostorientiert. – E 20° 27' 38"; N 44° 49' 19" (Koordinaten beziehen sich auf die Bildmitte). – Maßstab: [ca. 1:12.500]. – Stadtansicht: westorientiert. – E 20° 27' 00"; N 44° 49' 20" (Koordinaten beziehen sich auf die Bildmitte). – Maßstab [ca. 1:4480]. – grafischer Maßstab: »Maßstab zum Plan« in »Toisen«.

Verfasser, Kupferstecher: Die Karte wurde von dem Augsburger Kartografen und Kupferstecher Matthäus Seutter (auch: Matthias, 1678–1757, Kat. 2.5, 5.3) entworfen und gestochen. Seutter war ein Schüler von Johann Baptist Homann (1664–1724, Kat. 2.8, 4.11, 5.12). Nachdem er unter anderem für Jeremias Wolff (1663–1724, Kat. 2.5, 3.15) in Augsburg gearbeitet hatte, gründete er dort seinen eigenen Verlag. 1731 erwarb Seutter den Titel eines »kaiserlichen Geographen«. Neben Homanns Offizin war Seutter der bedeutendste deutsche Kartenverlag im 18. Jahrhundert.[1]

Bildelemente: Das fast quadratische Kartenblatt ist zweigeteilt: Die Stadtansicht von Belgrad nimmt das untere Drittel ein und ist mit »BELGRAD oder GRIECHISCH WEISSENBURG« überschrieben. Im Bild links und rechts oben sind wenige Zeichenerklärungen

[1] Kretschmer/Dörflinger/Wawrik 1986, S. 738 f.; Sandler 1894; Wawrik 1982.

SAVUS FLUVIUS

DONAU STR.

DANUBIUS FLUVIUS

DONAU STROM

Maßstab zum Plan.
50 100 150 200 250 300 Toisen

BELGRAD od. **GRIECHISCH WEISSENB**
welches die Hauptstatt in Servien, ligt am zusamenfluß d.
Sau u. Donau gegen Aufgang. Plinius gedencket ihrer unter dem Namen Taururum, woraus leicht ihr Alter thut
abzunehmen. Ist anjetzo eine große unvergleichl. befestigte
und Nahrungs reiche Handelsstadt, hat sehr viel Thürme,
nebst einem Schloß auf einem hohen Berg. Die Gegend herum ist überaus schön lustig u. mit mancherley Zeitlichen
Seegen reichlich begabt. Sie mag wol mit Recht ein Haupt-
Schlüßel zum Ungarisch u. Römische Reich genent werden:
Weswegen selbe schon seit 1440 v. dem Turck. Kays. Amurath
belagert, jedoch muste er nach 7. Monat mit Schand u. Schaden
davor abziehen, 1456 sog. sein Sohn mit 150000 Man davor, muste aber auch wie sein Vatter u. anbey mit großem Verlust der seinige abziehen. A° 1493. suchte ein Turck. Gouverneur de Ort durch Verrätherey bey-
zukomen, es wurde aber entdeckt u. die Verräther auffs ersten lichst hingericht.
A° 1522 gelienge es Solyman, der diesen importante Ort durch accord de er nach
Turck. manier gleichwohl nicht gehalten, erobert; seit welcher Zeit biß auf 1688. er
in der Unglaubigen Hände verblieb, in welche Ihr Churfl. Durchl. aus Bayern
Maximil. Emanuel nach ausgestandner harter Belagerung den Ort aus ihren
Klauen entrissen, welcher doch 1690 unglückl. weis wieder verlohre, u. 1693 u. d. Christ.
wiewohl vergebens belagt. worde. Endlich aber u. Gott gebe das letztenmal A° 1717 de 19.
Aug. v. de Kayserl. erobert da d. 16. dito die Turck. Armee v. de Helden m. Eugenio
totalit. geschl. u. im Paßarowitz. Friede dem Kayser mit mehrer district in Ländern
überlaßen worde. An statt der Turck. Moscheen sind anjetzo Iesuit u. Capuziner
Kirche darin, welche letztere erst A° 1735 v. neue auferbaut worden.

BELGRAD oder GRIECHISCH WEISSENBURG

e. Ein angehängter Zwinger
f. Des Comendanten Haus
g. Die Vornehmste Moschea.

SAVUS FL.

SAU FL.

zu lesen. Ähnlich aufgebaut ist Seutters Darstellung von Temeswar (Kat. 5.3).

Der kolorierte Grundriss Belgrads mit dem Stadtplan auf dem Sporn am Zusammenfluss von Donau und Save füllt die oberen zwei Drittel des Blatts. Die freien Räume in den Bildecken werden links oben von der barock gerahmten Kartusche mit zweisprachigem Titel und rechts unten von einer großflächigen Kartusche in halber Form auf einem Sockel gefüllt. Links hiervon ist die Maßstabsleiste angebracht. Die Kartusche enthält einen Hinweis auf das Alter der Stadt und beschreibt die Vorgänge um deren Eroberungen bis 1735: »[…] Ist anjezo eine große unvergleichl[iche] bevestigt // und nahrungs reiche Handelsstadt, hat sehr viel Thürme, // nebst einem Schloß auf einem hohen berg. Die Gegend he= // rum ist überaus schön luftig u[nd] mit mancherleÿ Zeitlichen // Seegen reichlich begabt. Sie mag wohl mit Recht ein Haupt= // Schlüssel zum Ungarisch= u[nd] Römischen Reich genennt werden; // Weswegen selbe schon seit 1440 von dem Türck[ischen] Kaÿs[er] Amurath // belagert, jedoch muste er nach 7 Monat mit Schand u[nd] Schaden // davor abziehen: 1456 zog sein Sohn mit 15.0000 Mann davor, mu= // ste aber auch wie sein Vatter u[nd] anbeÿ mit großem Verlurst der seinigen ab= // ziehen. A[nn]o 1493 suchte ein Türck[ischer] Gouverneur dem Ort durch Verrätherey beÿ= // zukommen, es wurde aber entdeckt, u[nd] die Verräther aufs entsetzlichst hingericht. // A[nn]o 1522 geliengte es Solÿman, der diesen importanten Ort durch accord den er nach // Türck[ischer] manier gleichwohl nicht gehalten, erobert; seit welcher Zeit biß auf 1688 er // in der Unglaubigen Hände verblieb, in welchen Ihro Churf[ürstliche] Durchl[aucht] aus Baÿern // Maximil[ian] Emanuel [Anm.: Kurfürst Maximilian II. Emanuel (1662–1726)] nach ausgestandner harten belagerung den Ort aus ihren // Klauen entrissen, welcher doch 1690 unglück[licher] weis wider verlohren u[nd] 1693 v[on] den Christen // wiewohl vergebens belag[ert] worden. Endlich aber u[nd] Gott gebe das leztemal A[nno] 1717. den 19. // Aug[usto] v[on] den Kaÿserl[ichen] erobert: da d[en] 16. dito die Türck[ische] Armee v[on] dem Heldenm[ütigen] Eugenio [Anm.: Prinz Eugen von Savoyen-Carignan (1663–1736)] // totali[er] geschl[agen] u[nd] im Passarowitz[er] Frieden dem Kaÿser mit mehrer[en] district u[nd] Länder // überlaßen worden. […]«

Am linken unteren Bildrand befindet sich auf stark kolorierter Fläche die aufschlussreiche Legende für den Grundriss, weist sie doch beispielsweise neben Krankenhaus, Kirchen und Einkaufsmöglichkeiten unter »X.« die Apotheke, aber auch zwei Pulverlager unter »L.« und das »Feuerwercker Laboratorius« bei »b.« aus.

Inhalt: Die Topografie der zu diesem Zeitpunkt unter österreichischer Herrschaft stehenden Stadt ist zuverlässig dargestellt und gut erschlossen. Vermerkt sind die neuen Verteidigungsanlagen rings um die Vorstadt (»Die Neue Linie um die Vor Stadt«). Eine verschanzte Siedlung entsteht im Westen der Stadt. Jeweils eine Brücke führt über die Donau ins Banat und über die Save nach Syrmien. Letztere verlängert sich im sumpfigen Boden Richtung Semlin. Das Fort am linken Saveufer auf syrmischem Gebiet wie auch jenes auf der Banater Seite scheinen im Vergleich mit jenem auf der Kriegsinsel überzeichnet. Auf den Friedhof (»Freyt Hof«) wird ohne konfessionelle Differenzierung verwiesen. Das Abstiegsquartier der Reisenden wie auch die Sammelpunkte der Händler können lokalisiert werden: unter »d.« der »Türckische Hof« und der »Teutsche [und] Juden Hof« unter »e.«. Wege führen nach Šabac, Niš und Semendria (serb. Smederevo).

Der Grundriss der Stadt und die Panoramadarstellung ergänzen sich gegenseitig. Schloss, Festung, Wasserstadt und die Savemündung sind die Bezugspunkte der Bilddarstellungen. Die Zahl der Minarette scheint zwar niedriger als in älteren Ansichten und Stichen, aber die Silhouette wird dennoch von ihnen geprägt. So entsteht das Bild einer osmanischen Stadt, auch wenn es am Ende der Beschreibung heißt: »An statt der Türck[ischen] Moschéen sind anjezo Iesuit[en] u[nd] Capuziner // Kirchen darin, welche leztere erst A[nn]o 1735 von neuem auferbaut worden.« Moscheen befinden sich auch noch am Rand der Vorstadt. Eine Moschee liegt extra muros, auf der Ostseite der Stadt, in der Nähe eines Steinbruchs und ist unter »g.« als »Die Vornehmste Moschea« durch die Buchstabensignatur der kleinen Legende im unteren Bild erschlossen.

Josef Wolf

Étienne Briffaut
Bosnien, 1738

4.9

Le Royaume de Bosnie, dans son entier, dedié à son Excellence, Monseig[neu]r le feld Maréchal Comte de Khewenhüller, Colonel d'un Regiment de Dragon vice Roy du Royaume D'Esclavonie, du Duchée de Syrmie, et Gouverneur de la forteresse D'Esseg etc. // Je me suis fait un devoir de Publier cette Carte Sous les Auspices de V[otre] E[xcellence] étant un des Capitaines de S[acrée] M[ajesté] I[mperial] et Cath[olique] qui entend mieux le metier de la Guerre, et qui marche sur les mêmes Principes que le deffunt Prince Eugene ayant // le flême et la prudence comme elle en a donné des preuves par les dernieres Campagnes D'Italie, et en dernier lieu par le combat contre les trouppes Ottomanes arrivé le 28. [Septe]mbris [1]737. près de la riviere de la Timock, et fuis avec un parfait devoüement et un profond respect de V[otre] E[xcellence]. // Le trés humble et trés obeissant Serviteur // Etienne Briffaut libraire a Vienne.

Badische Landesbibliothek, Karlsruhe, R 1.

Kupferdruck auf Seide. – Grenz-, Gebirgs- und Gewässerkolorit, Rahmen mit Gradeinteilung ebenfalls koloriert. – 63,5 × 92 cm (71,5 × 94 cm).[1]

Kartografische Angaben: nordwestorientiert. – Gradeinteilung. – W 16° 46' – E 20° 34'; S 44° 16' – N 46° 02'. – Maßstab: [ca. 1:315.000]. – grafischer Maßstab in deutschen Meilen, »Milliaria Germanica«, und in Wegstunden, »Horae«.

Verfasser, Verleger: Étienne Briffaut, der sich hier selbst als Buchhändler bezeichnet, ist der Verleger der Karte, wahrscheinlich wurde sie auch von ihm entworfen und gestochen. Seine Tätigkeit in Wien ist seit den frühen 1730er nachgewiesen, ohne dass weitere Lebensdaten bekannt sind.[2] Er ist mit Karten zum italienischen Kriegsschauplatz im Polnischen Erbfolgekrieg (1733–1738) hervorgetreten. Der Beginn des Türkenkrieges 1736 förderte auch die Aktivitäten der Wiener Karten- und Kupferstecher. Briffaut war daran mit der Herausgabe einiger Karten beteiligt. Es erschienen unter anderem: »Théâtre de la guerre sur la Timock, 1737« (1738) und seine auf der sogenannten Mercy-Karte (1725) beruhende Karte des Banats: »Carte originale du Bannat de Temeswar divisés dans tous ses districts […]« (1738).[3]

Bildelemente: Briffauts Karte besticht durch ein sehr ansprechendes, detailreiches und ausgewogenes Kartenbild. Hinzu kommt die im Vergleich zu Karten auf Papier andere Optik und Haptik, die ihr eine besondere Attraktivität verleihen. Die inhaltsreiche Karte wird zu den besten gezählt, die in der ersten Hälfte des 18. Jahrhunderts zu Bosnien erschienen sind. Der Titel samt Impressum erscheint außer in der schlichten Kopfleiste noch in einer einfachen, zur Schriftrolle stilisierten Kartusche in der linken unteren Bildecke. Die Legende rechts unten enthält neben der Aufschlüsselung der Signaturen, darunter das Zeichen für Poststrecken und Posthaltepunkte – ein Novum für den dargestellten Raum –, auch den grafischen Maßstab.

Inhalt: Die Karte weist die Grenzen des Passarowitzer Friedens (1718) aus. Wichtige Schlachten werden ebenfalls festgehalten. Vollständig eingezeichnet sind die Ufersiedlungen beidseitig der Save. Vor allem in Bosnien tritt die kleinkammrige, durch viele Täler und Berge begrenzte Landschaft hervor. Großflächigere Einbrüche lassen weite, nicht selten von hohen Gebirgen umgebene Felder entstehen, die Poljen. Im Nordwesten des Landes, auf dem rechten Ufer der Sana, liegen die »Posai Polie« und die Ebene von Banja Luka (»Campus Banialuca«). An der Grenze zu Dalmatien wird »Crahovo Polie« (bosn. und kroat. Grahovo Polje) verortet und im Dreiländereck Kroatien-Bosnien-Dalmatien »Koszovo Polie« (bosn. und kroat. Kosovo Polje).

Bei den Provinzen (jeweils »Provincia«) handelt es sich meist um territorialpolitische Einheiten, aber auch um gewohnheitsrechtlich bestimmte Landschaften: »Cernick Prov[incia]«, womit das Sandschak Cernik gemeint ist, »Modritza Prov[incia]« (bosn. und serb. Modriča), »Sale superior Prov[incia]« und »Infer[ioris] Sale Prov[incia]«. In der Landesmitte liegt »Vsora Prov[incia]«, die sich mit der mittelalterlichen Grenzmark Uzora deckt. An der Grenze zu Albanien sind »Suitava Provincia« und »Podrima Prov[incia]«

1 Stopp/Langel 1974, S. 215 f.

2 Dörflinger 1984, S. 43.

3 Étienne Briffaut: Théâtre de la guerre sur la Timock, 1737 […], Wien 1738, Maßstab: [ca. 1:430.000]; Étienne Briffaut: Carte originale du Bannat de Temeswar divisés dans tous ses districts mesuré […], Wien 1738, Maßstab [ca. 1:510.000], BnF Paris, Signatur GE D-26066 u. a. URL: http://gallica.bnf.fr/ark:/12148/btv1b53076357s.r=briffaut%20mercy?rk=21459;2 (12.07.2017).

Le Royaume de Bosnie, dans son entier, dedié à son Excellence Monseigr. le feld Maréchal Comte de Khewenhüller Colonel d'un Regiment de Dragon vice Roy du Royau
Je me suis fait un devoir de Publier cette Carte sous les Auspices de V. E. étant un des Capitaines de S.M.I. et Cath: qui entend mieux le metier de la Guerre,
le flême et la prudence come elle en a doné des preuves par les dernieres Campagnes D'Italie, et en dernier lieu par le Combat contre les trouppes Ottomanes arrivé le 28. 7bris 737. prés de la r
SEPTENTRIO
MERIDIES
OCCIDENS
STIRIÆ PARS
CARNIOLLÆ PARS
COMIT DE CILLEY
Com. Varasdiensis
Com. Crictiensis
Com. Zarabiensis
Com. Sagoriensis
VARASDIN
AGRAM
CARLSTADT
WIHATS
BANIALUCA
BRODT
SERAILLE
DALMATIÆ PARS
COMITATUS ZARA
Albaniæ Pars

auf dem Gebiet der Herzegowina verortet. Die Posavina ist zweigeteilt: In Bosnien liegt die Obere Posavina (»Possavia Superior«), in Slawonien die Untere Posavina (»Possavia Inferior«). Genannt werden auch mehrere Ebenen, und keine weitere Karte der Zeit nennt so viele Gebirgsbezeichnungen: In Westbosnien »Cserna M[ons]« bei Bihać, »Sokolovo Knezdo M[ons]«; in Ostbosnien »Oskova M[ons]«, »Lupogla M[ons]«, »Ulak M[ons]«, »Camerno M[ons]«. An der Grenze zu Serbien ist das »Medienik M[ons]« eingezeichnet.

Für Slawonien werden die Komitatsbezeichnungen verwendet. Die Militärgrenze als Flächengebiet ist nicht eingezeichnet; auch fehlen Gebirgsbezeichnungen. Erwähnt wird die Kleine Walachei (»Valachia Minor«, kroat. Mala Vlaška). An der Grenze zu Bosnien, auf dem rechten Ufer des Lonia-Flusses (»Lonia fl[umen]«) in Ostkroatien, breitet sich »Lonsko Polie« aus.

In Kroatien (»Croatiae Regnum«) wird das von Morlaken bewohnte Gebiet (»Morlaquie«) hervorgehoben, das sich entlang der gesamten Küste zieht, von dem Gebirge (»Montague de le Bosc«) oberhalb von Zengg (kroat. Senj) bis zur Lika (»Com[itatus] de Lika«). Gekennzeichnet ist auch das benachbarte Korbavien (»Com[itatus] de Carbavia«). Die Reliefdarstellung berücksichtigt auch hier mehrere Gebirge, unter anderem »Mons Marinus« an der Küste bei Zengg und »Medius Mons« an der Grenze zu Bosnien. Angeführt sind auch mehrere Täler und Landschaften. An der Grenze zum venezianischen Dalmatien liegt »Campus Yasenitza« (kroat. Jasenica).

Der Domänenstaat »Temeswarer Banat« wird als Komitatsgebiet (»Comit[atus] Temesiensis«) abgewertet, die benachbarte Batschka hingegen als »Region« bezeichnet (»Bacensis Regio«). Mehrere in der Südbatschka liegende Sümpfe werden genannt. Eingezeichnet ist auch die »Römer Schantz«. Bei Mohács werden beide beieinanderliegenden Donauinseln namentlich erwähnt («Sprigitae Insula« und »Mohacensis Insula«).

Josef Wolf

4.10 Franciscus Spaia
Slawonien, nach 1737

REPRÆSENTANS ETIAM PER SACRAE
CESAREAE REGIAEQUE CATHOLICAE MAIES:
TATIS GLORIOSISSIMA ARMA ULTIMO CUM PORTA
OTTOMANICA BELLO ET SUBSECUTA PACE CUM
EADEM AD PASSAROVITZIUM MDCCXVIII INITA
FIRMATUM NEO ACQUISTICUM IN SYRMIO
NEC NON AD ULTRANEAS SAVI AMNIS IN BOSNIA RIPAS
LIMITES UT TURCAE AIUNT HUNKAS·CISVERO ZARTA·
KAS CEU EXCUBIAS MILITÆ NATIONALIS CONFINIA·
RIAE IUXTA RECENTISSIMAM OBSERVATIONEM
LUDOVICI ANDREAE
S.R.I. COMITIS A KHEVENHILLER
S.C.R.C.M. CAMERARII GENERALIS CAMPI
MARESCHALI UNIUS DESULTORIORUM LE·
GIONIS TRIBUNI COMMENDANTIS PRAESIDII
ESSEKINENSIS
NEC NON REGNI SCLAVONIAE SYRMIIQUE
DUCATUS GENERALIS COMMENDANTIS

TABULA GEOGRAPHICA // NOVA ET EXACTA DISTINCTE EXHIBENS // REGNUM SCLAVONIAE CUM SYRMII // DUCATU // QUOD A FLUVIIS SAVI ILLOVAE DRAVI // ET DANUBII ALLUITUR // EIUS PROVINCIAE CONTERMINAE SUNT // REGNUM HUNGARIAE CROATIAE // BOSNIAE SERVIAE ET BANNATUS // TEMESWARENSIS.

Landesarchiv Baden-Württemberg, Generallandesarchiv Karlsruhe, Hfk Pläne Be 4 rot.

Federzeichnung. – Grenz- und Flächenkolorit. – 67 × 122 cm (73,7 × 125 cm). – aus 2 Blatt zusammengesetzt. – auf Leinen aufgezogen. – signiert unten links in der Kartusche, die die Legende enthält: »Franciscus Spaia // Delineauit«.[1]

Kartografische Angaben: nordorientiert. – W 14° 51' – E 20° 27'; S 44° 05' – N 46° 21'. – Maßstab: [ca. 1:550.000]. – grafischer Maßstab: gemeine deutsche Meilen: »Milliaria Germanica Communia hec Linea 3 Continet«.

Verfasser, Ausgaben: In der Kartusche mit der Legende signiert Franciscus Spaia, über den keine biografischen Daten zu ermitteln sind. Das Kartenbild als solches begegnet als Druck und handgezeichnet in einigen wenigen Exemplaren, ohne dass die Zusammenhänge exakt zu rekonstruieren sind.

Die Karte weist einen direkten Zusammenhang mit einer in Wien gedruckten, etwas größeren, aus vier Blatt zusammengesetzten Karte auf.[2] Diese großformatige Inselkarte mit drei Kartuschen wurde, so weist es die Signatur links unten aus, von Joseph Gadea entworfen und vom Wiener Kupferstecher Johann Adam Schmutzer (gest. 1739) gestochen. Eine Datierung dieser Karte auf 1718, wie zuweilen geschehen, ist nach derzeitigem Kenntnisstand nicht haltbar und hat sich eventuell irrtümlicherweise aus der Nennung des Passarowitzer Friedens von 1718 in der Kartusche unten rechts ergeben. Probleme mit der Übertragung auf ein etwas kleineres Format könnten dazu geführt haben, dass in Spaias Karte die Kartusche links unten nicht mehr in der vorgesehen Weise angebracht werden konnte.

Außer der Karlsruher Karte, die unter Spaias Namen überliefert ist, sind derzeit noch zwei weitere undatierte handgezeichnete Ausfertigungen nachweisbar. Ein Exemplar – etwa im gleichen Format wie das Karlsruher Blatt – besitzt keine Kartuschen, hält aber an zwei Stellen den Kartuschentext handschriftlich fest.

Es weist Paus- oder Übertragungsspuren auf.[3] Die frühe Datierung auf die 1720er Jahre ist möglicherweise nicht zu halten. Der handschriftliche Text dieser Karte bezeichnet am oberen Rand Ludwig Andreas von Khevenhüller (1683–1744) als Generalfeldmarschalleutnant und Kommandanten der Festung Esseg, so dass dieses Blatt nach dessen Ernennung 1733[4] entstanden sein muss. In der Karlsruher Karte fehlt hingegen der Zusatz »locum tenentis« in der Kartusche rechts unten, somit wird er darin als Generalfeldmarschall bezeichnet. Hierzu wurde er aber erst 1736 ernannt. Dies könnte, so die Bezeichnung nicht schlicht vergessen wurde, ein Hinweis auf eine spätere Datierung sein. Zudem ist eine von der Hand eines F. Pinto [?] gezeichnete kolorierte Kopie der Slawonien-Karte, zusammengesetzt aus 5 Blatt, überliefert: »Tabula Geographica nova et exacta distincté exhibens Regnum Sclavoniae cum Syrmii Ducatu […]«.[5]

Diese Slawonien-Karten sind allesamt undatiert, Anhaltspunkte könnten allenfalls die nur in einem Teil der Karten ausgestalteten Kartuschen und deren Text, vielleicht auch die Größe der Blätter und die Maßstäbe bieten.

Bildelemente: Drei barocke Kartuschen sind in den freien Räumen der Karte platziert. Die Titelkartusche am oberen mittigen Bildrand besteht aus einem ovalen, oben offenen Rahmen, darüber ist ein von Blattwerk eingefasster Schild mit dem zweiköpfigen Adler angebracht. In der Kartusche links unten befindet sich die Legende mit den Signaturen und dem grafischen Maßstab. Im Vergleich mit der gedruckten Karte ist die Kartusche – wie im Übrigen auch das Kartenbild selbst – nach unten abrupt abgeschnitten; die Zeichnung von vier wasserspendenden Flussgöttern entspricht nicht der eleganten eventuellen Vorlage, in der der Schild mit dem bosnischen Wappen oben, nicht innerhalb der Kartusche gezeigt wird. Die große und auffällige sowie mit reichem ornamentalen Schmuck ausgestatte Kartusche unten rechts fasst den Inhalt der Karte zusammen. Sie wird gekrönt vom Wappen der Khevenhüller von Aichelberg-Frankenburg und ist in handgezeichneter und gedruckter Karte weitestgehend gleich.

Inhalt: Die Karte beschränkt sich auf die Abbildung Slawoniens und Syrmiens und des nördlichen Bosniens. Der Raum bis zum Kartenrahmen wird jedoch nur im Süden, an der Grenze zu Bosnien, ausgefüllt. Das 1699 gebildete Königreich Slawonien (dt. auch Slavo-

---

1 Schäfer 1971, S. 227, Nr. 1228; Kisari Balla 2000, S. 202, Nrn. 348–350, Abb. S. 607–609, Nrn. 348–350.

2 Joseph Gadea / Johann Adam Schmutzer: Tabula Geographica Nova et Exacta Distincte exhibens Regnum Sclavoniae cum Syrmii Ducatu quod a Fluviis Savi Illovae Dravi et Danubi Allierminae eius Provintiae Conteerminae sunt Regnum Hungariae Croatie Bosniae Serviae et Bannatus Temesvarensis […], [s. l.] [o. J.], Maßstab: [ca. 1:300.000].

3 Tabula geographica nova et exacta distincte exhibens regnum Sclavoniae cum Syrmii ducatu, quod a fluviis Savi Illovae Dravi et Danubii alluitur, ejus provintiae conterminae sunt regnum Hungariae Croatiae, Bosniae, Serviae et Bannatus Temesurensis, [s. l.] [o. J.], BnF Paris, Signatur GE DD 2987. URL: http://gallica.bnf.fr/ark:/12148/btv1b53039172d.r (08.07.2017).

4 Wurzbach 1864, S. 225.

5 F. Pinto: Tabula Geographica nova et exacta distincté exhibens Regnum Sclavoniae cum Syrmii Ducatu, quod a fluviis Savi Illovae, Dravi et Danubii alluitur eius provinciae conterminae sunt Regnum Hungariae, Croatiae, Bosniae, Serviae et Banatus Temesvarensis«, [s. l.] [o. J.], Maßstab: [ca. 1:106.000], ÖNB Wien, Signatur FKB C.97.1a-e.

nien, lat. Slavonia/Sclavonia, kroat. Slavonija) erstreckt sich über den Raum zwischen der Save im Süden und der Drau und Donau im Norden, östlich der Linie Sisak-Bjelovar. Die Grenze zwischen Slawonien und Ungarn entlang der Drau entstammt dem Mittelalter, dagegen wurde die Grenze entlang der Save zu Bosnien erst im Friedensschluss von Karlowitz 1699 zwischen dem Habsburgerreich und den Osmanen festgelegt. Das ebenfalls 1699 eingerichtete Herzogtum Syrmien wird von den Flüssen Donau, Save, Vuka und Bosut abgegrenzt.

Die Habsburger richteten entlang der Save neue Abschnitte der Militärgrenze mit dem Schwerpunkt in der Festung Slawonisch Brod (kroat. Slavonski Brod) ein, ohne die alte Grenze zur Drau hin aufzulösen. Die Militärgrenze ist in drei Abschnitte geteilt: »Confiniorum Pars Inferior«, »Confiniorum Pars Media«, »Confiniorum Pars Superior«.

Das Land besteht im Norden, Süden und Osten überwiegend aus dem Flachland der Pannonischen Tiefebene. Eingezeichnet in Maulwurfshügelmanier mit Schräglichtschattierung sind Syrmien und das Frankengebirge (serb. Fruška gora), das weite Teile der Herrschaften Karlowitz (serb. Sremski Karlovci, kroat. Srijemski Karlovci) und Ilok umfasst. Auch das slawonische Mittelgebirge ist richtig verortet, aber ohne namentliche Kennzeichnung.

Nach der habsburgischen Eroberung wurde das gesamte eroberte Gebiet in Domänen aufgeteilt, die als Lehen an Generäle und Adlige vergeben wurden, die an den Türkenkriegen mitgewirkt hatten. Der dargestellte Raum reicht von der Herrschaft Kutina (»Dominium Cuttinae«) und Pakrac (»Dominium Packratz«) im Westen bis zur syrmischen Herrschaft Semlin (serb. Zemun) im Osten. Der Betrachter der Karte kann sich ein zuverlässiges Bild der Landschafts- und Herrschaftsgliederung machen.

Josef Wolf

4.11 Johann Friedrich Öttinger / Homannsche Erben
Serbien und Bosnien, um 1738

REGNI SERVIÆ PARS, una cum finitimis VALACHIÆ & BULGARIÆ partibus, addita præcipuorum in his regionibus munimentorum & castellorum Ichnographia. Curantibus Homannianis Heredibus, Norib. Cum P. S. C. M.

1 Johann Friedrich Öttinger: Kriegs- Ingenieur- u. Artillerie-Charte, welche Die Vornehmste Terminos, So Wohl Der Geometrie, Fortification, Artillerie, u. Ernst-Feuerwerck, Als Auch Anderer Im Krieg Vorkommenden Sachen […], [Nürnberg] 1737, Dänische Nationalbibliothek, Kopenhagen, Signatur KBK 2-2. URL: http://www.kb.dk/maps/kortsa/2012/jul/kortatlas/object65352/da/ (08.07.2017).

2 Johann Friedrich Öttinger: Carte géographique de la campagne du Haut Rhin pour l'année MDCCXXXIV contenant tous les mouvements marches et contremarches des armées impériales et francoises […], Augsburg 1734, BnF Paris, Signatur GE DD-2987 (3590 B). URL: http://gallica.bnf.fr/ark:/12148/btv1b53039486r (08.07.2017).

3 Johann Friedrich Öttinger / Tobias Conrad Lotter: Theatrum belli serenissimae domus Austriacae contra Gallos confine limitibus sacri romani imperii et Belgii seu tabula geographica cursus Rheni ab urbe silvestri Lauffenburgo usque ad ejus Ostium, provincias trans Rhenanas […], Neuester Schauplatz des Krieges an dem Ober Rhein und in den Niederlanden oder Lauff des Rheines von denen Waldstaetten ab bis zu dessen Ausfluss […], Augsburg [o. J.], BnF Paris, Signatur GE DD-2987 (3371 B). URL: http://gallica.bnf.fr/ark:/12148/btv1b53039537h (08.07.2017).

REGNUM BOSNIAE, una cum finitimis CROATIAE, DALMATIAE, // SLAVONIAE, HUNG[ARIAE] et SERVIAE partibus, adjuncta praecipuorum in his regionibus // munimentorum ichnographia. Curantibus Homannianis Heredibus Nori[m]b[ergae]. Cum P[rivilegio] S[acrae] C[aesareae] M[ajestatis].– REGNI SERVIAE PARS, una cum finitimis VALACHIAE & BULGARIAE // partibus addidata praecipuorum in his regionibus munimentorum & castellorum // Ichnographia. Curantibus Homannianis Heredibus Nori[m]b[ergae]. Cum P[rivilegio] S[acrae] C[aesareae] M[ajestatis].

Institut für donauschwäbische Geschichte und Landeskunde, Tübingen, Kartensammlung, 2.5.29.

Kupferdruck. – Hauptkarte: Grenz- und Flächenkolorit, Rahmen der Hauptkarte mit Gradeinteilung ebenfalls koloriert. – einige der Nebenkarten: Gewässerkolorit. – 60,5 × 113 cm (63,6 × 116,4 cm). – aus 5 Blatt zusammengesetzt, ein Teil der Hauptkarte einklappbar angesetzt, verdeckt die Bildleiste links.

Kartografische Angaben: nordorientiert. – Windrose im Grundriss von Peterwardein, Windrose im Grundriss von Temeswar. – Gradeinteilung der Hauptkarte. – W 14' 08' – E 25° 14'; S 43° 10'– N 45° 31'. – Maßstab: [ca. 1:880.000]. – grafischer Maßstab: »Milliaria Geographica 15. in uno Gradu«.

Verfasser, Verleger, Ausgaben: Die Karte wurde von Leutnant Johann Friedrich Öttinger entworfen und vom erfolgreichen Nürnberger Verlag Homannsche Erben (Kat. 2.8, 5.12) herausgegeben. Der Verleger beruft sich im Kartentitel auf die »authentischen« Hilfsquellen, die der Karte zugrunde liegen. Wenige weitere Karten sind mit dem Namen Öttingers verknüpft. Auf einer 1737 ebenfalls bei den Homannschen Erben publizierten »Kriegs- Ingenieur- u. Artillerie-Charte«[1] bezeichnet er sich als »Lieutenant des Löbl[ich] Kays[erlich]-Würtemb[ergischen] Leib-Regiments zu Fuß und Ingenieur«. In französischer Sprache erscheint er auf der bei Matthäus Seutter (auch: Matthias, 1678–1757, Kat. 2.5, 4.8, 5.3) in Augsburg veröffentlichten »Carte géographique de la campagne du Haut Rhin pour l'année MDCCXXXIV[…]« (1734).[2] Danach scheint Öttinger den Dienstherrn gewechselt zu haben, denn die Rheinkarte mit wesentlich umfassenderem Gebietsausschnitt, die er vermutlich 1745 wieder bei Seutter unter dem Titel »Neuester Schauplatz des Krieges an dem Ober Rhein und in den Niederlanden oder Lauff des Rheines von denen Waldstaetten ab bis zu dessen Ausfluss« publiziert, signiert er als »Ihro König[licher] Majest[ät] // zu Dänemarc und // Norwegen bestallten // INGENIEURCAPITAIN« bzw. mit der lateinischen Entsprechung.[3]

Bildelemente: Das mit umfangreichem Bildmaterial ausgestattete Blatt besteht aus einer einklappbaren Hauptkarte und 23 kleinen Nebenkarten sowie zwei Ansichten: oben links: Plan von »USSITZA« (kroat. Užice), darunter, von der ausgeklappten Hauptkarte verdeckt, »BRODT« (kroat. Slavonski Brod), »WIHAZ« (Bihać) und die Vedute von »ZWORNEK« (Zvornik); unten von links nach rechts, obere Reihe: »RATSCHA (Rača) // Slavoniae Pars«, »SABATZ« (Šabac), »BELGRAD«, »ORSAVA« (Neu Orschowa, Insel Ada Kaleh), »WIDDIN« (Vidin), »NICOPOLIS« (Nikopol), »NISSA« (Niš), »CHATCHEK« (Čačak); untere Reihe: »ZWORNIECK in R[egno] Bosniae«, »BANIALUCKA in R[egno] Bosniae« (Banja Luka), »GRADISCA [Gradiška], in Sclavoniae«, »CARLSTADT [Karlovac] in Croatia«, »PETERWARDIN [Petrovaradin] in Sirmio Hung[ariae]«, »TEMESWAR in Hung[aria]«, »ESSECK [Osijek] ad fl[uvium] Trava [Drau]«, »PANZOVA [Pančevo] nel Banato«, »VIPALANCKA [Banatska Palanka] ad Danub[ium]«, »SERAGLIO [Sarajevo] in R[egno] Bosniae«; rechts von oben nach unten: »VALIOVA« (Valjevo), »KRAKOIEVAZ« (Kragujevac), Vedute von »SERAGLIO«.

Die Titelkartusche rechts oben in der Hauptkarte umfasst im ovalen Barockrahmen einen Nebentitel. Der Bild- und Figurenschmuck ist üppig: Ein Turban mit Halbmond schließt die Kartusche nach oben ab, seitlich wird sie gestützt von Husaren mit Kopfbedeckung und gezogenem Säbel; darunter lagern zwei Flussgötter mit wasserspendenden Gefäßen, zwischen denen die Wappen Serbiens und Bosniens zu sehen sind. Osmanische Standarten und Stichwaffen runden als Kriegsbeute die Darstellung ab. Links unten in der Hauptkarte ist die Maßstabsleiste auf einem niedrigen Sockel angebracht; auf dem Sockel sitzen zwei gekettete christliche Sklaven; hinter dem Sockel türmt sich Kriegsbeute: Standarten, Speere, Speere mit aufgesetztem Halbmond, Schilder; ein Engel in Rüstung mit dem österreichischen Doppeladler auf dem Harnisch und mit lorbeerumflochtenen Schwert scheint zur Befreiung herbeizueilen.

Inhalt: Die Karte zeigt den Schauplatz des Russisch-Österreichischen Türkenkrieges (1736–1739). Der Plan links oben führt, zusammen mit der ausführlichen Legende rechts oben, die Belagerung von »Ussitza« (serb. Užice), einer Bergfestung am Fluss »Tetinia« (serb. Đetinja), durch Prinz Karl August von Waldeck (1704–1763) im ersten Jahr des Krieges anschaulich vor Augen.

Mehrere Miniaturbilder erscheinen in Schrägdarstellung, einige Grundrisse sind durch Veduten ergänzt. Der Schwerpunkt der Auswahl liegt auf den Donaufestungen. Der Plan von Temeswar ist südorientiert; die Stadt breitet sich über viele Flussarme aus. Die Pläne von Peterwardein, Esseg und Karlstadt zeigen ausgebaute Festungen.

Die territorialpolitischen Bezeichnungen in der Hauptkarte markieren die Herrschaftszugehörigkeit: Kaiserliches Dalmatien (»Dalmatia Imperialis«) und Venezianisches Dalmatien (»Dalmazia Veneta«), Kaiserliches Kroatien (»Croat[iae] Imper[ialis] Pars«) und »Türkisches Kroatien« (»Croat[iae] Turcarum Pars«). Eingezeichnet ist die im Friedensschluss von Passarowitz 1718 festgelegte Grenze (»confinia«) zwischen dem Habsburgerreich und dem Osmanischen Reich. Die Randgebiete des dargestellten Raums werden unter ihren geläufigen Bezeichnungen benannt (»Bannatus Temesiensis Pars«, »Slavoniae Pars«, »Sirmium Regio«, »Bulgariae Pars«).

Im »kaiserlichen« Kroatien sind nur wenige Gebirge namentlich gekennzeichnet: im Norden »M[ons] Hvnhe« und »M[ons] Capella« sowie an der südlichen Grenze zum »türkischen« Kroatien »Popina Mons«. Nördlich von Korbavien (»Coravia Comitado«) wird auf die Ebene »Koranizza Valle« (kroat. Koreničko polje) hingewiesen. Im nordöstlichen »türkischen« Kroatien beginnen die langgestreckten talförmigen Hochebenen »Liucse Polie« und »Posai Polie«. Pforten (jeweils »porta«) signalisieren Taldurchbrüche.

In Bosnien wird die Residenzstadt des Beglerbegs in Banja Luka hervorgehoben (»Banialucca, Residentia Beglerbegi Bosniensis«). Die Drina (»Drina fl[uss]«) bildet die Grenze Bosniens zu Serbien. Mehrere Gebirge werden namentlich bezeichnet, unter anderem »Smisniza Mons« bei Sarajevo (»Bosna Seraglio«) und der auf die Präsenz von Wlachen verweisende »Vlack Mons«.

Ein stark akzentuiertes Gewässernetz unter Berücksichtigung vieler Nebenflüsse bestimmt die Darstellung Serbiens (»Serviae Regnum«), dessen Gebiet auf zwei Verwaltungsgebiete (Belgrad und »Nissa«, serb. Niš) aufgeteilt ist. Erwähnt wird das kupferreiche »Meidanbecker Gebürg« (serb. Maidanpek). Augenfällig ist die Beschriftung des Amselfeldes (»Campus Merlinius Cassovius«) als Landschaft. Der Timok bildet die Grenze zu Bulgarien. Die Hauptflüsse erscheinen in ihrer deutschen Namensform (»Donau Strom« und »Theis fl[uss]«). Verzweigte Flussarme kennzeichnen den Zusammenfluss von Donau und Theiß. Detailliert dargestellt sind die Donauinseln von Belgrad bis zum Eisernen Tor. Die unbenannte befestigte Insel unterhalb von Orschowa (Neuorschowa, Insel Ada Kaleh) ist überzeichnet. Mit dem Strom verbunden sind auch die antiken Relikte: die Römerschanze in der südlichen Batschka und die Überreste der Trajansbrücke (»Rudera pontis Trajani«) bei Turnu Severin. Bei »Fetzlan« (Fertislam, serb. Kladovo) weist die Karte die Gefahrenstelle der Donaukatarakte (»Cataracta Danubii«) aus.

Das Banat ist ähnlich wie in anderen frühen Karten des Verlags Homann eine Art ›Land unter Wasser‹. Die Moräste ziehen sich entlang des linken Bega-Ufers (»Begha fl[uss]«); bei Betschkerek (»Betschkeret«, serb. Zrenjanin) sind die Überbleibsel des auf früheren Karten weitaus breiteren Sees. Moräste begleiten auch den Temeschlauf (rum. Timiș, serb. Tamiš) und breiten sich entlang des Überschwemmungsgebiets der Donau zwischen Pantschowa (»Pansova«, serb. Pančevo) und Neupalanka (»Vipalanka«, serb. Banatska Palanka) aus. Das Eiserne Tor Siebenbürgens (»Porta Ferrea«) ist zwar eingezeichnet, aber nicht an der richtigen Stelle.

In Bulgarien wird auf das Balkangebirge (»Haemus Mons«) verwiesen. Eingezeichnet ist die Residenz des Bischofs von Sofia (»Residentia Archi Episcopi Sardicensis«) und die Heeresstraße Belgrad-»Nissa«-»Sophia«-Konstantinopel.

Die raumformende Hydrografie tritt in der Hauptkarte klar hervor. Die Reliefverhältnisse kommen eher in der Darstellung Bosniens zur Geltung, dessen kleinkammrige Landschaften vom Kartografen erfasst werden. Plastisch gestaltete schattierte Maulwurfshügel suggerieren eher imaginierte als reale Gebirgsketten. Mittelgebirge und Hügel erscheinen als bewaldete Flächen, fallweise wird auf ihre Eintragung auch verzichtet, wie beispielsweise bei den Bergen in Slawonien. Grafisch wirksam ist die Uferfärbung der Adria-Inseln.

Josef Wolf

4.12 Carl Schütz / Franz Müller
Bosnien, Herzegowina, Kroatien-Slawonien und Serbien, 1788

NEUESTE KARTE // DER // KOENIGREICHE // BOSNIEN SERVIEN // CROATIEN und SLAVONIEN // Samt den angrenzenden Provinzen // TEMESWAR, DALMATIEN, HERZEGOWINA, // RAGUSA, STEYERMARK, KAERNTHEN, // KRAIN, FRIAUL, GRADISKA, und ISTRIEN, // einem grosen Theil von // UNGARN, SIEBENBÜRGEN, MOLDAU, WALACHEI, // BULGARIEN, ALBANIEN, MACEDONIEN, // und einem Stück des // KIRCHENSTAATS und K[önig]reichs NEAPEL. // Nach den besten Orginalzeichnungen Charten, und // Beschreibungen entworfen von Herrn Carl Schütz. 1788.

Institut für donauschwäbische Geschichte und Landeskunde, Tübingen, Kartensammlung, 2.5.43.

Kupferdruck. – Grenz- und Flächenkolorit, Rahmen mit Gradeinteilung ebenfalls koloriert. – 48 × 72,8 cm (54,5 × 75,3 cm). – signiert unten links: »Gestochen von C[arl] Schütz und F[ranz] Müller«, nochmals signiert unter der Titelkartusche: »C[arl] Schütz fec[it]«, Impressum unten mittig: »Zu finden in Wien bey Artaria Compagnie Kunsthaendlern auf dem Kohlmarkt.«

Kartografische Angaben: nordorientiert. – Gradeinteilung. – W 13° 13′ – E 22° 44′; S 42° 12′ – N 46° 55′. – Maßstab: [ca. 1:1.120.000]. – grafischer Maßstab: »Deutsche Meilen 15. auf einen Grad. // Frantzösische Meilen 25. auf einen Grad. // Ungarische Meilen 13 auf einen Grad.«

Verfasser, Verleger: Der Kartograf, Kupferstecher und Zeichner Carl Schütz (1745–1800, Kat. 5.13) erhielt seine Ausbildung an der Akademie der bildenden Künste in Wien. Als Kartograf und Kupferstecher wirkte er an mehreren Karten des Artaria-Verlags (Kat. 2.14, 2.15, 5.13) mit, wobei einige gemeinsam mit dem Kartografen und Kupferstecher Franz Müller (1745–1816, Kat. 2.14, 5.13) herausgegeben wurden. Franz Müller blieb bis zu seinem Lebensende einer der wichtigsten Kupferstecher des Artaria-Verlags, der sowohl für Kriegskarten als auch für Post- und Regionalkarten herangezogen wurde.[1]

---

1 Dazu umfassend: Dörflinger 1984 und Dörflinger 1988.

4.12a

BOSNIEN, HERZEGOWINA, KROATIEN-SLAWONIEN UND SERBIEN, 1788

4.12b

Bildelemente: Die in die freie Fläche der Adria eingepasste, als Textrolle stilisierte Titelkartusche wird von einer männlichen Figur mit Sense in der rechten Hand entrollt. Diese ist in der Begleitung eines Putto mit Schwert in der rechten und einem Friedenszweig in der linken Hand. Am Fuß der Inschrift sind militärische Gegenstände – getrennt nach ihrer Zugehörigkeit zur jeweiligen Kriegspartei – aufgeschichtet: kaiserliche Standarte, Kanonenrohr mit Kugeln, Helm, Musketen mit aufgesetztem Bajonett – Schild mit Halbmond, und eine Standarte mit Rossschweifen.

Die Legende ist in der rechten unteren Ecke zusammen mit dem grafischen Maßstab in einfachem Rahmen angebracht. Die »Erklaerung der Illumination«, des Kolorits für die herrschaftliche Zugehörigkeit, findet sich in der Fußleiste.

Inhalt: Anschaulich dargestellt ist der Lauf der Donau, der Drau und der Save. Dabei werden die Mäandrierung des Hauptstromes in der Großen Ungarischen Tiefebene und die zahlreichen Inseln betont. Detailliert dargestellt ist die Seenlandschaft in den Julischen Alpen wie auch in Mazedonien und Albanien. Wie in den meisten neuzeitlichen Karten fehlt auch hier nicht der »Circknitzer See« in der Krain. Im Banat ist die Morastlandschaft überzeichnet. Teile des »Illanca Mor« und »Alibonar Marast« wie auch des »Ausgetrok[neten] Morast[es]« nördlich der mittleren Bega gab es zu jenem Zeitpunkt infolge der Flussregulierungen und Entwässerungen im Banat nicht mehr. Eingetragen sind der Bega-»Schiffahrts Canal« wie auch die »Sand Hügeln« im Südwestbanat. Ausgedehnte Sümpfe befinden sich nördlich und südlich des Zusammenflusses von Marosch und Theiß. Altarme und Abflüsse trockengelegter Sümpfe kennzeichnen auch die Darstellung der südungarischen Gebiete.

Trotz herkömmlicher Maulwurfshügelmanier ist das Relief übersichtlich strukturiert. Mehrere Gebirge werden namentlich bezeichnet: »Julische Alben«, »Tavornick B[erg]« und »Vena Gebirg« in der Krain, das »Karster Gebirg« in Friaul, »Velebich B[erg]«, »Popinar Gebirg« im kroatischen Dalmatien. Der »Megiuretzka B[erg]« im nordöstlichen Slawonien zieht sich hinüber nach Kroatien, in dessen Südosten, bei Zrinj, das »Zriner Geb[irge]« liegt. Der »Javonica B[erg]« wird südlich der unteren Una verortet. Im südlichen »Türkischen Croatien«, in grenzbildender Funktion zum österreichischen Herrschaftsgebiet, liegt der »Capello Berg«. In Bosnien ist das »Klamoch Gebirg« und in der Herzegowina der »Cradina Berg« eingezeichnet. Auf dem Inneren Balkan gilt das Augenmerk vor allem Gebirgsketten mit Grenzfunktion. An der Grenze zwischen Serbien, Bosnien und Albanien liegen das »Marinari Gebirg« und das »Krustina Gebirg«. Das »Scardo Gebirg« bildet die Grenze zwischen Serbien, Albanien und Mazedonien, das »Argentaro Gebirg« jene zwischen Serbien, Mazedonien und Bulgarien. In Mittelserbien werden das »Karadaghi Gebirg« und »Biyugdaschi Gebirg« erwähnt, in Nordostserbien der »Medanipek B[erg]«. Eine grenzbildende Funktion zwischen Serbien und Bulgarien kommt bis zum Timok-Tal dem »Cunoviza B[erg]« zu. Eingezeichnet sind Hochebenen (polje), unter anderem das »Petrovo Feld« in Venezianisch-Dalmatien, »Mostarskoblato« in der Herzegowina, »Dobrinsko Feld«, »Orahovitza Thal«, »Koszovo Feld« und »Grahovo Feld« in Nord- und Nordwestbosnien, das »Grosses Kupreser Feld« in Mittelbosnien, und »Cossovo oder Merlins Feld« (serb. Kosovo polje) im damaligen Südostbosnien.

Festgehalten werden Staats- und Territorialgrenzen. Nicht gekennzeichnet ist die Trennung zwischen Zivil- und Militärgebiet in Kroatien, Slawonien und im Banat. Das »Bannat« erscheint durch die Grenzziehung als eigenständiges Territorium, der Verlust der politischen Eigenständigkeit und die Angliederung an das Königreich Ungarn (1778) wurden vom Kartografen nicht zur Kenntnis genommen. Erfasst sind dagegen aber die neuen Kolonistendörfer im nordwestlich von Temeswar gelegenen Flachland.

Die Karte enthält die Hauptverkehrs- und Kommunikationswege. Das Siedlungsnetz ist übersichtlich gestaltet, wenn auch die geografische Position vor allem auf der Balkanhalbinsel oft nicht immer lagegetreu eingezeichnet ist. Im Herzogtum Krain sind die Ortsnamen durchweg deutsch, in Ungarn und Kroatien-Slawonien führen meist Städte und Festungen deutsche Namen.

Nur wenige Landschaften sind eingetragen, so »die Licca« und »Corbavia« (kroat. Krbava) im kroatischen Dalmatien. Nordöstlich von Pakrac liegt die «Kl[eine] Walachei« (kroat. Mala Vlaška). Im »Türkischen Kroatien« wird die Aufmerksamkeit auf »Sokolovoknezdo« gelenkt. Die Karte enthält wenige Hinweise auf Ethnien, unter anderem auf die unierten Walachen in der slawonischen Kleinen Walachei. Kleingruppen wie Morlaken und Uskoken, denen sich die damalige Reiseliteratur ausführlich zuwandte, finden dagegen keine Erwähnung. Entlang der Morača (»Moraka Fl[umen]«) und der Bojana (»Pojana Fl[umen]«), an der Grenze zwischen der Herzegowina und Albanien, leben »Clementiner« und »Montenegriner«.

Josef Wolf

4.13 [François Joseph Maire / Hieronymus Benedicti]
Nordalbanien und Montenegro, 1788

CARTE // De la partie d'ALBANIE occupée par // le Bacha de SCUTARI. Le District des // MONTENEGRINS, et partie des Territoires // des Rep[ubli]ques de Venise, et de Raguse. // Pour servir de renseignemens á la // Carte des Limites des trois Empires // ou Théatre de la Guerre presente 1788. // KARTE // Des Theiles von ALBANIEN so der Bascha von SCUTARI // in besitze hat, Der District der MONTENEGRINER, // und ein Theil der Besitzungen der Republ[iken] Venedig und Ragusa.

Institut für donauschwäbische Geschichte und Landeskunde, Tübingen, Kartensammlung, 1.2.1.17.

Kupferdruck. – Teil eines Kartensatzes mit einer Hauptkarte (Kat. 2.10). – Grenzkolorit, teilkolorierte Kartusche. – 33,7 × 43 cm (35,8 × 46 cm). – in vier Teilen auf Leinen aufgezogen.

Kartografische Angaben: nordwestorientiert. – Windrose, mit durchgehendem Pfeil die Nordrichtung anzeigend. – W 18° 01' – E 20° 25'; S 41° 53'– N 42° 39'. – Maßstab: [1:1.370.000]. – grafischer Maßstab in deutschen Meilen: »Echelle de cinq Milles d'Allemagne«.

Verfasser, Verleger, Kupferstecher: Als Verfasser der Karte gilt der Lothringer François Joseph Maire (1738–1788, Kat. 2.10), der die Karte wahrscheinlich im Selbstverlag herausgegeben hat. Als »ingénieur hydraulique et géographe« in Wien tätig, beschäftigte er sich intensiv mit Wasserbau und arbeitete an einem Projekt, das durch ein System von Kanälen und Wasserstraßen die Habsburgermonarchie, fast schon ganz Europa, verändern sollte.[1]

Mit einem siebenteiligen Kartensatz trug er während des Russisch-Österreichischen Türkenkrieges (1787–1792) dem öffentlichen Interesse am dargestellten Raum und den territorialen Veränderungen Rechnung. Die losen Beikarten, von denen hier eine vorliegt, weisen unterschiedliche Maße und uneinheitliche Maßstäbe auf.

Die nicht signierte Karte wurde – wie auch weitere Beikarten – vom Wiener Kupferstecher Hieronymus Benedicti (gest. 1809, Kat. 2.10) gestochen. Er war für mehrere Verlage in Wien tätig.[2] Unter anderem war er an einer vielbeachteten Karte der Walachei beteiligt: »Mappa Specialis Walachiae et accuratissimis Singulorum Districtuum Ichnographiis« (1788).[3]

Bildelemente: Im sehr klar und übersichtlich scheinenden Kartenbild ist in der linken oberen Ecke die Titelkartusche mit dem französischsprachigen Titel in schlichtem klassizistischem Rahmen platziert, mit Schlaufen an der Öse und umgeben von zwei mit einer Schlaufe zusammengebundenen Eichenzweigen. Ein einfacher Rahmen in der linken unteren Ecke enthält die deutschsprachige Titelformulierung.

Inhalt: In die nicht maßstabsgetreue thematisch-topografische Karte sind Wälder, Weinberge, Höhenzüge, wichtige Hauptstraßen und die Grenzen von Albanien, Montenegro, Herzegowina sowie der Republiken Venedig und Ragusa (kroat. Dubrovnik) eingezeichnet. Die Karte weist zwar keinen unmittelbaren Bezug zum Russisch-Österreichischen Türkenkrieg auf, sie steht aber im weitesten Sinne im Kontext des Niedergangs des Osmanischen Reiches, zu dem die Gebiete gehörten. Die montenegrinischen Fürstbischöfe aus der Familie Petrović Njegoš versuchten die russische Unterstützung für die erstrebte Unabhängigkeit vom Osmanischen Reich zu gewinnen.[4] Rebellierende albanische Paschas unterhielten Beziehungen zu den ausländischen Mächten mit dem Ziel, größere Unabhängigkeit zu erreichen. In Nordalbanien gelang es der Familie Bushatlliu (Mehmed Pascha 1757–1775, Kara Mahmud Pascha 1778–1796, Mustafa Pascha 1811–1831), in Südalbanien Ali Pascha von Janina (1784–1822) sich eine halbselbstständige Stellung aufzubauen.[5]

Das Kartenbild Montenegros (»T[errito]rio di Montenegro«, montengr. und serb. Crna Gora) vermittelt die Vorstellung eines dünn besiedelten Gebirgslandes. Aus der Schraffendarstellung lässt sich nicht ablesen, dass es sich um ein vielfach unzugängliches Hochgebirge handelt und das Land im Südosten, an der unteren Morača, durch fruchtbare Niederungen geprägt wird.

Die Darstellung wird von der Seenlandschaft im nördlichen Albanien (alban. Shqipëria) und südlichen Montenegro wie auch von der strategisch günstig gelegenen Bucht von Buccari (»Bocche di Cattaro«, kroat. und serb. Boka kotorska) auf venezianischem Gebiet

---

1 Zur Biografie und zum Kartensatz: Dörflinger 1984, S. 92–97.

2 Zu Benedictis umfangreicher Produktion: Dörflinger 1984 und Dörflinger 1988.

3 Ferdinand Joseph Ruhedorf / Hieronymus Benedicti / Kilian Ponheimer: Mappa Specialis Walachiae et accuratissimis Singulorum Districtuum Ichnographiis […], Wien 1788, Maßstab: [ca. 1:800.000].

4 Zum historischen Kontext vgl.: Paic/Scherb 1851; Roberts 2007.

5 Hösch/Nehring/Sundhaussen 2004, S. 30–33, hier S. 32.

(»T[errito]rio di Venezia«) dominiert. Die sich aus vier durch Engstrecken miteinander verbundenen Einzelbecken zusammensetzende Bucht ist annähernd realistisch dargestellt.

Der größte See der Balkanhalbinsel, der Skutarisee (»Lac de Glari ou Scutari«, dt. auch Shkodrasee, alb. Liqen/-i i Shkodrës, serb. und montenegr. Skadarsko Jezero), lag schon damals im Grenzgebiet zwischen Montenegro und Albanien. Auf der Karte wird der See von von der Bojana (serb. und montenegr. »Bajana R[ivière]«) gespeist, deren Nebenfluss die Morača ist. Falsch in die Karte eingezeichnet ist der Fluss Zeta (montengr. »Zetta R[ivière]«). Auf der Karte fließt er in den Zeta-See (»Lac de Zetta«), aus dem er auch abfließt und in den Shkodra-See mündet. Tatsächlich fließt der im Westen des Landes entspringende Fluss in südöstliche Richtung, um bei Podgorica (»Podgoriza«) in die Morača zu münden, deren größter Nebenfluss er ist. Auf der Karte liegt Podgorica in einem Überschwemmungsgebiet am Zusammenfluss von »Maraca« und »Bajana«. Nicht richtig eingezeichnet ist auch der Lauf der Drin (»Drilo R[ivière]«), die nicht bei Shkodra, sondern weiter südlich in die Buna mündet. Nebenflüsse bleiben unbenannt, ob dies am kleinen Maßstab oder vielleicht am lückenhaften Raumwissen lag, bleibt ungeklärt.

Im Vergleich zum in dieser Hinsicht erschlossenen westlichen und nördlichen Balkan war die Hydrografie der Gebirgsregion noch unbekannt. Die Karte enthält keine Angaben über die Stämme, die Montenegro und Albanien bewohnten, für die Kartografen des späten 17. und frühen 18. Jahrhunderts dann Interesse zeigten.

Josef Wolf

TEMESWARER BANNAT Abgetheilet in seine DISTRICT und PROCESS zu finden bey Io. Christop. Winkler in Wien Kupferstecher

5 SÜDÖSTLICHE GRENZRÄUME: BANAT UND SIEBENBÜRGEN

Das Banat (ung. Bánát oder Bánság) und Siebenbürgen (rum. Transilvania, ung. Erdély) markieren in der frühneuzeitlichen Wahrnehmung die Nahtstelle zwischen Orient und Okzident. Nicht einzelne Festungen, sondern die geografische Lage der beiden Regionen – an der Donaulinie und im Inneren des Karpatenbogens – verlieh ihnen die Attribute eines Schutzwalls (»antemurale«) und Grenzzauns. Ihre Randgebiete wurden an die sich Mitte des 18. Jahrhunderts ostwärts erweiternde Österreichische Militärgrenze angegliedert.

Die Region um den zentralen Ort Temeswar (rum. Timișoara) gelangte 1718 aus osmanischer Oberhoheit (1552–1716) in kaiserlichen Besitz. Die für die Auseinandersetzung der Habsburger mit den Osmanen strategisch wichtige Provinz war seit dem ausgehenden 17. Jahrhundert Schauplatz sämtlicher Türkenkriege und somit ein fester räumlicher Bestandteil in der medialen Wahrnehmung des Kriegsgeschehens.

Das Temeswarer Banat wurde zum politischen, wirtschaftlichen und migratorischen Experimentierfeld. In die öffentliche Wahrnehmung ging das Banat als ein ›fließender Raum‹ ein. Sümpfe, Moräste und ausgedehnte Überschwemmungsgebiete entlang von Theiß und Donau bestimmten bis in das 19. Jahrhundert das Kartenbild der Region, die allmählich zur »Kornkammer« der Monarchie wurde.

In den Auseinandersetzungen zwischen Kaiser und Sultan entwickelte sich Siebenbürgen zu einem eigenständigen Fürstentum unter osmanischer Oberhoheit (1526–1688/91). Die Aufrechterhaltung der politischen Eigenständigkeit des Ständestaates, auf den die Habsburger als Könige von Ungarn Anspruch erhoben, erforderte ein ständiges Ausbalancieren des habsburgisch-osmanischen Kräfteverhältnisses. Die Bestrebungen nach Eigenstaatlichkeit zogen früh die Aufmerksamkeit der Kartografen auf den Pufferstaat mit instabilen Grenzen auf sich. In ihrer Wahrnehmung überlagern sich die Begriffe ›Ständenation‹ und ›Nation‹ im Sinne von Herkunft und ethnokonfessioneller Zugehörigkeit. Aus den drei Ständenationen – (ungarischer) Adel, Szekler und Sachsen – werden in der kartografischen Darstellung vier oder sogar fünf ›Nationen‹. Die räumliche Repräsentation des Landes ist auf Diversität ausgerichtet.

5.1 Giovanni Morando Visconti
Plan der Stadt und der Burg Lippa, 1691

PLANTA DELLA CITTÁ, E CASTELLO DI LIPPA, NEL STATO SI RITROVAVA // quando fu ripresa dal sig[no]r[e] Generale Con[te] Veterani l'Anno 1691.

Landesarchiv Baden-Württemberg, Generallandesarchiv Karlsruhe, Hfk Planbände 4, 4.

Federzeichnung, koloriert. – 31,9 × 59,8 cm. – signiert unten mittig, rechts der beiden Legenden: »Gio[vanni] M[oran]do Visconti Ingeg[ne]re […]«.[1]

Kartografische Angaben: südwestorientiert. – N 46° 5' 19"; E 21° 41' 32". – Maßstab [ca. 1:3600]. – grafischer Maßstab: »Scala di Klöfter [Anm.: Wiener Klafter] cento 2, cinquanta«.

Verfasser: Der Zeichner der Karte ist der Tessiner Ingenieur und Festungsbaumeister Giovanni Morando Visconti (1652–1717, Kat. 1.11, 2.4, 3.10, 3.13, 4.7, 5.9), der an der Belagerung Belgrads 1688 und im Jahr 1690 am Feldzug des Markgrafen Ludwig Wilhelm von Baden-Baden (1655–1707) ins Balkaninnere und an die untere Donau teilnahm.

Bildelemente: Die Zeichnung enthält zwei ausführliche Legenden, die in die linke untere Bildecke eingepasst sind. Sie erläutern den Plan der Stadt und der Burg. Wie häufig in den Legenden der Pläne Viscontis geben sie nicht nur Informationen zur Lage, sondern auch zum Zustand oder Zweck der jeweiligen Einrichtungen. Der ausführliche Text listet mit den Buchstaben »A« bis »X« die Stadttore und weitere Elemente der Burg und der Stadt sowie Bauten des Schlosses und die Bastionen auf.

Inhalt: Lippa (rum. Lipova, ung. Lippa) liegt an einer wichtigen Maroschfurt, an der sich die Wege nach Siebenbürgen und Ostungarn kreuzen.[2] Die Furt wurde von den auf beiden Ufern liegenden Burgen – Lippa auf dem südlichen Ufer und Schoimosch (rum. Șoimoș, ung. Solymos) auf dem nördlichen Ufer gesichert. Die Stadt erhielt im ausgehenden 14. Jahrhundert das Stadtrecht und wurde 1529 von dem gewählten König Johann Zápolya (Szapolyai János, 1487–1540, reg. 1526–1540) zur königlichen Freistadt erhoben. 1551 wurde die Burg von den Türken eingenommen, konnte jedoch von den kaiserlichen Truppen zurückerobert werden. Nach der Eroberung Temeswars durch die Osmanen 1552 geriet auch Lippa wieder unter deren Herrschaft und war bis zum Ende des 16. Jahrhunderts Sitz eines Sandschaks, das ca. 600 Dörfer beidseitig der Marosch umfasste. Trotz mehrfacher Versuche der siebenbürgischen Fürsten, die Burg zurückzuerobern, blieb diese türkisch.

Eine detaillierte Beschreibung der Burg liefert der türkische Reisende Evliya Çelebi (1611–1682) in seinem *Buch der Reisen*.[3] Çelebi besuchte das Eyâlet Temeswar im Jahr 1660. Er beschreibt Lippa als eine Steinfestung mit einem Umfang von 10.000 Schritt. Die Burg hatte fünf Tore: das Brückentor im Norden, weiterhin das Azapen-Tor, das Tor des Wassers, das Battal-Tor und das Temeswarer Tor. Çelebi schätzt die Anzahl der mit Schilf bedeckten Häuser auf 1500 und führt fünf große und eine kleine Moschee an. Sein Hang zur Übertrei-

---

1 Schäfer 1971, S. 247 f., Nr. 1359; Kisari Balla 2000, S. 43 f., Nr. 17, Abb. S. 276, Nr. 17.

2 Zur historischen Entwicklung der Stadt: Bleahu 2001.

3 Çelebi 1896/1936; Guboglu 1970.

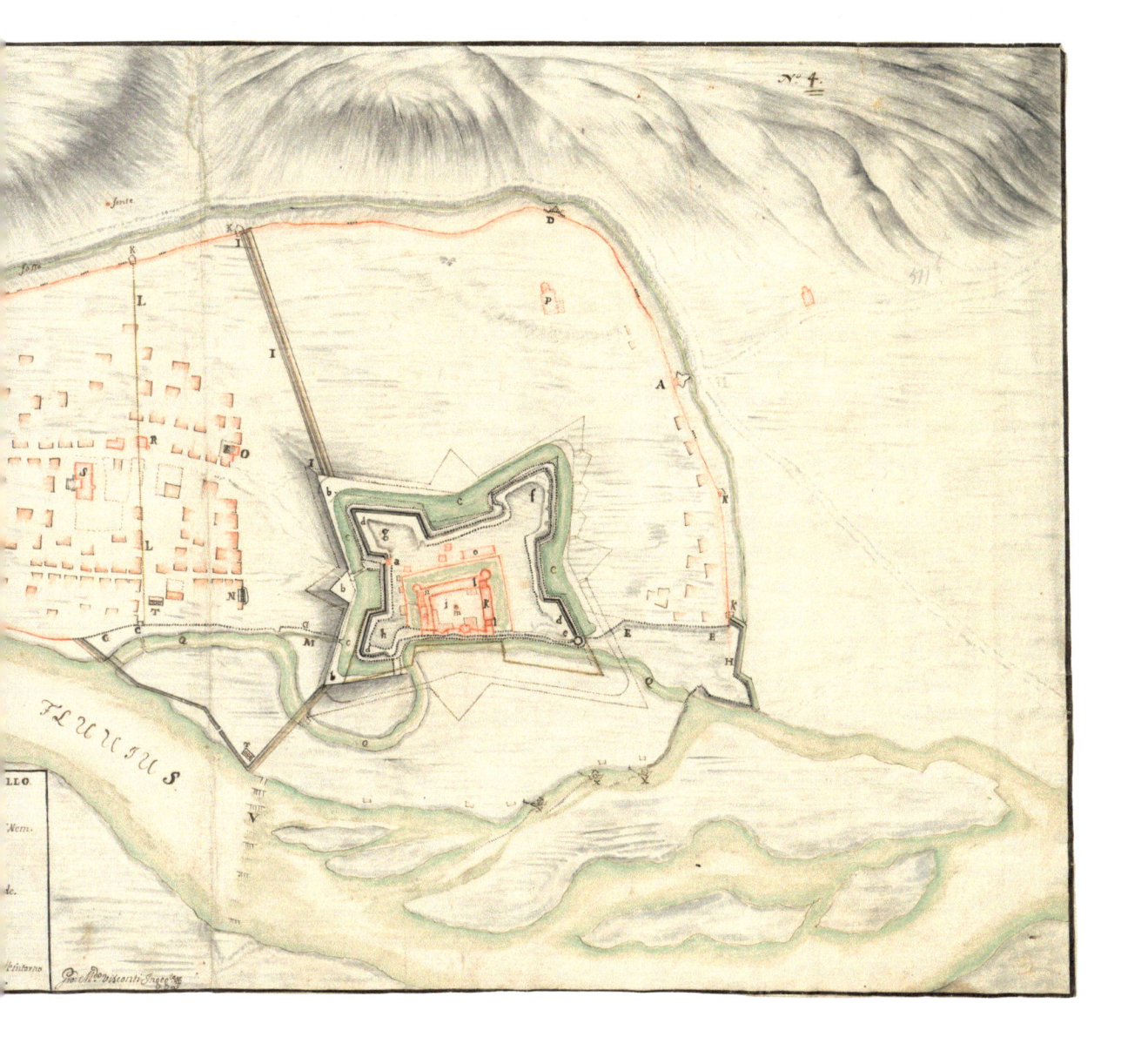

bung kommt auch in dieser Beschreibung zum Ausdruck. Neben der Festung gab es nach Çelebi zwei Burgen, die »mittlere« und die »äußere«, die vom Wasser der Marosch umgeben waren. Die »mittlere« Burg (als »die Schöne« betrachtet) war eigentlich ein befestigtes Kastell, in dem die Offiziere und andere Würdenträger lebten. Der Bau war nur mit einem Tor versehen, seine fünf Bastionen waren mit 15 Kanonen ausgestattet.

Lippa wurde im Juli 1688 von den Truppen Herzog Karls V. von Lothringen (1643–1690) auf ihrem Weg nach Siebenbürgen erobert, um 1690 nach dem Verlust von Belgrad durch die Kaiserlichen erneut in türkischen Besitz zu gelangen. Als 1691 wieder die Kaiserlichen in die Burg einzogen, geriet die grüne Garnisonsfahne mit Halbmond und Stern in den Besitz von General Friedrich Ambrosius Graf von Veterani (gest. 1695), der sie der Kathedrale seiner Heimatstadt Urbino schenkte.

Zu diesem Zeitpunkt ist der vorliegende Plan entstanden. Die Beschreibung Viscontis befasst sich mit dem Zustand der Mauern und zeigt die drei Tore der Festung (Temeswarer Tor, Siebenbürger Tor und Wassertor) und die Aufstellung der Batterien. Sie zählt auch die Mängel der Verteidigungsanlagen auf und macht Vorschläge zu ihrer Verstärkung. Erwähnt werden eine Moschee und eine alte zerfallene Kirche. Das Schloss mit seinen fünf Bastionen bildet den Kern der Verteidigungsanlagen. Im Süden der Stadt wird eine bis heute bestehende Minrealquelle (»fonte«) angeführt.

Während der Belagerung durch kaiserliche Truppen 1695 wurden die Festungsmauern schwer beschädigt und von der türkischen Besatzung gesprengt, der Rest der Wehranlagen wurde 1701 aufgrund der Bestimmungen des Friedensvertrags von Karlowitz 1699 geschleift. An die osmanische Zeit erinnert heute in Lippa nur noch der Basar.

Josef Wolf

5.2 Temeswar und das Land zwischen Donau, Theiß und Marosch (Banat), um 1696

[ohne Titel]

Landesarchiv Baden-Württemberg, Generallandesarchiv Karlsruhe, Hfk Planbände 6, 28.

Federzeichnung, leicht koloriert. – 51,7 × 78 cm.[1]

Kartografische Angaben: nordorientiert. – Angabe der Himmelsrichtungen. – W 18° 58' – E 45° 45'; S 44° 41' – N 46° 43'. – Maßstab: [ca. 1:440.000]. – grafischer Maßstab: »Scalla von 10 Stundten vor die LandKarten«, »Scalla von 600 Schritt vor den Grundtriss«.

Verfasser: Der anonyme Zeichner war aller Wahrscheinlichkeit nach ein Ingenieuroffizier, der 1696 am Feldzug von Kurfürst August dem Starken (von Sachsen, 1670–1733) teilgenommen hatte. Die eingezeichneten Details wie Marschroute und Aufstellung der Belagerungsarmee lassen auf eine Augenzeugenschaft schließen.

Bildelemente: Die Ecken der Hauptkarte oben links und unten rechts sind mit zwei Ansichten von »THEMESSWAR« ausgefüllt. Auf einem Vorhang rechts oben befindet sich eine Nebenkarte von Temeswar und Umgebung. Die Legende »DECLARATION // Der // Buchstaben in Grundt Riss von Themeswar« im Kartenbild links unten erschließt die Nebenkarte. Sie ist in einen geschwungenen Barockrahmen mit Wassersymbolen eingepasst, der oben mit dem Muschelmotiv, an den Seiten mit Gesichtern bärtiger Flussgötter geschmückt ist.

Inhalt: Die Karte ist im Kontext der am 3. August 1696 begonnenen Belagerung der osmanischen Festung Temeswar durch das kaiserliche Heer entstanden. Der eingezeichneten Marschroute auf der Hauptkarte folgend, kam das kaiserliche Heer aus Richtung Szeged (»Segedinum«) die Marosch (rum. Mureș, ung. Maros) entlang. Ein erstes Feldlager schlug es auf der unterhalb von »Chonad« (dt. Tschanad, rum. Cenad) liegenden Flussinsel auf, das zweite vor »Nadlak«, dem heutigen rumänisch-ungarischen Grenzpunkt (rum. Nădlac). Hier setzte die Armee über den Fluss, nahm dann bei Sanktnikolaus (»St. Miklos«, rum. Sânnicolau Mare) Lager, um sich anschließend in zwei Tagesmärschen von Westen her Temeswar zu nähern und die Belagerung der Stadt vorzubereiten.

Die Nebenkarte von Temeswar hält die Topografie der Festung, das fünftürmige Schloss, die ummauerte Stadt und die beiden Vorstädte, die Große und die Kleine Palanka, fest und zeigt die Bastionen, die Aufstellung der Batterien und das Lager der Belagerungsarmee. Zudem wird auf den Fluss verwiesen, der die Stadt durch- und umfließt, die Bega (»Beege«), und auf das morastige Terrain (»Märäst«).

1 Schäfer 1971, S. 226, Nr. 1221; Kisari Balla 2000, S. 64 f., Nrn. 44 und 45, Abb. S. 303 f., Nrn. 44 und 45; Ausst. Kat. Karlsruhe 2010, S. 114 f.

Am 15. August erreichte ein osmanisches Entsatzheer über Pantschowa (serb. Pančevo) den Fluss Temesch (rum. Timiş, serb. Tamiš). Das bewog den kaiserlichen Feldherrn am 19. August, die Belagerung abzubrechen und sich südwestlich der Stadt dem feindlichen Heer zu stellen. Am 26. August 1696 trafen die beiden Armeen bei Olasch an der mittleren Bega in der Nähe von Tschene (rum. Cenei) in einer verlustreichen Schlacht aufeinander. Das kaiserliche Heer zog sich über die Theiß bei Titel nach Peterwardein (serb. Petrovaradin) zurück. Dem osmanischen Heer gelang der Entsatz Temeswars.[2]

Zwei Panoramaansichten zeigen die Stadt aus unterschiedlichen Perspektiven. Die Ansicht oben links ist geostet, jene unten rechts genordet. Hervorgehoben werden die Türme und Minarette, die der Stadt ein orientalisches Antlitz verleihen. Die eingezeichneten Parzellen verweisen auf die agrarische Nutzung des städtischen Hinterlandes. Das von Marosch, Theiß und Aranka gebildete Dreieck ist als Überschwemmungsland gekennzeichnet. Darüber hinaus ist eine Reihe von Morästen vermerkt, unter anderem der »Winzeÿ Morast« und jene entlang der Bega (»Beghÿ fl[umen]«) und der mittleren Temesch (»Temes fl[umen]«).

Josef Wolf

[2] Haake 1903, S. 134–154; Sharp 2001, S. 125 f.

5.3 Matthäus Seutter
Temeswar, die Hauptstadt der habsburgischen Provinz Temeswarer Banat, um 1720

TEMESWARIA. Oppidum superio= // ris Hungariae in Comitatu Temsiensi // ad Temesium flumen: naturâ et arte mu= // nitum jure Belli in Potestatem Caesaris re= // dactum, operâ et sumtibus M[atthaei] SEUTTER, S[uae] Caes[areae] Maj[estatis] Geographi Augustae Vindel[icorum] // – TEMESWAR, eine in Ober Un= // garn an dem fluß Temes, u[nd] um und um // im Morast ligende auch ohnvergleich= // lich befestigte Stadt: seit 1718 in den Großmächtigsten Schutz Kaÿser CARL des VI. widergebracht. // heraus gegeben von M[atthäus] SEUTTER, // [Seiner] Kaÿserl[ichen] Majestät Geogr[af] // zu Augspurg.

Privatsammlung Dr. Mathias Beer, Tübingen.

Kupferdruck. – Flächenkolorit, kolorierte Titelkartusche, Rahmen ebenfalls koloriert. – 49,5 × 57,5 cm (54 × 61,2 cm).

Kartografische Angaben: südostorientiert. – Windrose, Kompassnadel nach Westen gedreht. – N 45° 45' 30"; E 21° 13' 38". – Maßstab: [ca. 1:5300].

Verfasser, Kupferstecher, Verleger: Verfasser, Kupferstecher und Verleger der Karte ist der Augsburger Kupferstecher Matthäus Seutter (auch: Matthias, 1678–1757, Kat. 2.5, 4.8). Er war einige Jahre als Kupferstecher für Jeremias Wolff (1663–1724, Kat. 2.5, 3.15) tätig, machte sich dann aber als Verleger selbständig.

Bildelemente: Die Karte ziert eine dreieckige Titelkartusche oben links, teilumrandet von einem geschwungenen, an den Verlauf des Flusses angepassten Rahmen mit Eichenblattmotiv. Eine weitere Kartusche oben rechts enthält die Beschreibung, die auf die besondere Lage der Stadt im Sumpfgebiet aufmerksam macht: »Die Stadt TEMESWAR in Ober Ungarn hat ihren Namen von dem Fluß Temes, woran es // ligt,[1] bekommen, ist zwischen der Donau u[nd] Siebenbürgen in d[er] Mitte wegen des umher ligenden Morast von // Natur ohnvergleichl[ich] befestigt; bestehet aus 3 Theil, nem[lich] d[er] Insul oder Raitzen- [Anm.: lat. rasciani] der eigentlichen Stadt // u[nd] dann dem vesten Schloß: überhaupt von mittelmäßiger Grösse, aber herrlichen Mauren, tieffe Wasser, // Gräben und absonderlichen Palanken fortificirt. […].« Eine kleine Legende unten rechts erschließt den übersichtlichen Grundriss der Stadt.

Den unteren Teil der Karte füllt – ähnlich wie in Seutters Plan von Belgrad (Kat. 4.8) – eine Panoramadarstellung der Stadt aus. Darin befindet sich im Vordergrund rechts eine Staffage mit Baumstamm auf einer Anhöhe, die einen erhöhten Betrachterstandort suggeriert. Das im Hintergrund platzierte Gebirge gibt es in der Realität nicht und dient nur der perspektivischen Darstellung. Eine »Mühl« auf dem Fluss, der die Stadt umfließt, ist dem Schloss vorgelagert. Eine Brücke über den Flussarm oder Graben führt zum südlichen Eingangstor.

Inhalt: Die Eroberung Temeswars am 12. Oktober 1716 durch die Kaiserlichen stieß in Westeuropa auf ein großes mediales Interesse.[2] Für den Verfasser und Kupferstecher war die Provinz Temeswarer Banat, wie das neu eroberte Gebiet bei Friedensabschluss 1718 genannt wurde, kein Raumbegriff; die Landschaft wird in Oberungarn verortet. Grundriss und Stadtansicht stehen nicht miteinander in Einklang. Letztere wurde aus dem Repertoire Temeswarer Stadtansichten des 16. und 17. Jahrhunderts übernommen. Kein anderer Grundriss betont das morastige Gelände, inmitten dessen die Stadt liegt, so stark wie diese Darstellung, eine auf Beschreibungen des 17. Jahrhunderts zurückgehende Überzeichnung. Außerhalb der Stadt sind zwei Mühlen eingezeichnet. Zwei Brücken führen über die Moräste aus der Stadt heraus. Verwiesen wird in der Beschreibung auf die Wiederherstellung der Mauern nach der Einnahme durch die kaiserliche Armee und die Rückführung der Stadt an das Christentum durch die Entsendung geistlicher Orden.

Die Panoramadarstellung zeigt die »Stadt«, womit laut Beschreibung die »Insul oder Raitzenstadt« der »eigentlichen Stadt« – die Große Palanka – gemeint ist, sowie das »Schloß« und die Kleine Palanka. Nur zwei Türme mit Halbmondspitzen verweisen auf Temeswar als eine frühere orientalische Stadt. Zeitgemäß ver-

---

1 Verwechslung des Flusses Temesch (rum. Timiş, serb. Tamiš) mit der Bega (serb. Beghej). Die Temesch fließt ca. 10 Kilometer südlich der Stadt.

2 Jancsó 2006; Jancsó 2016; zur Stadtgeschichte und insbesondere zur osmanischen Stadt: Opriş 2007, S. 25–35; Petri 1966, S. 5–17.

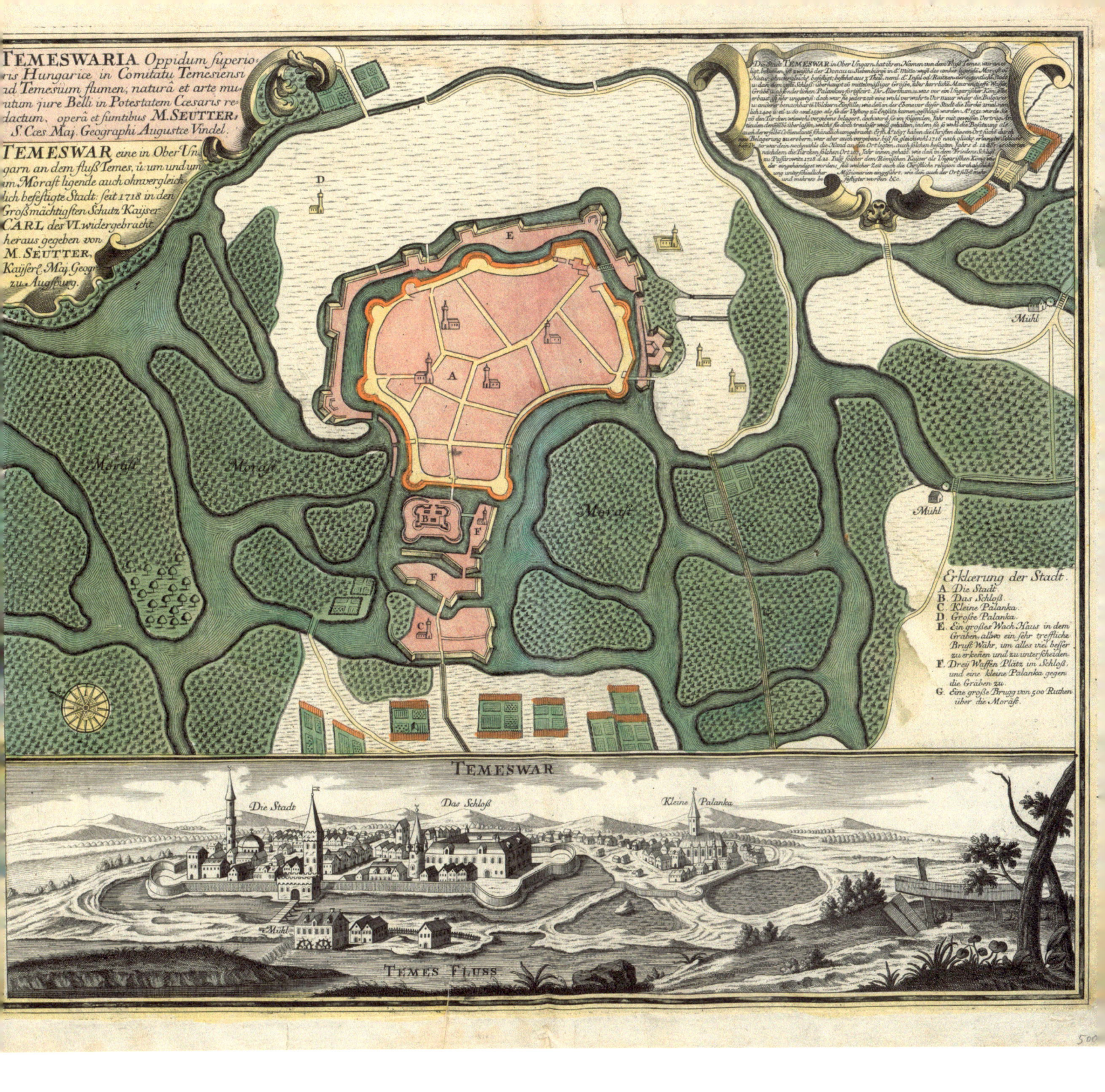

wechselt auch die Stadtansicht die Bega mit dem Temesch (»Temes Fluss«). Grundriss, Beschreibung und Stadtansicht weichen stark von den Kundschafterberichten im Vorfeld der Belagerung, den Berichten über die Kampfhandlungen und den ersten Plänen nach der Einnahme der Stadt ab. Das Straßennetz ist erfunden.

Seutter bedient sich in dem dekorativen, mehrmals aufgelegten Blatt der medialen Vermittlung des Kriegsgeschehens und der überlieferten Darstellungen der Stadt, ohne deren Kenntnisstand zu erweitern.

Josef Wolf

5.4 Johann Sax / Johann Christoph Winkler
Die österreichische Provinz Temeswarer Banat, nach 1765

TEMESWARER // BANNAT // Abgetheilet in seine // DISTPICT [sic], und // PROCESS. // zu finden beÿ Io[hann] Christoph // Winkler in Wien Kupferstöchern.

Institut für donauschwäbische Geschichte und Landeskunde, Tübingen, Kartensammlung, 2.3.54.

Kupferdruck. – 67,9 × 87,2 cm (72 × 97 cm).

Kartografische Angaben: nordorientiert. – W 20° 03' – E 22° 48'; S 44° 26' – N 46° 11'. – Maßstab: [1:275.000]. – grafischer Maßstab: »Maas Stab von 30000 Wienner[ischen] Klafter, oder länge von 12 stund Weeg«, »Teutsche Meilen«, »Ungarische Meilen«.

Verfasser, Verleger, Ausgaben: Die Vorlage der Karte wurde um 1765 vom Hydrotechniker und Provinzialingenieur Johann Sax gezeichnet. Johann Christoph Winkler (gest. 1797), ein in Wien tätiger Kupferstecher aus Augsburg, hatte die erste Ausgabe gestochen und die zweite dann im Eigenverlag vermarktet, wie das Impressum vermerkt. Titelkartusche und Impressum der ersten Ausgabe von 1765 lauteten geringfügig anders: »TEMES // VARER // BANNAT // abgetheilet in Seine DISTRICT und PROCESS. // Gezeichnet A[nn]o 1765 durch Joannem Sax // Provin[zial-] Ingenieur. // J. C. Winkler Sculspit Vienae«.[1] Die Österreichische Nationalbibliothek in Wien besitzt unterschiedliche Ausfertigungen der Ausgaben, einige davon zerschnitten und aufgezogen.[2]

Winklers Kupferplatte wurde vom Verlag Artaria (Kat. 2.14, 2.15, 4.12, 5.13) übernommen, der die Karte mit geringfügigen Unterschieden auf zwei Blättern neu auflegte.[3] Die Änderungen der Artaria-Ausgabe betreffen die Titelkartusche und einige topografische Korrekturen. Die Figurenausstattung wurde beibehalten, der Schmuck des Quaders, auf dem der Titel steht, aber verändert: hinzugekommen ist Pflanzenschmuck, entfernt wurde das Kreuz.[4]

Bildelemente: Die Titelkartusche unten rechts, außerhalb des Kartenbilds, ist bedeutungstragend auf der Höhe der Donau am Eisernen Tor angebracht. Der

---

1 Dörflinger 1984, S. 68; zu beiden Versionen: Szántai 1996, S. 546 f., SAX 1 und SAX 2: Szántai datiert vorliegende Ausgabe auf 1770.

2 ÖNB Wien, Signaturen: AB 177 (2), AB 177 (6), KIII 111616, FKB AA.17.6, ALB kleinPort 710,4, FKB C. 87.6.

3 Dörflinger 1984, S. 68 und 310.

4 J[ohann] C[hristoph] Winkler: Temeswarer Bannat, abgetheilet in seine District und Process, Wien: [um 1780], Maßstab: [ca. 1:210.000], ÖNB Wien, Signatur ALB 713-2, oder Biblioteca Nazionale Centrale di Firenze, Florenz. URL: http://teca.bncf.firenze.sbn.it/ImageViewer/servlet/ImageViewer?idr=BNCF0003493861 (12.07.2017).

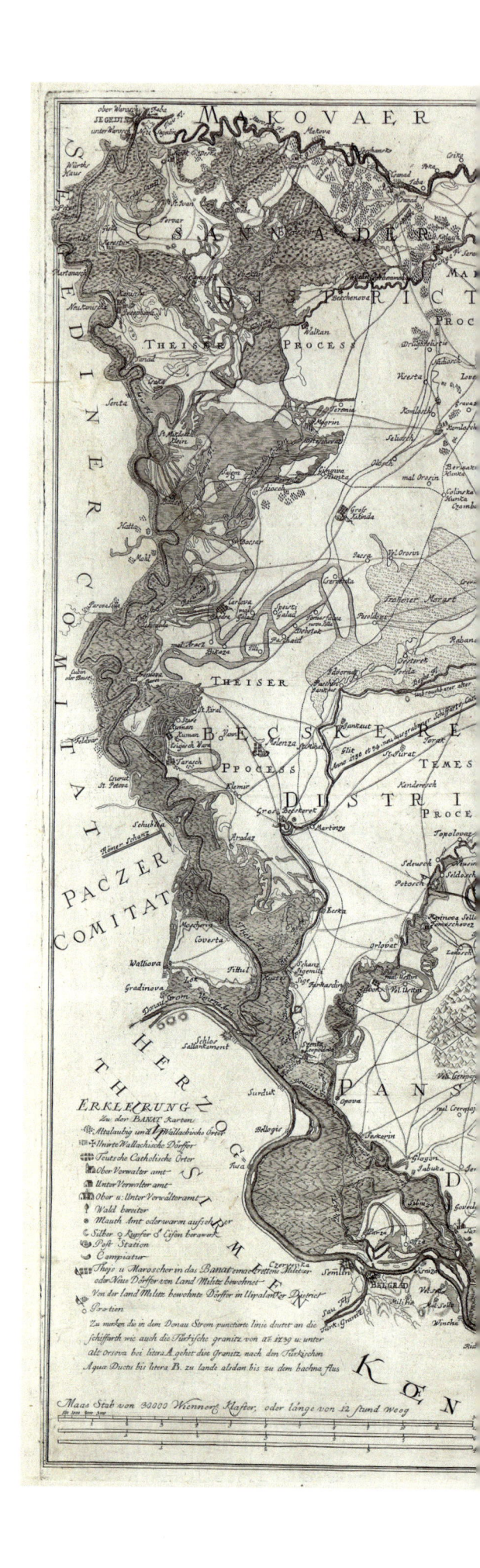

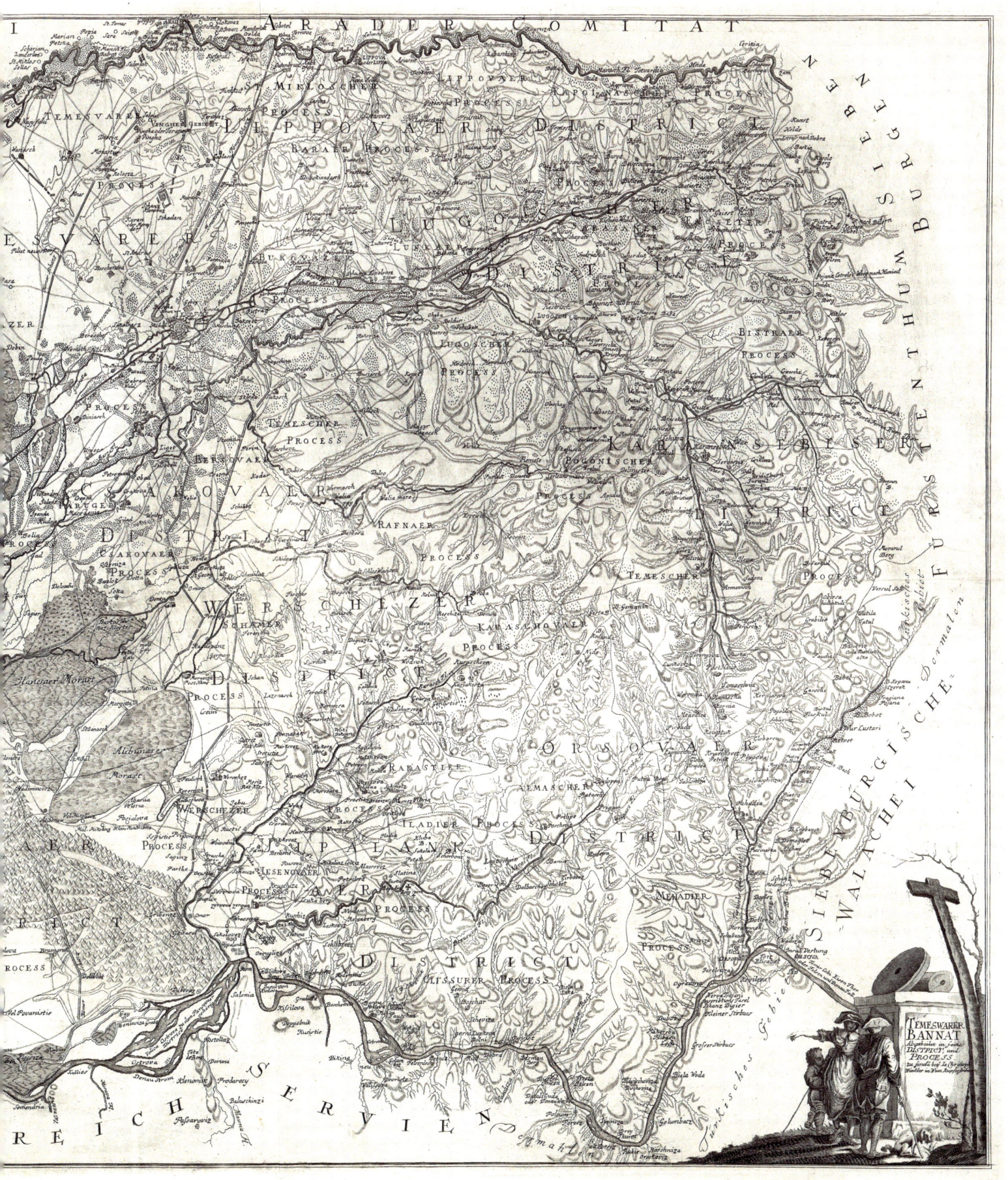

DIE ÖSTERREICHISCHE PROVINZ TEMESWARER BANAT, NACH 1765

5.4b

5 Étienne Briffaut: Carte originale du Bannat de Temeswar divisés dans tous ses districts mesuré par ordre de feu S. A. S. le Prince Eugene de Savoie, sous le gouvernement du général feld Maréchal Mercy dans les années 723-724-725, etc. Il si trouve marqué les mines d'argent, de cuivre, de fer, les postes et les relais etc., Wien 1738, BnF Paris, Signatur GE D-26066 u. ö. URL: http://gallica.bnf.fr/ark:/12148/btv1b530 76357s.r=briffaut%20 mercy?rk=21459;2 (12.07.2017).

Titel befindet sich auf einem quaderförmigen Sockel, darauf liegen Gegenstände, die an Mühlsteine denken lassen. Vor dem Postament steht eine Gruppe aus drei Figuren mit kleinem Hund. Das sich an den Rock der Mutter klammernde Kind und der Mann tragen Wanderstöcke. Dies mag eine Anspielung auf die große mariatheresianische Ansiedlung (1763–1772) im Banat sein, wobei die Einwanderer allerdings die Reise auf dem Wasserweg unternahmen. Ein Richtung Banat geneigtes großes Kreuz verweist auf einen Scheideweg – die Schnittstelle von Okzident und Orient, die Porta Orientalis. In die gleiche Richtung weist die weibliche Figur mit ihrer rechten Hand.

Die Legende links unten schlüsselt mit Signaturen die Kartenelemente auf: »Altglaubig und Wallachische Örter // Unirte Wallachische Dörffer // Teutsche Catholische Örter […]«. Es folgen verschiedene Signaturen für unterschiedliche Bergwerke, »Post Station // Campiatur [Anm.: Pferdewechselstation] // Thejs u[nd] Maroscher in das Banat eingetrettene Militaer // oder neue Dörffer von Land Militz bewohnet // Von der Land Militz bewohnte Dörffer in Uipalanker District // Praetien [Anm.: Prädien, unbewohnte Gemarkungen, Wüstungen] // Zu merken die in dem Donau Strom punctierte Linie deutet an die // schiffahrth wie auch die Türkische granitz von A[nn]o 1739 u[nd] unter // Alt Orsova bei litera A. gehet dise Granitz nach den Türckischen // Aquae Ductu bis litera B. zu lande alsdan bis zu dem bachna flus«.

Inhalt: Als Vorlage diente die sogenannte Mercy-Karte (1725).[5] Der Gebietsstand der vorliegenden Karte entspricht ihrem Entstehungsjahr. Festgehalten wird die 1751 eingeleitete Verlegung der Theiß-Maroscher Grenze in das nordöstliche und südliche Banat. Anhaltspunkte zur einsetzenden Formierung des Banater Abschnitts der Militärgrenze (1764–1773/75) sind nicht sichtbar. Dagegen sind die im Rahmen der mariatheresianischen Ansiedlung 1765 entstandenen Kolonistensiedlungen Billed (»Piliet neues Dorf«, rum. Biled) und »Cetatie« (veraltet rum. Cetad, heute Lenauheim) eingezeichnet. Auf dessen Gemarkung sollte 1767 der deutsche Kolonistenort Tschatad errichtet werden.

Die Verkehrswege, Poststationen und Verwaltungsgrenzen sind ebenfalls festgehalten. Die Toponymie erscheint in deutscher Schreibweise, jedoch gibt es Anhaltspunkte dafür, dass rumänische und serbische Gewährsleute herangezogen wurden. Einerseits ist die

Karte trotz detaillierter Wiedergabe der Topografie bei der territorialpolitischen Zuordnung in manchen Fällen fehlerhaft (Kleine Walachei, Königreich Serbien). Andererseits ist sie sehr genau. So vermerkt sie die gescheiterte Grenzänderung 1740/41 durch Umleitung der Tscherna (»Czerna Bach«, rum. Cerna) über ein Aquädukt.

Das Gewässernetz, das Rückgrat der kartografischen Darstellung, ist ziemlich verlässlich dargestellt, mit Fehlern bei der Verortung der Quellgebiete. Die Sumpflandschaft entspricht im Allgemeinen einem Stand, der bei der Erstellung der Karte auf einigen Strecken überwunden war. Genannt werden unter anderem: der »Morast durch welchen nicht zu komen ist«, der »Trokene Morast« und ein »Bidischer Morast« bei Diniaș (»Diniasch«). Eingezeichnet ist die Bega (»Beghe Fl[uss]«) mit dem »unbrauchbare[n] alten«, 1727 angelegten Kanal, und dem zwischen 1750 und 1754 »neu ausgegrabene[n] Schiffahrts Canal«.

Die Karte liefert ein detailliertes Bild der Donauinseln, die auch territorialpolitisch zugeordnet werden. Vermerkt ist nebst »Alt-Orsova« auch die »Insul Vestung Orsova« mit dem auf dem rechten Ufer gegenüberliegenden Fort Elisabeth. Unterhalb der Festung wird das Eiserne Tor vermerkt (»Temir Cobi Eisen Thor oder Felsen und Donau Fall«). Beeindruckend ist die Wiedergabe des Unterlaufs der Marosch (rum. Mureș, ung. Maros) mit zahlreichen Mäandern und Altarmen. An mehreren Stellen sind quer, von Norden nach Süden, verlaufende »Römer Schanzen« eingezeichnet. Auf dem rechten Donauufer, gegenüber von Ogradena, wird die Tabula Trajana (»Nerva Trajani Inscribtions Tafel«) verortet.

Bei Temeswar sind die neuen, seit den frühen 1740er Jahren bestehenden Vororte Mehala (»Mihal«) und Fabrik (»Fabrique«) vermerkt. Die große, bis an die Marosch reichende Gemarkung des privilegierten bulgarischen Marktorts Vinga (»Vingha oder Teresiopol«) wird als »Vingher Gebiet« bezeichnet. Das am rechten Theiß-Ufer liegende Szegedin (»Segedin«) ist in Unter- und Oberstadt (»ober Warosch«, »unter Warosch«) geteilt; eingezeichnet ist auch das auf dem Banater Ufer liegende »Neu Segedin«. Das Prädium Czombol, wo 1766 die Kolonistensiedlungen Hatzfeld (rum. Jimbolia) und Land(e)streu entstehen sollten, liegt am Rand eines Morastes.

Noch nie wurde in einer Karte die Toponymie der Sandhügel (serb. Deliblatska peščara) im Südwesten des Banats so ausführlich berücksichtigt, wenn sie auch überzeichnet sind (vgl. Abb. 5.4b). Für die Darstellung des Gebirges werden die sich seit dem ausgehenden 18. Jahrhundert durchsetzenden Schraffen verwendet – bei gedruckten Regionalkarten ein Novum für diese Zeit. Vergleichsweise viele Waldflächen sind eingezeichnet, unter anderem Auwälder und bewaldete Berge im östlichen Bergland.

Obwohl die verwendete Kartengrundlage veraltet ist und keine bessere vorlag, konnte diese durch die Berufserfahrung des Kameralingenieurs Sax und die Heranziehung von Steuer- und Siedlungsverzeichnissen der Verwaltung optimiert werden. Es ist die vollständigste im Druck erschienene Karte des Banats bis ins frühe 19. Jahrhundert. Die Darstellung ist zuverlässiger und genauer als die 1776 erschienene Karte des ins Banat als Experten berufenen Franz (Francesco) Griselini (1717–1787).[6] Erst die »Mappa Generalis regni Hungariae« (1804–1806) des Offiziers Johann (János) Lipszky (1766–1826), ergänzt mit einem Ortsverzeichnis (1808) und einer Übersichtskarte, »Tabula generalis regni Hungariae […]« (1810), berichtigt entscheidend das viele Jahrzehnte bestehende regionale Kartenbild und setzt neue inhaltliche, gestalterische und drucktechnische Maßstäbe.[7]

Josef Wolf

6 Franz Griselini / Augustin Cipps: Tabula Bannatus Temesiensis […], Wien 1776.
7 János Lipszky / Gottfried Prixner / Ferenc Karacs: Mappa Generalis regni Hungariae partiumque adnexarum Croatiae, Slavoniae et Confiniorum Militarium Magni item Principatus Transylvaniae […], Wien [u. a.] 1806 u. ö.; János Lipszky: Repertorium Locorum Objectorumque In XII. Tabulis Mappae Regnorum Hungariae, Slavoniae, Croatiae, Et Confiniorum Militarium Magni Item Principatus Transylvaniae Occurrentium […], Buda 1808; János Lipszky / Gottfried Prixner / Ferenc Karacs: Tabula Generalis Regni Hungariae, Croatiae et Slavoniae, nec non Magni Principatus Transylvaniae […], Pest 1810.

5.5 Jakob Barzellini / Franz Anton Schrämbl
Das Banat, 1788

TEMESCHWARER BANNAT // Trigonometrisch und astronomisch berichtigt von Herrn JAKOB BARZELLINI. Herausgegeben von Herrn F[ranz] A[nton] SCHRAEMBL.

Institut für donauschwäbische Geschichte und Landeskunde, Tübingen, Kartensammlung, 2.3.70.

Kupferdruck. – Grenzkolorit. – 43,7 × 51,7 cm (47,1 × 55,4 cm). – Impressum am unteren Kartenrand mittig: »Zu finden in eigenem Verlage in Wien 1788«.

Kartografische Angaben: nordorientiert. – Gradeinteilung. – W 19° 31' – E 23° 03'; S 43° 47' – N 46° 31'. – Maßstab: [ca. 1:1.570.000]. – grafischer Maßstab: »Geographische Meilen 15 auf 1 Grad«.

Verfasser, Verleger, Ausgaben: Die von Jakob Barzellini, von dem keine Lebensdaten vorliegen, entworfene und bearbeitete Karte wurde vom Wiener Verlag Franz Anton Schrämbl (1751–1803) herausgegeben. Das Blatt wurde im Zusammenhang mit den Kampfhandlungen im Banat im Jahr 1788 veröffentlicht und wurde zunächst einzeln verkauft.[1] 1801 erlebte die Karte eine Neuauflage und wurde von Philipp Joseph Schalbacher (1760–1839), der den Vertrieb der Landkarten und Atlanten Schrämbls übernommen hatte, als Supplement in Schrämbls *Allgemeinen Großen [Schrämblischen] Atlas* (1800) aufgenommen. Hierzu erhielt sie die Nummerierung am rechten oberen Rand: »N. 72 K.«[2] Die Kupferplatte scheint 1806 vom Verlag Artaria (Kat. 2.14, 2.15, 5.13) weiter verwendet worden zu sein.[3]

Bildelemente: Der Kartentitel befindet sich in der Kopfleiste. In der rechten oberen Ecke des Blattes enthält die Karte eine Legende, in der die inhaltliche Zuordnung der verwendeten Farben erläutert wird: »Die politische Entheilung des Lands in kameral. und // militair Dörfer, und die kameral Dörfer in 3 Gespan- // schaften zeigt die blaue Farbe an. Die rothe Farbe fasset // das ganze Bannat ein. Die gelbe Farbe kömt nur // im kameral-Gebieth vor, und zeigt die oekonomi // sche Eintheilung nach der neuen Einrichtung.« Postverbindungen sind in der Karte ablesbar.

Inhalt: Entsprechend der Legende hält die Karte die 1779 bei der Rückgliederung des Temeswarer Banats an das Königreich Ungarn neu formierten drei Komitate »Torontaler, Temescher, Karaschovaer Gespan[schaft]« fest. Der Banater Abschnitt der Militärgrenze ist unter »Militarische Districte« zusammengefasst. Als benachbarte Gebiete werden »Syrmien«, »Servien« und »Königreich Ungarn«, nicht aber Siebenbürgen und die Walachei namentlich genannt. Durch die Einzeichnung der Binnengrenze zum Königreich Ungarn und ihren Titel hält die Karte die Fiktion aufrecht, es handle sich beim Banat weiterhin um ein territorialpolitisch eigenständiges Gebiet.

Eingezeichnet sind im Südostbanat wichtige Kriegsschauplätze, wie die »Veteranische Höhle« an der Donau und der »Allion B[er]g« in der Nähe der Burgen Mehadia und Alt-Orschowa. Die heute versunkene befestigte Insel Ada Kaleh wird als »Insel Fest[ung] Orsova« bezeichnet. Auf dem rechten Ufer liegt die Verteidigungsanlage »Fort Elisabeth od[er] Sip«. Obligatorische Bezugspunkte an der Donau sind die römischen Relikte (»Trajans Inschrift«, »Trajans Brüke«), das Eiserne Tor hingegen ist dem Kartografen keine Eintragung wert. Mit dem Verweis auf »Kolombatsch« (serb. Golubac) leistet Barzellini Mythen Vorschub. Im dortigen »Felsenloch« schlüpften zeitgenössischen Vorstellungen folgend die lästigen bis mörderischen »Kolumbatscher Fliegen«. Obwohl die Heilquellen bei Mehadia (dt. Herkulesbad) monarchieweit bekannt waren, bleiben sie unerwähnt. Verwiesen wird dagegen südlich der Donau, im nordöstlichen Serbien, auf den »Gesund brunen und Baad« bei »Hassan Bascha Balanka« (serb. Smederevska Palanka). Von einem Donauarm umflossen ist »Neusatz oder Raizenstadt« (serb. Novi Sad). Die Entsumpfungs- und Kanalisationsarbeiten südlich des mittleren Temesch (rum. Timiș, serb. Tamiš) bleiben unberücksichtigt.

Bei Temeswar wird auf die Vororte »Fabriken« (rum. Fabric), »Mehala« und die in der spättheresianischen Zeit nach dem Mitregenten benannte »Josephstadt« (rum. Iosefin) verwiesen. Östlich von Freidorf ist ein Meierhof (»Mayerhofen«) eingezeichnet. Erwähnung finden die Kupferbergwerke bei Orawitza (»Oravitza Werk«, rum. Oravița) und Tschiklowa (»Tschiklowa

---

[1] Dörflinger 1984, S. 198.

[2] Schrämbl 1800; Dörflinger 1984, S. 188; Dörflinger/Hühnel 1995, S. 133–137.

[3] Dörflinger 1988, S. 310 mit Hinweis auf Stadt- und Landesbibliothek Wien, Bestand K-86.800: Cartes géographiques du fond Artaria und Komp.; Szántai 1996, S. 34 f., BARZELLINI 1b.

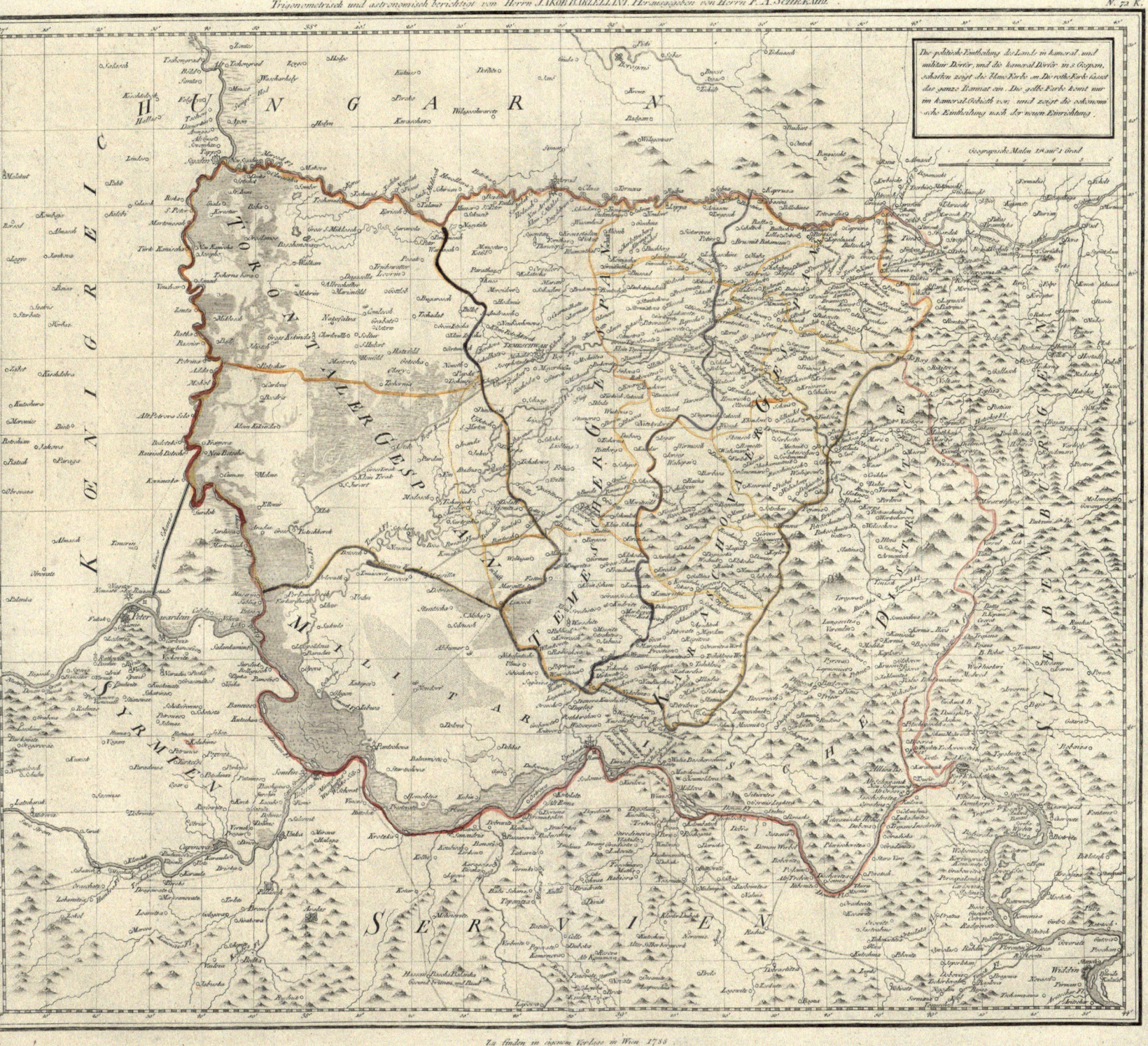

Werk«, rum. Ciclova Montană). Erstmals sind in einer gedruckten Karte viele der deutschen Ansiedlungen erwähnt, die im Zuge der mariatheresianischen (1763–1772) und josephinischen (1781–1787) Kolonisation im nordwestlich von Temeswar gelegenen Flachland oder im nördlichen und zentralen Banat entstanden sind.

Im Vergleich zu der Banat-Karte von Johann Sax und Johann Christoph Winkler (Kat. 5.4), ja sogar zu Franz (Francesco) Griselinis »Tabula Banatus Temesiensis a geometris […] confecta« (1776),[4] stellt das Blatt inhaltlich und gestalterisch einen Rückschritt dar. Das Versprechen, es handle sich um eine »trigonometrisch und astronomisch berichtigt[e] Karte«, konnte die Karte nicht einlösen.

Josef Wolf

4 Franz Griselini / Augustin Cipps: Tabula Bannatus Temesiensis […], Wien 1776.

5.6 Vincenzo Maria Coronelli / [Jean] L'Huilier
Siebenbürgen, nach 1690

LA // TRANSILVANIA // Descritta // Dal P[adre] Cosmografo Coronelli // Dedicata // A Monsignore Illustrissimo, e Reu[erendissi]mo Ciampini // In Venetia con priuilegio // dell'Ecc[elentissimo] Senato.

Privatsammlung Dr. Ovidiu Şandor, Temeswar.

Kupferdruck. – Grenz-, Flächen- und Kartuschenkolorit, kolorierter Rahmen. – 45 × 60,7 cm (62,4 × 47,8 cm). – signiert unten rechts auf der Gradleiste: »I[oannes] Huilier fecit.«

Kartografische Angaben: nordorientiert. – Gradeinteilung. – W 21° 40' – E 27° 06'; S 45° 07' – N 48° 45'. – Maßstab [ca. 1:600.000]. – grafischer Maßstab in italienischen Meilen, französischen Leugen, deutschen Leugen, polnischen Leugen, Stadien und Leugen von einer Wegstunde: »Miglia d'Italia // Leghe di Francia // Leghe di Germania // Leghe die Polonia // Stadij // Leghe d'un hora di Camino.«

Verfasser, Verleger, Ausgaben: Die Karte wurde von Vincenzo Maria Coronelli (1650–1718) aus Venedig gezeichnet, gestochen und verlegt (Kat. 1.9, 2.3). Bereits zu Lebzeiten war der Franziskaner Coronelli berühmt als universal gelehrter Kartograf, Kosmograf und Hersteller von Globen. Die Karte findet sich im zweiten Band seines *Corso Geographico Universale* (1692/96).[1] Zwei später entstandene Karten, die »Nova Transilvaniae Principatus Tabula« (nach 1696) von Cornelis II. Danckerts (1664–1717, Kat. 5.7) und die Karte von Nicolas de Fer (1647–1720, Kat. 2.7, 5.8) nach Giacomo Cantelli da Vignola (1643–1695) »Principauté de Transilvanie divisée en cinq nations subdivisée en quartiers et comtez« (1705, Kat 5.8) haben große Ähnlichkeit mit der Karte Coronellis. Zwei weitere ältere Blätter ähneln sich im Kartenbild: Bereits 1686 hatte Giacomo Cantelli da Vignola in Rom bei dem Verleger Giovanni Giacomo de Rossi (1627–1691) eine Karte mit dem Titel »La Transilvania, divisa su l'esemplare delle carte migliori […]« publiziert,[2] die einen fast identischen Ausschnitt präsentiert und – wie auch die späteren Karten – mehrsprachige Ortsnamen bietet, die in einer kleinen Legende aufgelöst werden. Cantelli da Vignola, der in Paris

---

1 Coronelli 1692/96, Nr. 43, hier Biblioteca Farnesina, Rom. URL: http://www.farnesina.ipzs.it/biblioteca/libro/3 (11.07.2017), auf Pergament, unkoloriert, mit ausgeführtem Wappen über der Titelkartusche; Szántai 1996 datiert auf 1690, S. 128f., CORONELLI 4.

2 Giacomo Cantelli da Vignola: La Transilvania, divisa su l'esemplare delle carte migliori e con la direzione delle piu recenti notizie nelle sue cinque nationi e subdivisa ne suoi Comitati, e principali Quartieri, Rom 1686, IdGL, Signatur 2.3.35. URL: http://swbplus.bsz-bw.de/bsz363321985baz.htm (13.07.2017).

LA TRANSILVANIA
Descritta Dal P. Cosmografo Coronelli
Dedicata A Monsignore Illustrissimo, e Rev.mo Ciampini

In Venetia con privilegio dell'Ecc. Senato

mit einigen Kartografen gut bekannt war, könnte auch mit der Karte von Nicolas Sanson d'Abbeville (1600–1667) vertraut gewesen sein, die ihrerseits ebenfalls bereits mehrsprachige Toponyme enthält: »Principauté de Transilvaniae, tirée d. W. Lazius, de I. Sambucus, et de G. Mercator« (1664).[3]

Bildelemente: Unten rechts im ausgewogenen Kartenbild befindet sich der Titel auf barockem Vorhang, der an seinem unteren Ende einen einköpfigen, Lorbeer bekränzten Adler bedeckt. Dieser hält einen Herrscherstab in seiner Kralle, darunter liegen osmanische Standarten, teilweise mit Halbmonden. Die Maßstabsleisten sind oben rechts auf einem Feld innerhalb gewundener Eichenbaumäste mit Blattverzierung angebracht. Über das Blatt verteilt befinden sich vier Wappen: das Wappenfeld auf dem Gebiet der Moldau ist nicht ausgefüllt; das ungarische Wappen besteht aus zwei Schildern. Das linke ›neue‹ Wappenschild zeigt in Rot ein weißes Doppelkreuz auf einem grünen Dreiberg. Das daneben stehende rechte ›alte‹ Wappen zeigt jeweils vier rote und vier weiße Querstreifen, deren Bedeutung umstritten ist. Eine spätere Auslegung schreibt sie den vier Hauptflüssen des Königreiches (Donau, Theiß, Drau und Save) zu. Das Wappen auf dem Gebiet Siebenbürgens, die drei aus einem Felsen hervorspringenden Schwertstichblätter, ist nicht zuzuordnen. Gewidmet ist die Karte »Monsignore […] Ciampini«, (Giovanni Giustino Ciampini, 1633–1698), einem mit Coronelli bekannten römischen Geistlichen und Gelehrten.

Inhalt: Der Gebietsausschnitt begünstigt die westlichen und nordwestlichen Nachbarregionen. Damit wird die Bindung des Fürstentums Siebenbürgen zum habsburgischen Ungarn hervorgehoben, dagegen fallen die Grenzgebiete der Moldau und Walachei kaum ins Gewicht. Die Partes Regni Hungariae adnexarum (Partium), einschließlich der südungarischen Gebiete – dem späteren Banat –, werden Oberungarn (»Ongaria Superiore«) zugerechnet. Das namen- und ortslos eingezeichnete Gebiet der Kleinen – später Österreichischen – Walachei (lat. Valahia Minor, rum. Oltenia) wird von der (Großen) Walachei (rum. Muntenia) abgegrenzt, was auf entsprechende Kriegsziele der Habsburger nach 1688 hinweist.

Coronelli bietet mehrsprachige Ortsnamen von Städten und Burgen in verschiedener Schreibweise, wie zum Beispiel für Großwardein (rum. Oradea, ung. Nagyvárad): »Waradin, Grand Varadin, Ward, Gross Wardein, A[rx] Vulpianum« oder für Kronstadt (rum. Brașov): »Brassau, Brazió, Kronstat, Corona, Stephanopolis, Coronopolis, Fors. Praetoriae Augustae«. Dabei wird auch auf die jeweilige Sprache der Namensform verwiesen. Ziemlich korrekt für die damalige Orthografie sind die deutschen Ortsnamen der Siebenbürger Sachsen wiedergegeben, wie zum Beispiel bei »Herman[n]stadt«, wo neben »Cibinio« als italienische auch »Zeben« als »siebenbürgische« (»Tran[silvanico]«) Namensvariante vermerkt ist, womit der ungarische Ortsname (Nagy)Szeben gemeint war. Klausenburg (rum. Cluj-Napoca) erscheint als »Claudiopolis, Clausemburg, Closwar«, Neustadt (rum. Baia Mare) als »Nagibania, Nogibaia, Neustat, Nebania« und auf Karlsburg (dt. auch Weißenburg, rum. Alba Iulia) wird unter »Alba Giulia, Gyula Feyrwar, Weissemburg, Alba Iulia, Apulum« verwiesen. Vielsprachig sind auch die siebenbürgischen Bergstädte vermerkt, darunter »Li quattro Castelli Montani // Den vier Bergstet // Quatre Chasteaux des Montagnes«. Die Komitate sind in lateinischer und italienischer Sprache (»Contea d'Huniad«) eingezeichnet.

Dem bekannten, naturwissenschaftlich ausgerichteten Globenhersteller und Lexikografen Coronelli unterlaufen mehrere Zuordnungs- und Positionsfehler, unter anderem: »Langenau« (rum. Câmpulung) und Curtea de Argeș («Argisch Chiesa»), beide im Norden der Walachei liegend, werden irrtümlich Siebenbürgen zugeordnet, Honigberg (»Honsberg«, rum. Hărman) und Tartlau (»Tarten«, rum. Prejmer) liegen viel zu weit entfernt von Kronstadt, ebenso »Oberspold« (dt. Großpold, rum. Apoldu de Sus) von »Niderspold« (dt. Kleinpold, rum. Apoldu de Jos).

Die Karte nimmt auch auf die Kriegsereignisse Bezug und vermerkt, wann Festungen und Burgen von der kaiserlichen Armee eingenommen wurden. So wurde das 1554 an das Fürstenturm Siebenbürgen gefallene Banat von Lugosch und Karansebesch (lat. Banatus Lugosiensis et Caransebesiensis, rum. Banatul de Lugoj-Caransebeș) vom neuen Fürsten Ákos Barcsai (gest. 1661) 1658 an die Türken abgegeben (»Karansebes de Turchi 1658«). Bei Mediasch (rum. Mediaș) vermerkt Coronelli das unrühmliche Schicksal eines Landsmannes: »Megies, Medwisch, celebre per la rotta di Luigi Grittus«. Der in Mediasch eingeschlossene, proosmanisch eingestellte Aloisio Gritti (1480–1534), illegitimer Sohn eines Dogen von Venedig und Berater des Gegenkönigs Johann Zápolya (ung. Szapolyai

---

3 Nicolas Sanson [d'Abbeville]: Principauté de Transilvaniae, tirée d. W. Lazius, de I. Sambucus, et de G. Mercator […], Paris 1664, BnF Paris, Signatur GE D-10248. URL: http://gallica.bnf.fr/ark:/12148/btv1b8468838d.r=sanson%20transylvania?rk=21459;2 (13.07.2017).

János, 1487–1540), fand dort seinen Tod. In Südwestsiebenbürgen sind Orte eingetragen, die für die vorrömische und römische Vergangenheit des Landes stehen, unter anderem »Sarmisia, uel Tarmisogethusa, et Sarmisgethusa«, die Hauptstadt der römischen Provinz Dakien (rum. Sarmizegetusa).

Auch die Hydronymie ist mehrsprachig: »Tissa, Tibiscus« für die Theiß, »Marisck, Marich, Maras, Maryssus« für die Marosch (dt. auch Mieresch, rum. Mureș). Bei längeren Flüssen nennt die Karte auch die Bezeichnung am Ober- und Unterlauf. Anstatt eindeutige Namen zu liefern, setzt Coronelli auf die Vielfalt der Bezeichnungen und erläutert den Lauf der Hauptflüsse, wie z. B. bei der Marosch (»F[iume] Marons, Merisch, Marusius […] quale sbocca nel lato sinistro del Fiume Tissa all'incontro di Segedin«), oder der Temesch (rum. Timiș, serb. Tamiš, »F[luvius] Themes, H[ungarico] Temez, ò Ancha Fluuius L[atino] // quale formando il Lago Beczkerk, entra // poco dopo nel F[luvius] Tissa uicin' al Danubio«). Im osmanischen Vasallenstaat jenseits der Ostkarpaten stößt auch ein Kenner wie Coronelli auf ›weiße Flecken‹ und »terrae incognitae«.

Das Relief wird plastisch in der überlieferten schattierten Maulwurfshügelmanier dargestellt. Für Waldflächen werden spärlich Baumsignaturen eingesetzt. Die Karpaten sind ähnlich wie in anderen frühneuzeitlichen Karten mit einem langen Namen gekennzeichnet, der sich bis zu den Waldkarpaten hinzieht, aber den Kartenleser in Unsicherheit hinsichtlich der Ost- und Südkarpaten belässt: «M[ontes] Carpates Tartzal Hong[arico]. Den Münch Watter Wurtzgartem et Senneberg A. Crapack vulgo Crempack Russi«. Die Gebirgskette wird durch ihre Teilgebirge bezeichnet. Das Tatra-Gebirge erscheint wie schon in frühmittelalterlichen ungarischen Quellen unter dem Namen »Tarczal« oder »Tatur«. Ost- und Südkarpaten werden hinsichtlich ihrer Massivität unterschätzt und hinsichtlich ihrer Duchlässigkeit überschätzt. Mit wenigen Ausnahmen sind keine Pässe eingezeichnet.

Die Karte bildet die ständische Territorialstruktur des Landes namentlich ab: die Komitate des (ungarischen) Adels, die Stühle (lat. sedes) der Sachsen und Szekler. Die ethnische Diversität spiegelt sich nicht nur in der territorialpolitischen Struktur des Landes, sondern wird auch explizit vermerkt. Das westlich der Grenze des historischen Fürstentums liegende Bergland wird von Rumänen bewohnt (»Valacchi di Transilvania«). Der Pass, der bei Feketetö (rum. Negreni) aus Ungarn nach Siebenbürgen führt, ist ebenfalls von »armen und miserablen« Rumänen bewohnt (»Feketeto e habitato de poueri Miserabili Valacchi«). Damit ist die damalige Porta Transylvanica (rum. Poarta Meseșului) gemeint.

Josef Wolf

5.7 Cornelis II. Danckerts
Neue Karte des Fürstentums Siebenbürgen, nach 1696

NOVA // TRANSILVANIAE // PRINCIPATUS // TABULA. // Novissima descriptia editia // Per // CORNELIUM DANCKERTS. // Amstelodami // Cum Privilegio.

Privatsammlung Dr. Mathias Beer, Tübingen.

Kupferdruck. – Grenz- und Flächenkolorit, Wälder, Sümpfe und Rahmen mit Gradeinteilung ebenfalls koloriert. – 48,2 × 59,3 cm (54 × 64 cm).

Kartografische Angaben: nordorientiert. – Himmelsrichtungsscheibe. – W 21° 04' – E 27° 18'; S 45° 36' – N 48° 41'. – Maßstab: [ca. 1:740.000]. – grafischer Maßstab: ungarische, deutsche und französische Meilen: »Milliaria Hungaria 10 in uno Gradu // Milliaria Germanica 15 in uno Gradu // Milliaria Gallica 20 in uno Gradu.«

Verfasser, Verleger, Ausgaben: Die Karte wurde von Cornelis II. Danckerts (1664–1717) entworfen und gestochen, einem Mitglied der produktiven Amsterdamer Kupferstecher- und Verlegerfamilie Danckerts. Cornelis war der Bruder von Justus II. (gest. 1692, Kat. 2.1) und Theodor I. Danckerts (geb. 1660, Kat. 3.3). Das Blatt ist – außer als Einzelkarte – auch in einem Danckerts-Atlas publiziert worden; dieser kann keinem der Brüder eindeutig zugeschrieben werden, das Titelblatt nennt Justus, der Index nennt Cornelis als Verantwortlichen.[1] Das Kartenbild steht in einer gewissen Nähe zu Vincenzo Maria Coronellis (1650–1718) etwas älterem Blatt »La Transilvania« (Kat. 5.6) und weist deutliche Ähnlichkeiten mit der jüngeren Karte von Nicolas de Fer (1647–1720) »Principauté de Transilvanie« (1705, Kat. 5.8) auf. Deren Kartenbild steht wiederum in Beziehung zur Karte »La Transilvania« (1686) von Giacomo Cantelli da Vignola (1643–1695).[2]

Bildelemente: Das übersichtliche Kartenbild wird von drei Textfeldern ergänzt, die sich allesamt im unteren Teil der Karte befinden. Rechts stellt ein klassisches, von einer floralen Girlande umrandetes Postament mit Vorhang und Titelinschrift die Titelkartusche dar; an der Basis befindet sich das Feld für die grafischen Maß-

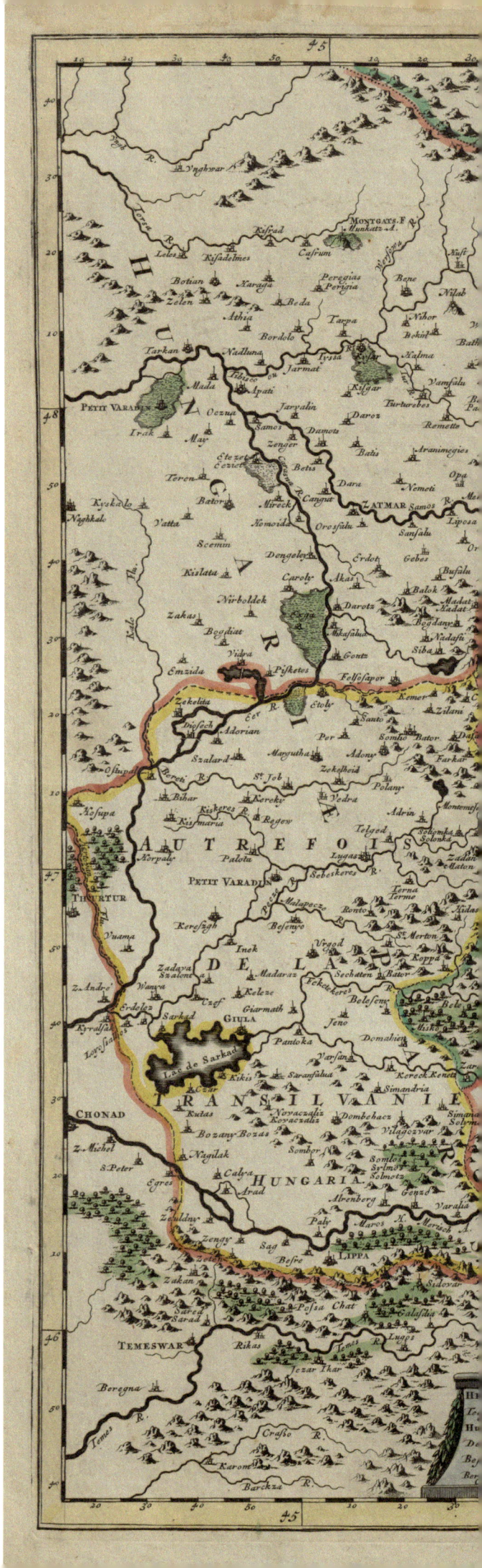

[1] Koeman 1969, S. 95 f., Dan 5, Nr. 94.
[2] Vgl. Kat. 5.6, Anm. 2.

NOVA TRANSILVANIÆ PRINCIPATUS TABULA.

Novissima descriptio editio

Per CORNELIUM DANCKERTS,
Amstelodami
Cum Privilegio

stabsleisten auf einem einfachen Quader. Ganz links führt eine weitere schlichte, trapezförmige Kartusche den Nebentitel und eine kurze Beschreibung der ethnischen Besonderheiten sowie der Bodenschätze des in der Karte verzeichneten Gebiets an. Zwischen den beiden Titelkartuschen ist eine kleine Legende angebracht. Orte können in drei Sprachen bezeichnet sein, auf Deutsch, Ungarisch oder Französisch. Städte und Grenzen sind mit Zeichen, Flüsse und Gebirge wiederum mit Buchstaben versehen.

Inhalt: Die Karte weist viele inhaltliche Gemeinsamkeiten mit der Karte »La Transilvania« von Vincenzo Maria Coronelli (Kat. 5.6) auf. Das ist darauf zurückzuführen, dass beide Karten auf der gleichen Vorkarte beruhen. Auch dieses Blatt ist inhaltlich westlich ausgerichtet und hat den ehemaligen siebenbürgischen Besitz in den Partes regni Hungariae (Partium) im Blick. Die »Hungariae Pars« überschneiden sich mit den ehemaligen siebenbürgischen Gebieten (»Autrefois de la Transilvanie«), die die ostungarischen Komitate, einschließlich eines Streifens auf dem linken Maroschufer mit der Burg Lippa (rum. Lipova) und ihrem Umland flussaufwärts umfassten. Die Gebietsteile des südlich angrenzenden Fürstentums Walachei erscheinen als »Walachia Minores Pars«. Im Unterschied zu Coronellis Karte werden die ehemalige Residenz des Woiwoden bei Curtea de Argeș (»Argisch«) und die Burg Câmpulung (»Campolongu«, »Langenow«) richtig in der Walachei verortet. Der eingezeichnete Fluss »Launizu« ist die Ialomița. Das Fürstentum Moldau wird in Abgrenzung zur Kleinen Walachei als Große Walachei bezeichnet (»Moldavia et Maiores Walachia«). In der Moldau verortet der Kartograf die Städte Czernowitz (»Czarnowice«, ukr. Černivci, rum. Cernăuți), Suceava (»Zukow«) und »Colonia« (rum. Cotnari?). Nördlich der Moldau und Siebenbürgens liegt Rotrussland (»Russia Rubra Pars«).

Auch Danckerts bietet mehrsprachige Toponyme und Hydronyme, übertreibt jedoch nicht wie Coronelli. Für die Marosch und den Alt gibt er zwei Namensformen (»Maros« und »Merisch« sowie »Olt« und »Die Alt«) an. Sein Augenmerk gilt Seen, unter anderem dem großen »Lac de Sarkad« bei Gyula (»Giula«) und dem »Etezet/Eeziet« See (ung. Ecséd).

Die Bergsignaturen sind vielfältiger als bei anderen Kartografen. Durch die Kombination verschiedener Schattierungen mehrspitziger Gebirge wirkt die Darstellung plastischer als die überlieferte Maulwurfshügelmanier. Die Bezeichnung der Karpatenkette (»Montagnes Appellées Par les Hongrois Sczepzi Karpack«) zieht sich bis zu den Ostkarpaten. Hier sind keine Pässe eingezeichnet, dafür weisen die Südkarpaten zwei Durchbrüche auf: den Roten-Turm-Pass (»Veresthorn, Rotentorn«, rum. Pasul Turnu Roșu) und das Eiserne Tor Siebenbürgens irrtümlich gleich zweimal: »Visapu Eisenthor« und – weiter südlich – »Gorge. Col Passage. ou Porte de Fer. Eisenthorn. Vaskapu«. Anschaulich erscheint Siebenbürgen im Kartenbild eingeschlossen von Bergen, also nicht nur als Land jenseits der Berge, sondern auch das Land innerhalb der Berge.

Noch stärker als Coronelli hebt Danckerts auf die sprachliche und konfessionelle Diversität des Landes ab. In der Erläuterung der Karte spricht er von fünf verschiedenen Nationen und zählt sie auf: »vyf verscheyden Nacien. als // Hungares, Saxces, Sircules, Moldavers, Wallachers«. Sein Nationsverständnis beschränkt sich nicht auf die Ständenationen, sondern bezieht die tolerierten Walachen und Moldauer mit ein. Die der (ungarischen) Adelsnation zugeordneten Komitate sind nach Danckerts von Ungarn bewohnt und werden im Kartenbild als »Hungaria« bezeichnet. Auch die Szekler Stühle werden als Komitate (»Comitat[us] Gyrgio«, »Markozeek« (ung. Marosszék), »Chyck«, »Kysdi«, »Orbay« und »Schepsi«) bezeichnet und den Szeklern (»Sircules«) zugewiesen. Das von Sachsen (»Saxces«) bewohnte Gebiet ist nicht in Stühle eingeteilt, sondern in Landschaften: »Burceland« (Burzenland), »Alt Land« (Altland), »Veln Land« (Weinland), »Land uor dem Wald« (Unterwald) und »Nosnerland« (Nösnerland). Als Territorialeinheiten farblich abgegrenzt erscheinen die Walacheien (»Walachia«). Drei von den ständischen Territorialeinheiten abgegrenzte Gebiete sind von Moldauern bewohnt: entlang der Ostkarpaten, im Quellgebiet der Marosch (»Merisch«) und des Samosch wie auch eine Enklave zwischen den Komitaten Doboka (rum. Dăbâca) und Thorda (rum. Turda) bei »Kokelsburg« (rum. Cetatea de Baltă).

Mit dem Hervorheben der Beckenlage innerhalb des Karpatenbogens und der Darstellung ethnischer und religiöser Diversität in der Region verweist die Karte auf Merkmale, die die Vorstellungen von Siebenbürgen im Westen nicht nur im 18. Jahrhundert, sondern bis in die Gegenwart prägen sollten.

Josef Wolf

Nicolas de Fer / Herman van Loon
Das Fürstentum Siebenbürgen, 1705

5.8

PRINCIPAUTÉ DE TRANSILVANIE Divisée en Cinq NATIONS Subdivisée en QUARTIERS et COMTEZ // Tirée de Divers Memoires et Particulerement de G[iacomo] C[antelli] da Vignola, Par N[icolas] de Fer. Geographe de Sa Majeste Catolique et de Monseigneur le Dauphin 1705.

Institut für donauschwäbische Geschichte und Landeskunde, Tübingen, Kartensammlung, 2.3.67.

Kupferdruck. – Grenz- und Kartuschenkolorit, Rahmen mit Gradeinteilung ebenfalls koloriert. – 44,6 × 49,2 cm (52,3 × 68,1 cm). – signiert im Kartenbild unten rechts: »H[erman] Van Loon sculp[sit]«, Impressum rechts unten unter der Beschreibung: »A Paris // Chez G[uillaume] Danet ge'ndre de lauteur Sur le Pont N[otre] // Dame a la Sphere Royalle. avec Privilege du Roy 1704.«

Kartografische Angaben: nordorientiert. – Himmelsrichtungen. – Gradeinteilung. – W 21° 14' – E 27° 15'; S 45° 36' – N 48° 38'. – Maßstab: [ca. 1:690.000]. – grafischer Maßstab in Wegstunden, deutschen Leugen und ungarischen Leugen: »Heures de Chemin // Lieües d'Allemagne // Lieües de Hongrie.«

Verfasser, Verleger, Ausgaben: Die Karte wurde von dem »königlichen Geografen« Nicolas de Fer (1647–1720, Kat. 2.7) nach verschiedenen Quellen, vor allem nach Karten des aus dem Herzogtum Modena stammenden Kartografen Giacomo Cantelli da Vignola (1643–1695) entworfen. De Fer, einer der maßgeblichen französischen Kartografen und Kartenverleger an der Wende zum 18. Jahrhundert, verlegte in erster Linie seine eigenen Kartenprodukte. Als Markenzeichen brachte er eine Armillarsphäre, die sogenannte »Sphère royale«, in seinen Werken an.

Cantelli da Vignola studierte in Bologna und knüpfte in Paris Kontakte zu anderen Kartografen wie beispielsweise Guillaume Sanson (1633–1703, Kat. 1.9, 2.6). Sein zweibändiger Atlas *Mercurio Geografico, overo Guida Geografica in tutte le parti del Mondo Conforme le Tavole Geografiche del Sansone, Baudrard et Cantelle* (1674–1692),[1] wurde von den Verlegern Domenico (1619–1653) und Giovanni Giacomo de Rossi (1627–1691) in Rom publiziert. Cantelli erarbeitete seine Karten nicht nur auf der Grundlage von Vorkarten, sondern zog auch Reisebeschreibungen heran. Der Kupferstecher Herman van Loon (auch: Vanloo, Kat. 2.7), der das Kartenbild stach, ist seit 1693 in Paris nachzuweisen und arbeitete oft für de Fer.

Bildelemente: Informationen wie der grafische Maßstab und die Buchstaben- und Farberklärung sind am unteren und am rechten Rand in das ansprechende Kartenbild eingepasst. Der Kopftitel befindet sich oben auf der Fläche des Kartenbilds, wo er einen eher unausgefüllten Raum überdeckt. Der Inhalt der Karte wird durch eine Textbeschreibung zusätzlich erläutert.

Inhalt: De Fers Karte beruht auf Cantelli da Vignolas[2] und Cornelis II. Danckerts (1664–1717, Kat. 5.7) Darstellungen des Fürstentums Siebenbürgen. ›Nationale‹ Diversität wird bei ihm zum Leitthema, dem er im Kartentitel Ausdruck verleiht. Nicht die territorialpolitische, sondern die Ethnostruktur des Landes steht im Vordergrund. Optisch abgegrenzt werden ständische Selbstverwaltungseinheiten und auch ethnische Landschaften. Dargestellt werden die »fünf Nationen«, deren Wohngebiete auf Viertel (»quartiers«) und Komitate (»comté«) aufgeteilt sind. De Fer strebt eine thematische Karte an, eine frühe ethnische Karte: den einzelnen ›Nationen‹ – Ungarn (»Hongrois«), Sachsen (»Saxons«), Szekler (»Sicules«), Moldauer (»Moldaves«) und Walachen (»Valaques«) – werden Farben zugeordnet. Die Reihenfolge entspricht der Hierarchie im System der Ständenation. Die beiden letztgenannten ›Nationen‹ verfügten über geringere Gebietsteile und waren wenig bekannt (»[…] les Deux derniers y Possedent la moindre partie et // y sont peu connües.«) Ethnische Diversität wird von religiösen Unterschieden begleitet, wobei der Verfasser ›Nation‹ und Konfession vereinfacht als deckungsgleich betrachtet. Walachen und Moldauer sind für ihn Christen nach der Art der Griechen (»Les Valaques et les Moldaves sont Chrestiens a la // maniere des Grecs«). Erwähnt werden auch konfessionelle Kleingruppen.

In der Beschreibung werden die Nachbarstaaten

1 Cantelli 1692.
2 Vgl. Kat. 5.6, Anm. 2.

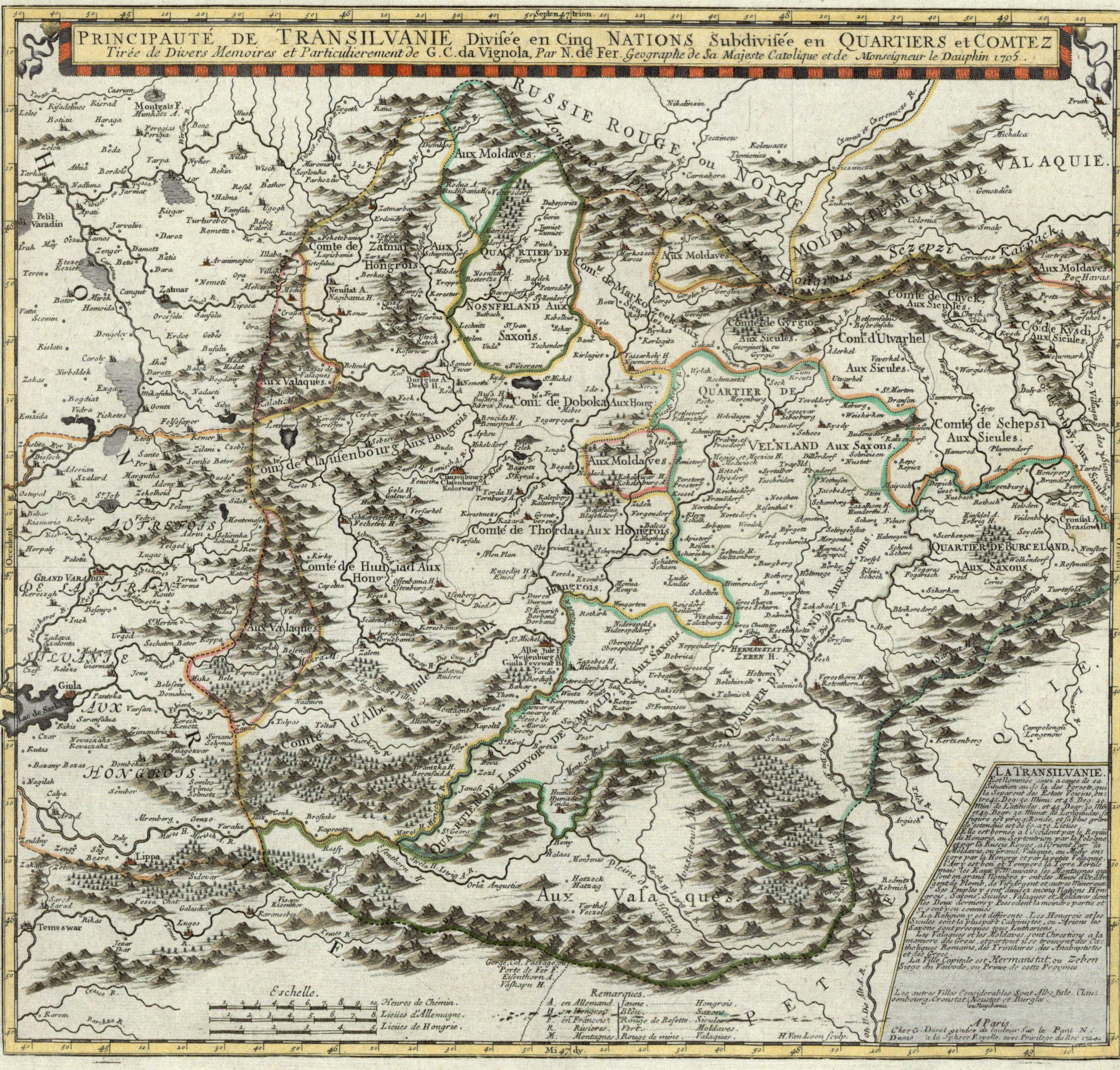

des Fürstentums aufgezählt: Ungarn, Polen, »Rotrussland«, die Moldau oder Große Walachei (»Moldavie, ou Grand Valaquie«) und die Kleine Walachei (»petit Valaquie«). In der Kurzbeschreibung ist von Rotrussland (»Roussie Rouge«) die Rede, in der Karte wird aber Rot- oder Schwarzrussland (»Roussie Rouge ou Noire«) vermerkt. Eingezeichnet sind die herrschaftspolitisch schwankenden nordost- und ostungarischen Komitate, darunter die sich früher in siebenbürgischem Besitz (»Autrefois de la Transilvanie«) befindenden Partes (Partium).

Der Name Siebenbürgen wird auf die mit dem Waldreichtum verbundene Lage des Landes zurückgeführt: »La Transilvanie Est Nomée ainsi a cause de sa // Situation au de la des Forests, qui // la Separent des Estats Voisins […].« Diese Erklärung des Ländernamens wird anschaulich grafisch umgesetzt: Siebenbürgen erscheint als eine von Gebirgen umfasste (Hoch)Ebene. Erstmals in einer Karte wird explizit auf die geografische Ausdehnung des Landes durch Angabe der geografischen Koordinaten hingewiesen.

Der Gebietsausschnitt der übersichtlichen, von der Hydrografie gegliederten Karte unterscheidet sich nur unwesentlich von jenem der Karte von Cornelis II. Danckerts. Exonyme von Fluss- und Ortsnamen werden zwar weiterhin vermerkt, aber zahlenmäßig eingeschränkt auf die Hauptflüsse des Fürstentums, die Marosch (»Maros«, »Merisch«) und den Alt (»Olt«, »Die Alt«). Anschaulich ist die Kombination von schattierten Bergformen mit Baumsignaturen in der Darstellung waldbedeckter Gebirge. Die Bezeichnung der Karpatenkette ist die gleiche wie in Danckerts' Karte. Das Eiserne Tor Siebenbürgens ist doppelt, einmal falsch als »Visapu Eisenthor« (ung. Vaskapu) und einmal richtig verortet (»Gorge, Col. Passage ou Porte de Fer, Eisenthorn, Vaskapu«).

Die von Sachsen (»Aux Saxons«) bewohnten Viertel sind: »Quartier d'Altland« (Altland), »Landvordemwald« (Land vor dem Wald, Unterwald) »Quartier de Burceland« (Burzenland), »Quartier de Velnland« (Weinland) und »Quartier de Nosnfrland« (Nösnerland). Die Darstellung der Szekler »Komitate« lehnt sich an jene von Danckerts an. Den Rumänen (»Valaques« und »Moldaves«) werden mit Ausnahme der Lehensexklave der moldauischen Fürsten bei Cetatea de Baltă (»Kokelewar, Kokelsburg«) montane Gebiete in ausgesprochener Grenzlage zugeordnet. Als von Walachen bewohnt erscheint ein Gebiet südwestlich von Neustadt (rum. Baia Mare), womit der Distrikt Chioar (ung. Köwar) gemeint ist, und ein größeres Gebiet, das sich mit dem Biharer Gebirge (rum. Munții Bihorului) und dem Zarander Gebirge (rum. Munții Zărandului) deckt. Dabei nimmt der Kartograf in der Ebene nordöstlich von Arad eine Konzentration ungarischer Bevölkerung (»Hongrois«) an. Ein drittes Gebiet erstreckt sich im südwestsiebenbürgischen Hunyader Komitat (rum. Hunedoara), an der Grenze zur Kleinen – von 1716/18 bis 1739 Österreichischen – Walachei im Hatzeg-Tal (»Pleine de Hatzag«, rum. Valea Hațegului).

Zur Überschaubarkeit des Gebietsausschnitts tragen auch die wenigen, grafisch geschickt platzierten Siedlungen bei. Die Kurzbeschreibung in der Karte zählt auch die wichtigsten Städte auf: das von der habsburgischen Herrschaft wenige Jahre vor der Veröffentlichung der Karte zur Hauptstadt (»La Ville Capitale«) aufgewertete Hermannstadt (»Hermanstat, Zeben«, rum. Sibiu), Sitz des Woiwoden oder Prinzen dieser Provinz (»Siege du Vaivode, ou Prince de cette Province«), Weissenburg (später in Karlsburg umbenannt, »Albe Jule«, rum. Alba Iulia), Klausenburg (»Clausenbourg«, rum. Cluj-Napoca), Kronstadt (»Cronstat, Brassow«), Neustadt (»Neustat, Nagibania«, rom. Baia Mare) und »Burglos« (rum. Dej, ung. Dés).

Obwohl die Datengrundlage der Danckerts- und der vorliegenden Karte die gleiche ist, bietet de Fer die grafisch besseren Lösungen und steigert die Lesbarkeit durch seine Texterläuterungen. De Fers Karte wurde zur obligatorischen Referenzkarte künftiger Siebenbürgen-Darstellungen.

Josef Wolf

5.9 Giovanni Morando Visconti / Johann Conrad Predtschneider
Stadtpläne von Schäßburg, Deva, Gurghiu, Kronstadt, Fogarasch und Oderhellen, 1699

Veduta d'Oriente di Schesburg. // Veduta da mezzo giorno di DEVA – Veduta da Ponente di GŸRGŸNŸ // Pianta di Kronstadt. – Pianta di Vduarhell // Pianta di FOGARAS.

Aus: Giovanni Morando Visconti / Stephan Welzer / Johann Conrad Predtschneider: Mappa della, // Transilvania, // e Provintie contigue nella quale si vedano // li Confini dell' Ongaria, e li Campam[en]ti fatti // dall' Armate Cesaree in queste ultime guere [...], Hermanstadt An[no] 1699.[1]

Hadtörténeti Intézet és Múzeum, Budapest, B IX a 487/15.

Kupferdruck. – 49 × 30,5 cm.

Kartografische Angaben: Sighișoara: ostsüdostorientiert. – E 24° 47' 31"; N 46° 13' 11" (Koordinaten oben auf dem Berg). – Maßstab [ca. 1:11.200]. – Deva: E 22° 54' 30"; N 45° 52' 25". – Gurghiu: E 24° 51' 19"; N 46° 46' 22". – Brașov: südostorientiert. – E 25° 35' 28"; N 45° 38' 29" (Koordinaten im Zentrum der Stadt). – Maßstab: [ca. 1:12.900]. – Făgăraș: nordwestorientiert. – E 24° 58' 26"; N 45° 50' 42". – Maßstab: [ca. 1:4900]. – Odorheiul Secuiesc: nordwestorientiert. – E 25° 17' 46"; N 46° 18' 20". – Maßstab: [ca. 1:4400].

Verfasser, Kupferstecher, Ausgaben: Bei den Stadtplänen und Veduten, die von Giovanni Morando Visconti (1652–1717, Kat. 1.11, 2.4, 3.10, 3.13, 4.7, 5.1), Ingenieur und Festungsbaumeister aus dem Tessin, gezeichnet wurden, handelt es sich um den linken oberen Teil des Blattes seiner großen »Mappa della Transilvania« (1699). Gestochen wurden die Pläne und Ansichten von dem Nürnberger Kupferstecher Johann Conrad Predtschneider. Die Titelkartusche wurde vom Kronstädter Stephan Welzer gestochen (Kat. 4.7).

Bildelemente: Die Kombination aus drei Veduten und drei Grundrissen ziert den oberen Teil der linken Seite der großformatigen Karte, die Visconti von Transsilvanien herstellte; weitere Pläne sind links unten und rechts zu sehen (Kat. 4.7). Der Grundriss von Kronstadt enthält auch eine Legende, die einige Plätze und Gebäude der Festung benennt.

Inhalt: Schäßburg (lat. Saxoburgum, rum. Sighișoara, ung. Ségésvár) liegt an der Großen Kokel (rum. Târnava Mare, ung. Nagy-Küküllő). Sowohl die Oberstadt als auch die Unterstadt sind von einer Ringmauer umgeben. Sichtbar sind einige Türme der Befestigung der Oberstadt. Auf dem Burgberg sind die Klosterkirche und der Stundturm zu sehen. Das Wahrzeichen der Stadt war ursprünglich eine Verteidigungsanlage des Haupttors und diente bis Mitte des 17. Jahrhunderts als Ratssitz. Nach einem verheerenden Stadtbrand 1676 wurde der Stundturm wieder aufgebaut. Von 1703 bis 1711 war die Burg den Angriffen der Kuruzen ausgesetzt.

In frühmittelalterlichen Karten ist der Ort »Deva« oder »Dewan« zu finden.[2] Er wird von der im 13. Jahrhundert auf dem Burgberg (rum. Dealu Cetății) erbauten königlichen Burg überragt. Im 15. Jahrhundert geriet sie in den Besitz des siebenbürgischen Woiwoden Johannes von Hunyadi (1407–1456). Während der Kuruzenkriege (1672–1711) wurde die Burg mehrmals belagert. Mit dem Bau der Burg Karlsburg (rum. Alba Iulia) ist die Bedeutung von Deva im 18. Jahrhundert zurückgegangen.

Die seit der Mitte des 13. Jahrhunderts urkundlich erwähnte Burg Gurghiu (dt. Görgen, ung. Görgény-Szent-Imre) liegt östlich von Sächsisch-Regen (rum. Reghin) auf einer ca. 500 m hohen Anhöhe am Gurghiu-Bach, einem Nebenfluss der Marosch. Der sich am Fuße der Burg entwickelnde Marktort war Ende des 17. Jahrhunderts von Ungarn, Rumänen und Deutschen wie auch von armenischen Händlern aus der Moldau bewohnt. Während der Kuruzenkriege wurde die Burg mit zwei Ringmauern verstärkt, dennoch nach der Belagerung 1708 größtenteils zerstört. Das am Fuße der Burg sichtbare Schloss wurde im 18. Jahrhundert von der Adelsfamilie Bornemisza im Barockstil ausgebaut.

Die Verteidigungsanlagen Kronstadts sind in der Zeit vom 13. bis 15. Jahrhundert abseits der Altstadt zwischen der Zinne (rum. Tâmpa), dem Hausberg von Kronstadt, der Oberen Vorstadt und dem Warthe-Berg entstanden. Die mit mehreren Bastionen versehenen

---

[1] Giovanni Morando Visconti / Stephan Welzer / Johann Conrad Predtschneider: Mappa della Transilvania e Provintie contigue nella quale si vedano li Confini dell' Ongaria, e li Campam[en]ti fatti dall' Armate Cesaree in queste ultime guere [...], Hermannstadt 1699, Maßstab: [ca. 1:550.000], Hadtörténeti Intézet és Múzeum, Budapest, Signatur B IX a 487/15. URL: https://maps.hungaricana.hu/en/HTITerkeptar/367/ (07.07.2017).

[2] Floca/Bassa 1965.

Veduta d'Oriente di Schesburg

Kukuly major [?]

Veduta da mezzo giorno di DEVA

Veduta da Ponente di GYRGYNY

Pianta di Kronstadt.
A. Chiesa principale
B. Piazza
C. Conuento
D. Porta Valacha
E. Porta del Monaltero
F. Porta Porzel

Pianta di Vduarhell

Piazza del Borgho

Pianta di FOGARAS

Mauern hatten einen Umfang von ca. 3000 m. Der Plan vermerkt drei Tore, darunter das zur orthodoxen Oberstadt führende »Walachentor« (»Porta Valacha«, rum. Poarta Șchei). Eingezeichnet sind der Marktplatz und die »Hauptkirche« (»Chiesa principale«), womit die Marienkirche gemeint ist. Die Kronstädter Stadtbürger lehnten sich 1688 gegen die herannahende kaiserliche Armee auf. Ein Flächenbrand zerstörte ein Jahr darauf große Teile der Stadt, die rußbedeckte Hauptkirche wurde zur »Schwarzen Kirche«. Der Festung vorgelagert ist die Obere Vorstadt Șchei (ung. Bolgárszeg), in dem die aus der politischen Ständeordnung ausgeschlossene, tolerierte orthodoxe, vornehmlich rumänische Bevölkerung wohnte. Auf der Zinne wurde im 14.–15. Jahrhundert die Burg Brassovia (rum. Cetatea Brașovia, umgangsspr. Cetățuia) errichtet.[3]

Die vom Alt (rum. Olt) umflossene Burg Fogarasch (rum. Făgăraș, ung. Fogaras) war im Mittelalter ein Lehen des Fürsten der Walachei. Während ihrer Blütezeit im 16. und 17. Jahrhundert war sie zeitweilig Fürstenresidenz. Die militärische Bedeutung des Verwaltungssitzes des Komitats Fogarasch ist mit dem Abklingen der Türkengefahr im 18. Jahrhundert zurückgegangen.

Der Plan der Burg Oderhellen ist 1696 entstanden. Die Burg Udvarhely (auf dt. Hofplatz, rum. Odorheiul Secuiesc) war seit dem frühen 14. Jahrhundert ein zentraler Ort der szeklerischen Ständenation. Das Schloss wurde in den Jahren 1562–1685 errichtet und diente zeitweilig auch als Fürstensitz. 1616 brannte es nach einem Türkeneinfall ab, um 1621 durch Fürst Gabriel Bethlen (auch: Gábor, 1580–1629) neu aufgebaut zu werden. Die Stadt, deren Marktplatz (»Piazza del Borgho«) eingezeichnet ist, entwickelte sich auf beiden Seiten der Großen Kokel, wobei im Laufe der Zeit mehrere Ansiedlungen und umliegende Dörfer zusammenwuchsen.[4]

Josef Wolf

3 Stoica/Stoica/Popa 2011.
4 Hermann 1993.

Casimir Freschot

Siebenbürgen, Moldau und Walachei – Würfelspiel mit Landkarten, um 1680

5.10

Transilvania, Moldavia e Valachia
[Spielkartennummer] 146.

Privatsammlung Dr. Ovidiu Şandor, Temeswar.

Kupferdruck. – 4,3 × 4,3 cm (5,4 × 5,4 cm).

Kartografische Angaben: nordorientiert. – Maßstab: [1:14.000.000].

Verfasser, Verleger: Der französische Benediktiner Casimir Freschot (auch: Fraischot, Casimiro Freschotto, gest. 1720) befasste sich häufig mit zeitgeschichtlichen Themen und war als Geschichtsschreiber, Publizist und Übersetzer rege tätig. Zu seinen Veröffentlichungen zählen beispielsweise die im Kontext des Spanischen Erbfolgekrieges veröffentlichte Monatsschrift *Entretiens sur les affaires du temps* (1706–1707) und die *Histoire du congrès et de la paix d'Utrecht Comme Aussi De Celle De Rastadt & de Bade* (1716).[1] Freschot war gut über den Wiener Hof und das Verhältnis zwischen dem Habsburgerreich und dem Osmanischen Reich informiert,[2] wie seine auch ins Deutsche übersetzte Veröffentlichung *Relation von dem Kaeyserlichen Hofe zu Wien* (1705)[3] zeigt.

Wohl während seines Aufenthalts in Venedig hatte er mit der »Geografia ridotta a giuoco per instruttione della giovane nobiltà venetiana« (um 1680) eines der frühesten Landkartenspiele konzipiert. Es setzte sich die Unterweisung des jungen Adels im Fach Geografie zum Ziel und hoffte, sowohl Gedächtnis als auch Urteilskraft der Jugend zu stärken.[4] Die Kupferplatte des Würfelspiels wurde vom Florentiner Zeichner Antonio Francesco Lucini (geb. 1610) erstellt. Sie umfasste vier größere Kontinentkarten am oberen Rand, umgeben von den Spielregeln, »REGOLE DEL GIVOCO«, darunter 153 Karten mit kleineren Gebietsausschnitten, in der Mitte eine Ansicht von Venedig aus der Vogelperspektive. Giovanni Pare in Venedig hat das Spiel verlegt. Das in der Biblioteca Nazionale Marciana von Venedig[5] erhaltene Exemplar ist der einzige komplett überlieferte Satz des Würfelspiels.

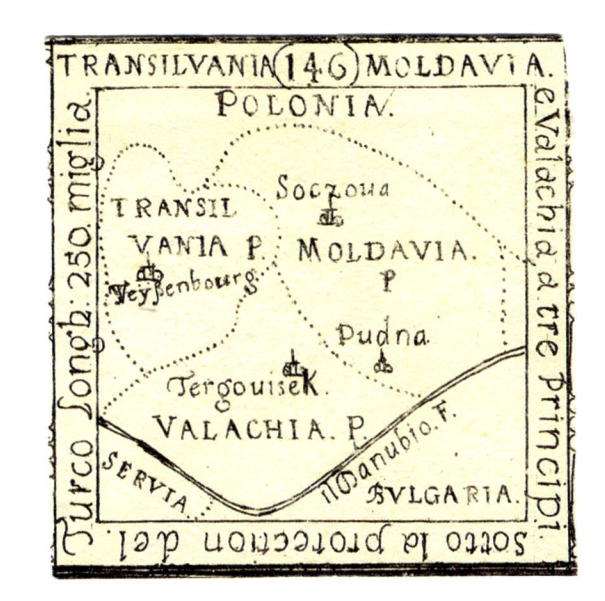

Bildelemente: Alle Karten des Spiels bestehen aus einem inneren Teil mit einer schematischen, beschrifteten Karte, und einem äußeren mit umlaufender Schrift.

Inhalt: Das vorliegende Spiel war eines der ersten geografischen Würfelspiele. Ob mit einem sechsseitigen oder mehrseitigen Würfel gespielt wurde, ist nicht bekannt. Wahrscheinlich lief das Landkartenspiel auf ein Rollenspiel der Spielteilnehmer hinaus, die kriegerische Konflikte zwischen den beiden Imperien simulierten. Freschots pädagogischer Ansatz, Geografie der Jugend näher zu bringen, stütz sich auf die Annahme, dass mentale Repräsentationen von Raum für die Aneignung geografischer Kenntnisse zweckdienlich sind.

Die Spielkarte zeigt den Grenzumriss der osmanischen Vasallenstaaten Siebenbürgen (»Transilvania«), Moldau (»Moldavia«) und Walachei (»Valachia«) und wurde im Zusammenhang mit der Frage »Wer ist unter dem Schutz des Türken?« eingesetzt. Eingezeichnet sind die Landesgrenzen und die Hauptstädte der drei Fürstentümer: »Veyßenbourg« (dt. Weißenburg, rum. Alba Iulia), »Tergouisek« (rum. Târgovişte) und »Soczoua« (rum. Suceava). Die Donau (»Il Danubio Fl[uvio]«) bildet die Grenze zwischen Serbien (»Servia«) und der Walachei wie auch zwischen Walachei, Bulgarien und Moldau.

Josef Wolf

[1] Freschot 1716; Liste der von Freschot veröffentlichten Werke bei Barbier 1820, S. 352–357.

[2] Lenderová 1996.

[3] Freschot 1705.

[4] Barbier 1820, S. 353, Nr. IV. »Giuoco geographico«, Venezia 1679.

[5] Biblioteca Nazionale Marciana, Venedig, Signatur Armadio VI.21. URL: http://www.internetculturale.it/jmms/iccuviewer/iccu.jsp?id=mag_GEO0006624 (13.07.2017).

5.11 Pieter I. Mortier
Siebenbürgen, Moldau und Walachei – Kartenspiel, um 1710

[Spielkarte] Herz (Rot) 6 HONGRIE &c. Transilvanie, Moldavie, Hongrie, Valaquie.

Privatsammlung Dr. Ovidiu Şandor, Temeswar.

Kupferdruck. – Grenz- und Flächenkolorit. – 8 × 5,1 cm (8,4 × 5,5 cm).

Kartografische Angaben: nordorientiert. – Himmelsrichtungen durch Kompassnadeln angezeigt. – Maßstab: [1:18.000.000]. – grafischer Maßstab in gemeinen Leugen: »Lieues Communes dont 20 sont vn Degré«.

Verfasser, Verleger, Ausgaben: Das Kartenspiel wurde vom Kupferstecher und Verleger Pieter I. Mortier (auch: Pierre, 1661–1711, Kat. 1.9) konzipiert, dem ein bekanntes Amsterdamer Verlagshaus gehörte. Das Unternehmen führte sein Sohn Cornelis Mortier (1699–1783) fort, der sich mit Johann Covens (1697–1774) zum renommierten Kartenverlag Covens & Mortier (1721–1866) zusammenschloss. Mortier machte das aus 52 Karten bestehende Kartenspiel durch seinen Verlag bekannt. Um 1730 stand es noch immer im Verlagsprogramm von Covens & Mortier.

Inhalt: Ende des 18. Jahrhunderts waren zahlreiche geografische Kartenspiele, in deren Mittelpunkt Länder, Kontinente oder die gesamte Welt standen, für verschiedene Altersklassen auf dem Markt. Geografische Spielkarten sind bedruckte rechteckige Kartonstücke in handlichem Format, die auf der Vorderseite mit Kartenausschnitten, Zahlenangaben und Symbolen und auf der Rückseite mit einem einheitlichen Motiv bedruckt sind. Die Anleitung mancher Spiele war so, dass jeder sich das Spiel selbst gestalten konnte. Das vorliegende Spielkartenblatt reiht sich in die gängige Kartengröße – etwa 5 × 9 cm – ein. Da die Landkarten nicht immer nordorientiert waren, waren versierte Geografie-Kenner gefragt, die das kartografische Motiv der Vorderseite unabhängig von der geografischen Orientierung der Karte lesen konnten.

Mortier bezeichnet das ähnlich wie »Jage das Ass« (Chase the Ace) gespielte Kartenspiel als »Loix de Hère«. Als Spielfläche war eine Weltkarte von Sanson erforderlich, die vom gleichen Verlag angeboten wurde. Die Spielkarten sind Ausschnitte aus dieser Weltkarte. Am Ende jeder Spielrunde wurden die Spielkarten nach oben gedreht und jeder Spieler verwies auf den Bereich der Landkarte, der auf seiner Spielkarte dargestellt war. Aus dem mitgelieferten Regelbuch wurde eine kurze Beschreibung des jeweiligen Landes gelesen.

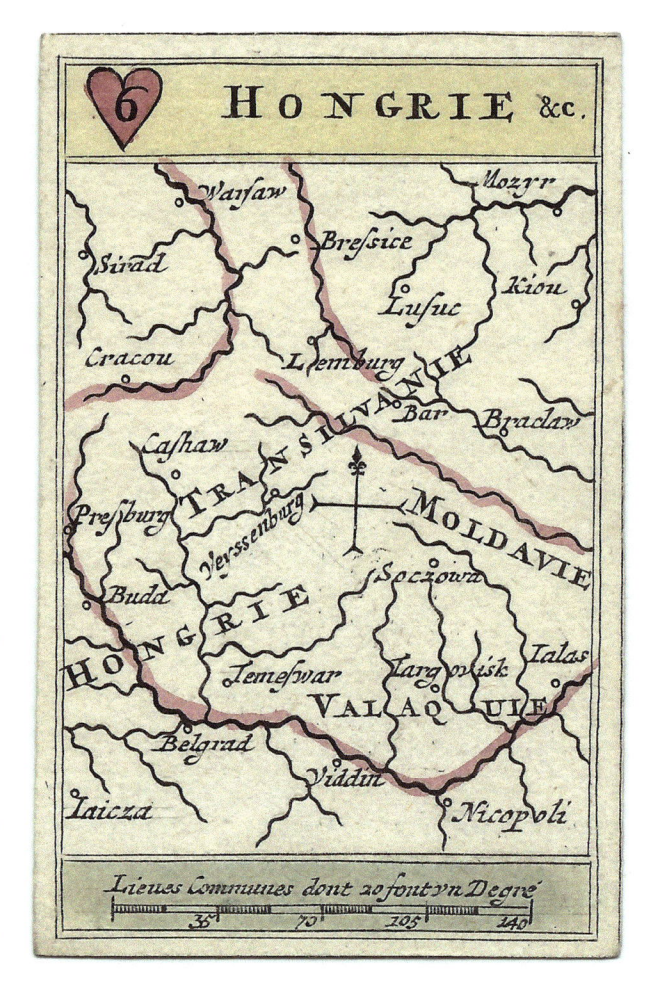

Eingezeichnet sind zentrale Orte (Hauptstädte und Festungen mit Verwaltungsfunktion). In Oberungarn sind Pressburg und Kaschau (»Cashaw«, slow. Košice, ung. Kassa) vermerkt, für die Moldau beide Hauptstädte – die alte »Soczowa« (rum. Suceava) und die neue »Ialas« (rum. Iași).

Kartenspiele beruhen auf der Vorstellung einer mentalen Karte (mental map), die Orientierung im geografischen Raum bietet, Verortungen ermöglicht und Raumwissen strukturiert. Gleichzeitig fördern sie die imaginäre Geografie und befähigen die Spieler, eine Strategie der Repräsentation im Medium Karte zu entwickeln.

Josef Wolf

Johann Baptist Homann

Das Fürstentum Siebenbürgen mit seinen »fünf Nationen«, Regionen und Komitaten, nach 1715

5.12

PRINCIPATUS // TRANSILVANIAE // IN QUINQUE NATIONES // earumque // REGIONES et COMITATUS // cum finitimis vicinorum Statuum Pro- // vinciis accuratè divisus. // ex conatibus // IOH[anni] BAPTISTAE HOMANNI // Sacrae Caes[aris] Maj[estatis] Geographi // Noribergae. // Cum Privil[egio] S[uae] C[aesaris] M[ajestatis].

Privatsammlung Dr. Mathias Beer, Tübingen.

Kupferdruck. – Grenz- und Flächenkolorit, Rahmen mit Gradeinteilung ebenfalls koloriert. – 47 × 57 cm (53,8 × 61,4 cm).

Kartografische Angaben: nordorientiert. – W 20° 59' – E 27° 29'; S 45° 35' – N 48° 40'. – Maßstab: [ca. 1:720.000]. – grafischer Maßstab in Wegstunden: »Horae Itineris«, deutschen Meilen: »Milliaria Germanica« und ungarischen Meilen: »Milliaria Hungarica«.

Verfasser, Verleger: Die Karte wurde von dem bedeutenden Nürnberger Verleger Johann Baptist Homann (1664–1724)[1] hergestellt, der seit 1715 den Titel eines »kaiserlichen Geografen« führte (Kat. 2.8, 4.11). Die Karte ist unter anderem in seinem *Großen Atlas über die ganze Welt*[2] enthalten.

Bildelemente: Im Kartenbild unten rechts ist die reich verzierte Titelkartusche vor einem hohen Gebirge eingezeichnet. Sie ist barock eichenblattumrandet, darüber befindet sich ein nach rechts blickender gekrönter einköpfiger Adler mit Schwert und Speerspitze in den Krallen. Links der Kartusche steht ein Torbogen mit aufgesetztem ›Eisernem Kreuz‹, darunter befindet sich Kriegsbeute in Form von Geschützen, Kanonenkugeln, Sturmtrommeln und Ähnlichem, davor steht ein behelmter römischer Legionär mit Lanze in der linken und einem Schild mit sieben Burgen, dem Wappen des Fürstentums Siebenbürgen, in der rechten Hand. Auf dem Sockel der Kartusche ist eine lateinische Publikumsadresse zu lesen, die auf den Frieden von Karlowitz (1699) verweist.

Inhalt: Ohne es ausdrücklich im Titel zu vermerken, greift Homann auf die Karte von Nicolas de Fer (1647–1720, Kat. 2.7, 5.8) aus dem Jahr 1705, »Principauté de Transilvanie« (Kat. 5.8), zurück, deren Informationen er filtert und neu ordnet. Auch Homann stellt im Kartentitel die sprachliche und konfessionelle Vielfalt des Landes in den Vordergrund. Unter der Titelkartusche wird der Inhalt der Karte erläutert: Das Land bestehe aus fünf verschiedenen Nationen, Religionen und Sprachvölkern: (»Transilvaniam ex quinque diversarum Nationum, Religionum et lingu- // arum populis consistere […]«). Die Deutschen oder Sachsen (»Germani seu Saxones«) werden an erster Stelle genannt, es folgen die Ungarn (»Hungari«) und die in der Volkssprache – gemeint ist das Siebenbürgisch-Sächsische – genannten Szekler (»Siculi, vulgo Zeckler«), hinzu kommen Walachen und Moldauer. Den einzelnen ›Nationen‹ wird eine Flächenfarbe zugewiesen. Dabei werden für die (ungarische) Adelsnation und die Szekler unterschiedliche Grünnuancen verwendet, die Rumänen (Walachen und Moldauer) erscheinen in Violett bzw. farblos, die Sachsen in Gelb. Die Geschichte der Region wird als eine Abfolge von drei Herrschaften – der ungarischen, osmanischen und kaiserlichen – dargestellt. Von dem letzten, in der Kartenkartusche auch symbolisch markierten Herrschaftswechsel hofft der Kartograf, dass er ein dauerhafter sein wird.

Der Kartenausschnitt ist auf die Nachbarschaft zu Oberungarn und Rotrussland (»Russiae Rubrae«) gerichtet und nicht auf die Moldau und Walachei. Eingezeichnet sind die ungarischen Komitate, die früher im Besitz des Fürstentums waren. In grafischer Hinsicht verfeinert Homann die Gebirgsdarstellung und hierarchisiert die Gewässer durch die Linienbreite. Eingezeichnet sind Signaturen für Festungen und Burgen. Homann begnügt sich bei den Gewässern mit der Verwendung von zwei bis fallweise drei geografischen Namen wie beispielweise »Olt sive Alt Flu[vius], Aluta«.

Im Wesentlichen unverändert im Vergleich zur Vorkarte ist auch der Name der Karpaten (»Carpates Mons Hungaris Sczepzi et Carpack dictus«) und die Aus-

1 Grundlegend über den Homannschen Verlag in Nürnberg: Ausst. Kat. Nürnberg 2002.
2 Homann 1726 u. ö.

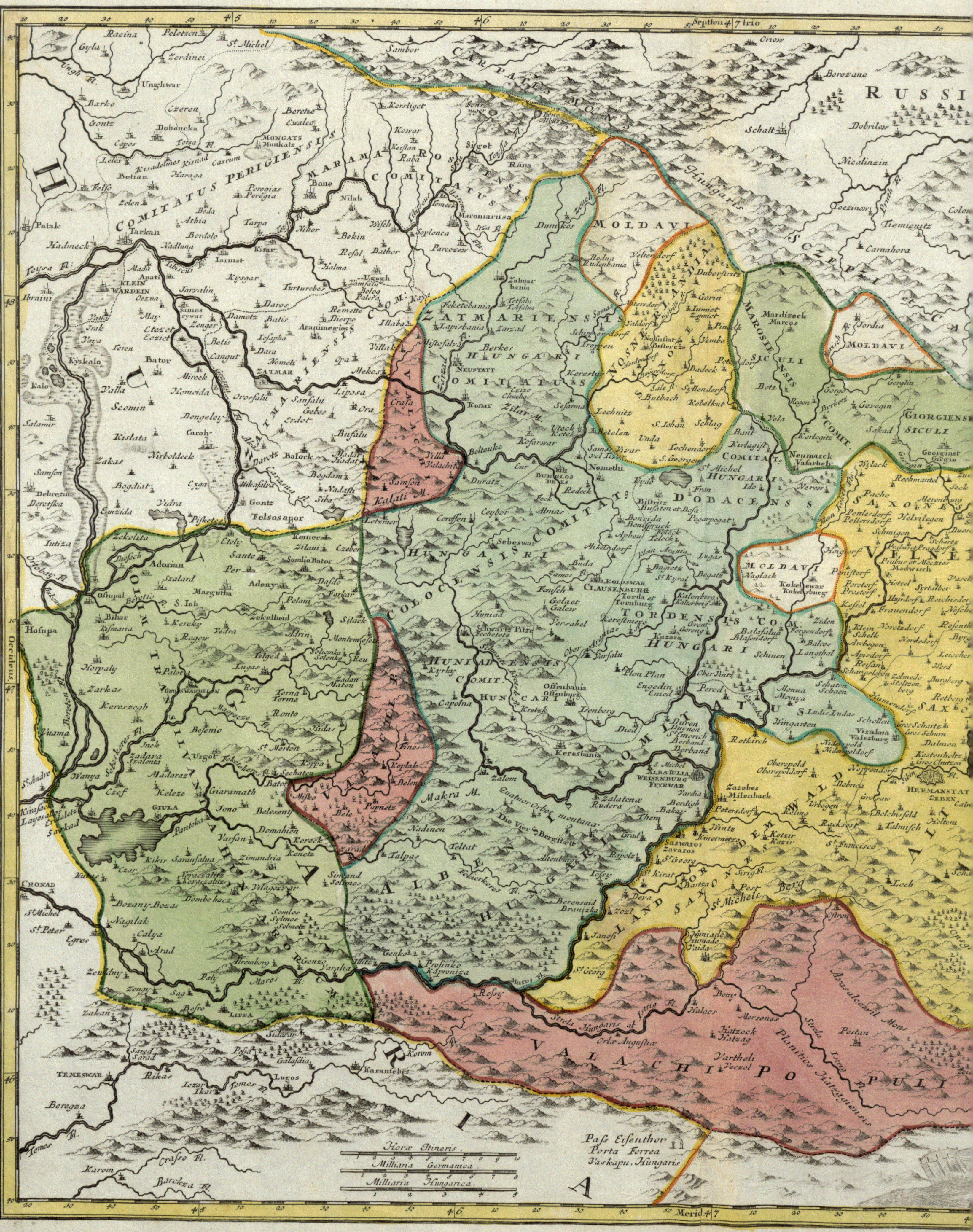

dehnung des Namenzuges. Die wenigen namentlich gekennzeichneten, eher zufällig ausgewählten Gebirge – »Sarcan Mons«, »Onsgreiff Mons« und »Avasalcewil Mons« – tragen zur Gliederung der siebenbürgischen Gebirgskette kaum bei. Genau eingezeichnet ist das Eiserne Tor Siebenbürgens (»Pass Eisenthor, Porta Ferrea, Vaskapu«), sonst fehlen im Karpatenbogen mit Ausnahme des Roten-Turm-Passes die Durchbrüche. Im westlichen Bergland fallen »Die Vier Bergstaett« (»Quatuor Orbes montana«) auf. Der vom Hatzeg-Tal (»Planities Hatzagiensis«) beherrschte südwestliche Grenzraum ist von Walachen (»Valachi Populi«) bewohnt. Die von den Siebenbürger-Sachsen (»Saxones«) bewohnten Landschaften sind: »Land vor dem Wald«, »Alt Landia«, »Burcelandia«, »Velnlandia« und »Nosner Landia«. Die Wohngebiete der Szekler (»Siculi«) liegen in mehreren Komitaten entlang der Ostkarpaten: »Morosiensis Com[itatus]«, »Utvarheliensis Com[itatus]«, »Czickensis Com[itatus]«, »Kysdiensis Com[itatus]« und »Orbaviensis Com[itatus]«.

Die Homann-Karte besticht durch die symbolträchtige Titelkartusche, die direkte Anrede des Kartenlesers und die übersichtliche Anordung der geografischen Informationen. Sie liegt in der Kontinuität italienischer, niederländischer und französischer Siebenbürgen-Darstellungen, die dem Land das Merkmal von Diversität zuweisen.

Josef Wolf

CARTE NOUVELLE DE LA MOLDAVIE, VALAKIE, BESSARABIE, ET DE LA CRIMÉE, AVEC LES PROVINCES LIMITROPHES.

NB. tout ce qui est illuminé rouge, appartient a l'...

Erklærung der Illumination Roth ist oesterreichisch, Grün türkisch, Gelb russisch, Violet polnisch.

NEUESTE KARTE
VON DER
MOLDAU, WALACHEI
BESSARABIEN UND DER KRIM
samt den angrænzenden Provinzen
SIEBENBÜRGEN, BUKOWINA,
einen grosen Theil von
UNGARN, GALIZIEN, POLEN, TATAREI,
NEURUSLAND UND BULGARIEN.

zu finden in Wien bey Artaria Compagnie Kunsthändlern auf dem Kohlmarkt.

5.13 Carl Schütz / Franz Müller
Karte des russisch-österreichisch-osmanischen Kriegsschauplatzes, [1789]

NEUESTE KARTE // VON DER // MOLDAU, WALACHEI // BESSARABIEN UND DER KRIM, // Samt den angraenzenden Provinzen // SIEBENBÜRGEN, BUKOWINA, // einen grosen Theil von // UNGARN, GALIZIEN, POLEN, TATAREI, NEURUSLAND UND BULGARIEN. // Nach den besten Orginalzeichnungen und Karten von General Bauer // und H. J[akob] F. Schmid[t], entworfen von H. C[arl] Schütz, u[nd] gestochen v[on] F[ranz] Müller.

Privatsammlung Dr. Ovidiu Şandor, Temeswar.

Kupferdruck. – Grenz- und Flächenkolorit, Rahmen mit Gradeinteilung ebenfalls koloriert. – 47,6 × 71,2 cm (52,2 × 75,1 cm) – Impressum unten rechts: »zu finden in Wien bey Artaria Compagnie Kunsthändlern auf dem Kohlmarkt.«

Kartografische Angaben: nordorientiert. – Gradeinteilung. – W 21° 52'- E 34° 13'; S 43° 28' – N 49° 10'. – Maßstab: [ca. 1:1.530.000]. – grafischer Maßstab: »Geographische oder deutsche Meilen 15 auf einen Grad = 100 Werst[en].«

Verfasser, Verleger, Ausgaben: Der Kupferstecher Franz Müller (1745–1816, Kat. 2.14, 4.12) und der in Wien ausgebildete Kartograf, Kupferstecher und Zeichner Carl Schütz (1745–1800, Kat. 4.12) stellten die Karte für den Artaria-Verlag in Wien (Kat. 2.14, 2.15, 4.12) her. Schütz war an einigen durch den Artaria-Verlag publizierten Karten beteiligt, mehrfach auch Franz Müller, der zu den wichtigsten Kupferstechern im Artaria-Verlag zählte.[1] Er stach aber auch Karten für weitere Wiener Verlage.

Die neuerlichen Kriegsereignisse und das Interesse der Öffentlichkeit daran förderten die Kartenproduktion des Artaria-Verlags. Sowohl Schütz als auch Müller waren daran beteiligt. Schütz entwarf beispielsweise »nach den besten Karten und Handzeichnungen« das dann von Franz Müller gestochene Blatt »Kriegstheater oder Graenzkarte Oesterreichs, Russlands und der Türkey« (1788).[2] In die vorliegende Karte sind die Erkenntnisse und geografischen Positionsbestimmungen eingeflossen, die der Ingenieur und Festungsbaumeister in russischen Diensten, General Friedrich Wilhelm Bauer (auch: Baur, Bawr, von Bauer, 1731–1783), während des Russisch-Türkischen Krieges 1768–1774 ermittelt hat. Bei Jakob F. Schmid[t] handelt es sich um einen Kartografen, dessen Kartenbilder vom südosteuropäischen Raum beispielsweise bei Schrämbl (Kat. 5.5) veröffentlicht wurden.[3]

Bildelemente: Der französische Paralleltitel sowie die französische Erklärung der verwendeten Farben befinden sich in der Kopfleiste. Die imposante, die Fläche des Schwarzen Meers füllende Titelkartusche erhält als Felsinschrift durch die angedeutete umgebende Landschaft räumliche Tiefe. Auf der am oberen Rand mit Eichenlaub umgebenen Tafel sind ein Helm mit Federbusch, unter diesem ein Brustpanzer sowie Kriegsgerät und Fahnen angebracht. Zu beiden Seiten der Felsinschrift findet sich Kriegsbeute in Form von Standarten, Speeren, Kanonen und Kugeln. Die Kriegsgegner sind einander zugewandt: Links der Tafel befinden sich zwei Figuren in eher abwartender Haltung: ein Husar mit waffenspezifischer Jacke, Kopfbedeckung und gezogenem krummen Säbel und ein Musketier mit Pelzmütze, Muskete und aufgesetztem Bajonett. Sie symbolisieren das mit Österreich verbündete Russland. Rechts ist ein etwas forscherer Janitschare abgebildet, den Säbel in der rechten schwingend und die Muskete in der linken Hand haltend. Die drei imperialen Herrschaftsbereiche sind farblich voneinander abgegrenzt, hierzu findet sich die deutschsprachige Erklärung links unten in der Fußleiste: »Roth ist oesterreichisch, Grün türkisch, Gelb russisch […].«

Inhalt: Im Zentrum des weiten Gebietsausschnitts stehen das habsburgische Großfürstentum Siebenbürgen und die beiden benachbarten osmanischen Vasallenstaaten Moldau und Walachei. Innerstaatliche Grenzen trennen Galizien von der Bukowina und Siebenbürgen von dem Königreich Ungarn. Obwohl seit zehn Jahren dem Königreich Ungarn angegliedert, erscheint das Banat (»Bannat«) als eigenständiges Territorium. Trotz weiterhin aktueller österreichischer Kriegsziele wird die Walachei nicht, wie in früheren Karten, in die Kleine und Große Walachei unterteilt. Die Donaustädte Giurgiu und Brăila und ihr ländliches Umland sind

---

1 Zur Landkartenproduktion des Artaria-Verlags sowie zu den Kartografen Schütz und Müller umfassend: Dörflinger 1984 und Dörflinger 1988. – Zur Karte: Dörflinger 1984, S. 283 f.

2 Carl Schütz / Franz Müller: Kriegstheater Oder Graenzkarte Oesterreichs, Russlands, Und Der Türkey enthaltend […], Wien 1788; Dörflinger 1984, S. 279 f.

3 Dörflinger 1984.

nicht als unter direkter türkischer Verwaltung stehende Gebiete gekennzeichnet. Bedeutung kommt der Systematik der »Tatareien« zu – seit dem 17. Jahrhundert die exotischen osteuropäischen Ferngebiete: »Dobruzische Tatarei«, »Otschakover Tatarei«, »Nogaische Tatarn«.

Die Karte bietet ein detailliertes Gewässernetz, viele Nebenflüsse und sogar Gebirgsbäche werden namentlich genannt. Siebenbürgische Hauptflüsse wie die Theiß (»Theis Fl[uvius]«), die Marosch (»Marosch Fl[uvius]«), der Alt (»Alt« oder »Aluta Fl[uvius]«), Samosch (»Szamos Fl[uvius]«) und nicht zuletzt die Donau werden mit ihren Mäandern dargestellt. Der Donaulauf wird durch Flussschraffen anschaulich wiedergegeben, vor allem sind große Inseln eingezeichnet. Nicht vermerkt sind die Katarakte am Eisernen Tor. Schon bei Nikopol (»Nicopoli«) schlägt die Donau in nordöstliche Richtung ein. Die richtige Form des sich bei »Silistria« (bulg. Silistra) abzeichnenden rumänischen Donauknies war damals noch nicht ein Bestandteil des Raumwissens. Beginnend mit dem Zusammenfluss der Ialomița bei Hârșova (»Hirsova«) und der verschwundenen Stadt »Orasch Flost« (rum. Orașul de Floci/Târgul de Floci, auf der Gemarkung der heutigen Gemeinde Comuna Giurgeni gelegen) kennzeichnen Inselbildungen, Verzweigungen und Seen den letzten Abschnitt der unteren Donau. Der Strom mündet in fünf verzweigten Armen in das Meer. Die Mündungsarme werden vom Kartografen als »Meerbusen« (Kürzel »Mb.«, lat. sinus maritimus) bezeichnet: der nördliche Chiliaarm (»Kilia Mb.«, rum. Brațul Chilia, ukr. Kilijske girlo), der mittlere Sulinaarm (»Selina Mb.«, rum. Brațul Sulina), der »Russische Arm« (»Ruski Mb.«), der »Chiurchevi Mb.« und der südlichste Donauarm »Hasrali Mb.« Eingezeichnet ist auch die der Mündung vorgelagerte kleine Insel »Jlan Adasi oder Schlangen I[nsel]« (rum. Insula Șerpilor, ukr. Ostriv Zmiinij). Konstantza (»Chioustange«, rum. Constanța) erscheint als eine Dorfsiedlung. Die Halbinsel Krim (»Taurien oder Krim«) wird im Norden vom »Todte[n] Meer« und vom »Faule[n] Meer« umgeben. In die Karte sind fast keine Verkehrsverbindungen eingezeichnet. Die Darstellung beruht auf der alten Vorstellung, dass Kommunikation entlang von Flusstälern stattfindet.

Sichtbar sind die Fortschritte in der Schreibweise der in Siebenbürgen dominanten deutschen und ungarischen geografischen Namen und in deren Vereinheitlichung. Das nordsiebenbürgische Bistritz wird mit der rumänischen Namensform »Bistritza« (rum. Bistrița«) bezeichnet. Rumänische Ortsnamen in den Donaufürstentümern werden ähnlich wie russische Ortsnamen im nördlichen Schwarzmeergebiet in deutscher Schreibweise wiedergegeben.

Die Darstellung des Gebirges erfolgt in der traditionellen Maulwurfshügelmanier, deren systematisierendes Potential voll ausgeschöpft wird. Die Karte überwindet die herkömmliche ausgeprägte Südwestrichtung der Karpaten nach dem Karpatenbogen im Dreiländereck Siebenbürgen-Moldau-Walachei. Dagegen nähert sich in Bulgarien das nicht namentlich bezeichnete Balkangebirge unzutreffend viel zu stark der Donauniederung an und verlängert sich bis in die Norddobruscha. Für die Durchlässigkeit der Karpaten stehen die Pässe: »Eisern Thor Pass«, »Vulkaner Pass«, »Rothe Thurn Pass«, »Törtzburger Pass«, »Tömöser Pass«, »Botzauer Pass«, »Ojtos Pass« und »Gymesch«. Insgesamt unzureichend dargestellt ist das Relief der Moldau und Bessarabiens.

Die Karte legt den Schwerpunkt auf die Hydrografie und das Siedlungsnetz. Eine gewisse Systematik zeichnet sich trotz alter grafischer Darstellungsmethoden in der Veranschaulichung von Gebirgsketten ab, es fehlt ihr aber die geografische Beschreibungsgrundlage.

Josef Wolf

Partie I.re de la TRANSILVANIE, contenant les Comtés Septentrionaux.

SIEBENBÜRGEN,
I.^{tes} BLATT,
enthaltend die

Nördlichen Gespanschaften
und
Bezirke.

Nach Handzeichnungen und andern bewährten Hülfsmitteln neu entworfen

von

K. I. KIPFERLING.

Wien,

Im Verlage des Kunst und Industrie Comptoirs.

1803.

Buchstaben und Zeichen Erklärung.

A. Die Kraszner, B. mittlere Szolnoker, C. innere Szolnoker, D. Doboker, E. Koloscher und F. die Thorder Gespannschaft G. der Gyōrgier, H. der Bistritzer Stuhl und I. der Kóvarer District.

◉ KREIS ANDERE Städte, ◦ Marktflecken, ⌂ Schlösser, . Dörfer, ⌂ öde Schlösser, ⨯ Astronomisch bestimmte Puncte, ⌇ Strassen und Wege, ⚐ Postflation, ⌇ Grānzen gegen das Ausland, ⌇ Gränzen zwischen den inländischen Provinzen, ⌇ Gränzen zwischen den Kreisen und Bezirken. ⌇ Lyceum, ⌇ Katholische und griechische Gymnasien, ✦ Reformirte und protestantische Gymnasien, ⌇ Normalschulen, ⚒ Dreyssigstämter, ⚒ Goldbergwerke, ⚒ Silber, ⚒ Bley, ⚒ Kupfer, ⚒ Eisen, ⚒ Salz und Salzquellen, ⚒ Gesundbrunnen, ⚒ Steinkohlen, ⚒ Merkwürdige Steinarten.

1803

5.14 Karl Joseph Kipferling
Großfürstentum Siebenbürgen, 1803

SIEBENBÜRGEN; // I^tes BLATT, // enthaltend die // Nördlichen Gespannschaften // und // Bezirke. // Nach Handzeichnungen und andern bewähr- // ten Hülfsmitteln neu entworfen // von K[arl] I[oseph] KIPFERLING. // Wien, // Im Verlage des Kunst und Industrie Comptoir's. // 1803.

SIEBENBÜRGEN; // II^tes BLATT, // enthaltend die // Südlichen Gespannschaften // und // Districte.

Privatsammlung Dr. Mathias Beer, Tübingen.

Kupferdruck. – Grenzkolorit. – 1. Blatt: 45,2 × 56,2 cm (47,2 × 57,8 cm). – 2. Blatt: 45,2 × 56,2 cm (47,5 × 58,5 cm).

Kartografische Angaben: nordorientiert. – Gradeinteilung. – 1. Blatt: W 22° 14' – E 26° 14'; S 46° 12' – N 47° 57'; 2. Blatt: W 22° 46' – E 26° 39'; S 45° 10' – N 47° 05'. – Maßstab: [ca. 1:630.000].

Verfasser: Die Karte wurde von dem Kartografen Karl Joseph Kipferling, von dem nahezu keine biografischen Daten bekannt sind, entworfen. Kipferling war einer der wichtigsten Mitarbeiter des Wiener »Kunst- und Industrie-Comptoirs«,[1] einem der großen Wiener Kartenverlage, der möglicherweise nach dem Vorbild von Friedrich Justin Bertuchs (1747–1822) Weimarer »Landes-Industrie Comptoirs« (Kat. 2.12) errichtet worden war. Kipferling zeichnete mehrere Karten für den aus 40 Karten- und 11 Textblättern bestehenden *Atlas des Österreichischen Kaisertums. Atlas de l'Empire Autrichien* (1805).[2] Dazu zählten unter anderem die Karte Ungarns (1803), aufgeteilt in »Nieder-Ungern« und »Ober-Ungern« mit jeweils vier Blättern,[3] und die vorliegende Karte »Siebenbürgen«[4] mit zwei Blättern.

Bildelemente: Die Kartenteile enthalten jeweils einen französischsprachigen Paralleltitel und sind durch eine ausführliche deutsch- und französischsprachige Legende erschlossen. Die Erklärung der Buchstaben, die die jeweils ansässigen Gespanschaften und Distrikte auflistet, ist bei den Blättern verschieden.

Inhalt: Die komplexe thematische Darstellung besteht aus zwei als Inselkarten gestalteten Teilen. Sie grenzt Länder und Verwaltungseinheiten ab und vermittelt ein differenziertes Siedlungsbild. Die Siedlungssignaturen unterscheiden zwischen Städten, Marktflecken, Schlössern, Dörfern und »öde[n] Schlösser[n]«. Ein Novum ist die Kennzeichnung astronomisch bestimmter Ortspunkte, deren Anzahl um die Jahrhundertwende kontinuierlich angestiegen war. Die Karte verweist auf den Ressourcenreichtum des Landes nicht mehr allgemein, sondern hält Bergwerke, Kohlevorkommen wie auch Mineral- und Thermalquellen und mineralogische Besonderheiten fest. Erfasst sind auch die mittleren Bildungseinrichtungen nach Konfessionszugehörigkeit. Abstrahiert man von Postroutenkarten, so ist auch das Straßennetz detailliert dargestellt. Ohne eine Klassifikation vorzunehmen, sind Straßen, Wege und Poststationen eingezeichnet. Diese thematische Detailliertheit wurde bis dahin von keiner gedruckten Siebenbürgen-Karte erreicht.

Die Karte nennt zwar die habsburgischen Nachbarregionen »Ungern«, »Ostgalizien« und »Bukowina«, hält aber nicht die Nachbarschaft zu den Fürstentümern Moldau und Walachei fest, die unter »Türkisches Reich« erfasst werden. Eingezeichnet sind die wichtigen Übergangsstellen von Binnen- und Außengrenzen, unter anderem der Grenzpunkt bei »Fekete-To« (rum. Negreni, ung. Körösfeketető), seit dem 18. Jahrhundert nebst dem Maroschtal und dem Eisernen Tor Siebenbürgens wichtigste Verkehrsverbindung zum Königreich Ungarn.

Detailliert dargestellt ist das Gewässernetz. Zahlreiche Nebenflüsse und Gebirgsbäche sind nicht nur eingezeichnet, sondern auch benannt. Die Flüsse werden optisch durch die Breite der doppelten Flusslinie klassifiziert. Nordöstlich von Klausenburg (rum. Cluj-Napoca) und Torda (rum. Turda) erstreckt sich Richtung Gherla und Bistritz (rum. Bistrița) eine in Übersichtskarten bisher nicht erkannte Seenlandschaft.

Das Relief wird durch die sich seit dem ausgehenden 18. Jahrhundert durchsetzende Schraffurtechnik dargestellt. In den Karpaten werden zahlreiche Berge und Gipfel namentlich festgehalten. In den Ostkar-

---

1 Zur Geschichte und Produktion des Verlages: Dörflinger 1988, S. 508–632.

2 Marx von Liechtenstern/Kipferling 1805.

3 Dörflinger 1988, S. 529–531.

4 Ebd., S. 531; zu Kipferlings Atlas-Karten: Dörflinger/Hühnel 1995, S. 44–55, 117–123.

paten (rum. Carpații Orientali) unter anderem der »Kraja Berg«, »Bürlasch B[er]g«, »Obschina Schteschy B[er]g« und »Miroslava B[er]g«. In den Südkarpaten (rum. Carpații Meridionali) sind es unter anderem das »Schüler Gebirge« (dt. Schuler, rum. Masivul Postăvarul), der »Butschetsch Bajul« (rum. Munții Bucegi), »Tatarul«, »Tschuma B[er]g«, »Piskul Urssulia« (rum. Piscu Negru) und »Leresskul« (rum. Curmătura Lerescului). Eingezeichnet ist auch das Gebirge am Triplex Confinium zwischen Siebenbürgen, dem Banat und der Walachei am »Murarul B[er]g« (rum. Muntele Morarul), in der Nähe der Cerna-Quelle (»Tscherna Fl[uvius]«). Im Westgebirge (rum. Munții Apuseni) werden hingegen nur zwei Berge verzeichnet, der »Galinaya Berg« (rum. Muntela Găina) und »Moguramare Berg« (rum. Muntele Măgura Mare).

Die Karte vermittelt eine Fülle neuer Toponyme, die noch nicht in geografischen Wörterbüchern enthalten waren und wahrscheinlich militärischen Grenzkarten entnommen wurden. Die meisten Namen für Bergkuppen, -kämme und -gipfel sind rumänischer Herkunft. Ihre Namen sind oft verzerrt, da die Verwaltungsbeamten und Kartografen der Aussprache ihrer Gewährsleute wegen fehlender Sprachkenntnisse nicht folgen konnten. Damit waren auch noch die Vermessungsoffiziere und Kartografen der Franzisko-Josephinischen Landesaufnahme konfrontiert.

Überwunden wird das traditionelle Kartenbild der schwer durchlässigen Gebirgszüge durch Einzeichnung sämtlicher Karpatenpässe: der »Borgo Pass« (rum. Pasul Bârgăului) am Durchbruch des Tihuța-Flusses (»Tiha Fl[uvius]«), der »Chymesch Pass« (rum. Pasul Ghimeș) am Trotusch-Durchbruch (rum. Valea Trotușului), der »Pass Oytosch« (rum. Pasul Oituz), der »Pusa Pass« (rum. Pasul Buzău), der »Tömösch Pass« (rum. Pasul Predeal), der über das Prahova-Tal (rum. Valea Prahovei) die Verbindung zwischen Kronstadt und Bukarest herstellt, der »Tortsvar Pass« (dt. Törzburg, rum. Pasul Bran), der »Rothenturm Pass« (rum. Pasul Turnu Roșu) am Alt-Durchbruch, der »Volkan Pass« (rum. Pasul Vulcan) und schließlich der »Eisern Thor Pass«, der Siebenbürgen mit dem Banat verbindet.

Die Schraffen-Darstellung besticht auf den ersten Blick, sie erhöht aber keinesfalls die Anschaulichkeit der Darstellung, im Gegenteil. Da zwischen Hoch-, Mittelgebirge und Hügeln nicht unterschieden wird, erhält die gesamte Landschaft ein alpines Gepräge; gerade die von Gebirgen umschlossene siebenbürgische Hochebene (rum. Podișul Transilvaniei) geht verloren, weil Höhenverhältnisse in der frühen Schraffentechnik noch keine Rolle spielten. Damit unterliegt Siebenbürgen als ein von Bergen umschlossenes Land »hinter den Wäldern« einer Veränderung, die sich auf die Erkennbarkeit des dargestellten Raums auswirkt.

Ein deutlicher Fortschritt ist in der Schreibweise der vornehmlich ungarischen und deutschen Ortsnamen erkennbar, deren Namensform sich an die heutigen orthografischen Regeln anpasst und stabilisiert. Dies ist bei geografischen Namen rumänischen Ursprungs angesichts des Entwicklungsstands der Schriftsprache noch nicht der Fall.

Kipferling ist auf die Beschreibung der Erdoberfläche fokussiert. Geschichte scheint an Bedeutung verloren zu haben. Aber nicht ganz: Am rechten Alt-Ufer nach dem Gebirgsdurchbruch in der Walachei wird bei »Arxavia« und »Kineen« (rum. Câineni?) auf »Pforte Trajans Ruinen« hingewiesen. Die Stelle ist schon in Viscontis Siebenbürgen-Karte (»Arxavia«) vermerkt, die nach mehr als hundert Jahren noch immer eine wertvolle Informationsquelle darstellte.

Josef Wolf

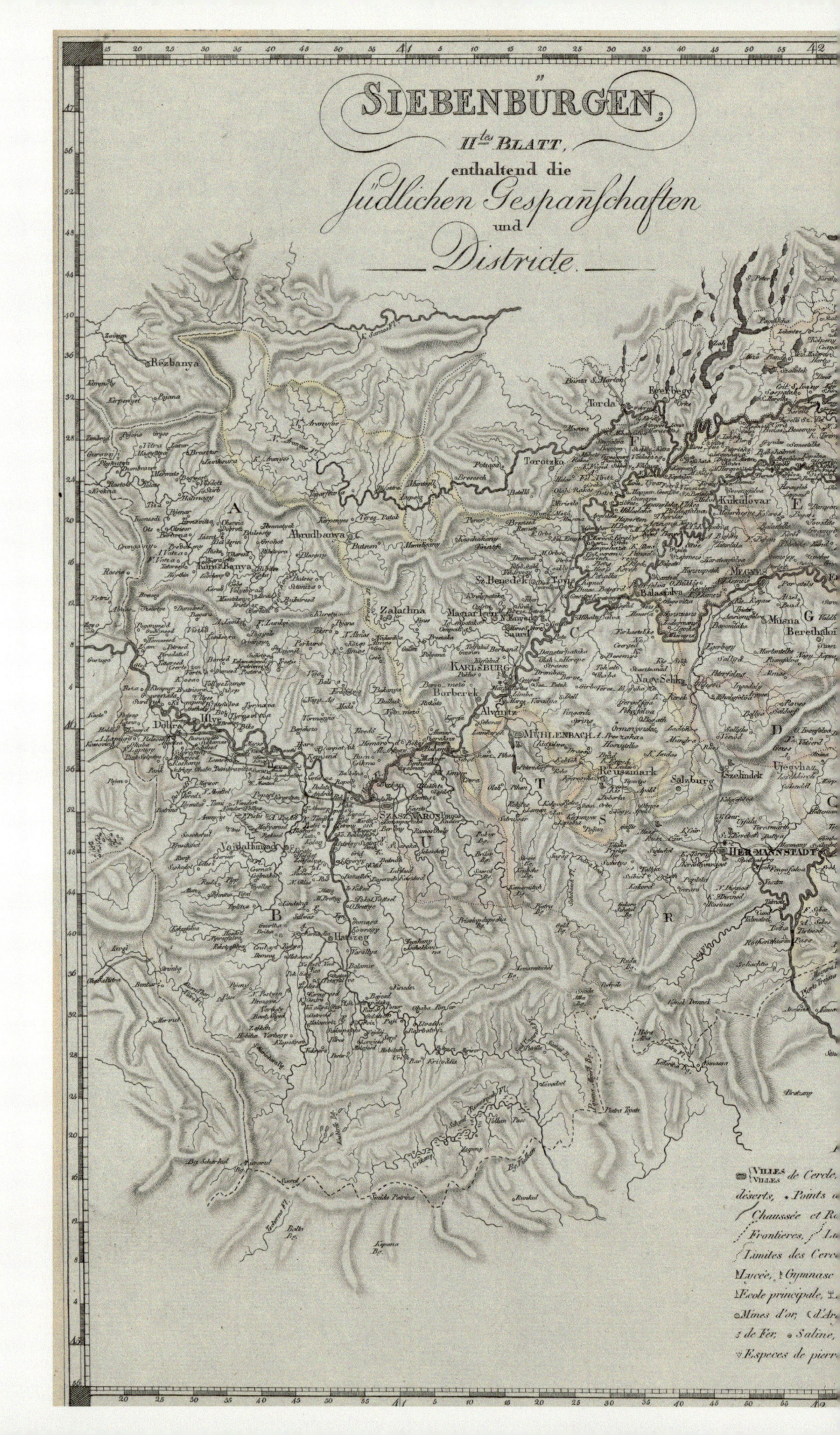

SIEBENBÜRGEN,

II.tes BLATT,

enthaltend die

südlichen Gespanschaften

und

Districte.

Partie IIme de la TRANSILVANIE, contenant les Comtés méridionaux

Erklärung der Buchstaben.

A. Die Zarander, B. die Hunyader, C. die untere, D. die obere Weissenburger und E. die Kükelburger Gespannschaft. F. der Stuhl Aranyos, G. der Mediascher, H. der Schässburger, I. der Maroscher, K. der Udvahelyer, L. der Csiker, M. der Haromscheker, N. der Kronstädter, O. der Repser, P. der Grossschenker, Q. der Leschkircher, R. der Hermannstädter, S. der Reiszmarker, T. der Mühlenbacher, U. der Brooser Stuhl und V. der Fagaraser District.

Zeichen Erklärung.

Kreis Anfänge, Städte, Marktflecken, Schlösser, Dörfer, öde Schlösser, Astronomisch bestimte Puncte, Strassen und Wege, Poststationen, Gränzen gegen das Ausland, Gränzen zwischen den inländischen Provinzen, Gränzen zwischen den Kreisen und Bezirken. Lyceum, Katholische und griechische Gymnasien, Reformirte und protestantische Gymnasien, Normalschulen, Dreyssigstämter, Goldbergwerke, Silber, Bley, Kupfer, Eisen, Salz und Salzquellen, Gesundbrunnen, Steinkohlen, Merkwürdige Steinarten.

1803

Die Kartensammlungen der Ausstellung

SUSANNE MUNZ / GABRIELE WÜST

Kartografische Ausstellungen greifen meist auf gesondert geführte Bestände in Archiven, Museen, Bibliotheken oder wissenschaftlichen Einrichtungen zurück. Die Auswahl der Exponate dieser Ausstellung stellt eine Mischung aus historisch gewachsenen (Generallandesarchiv Karlsruhe und Badische Landesbibliothek, Karlsruhe) und gezielt angelegten (Institut für donauschwäbische Geschichte und Landeskunde, Tübingen) Sammlungen dar. Eine Besonderheit ist die Heranziehung von Karten aus Privatsammlungen, deren Profil regional ausgerichtet ist. Ihre Zusammensetzungen weisen gegenüber Archiv- und Bibliotheksbeständen inhaltliche Besonderheiten auf. Gegenüber öffentlichen Sammlungen haben Privatsammlungen den Vorzug der Fokussierung auf begrenzte und überschaubare regionale Räume. Dabei streben die Sammler meist eine Vollständigkeit für bestimmte Zeiträume und Themen an.

Der Sammlungsbestand Hausfideikommiss – Karten und Pläne im Generallandesarchiv Karlsruhe und in der Badischen Landesbibliothek Karlsruhe

Die für Ausstellung und Katalog relevanten Karten des Generallandesarchivs gehören fast ausnahmslos zum Bestand Hausfideikommiss (Hfk).[1] Dieser besteht aus rund 3000 handgezeichneten und gedruckten Karten und Plänen unterschiedlicher Formate des 16. bis 18. Jahrhunderts. Aus dem 19. Jahrhundert stammen nur wenige Stücke. Der Bestand kam nicht im Rahmen der Zuständigkeit des Generallandesarchivs für ein bestimmtes Gebiet, den Archivsprengel und der damit verbundenen Behördenabgaben zustande, sondern er

1 Generallandesarchiv Karlsruhe.

geht auf die mit den beruflichen und privaten Interessen verbundene Sammlungstätigkeit der Markgrafen von Baden-Baden und Baden-Durlach zurück.

Die Sammlung setzt sich aus zwei unterschiedlichen Teilen zusammen: »Hfk Planbände« und »Hfk Pläne«. Zunächst wird im Folgenden der aus 28 ursprünglich mit römischen Ziffern durchgezählten Bänden bestehende, deshalb »Hfk Planbände« genannte Teil beschrieben, dessen Karten und Pläne fast ausschließlich handgezeichnet sind.

In Band 1 mit 18 Nummern zu Feldzügen, Schlachten und dem Exerzieren der Infanterie 1675 bis 1705 gibt es aus dem Donauraum Karten zu Peterwardein (serb. Petrovaradin), Slankamen, Slawonien und der Schlacht am Berg Harsan 1687.[2] Die meisten der 30 Karten in Band 2 beziehen sich auf den Spanischen Erbfolgekrieg (1701–1714). Als Besonderheit zu nennen ist jedoch die »Mappa Limitanea« (1698)[3] und ein Plan zu Neustädtl (slow. Slovenské Nové Mesto).[4] Von den 23 Karten in Band 3 beziehen sich sieben auf die Türkenkriege in der zweiten Hälfte des 17. Jahrhunderts. Band 4 enthält über 70 Karten und teilweise unidentifizierte Projektpläne aus den Jahren 1682 bis 1706, meist zu Orten im heutigen Deutschland, aber auch sechs Pläne zu den Türkenkriegen, ebenfalls aus der zweiten Hälfte des 17. Jahrhunderts. Band 5 umfasst Karten und Pläne zur Markgrafschaft Baden-Baden unter Markgraf Ludwig Wilhelm. Band 6 zählt 52 Nummern unter der Überschrift »Karten von Ungarn und Siebenbürgen 1682 bis ca. 1697«. Band 7 mit neun Karten trägt den gleichen Titel. Bei Band 8 heißt es zu 26 Karten für etwa denselben Zeitraum »Ungarische Festungspläne mit und ohne Attaquen«. Band 9 mit 34 Nummern wird im Findbuch unter dem Titel »Ungarische Feldlager meist 1690« geführt. Band 10 mit 72 Karten und Plänen enthält »Festungen aller Länder meist am Rhein« sowie Darstellungen von Booten und anderem Kriegsgerät. Auch die 40 Nummern in Band 11 aus den Jahren 1693–1706 zum Reichsgebiet beinhalten kein Material zum Donauraum. Im Gegensatz dazu sind die Bände 12 »Steyerische, windische und kroatische Grenzstädte 1657« und 13 »Ungarische Grenzstädte 1667« von Bedeutung. Sie enthalten jeweils über 70 Karten und Pläne. Band 14 wird als »Bunte Sammlung von allerhand Plänen« bezeichnet, insgesamt 114 Stück, die aus den Jahren 1664 bis 1706 stammen. Darunter sind solche zum Spanischen Erbfolgekrieg und eine ganze Reihe zum Donauraum. Band 15 enthält unter dem Titel »Grenzstätten gegen die Türkei vom Meer bis Siebenbürgen« 56 Zeichnungen von Nicolo Angielini, der im Band selbst auch als Nichlo Angielino erscheint, angelegt um 1566. Acht Kupferstiche aus dem Jahr 1716 von den baden-badischen Besitzungen in Böhmen werden in Band 16 verwahrt. Festungspläne aus der zweiten Hälfte des 16. und der ersten Hälfte des 17. Jahrhunderts, vor allem von Daniel Specklin (1536–1589)[5] und Georg Andreas Böckler (gest. 1687), befinden sich in den Bänden 17 und 18, darunter Komorn (ung. Komárom, slow. Komárno), Raab (ung. Györ), Warasdin (kroat. Varaždin) und Sathmar (rum. Satu Mare).[6] Band 19 und 20 enthalten Feldzugskarten 1688 bis 1698 von Regimentsquartiermeister Samson Schmalkalder,[7] Johann Mathäus Faulhaber, der einer Kartografendynastie aus Ulm an der Donau angehörte, und Ingenieur J. Wolf, meist zum Oberrheingebiet, sowie zur Stadt und Festung Assow (russ. Azow)[8] von Ernst Friedrich von Borgsdorff.[9] Ein Plan von Wolf zeigt zudem die Festung Peterwardein 1694.[10] Band 21 mit dem Titel »Allerhand Pläne zu den Feldzügen 1693 bis 1697 im Oberrheingebiet und im Donauraum« enthält unter anderem Belgrad, Olasch an der Bega, Raab, Slankamen, Tokaj, und Zenta.[11] Die Bände 22 und 23 mit Plänen zu Schlössern und Gebäuden im Besitz der Markgrafen von Baden-Baden und Baden-Durlach beinhalten kein für den Themenbereich der Ausstellung relevantes Material. In Band 24 befinden sich neben Gebäudeplänen auch Projekte zu Festungsanlagen und entsprechende schulische Übungszeichnungen ohne Berücksichtigung des Donauraums. Rund 40 gedruckte Karten und Pläne zum Elsass, den Feldzügen am Oberrhein und Militärangelegenheiten im 19. Jahrhundert sind in Band 25 zu finden. Eine weitere bunte Mischung an Material aus der Zeit von 1589 bis 1870 – einschließlich zweier gedruckter Karten zu Belgrad 1717 und 1718,[12] gestochen von Christoph Weigel – umfasst Band 26. Bei Band 27 handelt es sich um ältere Reproduktionen von Karten und Plänen aus dem Schwedischen Reichsarchiv als Beilagen zu den Briefen des Markgrafen Karl Gustav von Baden-Durlach (1648–1703) an König Karl XI. von Schweden (1655–1697), unter anderem zu den kriegerischen Auseinandersetzungen im Donauraum im 17. Jahrhundert. Im letzten Band 28 befinden sich meistens Pläne und Ansichten von Orten und Gebäuden in Baden, aber es ist auch eine handgezeichnete Schlachtenordnung des Feldmarschalls Raimondo Montecuccoli (1609–1680)[13] für den Feldzug gegen die Türken 1661 enthalten.

Der zweite Teil der Sammlung trägt die Bezeichnung »Hfk Pläne« und besteht aus Einzelkarten, die weitgehend nach topografischen Gesichtspunkten gegliedert sind, was an verschiedenen Buchstaben erkennbar wird, aufgrund derer der Bestand früher auch als »Hfk Buchstabenbestand« bezeichnet wurde.

A steht für Deutschland, B Europa wird unterteilt in Be Österreich und Donauländer und Bi Schweiz, G sind Stadtpläne, Ansichten, Festungen und Gärten aller Länder ohne Baden, H listet Baden und seine Landesteile auf, I sind Bauten in Baden, La Schlachtenpläne, Belagerungen und Manöver und N Verschiedenes, unter anderem Studien zu Befestigungen. Bei der Buchstabenbezeichnung wird in jeder Rubrik zwischen roten und schwarzen Buchstaben unterschieden, was nicht auf inhaltliche Unterschiede, sondern wohl auf die frühere Lagerung zurückzuführen ist. Die für die Ausstellung relevanten Karten und Pläne des Donauraums aus dem 17. und 18. Jahrhundert werden vor allem unter den Buchstaben G und La aufgelistet, während die Rubrik Be nur wenige Stücke umfasst. Etwa 70 Prozent dieses Teilbestandes sind handgezeichnet, 30 Prozent gedruckt.

Sehr wichtig für die Entstehung der Sammlung war Markgraf Ludwig Wilhelm von Baden-Baden (1655–1707), der später den volkstümlichen Namen »Türkenlouis« erhielt. Als Generalfeldmarschall in Ungarn war er bis zu seiner Abberufung an den oberrheinischen Kriegsschauplatz 1693 an einigen bedeutenden Siegen gegen die Türken beteiligt. Auch sein Onkel Hermann von Baden-Baden (1628–1691) hatte maßgeblich zur Vermehrung der Sammlung beigetragen. Er war von 1681 bis 1687 (nominell bis 1689) Präsident des Hofkriegsrates in Wien gewesen und hatte nach dem Ende seiner Amtszeit die beiden Bände mit der Signatur Hfk Planbände 12 und 13, die seinem Vorvorgänger im Amt, Fürst Hannibal von Gonzaga (1602–1668),[14] gehört hatten, wohl nach Baden mitgenommen. Das Eigentum Gonzagas lässt sich aufgrund des auf dem Originaleinband erhaltenen Gonzaga-Wappens und dem Titelblatt von Band 12 eindeutig belegen. Die Mitnahme durch Markgraf Hermann ist auch für Band 15 mit den Zeichnungen von Nicolo Angielini naheliegend. Außerdem ist Markgraf Leopold Wilhelm von Baden-Baden (1626–1671) zu nennen, ein Bruder Hermanns, der in den 1660er Jahren in den Türkenkriegen kämpfte, unter anderem unter Montecuccoli bei St. Gotthard an der Raab (ung. Szentgotthárd) 1664. 1669 erhielt er das Grenzgeneralat Warasdin, zu dem im Bestand mehrere Karten vorhanden sind.[15]

In der Sammlung finden sich auch Kartenbestände, die den Markgrafen der Linie Baden-Durlach zuzuordnen sind. Aus ihren Reihen ging zwar kein so bedeutender Feldherr hervor, aber Angehörige dieser Linie waren auf allen möglichen Kriegsschauplätzen zu finden. Zu nennen ist Markgraf Georg Friedrich von Baden-Durlach (1573–1638), der im Jahr 1600 an einem Feldzug in Ungarn teilnahm. Er verfasste ab 1614 ein seinen Söhnen gewidmetes handschriftliches mehrbändiges Werk über die Kriegskunst mit zahlreichen Abbildungen.[16] Da er sich in seinen letzten Lebensjahren in Straßburg aufhielt, kamen die bereits erwähnten Pläne von Daniel Specklin, zu dessen Wirkungsstätten Straßburg zählte, vermutlich über ihn ins Badische. Markgraf Karl Gustav von Baden-Durlach, ein Urenkel von Georg Friedrich, führte 1683 Truppen des Schwäbischen Reichskreises als Teile der Reichsarmee nach Ungarn. Zum Regiment Baden-Durlach gehörten Leutnant Wolfgang Ludwig von Grünthal (1659–1726), der Pläne über Ofen (ung. Buda)[17] und Pest erstellte, und Regimentsquartiermeister Samson Schmalkalder, der Karten vom Gebiet um Belgrad[18] und – nach der Rückkehr des Regiments an den Oberrhein bis zu seinem wohl 1691 erfolgten Tod – zahlreiche Karten und Pläne zum dortigen Kriegsgebiet fertigte.

Die Planbände und die Einzelkarten kamen auf unterschiedlichen Wegen ins Generallandesarchiv. Die in Bänden zusammengefassten Karten und Pläne der Linie Baden-Baden lagerten zunächst im Schloss in Rastatt. 1824 kamen 13 von 15 Bänden ins Generallandesarchiv nach Karlsruhe. Zu einem unbekannten Zeitpunkt wurden sie an die dortige Hofbibliothek abgegeben, wo bereits Karten und Pläne der Linie Baden-Durlach verwahrt wurden. Der Grund für die Abgabe an die Bibliothek könnten die Veröffentlichungen von Philipp Röder von Diersburg (1801–1864)[19] über Ludwig Wilhelm von Baden-Baden gewesen sein, der dazu Material beider Linien bearbeitete. Als Aloys Schulte (1857–1941) im Auftrag der Badischen Historischen Kommission die Kriegstagebücher dieses Markgrafen herausgeben sollte, erbat Archivdirektor Friedrich von Weech (1837–1905) im Auftrag des Großherzogs, von der Hofbibliothek die Handschriften, Karten und Pläne, die zur Ergänzung der Archivbestände dienen sollten.[20] In den Jahren 1887/88 wurden schließlich die Planbände 1 bis 24 an das Archiv abgegeben. Sie gehörten zum Hausfideikommiss,[21] was bedeutet »das (dem jeweiligen Regenten) zu treuen Händen Übertragene« eines regierenden Hauses. Schulte stellte 1890 das Findbuch fertig. Zwischen 1907 und 1919 kamen die Bände 25 bis 28 hinzu. Das Findbuch wurde ergänzt und ist bis heute gültig.

Ebenfalls in Zusammenhang mit Forschungen zu Ludwig Wilhelm von Baden-Baden, diesmal durch Eugen (von) Müller (1844–1911),[22] wurde man 1891 auf einen bis dato unbekannten Karten- und Planbestand aufmerksam. Dieser lagerte im sogenannten Schlösschen im Fasanengarten beim Karlsruher Schloss. Im Jahr darauf bat von Weech um die Übergabe des Materials an das Generallandesarchiv. Auf Wunsch des Großherzogs wurde jedoch eine Kommission gegründet, um die Unterlagen zwischen Archiv, Hofbibliothek und Kupferstichkabinett aufzuteilen. Ab August 1893 benannte Archivrat Karl Obser (1860–1944) auf der Grundlage des von Wilhelm Bender (1836–1902)[23] um 1860 erstellten Verzeichnisses diejenigen Karten und Pläne, die in den zum Hausfideikommiss gehörenden Planbestand des Archivs integriert werden sollten. Mit der Auswahl Obsers waren die Hofbibliothek und das Kupferstichkabinett einverstanden. Im selben Jahr wurden die Stücke an das Archiv übergeben. Obser stellte das ebenfalls bis heute gültige Findbuch zum

Bestand Hfk Pläne, in dem das bereits obengenannte Signaturschema von Bender beibehalten wurde, 1899 fertig. Lücken bei den vergebenen Nummern verweisen auf Karten und Pläne, die an die Hofbibliothek, heute Badische Landesbibliothek, beziehungsweise an das Kupferstichkabinett, heute Staatliche Kunsthalle Karlsruhe, abgegeben wurden.

Nach einem Beschluss der badischen Volksregierung von 1919 sollte auch die Plansammlung des Großherzoglichen Hausfideikommisses als unveräußerliches Eigentum des Großherzogs beziehungsweise seines Hauses gelten. Sie »werden […] in den dazu vorgesehen Räumen des Generallandesarchivs verwahrt und fallen nach Aussterben des fürstlichen Mannesstammes dem badischen Staate anheim«.[24] Mit Abschluss des Vertrages vom 6. April 2009 zwischen dem Markgräflichen Haus Baden und dem Land Baden-Württemberg ging die Karten- und Plansammlung des Hausfideikommisses in das Eigentum des Landes Baden-Württemberg über.

Karten der Sammlung wurden bereits im Standardwerk von Ruthardt Oehme von 1961 erwähnt, das ein Kapitel zur Militärgeografie enthält.[25] Das von Alfons Schäfer unter Mitwirkung von Helmut Weber bearbeitete Inventar[26] führt in systematisierten Kurzbeschreibungen einen großen Teil des Hfk-Bestandes auf. Die Stücke wurden nach einem geografisch-chronologischen Ordnungsprinzip gegliedert. Rubrik A umfasst Deutschland; Rubrik B enthält die Karten und Pläne zu außerdeutschen Ländern in der 1971, dem Erscheinungsjahr der Veröffentlichung, gültigen Staateneinteilung. Dabei wird unter Ländern wie Jugoslawien, Rumänien und Ungarn, um die Länder mit den meisten Einträgen zu nennen, nur auf die Rubrik C Türkenkriege 16.–18. Jahrhundert verwiesen, in der 365 Karten und Pläne beschrieben werden.

Als erster ungarischer Geograf interessierte sich Graf Pál Teleki für die Karten zum ungarischen Territorium im Generallandesarchiv. Sein Assistent Lajos (Ludwig) Glaser führte in seiner Veröffentlichung *Ungarn betreffende Karten und Pläne in den Karlsruher Sammlungen*, die 1933 in Budapest erschien,[27] eine Aufarbeitung durch. Es sind darin auch noch die Ungarn-Karten aufgeführt, welche bereits ab dem 19. Jahrhundert in der Hofbibliothek gesammelt wurden, jedoch bei der Zerstörung der Karlsruher Landesbibliothek im Zweiten Weltkrieg zugrunde gingen.

Die Veröffentlichung von Louis Krompotič über das Festungswesen an der Südgrenze des Habsburgerreiches[28] befasst sich ausführlich mit den Berichten und Zeichnungen von Martin Stier (1620–1669)[29] aus der Zeit zwischen 1657 und 1660, die es nicht nur im Generallandesarchiv gibt. Ein weiterer Band hat sich in Wien erhalten. Zudem trägt Krompotič viele Informationen zur Biografie des Oberingenieurs und Hauptmannes Stier zusammen. Der Autor geht in seinem Werk außerdem auf die Zeichnungen von Nicolo Angielini ein. 29 der 56 Pläne aus dem in Karlsruhe verwahrten, bereits genannten Band[30] werden darin abgebildet und mit den Zeichnungen von Angielini in Wien und Dresden verglichen.

Eine weitere Aufarbeitung von ungarischer Seite stellt das Werk von Györgi Kisari Balla dar, das im Jahr 2000 in Budapest zweisprachig erschien.[31] Darin sind alle Karten für den Bereich innerhalb der ungarischen Landesgrenzen von 1913 sowie die Pläne von Burgen an den südlichen Grenzfestungslinien verzeichnet und schwarz-weiß abgebildet. 407 im Original farbige Handzeichnungen aus den Jahren von 1526 bis 1740 wurden berücksichtigt.

In der von Volker Rödel konzipierten Ausstellung »Zwischen den Welten. Kriegsschauplätze des Donauraums im 17. Jahrhundert auf Karten und Plänen« wurde der Kartenbestand erstmals der Öffentlichkeit in Karlsruhe präsentiert.[32]

Der im Generallandesarchiv etwa 1000 Nummern umfassende Bestand H Kriegs- und Militärkarten (H-BS), der durch Behördenabgaben, Geschenke und Ankäufe zustande kam und den Zeitraum von 1618 bis 1945 umfasst, enthält keine Karten und Pläne aus dem 17. und 18. Jahrhundert zum Donauraum beziehungsweise zu den Türkenkriegen. Das Verzeichnis eines kleinen Bestandes mit bildhaften Darstellungen zu Belagerungen und Schlachten (J-E), unter anderem zu Slankamen, ist im Internet einsehbar.[33] Sie wurden vor Jahren vom Bestand H-BS abgetrennt.

Unter anderem wegen der gemeinsamen Überlieferungsgeschichte mit dem Hfk-Bestand des Generallandesarchivs wurde auch der Karten- und Planbestand der Badischen Landesbibliothek Karlsruhe in der Ausstellung berücksichtigt. Die Sammlung, die weitgehend aus gedruckten Karten besteht und nur vereinzelt handgezeichnete Karten enthält, im Bibliotheksbereich als Manuskriptkarten bezeichnet, ist ebenfalls nach topografischen Gesichtspunkten gegliedert. Von B Weltkarten und Kuriosa bis U Italien. In die engere Auswahl kamen gedruckte Karten der Rubriken Q Ungarn und R Balkan, Rumänien. 1974 wurde ein Katalog veröf-

2 (links) Badische Landesbibliothek, Karlsruhe.

3 (rechts) Institut für donauschwäbische Geschichte und Landeskunde, Tübingen.

fentlicht, der neben den vor dem Jahr 1800 erschienenen Karten der Bibliothek auch die gedruckten Karten des Generallandesarchivs aus dem Teilbestand Hfk Pläne beschreibt.[34] Teilweise sind sogar die den »Buchstabenbestand« im Generallandesarchiv ergänzenden Signaturangaben auf den Karten der Bibliothek noch zu erkennen. Die gedruckten Karten aus dem Teilbestand Hfk Planbände wurden in der Veröffentlichung nicht berücksichtigt.

Eine repräsentative Auswahl von Karten und Plänen zum Donauraum wurde im Vorfeld der Ausstellung restauriert und digitalisiert. Sie stehen der Öffentlichkeit online zur Verfügung.[35] Damit wird der Nutzerin und dem Nutzer ein erweiterter direkter Blick auf eine besondere, äußerst wertvolle Karten- und Plansammlung im Generallandesarchiv ermöglicht.

Die Kartensammlung des Instituts für donauschwäbische Geschichte und Landeskunde, Tübingen (IdGL)

Das Institut für donauschwäbische Geschichte und Landeskunde (IdGL) ist 1987 als eine dem Innenministerium des Landes Baden-Württemberg unmittelbar nachgeordnete außeruniversitäre Forschungseinrichtung gegründet worden. Es dokumentiert die Geschichte und Kultur der ehemaligen, zum Teil auch heute noch bestehenden deutschen Minderheiten in Ostmittel- und Südosteuropa. Dabei handelt es sich um Regionen, die von ethnischer und kultureller Diversität gekennzeichnet sind und oft einen historisch bedingten, grenzüberschreitenden räumlichen Zuschnitt aufweisen. Dokumentation und Pflege der wissenschaftlichen Infrastruktur gehören zu den zentralen Aufgaben des Instituts. Diese findet ihren Ausdruck in der Fachbibliothek und in einem öffentlich zugänglichen Archiv und Bildarchiv (Fotos, Grafiken). Die Kartensammlung ist der Bibliothek zugeordnet.

Das Institut verfügt über einen bedeutenden Bestand an historischem und aktuellem Kartenmaterial. Der Sammelschwerpunkt liegt auf Karten des südöstlichen Donauraums, in dem die neuzeitlichen deutschen Siedlungsregionen verortet sind. Die Sammlung umfasst historische und topografische Karten sowie Atlanten vom 16. bis zum 21. Jahrhundert, darunter Einzelkarten, Kartenwerke, Pläne der amtlichen Vermessungen, Stadtpläne sowie auch seltene und wertvolle Altkarten. Hinzu kommt ein kleines Angebot an digitalen (elektronischen) Karten. Die Sammlung umfasst derzeit 350 gefaltete Karten in Schubern, 1300 liegende Karten in Karten-Schubläden, 150 Atlanten, 800 Kartenblätter der Spezialkarte der Österreichisch-Ungarischen Monarchie im Maßstab 1:75.000 und 120 Wandkarten. Die Sammlung entstand durch Schenkungen und systematischen Erwerb von Karten auf dem Antiquariatsmarkt.

Sämtliche Karten der Sammlung sind im Südwestdeutschen Bibliotheksverbund verzeichnet und über den online zugänglichen Katalog[36] des IdGL sowie über weitere nationale und internationale Portale recherchierbar. Für einen Teil der Karten sind Digitalisate vorhanden, die mit den Katalogeinträgen verknüpft sind, so dass bereits aus dem Katalog heraus eine Vorschau auf das Kartenbild möglich ist. Ergänzt wird der eigene Bestand durch lizenzfreie Digitalisate von Karten anderer Bibliotheken. Die Karten werden in Forschungsprojekten und Lehrveranstaltungen genutzt wie auch für Publikationen und Ausstellungen herangezogen.

Die Privatsammlungen von Dr. Mathias Beer, Dr. Ovidiu Șandor und Ewald Böss – Sammeln mit Kompetenz und Leidenschaft

Der Tübinger Kartensammler Dr. Mathias Beer (geb. 1957) studierte Geschichte und Germanistik zunächst in seinem siebenbürgischen Heimatort Hermannstadt (rum. Sibiu), dann in Tübingen und Stuttgart. Nach dem Lehramtsabschluss 1984 promovierte er als Stipendiat der Studienstiftung des deutschen Volkes 1989 an der Universität Stuttgart im Fach Geschichte. Seit 1990 leitet er den Forschungsbereich Zeitgeschichte am Institut für donauschwäbische Geschichte und Landeskunde, dem er seit 2007 als Geschäftsführer und stellvertretender Leiter vorsteht. Zudem ist er Lehrbeauftragter an der Historischen Abteilung der Philosophischen Fakultät der Eberhard Karls Universität Tübingen. Für seine wissenschaftliche Forschungs- und Publikationstätigkeit ist Mathias Beer 2017 mit dem Ludwig-Uhland-Preis des Landes Baden-Württemberg ausgezeichnet worden.

Die Anfänge der Kartensammlung von Beer gehen auf den Anfang der 1980er Jahre zurück. Damals hat er seine erste Karte erworben. Sie legte den Grundstein für die mittlerweile 100 Blätter zählende Kartensammlung. Diese umfasst ausschließlich auf Siebenbürgen bezogene Karten und strebt eine Vollständigkeit der Kartenwerke zu dieser Region Südosteuropas an. Zeitlich betrachtet umfasst die Sammlung Karten vom 16. bis zum 19. Jahrhundert. Dabei bilden Karten aus den beiden dazwischenliegenden Jahrhunderten einen Schwerpunkt. Der klar umrissene regionale Schwerpunkt der Sammlung hat im Wesentlichen zwei Ursachen. Zum Biografischen kommt der besondere Stellenwert hinzu, den Siebenbürgen seit dem 16. Jahrhundert in der europäischen Kartografie innehat. Der Wissenschaftler ist sich den Inhalten seiner Karten bewusst: Die Sammlung insgesamt birgt weniger Informationen über die reale historische Entwicklung der Region, als sie deren Wahrnehmung durch das westliche Europa im Medium Karte bietet. »Sie zeigt wie die Region in das frühneuzeitliche Bewusstsein des Kontinents eingetreten ist. Sie gibt dem Forscher Quellen an die Hand, die nachvollziehen lassen, wie das westliche Europa seine Selbst- und Fremdbilder in der Begegnung mit dem Donauraum, speziell mit Siebenbürgen ausformte und wie Raumwissen über die Region entstanden ist, sich fortentwickelt und verändert hat.«

Die Karten wurden und werden vor allem über den antiquarischen Handel erworben. Über Antiquariatsmessen und Antiquare hat Beer ein Netz aufgebaut, mit dessen Hilfe nach und nach die Sammlung erweitert wird. Bei aller Sammlerleidenschaft ist Beer den Karten nicht ›verfallen‹. Das Preis-Leistungsverhältnis, soweit dies auf seltene Karten anwendbar ist, sowie der Erhaltungszustand der Karten sind entscheidend, »die Bodenhaftung darf nicht verloren gehen«.

Bei seiner Beschäftigung mit Karten fanden Sammelleidenschaft und Kompetenz zusammen. Sammeln vollzieht sich aus Sinnhorizonten heraus. Siebenbürgen-Karten vermitteln dem Migrationshistoriker Mathias Beer ein Gefühl von »imaginärer Ortsbindung, von Heimatverbundenheit und Identität.« Die Karten wurden bisher nicht in Ausstellungen gezeigt. Um Karten aus der Privatsammlung heranziehen zu können, bedurfte es beharrlicher Überzeugungsarbeit.

Der Temeswarer Kartensammler Dr. Ovidiu Șandor (geb. 1970) ist 1977 aus dem nordwestlichen Siebenbürgen nach Temeswar (rum. Timișoara, ung. Temesvár) umgezogen, wo er das Abitur am Gymnasium für Informatik machte. Nach dem Studium an der Technischen Hochschule Temeswar promovierte er am Stockholmer Königlichen Institut für Technologie (Kungliga Tekniska högskolan, KTH) im Fach Softwaretechnik. Der Kartensammler führt als Immobilienentwickler sein eigenes florierendes Unternehmen in Temeswar.

Die erste Karte hat Șandor im Jahre 2000 erworben; nach weniger als zwei Jahrzehnten umfasst die Sammlung 230 Karten, die den Zeitraum vom Hochmittelalter bis zum Ersten Weltkrieg abdecken. Das ursprünglich auf das Banat beschränkte Sammelgebiet hat sich mittlerweile auf den mittleren und unteren Donauraum, vor allem auf Siebenbürgen und die Fürstentümer Moldau und Walachei ausgeweitet.

Dass sich das bibliophile Sammelinteresse Șandors auf das Banat fokussierte, hing auch mit der erfolgreichen Integration dieser Provinz in das Habsburgerreich zusammen. Karten bilden eine solide Wissensbasis für die Erforschung der exemplarischen Entwicklungsregion Banat. Karten sind für Șandor aber auch Instrumente der Exploration. Schon in seiner Kindheit war er von der Orientierungsfunktion kartografischer Darstellungen fasziniert. Seine literarischen und historischen Lektüren waren von Karten und Stadtplänen begleitet, er führte räumliche Wirklichkeit und Fiktion zusammen. Seine jugendlichen Sozialisationserfahrungen im Kommunismus verstärkten das Interesse für das Objekt Karte: »Die ideologisch durchtränkte Geschichtsver-

4 (links) Dr. Mathias Beer.

5 (rechts) Dr. Ovidiu Șandor.

mittlung der damaligen Zeit warf existentielle Fragen auf, für die gesellschaftlich keine glaubhaften Antworten parat lagen: Wer sind wir, woher kommen wir und wohin gehen wir?« Karten und ihre Sammler hatten den Ruf, das Regime zu unterminieren. Wertvolle Karten wurden schon 1956 durch einen Beschluss des Ministerrats (Consiliul de Miniștrii) konfisziert und in den Besitz der heutigen Nationalbibliothek überführt.

Zu seiner privaten Aufgabe bestimmte Șandor die bibliophile Sammlung Alt-Banat. Deren Funktion beschreibt er mit Worten, die den eigentlichen Forschungswert der Sammlung nicht unadäquat umreißen: »Es ist eine Sammlung, die die Bestände der Rumänischen Akademie und des Bukarester Kartenmuseums ergänzt, andererseits aber die Erforschung des Banats ermöglicht, dessen Entwicklung sich von anderen Regionen abhebt. Die Karten tragen zum besseren Verständnis dieser Entwicklungsunterschiede bei. Sie bilden aber auch eine Brücke von der regionalen zur nationalen und zur europäischen Geschichte.«

Șandor betrachtet das Sammeln als ein anspruchsvolles Hobby, wobei der bleibende materielle Wert der Sammlung zwar eine Rolle spielt, aber nicht ausschlaggebend für seine Sammelleidenschaft ist. Er genießt das Gefühl, die Karten zu besitzen, die auf ihn eine magische Ausstrahlung haben. Am liebsten wäre es ihm, wenn am Ende seines Sammlerlebens die Karten in den Besitz einer einschlägigen wissenschaftlichen Einrichtung übergehen würden.

Die Lieferanten seiner Karten sind Antiquariate aus England und Deutschland, auch verfolgt er Versteigerungen, Erbschaftsteilungen und Haushaltsauflösungen, die der Sammlung wertvolle Stücke zuführten. Karten aus seiner Sammlung wurden in mehreren Ausstellungen gezeigt, die von der Rumänischen Akademie der Wissenschaften und der Rumänischen Nationalbibliothek veranstaltet wurden. Wertvolle Stücke fanden in die im Bukarester Cotroceni-Palast (Muzeul Palatului Cotroceni) gezeigte Ausstellung »Europa im Spiegel der Kartographie« (Europa în oglinda cartografiei, 2015) Eingang.

Beer und Șandor sind ähnliche Sammlertypen. Beide gehen selektiv mit ihrem Gegenstand vor, legen ihren Sammlungen räumliche Schwerpunkte zugrunde und sind auf ein bestimmtes geografisches Gebiet fokussiert, das mit ihrer Lebenserfahrung zusammenhängt. Das Ziel, die Sammlung zeitlich oder räumlich zu erweitern, ja Vollständigkeit zu erreichen, zeichnet sich schrittweise immer mehr ab. In der Zeit des Kommunismus wäre das Entstehen einer Sammlung wie jene von Șandor unmöglich gewesen. Es ist eine Erscheinung der politischen Wende. Beers Sammlung entwickelte sich zusehends zu einem systematisch vorangetriebenen Projekt, das zwar keinen Anspruch auf Vollständigkeit, aber auf Repräsentativität erhebt. Eine vergleichbare Entwicklung hat auch Șandor durchschritten, in dem er zunächst sogenannte Alt-Banatica zusammengetragen hat, um seine Sammlung schrittweise auf das 18. und 19. Jahrhundert auszuweiten. Es geht ihm um Karten, die vom Banat und den anderen rumänischen Provinzen handeln, aber fast ausnahmslos im westlichen Europa gedruckt wurden.

Die Gründe für ihre ausgeprägte Sammelleidenschaft sind vielschichtig. Dabei spielt weniger die Lust am Besitzen als jene des Entdeckens eine Rolle. Für Ovidiu Șandor ist das Sammeln gewissermaßen auch ein Kompensationshobby. Das Objekt des Sammelns lässt ebenso Rückschlüsse auf die Persönlichkeit der beiden Sammler zu. Beide gehören nicht zu jenen Sammlertypen, die gerne im Mittelpunkt stehen, um bewundert zu werden. Im Gegenteil, es ist das stille Sammeln, nach außen geben sich beide hinsichtlich ihrer Sammeltätigkeit sehr bescheiden.

Beide Sammler bewahren ihre Karten plano in Schränken auf. Die Erfassung erfolgte durch sie selbst und berücksichtigt ähnlich wie bei der bibliothekarischen Erfassung sämtliche Erfassungskriterien – von der Zuordnung zu einem Kartenwerk, über Maßstab und Format bis zum Kartografen und zur Herstellungstechnik. Teilweise liegen die beiden Sammlungen auch digitalisiert vor.

Von ihrer Entstehung her kann auch die im Kultur- und Dokumentationszentrum der Banater Schwaben in Ulm aufbewahrte Kartensammlung Ewald Böss (1925–1998) als Privatsammlung bezeichnet werden. Der erfolgreiche Wiener Unternehmer Banater Herkunft trug eine kleine, aber feine Sammlung mit regionalem Schwerpunkt zusammen, die 46 Altkarten und eine stattliche Anzahl von Ansichtskarten mit Banat-Bezug umfasst.

Anmerkungen

1. Laufs/Mahrenholz/Mertens/Rödel/Schröder/Willoweit 2008, S. 79; Wüst 2010.
2. GLA Karlsruhe, Hfk Planbände 1, 1–3; 1, 14 (Kat. 3.8); 1, 15.
3. GLA Karlsruhe, Hfk Planbände 2, 3; Schäfer 1971, S. 227, Nr. 1224; Ausst. Kat. Karlsruhe 2010, S. 78 f., Nr. 1.7; Kat. 3.14.
4. GLA Karlsruhe, Hfk Planbände 1, 29.
5. Fischer 1996.
6. GLA Karlsruhe, Hfk Planbände 17, 69 und 23; Hfk Planbände 18, 4; Hfk Planbände 17, 58.
7. GLA Karlsruhe 51 Nr. 789.
8. GLA Karlsruhe, Hfk Planbände 20, 130 f.
9. Kaiserlicher Oberingenieur, Wirkungsjahre etwa 1680 bis 1715.
10. GLA Karlsruhe, Hfk Planbände 20, 126.
11. GLA Karlsruhe, Hfk Planbände 21, 23 und 39; 21, 4; 21, 38; 21, 40 (Kat. 3.12); 21, 14 und 16; 21, 1 und 47.
12. GLA Karlsruhe, Hfk Planbände 26, 1 f.
13. GLA Karlsruhe, Hfk Planbände 28, 14.
14. Präsident des Hofkriegsrates in Wien von 1665 bis 1668. Sein Nachfolger war bis 1680 Raimondo Montecuccoli.
15. GLA Karlsruhe, Hfk Planbände 12, 30–32 (Kat. 4.3); Hfk Planbände 18, 4.
16. GLA Karlsruhe, Hfk Hs Nr. 59–61 (Eigentum des Hauses Baden). An den meisten Stücken des Teilbestandes Hfk Handschriften hat das Haus Baden Eigentumsrechte. Dazu gehört auch das in der Ausstellung mit einer Karte zu Slankamen berücksichtigte »Feldzug-Journal 1691« von Generalquartiermeister Heinrich Tobias von Hasslingen; Hfk-Hs Bd. 7, Bl. 88 (Kat. 3.11).
17. GLA Karlsruhe, Hfk Pläne 134, 1 und 2 rot (letztere Kat. 3.4.)
18. GLA Karlsruhe, Hfk Planbände 21, 23 und 39.
19. GLA Karlsruhe 450 Nr. B 12021 Nutzerakte.
20. GLA Karlsruhe 450 Nr. 223.
21. Laufs/Mahrenholz/Mertens/Rödel/Schröder/Willoweit 2008, S. 125.
22. Nachruf mit Bild in der »Chronik der Haupt- und Residenzstadt Karlsruhe für das Jahr 1911«, Karlsruhe 1912, S. 255–257; GLA Karlsruhe 59 Nr. 91.
23. GLA Karlsruhe 76 Nr. 607.
24. Laufs/Mahrenholz/Mertens/Rödel/Schröder/Willoweit 2008, S. 286.
25. Oehme 1961.
26. Schäfer 1971.
27. Glaser 1933.
28. Krompotič 1997.
29. GLA Karlsruhe, HfK Plänbände 12; Krompotič 1997, S. 1–172; Kat. 2.2.
30. GLA Karlsruhe, Hfk Planbände 15; Krompotič 1997, S. 195–227.
31. Kisari Balla 2000.
32. Ausst. Kat. Karlsruhe 2010.
33. URL: https://www2.landesarchiv-bw.de/ofs21/olf/start.php?bestand=14242 (31.07.2017).
34. Stopp/Langel 1974.
35. URL: https://www2.landesarchiv-bw.de/ofs21/olb/struktur.php?archiv=4&klassi=4.02.003&anzeigeKlassi=4.02.003.003.%&endKlassi (31.07.2017).
36. URL: https://www.idglbw.de/de/dokumentation/bibliothek (31.07.2017).

Objekte der Erstpräsentation in Karlsruhe

IRIS BAUMGÄRTNER /
GABRIELE WÜST /
WOLFGANG ZIMMERMANN

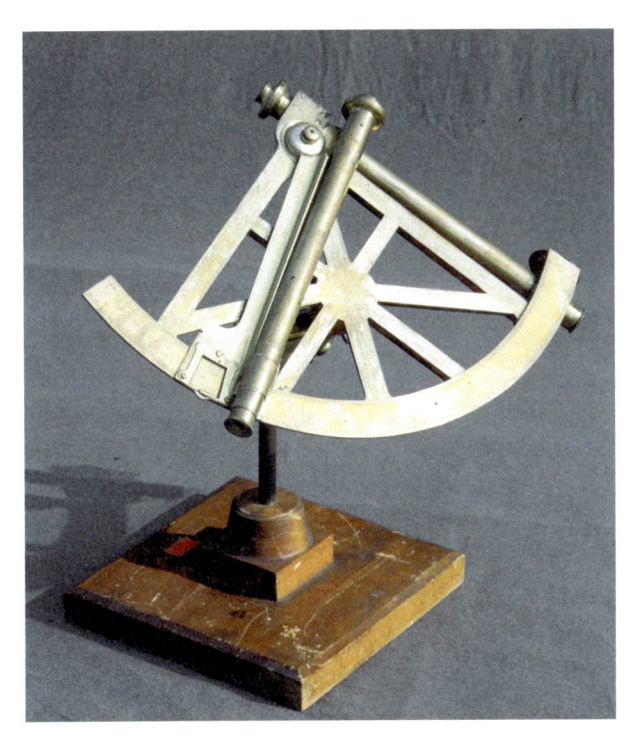

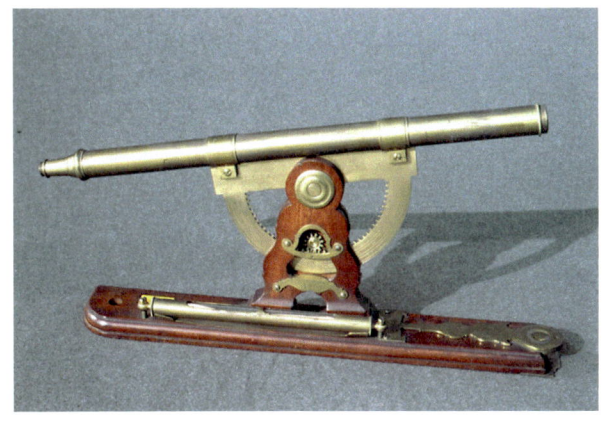

1
Quadrant

Jacques Canivet (gest. 1774), Paris 1763
Messing, Glas und Eisen auf Holzständer
Karlsruher Institut für Technologie, Instrumentensammlung des Geodätischen Instituts

Der Quadrant ist ein Messinstrument zur Positionsbestimmung und Abstandsmessung. Um die Beschaffung des ausgestellten Exemplars wurde der französische Kartograf César François Cassini de Thury (1714–1784) bei seinem Besuch in Karlsruhe 1762 von Markgraf Karl Friedrich von Baden-Durlach gebeten (geb. 1728, reg. 1746–1811). Inzwischen zum Kurfürsten aufgestiegen, schenkte Karl Friedrich den Quadranten 1804 dem physikalischen Kabinett.

Gabriele Wüst

2
Kippregel

Ertel, München um 1830
Messing und Glas
Karlsruher Institut für Technologie, Instrumentensammlung des Geodätischen Instituts

Die Kippregel (Fernrohrlineal) ist ein Instrument zur Landvermessung. Sie gehört zur Ausrüstung eines Messtisches. Mit ihrer Hilfe wurde die Richtung der aufzunehmenden Punkte eingestellt und markiert.

Gabriele Wüst

3
Osmanen in farbenprächtigen Gewändern

Künstler unbekannt, um 1580/90
Aquarell auf Pergament
Landesarchiv Baden-Württemberg, Generallandesarchiv Karlsruhe (Eigentum des Hauses Baden)

Im Stammbuch des Markgrafen Ernst Friedrich von Baden-Durlach (geb. 1560, reg. 1584–1604) finden sich zahlreiche Miniaturen, die in bunten Farben die Welt des Orients in die Residenz zu Durlach brachten. In ihrer Detailgenauigkeit verdeutlichen die kleinen Bilder, dass man am Oberrhein nicht nur ein schemenhaftes Bild vom Osmanischen Reich hatte, sondern sehr genaue Vorstellungen von Gesellschaft und Kultur des militärischen Gegners.

Wolfgang Zimmermann
Vgl. auch Abb. S. 27, 43

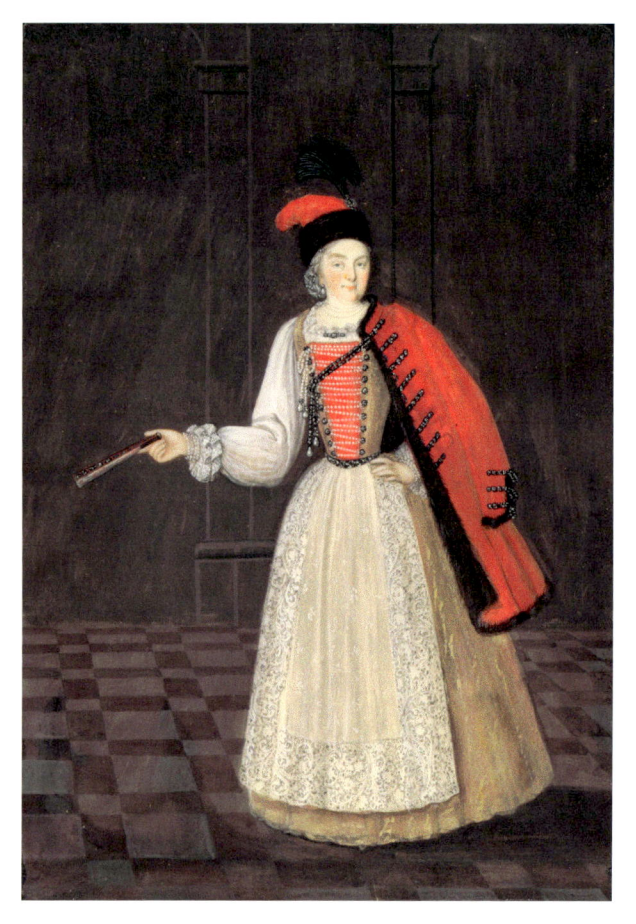

4
Markgraf Ludwig Wilhelm von Baden-Baden im Kostüm eines Türken
Markgräfin Sibylla Augusta von Baden-Baden im Kostüm einer Ungarin

Künstler unbekannt, um 1700
Tempera auf Pergament, auf Holz geklebt
Staatliche Schlösser und Gärten Baden-Württemberg, Schloss Favorite, Rastatt

Maskenbälle waren ein fester Bestandteil des höfischen Lebens im Zeitalter des Barock. Die beiden ausgestellten Gemälde stammen aus einer Serie von ursprünglich 72 Kostümbildern, die einen Einblick in die Festlichkeiten geben. Markgraf Ludwig Wilhelm (1655–1707) und seine Gattin Sibylla Augusta (1675–1733) verkleideten sich in den »Mummereien« in türkische und ungarische Kostüme. Während der ›Türke‹ als »Erbfeind des christlichen Namens« auf den Kriegsschauplätzen bekämpft wurde, übte die fremde Welt des Orients gleichzeitig eine große Faszination auf die Zeitgenossen aus.

Wolfgang Zimmermann
Vgl. auch Abb. S. 46

5
Markgraf Ludwig Wilhelm von Baden-Baden

Künstler unbekannt, um 1724
Öl auf Leinwand, H. 261 cm, B. 155 cm
Stadtmuseum Rastatt

Das repräsentative Bildnis Markgraf Ludwig Wilhelms stellt den kaiserlichen Feldherrn in ganzer Größe stehend an einen Baum lehnend dar. Unter seinem blauen Samtmantel trägt er einen Harnisch, darüber das goldene Vlies, während er in seiner rechten Hand den Feldherrenstab hält. Der Hintergrund gibt die Aussicht auf eine weite Flusslandschaft frei und lenkt den Blick auf ein Feldlager.

Das Ölgemälde mag zusammen mit seinem Pendant, dem Bildnis Markgräfin Sibylla Augustas, etwa 16 Jahre nach dem Tod Ludwig Wilhelms entstanden sein. Denkbar wäre, dass die beiden Porträts der Tochter Augusta Maria Johanna (1704–1726) nach Frankreich in die Ehe mitgegeben wurden. Sie heiratete 1724 Herzog Ludwig I. von Orléans (1703–1752), den Enkel Elisabeth Charlottes von der Pfalz (1652–1722). 1927 kehrte das Gemälde aus Paris über den Kunsthandel zurück nach Rastatt (GLA Karlsruhe 237 Nr. 43449).

Der Maler des Porträts ist unbekannt, ebenso wie jener der beiden fast identischen Gemälde im Heeresgeschichtlichen Museum in Wien und im Schloss Favorite bei Rastatt. Seit jüngster Zeit wurde jedoch ein erheblicher Unterschied evident. Während einer restauratorischen Begutachtung zeigte es sich, dass das Porträt ursprünglich als Kniestück angelegt war und zu einem späteren Zeitpunkt um die Stiefelschächte des Markgrafen, also um das untere Drittel ergänzt wurde. Zu diesem Zweck wurde auch ein Stück Leinwand angefügt. Auch das kunstvoll entworfene gemalte Rahmenwerk kam neu hinzu. Das Gemälde sollte ganz offensichtlich aufgewertet werden. Dies könnte, auch unter stilistischen Aspekten, in den Jahren 1830 bis 1848 geschehen sein, als der Ururenkel des Markgrafen, Louis Philippe I. (1773–1850), als König von Frankreich regierte.

Iris Baumgärtner

6
Markgraf Ludwig Wilhelm von Baden-Baden reitet am Abend der Schlacht von Slankamen 1691 in das Zelt des sterbenden Großwesirs Mustafa Köprülü

Ferdinand Keller (1842–1922), 1877
Öl auf Leinwand: Ölstudie zum gleichnamigen Monumentalgemälde, H. 47 cm, B. 71 cm
Staatliche Kunsthalle Karlsruhe

1877 wurde auf ausdrücklichen Wunsch von Großherzog Friedrich I. von Baden (geb. 1826, reg. 1852/56– 1907) der Direktor der Karlsruher Kunstakademie, Ferdinand Keller (1842–1922), beauftragt, ein Gemälde aus der »vaterländischen« Geschichte für die Großherzogliche Kunsthalle zu erstellen. Es entstand ein Monumentalgemälde mit einer Höhe von ca. drei und einer Breite von fünf Metern. Der ›Türke‹ war nicht mehr der Angst einflößende Feind, sondern nur noch Teil einer künstlerischen Inszenierung, die den »Türkenlouis« und mit ihm das ganze badische Fürstenhaus in Szene setzte und verherrlichte.

Wolfgang Zimmermann
Vgl. auch Abb. S. 51

ANHANG

Literaturverzeichnis

Abou-El-Haj 1967 Rifaʾat A. Abou-El-Haj: Ottoman Diplomacy at Karlowitz, in: Journal of the American Oriental Society 87 (1967), S. 498–512.

Abou-El-Haj 1969 Rifaʾat A. Abou-El-Haj: The Formal Closure of the Ottoman Frontier in Europe, 1699–1703, in: Journal of the American Oriental Society 89 (1969), S. 467–475.

Abou-El-Haj 1974 Rifaʾat A. Abou-El-Haj: Ottoman Attitudes Toward Peace Making: the Karlowitz Case, in: Islam 51 (1974), S. 131–137.

Adelphus 1513 Johannes Adelphus: Die Türckisch Chronica. Von irem vrsprung anefang vnd regiment biß vff dise zeit sampt yren kriegen vnd streyten mit den christen begangen […], Straßburg 1513.

Ágoston 2005 Gábor Ágoston: Ideologie, Propaganda und politischer Pragmatismus. Die Auseinandersetzungen der osmanischen und habsburgischen Großmächte und die mitteleuropäische Konfrontation, in: Martina Fuchs / Teréz Oborni / Gábor Újváry (Hg.): Kaiser Ferdinand I. Ein mitteleuropäischer Herrscher, Münster 2005 (Geschichte in der Epoche Karls V., Bd. 5), S. 207–233.

Ágoston 2008 Gábor Ágoston: The Image of the Ottomans in Hungarian Historiography, in: Acta Orientalia Academiae Scientiarum Hungaricae 61 (2008), S. 15–26.

Ágoston/Masters 2009 Gábor Ágoston / Bruce Masters: Encyclopedia of the Ottoman Empire, New York 2009.

Akerman 2009 James R. Akerman (Hg.): The Imperial Map. Cartography and the Mastery of Empire, Chicago [u. a.] 2009 (The Kenneth Nebenzahl, Jr., Lectures in the History of Cartography, [Bd. 15]).

Akerman/Karrow 2007 James R. Akerman / Robert W. Karrow (Hg.): Maps. Finding Our Place in the World, Chicago [u. a.] 2007.

AKL 1992– De Gruyter-Allgemeines Künstlerlexikon. Die bildenden Künstler aller Zeiten und Völker, Berlin [u. a.] 1992 ff.

Aksan 1999 Virginia H. Aksan: Locating the Ottomans among Early Modern Europeans, in: Journal of Early Modern History 3 (1999), 3, S. 103–134.

Aksan 2007 Virginia H. Aksan: Ottoman Wars 1700–1870. An Empire Besieged, Harlow [u. a.] 2007.

Aksan 2013 Virginia H. Aksan: The Ottoman Wars. An Empire Besieged, 2. Aufl., London [u. a.] 2013.

Amburger 1953 Erik Amburger: Bauer, Friedrich Wilhelm, in: Neue Deutsche Biographie (NDB), Bd. 1: Aachen-Behaim, Berlin 1953, S. 637.

Anastasopoulos 2013 Antonis Anastasopoulos: Imperial Geography and War: The Ottoman Case, in: Sahar Bazzaz / Yota Batsaki / Dimitär S. Angelov (Hg.): Imperial Geographies in Byzantine and Ottoman Space, Washington 2013, S. 111–132.

Andrissi 1951 Giovanni L. Andrissi: Il cosmografo Vincenzo Coronelli e l'astronomia nel seicento, Rom 1951.

Antisari 1693 Domenico Antisari: Il Leopoldo o vero Vienna liberata. Poema eroico, Ronciglione 1693.

Apianus 1524 Petrus Apianus: Cosmographicus liber, studiose collectus, Landshut 1524.

Apollonio 1998 Almerigo Apollonio: L'Istria veneta dal 1797 al 1813, Gorizia 1998.

Apostołow 1989 Szanko Apostołow: 50 lat Mauzoleum Władysława Warneńczyka i Parku–Muzeum Braterstwa Broni 1444 r. w Warnie [50 Jahre Mausoleum des Władysław Warneńczyk und der Park der Waffenbrüderschaft von 1444 in Warna], in: Muzealnictwo Wojskowe 4 (1989), S. 411–418.

Armao 1944 Ermanno Armao: Vincenzo Coronelli. Cenni sull' uomo e la sua vita, catalogo ragionato delle sue opere, lettere, fonti bibliografiche, indici, Florenz 1944 (Biblioteca di bibliografia italiana, Bd. 17).

Astigarraga/Usoz 2013 Jesus Astigarraga / Javier Usoz: The Enlightenment in Translation. Antonio Genovesi's Political Economy in Spain, 1778–1800, in: Mediterranean Historical Review 28 (2013), S. 24–45.

Attia 2009 Iman Attia: Die »westliche Kultur« und ihr Anderes. Zur Dekonstruktion von Orientalismus und antimuslimischem Rassismus, Bielefeld 2009.

Ausst. Kat. Berlin 2016 Weltvermesser – von Erde, Meer und Himmel. Das goldene Zeitalter der Kartographie, Staatsbibliothek Berlin / Weserrenaissance-Museum Schloss Brake, Berlin 2016.

Ausst. Kat. Brüssel 2007 Wouter Bracke / Lisette Danckaert / Carolie De Candt / Maguerite Silvestre (Hg.): Formatting Europe – Mapping a Continent. Tien eeuwen kaarten van Europa uit de collecties van de Koniglijke Bibliotheek van België Brüssel. Königliche Bibliothek Belgiens, Brüssel 2007.

Ausst. Kat. Budapest 2000 Árpád Mikó / Katalin Sinkó (Hg.): Történelem–Kép. Szemelvények múlt és művészet kapcsolatából Magyarországon. Kiállítás a Magyar Nemzeti Galériában [Geschichte – Geschichtsbild. Auszüge aus der Beziehung von Vergangenheit und Kunst in Ungarn], Ungarische Nationalgalerie Budapest, Budapest 2000 (A Magyar Nemzeti Galéria kiadványai, Bd. 2000,3).

Ausst. Kat. Dresden 2010 Wolfram Dolz / Yvonne Fritz (Hg.): Genau messen = Herrschaft verorten. Das Reißgemach von Kurfürst August, ein Zentrum der Geodäsie und Kartographie, Staatliche Kunstsammlungen Dresden, Neues Grünes Gewölbe, Berlin [u. a.] 2010.

Ausst. Kat. Frankfurt am Main 2006 Joachim von Sandrart (1606–1688). Ein europäischer Künstler aus Frankfurt, Historisches Museum Frankfurt, Holzhausenschlösschen der Frankfurter Bürgerstiftung, Frankfurt am Main 2006.

Ausst. Kat. Karlsruhe 2010 Volker Rödel (Hg.): Zwischen den Welten. Kriegsschauplätze des Donauraums im 17. Jahrhundert auf Karten und Plänen. Landesarchiv Baden–Württemberg. Generallandesarchiv Karlsruhe, Karlsruhe 2010.

Ausst. Kat. Karlsruhe 2014 Ulrike Gehring / Peter Weibel (Hg.): Mapping Spaces. Networks of Knowledge in 17th Century Landscape Painting. [Exhibition »Mapping Spaces. Netzwerke des Wissens in der Landschaftsmalerei des 17. Jahrhunderts«], ZKM Museum of Contemporary Art Karlsruhe, München 2014.

Ausst. Kat. Leiden 2003 Harrie Teunissen / John Steegh: Balkan in kaart. Vijf eeuwen strijd om identiteit, Universitätsbibliothek Leiden, Leiden 2003 (Kleine publicaties van de Leidse Universiteitsbibliotheek, Bd. 55).

Ausst. Kat. München 1995 Hans Wolff (Hg.): Vierhundert Jahre Mercator, vierhundert Jahre Atlas. »Die ganze Welt zwischen zwei Buchdeckeln«, eine Geschichte der Atlanten, Bayerische Staatsbibliothek München, München 1995 (Bayerische Staatsbibliothek, Ausstellungskataloge, Bd. 65).

Ausst. Kat. Nürnberg 2002 Michael Diefenbacher / Markus Heinz / Ruth Bach-Damaskinos (Hg): »Auserlesene und allerneueste Landkarten«. Der Verlag Homann in Nürnberg 1702–1848, Stadtarchiv Nürnberg / Museen der Stadt Nürnberg mit Unterstützung der Staatsbibliothek Berlin – Preußischer Kulturbesitz, Stadtmuseum Fembohaus, Nürnberg 2002 (Ausstellungskatalog des Stadtarchivs Nürnberg, Bd. 14).

Ausst. Kat. Tübingen 2007 Katalin Plihál / Márta Fata: Ungarn auf Landkarten, Universitätsbibliothek Tübingen, Tübingen 2006.

Ausst. Kat. Wien 2001 Géza Pálffy: Gemeinsam gegen die Osmanen. Ausbau und Funktion der Grenzfestungen in Ungarn im 16. und 17. Jahrhundert, Österreichisches Staatsarchiv Wien, Wien [u. a.] 2001.

Ausst. Kat. Wien 2006 Katalin Plihál / Michaela Follner: Ungarn auf Landkarten, Österreichisches Staatsarchiv Wien, Wien 2006.

Ausst. Kat. Zagreb 1988 Ankica Pandžić (Hg.): Pet stoljeća zemljopisnih karata Hrvatske. Izložba Povijesnog muzeja Hrvatske [Fünf Jahrhunderte kroatische Karten, Kroatisches Historisches Museum], Museum für Kunst und Gewerbe Zagreb, Zagreb 1988.

Ausst. Kat. Zagreb 1999 Mirela Slukan Altić: Kartografski izvori za povijest Triplex Confiniuma. Cartographic sources for the history of the Triplex Confinium. Kartographische Quellen zur Geschichte des Triplex Confinium, katalog uz istoimenu izložbu [Katalog der gleichnamigen Ausstellung], Zagreb 1999.

Bagi 2013 Dániel Bagi: Die Schlacht bei Warna 1444, in: Bahlcke/Rohdewald/Wünsch 2013, S. 833–837.

Bagrow 1951 Leo Bagrow: Die Geschichte der Kartographie, Berlin 1951.

Bagrow 1964 Leo Bagrow: The History of Cartography, rev. and enl. by Raleigh A. Skelton, Cambridge 1964.

Bahlcke/Rohdewald/Wünsch 2013 Joachim Bahlcke / Stefan Rohdewald / Thomas Wünsch (Hg.): Religiöse Erinnerungsorte in Ostmitteleuropa. Konstitution und Konkurrenz im nationen- und epochenübergreifenden Zugriff, Berlin 2013.

Bakewell 1994 Sarah Bakewell: A Bibliography of Joannes Sambucus (1531–1584), London 1994.

Bálint 1938 Hóman Bálint: Kishevenesi Hevenesi Gábor, in: Ders.: Történetírás és forráskritika [Historiografie und Quellenkritik], Budapest 1938, S. 337–351.

Balogh 2013 László L. Balogh: Ungarische Erinnerungsmuster und ihre Wendepunkte. Mohács als Erinnerungskategorie und Erinnerungsort, in: Heiss/Feichtinger 2013a, S. 121–140.

Bánlaky 1940 József Bánlaky: A magyar nemzet hadtörténelme [Die Militärgeschichte des ungarischen Volkes], Bd. 17: Magyarország felszabadítása a török uralom alól (1683–1699) [Die Befreiung Ungarns von der türkischen Herrschaft (1683–1699)], Budapest 1940.

Barămova/Boykov/Părvev 2015 Marija Barămova / Grigor Boykov / Ivan Ch. Părvev (Hg.): Bordering Early Modern Europe, Wiesbaden 2015.

Barbarics-Hermanik 2009 Zsuzsa Barbarics-Hermanik: Reale oder gemachte Angst? Türkengefahr und Türkenpropaganda im 16. und 17. Jahrhundert, in: Harald Heppner / Zsuzsa Barbarics-Hermanik (Hg.): Türkenangst und Festungsbau. Realität und Mythos, Frankfurt am Main 2009, S. 43–75.

Barbarics-Hermanik 2013 Zsuzsa Barbarics-Hermanik: ›Türkensterz à la Graz?‹ Motive und Bilder aus dem ›Türkengedächtnis‹ der steirischen Landeshauptstadt, in: Feichtinger/Heiss 2013a, S. 211–234.

Barbarics-Hermanik 2017 Zsuzsa Barbarics-Hermanik: Osmanisch-europäische Verflechtungsgeschichte im Spiegel Ibrahim Müteferrikas Tätigkeiten und Werk, in: Zimmermann/Wolf 2017, S. 129–159.

Barber 1997 Peter Barber: Maps and Monarchs in Europe 1550–1800, in: Robert Oresko / G. C. Gibbs / H. M. Scott (Hg.): Royal and Republican Sovereignty in Early Modern Europe. Essays in Memory of Ragnhild Hatton, Cambridge [u. a.] 1997, S. 75–124.

Barber/Harper 2010 Peter Barber / Tom Harper: Magnificient Maps. Power, Propaganda and Art, London 2010.

Barbier 1820 Antoine-Alexandre Barbier: Examen critique et complément des dictionnaires historiques les plus répandus, depuis le dictionnaire de Moréri, jusqu'a la Biographie Universelle inclusivement, Bd. 1: A–J, Paris 1820.

Barta 2013 János Barta: Hungaria eliberata, in: Bahlcke/Rohdewald/Wünsch 2013, S. 931–938.

Bartha 1983 Lajos Bartha: A »Parvus atlas Hungariae« –ről. On the »Parvus Atlas Hungariae«, Budapest 1983 (Térképtudományi Tanulmányok, Studia cartologica, Bd. 8).

Bartos-Elekes 2009 Zsombor Bartos-Elekes: The Projection and Accuracy of Honter's Map of Transylvania, in: Boglarka Csiki / Zsombor Bartos-Elekes (Hg.): Descriptio Transylvaniae, International Conference on History of Cartography and Historical Geography, Cluj-Napoca 2009, S. 161–167.

Basics 1982 Beatrix Basics: A magyar történelemábrázolás problémái (1848–1867) [Probleme der ungarischen Geschichtsdarstellungen (1848–1867)], in: Folia Historica 10 (1982), S. 45–82.

Bauer 1778 Friedrich Wilhelm Bauer: Mémoires historiques et géographiques sur la Valachie. Avec un prospectus d'un atlas géographique & militaire de la derniere guerre entre la Russie & la Porte Ottomanne, Frankfurt am Main [u. a.] 1778.

Baumgärtner 2014 Ingrid Baumgärtner (Hg.): Fürstliche Koordinaten. Landesvermessung und Herrschaftsvisualisierung um 1600, Leipzig 2014, (Schriften zur sächsischen Geschichte und Volkskunde, Bd. 46).

Becker 2013 Manuel Becker: Geschichtspolitik in der »Berliner Republik«. Konzeptionen und Kontroversen, Wiesbaden 2013.

Beese 1991 Christian Beese: Markgraf Hermann von Baden (1628–1691). General, Diplomat und Minister Kaiser Leopolds I., Stuttgart 1991 (Veröffentlichungen der Kommission für Geschichtliche Landeskunde in Baden-Württemberg, Reihe B, Forschungen, Bd. 121).

Bel/Mikoviny 1735/42 Matthias Bel / Samuel Mikoviny: Notitia Hvngariae Novae Historico-Geographica. Divisa In Partes Qvatvor, Qvarvm Prima, Hvngariam Cis-Danvbianam, Altera, Trans-Danubianam, Tertia, Cis-Tibiscanam, Qvarta, Trans-Tibiscanam, Vniuersim XLVIII. Comitatibus Designatam Expromit […], 5 Bde., Wien 1735–1742.

Bendefy 1974 László Bendefy: Egy kiváló Magyar térképszerkesztő, Müller Ignác (1727–1804), in: Geodézia és Kartográfia 26 (1974), S. 122–132.

Bendefy 1976 László Bendefy: Mikoviny Sámuel megyei térképei különös tekintettel az Akadémiai Könyvtár Kézirattárának Mikoviny-térképeire [Die Komitatskarten von Samuel Mikoviny mit besonderer Berücksichtigung der sich im Besitz der Bibliothek der Ungarischen Akademie der Wissenschaften befindenden Mikoviny-Karten], 2 Bde., Budapest 1976.

Berg 2007 Maxine Berg: Luxury and Pleasure in Eighteenth-Century Britain, Oxford 2007.

Berggren/Jones 2000 John L. Berggren / Alexander Jones: Ptolemy's Geography. An Annotated Translation of the Theoretical Chapters, Princeton 2000.

Bertényi 2013 Iván Bertényi Jr.: Enthusiasm for a Hereditary Enemy. Some Aspects of the Roots of Hungarian Turkophile Sentiments, in: Hungarian Studies 27 (2013), S. 209–218.

Bertsch 2005 Daniel Bertsch: Anton Prokesch von Osten (1795–1876). Ein Diplomat Österreichs in Athen und an der Hohen Pforte, Beiträge zur Wahrnehmung des Orients im Europa des 19. Jahrhunderts, München 2005 (Südosteuropäische Arbeiten, Bd. 123).

Beševliev/Freitag 1979 Bojan Beševliev / Ulrich Freitag: Bulgarien im Kartenbild. Abriß einer Geschichte der Kartographie Bulgariens, in: Kartographische Nachrichten 29 (1979), S. 134–142.

Beust 1854 Karl von Beust: Beschreibung des Großherzoglichen Schlosses in Rastatt, mit einer ausführlichen Darstellung des Lebens und der Thaten seines berühmten Erbauers, des Markgrafen Ludwig Wilhelm von Baden, des großen Feldherrn und Siegers über die Türken. Besonders abgedruckt aus dem Wochenblatte für Aemter Rastatt, Ettlingen und Gernsbach, Rastatt 1854.

Bezerédy 1975 Győző Bezerédy: Dunaszekcsö és Bár története [Die Geschichte der Dörfer Dunaszekcsö und Bár], Dunaszekcsö 1975.

Bibliander 1543 Theodor Bibliander: Machumetis Saracenorum principis, eiusque successorum vitae, ac doctrina, ipseque Alcoran quo uelut authentico legum diuinarum codice Agareni & Turcae, alijq[ue] Christo aduersantes populi regu[n]tur […], ex Arabica lingua in Latinam transferri curauit […], Basel 1543.

Biggs 1999 Michael Biggs: Putting the State on the Map. Cartography, Territory, and European State Formation, in: Comparative Studies in Society and History 41 (1999), S. 374–405.

Birckenstein 1689 Anton Ernst Burckhard von Birckenstein: Ertz-Herzogliche Handgriffe deß Zirckels und Linials. Oder außerwählter Anfang zu den mathematischen Wissenschafften, worinnen man durch eine leichte und neue Art […] Wissenschafften machet […], Augsburg 1689.

Birken 1664 Sigmund von Birken: Der Donau-Strand mit Allen seinen Ein- und Zuflüssen, angelegenen Königreichen, Provinzen, Herrschaften und Städten, auch dererselben Alten und Neuen Nahmen, vom Ursprung bis zum Ausflusse. In Dreyfacher LandMappe vorgestellet auch samt kurtzer Verfassung einer Hungar- u. Türkischen Chronik und Heutigen Türken-Kriegs […] Nebenst XXXIII. Figuren der vornehmsten Hungarischen Städte und Vestungen in Kupfer […], Nürnberg 1664.

Birken 1673/79 Sigmund von Birken: Pegnesis oder der Pegnitz Blumgenoß-Schäfere Feld-Gedichte in Neun Tagzeiten, 2 Bde., Nürnberg 1673–1679.

Birken 1683 Sigmund von Birken: Der Donau-Strand mit allen seinen Ein- und Zuflüssen, angelegenen Königreichen, Provinzen, Herrschafften und Städten, auch dererselben Alten und Neuen Nahmen, vom Ursprung bis zum Ausflusse: in dreyfacher Land-Mappe vorgestellet auch samt kurtzer Verfassung einer Hungar- u. Türkischen Chronik […], Nürnberg 1683.

Birken 1684 Sigmund von Birken: L'Origine Del Danubio. Con li nomi antichi, e moderni di tutti li Fiumi, & Acque, […]; Annesoui un breue Compendio della Chronica Ungara, e Turchesca e adornato con 40 Figure in Rame […] Con un breue racconto de' fatti memorabili occorsi nelle Guerre di Candia, Polonia & Ungaria contro il Turco […], Nürnberg 1684.

Birken 1716 Sigmund von Birken: Neu-vermehrte Donau, oder Eigentliche Beschreibung des gantzen Donau-Stroms, dessen Ursprung, Ein- und Zuflüsse, wie auch angelegener Königreiche, Provincien, mancherley Herrschafften und Städte mit ihren alt- und neuen Benennungen biß zu dem völligen Aus-Fluß: nebst einer kleinen Ungarisch- und Türckischen Chronick, In welcher absonderlich, die von denen Christen jederzeit wider den Erz-Feind, dem Türcken, mächtig geführte Kriege, unternommene Belagerungen, und zum öffteren sehr herzlich-erfochtene Siege, wiewolkürtzlich, jedoch auf das deutlichste vorstellig gemacht werden; hin und wieder mit schönen Kupffern gezieret […], Nürnberg [um 1716].

Birken 1990 Sigmund von Birken: Unbekannte Gedichte und Lieder des Sigmund von Birken, hg. von John Roger Paas, Amsterdam 1990 (Chloe, Bd. 11).

Black 2000 Jeremy Black: Maps and History. Constructing Images of the Past, New Haven 2000.

Black 2009 Jeremy Black: A Revolution in Military Cartography? Europe 1650–1815, in: The Journal of Military History 73 (2009), S. 49–68.

Blaeu/Blaeu 1635a Willem Janzsoon Blaeu / Joan Blaeu: Theatrum Orbis Terrarum, sive Atlas novus in quo tabulae et descriptiones omniae regium […], 2 Bde., Amsterdam 1635.

Blaeu/Blaeu 1635b Willem Janzsoon Blaeu / Joan Blaeu: Le Theatre du Monde ou nouvel atlas, contenant les chartes et descriptions de tous le pais de la terre […], 2 Bde., Amsterdam 1635.

Blaeu/Blaeu 1635c Willem Janzsoon Blaeu / Joan Blaeu: Toonneel des aerdriicx, ofte nieuwe Atlas, dat is beschryving van alle landen […], 2 Bde., Amsterdam 1635.

Bleahu 2001 Victor Bleahu: Monografia orașului Lipova din judeţul Arad [Monografie der Stadt Lippa in Arad], Temeswar 2001.

Blessich 1898 Aldo Blessich: Un geografo italiano del secolo XVIII: Giovanni Antonio Rizzi Zannoni (1736–1814), in: Bollettino della Società Geografica Italiana 35 (1898), (I.) S. 12–23, (II. und III.) S. 56–69, (IV.) S. 183–203, (V.) S. 435–466, (VI.) S. 523–552.

Boer 1998 Pim den Boer: Europe as an Idea, in: European Review 6 (1998), S. 395–401.

Bonacker 1957 Wilhelm Bonacker: Leben und Werk des österreichischen Militärkartographen Cyriak Blödner (1672–1733), in: Mitteilungen des österreichischen Staatsarchivs 10 (1957), S. 92–135.

Born 2015 Robert Born: Der Erbfeind im Freundschaftspark. Überlegungen zu den unterschiedlichen Funktionalisierungen des Türkenbildes in Ostmittel- und Südosteuropa im 20. Jahrhundert, in: Dagmar Freist / Matthias Weber (Hg.): Religion und Erinnerung. Konfessionelle Mobilisierung und Konflikte im Europa der Frühen Neuzeit, München 2015 (Jahrbuch des Bundesinstituts für Kultur und Geschichte der Deutschen im östlichen Europa, Bd. 23), S. 137–170.

Born/Jagodzinski 2014 Robert Born / Sabine Jagodzinski (Hg.): Türkenkriege und Adelskultur in Ostmitteleuropa vom 16. bis zum 18. Jahrhundert, Ostfildern 2014 (Studia Jagellonica Lipsiensia, Bd. 14).

Born/Puth 2014 Robert Born / Andreas Puth (Hg.): Osmanischer Orient und Ostmitteleuropa. Perzeptionen und Interaktionen in den Grenzzonen zwischen dem 16. und 18. Jahrhundert, Stuttgart 2014 (Forschungen zur Geschichte und Kultur des östlichen Mitteleuropa, Bd. 48).

Bourguet/Licoppe/Sibum 2002 Marie-Noëlle Bourguet / Christian Licoppe / Hans O. Sibum (Hg.): Instruments, Travel and Science. Itineraries of Precision from the Seventeenth to the Twentieth Century, London [u. a.] 2002.

Brant 2004 Sebastian Brant: Das Narrenschiff. Nach der Erstausgabe (Basel 1494) mit den Zusätzen der Ausgaben von 1495 und 1499 sowie den Holzschnitten der deutschen Originalausgaben, hg. von Manfred Lemmer, 4. erw. Aufl., Tübingen 2004 (Neudrucke deutscher Literaturwerke, N.F., Bd. 5).

Braun/Hogenberg 1572/1618 Georg Braun / Franz Hogenberg: Civitates Orbis Terrarum, 6 Bde., Köln [u. a.] 1572–1618.

Braun/Hogenberg 1965 Georg Braun / Franz Hogenberg: Old European Cities. 32 16th-Century City Maps and Texts, with a Description by Ruthardt Oehme of Early Map-making Techniques, rev. ed., London 1965.

Brendle/Schindling 2006 Franz Brendle / Anton Schindling (Hg.): Religionskriege im Alten Reich und in Alteuropa, Münster 2006.

Brentjes 2010 Sonja Brentjes: On the Relations between the Ottoman Empire and the West European Republic of Letters (17th–18th Centuries), in: Dies.: Travellers from Europe in the Ottoman and Safavid Empires, 16th–17th Centuries. Seeking, Transforming, Discarding Knowledge, Farnham [u. a.] 2010 (Variorum Collected Studies Series, Bd. 961), S. 121–148 [= Kapitel II, getrennte Zählung].

Brentjes 2012 Sonja Brentjes: On Two Manuscripts by Abu Bakr b. Bahram al-Dimashqi (d. 1102/1691) Related to W. and J. Blaeu's Atlas Maior, in: Journal of Ottoman Studies 40 (2012), S. 171–192.

Brincken 1975 Anna-Dorothee von den Brincken: Ost- und Südosteuropa in der abendländischen Kartographie des Spätmittelalters, in: Revue d'études sud-est européennes 13 (1975), 2, S. 253–260.

Brincken 2008 Anna-Dorothee von den Brincken: Europa in der Kartographie des Mittelalters (1973), in: Dies.: Studien zur Universalkartographie des Mittelalters, Göttingen 2008 (Veröffentlichungen des Max-Planck-Instituts für Geschichte, Bd. 229), S. 149–164.

Brückner 2006 Martin Brückner: The Geographic Revolution in Early America. Maps, Literacy and National Identity, Chapel Hill 2006.

Brüning 2005 Rainer Brüning: Der Fürst stirbt. Die Trauerfeierlichkeiten für Markgraf Ludwig Wilhelm 1707, in: Forum Geschichte 2005, S. 111–134.

Brummett 2015 Palmira Johnson Brummett: Mapping the Ottomans. Sovereignty, Territory, and Identity in the Early Modern Mediterranean, Cambridge 2015.

Brunnbauer 2013 Ulf Brunnbauer: Der Balkan, in: Europäische Geschichte Online (EGO), hg. vom Leibniz-Institut für Europäische Geschichte (IEG), Mainz 2013. URL: http://www.ieg-ego.eu/brunnbaueru-2013-de (18.07.2017).

Buchmann 1983 Bertrand Michael Buchmann: Türkenlieder zu den Türkenkriegen und besonders zur zweiten Wiener Türkenbelagerung, Wien [u. a.] 1983.

Büsching 1754 Anton Friedrich Büsching: Neue Erdbeschreibung, Erster Theil: welcher Dänemark, Norwegen, Schweden, das ganze rußische Kaisertum, Preussen, Polen, Hungarn und die europäische Türkey, mit denen dazu gehörigen und einverleibten Ländern, enthält, Hamburg 1754.

Buisseret 1992 David Buisseret (Hg.): Monarchs, Ministers and Maps. The Emergence of Cartography as a Tool of Government in Early Modern Europe, Chicago [u. a.] 1992 (The Kenneth Nebenzahl, Jr., Lectures in the History of Cartography, [Bd. 8]).

Burkhardt 2017 Johannes Burkhardt: Wie heute mit den Türkenkriegen umgehen? Eine neue Einordnung in die Geschichte von Krieg und Frieden in Europa, in: Zimmermann/Wolf 2017, S. 15–40.

Bůžek 2010 Václav Bůžek: Türkische Motive in der Selbstdarstellung von Adeligen in den böhmischen Ländern zu Beginn der Neuzeit, in: Haug-Moritz/Pelizaeus 2010, S. 95–126.

Cantelli 1692 Giacomo Cantelli da Vignola: Mercurio Geografico, overo guida geografica in tutte le parti del mondo conforme le tavole geografiche […], 2 Bde., Rom 1692.

Cantemir 1771 Dimitrie Cantemir: Demetrii Kantemirs ehemaligen Fürsten in der Moldau, historisch- geographisch- und politische Beschreibung der Moldau nebst dem Leben des Verfassers und einer Landcharte, Frankfurt am Main [u. a.] 1771.

Capesius 1967 Bernhard Capesius: Der Hermannstädter Humanist Georg Reicherstorffer, in: Forschungen zur Volks- und Landeskunde 10 (1967), 2, S. 35–62.

Carroll 1893 Lewis Carroll: Sylvie and Bruno Concluded, London [u. a.] 1893.

Casale 2010 Giancarlo Casale: The Ottoman Age of Exploration, Oxford [u. a.] 2010.

Cavazza 1999 Marta Cavazza: I due generali. Le vite parallele di Vincenzo Coronelli e Luigi Ferdinando Marsili, in: Tavoni 1999, S. 95–117.

Cavazza 2002 Marta Cavazza: The Institute of Science of Bologna and the Royal Society in the Eighteenth Century, in: Notes and Records of the Royal Society of London 56 (2002), S. 3–25.

Celaschi/Gregori 2015 Massimiliano Celaschi / Antonella Gregori: Da Girolamo Ruscelli a Alessio Piemontese. I Secreti in Italia e in Europa dal Cinque al Settecento, Manziana 2015 (Cinquecento, Studi, Bd. 49 = N.F. Bd. 13).

Çelebi 1896/1936 Evliya Çelebi: Seyahatnamesi, 10 Bde., Istanbul 1896–1936.

Choiseul-Gouffier 1782/1822 Marie-Gabriel-Florent-Auguste de Choiseul-Gouffier: Voyage pittoresque de la Grèce, 2 Bde., Paris 1782–1822.

Christ 2005 Georg Christ: Das Fremde verstehen. Biblianders Apologie zur Koranausgabe im Spiegel des Basler Koranstreits von 1542, in: Christine Christ-von Wedel (Hg.): Theodor Bibliander. Ein Thurgauer im gelehrten Zürich der Reformationszeit, Zürich 2005, S. 107–124.

Christ-von Wedel/Grosse/Hamm 2014 Christine Christ-von Wedel / Sven Grosse / Berndt Hamm (Hg.): Basel als Zentrum des geistigen Austauschs in der frühen Neuzeit, Tübingen 2014 (Spätmittelalter, Humanismus, Reformation, Bd. 81).

Ciortan/Radu/Penda 2004 Ion Ciortan / Mariuca Radu / Octavian I. Penda: Descriptio Romaniae, Bd. 1, Bukarest 2004.

Constantinescu 2015 Ştefan Constantinescu: Various Approaches to the Danube Delta. From Maps to Reality, in: Constantin Iordachi / Christof van Assche (Hg.): The Bio-Politics of the Danube Delta. Nature, History, Policies, Lanham [u. a.] 2015, S. 155–181.

Coronelli 1692/96 Vincenzo Maria Coronelli: Corso Geografico Universale, 2 Bde., Venedig 1692–1696.

Cosgrove 1999 Denis Cosgrove (Hg.): Mappings, London 1999.

Csende 1981 László Csende: A Habsburg birodalom és az osztrák-magyar monarchia térképeinek, katalogusa, 1700–1919 [Das Habsburgerreich und Karten der österreichisch-ungarischen Monarchie, Katalog, 1700–1919], Budapest 1981.

Čubrilović 1989 Vasa Čubrilović (Hg.): Vojne krajine u jugoslovenskim zemljama u novom veku do Karlovačkog mira 1699 zbornik radova sa naučnog skupa održanog 24. i 25. aprila 1986. Die Militärgrenzen in den jugoslawischen Ländern der Neuzeit bis zum Frieden von Karlowitz 1699, Belgrad 1989 (Srpska akademija nauka i umetnosti: Naučni skupovi, Colloques scientifiques, Academic Conferences, Bd. 48, Odeljenje Istorijskih Nauka, Bd 12).

Curtius 2012 Andreas Curtius: Die Künstlerfamilie Sandrart, in: Mathias Henkel / Ursula Kubach-Reutter (Hg.): 1662–1806. Die Frühzeit der Nürnberger Kunstakademie. Ausst. Kat. Gemälde- und Skulpturensammlung der Museen der Stadt Nürnberg im Stadtmuseum Fembohaus, Nürnberg 2012, S. 58–69.

Dainville 1964 François de Dainville: La langage des géographes. Termes, signes, couleurs des cartes anciennes. 1500–1800, Paris 1964.

Dalché 2007 Patrick G. Dalché: The Reception of Ptolemy's Geography (End of the Fourteenth to Beginning of the Sixteenth Century), in: Woodward 2007, S. 285–364.

Danckerts [nach 1696] Justus Danckerts: Atlas, Amsterdam [nach 1696].

Dávid/Fodor 2000 Géza Dávid / Pál Fodor (Hg.): Ottomans, Hungarians, and Habsburgs in Central Europe. The Military Confines in the Era of Ottoman Conquest, Leiden [u. a.] 2000 (The Ottoman Empire and its Heritage. Politics, Society and Economy, Bd. 20).

Davison 1963 Roderic H. Davison: Reform in the Ottoman Emire, 1856–1878, Princeton 1963.

Deák 2006 Antal A. Deák: Maps from under the Shadow of the crescent moon. Térképek a félhold árnyékából. Carte geografiche dall'ombra della mezzaluna. Landkarten aus dem Schatten des Halbmondes, Esztergom 2006.

Deckert 1894 Joseph Deckert: Türkennoth und Judenherrschaft. Drei Conferenzreden gehalten den 8., 9. und 10. September 1893 in der St.-Joseph-Votivkirche zu Wien, 18. Weinhaus, Wien 1894.

Dekker 2004 Elly Dekker: Catalogue of Orbs, Spheres and Globes, Florenz 2004 (Istituto e Museo di Storia della Scienza, Cataloghi di raccolte scientifiche, Bd. 5).

Demeter/Márton 1802/11 Görög von Demeter / József Márton: Magyar Átlás. Az az Magyar, Horvát, és Tot Országok' Vármegyéji', 's Szabad Kerületei' és a' hat'ar-őrző Katonaság' Vidékinek közönséges és különös tábláik. Atlas hungaricus seu regnorum Hungariae. Croatiae et Slavoniae comitatuum, privilegiatorum districtuum, et confiniorum generales & particulares mappae geographicae, Wien 1802–1811.

Di Fonzo 1951 Lorenzo di Fonzo: La produzione letteraria del P. Vincenzo Coronelli, O.F.M. Conv. (1650–1718), Rom 1951.

Dimitrov 1984 Božidar S. Dimitrov: Bălgarija v srednovekovnata morska kartografija XIV–XVII vek. [Bulgaria in the medieval maritime map-making], [La Bulgarie dans la cartographie médiévale maritime], Sofia 1984.

Dmitrieva 2013 Marina Dmitrieva: Türkenmummereien auf Festen und Turnieren im östlichen Europa im 16. und 17. Jahrhundert, in: Eckhard Leuschner / Thomas Wünsch (Hg.): Das Bild des Feindes. Konstruktionen von Antagonismen und Kulturtransfer im Zeitalter der Türkenkriege, Ostmitteleuropa, Italien und Osmanisches Reich, Berlin 2013, S. 321–335.

Docan 1912 Nicolae Docan: Memoriu despre lucrările cartografice privitoare la răsboiul din 1787–1791, Bukarest [u. a.] 1912.

Dodge/Kitchin/Perkins 2009 Martin Dodge / Rob Kitchin / Chris Perkins (Hg.): Rethinking Maps. New Frontiers in Cartographic Theory, London [u. a.] 2009 (Routledge Studies in Human Geography, Bd. 28).

Dodge/Kitchin/Perkins 2011 Martin Dodge / Rob Kitchin / Chris Perkins (Hg.): The Map Reader. Theories of Mapping Practice and Cartographic Representation, Chichester [u. a.] 2011.

Dörflinger 1978 Johannes Dörflinger: Leben und kartographisches Werk der Ingenieuroffiziere De Traux (unter besonderer Berücksichtigung von Maximilian De Traux), in: La cartographie au XVIIIe siècle et l'oeuvre du comte de Ferraris (1726–1814). Colloque international, Spa, 8–11 sept. 1976. Actes. De cartografie in de 18de eeuw en het werk van graaf de Ferraris (1726–1814), Brüssel 1978 (Collection histoire Pro Civitate, Série in 8, Bd. 54), S. 191–223.

Dörflinger 1984 Johannes Dörflinger: Die österreichische Kartographie im 18. und zu Beginn des 19. Jahrhunderts. Unter besonderer Berücksichtigung der Privatkartographie zwischen 1780 und 1820, Bd. 1: Österreichische Karten des 18. Jahrhunderts, Wien 1984 (Sitzungsberichte / Österreichische Akademie der Wissenschaften, Philosophisch-Historische Klasse, Bd. 427, Veröffentlichungen der Kommission für Geschichte der Mathematik, Naturwissenschaften und Medizin Bd. 42).

Dörflinger 1988 Johannes Dörflinger: Die österreichische Kartographie im 18. und zu Beginn des 19. Jahrhunderts. Unter besonderer Berücksichtigung der Privatkartographie zwischen 1780 und 1820, Bd. 2, Österreichische Karten des frühen 19. Jahrhunderts, Wien 1988 (Sitzungsberichte / Österreichische Akademie der Wissenschaften, Philosophisch-Historische Klasse, Bd. 515, Veröffentlichungen der Kommission für Geschichte der Mathematik, Naturwissenschaften und Medizin, Bd. 47).

Dörflinger 2004 Johannes Dörflinger: Vom Aufstieg der Militärkartographie bis zum Wiener Kongress (1684–1815), in: Kretschmer / Dörflinger / Wawrik 2004, S. 75–167.

Dörflinger/Hühnel 1995 Johannes Dörflinger / Helga Hühnel: Österreichische Atlanten, 2 Bde., Wien 1995 (Atlantes Austriaci, Bd. 1,1 und Bd. 1,2).

Dörflinger/Wagner/Wawrik 1977 Johannes Dörflinger / Johann Wagner/ Franz Wawrik: Descriptio Austriae. Österreich und seine Nachbarn im Kartenbild von der Spätantike bis ins 19. Jahrhundert, Wien 1977.

Döring 2013 Karoline D. Döring: Türkenkrieg und Medienwandel im 15. Jahrhundert. Mit einem Katalog der europäischen Türkendrucke bis 1500, Husum 2013 (Historische Studien, Bd. 503).

Donkersloot-de Vrij 2003 Marijke Donkersloot-de Vrij: Repertorium van Nederlandse kaartmakers 1500–1900, Utrecht 2003. URL: http://www.maphist.nl/Repertorium_van_Nederlandse_kaartmakers.pdf (04.08.2017).

Dreyer-Eimbcke 1991 Oswald Dreyer-Eimbcke: Kolumbus. Entdeckungen und Irrtümer in der deutschen Kartographie, Frankfurt am Main 1991.

Duffy 1985 Christopher Duffy: Siege Warfare, Bd. 2: The Fortress in the Age of Vauban and Frederick the Great. 1660–1789, London 1985.

Duffy 1996 Christopher Duffy: Fire & Stone. The Science of Fortress Warfare. 1660–1860, Neuausg., London 1996.

Dumitru/Nastase 2015 Ovidiu Dumitru / Adrian Nastase: Descriptio Danubii. Hărţile Dunării in patru secole de cartografie. Maps of the Danube Spanning Four Centuries of Cartography, Bukarest 2015.

Duna-mappáció 2006 A Duna-mappáció. A Duna folyó magyarországi szakaszának térképei (1819–1833) az osztrák határtól Péterváradig, Pécs 2006 [DVD].

Dupain de Montesson 1763 Louis Charles Dupain de Montesson: L'Art De Lever Les Plans De tout ce qui a rapport à la Guerre, & à l'Architecture Civile & Champêtre, Paris 1763.

Durand 1952 Dana B. Durand: The Vienna–Klosterneuburg Map Corpus of the Fifteenth Century. A Study in the Transition from Medieval to Modern Science, Leiden 1952.

Eckert 1921/25 Max Eckert: Die Kartenwissenschaft. Forschungen und Grundlagen zu einer Kartographie als Wissenschaft, 2 Bde., Berlin 1921/1925.

Eckert 1931 Helmut Eckert: Markgraf Ludwig Wilhelm von Baden-Baden in zeitgenössischen Gedichten und Flugschriften, in: Zeitschrift für die Geschichte des Oberrheins 84 (1931), S. 607–644.

Edney 1993 Matthew H. Edney: Cartography without ›Progress‹. Reinterpreting the Nature and Historical Development of Mapmaking, in: Cartographica 30 (1993), 2–3, Summer & Autumn, S. 54–68.

Edney 1997 Matthew H. Edney: Mapping an Empire. The Geographical Construction of British India, 1765–1843, Chicago [u. a.] 1997.

Edney 2009 Matthew H. Edney: The Irony of Imperial Mapping, in: Akerman 2009, S. 11–45.

Edney 2012 Matthew H. Edney: Cartography's »Scientific Reformation« and the Study of Topographical Mapping in the Modern Era, in: Elri Liebenberg / Imre J. Demhardt (Hg.): History of Cartography, International Symposium of the ICA Commission. 2010, Berlin [u. a.] 2012, S. 287–303.

Eibach 2008 Joachim Eibach: Annäherung – Abgrenzung – Exotisierung. Typen der Wahrnehmung des Anderen in Europa am Beispiel der Türken, Chinas und der Schweiz (16. bis frühes 19. Jahrhundert), in: Joachim Eibach / Horst Carl (Hg.): Europäische Wahrnehmungen 1650–1850. Interkulturelle Kommunikation und Medienereignisse, Hannover 2008 (The Formation of Europe, Bd. 3), S. 13–73.

Eisler 1919 Max Eisler (Hg.): Historischer Atlas des Wiener Stadtbildes, Wien 1919 (Arbeiten des Kunsthistorischen Instituts der Universität Wien, Bd. 16).

Emiralioğlu 2014 Pinar Emiralioğlu: Geographical Knowledge and Imperial Culture in the Early Modern Ottoman Empire, Farnham [u. a.] 2014.

Encyclopédie 1751/72 Encyclopédie, ou dictionnaire raisonné des sciences, des arts et des métiers, mis en ordre et publié par M. Diderot, de l'Académie Royale des Sciences & des Belles Lettres de Prusse; et quant à la partie mathématique, par M. d'Alembert, de l'Académie Royale des Sciences de Paris, de celle de Prusse, & de la Société Royale de Londres, Paris 1751–1772.

Erasmus 1530 Desiderius Erasmus [von Rotterdam]: Utilissima Consultatio De bello Turcis inferendo, & obiter enarratus Psalmus XXVIII, Basel 1530.

Erber 1990/91 Tullio Erber: Storia della Dalmazia dal 1797 al 1814, 2 Bde, Venedig 1990/91 [Nachdr. d. Erstaufl. 1886/88].

Erinnerung 1702 Kurtz- Lesens-Würdige Erinnerung Von Herrührung, Erbau- und Benambsung, Auch Vilfältig-anderen, alt- und neuen Seltenheiten, Bemerck- und Andenckungen, sowohl in- als um die Käyserliche Haubt- und Residentz-Stadt Wienn In Oesterreich. Allen, Wissens-Begierigen, Einheimisch- als Frembden zum besten, samt einer klaren Beschreibung von deroselben letzt-Türckischen Beläger- und frohen Entsätzung, Wien 1702.

Fabritius 2013 Heinke Fabritius: Das Erinnern der Künstler. ›Türkenbilder‹ bei Bertalan Székely, Gyula Benczúr und Ferenc Eisenhut, in: Heiss/Feichtinger 2013a, S. 141–149.

Faden 1777 William Faden: The North American Atlas. Selected from the Most Authentic Maps, Charts, Plans, &c. hitherto published, London 1777.

Faden 1808 William Faden: A New General Atlas, London 1808.

Faden 1811 William Faden: General Atlas, London 1811.

Fallenbüchl 1958 Zoltán Fallenbüchl: Az »Atlas parvus Hungariae« és Hevenesi Gábor [Der »Atlas parvus Hungariae« und Gábor Hevenesi], in: Térképtudományi Tanulmányok (Studia cartologica) 1 (1958), S. 153–193.

Fallenbüchl 1969 Zoltán Fallenbüchl: Zur Geschichte der Ungarn-Karte Johann Christoph Müllers (1709), in: Magyar Könyvszemle 85 (1969), S. 141–147.

Fallenbüchl 1983 Zoltán Fallenbüchl: Vermessungsinstrumente und Vermessungswesen in Ungarn bis zum Ausgang des 18. Jahrhunderts, in: Globusfreund 31/32 (1983/84 [1983]), S. 158–172.

Faroqhi 2004 Suraiya Faroqhi: The Ottoman Empire and the World Around It, London [u. a.] 2004 (The Library of Ottoman Studies, Bd. 8).

Fata 2013 Márta Fata: Szigetvár 1566, in: Bahlcke/Rohdewald/Wünsch 2013, S. 865–873.

Feichtinger 2013 Johannes Feichtinger: Der erinnerte Feind und nationale Integration. Zentraleuropa im langen 19. Jahrhundert aus gedächtnishistorischer Perspektive, in: Heiss/Feichtinger 2013a, S. 300–322.

Feichtinger/Heiss 2013a Johannes Feichtinger / Johann Heiss (Hg.): Geschichtspolitik und »Türkenbelagerung«, Wien 2013 (Kritische Studien zur »Türkenbelagerung«, Bd. 1).

Feichtinger/Heiss 2013b Johannes Feichtinger / Johann Heiss: Einleitung, in: Feichtinger/Heiss 2013a, S. 7–21.

Feichtinger/Uhl 2016 Johannes Feichtinger / Heidemarie Uhl (Hg.): Habsburg neu denken. Vielfalt und Ambivalenz in Zentraleuropa. 30 kulturwissenschaftliche Stichworte, Wien [u. a.] 2016.

Feigl 1993 Erich Feigl: Halbmond und Kreuz. Marco d'Aviano und die Rettung Europas, Wien 1993.

Feil 1857 Josef Feil: Ueber das Leben und Wirken des Geografen Georg Matthäus Vischer, in: Berichte und Mittheilungen des Alterthums-Vereines in Wien 2 (1857), S. 7–85.

Feldzüge 1891 Die Feldzüge des Prinzen Eugen von Savoyen, hg. von der Abtheilung für Kriegsgeschichte des K.K. Kriegs-Archives, nach den Feld-Acten und anderen authentischen Quellen, bearb. in der Kriegsgeschichtlichen Abtheilung von Ludwig Matuschka, Bd. 16 = Ser. 2, Bd 7: Der Türkenkrieg 1716–18, Feldzug 1716, Wien 1891.

Fer 1690 Nicolas de Fer: Les costes de France sur l'océan et sur la mer Mediterranée. Corrigées, augmentées, et divisées en capitaineries garde-costes […], Paris 1690.

Fer 1690/95 Nicolas de Fer: Les forces de l'Europe, ou description des principales villes avec leurs fortifications. Dessignées par les meilleurs Ingenieurs, particulierement celles qui sont sous la domination de la France, dont les plans ont esté levez par Monsieur de Vauban […], Paris 1690–1695.

Fer 1695 Nicolas de Fer: Atlas royal à l'usage de Monseigneur le Duc de Bourgogne. Contenant les Cartes Geographiques de toutes les Parties du Monde. Où l'on voit le Plan de l'un & de l'autre continent, des Mers & Golfes qui les environnent, des Isles & presqu'Isles qui se trouvent sur leurs Côtes, & la situation des Empires, Royaumes & Estats qui sont dans l'un & l'autre hemisphere, Paris 1695.

Fer 1697 Nicolas de Fer: Petit et nouveau atlas, Paris 1697.

Fer 1709 Nicolas de Fer: Atlas ou recüeil de cartes geographiques. Dressées sur les nouvelles observations […], Paris 1709.

Fillafer 2016 Franz L. Fillafer: Österreichislam, in: Feichtinger/Uhl 2016, S. 163–170.

Fischer 1996 Albert Fischer: Daniel Specklin aus Straßburg (1536–1589). Festungsbaumeister, Ingenieur und Kartograph, Sigmaringen 1996.

Fischer 2006 Robert-Tarek Fischer: Österreich im Nahen Osten. Die Großmachtpolitik der Habsburgergermonarchie im Arabischen Orient 1633–1918, Wien [u. a.] 2006.

Flinders 1816 Matthew Flinders: Reise nach dem Austral-Lande in der Absicht, die Entdeckung desselben zu vollenden, unternommen in den Jahren 1801, 1802 und 1803, aus dem Engl. von Ferdinand Götze, Weimar 1816 (Neue Bibliothek der wichtigsten Reisebeschreibungen zur Erweiterung der Erd- und Völkerkunde, Bd. 6).

Floca/Bassa 1965 Octavian Floca / Ben Bassa: Cetatea Deva [Die Burg Deva], Bukarest 1965.

Flurer 1597 Johann Ch. Flurer: Das Lied Mosis. Exod. 15. In jetzigem Zustand des Krieges wider den Türcken, allen Christen nützlich vnd tröstlich zu betrachten, in Sechs Predigten ausgelegt, zu Steinach am Necker […], Schmalkalden 1597.

Fodor 1952/54 Ferenc Fodor: A magyar térképirás, 3 Bde., Budapest 1952–1954 (Téképészti Közlöny, Sonderband 15).

Forum Geschichte 2005 Forum Geschichte 2005. 350. Geburtstag des Markgrafen Ludwig Wilhelm. 300 Jahre Residenzstadt Rastatt, Heidelberg [u. a.] 2005 (Stadtgeschichtliche Reihe, Bd. 9).

Franz 1747 Johann M. Franz: Homannische Vorschlaege von den noethigen Verbesserungen der Weltbeschreibungs–Wissenschaft und einer disfals bey der homannischen Handlung zu errichtenden neuen Academie, Nürnberg 1747.

Freschot 1705 Casimir Freschot: Relation von dem Kaeyserlichen Hofe zu Wien, worinnen I. Die Beschreibung der Stadt Wien. II. Der ietzige Staat des Hofs mit einigen Anmerckungen über des Kaeysers Leben für seine Person an sich selbst. III. Anmerckungen über das Leben des Kaeysers in Ansehung der Regierung. IV. Das interesse des Kaeyserlichen Hofes in Betrachtung des ietzigen Kriegs. V. Der ietzige Zustand der Kaeyserlichen Familie, Köln [u. a.] 1705.

Freschot 1716 Casimir Freschot: Histoire du congrès et de la paix d'Utrecht, comme aussi de celle de Rastadt & de Bade, contenant les particularitez les plus remarquables les plus intéressantes desdites négociations depuis leur première ouverture jusqu'à la conclusion de la paix générale, Utrecht 1716.

Froese/Walter 2005 Wolfgang Froese / Martin Walter (Hg.): Der Türkenlouis. Markgraf Ludwig Wilhelm von Baden und seine Zeit, Gernsbach 2005.

Galavics 1986 Géza Galavics: »Kössünk kardot az pogány ellen«. Török háborúk és képzőművészet [»Gürten wir den Säbel gegen den Heiden um«. Türkenkriege und bildende Kunst], Budapest 1986.

Gaspari 1805 Adam Ch. Gaspari: Allgemeiner Hand-Atlas der Ganzen Erde nach den besten astronomischen Bestimmungen, neuesten Entdeckungen und kritischen Untersuchungen entworfen und zu A. C. Gaspari vollständigem Handbuche der neuesten Erdbeschreibung bestimmt, Weimar 1805.

Gastaldi 1939 Giacomo Gastaldi: La carta dei paesi danubiani e delle regioni contermini di Giacomo Gastaldi, 1546, riprodotta dall'unico esemplare conosciuto, conservato nella Biblioteca Vaticana, con un commento illustrativo, Rom 1939.

Gatti 1901 Friedrich Gatti: Geschichte der K. u. K. Technischen Militär-Akademie, Bd. 1: Geschichte der K. K. Ingenieur- und K. K. Genie-Akademie, 1717–1869, Wien 1901.

Gerstinger 1926 Hans Gerstinger: Johannes Sambucus als Handschriftensammler, in: Festschrift der Nationalbibliothek in Wien, Wien 1926, S. 251–400.

Gier/Janota/Künast 1997 Helmut Gier / Johannes Janota / Hans-Jörg Künast (Hg.): Augsburger Buchdruck und Verlagswesen. Von den Anfängen bis zur Gegenwart, Wiesbaden 1997.

Gingrich 2003 Andre Gingrich: Grenzmythen des Orientalismus – Die islamische Welt in Öffentlichkeit und Volkskultur Mitteleuropas, in: Erika Mayr-Oehring / Elke Doppler (Hg): Orientalische Reise. Malerei und Exotik im späten 19. Jahrhundert, Ausst. Kat. Wien, Museum Hermesvilla, Wien 2003 (Sonderausstellung des Wien-Museums, Bd. 306), S. 110–129.

Glaser 1933 Lajos Glaser: A karlsruhei gyűjtemények magyarvonatkozású térképanyaga. Ungarn betreffende Karten und Pläne in den Karlsruher Sammlungen, Budapest 1933 (Térképészeti közlöny. Térképészeti közlöny különfüzete, Bd. 6).

Godlewska 1999 Anne M. Godlewska: Geography Unbound. French Geographic Science from Cassini to Humboldt, Chicago [u. a.] 1999.

Gönczy 1890 Pal Gönczy: Magyarország megyéinek kézi atlasza [Hand-Atlas von Ungarn nach den Comitaten], Budapest 1890.

Górak-Sosnowska 2011 Katarzyna Górak-Sosnowska: Muslims in Europe. Different Communities, One Discourse? Adding the Central and Eastern European Perspective, in: Katarzyna Górak-Sosnowska (Hg.): Muslims in Poland and Eastern Europe. Widening the European Discourse on Islam, Warschau 2011, S. 12–24.

Gottschling 1711 Caspar Gottschling: Versuch von einer Historie der Land-Charten, Halle 1711.

Gradeva 2004 Rossitsa Gradeva: »War and Peace along the Danube. Vidin at the End of the Seventeenth Century« (2001), in: Dies.: Rumeli Under the Ottomans, 15th–18th Centuries, Institutions and Communities, Istanbul 2004 (Analecta Isisiana, Bd. 76), S. 107–132.

Gregorii 1713 Johann G. Gregorii: Curieuse Gedancken von den vornehmsten und accuratesten Alt– und Neuen Land-Charten nach ihrem ersten Ursprunge, Erfindung, Auctoribus und Sculptoribus, Gebrauch und Nutzen entworffen, auch Denen Liebhabern der Zeitungen zum Vergnügen, aus der Geographie, Historie, Chronologie, Politica und Jure Publico erläutert Und nebst kurtzen Lebens–Beschreibungen der berühmtesten Geographorum ausgefertiget, Frankfurt am Main 1713.

Greiner 2017 Christian Greiner: Der Feldzug von 1691 gegen die Türken nach dem Feldzugsjournal des Tobias von Hasslingen, Salzburg 2017 (Pallasch Zeitschrift für Militärgeschichte, Sonderdruck, Bd. 7).

Grimm/Grimm 1952 Jacob Grimm / Wilhelm Grimm: Art. »Türkenkrieg«, in: Dies: Deutsches Wörterbuch, Bd. 22: Treib-Tz, Leipzig 1952, Sp. 1859–1861.

Grimmsmann 2016 Damaris Grimmsmann: Krieg mit dem Wort. Türkenpredigten des 16. Jahrhunderts im Alten Reich, Berlin [u. a.] 2016 (Arbeiten zur Kirchengeschichte, Bd. 126).

Griselini 1780 Francesco Griselini: Versuch einer politischen und natürlichen Geschichte des Temeswarer Banats in Briefen an Standespersonen und Gelehrte, Teil I–II, Wien 1780.

Gróf 1979 László Gróf: Ortelius' Maps of Hungary, in: The Map Collector 6 (1979), S. 2–11.

Gróf 1992 László Gróf: Magyarország térképei az Ortelius atlaszokban [Ungarn-Karten in Ortelius-Atlanten], in: Cartographica Hungarica 1 (1992), S. 26–36.

Gróf 2005 László Gróf: Maps and Mapmakers of Transylvania, in: Annales Universitatis Apulensis, Series Historica 9 (2005), 1, S. 283–296.

Großegger 2017 Elisabeth Großegger: Die ›deutsche Mission‹ des ›Türkensiegers‹. Das Gedächtnis Prinz Eugens 1933–1945, in: Zimmermann/Wolf 2017, S. 363–382.

Guboglu 1970 Mihail Guboglu: Călătoria lui Evliya Čelebi Efendi în Banat 1660 [Die Reise von Evliya Celebi Efendi ins Banat 1660], in: Studii de istorie a Banatului 2 (1970), S. 23–60.

Günther 1898 Siegmund Günther: Johann Honter, der Geograph Siebenbürgens, in: Mittheilungen der Geographischen Gesellschaft in Wien 41 (1898), S. 643–663.

Haag 2010 Norbert Haag: »Erbfeind der Christenheit«. Türkenpredigten im 16. und 17. Jahrundert, in: Haug-Moritz/Pelizaeus 2010, S. 127–149.

Haake 1903 Paul Haake: Die Türkenfeldzüge Augusts des Starken 1695 und 1696, in: Neues Archiv für sächsische Geschichte und Altertumskunde 24 (1903), S. 134–154.

Haardt von Hartenthurn 1902/03 Vinzenz Haardt von Hartenthurn: Die Kartographie der Balkan-Halbinsel im XIX. Jahrhunderte, in: Mittheilungen des k. u. k. Militär-Geographischen Institutes 21 (1901 [1902]), S. 136–301, und 22 (1902 [1903]), S. 155–489.

Haardt von Hartenthurn 1913 Vinzenz Haardt von Hartenthurn: Die Kartographie der Balkan-Halbinsel im XX. Jahrhundert, in: Mittheilungen des k. u. k. Militärgeographischen Institutes 32 (1912 [1913]), S. 153–161.

Hadler 2013 Simon Hadler: Politik und Erinnerung. Polnisch–österreichische Verflechtungsgeschichten 1883 und 1983, in: Heiss / Feichtinger 2013a, S. 244–264.

Hadler 2014 Simon Hadler: Zugehörigkeit durch Abgrenzung – Der Türke als der Andere Europas, in: Gregor Feindt / Felix Krawatzek / Daniela Mehler / Friedemann Pestel / Rieke Trimçev (Hg.): Europäische Erinnerung als verflochtene Erinnerung. Vielstimmige und vielschichtige Vergangenheitsdeutungen jenseits der Nation, Göttingen 2014 (Formen der Erinnerung, Bd. 55), S. 93–118.

Hadler 2016 Simon Hadler: Feindschaften, in: Feichtinger/Uhl 2016, S. 59–65.

Hadler/Feichtinger 2016 Simon Hadler / Johannes Feichtinger: Feinde zu Gegnern und Gegner zu Feinden. Feindbilder als transnationale Gedächtnis stabilisierende Kategorie in Zentraleuropa, in: Ljiljana Radonic / Heidemarie Uhl (Hg.): Gedächtnis im 21. Jahrhundert. Zur Neuverhandlung eines kulturwissenschaftlichen Leitbegriffs, Bielefeld 2016 (Erinnerungskulturen, Bd. 5), S. 263–280.

Hadtörténeti Intézet és Múzeum 2004 Hadtörténeti Intézet és Múzeum (Hg.): Az első katonai felmérés. The First Military Survey. Die Erste Militärische Aufnahme, Budapest 2004 [DVD].

Hagen 2000 Gottfried Hagen: Some Considerations on the Study of Ottoman Geographical Writings, in: Archivum Ottomanicum 18 (2000), S 183–193.

Hagen 2003 Gottfried Hagen: Ein osmanischer Geograph bei der Arbeit. Entstehung und Gedankenwelt von Katib Çelebis Cihannüma, Berlin 2003 (Studien zur Sprache, Kultur und Geschichte der Türkvölker, Bd. 4).

Hagen/Tacke 2005 Friedrich von Hagen / Andreas Tacke: Sandrart, Jakob von, in: Neue Deutsche Biographie (NDB), Bd. 22: Rohmer–Schinkel, Berlin 2005, S. 427 f.

Hajdarhodžić 1996 Hamdija Hajdarhodžić (Hg.): Bosna, Hrvatska, Hercegovina. Zemljovidi, vedute, crteži i zabilješke Grofa Luigija Ferdinanda Marsiglija krajem XVII. Stoljeća [Bosnien, Kroatien, Herzegowina. Karten, Ansichten, Zeichnungen und Notizen des Grafen Luigi Ferdinando Marsigli aus dem späten 17. Jahrhundert], Zagreb 1996.

Hald 1785 Franz Hald: Am Namensfeste Mariæ, bey Gelegenheit des baierischen Succeßionskrieges 1778, in: Ders.: Predigten auff einige Festtage des Jahres, auf verschiedenen Kanzeln vorgetragen. Nebst zwoen Gelegenheitsreden, Augsburg 1785, S. 206–225.

Hamm 2014 Berndt Hamm: Der Oberrhein als geistige Region von 1450 bis 1520, in: Christ-von Wedel/Grosse/Hamm 2014, S. 3–50.

Hanebrink 2009 Paul Hanebrink: Islam, Anti-Communism, and Christian Civilization. The Ottoman Menace in Interwar Hungary, in: Austrian History Yearbook 40 (2009), S. 114–124.

Hanzlík 1979 Ján Hanzlík: Život a dielo Jána Mateja Korabinského [Leben und Werk Ján Matej Korabinskys], in: Ján Tibenský (Hg.): Z dejín vied a techniky na Slovensku [Aus der Geschichte der Wissenschaft und Technik in der Slowakei], Bd. 9, Bratislava 1979, S. 157–190.

Harley 1988 John Brian Harley: Maps, Knowledge, and Power, in: Denis Cosgrove / Stephen Daniels (Hg.): The Iconography of Landscape. Essays on the Symbolic Representation, Design and Use of Past Environments, Cambridge 1988 (Cambridge Studies in Historical Geography, Bd. 9), S. 277–312.

Harley 2001 John Brian Harley: The New Nature of Maps. Essays in the History of Cartography, ed. by Paul Laxton, Baltimore [u. a.] 2001.

Harley/Petchenik/Towner 1978 John Brian Harley / Barbara Bartz Petchenik / Lawrence W. Towner: Mapping the American Revolutionary War, Chicago 1978.

Harley/Woodward 1987 John B. Harley / David Woodward (Hg.): The History of Cartography, Bd. 1: Cartography in Prehistoric, Ancient, and Medieval Europe and the Mediterranean, Chicago 1987.

Hartl 1891 Heinrich Hartl: Über die neueren Vermessungsarbeiten auf der Balkan-Halbinsel, in: Verhandlungen des Neunten Deutschen Geographentages zu Wien am 1., 2. und 3. April 1891, Berlin 1891, S. 71–91.

Hartl 1891/94 Heinrich Hartl: Die Landesvermessung in Griechenland, in: Mittheilungen des k. u. k. Militär-Geographischen Institutes 10 (1890 [1891]), S. 187–217, 11 (1891 [1892]), S. 250–262, 12 (1892 [1983]), S. 168–186, und 13 (1893 [1894]), S. 185–207.

Harvey 1980 Paul D. Harvey: The History of Topographical Maps. Symbols, Pictures and Surveys, London 1980.

Hauber 1724 Eberhard D. Hauber: Versuch Einer umständlichen Historie Der Land-Charten, Sowohl von denen Land-Charten insgemein, derselben ersten Ursprung, ihrer Beschaffenheit, unterschiedlichen Gattungen, mannigfaltigen Nutzen, noch habenden Fehlern, und nöthigen Verbesserungen, mit denen dahin gehörigen Schrifften. Als auch von denen Land–Charten eines jeden Landes insonderheit, deren Güte und Vorzüge, und wie selbige am füglichsten können gebraucht und Illuminirt werden. Auß denen Zeugnüssen der alten und neuen Scribenten, und andern tüchtigen Gründen zusammen getragen. Und nebst einer Historischen Nachricht Von denen Land-Charten deß Schwäbischen Craißes, deß Herzogthums Würtemberg, wie auch andern in Schwaben gelegenen Herrschafften, mit verschiedenen Anmerckungen herauß gegeben, Ulm 1724.

Haug-Moritz/Pelizaeus 2010 Gabriele Haug-Moritz / Ludolf Pelizaeus (Hg.): Repräsentationen der islamischen Welt im Europa der Frühen Neuzeit, Münster 2010.

Heiss 2016 Johann Heiss: Christliches Abendland, in: Feichtinger/Uhl 2016, S. 34–41.

Heiss/Feichtinger 2009 Johann Heiss / Johannes Feichtinger: »Türkengedächtnis« im Wandel. Historische und Anthropologische Perspektiven, in: Österreichische Zeitschrift für Politikwissenschaft 38 (2009), S. 249–263.

Heiss/Feichtinger 2013a Johann Heiss / Johannes Feichtinger (Hg.): Der erinnerte Feind, Wien 2013 (Kritische Studien zur »Türkenbelagerung«, Bd. 2).

Heiss/Feichtinger 2013b Johann Heiss / Johannes Feichtinger: Einleitung. Die ›Türken‹ als Stellvertreter für neue Feinde, in: Heiss/Feichtinger 2013a, S. 7–24.

Heiss/Feichtinger 2016 Johann Heiss / Johannes Feichtinger: Der Orient als Metapher. Wie Österreichs Osten vor, während und nach dem Ersten Weltkrieg vorgestellt wurde, in: Barbara Haider-Wilson / Maximilian Graf (Hg.): Orient & Okzident. Begegnungen und Wahrnehmungen aus fünf Jahrhunderten, Wien 2016, S. 53–77.

Heiszler 2005 Vilmos Heiszler: Ein ideengeschichtliches Phänomen: der Turanismus, in: Michael Benedikt / Reinhold Knoll / Cornelius Zehetner (Hg.): Verdrängter Humanismus – verzögerte Aufklärung, Bd. 5: Im Schatten der Totalitarismen. Vom philosophischen Empirismus zur kritischen Anthropologie. Philosophie in Österreich 1920–1951, Wien 2005, S. 282–287.

Helczmanovszky 1951 Heimold Helczmanovszky: Die Entwicklung der Darstellung des Donaulaufes bis zum Eisernen Tor in der Kartographie Österreichs, Wien 1951.

Helfert 1883 Joseph Alexander von Helfert: Die weltgeschichtliche Bedeutung des Wiener Sieges von 1683. Vortrag gehalten am 2. September 1883 in der Festversammlung des katholisch-politischen Casinos der inneren Stadt, Wien 1883.

Helmrath 2007 Johannes Helmrath: Enea Silvio Piccolomini (Pius II.) – Ein Humanist als Vater des Europagedankens?, in: Themenportal Europäische Geschichte. URL: http://www.europa.clio-online.de/essay/id/artikel-3176 (18.03.2017).

Hermann 1993 Gusztáv M. Hermann: Székelyudvarhely művelődéstörténete [Kulturgeschichte von Székelyudvarhely], Bukarest 1993.

Heywood 1999 Colin Heywood: The Frontier in Ottoman History. Old Ideas and New Myths, in: Daniel Power / Naomi Standen (Hg.): Frontiers in Question. Eurasian Borderlands, 700–1700, Basingstoke [u. a.] 1999, S. 228–250.

Hirschi 2009 Caspar Hirschi: Boden der Christenheit und Quelle der Männlichkeit. Humanistische Konstruktionen Europas am Beispiel von Enea Silvio Piccolomini und Sebastian Münster, in: Jürgen Elvert / Jürgen Nielsen-Sikora (Hg.): Leitbild Europa? Europabilder und ihre Wirkungen in der Neuzeit, Stuttgart 2009 (Historische Mitteilungen HMRG-B Beihefte, Bd. 74), S. 46–66.

Hochedlinger 2001 Michael Hochedlinger: Die Ernennung von Johann Baptist Homann zum kaiserlichen Geographen im Jahre 1715, in: Cartographica Helvetica 24 (2001), S. 37–40.

Hochedlinger 2003 Michael Hochedlinger: Austria's Wars of Emergence. War, State and Society in the Habsburg Monarchy, 1683–1797, London [u. a.] 2003.

Hocke 1685 Nikolaus Hocke: Kurtze Beschreibung dessen was in wehrender türckischen Belägerung der kayserlichen Residentz–Statt Wienn von 7. Julij biß 12. Septembris deß abgewichenen 1683. Jahrs sowohl in Politicis et Civilibus als Militaribus passiret, Wien 1685.

Hoefer 1859 Jean Chrètien Ferdinand Hoefer: La Martinière, Antoine-Augustin Bruzen de, in: Ders: Nouvelle biographie générale depuis les temps les plus reculés jusqu'a nos jours, Bd 29: La Liborlière – Lavoisien, Paris 1859, Sp. 100–103.

Höfert 2010 Almut Höfert: Alteritätsdiskurse. Analyseparameter historischer Antagonismusnarrative und ihre historiographischen Folgen, in: Haug-Moritz/Pelizaeus 2010, S. 21–40.

Hösch/Nehring/Sundhaussen 2004 Edgar Hösch / Karl Nehring / Holm Sundhaussen (Hg.): Lexikon zur Geschichte Südosteuropas, Wien [u. a.] 2004 (UTB, Bd. 8270).

Hofer 1996 Tamás Hofer (Hg.): Magyarok Kelet és Nyugat közt. A nemzettudat változó jelképei. Tanulmányok [Ungarn zwischen Ost und West. Die sich wandelnden Symbole des Nationalbewusstseins], Budapest 1996.

Hofmann 2007 Catherine Hofmann: Publishing and the Map Trade in France, 1470–1670, in: Woodward 2007, S. 1569–1588.

Hofmann/Richard 2012 Catherine Hofmann / Hélène Richard (Hg.): Les globes de Louis XIV. Étude artistique, historique et matérielle, [les textes publiés dans ce volume ont été rédigés à partir des actes du colloque »Les grands globes de Coronelli« qui c'est tenu les 22 et 23 mars 2007 à la Bibliothèque nationale de France], Paris 2012.

Hofstätter 1989 Ernst Hofstätter: Beiträge zur Geschichte der österreichischen Landesaufnahmen. Ein Überblick der topographischen Aufnahmeverfahren, deren Ursprünge, ihrer Entwicklungen und Organisationsformen der vier österreichischen Landesaufnahmen, 2 Bde., Wien 1989.

Hohensinner 2015 Severin Hohensinner: Bibliografie historischer Karten und Literatur zu österreichischen Flusslandschaften, Wien 2015 (Materialien zur Umweltgeschichte Österreichs, Bd. 3).

Holsten 2010 Siegmar Holsten: Ferdinand Keller (1842–1922), Markgraf Ludwig Wilhelm von Baden, der »Türkenlouis«, reitet am Abend der Schlacht bei Salankamen (19.8.1691) in das Zelt des sterbenden Mustafa Köprili, 1877 [Berichte der Staatlichen Kunstsammlungen, Neuerwerbungen 2009], in: Jahrbuch der Staatlichen Kunstsammlungen in Baden-Württemberg 47 (2010), S. 141 f.

Holzer/Newby/Svatek/Zotti 2015 Gerhard Holzer / Valerie Newby / Petra Svatek / Georg Zotti (Hg.): A World of Innovation. Cartography in the Time of Gerhard Mercator, Newcastle upon Tyne 2015.

Homann 1707 Johann Baptist Homann: Atlas bestehend in auserlesenen und allerneusten Land-Charten über die Gantze Welt. Und zwar erstlich nach astronomischer Betrachtung der Bewegung des Himmels in dem Systemate Copernico-Hugeniano, Dann auch nach der natürlichen Beschaffenheit und Geographischen Eintheilung der mit Wasser umgebenen allgemeinen Erd-Kugel in ihre besondere Monarchien, Königreiche, Staaten und Länder […], Nürnberg 1707.

Homann 1726 Johann Baptist Homann: Grosser Atlas Uber die Gantze Welt. Wie diese sowohl Nach Goettlicher Allweisen Schoepffung aus den heutigen Grund-Saetzen der beruehmtesten Astronomorum Nicolai Copernici und Tychonis de Brahe, In der Bewegung und unermeßlichen Weite Des Himmels als auch In dem Umfang unserer mit Wasser umgebenen allgemeinen Erd-Kugel zu betrachten, Samt einer kurtzen Einleitung zur Geographie […] Atlas Novus Terrarum Orbis Imperia, Regna et Status exactis Tabulis Geographicè demonstrans, Nürnberg 1726.

Honterus 1542 Johannes Honterus: Rudimenta Cosmographica cum vocabulis rerum carmine hexametro scripta, Kronstadt 1542.

Horler/Pogány 1955/62 Miklós Horler / Frigyes Pogány: Budapest műemlékei [Die Kunstdenkmäler von Budapest], 2 Bde., Budapest 1955–1962 (Magyarország műemléki topográfiája, Bd. 4 und Bd. 6).

Horst 2012 Thomas Horst: Die Welt als Buch – Gerhard Mercator (1512–1594) und der erste Weltatlas. Bildband anlässlich der Faksimilierung des Mercatoratlas von 1595 (2° Kart. B 180/3) der Staatsbibliothek zu Berlin – Preußischer Kulturbesitz, mit allen Kartentafeln dieser Ausgabe, Gütersloh [u. a.] 2012.

Hóvári 1989 János Hóvári: A nagyharsányi csata török szemmel [Die Schlacht bei Harsány aus türkischer Sicht], in: László Szitá (Hg.): Előadások és tanulmányok török elleni visszafoglaló háborúk történetéből 1686–1688 [Vorträge und Studien zur Geschichte der Rückeroberungskriege gegen die Türken], Pécs 1989, S. 63–74.

Hrenkó 1975 Pál Hrenkó: Magyarország Gastaldi térképén [Gastaldis Karte von Ungarn], in: Geodézia és Kartográfia 27 (1975), S. 110–121.

Hrenkó 1979 Pál Hrenkó: Lazius magyarországi térképei [Lazius' Karten von Ungarn], in: Geodézia és Kartográfia 31 (1979), S. 276–287, 362–367.

Huhn 1717 Christian Wilhelm Huhn: Nichts Neues und Nichts Altes, Oder umbständliche Beschreibung, Was Anno 1683. Vor, bey, und in der Denckwürdigen Türckischen Belagerung Wien, vom 7 Julii biß 12 Septembr. täglich vorgelauffen. Entworffen, von einem Teste Oculato, Breslau 1717.

Huntington 1996 Samuel P. Huntington: The Clash of Civilizations and the Remaking of World Order, New York 1996.

Iacono 2011 Antonella Iacono: Bibliografia di Girolamo Ruscelli. Le edizioni del Cinquecento, Manziana 2011 (Cinquecento, Studi, Bd. 39, N.F. 3).

Ilieşu 2005 Petre Ilieşu: Temeswar. Die Geschichte einer europäischen Stadt. Fundaţia Timişoara '89, Temeswar 2005.

Ingrao/Samardžić/Pešalj 2011 Charles W. Ingrao / Nikola Samardžić / Jovan Pešalj (Hg.): The Peace of Passarowitz, 1718, West Lafayette 2011.

Ivetic 2014a Egidio Ivetic: Un confine nel Mediterraneo. L'Adriatico orientale tra Italia e Slavia (1300–1900), Rom 2014 (I libri di Viella, Bd. 178).

Ivetic 2014b Egidio Ivetic: Adriatico orientale. Atlante storico di un litorale mediterraneo, Rovigno 2014 (Collana degli atti, Bd. 37).

Jacob 2006 Christian Jacob: The Sovereign Map. Theoretical Approaches in Cartography throughout History, Chicago [u. a.] 2006.

Jagodzinski 2013 Sabine Jagodzinski: Die Türkenkriege im Spiegel der polnisch–litauischen Adelskultur. Kommemoration und Repräsentation bei den Zółkiewski, Sobieski und Radziwiłł, Ostfildern 2013 (Studia Jagellonica Lipsiensia, Bd. 13).

Jakovljević 2012 Ranko Jakovljević: Saan Ada Kaleh, Belgrad 2012.

Jancsó 2006 Árpád Jancsó: Memorabilia Anno MDCCXVI, Timişoara 1716–2006, Temeswar 2006.

Jancsó 2016 Árpád Jancsó: Iconographia Temesvariensis 1716, Temeswar 2016.

Jankó 2006 Annamária Jankó: An Outstanding Person of the 1st Military Survey. Mihály Lajos Jeney, in: László Zentai / János Györffy / Zsolt G. Török (Hg.): Térkép – tudomány. Tanulmányok Klinghammer István professzor 65. születésnapja tiszteletére. Map – Science: Papers in Honour of the 65. Birthday of Professor István Klinghammer. Karte – Wissenschaft. Festschrift zum 65. Geburtstag zu Ehren von Prof. István Klinghammer, Budapest 2006 (Térképtudományi Tanulmányok, Bd. 13), S. 193–200.

Jankó 2007 Annamária Jankó: Magyarország katonai felmérései 1763–1950, Budapest 2007.

Jankó 2009 Annamária Jankó: Transylvania on the Maps of the First and Second Military Survey, in: Boglarka Csiki / Zsombor Bartos-Elekes (Hg.): Descriptio Transylvaniae, International Conference on History of Cartography and Historical Geography, Cluj-Napoca 2009, S. 61–67.

Janssonius 1657 Jan Janssonius: Urbium Totius Germaniae Superioris Illustriorum Clariorumque Tabulae, 2 Bde., Amsterdam 1657.

Jomard 1842/62 Edme François Jomard: Les monuments de la geographie. Ou, Recueil d'anciennes cartes europeennes et orientales, Paris 1842–1862.

Jordan 1996 Peter Jordan: Das Wiener Militärgeographische Institut und seine Bedeutung für die Kartographie in Ostmittel- und Südosteuropa, in: Harald Heppner (Hg.): Der Weg führt über Österreich … Zur Geschichte des Verkehrs- und Nachrichtenwesens von und nach Südosteuropa (18. Jahrhundert bis zur Gegenwart), Wien [u. a.] 1996 (Zur Kunde Südosteuropas, II, Bd. 21), S. 143–170.

Junkelmann 2000 Marcus Junkelmann: Kurfürst Max Emanuel von Bayern als Feldherr, München 2000.

Kaczmarek 1997 Urszula Kaczmarek: Warneńskie pole – dzieje pomnika [Das Warnenser Schlachtfeld – geschichtliches Denkmal], in: Ilona Czamańska / Witold Szulc (Hg.): Warna 1444. Rzeczywistość i tradycja [Warna 1444. Wirklichkeit und Tradition], Posen 1997 (Balcanica Posnaniensia, Bd. 8), S. 209–226.

Kalmar/Varga 2010 János Kalmár / János J. Varga (Hg.): Einrichtungswerk des Königreichs Hungarn (1688–1690), Stuttgart 2010 (Forschungen zur Geschichte und Kultur des östlichen Mitteleuropa, Bd. 39, Quellen, Bd. 1).

Kanas 2012 Nick Kanas: Star Maps. History, Artistry, and Cartography, 2. Aufl., New York [u. a.] 2012.

Karamustafa 1992 Ahmet Karamustafa: Military, Administrative, and Scholarly Maps and Plans, in: John B. Harley / David Woodward (Hg.): The History of Cartography, Bd. 2: Cartography in the Traditional Islamic and South Asian Societies, Chicago 1992, S. 209–227.

Karikó/Szabó 2009 Sándor Karikó / Tibor Szabó: A Hungarian–Turkish Cultural Heritage. Scandal and Reconciliation, in: Angelo Ferrari (Hg.): Proceedings, 4th International Congress on Science and Technology for the Safeguard of Cultural Heritage in the Mediterranean Basin, Cairo, Egypt, 6th–8th December 2009, Bd. 1: Sessions A, C, D, Neapel 2010, S. 18–20.

Karlsruher Türkenbeute 1991 Die Karlsruher Türkenbeute. Die »Türckische Kammer« des Markgrafen Ludwig Wilhelm von Baden-Baden. Die »Türckischen Curiositaeten« der Markgrafen von Baden-Durlach, München 1991.

Karrow 1993 Robert W. Karrow: Mapmakers of the Sixteenth Century and their Maps. Bio-bibliographies of the Cartographers of Abraham Ortelius, 1570. Based on Leo Bagrow's A. Ortelii catalogus cartographorum, Chicago 1993.

Kaser 1997 Karl Kaser: Freier Bauer und Soldat. Die Militarisierung der agrarischen Gesellschaft an der kroatisch-slawonischen Militärgrenze (1535–

1881), Wien [u. a.] 1997 (Zur Kunde Südosteuropas, II, Bd. 22).

Kaser 2011 Karl Kaser: The Balkans and the Near East. Introduction to a Shared History, Wien [u. a.] 2011 (Studies on South East Europe, Bd. 12).

KDM Baden-Baden 1942 Emil Lacroix / Peter Hirschfeld / Heinrich Niester: Die Kunstdenkmäler der Stadt Baden-Baden, Karlsruhe 1942 (Die Kunstdenkmäler Badens, Bd. 11,1).

Kenneweg 2012 Anne C. Kenneweg: Antemurale Christianitatis, in: Pim den Boer / Heinz Duchhardt / Georg Kreis / Wolfgang Schmale (Hg.): Europäische Erinnerungsorte, Bd. 2: Das Haus Europa, München 2012, S. 73–81.

Keyzer/Jongepier/Soens 2014 Maïka de Keyzer / Iason Jongepier / Tim Soens: Consuming Maps and Producing Space. Explaining Regional Variations in the Reception and Agency of Mapmaking in the Low Countries during the Medieval and Early Modern Periods, in: Continuity and Change 29 (2014), 2, S. 209–240.

Kisari Balla 2000 György Kisari Balla: Karlsruhei térképek a török háborúk korából. Kriegskarten und Pläne aus der Türkenzeit in den Karlsruher Sammlungen, Budapest 2000.

Kivelson 2006 Valerie Kivelson: Cartographies of Tsardom. The Land and Its Meanings in Seventeenth-Century Russia, Ithaca [u. a.] 2006.

Klemm 1986 Christian Klemm: Joachim von Sandrart. Kunst-Werke und Lebens-Lauf, Berlin 1986 (Jahresgabe des Deutschen Vereins für Kunstwissenschaft, Bd. 1985/86).

Klettner 2014 Csilla Klettner: 1444. november 10-én történt a várnai csata [Am 10. November 1444 fand die Schlacht bei Varna statt], in: Archivum 2014.11.12. URL: http://mnl.gov.hu/a_het_dokumentuma/1444_november_10en_tortent_a_varnai_csata.html (20.03.2017).

Klimó 2003 Árpád von Klimó: Nation, Konfession, Geschichte. Zur nationalen Geschichtskultur Ungarns im europäischen Kontext (1860–1948), München 2003 (Südosteuropäische Arbeiten, Bd. 117).

Klingenstein 1997 Grete Klingenstein: The Meanings of ›Austria‹ and ›Austrian‹ in the Eighteenth Century, in: Robert Oresko / G. C. Gibbs / H. M. Scott (Hg.): Royal and Republican Sovereignty in Early Modern Europe. Essays in Memory of Ragnhild Hatton, Cambridge [u. a.] 1997, S. 423–478.

Klinkowström 1883 Max Klinkowström: Gott – der Retter Wiens im Jahre 1683. Schlußpredigt, gehalten am Abend des 10. September 1883, in: Blätter der Erinnerung an die im September 1883 in Wien abgehaltene kirchliche Säcularfeier der Rettung Wiens aus der Türkennoth im Jahre 1683, Wien 1883, S. 132–149.

Klopp 1882 Onno Klopp: Das Jahr 1683 und der folgende große Türkenkrieg bis zum Frieden von Carlowitz 1699, Graz 1882.

Koch 1978 Michael Koch: Ferdinand Keller (1842–1922). Leben und Werk, Karlsruhe 1978.

Koeman 1965 Cornelis Koeman: Jodocus Hondius' Wall-Map of Europe, 1595, in: Imago Mundi 19 (1965), S. 108–110.

Koeman 1969 Cornelis Koeman (Hg.): Atlantes Neerlandici. Bibliography of Terrestrial, Maritime and Celestial Atlases and Pilot Books, Published in the Netherlands up to 1880, Bd. 2: Blussé – Mercator, Amsterdam 1969.

Koeman/Krogt 2000 Peter C. J. van der Krogt: Koemans Atlantes Neerlandici, New Ed., Bd. 2: The Folio Atlases Published by Willem Jansz. Blaeu and Joan Blaeu, 't Goy-Houten 2000.

Kokot 2015 Michał Kokot: Flüchtlinge? Nicht bei uns! Zeit Online 12. Mai 2015. URL: http://www.zeit.de/politik/ausland/2015-05/fluechtlinge-tschechien-polen-ungarn (18.03.2017).

Koller/Clewing 2007 Markus Koller / Konrad Clewing: Vom christlichen Mittelalter bis zum 18. Jahrhundert, in: Agilolf Keßlring (Hg.): Bosnien-Herzegowina. Wegweiser zur Geschichte, 2. durchges. und erw. Aufl., Paderborn [u. a.] 2007, S. 13–20.

Kołodziejczyk 2011 Dariusz Kołodziejczyk: Whose Nation? Mustafa Djelaleddin between Ottomanism and Turkism, in: Jerzy Borejsza (Hg.): The Crimean War 1853–1856. Colonial Skirmish or Rehearsal for World War? Empires, Nations, and Individuals, Warschau 2011, S. 114–128.

Konrad 2011 Felix Konrad: From the »Turkish Menace« to Exoticism and Orientalism: Islam as Antithesis of Europe (1453–1914)?, in: European History Online (EGO), published by the Institute of European History (IEG), Mainz 2011-03-14. URL: http://www.ieg-ego.eu/konradf-2010-en (10.10.2016).

Konvitz 1987 Josef W. Konvitz: Cartography in France, 1660–1848. Science, Engineering, and Statecraft, Chicago [u. a.] 1987.

Kortüm 2006 Hans-Henning Kortüm (Hg.): Transcultural Wars from the Middle Ages to the 21st Century, Berlin 2006.

Korzer 1941 Karl Korzer: Kartographie, Politik und Krieg im Südosten Europas. Der Beitrag Österreichs zur Balkankartographie, in: Mitteilungen des Reichsamts für Landesaufnahme 17 (1941), S. 368–385.

Kovačević 1973 Ešref Kovačević: Granice Bosanskog Pašaluka prema Austriji i Mletačkoj Republici po odredbama Karlovačkog mira, Sarajevo 1973.

Kovács 1996 Gábor Kovács: A mohácsi történelmi emlékhely. Szimbolikus harc a történeti emlékezetért [Die historische Gedenkstätte in Mohács. Symbolischer Kampf um das historische Gedächtnis], in: Hofer 1996, S. 283–303.

Kozličić/Bratanić/Uglešić 2011 Mithad Kozličić / Mateo Bratanić / Sanda Uglešić: Hrvatsko-bosanskohercegovačko razgraničenje na Pounju od 17. do 20. stoljeća prema izvornoj kartografskoj gradi. The Demarcation between Croatia and Bosnia and Herzegovina in the Una Region from the 17th to the 20th Century According to Original Cartographic Material, in: Geoadria 16 (2011), 1, S. 27–91.

Kretschmer 1990 Ingrid Kretschmer: Die Rolle Österreichs bei der kartographischen Erschließung Mitteleuropas, in: Mitteilungen der Österreichischen Geographischen Gesellschaft 132 (1990), S. 172–191.

Kretschmer/Dörflinger/Wawrik 1986 Ingrid Kretschmer / Johannes Dörflinger / Franz Wawrik (Hg.): Lexikon zur Geschichte der Kartographie. Von den Anfängen bis zum ersten Weltkrieg, 2 Bde., Enzyklopädie der Kartographie, C: Die Kartographie und ihre Randgebiete, Wien 1986.

Kretschmer/Dörflinger/Wawrik 2004 Ingrid Kretschmer / Johannes Dörflinger / Franz Wawrik: Österreichische Kartographie. Von den Anfängen im 15. Jahrhundert bis zum 21. Jahrhundert, Wien 2004 (Wiener Schriften für Geographie und Kartographie, Bd. 15).

Kreutel/Teply 1982 Richard F. Kreutel / Karl Teply (Hg.): Kara Mustafa vor Wien 1683 aus der Sicht türkischer Quellen, übersetzt und erläutert von Richard F. Kreutel, stark vermehrte Ausgabe, Graz [u. a.] 1982 (Osmanische Geschichtsschreiber, N.F., Bd. 1).

Krmpotić/Krmpotić 1997 Ljudevit Krmpotić / Eva Krmpotić: Izvještaji o utvrđivanju granica Hrvatskoga Kraljevstva od 16. do 18. stoljeća [Berichte über die Grenzen des Königreiches Kroatien, 16.–18. Jahrhundert], Hannover [u. a.] 1997.

Krogt 1996 Peter C. J. van der Krogt: Amsterdam Atlas Production in the 1630s. A Bibliographer's Nightmare, in: Imago Mundi 48 (1996), S. 149–160.

Krompotić 1997 Louis Krompotic: Relationen über Fortifikation der Südgrenzen des Habsburgerreiches vom 16. bis 18. Jahrhundert, Hannover 1997.

Krünitz 1793 Johann Georg Krünitz: Oekonomische Encyklopädie oder allgemeines System der Staats- Stadt- Haus- und Landwirthschaft, Bd. 60: Land-Haken – Land-Messer, Berlin 1793.

Kühlmann 2000 Wilhelm Kühlmann: Der Poet und das Reich – Politische, kontextuelle und ästhetische Dimensionen der humanistischen Türkenlyrik in Deutschland, in: Bodo Guthmüller / Wilhelm Kühlmann (Hg.): Europa und die Türken in der Renaissance, Tübingen 2000 (Frühe Neuzeit, Bd. 54), S. 193–248.

Kühne 2002 Andreas Kühne: Augustin Hirschvogel und sein Beitrag zur praktischen Mathematik, in: Rainer Gebhardt (Hg.): Verfasser und Herausgeber mathematischer Texte der frühen Neuzeit. Tagungsband zum wissenschaftlichen Kolloquium »Verfasser und Herausgeber mathematischer Texte der frühen Neuzeit« aus Anlass des 510. Geburtstages von Adam Ries vom 19.–21.4.2002 in der Berg- u. Adam-Ries-Stadt Annaberg-Buchholz, Annaberg-Buchholz 2002 (Schriften des Adam-Ries-Bundes Annaberg-Buchholz, Bd. 14), S. 237–251.

Kühnel 2015 Florian Kühnel: Westeuropa und das Osmanische Reich in der Frühen Neuzeit. Ansätze und Perspektiven aktueller Forschungen, in: Zeitschrift für Historische Forschung 42 (2015), S. 251–283.

Lago 1987 Luciano Lago: Alle origini della cartografia regionale: l'Istria ed il Friuli nelcontesto, in: Revista Geografica Italiana 94 (1987), S. 247–286.

Landerer 1793 Ferdinand Landerer: Gründliche Anleitung Situations-Plane zu zeichnen. Zum Gebrauche der k. k. Ingenieur-Akademie, wie auch jener, die sich den Mappirungs-Geschäften widmen, Wien 1793.

Laufhütte 2007 Hartmut Laufhütte: Sigmund von Birken. Leben, Werk und Nachleben, Gesammelte Studien, Passau 2007.

Laufs/Mahrenholz/Mertens/Rödel/Schröder/Willoweit 2008 Adolf Laufs / Ernst G. Mahrenholz / Dieter Mertens / Volker Rödel / Jan Schröder / Dietmar Willoweit: Das Eigentum an Kulturgütern aus badischem Hofbesitz, Stuttgart 2008 (Veröffentlichungen der Kommission für geschichtliche Landeskunde in Baden-Württemberg, Reihe B, Bd. 172).

Lea 1690 Philip Lea: Atlas containing the Best Maps of the several parts of the World, [London][1690].

Leeuwen 2008 Theo van Leeuwen: Discourse and Practice. New Tools for Critical Discourse Analysis, Oxford 2008.

Lefebvre 2001 Henri Lefebvre: La production de l'espace, 4. Aufl., Paris 2001 [Nachdr. d. Erstaufl. 1974].

Leggewie 2004 Claus Leggewie: Die Türkei und Europa. Die Positionen, Frankfurt am Main 2004.

Lehmann 1799 Johann Georg Lehmann: Darstellung einer neuen Theorie zur Bezeichnung der schiefen Flächen im Grundriss oder der Situationszeichnung der Berge, Leipzig 1799.

Lenderová 1996 Milena Lenderová: Casimir Freschot, Zpráva o vídeňském dvoře (Vídeň a habsburská říše očima francouzského benediktina) [Casimir Freschots Bericht über den Wiener Hof (Wien und das Habsburgerreich in der Sicht eines französischen Benediktiners)], in: Opera historica 5 (1996) S. 293–307.

Lengyel 2013 Zsolt K. Lengyel: Die Schlacht bei Mohács 1526, in: Bahlcke/Rohdewald/Wünsch 2013, S. 851–864.

Lenman 2013 Bruce P. Lenman: Military Engineers from Polymath Courtiers to Specialist Troops, in: Ders. (Hg.): Military Engineers and the Development of the Early-Modern European State, Dundee 2013, S. 1–46.

Lentić-Kugli 1977 Ivy Lentić-Kugli: Povijesna urbana cjelina grada Varaždina, Zagreb 1977 (Društvo Povjesničara Umjetnosti Hrvatske, Bd. 24).

Leo XIII. 1883 Sendschreiben unseres Heiligsten Vaters Leo XIII., durch göttliche Vorsehung Papst, an den Erzbischof von Wien aus Anlaß der Säcularfeier der Befreiung Wiens, in: Blätter der Erinnerung an die im September 1883 in Wien abgehaltene kirchliche Säcularfeier der Rettung Wiens aus der Türkennoth im Jahre 1683, Wien 1883, S. 11–16.

Lepetit 2003 Mathieu Lepetit: Die Türken vor Wien, in: Étienne François / Hagen Schulze (Hg.): Deutsche Erinnerungsorte, Bd. 1, München 2003, S. 391–406.

Lexikon 2001/2 Jürgen Bollmann / Wolf Günter Koch: Lexikon der Kartographie und Geomatik, 2 Bde., Heidelberg [u. a.] 2001–2002.

Liesganig 1770 Joseph Liesganig: Dimensio graduum meridiani Viennensis et Hungarici […], Wien 1770.

Lindgren 1995 Uta Lindgren: Was verstand Peter Apian unter »Kosmographie«?, in: Röttel 1995, S. 158–161.

Lipovac 2005 Nenad Lipovac: Petrinja. Urbane Geschichte einer kroatischen Stadt auf alten Graphiken, Plänen und Topokarten, Zagreb 2005.

Lipszky 1808 János Lipszky: Repertorium locorum objectorumque in XII. tabulis Mappae regnorum Hungariae […]. Repertorium aller Oerter und Gegenstände, die in der […] in zwölf Blättern herausgegebenen Charte der Königreiche Ungarn, Kroatien, Slavonien, samt der Militär-Gränze, wie auch des Großfürstenthums Siebenbürgen vorkommen, […] nach den verschiedenen in diesen Ländern gebräuchlichen Benennungen, Buda 1808.

Lipszky 2005 János Lipszky: A Magyar Királyság és társországai térképe és névtára (1804–1810), Budapest 2005 [DVD].

Livingstone/Withers 1999 David N. Livingstone / Charles W. J. Withers (Hg.): Geography and Enlightenment, Chicago [u. a.] 1999.

Lörinczy 1967 György Lörinczy: Die Burg von Buda, Budapest 1967.

Lončarić 2014 Vid Lončarić: Warasdin/Varaždin, in: Online-Lexikon zur Kultur und Geschichte der Deutschen im östlichen Europa (OME), 2014. URL: ome-lexikon.uni-oldenburg.de/p32432 (12.03.2017).

LThK² 1957/68 Josef Höfer / Karl Rahner (Hg.): Lexikon für Theologie und Kirche, 2. Aufl., 10 Bde., Freiburg i. Br. 1957–1968.

Luca 1791 Ignaz de Luca: Geographisches Handbuch von dem Oestreichischen Staate, Bd. 4: Ungern, Illyrien, und Siebenbürgen, Wien 1791.

Luther 1529 Martin Luther: Vom Kriege widder die Türcken, Wittenberg 1529.

Mai 1969 Richard Mai: Bibliographie zum Werk Sigmund von Birkens, in: Jahrbuch der deutschen Schillergesellschaft 13 (1969), S. 577–640.

Manners 2007 Ian Manners (Hg.): European Cartographers and the Ottoman World, 1500–1750. Maps from the Collection of O. J. Sopranos, Chicago 2007 (Oriental Institute Museum Publications, Bd. 27).

Marini/Procaccioli 2012 Paolo Marini / Paolo Procaccioli: Girolamo Ruscelli. Dall'accademia alla corte alla tipografia, Atti del convegno internazionale di studi, Viterbo 6–8 ottobre 2011, 2 Bde., Manziana 2012.

Marinoni 1751 Giovanni Jacopo Marinoni: De Re Ichnographica. Cujus Hodierna Praxis Exponitur, Et Propriis Exemplis Pluribus Illustratur. Inque Varias, Quae Contingere Possunt, Eiusdem Aberrationes, Posito Quoque Calculo, Inquiritur, Wien 1751.

Marković 1974 Mirko Marković: O najstarijim geografskim i pomorskim kartama Jadranskog mora [Über die ältesten Karten und Diagramme der Adria], in: Pomorski zbornik 12 (1974), S. 491–517.

Marković 1975 Mirko Marković: Razvitak kartografskih upoznavanja današnjih jugoslavenskih zemalja, od najstarih vremena do kraja 17 stoljeća, Zagreb 1975.

Markovič 1993 Mirko Marković: Descriptio Croatiae. Hrvatske zemlje na geografskim kartama od najstarijih vremena do pojave prvih topografskih karata, Zagreb 1993.

Marković 1998 Mirko Marković: Descriptio Bosnae et Hercegovinae. Bosna i Hercegovina na starim zemljovidima [Bosnien und Herzegowina auf alten Karten], Zagreb 1998.

Marković 2001 Mirko Marković: Hrvatski gradovi na starim planovima i vedutama [Kroatische Städte auf alten Plänen und Ansichten], Zagreb 2001.

Marsigli 1726 Luigi Ferdinando Marsigli: Danubius Pannonico-Mysicus observationibus geographicis, astronomicis, hydrographicis, historicis, physicis perlustratus et in sex tomos digestus ab Alysio Ferd. Com. Marsili socio Regiorum Societatum Parisiensi, Londinensis, Monsperliensis, 6 Bde., Den Haag [u. a.] 1726.

Marsigli 1732 Luigi Ferdinando Marsigli: Stato militare dell' imperio Ottomano, incremento e decremento del medesimo: L'Etat Militaire de l'Empire Ottoman ses progrès et sa décadence, Den Haag [u. a.] 1732.

Marsigli 1741 Luigi Ferdinando Marsigli: La Hongrie et le Danube par Mr le Comte de Marsigli, en 31. Cartes très fidélement gravées d'apres les Desseins originaux & les Plans levez sur les lieux par l'Auteur même. Ouvrage où l'on voit la Hongrie, par rapport à ses Rivierees, à ses Antiquitez Romaines, & à ses Mines; & les Sources & le Cours du Danube, &c. Avec une Préface sur l'exellence & l'usage de ces Cartes, par Mr Bruzen de la Martinière, Den Haag 1741.

Marsigli 2004 Luigi Ferdinando Marsigli: Danubius Pannonico-Mysicus, Tomus I: A Duna magyarországi és szerbiai szakasza [Der ungarische und serbische Abschnitt der Donau], enth. außerdem: Antal A. Deák: A Duna fölfedezése. The Discovery of the Danube, Budapest 2004.

Martels 2013 Zweder R. von Martels: Old and New Demarcation Lines between Christian Europe and the Islamic Ottoman Empire. From Pope Pius II (1453–1464) to Pope Benedict XVI (2005–2013), in: Anna Contadini / Claire Norton (Hg.): The Renaissance and the Ottoman World, Farnham [u. a.] 2013, S. 169–180.

Marx von Liechtenstern/Kipferling 1805 Joseph Marx von Liechtenstern / Karl Joseph Kipferling: Atlas des Österreichischen Kaiserthums. Atlas de l'Empire Autrichien, Wien 1805.

Matschke 2004 Klaus-Peter Matschke: Das Kreuz und der Halbmond. Die Geschichte der Türkenkriege, Düsseldorf [u. a.] 2004.

Mayhew 2008 Tea Mayhew: Dalmatia between Ottoman and Venetian Rule: Contado di Zara 1645–1718, Rom 2008 (Interadria, Bd. 6).

McConnell 1986 Anita McConnell: L. F. Marsigli's Voyage to London and Holland, 1721–1722, in: Notes and Records of the Royal Society of London 41 (1986/87 [1986]), S. 39–76.

Meece 2006 Stephanie Meece: A Bird's Eye View – of a Leopard's Spots. The Çatalhöyük ›Map‹ and the Development of Cartographic Representation in Prehistory, in: Anatolian Studies 56 (2006), S. 1–16.

Meier 2010 Christian Meier: Das Gebot zu Vergessen und die Unabweisbarkeit des Erinnerns. Vom öffentlichen Umgang mit schlimmer Vergangenheit, München 2010.

Meier 2012 Esther Meier: Joachim von Sandrart. Ein Calvinist im Spannungsfeld von Kunst und Konfession, Regensburg 2012.

Mercator 1613 Gerhard Mercator: Atlas Sive Cosmographicae Meditationes De Fabrica Mundi Et Fabricati Figura, denuò auctus, Editio Qvarta, Amsterdam 1613.

Merian 1672 Martin Meyer: Irenico-Polemographiae Continuatio II. Das ist: Der Historisch-fortgeführten Friedens- und Kriegs-Beschreibung Dritter- Oder deß Theatri Europaei Neundter Theil. Von den denckwürdigsten Geschichten so sich hie und da in Europa und zwar vornehmlich in dem Heil. Röm. Teutschen Reiche in desselbigen wichtigen Angelegenheiten […] wegen Auffricht und Verpflegung einer Reichs-Kreyß-Armee für die Röm. Käy. Maj. und dero Königreich Ungarn zu Abtreibung der darinnen eingebrochenen Türcken-Gefahr … So dann ausserhalb demselbigen In Ungarn Siebenbürgen Polen Litthauen Ukraine Moscau Schweden Dänemarck Norwegen Engelland Schottland Irrland Niederland Franckreich Spanien Portugall Italien Dalmatia, Candia und in dem Archipelago; Auch so gar in den übrigen Theilen der Welt absonderlich auff der Africanischen Küste in Barbarian und Guinea, deßgleichen in Ost und WestIndien beydes in dem weltlichen Regimente und auch im Kriegswesen zu Wasser und Lande von dem 1660. Jahre anzufangen biß in das 1665. Jahr denck und schreibwürdig vorgegangen […], Frankfurt am Main 1672.

Mertens 1991 Dieter Mertens: Europäischer Friede und Türkenkrieg im Spätmittelalter, in: Heinz Duchhardt (Hg.): Zwischenstaatliche Friedenswahrung in Mittelalter und Früher Neuzeit, Köln [u. a.] 1991 (Münstersche historische Schriften, Bd. 1), S. 45–90.

Mertens 1997 Dieter Mertens: »Europa, id est patria, domus propora, sedes nostra …«. Zu Funktionen und Überlieferung lateinischer Türkenreden im 15. Jahrhundert, in: Franz-Reiner Erkens (Hg.): Europa und die osmanische Expansion im ausgehenden Mittelalter. Berlin 1997 (Zeitschrift für historische Forschung, Beiheft, Bd. 20), S. 39–57.

Mertens 2010 Dieter Mertens: Sebastian Brant, Kaiser Maximilian, das Reich und der Türkenkrieg, in: Klaus Bergdolt / Joachim Knape / Anton Schindling / Gerrit Walther (Hg.): Sebastian Brant und die Kommunikationskultur um 1500, Wiesbaden 2010 (Wolfenbütteler Abhandlungen zur Renaissanceforschung, Bd. 26), S. 173–218.

Mertens 2015 Dieter Mertens: Türkenabwehr und biblische Legitimation in der Zeit Kaiser Maximilians I., in: Frühmittelalterliche Studien 49 (2015), S. 363–390.

Meschendorfer/Mittelstrass 1996 Hans Meschendorfer / Otto Mittelstrass: Siebenbürgen auf alten Karten. Lazarus/Tannstetter 1528, Johannes Honterus 1532, Wolfgang Lazius 1552/56, Gundelsheim 1996 (Historisch-landeskundlicher Atlas von Siebenbürgen, Beiheft).

Meurer 1983 Peter H. Meurer: Zur Systematik der Cusanus-Karten. Überlegungen aus der Sicht der Rheinischen Landeskunde, in: Kartographische Nachrichten 33 (1983), S. 219–225.

Meurer 1993 Peter H. Meurer: Der neue Kartensatz von 1588 in der Kosmographie Sebastian Münsters, in: Cartographica Helvetica 7 (1993), S. 11–20.

Meurer 2007 Peter H. Meurer: Die Manuskriptatlanten Christian Sgrootens, 2 Bde., Alphen aan den Rijn 2007.

Meurer/Schilder 2009 Peter H. Meurer / Günter Schilder: Die Wandkarte des Türkenzuges 1529 von Johann Haselberg und Christoph Zell, in: Cartographica Helvetica 39 (2009), S. 27–42.

Meuthen 1983 Erich Meuthen: Der Fall von Konstantinopel und der lateinische Westen, in: Historische Zeitschrift 237 (1983), S. 1–35.

Meyr 2006 Martina Meyr: Danuvius und die Verehrung von Flussgöttern, in: Gabriele Seitz (Hg.): Im Dienste Roms. Festschrift für Hans Ulrich Nuber, Remshalden 2006, S. 153–160.

Milanesi 2016 Marica Milanesi: Vincenzo Coronelli Cosmographer, 1650–1718, Turnhout 2016 (Terrarum orbis, Bd. 13).

Mitchell 2002 William T. Mitchell: Imperial Landscape, in: Ders.: Landscape and Power, 2. Aufl., Chicago [u. a.] 2002, S. 5–34.

Mitterauer 1997 Michael Mitterauer: Anniversarium und Jubiläum. Zur Entstehung und Entwicklung öffentlicher Gedenktage, in: Emil Brix / Hannes Stekl (Hg.): Der Kampf um das Gedächtnis. Öffentliche Gedenktage in Mitteleuropa, Wien [u. a.] 1997, S. 23–89.

Mokre 2004 Jan Mokre: Geheimhaltung, Spionage und Kartenverfälschung. Aspekte des Verhältnisses zwischen Militär und Kartographie zur Zeit Maria Theresias, in: Wolfgang Kainz / Karel Kriz / Andreas Riedl (Hg.): Aspekte der Kartographie im Wandel der Zeit. Festschrift für Ingrid Kretschmer zum 65. Geburtstag und anlässlich ihres Übertritts in den Ruhestand, Wien 2004, S. 86–92.

Mokre 2013 Jan Mokre: Die Militärkartographie in der Österreichischen Monarchie bis zum Ende des 18. Jahrhunderts, mit einem Ausblick auf das 19. und das beginnende 20. Jahrhundert, in: Zdzisław Budzyński / Waldemar Bukowski / Bogusław Dybaś (Hg.): Galicja na józefińskiej mapie topograficznej: 1779–1783. Die Josephinische Landesaufnahme von Galizien: 1779–1783, Bd. 2: Cz. A, Sekcje 31–52, Cz. B, Faksymilia arkuszy 31–52, Krakau 2013, S. XXIII–XXX.

Mol/Law 1994 Annemarie Mol / John Law: Regions, Networks and Fluids. Anaemia and Social Topology, in: Social Studies of Science 24 (1994), S. 641–671.

Mollo 2002 Emanuela Mollo: L'attivita di un cartografo piemontese fuori dello stato: Giacomo Gastaldi, in: Rinaldo Comba / Paola Sereno (Hg.): Rappresentare uno stato. Carte e cartografi degli stati sabaudi dal XVI al XVIII secolo, Bd. 1, Turin 2002, S. 27–32.

Monok 1992 István Monok (Hg.): Die Bibliothek Sambucus. Katalog nach der Abschrift von Pál Gulyás, Szeged 1992.

Monumentum Gloriae Immortalis [um 1707] Monumentum Gloriae Immortalis, quod Serenissimo Principi Ludovico Wilhelmo, Marchioni Badensi Et Hochbergensi […] Rastadii die IV. Januarii Anno MDCCVII. Vitâ functo, Badenae in Ecclesia Collegiata, cum justa funebria agerentur, constitutum fuit […], [s. l.] [um 1707].

Moschini 1806 Giannantonio Moschini: Della letteratura Veneziana del secolo XVIII fino à nostri giorni, Bd. 1, Venedig 1806.

Mosley 2011 Adam Mosley: Vincenzo Maria Coronelli's Atlante Veneto and the Diagrammatic Tradition of Cosmography, in: Journal for the History of Astronomy 42 (2011), S. 27–53.

Mrgić 2012 Jelena Mrgić: Dunav – skica za kartografski portret jedne reke. The Danube – a Sketch for a Cartographic Portrait of the River, in: Đorđe S. Kostić (Hg.): Dunavom od Bezdana do Beograda. Down the Danube from Bezdan to Belgrade, Belgrad 2012, S. 217–260.

Müller 1883 Gustav Müller: Der Papst und die Rettung Wiens im Jahre 1683. Predigt, gehalten am Abend des Festes Mariä Geburt 1883, in: Blätter der Erinnerung an die im September 1883 in Wien abgehaltene kirchliche Säcularfeier der Rettung Wiens aus der Türkennoth im Jahre 1683, Wien 1883, S. 64–85.

Münster 1528 Sebastian Münster: Erklerung des newen Instruments der Sunnen, nach allen seinen Scheyben vnd Circkeln, Oppenheim 1528.

Münster 1544 Sebastian Münster: Cosmographia – Beschreibu[n]g aller Lender Durch Sebastianum Munsterum, in welcher begriffen Aller völcker, Herrschafften, Stetten, und namhafftiger flecken, herkom[m]en. Sitten, gebreüch, ordnung, glauben. Secten, und hantierung durch die gantze welt, und fürnemlich Teütscher nation, Was auch besunders in jedem landt gefunden, unnd darin beschehen sey, Alles mit figuren vnd schönen landt taflen erklert, vnd für augen gestelt, Basel 1544.

Münster 1554 Sebastian Münster: Cosmographiae universalis libri sex, in quibus juxta certioris fidei scriptorum traditionem describuntur, omnium habitabilis orbis partium situs, propriaeque dotes: regionum topographicae effigies, terrae ingenia, quibus fit ut tam differentes & varias specie res, & animatas & inanimatas, ferat, animalium peregrinorum naturae & picturae, nobiliorum civitatum icones & descriptiones [...], Basel 1554.

Mureșan/Ionăș 2012 Sofronie Mureșan / Daniel L. Ionăș: Representation of the Banat Mountains in the Cartographic Documents of the 18th Century, in: Review of Historical Geography and Toponomastics 7 (2012) = Nr. 13/14, S. 145–154.

Nagy 1977a Júlia Nagy: Görög Demeter, Kerekes Sámuel és Márton József, a XVIII. századi magyar térképézet kiemelkedő művelői, in: Földrajzi Értesítő 26 (1977), S. 209–236.

Nagy 1977b Júlia Nagy: A »Magyar Átlás«, in: Földrajzi Értesítő 26 (1977), S. 403–438.

Nagy 1989 Lajos Nagy: A nagyharsányi csata [Die Schlacht von Nagyharsány], in: László Szitá (Hg.): Előadások és tanulmányok török elleni visszafoglaló háborúk történetéből 1686–1688 [Vorträge und Studien zur Geschichte der Rückeroberungskriege gegen die Türken], Pécs 1989, S. 43–48.

Nebenzahl 1990 Kenneth Nebenzahl: Der Kolumbusatlas. Karten aus der Frühzeit der Entdeckungsreisen, Braunschweig 1990.

Nicklisch/König 2006 Andrea Nicklisch / Viola König (Hg.): Vermessen – Kartographie der Tropen. Begleitbuch zur Ausstellung des Ethnologischen Museums, Berlin-Dahlem [20. Mai – 27. August 2006], Berlin 2006 (Veröffentlichung des Ethnologischen Museums Berlin, N.F., Bd. 75).

Nordenskiöld 1889 Adolf Erik von Nordenskiöld: Facsimile-Atlas of the Early History of Cartography with reproductions of the most important maps printed in the 15th and 16th centuries, Stockholm 1889.

Nussbächer 2003/10 Gernot Nussbächer: Beiträge zur Honterus-Forschung, 3 Bde., Kronstadt, 2003–2010.

Nussbaum 2003 Felicity A. Nussbaum (Hg.): The Global Eighteenth Century, Baltimore [u.a.] 2003.

Nuti 1999 Lucia Nuti: Mapping Places. Chorography and Vision in the Renaissance, in: Cosgrove 1999, S. 90–108.

Oberhummer/Wieser 1906 Eugen Oberhummer / Franz von Wieser (Hg.): Wolfgang Lazius. Karten der österreichischen Lande und des Königreichs Ungarn aus den Jahren 1545–1563, Innsbruck 1906.

Oehme 1961 Ruthardt Oehme: Die Geschichte der Kartographie des deutschen Südwestens, Konstanz 1961 (Arbeiten zum historischen Atlas von Südwestdeutschland, Bd. 3).

Oesterle 2009 Klaus P. Oesterle: Ein Kardinal aus Durlach. Konfession und Karriere in der frühen Neuzeit, in: Badische Heimat 89 (2009), S. 215–222.

Oestreich 1904 Karl Oestreich: Die Geschichte der Kartographie der südosteuropäischen Halbinsel, in: Geographische Zeitschrift 10 (1904), S. 158–165.

Őze 1996 Sándor Őze: »A kereszténység védőpajzsa« vagy »üllő és verő közé szorult ország« [»Schutzschild des Christentums« oder »Das zwischen Hammer und Amboss zerdrückte Land«], in: Hofer 1996, S. 99–107.

Őze 2009 Sándor Őze: Nemzettudat és historiográfia [Nationalbewusstsein und Historiografie], Budapest 2009.

Offner/Roth/Șindilariu/Wien 2015 Robert Offner / Harald Roth / Thomas Șindilariu / Ulrich A. Wien (Hg.): Johannes Honterus Rudimenta Cosmographica. Grundzüge der Weltbeschreibung (Corona/Kronstadt 1542), ins Deutsche, Rumänische und Ungarische übersetzte und kommentierte Faksimile-Ausgabe, Hermannstadt [u.a.] 2015.

Opriș 2007 Mihai Opriș: Timișoara. Monografie urbanistică [Temeswar. Urbanistische Monografie], Bd. 1: Descoperiri recente care au impus corectarea istoriei urbanistice a Timișoarei [Die jüngsten Entdeckungen, die zur Berichtigung der Stadtgeschichte von Temeswar beigetragen haben], Temeswar 2007.

Oster 2001 Uwe A. Oster: Margraf Ludwig Wilhelm von Baden. Der »Türkenlouis«. Feldherr im Schatten von Prinz Eugen, Bergisch Gladbach 2001.

Ozanam 1693 Jacques Ozanam: Methode de lever les plans et les cartes de terre et de mer avec toutes sortes d'instrumens, & sans instrumens, Paris 1693.

Paas 2007 John R. Paas: The German Political Broadsheet 1600–1700, Bd. 9: 1662–1670, Wiesbaden 2007.

Paić/Scherb 1851 Moses Paić / [F. von] Scherb: Cèrnagora. Eine umfassende Schilderung des Landes und der Bewohner von Cèrnagora (Montenegro) in topografischer, statistischer, naturwissenschaftlicher, staatlicher, geschichtlicher und militärischer Beziehung, nebst höchst interessanten Aufschlüssen über die Sitten und Lebensweise, das häusliche, öffentliche und kirchliche Leben dieses Heldenvolkes, 2. Aufl., Agram 1851.

Paladini 2003 Filipo M. Paladini: »Un caos che spaventa«. Poteri, territori e religioni di frontiera nella Dalmazia della tarda età veneta, Venedig 2003.

Paldus 1907 Josef Paldus: Johann Christoph Müller. Ein Beitrag zur Geschichte vaterländischer Kartographie, in: Mitteilungen des k.u.k. Kriegsarchivs, 3. Folge, Bd. 5, 1907, S. 4–121.

Paldus 1919 Josef Paldus: Die militärischen Aufnahmen im Bereiche der habsburgischen Länder aus der Zeit Kaiser Josephs II., ausgeführt durch den k.k. Generalquartiermeisterstab in den Jahren 1763–1785. Ein Beitrag zur historischen Landeskunde, Wien 1919 (Akademie der Wissenschaften in Wien, Philosophisch-Historische Klasse, Denkschriften, Bd. 63,2).

Pálffy 2011 Géza Pálffy: Die Anfänge der Militärkartographie in der Habsburgermonarchie, die regelmäßige kartographische Tätigkeit der Burgbaumeisterfamilie Angielini an der kroatisch-slawonischen und ungarischen Grenze in den Jahren 1560–1570, Budapest 2011.

Pap/Kitanics/Gyenizse/Hancz/Bognár/Tóth/Hámori Norbert Pap / Maté Kitanics / Péter Gyenizse / Erika Hancz / Zita Bognár / Tamás Tóth / Zoltán Hámori: Finding the Tomb of Suleiman the Magnificent in Szigetvár, Hungary. Historical, Geophysical and Archeological Investigations, in: Die Erde 146/4 (2015), S. 289–303.

Pap/Reményi/Császár/Végh 2014 Norbert Pap / Péter Reményi / Zsuzsa M. Császár / Andor Végh: Islam and the Hungarians, in: Mitteilungen der Österreichischen Geographischen Gesellschaft 156 (2014), S. 191–220.

Papay 2003 Gyula Papay: Die Anfänge der Geschichtskartographie, in: Dagmar Unverhau (Hg.): Geschichtsdeutung auf alten Karten. Archäologie und Geschichte, Wiesbaden 2003 (Wolfenbütteler Forschungen, Bd. 101), S. 165–192.

Părvev 1995 Ivan Ch. Părvev: Habsburgs and Ottomans between Vienna and Belgrade (1683–1739), New York 1995 (East European Monographs, Bd. 431).

Pasetti 1862 Florian von Pasetti: Notizen über die Donauregulierung im österreichischen Kaiserstaate bis zum Ende des Jahres 1861, mit Bezug auf die im k.k. Staatsministerium herausgegebene Übersichts-Karte der Donau, Wien 1862.

Pastoureau 1982 Mireille Pastoureau: Les Sanson. Cent ans de cartographie francaise, 1630–1730, Paris 1982.

Pastoureau 1984 Mireille Pastoureau: Les atlas francais, XVIe–XVIIe siècles. Répertoire bibliographique et étude, Paris 1984.

Patay 1987 Klára Patay: Die kartographische Darstellung Ungarns im 16. und 17. Jahrhundert unter besonderer Berücksichtigung der Türkenkriege, in: Wolfgang Scharfe / Ingrid Kretschmer / Franz Wawrik (Hg.): [3.] Kartographiehistorisches Colloquium Wien '86. Vorträge und Berichte, Berlin 1987, S. 69-80.

Peball 1964 Kurt Peball: Die Schlacht bei St. Gotthard-Mogersdorf, 1664, Wien 1964 (Militärhistorische Schriftenreihe, Bd. 1).

Peball 1978 Kurt Peball: Die Schlacht bei St. Gotthard-Mogersdorf, 1664, 2. Aufl., Wien 1978 (Militärhistorische Schriftenreihe, Bd. 1).

Pedley 2005 Mary Sponberg Pedley: The Commerce of Cartography. Making and Marketing Maps in Eighteenth-Century France and England, Chicago [u.a.] 2005 (The Kenneth Nebenzahl, Jr., Lectures in the History of Cartography, [Bd. 14]).

Pelletier 2002 Monique Pelletier: Les cartes des Cassini. La science au service de l'État et des régions, Paris 2002.

Petacco 2005 Arrigo Petacco: La croce e la mezzaluna. Lepanto 7 ottobre 1571, quando la cristianità respinse l'islam, Mailand 2005.

Petelei 2013 Klára Petelei: Descriptio Transylvaniae, Szepsiszentgyörgy 2013.

Peters 2003 Martin Peters: Altes Reich und Europa. Der Historiker, Statistiker und Publizist August Ludwig (v.) Schlözer (1735–1809), Münster [u.a.] 2003 (Forschungen zur Geschichte der Neuzeit, Bd. 6).

Petolescu 1986 Carmen M. Petolescu: Danuvius, in: Lexicon Iconographicum Mythologiae Classicae

(LIMC), Bd. 3: Atherion – Eros, Zürich 1986, 1, S. 343 f. und 2, S. 255.

Petrasch 1954 Ernst Petrasch: Ferdinand Kellers Türkenlouis-Gemälde in der Karlsruher Kunsthalle. Marginalien zum geschichtlichen Wirklichkeitssinn in der Historienmalerei des späten 19. Jahrhunderts. Prof. Dr. Karl M. Swoboda zum 65. Geburtstag, in: Zeitschrift für die Geschichte des Oberrheins 102 (1954), S. 791–810.

Petri 1966 Anton P. Petri: Die Festung Temeswar im 18. Jahrhundert. Beiträge zur Erinnerung an die Befreiung der Banater Hauptstadt vor 250 Jahren, München 1966 (Veröffentlichungen des Südostdeutschen Kulturwerks, Reihe B, Wissenschaftliche Arbeiten, Bd. 20).

Petritsch 2012 Ernst D. Petritsch: Die Schlacht am Kahlenberg 1683, in: Pim de Boer / Heinz Duchhardt / Georg Kreis / Wolfgang Schmale (Hg.): Europäische Erinnerungsorte, Bd. 2: Das Haus Europa, München 2012, S. 413–419.

Petritsch 2017 Ernst D. Petritsch: Türken in der Wiener Vorstadt. Osmanische Großbotschaften nach Wien im 18. Jahrhundert, in: Zimmermann/Wolf 2017, S. 101–128.

Petrović 1982 Nikola Petrović: Die Schiffahrt und Wirtschaft im mittleren Donauraum in der Zeit des Merkantilismus. Der Bau des Donau-Theiß-, des Franzens-Kanals und die Bestrebungen gegen Ende des 18. Jahrhunderts, den mittleren Donauraum mit dem Adriatischen Meer zu verbinden, Belgrad [u. a.] 1982.

Petto 2007 Marie Ch. Petto: When France was King of Cartography. The Patronage and Production of Maps in Early Modern France, Lanham [u. a.] 2007.

Peyssonnel 1765 Charles de Peyssonnel: Observations historiques et géographiques sur les peuples barbares qui ont habité les bords du Danube et du Pont-Euxin, Paris 1765.

Peyssonnel 1785 Charles de Peyssonnel: Lettre de contenant quelques observations relatives aux mémoires qui ont paru sous le nom de M. le baron de Tott, Amsterdam 1785.

Pfeifer 2013 Judith Pfeifer: 1683 revisited. Die ›Türkenbelagerung‹ in österreichischen Zeitungen 1955–2010, in: Heiss/Feichtinger 2013a, S. 211–242.

Pfinzing 1598 Paul Pfinzing: Methodvs Geometrica das ist: Kurtzer wolgegründter vnnd außführlicher Tractat von der Feldtrechnung vnd Messung, Wie solche zu Fuß, Roß vnd Wagen, an allen Orten vnd Enden, wo vnd wie die auch gelegen, ohne sondere Mühe, Arbeit vnd Beschwerung, allain durch sonderbare behende vnd leichte Instrumenta vnd andere dienstliche Vortheil, Griff vnd Mittel zu vsurpiren vnd zugebrauchen, vnd nachmals ferrner vnd weiter in das Werck zu bringen, zu enden vnd zuverfertigen, nach jedes selbsten Wuntsch, Willen vnd Wolgefallen […], Nürnberg 1598.

Pfister 1993 Max Pfister: Baumeister aus Graubünden, Wegbereiter des Barock. Die auswärtige Tätigkeit der Bündner Baumeister und Stukkateure in Süddeutschland, Österreich und Polen vom 16. bis zum 18. Jahrhundert, Chur [u. a.] 1993.

Pick 1983 Ingeburg Pick: Daniel Suttinger und Leander Anguissola. Die Kartographen von Wien 1683, in: Jahrbuch des Vereins für Geschichte der Stadt Wien 39 (1983), S. 69–103.

Plihál 2000 Katalin Plihál: G. M. Visconti Erdély térképe 1699-ből [G.M. Viscontis Karte von Transylvanien aus dem Jahr 1699], in: Cartographica Hungarica 7 (2000), S. 2–24.

Plihál 2001 Katalin Plihál: Erdély térképi forrásai a 16. Században. Kartographie-Quellen Siebenbürgens im 16. Jahrhundert, in: Agnes W. Salgó (Hg.): Honterus-emlékkönyv. Emlékülés és kiállítás Johannes Honterus halálának 450. évfordulója alkalmából az Országos Széchényi Könyvtárban, 1999. Honterus-Festschrift, Budapest 2001, S. 73–99.

Plihál 2009 Katalin Plihál: Magyarország legszebb térképei 1528–1895 [Ungarn in seinen schönsten Karten 1528–1895], Budapest 2009.

Pollak 1991 Martha D. Pollak: Military Architecture, Cartography and the Representation of the early modern European City. A Checklist of Treatises on Fortification in the Newberry Library, Chicago 1991.

Popescu-Spineni 1938 Marin Popescu-Spineni: România în istoria cartografiei până la 1600, Bukarest 1938.

Popescu-Spineni 1987 Marin Popescu-Spineni: Rumänien in seinen geographischen und kartographischen Quellen: vom Altertum bis an die Schwelle unseres Jahrhunderts, Wiesbaden 1987.

Popovic 2012 Michajlo R. Popovic: Der Friede von Karlowitz (1699), Paderborn 2012 [Nachdr. d. Ausg. 1893].

Ptolemaeus 2006 Claudius Ptolemaeus: Handbuch der Geographie, Griechisch-Deutsch, hg. von Alfred Stückelberger und Gerd Graßhoff, 2 Bde., Basel 2006.

Ptolemaeus 2009 Claudius Ptolemaeus: Handbuch der Geographie, Griechisch-Deutsch, Ergänzungsband mit einer Edition des Kanons bedeutender Städte, hrsg. von Alfred Stückelberger und Florian Mittenhuber, Basel 2009.

Puschnig 1970 Reiner Puschnig: Beiträge zur Biographie Georg Matthäus Vischers, in: Mitteilungen des Steiermärkischen Landesarchivs 19/20 (1970), S. 145–163.

Radu/Tamás 2009 Măriuca Radu / Sándor Tamás: Transylvania in the Works of Sebastian Münster (1488–1552), in: Boglarka Csiki / Zsombor Bartos-Elekes (Hg.): Descriptio Transylvaniae, International Conference on History of Cartography and Historical Geography, Cluj-Napoca 2009, S. 39–47.

Raisz 1953 Erwin Raisz: Colonel Stefan Lutsch von Luchsenstein 1710–1792, in: Imago Mundi 10 (1953), S. 122.

Ratzel 1896 Friedrich Ratzel: Vischer, Georg Matthäus, in: Allgemeine Deutsche Biographie (ADB), Bd. 40: Vinstingen – Walram, Leipzig 1896, S. 65.

Rau 2010 Susanne Rau: Fließende Räume oder: Wie lässt sich die Geschichte des Flusses schreiben, in: Historische Zeitschrift 291 (2010), S. 103–116.

Raum 1976 Frigyes Raum (Hg.): Magyar földmérők arcképcsarnoka, Bd. 1, Budapest 1976.

Reilly 1789 Franz J. J. von Reilly: Schauplatz der fünf Theile der Welt. Mit Beständiger Rücksicht auf die besten Originalwerke In drey Theile zusammengetragen Von einer Gesellschaft Geographen […], Wien 1789.

Reinert 2012 Sophus A. Reinert: Translating Empire. Emulation and Origins of Political Economy, Cambridge [u. a.] 2012.

Reisz 1994 T. Csaba Reisz: Egy elveszettnek hitt önéletírás – Lipszky János emlékirata [Eine lang verschollene Autobiografie – János Lipszkys Memoiren], in: Fons 1 (1994), S. 52–78.

Reisz 2002 T. Csaba Reisz: Magyarország általános térképének elkészítése a 19. század első évtizedében, Budapest 2002.

Riccioli 1661 Giovann Battista Riccioli: Geographiae et hydrographiae reformatae libri dvodecim. Quorum Argumentum sequens Pagina explicabit, Bologna 1661.

Rieser 1992 Hans-Heinrich Rieser: Temeswar. Geographische Beschreibung der Banater Hauptstadt, Sigmaringen 1992 (Schriftenreihe des Instituts für Donauschwäbische Geschichte und Landeskunde, Bd. 1).

Rill 2001 Robert Rill: Die Anfänge der Militärkartographie in den Habsburgischen Erblanden. Die Josephinische Landesaufnahme von Böhmen und Mähren nach hofkriegsrätlichen Quellen, in: Mitteilungen des Österreichischen Staatsarchivs 49 (2001), S. 183–202.

Rimpler 1724 Georg Rimpler: Herrn George Rimplers […] Sämtliche Schrifften Von der Fortification: als: I. Der dreyfache Tractat von Festungen. II. Die befestigte Festung. III. Die an Major Scheitern abgefertigte Schrifft. IV. Das Bedencken von Verstärckung der ehemahligen Fortification des Fischer-Thors in der Stadt Straßburg; colligirt und mit Fleiß durchsehen; nebst einer Vorrede, denen darzugehörigen Rissen, einigen Anmerckungen […] und einem vollständigen Register Welchen als ein Anhang beygefüget Das Diarium von der Türckischen Belagerung der Festung Candia. Ein Extract eines Berichts von dem Fortifications-Bau der Stadt Straßburg. Herrn [Daniel] Suttingers Defension-Schrifft des Herrn Rimplers wider Herrn Werdmüllern. Monsieur [Johann Heinrich von] Landsbergs Raisonnement von Attaquen zum Nutz des gemeinen Besten, hg. von Ludwig Andreas Herlin, Dresden [u. a.] 1724.

Ritter 1804 Carl Ritter: Europa, ein geographisch-historisch-statistisches Gemähde, Bd. 1: Europa, Frankfurt am Main 1804.

Ritter 2007 Michael Ritter: Die Landkarten von Jeremias Wolff und Johann Friedrich Probst, in: Cartographica Helvetica 35 (2007), S. 21–30.

Roberts 2007 Elizabeth Roberts: Realm of the Black Mountain. A History of Montenegro, Ithaca 2007.

Robinson 1982 Arthur H. Robinson: Early Thematic Mapping in the History of Cartography, Chicago [u. a.] 1982.

Rocher 2013 Yves-Marie Rocher: Le siège de Belgrade (1717) raconté par un officier français, in: Revue historique des armées 270 (2013), S. 61–67.

Rödel 2014 Volker Rödel: Die Militärkartographie – Mittel der Sicherung und Erschließung des Donauraums, in: Karl Müseneder / Michael Thimann / Adolf Hostetter (Hg.): Barocke Kunst und Kultur im Donauraum. Beiträge zum Internationalen Wissenschaftskongress, 9.–13. April 2013 in Passau und Linz, Bd. 1, Petersberg 2014, S. 205–219.

Röder von Diersburg 1839/42 Philipp Röder von Diersburg: Des Markgrafen Ludwig Wilhelm von Baden Feldzüge wider die Türken, 2 Bde., Karlsruhe 1839–1842.

Röttel 1995 Karl Röttel (Hg.): Peter Apian. Astronomie, Kosmographie und Mathematik am Beginn der Neuzeit, mit Ausstellungskatalog, Buxheim 1995.

Roksandić 1988 Drago Roksandić: Vojna Hrvatska. La Croatie militaire. Krajiško društva u Franzuskom Carstvu (1809–1813), 2 Bde., Zagreb 1988.

Roksandić 2003 Drago Roksandić: Triplex Confinium. Ili o granicama i regijama hrvatske povijesti 1500–1800, Zagreb 2003.

Roksandić 2017 Drago Roksandić: Das ›Triplex Confinium‹ und die kroatische Militärgrenze im 18. Jahrhundert auf Karten für den öffentlichen Gebrauch, in: Zimmermann/Wolf 2017, S. 219–234.

Rotaru/Anculete/Paraschiva 1989 Marian G. Rotaru / Gheorghe Anculete / Ion Paraschiva: Evoluția concepției geodezice militare în România, Bukarest 1989.

Rott 1917 Hans Rott: Kunst und Künstler am Baden-Durlacher Hof bis zur Gründung Karlsruhes, Karlsruhe 1917.

Rózsa 1972 Georg Rózsa: Neue Angaben zum Leben und Werke Justus van der Nypoorts, in: Nederlands Kunsthistorisch Jaarboek 23 (1972), S. 213–222.

Rübsam 1923 Augustin Rübsam: Kardinal Bernhard Gustav, Markgraf von Baden-Durlach, Fürstabt von Fulda 1671–1677, Fulda 1923 (Quellen und Abhandlungen zur Geschichte der Abtei und der Diözese Fulda, Bd. 12).

Sabău 2007 Nicolae Sabău: Giovanni Morando Visconti in Transilvania. A proposito di un piano inedito per »il Castello« di Cluj, in: Nicolae Sabău (Hg.): Maestri ticinesi in Transilvania tra Cinquecento e Settecento, Cluj-Napoca 2007, S. 51–79.

Sabev 2007 Orlin Sabev: The First Ottoman Turkish Printing Enterprise. Success or Failure, in: Dana Sajdi (Hg.): Ottoman Tulips, Ottoman Coffee. Leisure and Lifestyle in the Eighteenth Century, London [u. a.] 2007, S. 63–89.

Said 2009 Edward W. Said: Orientalismus. Aus dem Engl. von Hans Günter Holl, Frankfurt am Main 2009 [Original: New York 1978].

Saint-Exupéry 1943 Antoine de Saint-Exupéry: The Little Prince, New York 1943.

Sallai 1995 János Sallai: Magyarország történelmi határai a térképeken [Ungarns historische Grenzen auf Karten], Budapest 1995.

Sandler 1892 Christian Sandler: Seutter, Matthäus, in: Allgemeine Deutsche Biographie (ADB), Bd. 34: Senckenberg – Spaignart, Leipzig 1892, S. 70–72.

Sandler 1894 Christian Sandler: Matthäus Seutter und seine Landkarten, in: Mittheilungen des Vereins für Erdkunde zu Leipzig (1894), S. 3–38.

Sandler 1905 Christian Sandler: Die Reformation der Kartographie um 1700. Mit 4 tabellarischen und Text–Beilagen und 6 Kartentafeln. Textband und Karten–Mappe, München [u. a.] 1905.

Santarém 1849/52 Manuel Francisco de Barros e Sousa, Viscount of Santarém: Essai sur l'histoire de la cosmographie et de la cartographie pendant le Moyen-Age et sur les progres de la geographie apres les grandes decouvertes du XVe siecle, 3 Bde., Paris 1849–1852.

Saz 2011 Gökhan Saz: Turkophobia and Rising Islamophobia in Europe. A Quantification for the Negative Spillovers on the EU Membership Quest of Turkey, in: European Journal of Social Sciences 19 (2011), 4, S. 479–491.

Schäfer 1971 Alfons Schäfer: Inventar der handgezeichneten Karten und Pläne zur europäischen Kriegsgeschichte des 16.–19. Jahrhunderts im Generallandesarchiv Karlsruhe, Stuttgart 1971 (Veröffentlichungen der Staatlichen Archivverwaltung Baden-Württemberg, Bd. 25).

Schäfer 2008 Kurt Schäfer: Nassern, Tschaiken, Canonierbarquen, Wien 2008.

Scharfe 1997 Wolfgang Scharfe: Approaches to the History of Cartography in German–speaking Countries, in: La cartografía dels països de parla alemanya. Alemanya, Áustria i Suïssa. Cicle de conferències sobre Història de la Cartografia, 6è cours 20, 21, 22, 23 i 24 de febrer de 1995, Barcelona 1997 (Cicle de conferències sobre Història de la Cartografia, Bd. 6; Collecció monografies, Bd. 18), S. 19–44.

Scharfenstein 1737 Julius Friedrich Scharfenstein: Kurz-gefasste Geographische Beschreibung der vornehmsten Städte und Vestungen, etc. des Felßeckerischen neu-eröffneten Kriegs-Theatri in Ungarn, Rußland und der Türckey, mit allen nöthigen Anmerckungen […], Nürnberg 1737.

Scharfenstein 1738 Julius Friedrich Scharfenstein: Acten-mäßige Deduction derer zwischen dem Rußischen und Türckischen Hof, neuerlich entstandenen Irrungen und dadurch veranlaßten Kriegs, nebst einer Accuraten Charte und Geographischen Beschreibung des türckischen Kayserthums und aller angränzenden Reiche und Länder, wie auch dem Diario der Kayserlichen Armee in Ungarn, In gehörige Ordnung gebracht, und zum Druck befördert, Frankfurt am Main [u. a.] 1738.

Schenk 2002 Frithjof B. Schenk: Mental Maps. Die Konstruktion von geographischen Räumen in Europa seit der Aufklärung, in: Geschichte und Gesellschaft 28 (2002), S. 493–514.

Schenk 2005 Frithjof B. Schenk: Imperiale Raumerschließung. Beherrschung der russischen Weite, in: Osteuropa 55 (2005), 3, S. 33–45.

Schenk 2011 Frithjof B. Schenk: Die Produktion des imperialen Raumes. Konzeptionelle Überlegungen zu einer Sozial- und Kulturgeschichte der russischen Eisenbahn im 19. Jahrhundert, in: Karl Schlögel (Hg.): Mastering Russian Spaces. Raum und Raumbewältigung als Probleme der russischen Geschichte, München 2011, S. 109–127.

Scheutz 2016 Martin Scheutz: »Relation des blutigen Treffens« – die Schlacht von Mogersdorf/St. Gotthard in deutschsprachigen, zeitgenössischen Medien, in: Sperl/Scheutz/Strohmeyer 2016, S. 295–339.

Schickard 1629 Wilhelm Schickard: Kurtze Anweisung Wie Künstliche Land-Tafeln auß rechtem Grund zu machen, und die biß her begangne Irrthumb zu verbessern Sampt etlich New erfundenen Vörtheln, die Polus Höhin auffs leichtest, und doch scharpff gnug zu forschen, [Straßburg? Augsburg?] 1629.

Schickard 1669 Wilhelm Schickard: Kurtze Anweisung Wie Künstliche Land-Tafeln auß rechtem Grund zu machen, und die biß her begangne Irrthumb zu verbessern Sampt etlich New erfundenen Vörtheln, die Polus Höhin auffs leichtest, und doch scharpff gnug zu forschen, Tübingen 1669.

Schilder 1976 Günter Schilder: Willem Janszoon Blaeu's Map of Europe (1606), a Recent Discovery in England, in: Imago Mundi 28 (1976), S. 9–12.

Schilling 1895 Albert Schilling: Die Einführung der Türkenglocke in Vorderösterreich. Mitgetheilt von Inspector Schilling, in: Freiburger Diözesan-Archiv 24 (1895), S. 305–313.

Schimek/Schrämbl 1788 Maximilian Schimek / Franz Anton Schrämbl: Österreichisch-Russisch-Türkischer Kriegsatlas, Wien 1788.

Schlözer 1771 August Ludwig Schlözer: Allgemeine Nordische Geschichte. Aus den neuesten und besten Nordischen Schriftstellern und nach eigenen Untersuchungen beschrieben, und als eine Geographische und Historische Einleitung zur richtigen Kenntniß aller Skandinavischen, Finnischen, Slavischen, Lettischen, und Sibirischen Völker, besonders in alten und mittleren Zeiten, Halle 1771.

Schmale 2010 Wolfgang Schmale: Europe as a Cultural Reference and Value System, in: European History Online (EGO), published by the Institute of European History (IEG), Mainz 2010-12-03. URL: http://www.ieg-ego.eu/schmalew-2010-en (12.03.2017).

Schmid 1999 Hansjörg Schmid: Fürstenglanz und Türkenhaß. Das Grabmonument des Türkenlouis in der Stiftskirche zu Baden-Baden, in: Badische Heimat 79 (1999), S. 798–814.

Schmitt 2016 Oliver J. Schmitt (Hg.): The Ottoman Conquest of the Balkans. Interpretations and Research Debates, Wien 2016 (Sitzungsberichte / Österreichische Akademie der Wissenschaften, Philosophisch–Historische Klasse, Bd. 872).

Schneider 2004 Ute Schneider: Die Macht der Karten. Eine Geschichte der Kartographie vom Mittelalter bis heute, Darmstadt 2004.

Schöner 1515 Johannes Schöner: Luculentissima quaedam terrae totius descriptio, cum multis utilissimis cosmographiae iniciis […], Nürnberg 1515.

Schrämbl 1800 Franz Anton Schrämbl: Allgemeiner Großer Atlas, Wien 1800.

Schuller 1859 Johann Karl Schuller: Georg Reicherstorffer und seine Zeit. Ein Beitrag zur Geschichte von Siebenbürgen in den Jahren 1527–1536, in: Archiv für Kunde österreichischer Geschichtsquellen 21 (1859), S. 225–291.

Schulze 1978 Winfried Schulze: Reich und Türkengefahr im späten 16. Jahrundert. Studien zu den politischen und gesellschaftlichen Auswirkungen einer äußeren Bedrohung, München 1978.

Schumann 1894 A. Schumann: Sulzer, Franz Josef, in: Allgemeine Deutsche Biographie (ADB), Bd. 37: Sturm (Sturmi) – Thiemo, Leipzig 1894, S. 151–153.

Schwarz 1997 Werner Schwarz: Vom »stimpelnden« Uhrmacher zum Kunstverleger. Jeremias Wolff und seine Nachfolger, in: Gier/Janota/Künast 1997, S. 587–618.

Scimemi 1951 Ettore Scimemi: Il padre Coronelli idraulico, in: Miscellanea Francescana 51 (1951), S. 152–167.

Seegel 2012 Steven Seegel: Mapping Europe's Borderlands. Russian Cartography in the Age of Empire, Chicago 2012.

Sehling 1969 Emil Sehling (Hg.): Die evangelischen Kirchenordnungen des XVI. Jahrhunderts, Bd. 14: Kurpfalz, Tübingen 1969.

Sehling 2006 Emil Sehling (Begr.): Die evangelischen Kirchenordnungen des XVI. Jahrhunderts, Bd. 18: Rheinland-Pfalz, Teil 1: Herzogtum Pfalz-Zweibrücken, die Grafschaften Pfalz-Veldenz, Sponheim, Sickingen, Manderscheid, Oberstein, Falkenstein und Hohenfels-Reipoltskirchen, bearb. von Thomas Bergholz, Tübingen 2006.

Selva 2013 Orietta Selva: Lo stato della cartografia veneziana tra XVI e XVIII secolo. Emblema di potere e strumento di pianificazione territoriale, in: Bollettino dell'Associazione Italiana di Cartografia 148 (2013), S. 69–87.

Shakman Hurd 2006 Elizabeth Shakman Hurd: Negotiating Europe. The Politics of Religion and the Prospects for Turkish Accession to the EU, in: Review of International Studies 32 (2006), S. 401–418.

Sharp 2001 Tony Sharp: Pleasure and Ambition. The Life, Loves and Wars of Augustus the Strong, 1670–1707, London [u. a.] 2001.

Sindik 1930 Ilija Sindik: Fiziogeografski elementi na starim kartama jugoslavenskih zemalja, in: Glasnik geografskog društva 16 (1930), S. 122–137.

Škrivanić 1974/79 Gavro A. Škrivanić (Hg.): Monumenta cartographica Jugoslaviae, 2 Bde., Belgrad 1974–1979 (Posebna izdanja, Bd. 17) .

Slukan Altić 2003 Mirela Slukan Altić: Povijesna kartografija. Kartografski izvori u povijesnim znanostima [Historische Kartografie. Kartografische Quellen in den Geschichtswissenschaften], Samobor 2003 (Bibliotheka Geographica Croatica, Bd. 18).

Snellius 1617 Willebrordus Snellius: Eratosthenes Batavus, de Terrae ambitus vera quantitate, Leiden 1617.

Spannenberger/Őze 2005 Norbert Spannenberger / Sándor Őze: »Wir brauchen Mohács!« Historiographie und politische Instrumentalisierung der Erinnerung an eine nationale Niederlage in Ungarn, in: Konrad Clewing / Oliver J. Schmitt (Hg.): Südosteuropa. Von vormoderner Vielfalt und nationalstaatlicher Vereinheitlichung, Festschrift für Edgar Hösch, München 2005 (Südosteuropäische Arbeiten, Bd. 127), S. 327–349.

Spannenberger/Varga 2014 Norbert Spannenberger / Szabolcs Varga (Hg.): Ein Raum im Wandel. Die osmanisch–habsburgische Grenzregion vom 16. bis zum 18. Jahrhundert, Stuttgart 2014 (Forschungen zur Geschichte und Kultur des östlichen Mitteleuropa, Bd. 44).

Specklin 1589 Daniel Specklin: Architectura von Vestungen. Wie die zu unsern Zeiten mögen erbauen werden an Stätten, Schlössern und Clussen zu Wasser, Land, Berg und Thal […] sampt den Grund Rissen, Visierungen und Auffzügen für Augen gestellt, Straßburg 1589.

Sperl/Scheutz/Strohmeyer 2016 Karin Sperl / Martin Scheutz / Arno Strohmeyer (Hg.): Die Schlacht von Mogersdorff/St. Gotthard und der Friede von Eisenburg/Vasvár 1664. Rahmenbedingungen, Akteure, Auswirkungen und Rezeption eines europäischen Ereignisses, Eisenstadt 2016 (Burgenländische Forschungen, Bd. 108).

Spuler 1936 Bertold Spuler: Europäische Diplomaten in Konstantinopel bis zum Frieden von Belgrad (1739), in: Jahrbücher für Geschichte Osteuropas 1 (1936), S. 229–262.

Srodecki 2015 Paul Srodecki: Antemurale Christianitatis. Zur Genese der Bollwerksrhetorik im östlichen Mitteleuropa an der Schwelle vom Mittelalter zur Frühen Neuzeit, Husum 2015 (Historische Studien, Bd. 508).

Stauffer 2007 Hermann Stauffer: Sigmund von Birken (1626–1681). Morphologie seines Werks, 2 Bde., Tübingen 2007.

Stegena 1982 Lajos Stegena: Editions of Lazarus's Map, in: Ders. (Hg.): Lazarus Secretarius. The First Hungarian Mapmaker and His Work, Budapest 1982, S. 16–19.

Stegena 1998 Lajos Stegena: Tudományos térképezés a Kárpát-medencében 1918 előtt [Wissenschaftliche Darstellungen des Karpatenbeckens vor 1918], Budapest 1998.

Steindorff 2015 Ludwig Steindorff: Slawonien und Syrmien, in: Oliver J. Schmitt / Michael Metzeltin (Hg.): Das Südosteuropa der Regionen, Wien 2015 (Sitzungsberichte/Österreichische Akademie der Wissenschaften, Philosophisch-Historischen Klasse, Bd. 858), S. 39–89.

Stella 1564 Tilemann Stella: Methodus quae in Chorographica et Historica totius Germaniae descriptione obseruabitur, Rostock 1564.

Stingl 2017 Martin Stingl: Vom Donauraum der Türkenkriege zum Oberrhein der NS-Zeit. Die Vereinnahmung des Markgrafen Ludwig Wilhelm von Baden durch den Nationalsozialismus, in: Zimmermann/Wolf 2017, S. 383–409.

Stoesser 1903 Valentin Stoesser: Grabstätten und Grabschriften der Badischen Regenten in Linearabstammung von Berthold I. Herzog von Zähringen, 1074–1811, Heidelberg 1903.

Stoica/Stoica/Popa 2011 Liviu Stoica / Gheorghe L. Stoica / Gabriela Popa: Castele și cetăți din Transilvania. Județul Brașov [Schlösser und Burgen in Siebenbürgen: Kreis Kronstadt], Bukarest 2011.

Stopp/Langel 1974 Klaus Stopp / Herbert Langel: Katalog der alten Landkarten in der Badischen Landesbibliothek Karlsruhe. Unter Einbeziehung gedruckter Karten im Generallandesarchiv Karlsruhe, Karlsruhe 1974.

Stoye 1994 John Stoye: Marsigli's Europe 1680–1730. The Life and Times of Luigi Ferdinando Marsigli, Soldier and Virtuoso, New Haven [u. a.] 1994.

Strohmeyer 2014 Arno Strohmeyer: Krieg und Frieden in den habsburgisch-osmanischen Beziehungen in der Frühen Neuzeit, in: Reiner Arntz / Michael Gehler / Mehmet Tahir Öncü (Hg.): Die Türkei, der deutsche Sprachraum und Europa. Multidisziplinäre Annäherungen und Zugänge, Wien [u. a.] 2014 (Historische Forschungen. Veröffentlichungen, Bd. 10), S. 31–50.

Strohmeyer/Spannenberger 2013 Arno Strohmeyer / Norbert Spannenberger (Hg.): Frieden und Konfliktmanagement in interkulturellen Räumen. Das Osmanische Reich und die Habsburgermonarchie in der Frühen Neuzeit, Stuttgart 2013 (Forschungen zur Geschichte und Kultur des östlichen Mitteleuropa, Bd. 45).

Stückelberger 2008 Alfred Stückelberger: Das Europabild bei Ptolemaios, in: Ingrid Baumgärtner / Hartmut Kugler (Hg.): Europa im Weltbild des Mittelalters. Kartographische Konzepte, Berlin 2008 (Orbis mediaevalis, Vorstellungswelten des Mittelalters, Bd. 10), S. 31–44.

Stuhlhofer 1981 Franz Stuhlhofer: Georg Tannstetter (Collimitius): Astronom, Astrologe und Leibarzt bei Maximilian I. und Ferdinand I., dargestellt mit Hilfe der Erkenntnistheorie der »Gleichheit«, in: Jahrbuch des Vereins für Geschichte der Stadt Wien 37 (1981), S. 7–49.

Sugár 1989 István Sugár: Eger kapitulációja és létrejöttének körülményei [Umstände des Zustandckommens und der Kapitulation von Erlau], in: László Szitá (Hg.): Előadások és tanulmányok török elleni visszafoglaló háborúk történetéből 1686–1688 [Vorträge und Studien zur Geschichte der Rückeroberungskriege gegen die Türken 1686–1688], Pécs 1989, S. 217–226.

Sulzer 1781/82 Franz Josef Sulzer: Geschichte des transalpinischen Daciens, das ist der Walachey, Moldau und Bessarabiens. Im Zusammenhange mit der Gcschichte des übrigen Daciens als ein Versuch einer allgemeinen dacischen Geschichte mit kritischer Freyheit entworfen, 3 Bde., Wien 1781–1782.

Šumrada 2006 Janez Šumrada (Hg.): Napoleon na Jadranu. Napoleon dans l'Adriatique, Koper 2006.

Sundhaussen 1999 Holm Sundhaussen: Europa balcanica. Der Balkan als historischer Raum Europas, in: Geschichte und Gesellschaft 25 (1999), S. 626–653.

Sundhaussen 2001 Holm Sundhaussen: Kriegserinnerung als Gesamtkunstwerk und Tatmotiv: Sechshundertzehn Jahre Kosovo-Krieg (1389–1999), in: Dietrich Beyrau (Hg.): Der Krieg in religiösen und nationalen Deutungen der Neuzeit, Tübingen 2001, S. 11–40.

Sundhaussen 2003 Holm Sundhaussen: Der Balkan. Ein Plädoyer für Differenz, in: Geschichte und Gesellschaft 29 (2003), S. 608–624.

Suppanz 2013 Werner Suppanz: An der »Kulturfront des Abendlandes«. Diskurse und Inszenierungen der ›Türkenabwehr‹ im Austrofaschismus, in: Heiss/Feichtinger 2013a, S. 162–184.

Sutter Fichtner 2008 Paula Sutter Fichtner: Terror and Toleration. The Habsburg Empire Confronts Islam, 1526–1850, London 2008.

Suttinger 1687 Daniel Suttinger: Der In Wien todte Ehrliche Sachs, Der Römisch. Käyserl. Majest. weiland Oberst-Lieutenant, und Ober-Ingenieur, George Rimpler, Allen Mißgönnern und Feinden der Rimplerischen Renommée, in specie aber Hn. Joh. Jacob Werdmüllern entgegen gesetzt, Dresden 1687.

Suttinger 1688 Daniel Suttinger: Entsatz der kayserlichen Haubt- und Residentz-Stadt Wien in Oesterreich [...], Dresden 1688.

Suttinger 1696 Daniel Suttinger: Des in Wien todten Der Römischen Käyserl. Majestät Weyland Oberst-Lieutenant und Ober-Ingenieur George Rimpler, herausgegebener befestigten Festung Entsatz, und Contra-Attaque auf des Herrn Johann Jacob Werdmüllers Probier-Stein der Ingenieure, hervor gebracht [...], Nürnberg 1696.

Svatek 2008 Petra Svatek: Die Geschichtskarten des Wolfgang Lazius – die Anfänge der thematischen Kartographie in Österreich, in: Cartographica Helvetica 37 (2008), S. 35–43.

Svatek 2015 Petra Svatek: »Mitteleuropa« auf Karten vom 16. bis ins frühe 20. Jahrhundert, in: Johann P. Arnason / Petr Hlaváček / Stefan Troebst (Hg.): Mitteleuropa? Zwischen Realität, Chimäre und Konzept [Tagung Prag 2011], Prag 2015 (Europaea Pragensia, Bd. 7) S. 9–23.

Svatek [im Druck] Petra Svatek: Georg Matthäus Vischer, in: Matthew H. Edney / Mary Sponberg Pedley (Hg.): The History of Cartography, Bd. 4: Cartography in the European Enlightenment, 2 Bde., Chicago [im Druck].

Szabadi 1994 István Szabadi: Georg Reicherstorffer és a magyarországi humanista földrajzírás, in: Georg Reicherstorffer: Erdély és Moldva leírása 1550 [Beschreibung von Transilvanien und Moldau 1550], Chorographia Transilvaniae, Chorographia Moldaviae, Debrecen 1994 (Series fontium latinorum Debreceniensis, Bd. 1), S. 117–130.

Szabóky/Száraz 1990 Zsolt Szabóky / György Száraz: Die Burg Buda, Budapest 1990.

Szalai 2013 Béla Szalai: The Life and Work of Matthias Greischer, Frankfurt am Main 2013. URL: http://publikationen.ub.uni-frankfurt.de/frontdoor/index/index/docId/30585 (04.04.2017).

Szántai 1996 Lajos Szántai: Atlas Hungaricus. Magyarország nyomtatott térképei 1528–1850 [Gedruckte Karten von Ungarn 1528–1850], 2 Bde., Budapest 1996.

Szántai 2004 Lajos Szántai: Delisle 1703 – as Magyarország-térképének rejtélyei [Das Rätsel der Ungarn-Karte], in: Cartographica Hungarica 8 (2004), S. 75–79.

Szathmáry 1987 Tibor Szathmáry (Hg.): Descriptio Hungariae. Magyarország és Erdély nyomtatott térképei 1477–1600 [Ungarn und Siebenbürgen in gedruckten Karten 1477–1600], Fusignano 1987.

Szathmáry 1996 Tibor Szathmáry: Reilly térképei (Kaarten van Hongarije door Franz Johann Joseph Reilly) (1766–1820), in: Cartographica Hungarica 5 (1996), S. 2–7.

Taeschner 1926 Franz Taeschner: Zur Geschichte des Djihannuma, in: Mitteilungen des Seminars für Orientalische Sprachen 2, Westasiatische Studien 29 (1926), S. 99–110.

Tamás 2009 Sándor Tamás: Descriptio Transylvaniae. Régitérkép-kiallitás, Szepsiszentgyörgy 2009.

Tamás 2012/13 Sándor Tamás: Erdély »hibás« miniatúr térképe Abraham Ortelius atlaszában, in: Acta Siculica 2012–2013, S. 477–482.

Taube 1777/78 Friedrich Wilhelm Taube: Historische und geographische Beschreibung des Königreiches Slavonien und des Herzogthums Syrmien, sowol nach ihrer natürlichen Beschaffenheit, als auch nach ihrer itzigen Verfassung und neuen Einrichtung in kirchlichen, bürgerlichen und militärischen Dingen, 3 Bde., Leipzig 1777–1778.

Tavoni 1999 Maria G. Tavoni (Hg.): Un intellettuale europeo e il suo universo. Vincenzo Coronelli, (1650–1718), Bologna 1999.

Telesko 2006 Werner Telesko: Geschichtsraum Österreich. Die Habsburger und ihre Geschichte in der bildenden Kunst des 19. Jahrhunderts, Wien 2006.

Thieme/Becker 1907/50 Allgemeines Lexikon der bildenden Künstler von der Antike bis zur Gegenwart, begr. von Ulrich Thieme und Felix Becker, 37 Bde., Leipzig 1907–1950.

Tielke 1769 Johann Gottlieb Tielke: Unterricht für die Officiers, die sich zu Feld-Ingenieurs bilden, oder doch den Feldzügen mit Nutzen beywohnen wollen durch Beyspiele aus dem letzten Kriege erläutert, und mit nöthigen Plans versehen, Dresden [u. a.] 1769.

Todorova 1999 Marija N. Todorova: Die Erfindung des Balkans. Europas bequemes Vorurteil, aus dem Engl. übers. von Uli Twelker, Darmstadt 1999 [Original: Oxford [u. a.] 1997].

Todorova 2003 Maria N. Todorova: Historische Vermächtnisse als Analysekategorie. Der Fall Südosteuropa, in: Karl Kaser / Dagmar Gramshammer-Hohl / Robert Pichler (Hg.): Europa und die Grenzen im Kopf, Klagenfurt 2003 (Wieser-Enzyklopädie des europäischen Ostens, Bd. 11), S. 227–251.

Török 1996 Zsolt G. Török: A Lázár térkép és a modern európai térképészet, in: Cartographica Hungarica 5 (1996), S. 44 f.

Török 1999 Zsolt G. Török: Practical Globe Making: The Experience of the New Edition of the Large Printed Coronelli Terrestrial Globe. Globusherstellung in der Praxis. Die Erfahrungen bei einer Neuauflage des großen gedruckten Coronelli-Erdglobus, in: Globusfreund 47/48 (1999/2000 [1999]), S. 171–189.

Török 2001 Zsolt G. Török: Honterus: Rudimenta Cosmographica (1542) – kozmográfia és vagy geográfia. Kosmographie und/oder Geographie?, in: Agnes W. Salgó (Hg.): Honterus-emlékkönyv. Emlékülés és kiállítás Johannes Honterus halálának 450. évfordulója alkalmából az Országos Széchényi Könyvtárban, 1999. Honterus-Festschrift, Budapest 2001, S. 57–72.

Török 2003 Zsolt G. Török: Bél Mátyás, Mikoviny Sámuel és a honismereti iskola, Budapest 2003.

Török 2006 Zsolt G. Török: Luigi Ferdinando Marsigli (1658–1730) and Early Thematic Mapping in the History of Cartography, in: László Zentai / János Györffy / Zsolt G. Török (Hg.): Térkép – tudomány. Tanulmányok Klinghammer István professzor 65. születésnapja tiszteletére. Map – Science. Papers in Honour of the 65. Birthday of Professor István Klinghammer. Karte – Wissenschaft. Festschrift zum 65. Geburtstag zu Ehren von Prof. István Klinghammer, Budapest 2006 (Térképtudományi Tanulmányok, Bd. 13), S. 403–412.

Török 2007a Zsolt G. Török: Cartography in East-Central Europe, ca. 1450–1650, in: Woodward 2007, S. 1805–1851.

Török 2007b Zsolt G. Török: Die Geschichte der thematischen Kartographie im Karpatenbecken unter besonderer Berücksichtigung der ungarischen geowissenschaftlichen Karten, in: Lorenz Hurni / István Klinghammer / Walter Roubitschek (Hg.): Thematische Kartierungen in den Geowissenschaften. Thematic Mapping in Geosciences. Leopoldina-Meeting vom 25.–27. Mai 2006 in Budapest, Halle (Saale) [u. a.] 2007 (Nova acta Leopoldina, Bd. 349 = N.F. Bd. 94), S. 25–48.

Török 2015a Zsolt G. Török: 16th century Fortification Atlases of the Habsburg-Ottoman Border Zone, in: Holzer/Newby/Svatek/Zotti 2015, S. 63–83.

Török 2015b Zsolt G. Török: Einführung zu einem Kosmographielehrbuch der Spätrenaissance, in: Offner/Roth/Șindilariu/Wien 2015, S. 38–60.

Török 2017 Zsolt G. Török: Vom Festungsbau der Renaissance zu den Topographien der Aufklärung. Topographische Kartierung in Zentraleuropa zur Zeit der Türkenkriege, in: Zimmermann/Wolf 2017, S. 175–198.

Tooley 1979 Ronald Vere Tooley: Guillaume Delisle, in: Ronald Vere Tooley: Tooley's Dictionary of Mapmakers, New York 1979, S. 353.

Topkaya 2015 Yiğit Topkaya: Augen-Blicke sichtbarer Gewalt? Eine Geschichte des ›Türken‹ in medientheoretischer Perspektive (1453–1529), Paderborn 2015.

Tóth 2013 Ferenc Tóth: Egy magyar származású francia diplomata Kelet-Európában a 18. század második felében. François baron de Tott (1733–1793) életpályája [Ein in Ungarn geborener französischer Diplomat in Osteuropa in der zweiten Hälfte des 18. Jahrhunderts. Die Karriere von François Baron de Tott (1733–1793)], Budapest 2013.

Tott 1784 François de Tott: Mémoires sur les Turcs et les Tartares, 4 Bde., Amsterdam 1784.

Tott 2004 François de Tott: Mémoires du baron de Tott sur les Turcs et les Tartares (Maestricht, 1785), éd. Ferenc Tóth, Paris 2004 (Bibliothèque des correspondances, mémoires et journaux, Bd. 7).

Truck 1898 Sigismund Truck: Die russische Triangulierung auf der Balkanhalbinsel in den Jahren 1877–1879, in: Mittheilungen des k. u. k. Militär-Geographischen Institutes 17 (1897 [1898]), S. 161–192.

Türkenbeute 2003 Das Virtuelle Museum »Karlsruher Türkenbeute«, Karlsruhe 2003. URL: http://www.tuerkenbeute.de (10.10.2016).

Türkengedächtnis 2010 Türkengedächtnis. Ein Projekt der Österreichischen Akademie der Wissenschaften, Wien 2010. URL: http://www.tuerkengedaechtnis.oeaw.ac.at (10.10.2016).

Unsterblichen Ruhms Ehren-Gedächtnuß [1707] Unsterblichen Ruhms Ehren-Gedächtnuß, Welche Bey Hochfeyrlicher Leich-Begängnus des durchleuchtigsten Fürsten und Herrn Herrn Ludwig Wilhelms Höchst-seel. Angedenckens. Marggraffens zu Baden und Hochberg […] In der Stifft-Kirchen der Marggräffischen Sitz-Statt Baaden auffgerichtet worden, Angegeben und in kurtzer Beschreibung vorgestellt Von Einem der Gesellschafft Jesu, aus dasigem Collegio, [s. l.] [1707].

Vann 1992 James Vann: Mapping under the Austrian Habsburgs, in: Buisseret 1992, S. 153–167.

Veres 2012 Madalina V. Veres: Putting Transylvania on the Map. Cartography and Enlightened Absolutism in the Habsburg Monarchy, in: Austrian History Yearbook 43 (2012), S. 141–164.

Veres 2014a Madalina V. Veres: Redefining Imperial Borders. Marking the Eastern Border of the Habsburg Monarchy in the Second Half of the Eighteenth Century, in: Elri Liebenberg / Peter Collier / Zsolt Győző Török (Hg.): History of Cartography, International Symposium of the ICA, 2012, Heidelberg 2014, S. 3–23.

Veres 2014b Madalina V. Veres: Unravelling a Trans-Imperial Career: Michel Angelo de Blasco's Mapmaking Abilities in the Service of Vienna and Lisboa, in: Itinerario 38 (2014), S. 75–100.

Veres 2015 Madalina V. Veres: Constructing Imperial Spaces. Habsburg Cartography in the Age of Enlightenment, Pittsburgh 2015.

Veres 2017 Madalina V. Veres: Den östlichen Schutzwall der Habsburgermonarchie verteidigen. Siebenbürgische Militäringenieure und die Kartierung der Bergpässe im 18. Jahrhundert, in: Zimmermann/Wolf 2017, S. 235–264.

Veress 1989 Csaba D. Veress: Hol zajlott le a »második mohácsi« vagy a »harsányi-hegyi csata« 1687. augusztus 12-én [Wo hat die II. Schlacht bei Mohács oder die Schlacht am Hrsányer Berg am 12. August 1687 stattgefunden?], in: László Szitá (Hg.): Előadások és tanulmányok török elleni visszafoglaló háborúk történetéből 1686–1688 [Vorträge und Studien zur Geschichte der Rückeroberungskriege gegen die Türken 1686–1688], Pécs 1989, S. 49–61.

Vernon 1676 Francis Vernon: Mr. Francis Vernons Letter, Written to the Publisher Januar. 10th. 1675/6 giving a Short Account of Some of his Observations in His Travels from Venice Through Istria, Dalmatia, Greece, and the Archipelago, to Smyrna, Where This Letter Was Written, in: Philosophical Transactions 11 (1676), S. 575–582.

Viličić/Lapaine 2016 Marina Viličić / Miljenko Lapaine: The Croatian Mile on Old Maps – Hrvatska milja na starim kartama, in: Kartografija i Geoinformacije 15 (2016), H. 25, S. 4–22.

Waldseemüller 1507 Martin Waldseemüller: Cosmographiae introductio. Cum quibusdam geometriae ac astronomiae principiis ad eam rem necessariis, Saint-Dié 1507.

Wallis 2005 Hellen Wallis: Franjevac Vincenzo Coronelli i Jadransko more. The Franciscan Vincenzo Coronelli and the Adriatic Sea, in: Drago Novak / Miljenko Lapaine / Dubravka Mlinarić (Hg.): Pet stoljeća geografskih i pomorskih karata Hrvatske. Five Centuries of Maps of Croatia, Zagreb 2005, S. 179–202.

Wawrik 1980 Franz Wawrik: Die Darstellung Bulgariens in den Atlanten des 16. Jahrhunderts, in: Bulgarian Historical Review 8 (1980), S. 85–90.

Wawrik 1982 Franz Wawrik: Berühmte Atlanten. Kartographische Kunst aus fünf Jahrhunderten, Dortmund 1982 (Die bibliophilen Taschenbücher, Bd. 299).

Wawrik/Kühnel/Mokre/Zeilinger 1995 Franz Wawrik / Helga Kühnel / Jan Mokre / Elisabeth Zeilinger: Kartographische Zimelien. Die 50 schönsten Karten und Globen der Österreichischen Nationalbibliothek, Wien 1995.

Wawrik/Zeilinger 1989 Franz Wawrik / Elisabeth Zeilinger (Hg.): Österreich auf alten Karten und Ansichten. Austria picta. Ausstellung der Kartensammlung der Österreichischen Nationalbibliothek. Handbuch und Katalog, Graz 1989.

Wehler 2003 Hans-Ulrich Wehler: Die Selbstzerstörung der EU durch den Beitritt der Türkei, in: Ders.: Konflikte zu Beginn des 21. Jahrhunderts. Essays, München 2003 (Beck'sche Reihe, Bd. 1551), S. 41–51.

Weithmann 2012 Michael W. Weithmann: Die Donau. Geschichte eines europäischen Flusses, Wien [u. a.] 2012.

Wessel 2004 Günther Wessel: Von einem, der daheim blieb, die Welt zu entdecken. Die Cosmographia des Sebastian Münster oder wie man sich vor 500 Jahren die Welt vorstellte, Frankfurt am Main [u. a.] 2004.

Withers 2007 Charles Withers: Placing the Enlightenment. Thinking Geographically about the Age of Reason, Chicago [u. a.] 2007.

Withers/Mayhew 2011 Charles Withers / Robert J. Mayhew: Geography. Space, Place and Intellectual History in the Eighteenth-Century, in: Journal for Eighteenth-Century Studies 34 (2011), S. 445–452.

Wolf 2016 Josef Wolf: Der Untergang des Halbmonds im Banat – unsere Ursprünge, in: Banater Post 60 (2016), Nr. 17/18, S. 10 f. (Teil 1), Nr. 19, S. 6 f. (Teil 2).

Wolf 2017 Josef Wolf: Das Mapping der Peripherie. Raumwissen im Temeswarer Banat 1716–1778, in: Zimmermann/Wolf 2017, S. 265–294.

Wolff 1994 Larry Wolff: Inventing Eastern Europe. The Map of Civilization on the Mind of the Enlightenment, Stanford 1994.

Wood/Fels 2008 Denis Wood / John Fels: The Natures of Maps. Cartographic Constructions of the Natural World, Chicago [u. a.] 2008.

Wood 2010 Denis Wood: Rethinking the Power of Maps, New York 2010.

Woodward 1975 David Woodward: Five Centuries of Map Printing, Chicago [u. a.] 1975 (The Kenneth Nebenzahl, Jr., Lectures in the History of Cartography, [Bd. 3]).

Woodward 2007 David Woodward (Hg): The History of Cartography, Bd. 3: Cartography in the European Renaissance, 2 Bde., Chicago 2007.

Wrede 2004 Martin Wrede: Das Reich und seine Feinde. Politische Feindbilder in der reichspatriotischen Publizistik zwischen Westfälischem Frieden und Siebenjährigem Krieg, Mainz 2004 (Beiträge zur Sozial- und Verfassungsgeschichte des Alten Reichs, Bd. 15; Veröffentlichungen des Instituts für Europäische Geschichte Mainz, Bd. 196, Abteilung für Universalgeschichte).

Wrede 2011 Martin Wrede: Türkenkriege, in: Friedrich Jäger (Hg.): Enzyklopädie der Neuzeit, Bd. 13, Subsistenzwirtschaft – Vasall, Stuttgart [u. a.] 2011, S. 827–839.

Wüst 2010 Gabriele Wüst: Der Sammlungsbestand Hausfideikommiss Karten und Pläne im Generallandesarchiv Karlsruhe, in: Ausst. Kat. Karlsruhe 2010, S. 56–61.

Wurzbach 1863 Constant von Wurzbach: Hohenlohe, Wolfgang Julius Graf, in: Ders.: Biographisches Lexikon des Kaiserthums Oesterreich. Enthaltend die Lebensskizzen der denkwürdigen Personen, welche 1750 bis 1850 im Kaiserstaate und in seinen Kronländern gelebt haben, 9. Theil: Hibler – Hysel, Wien 1863, S. 201.

Wurzbach 1864 Constant von Wurzbach: Khevenhüller, Ludwig Andreas, in: Ders.: Biographisches Lexikon des Kaiserthums Oesterreich. Enthaltend die Lebensskizzen der denkwürdigen Personen, welche 1750 bis 1850 im Kaiserstaate und in seinen Kronländern gelebt haben, 11 Theil: Károlyi – Kiwisch und Nachträge, Wien 1864, S. 225–230.

Wurzbach 1880 Constant von Wurzbach: Sulzer, Franz Joseph, in: Ders.: Biographisches Lexikon des Kaiserthums Oesterreich. Enthaltend die Lebensskizzen der denkwürdigen Personen, welche

1750 bis 1850 im Kaiserstaate und in seinen Kronländern gelebt haben, 40. Theil: Streeruwitz – Susyzki, Wien 1880, S. 306–308.

Wurzbach 1889 Constant von Wurzbach: Windisch-Grätz, Gottlieb, in: Ders.: Biographisches Lexikon des Kaiserthums Oesterreich. Enthaltend die Lebensskizzen der denkwürdigen Personen, welche 1750 bis 1850 im Kaiserstaate und in seinen Kronländern gelebt haben, 57. Theil: Windisch-Grätz – Wolf, Wien 1889, S. 49f.

Zach 1798 Franz Xaver von Zach (Hg.): Allgemeine geographische Ephemeriden, Bd. 2: Weimar 1798.

Žanić 2005 Ivo Žanić: The Symbolic Identity of Croatia in the Triangle Crossroads–Bulwark–Bridge, in: Pål Kolstø (Hg.): Myths and Boundaries in South–Eastern Europe, London 2005, S. 35–76.

Ziegler 1996 Karl-Heinz Ziegler: Völkerrechtliche Beziehungen zwischen der Habsburgermonarchie und der Hohen Pforte, in: Zeitschrift für Neuere Rechtsgeschichte 18 (1996), S. 177–195.

Zimmermann 2014 Wolfgang Zimmermann: Ein badisches Nationalmuseum? Die Gründung der großherzoglichen Kunsthalle 1837–1846, in: Regine Hess (Hg.): Bauen und Zeigen. Aus Geschichte und Gegenwart der Kunsthalle Karlsruhe, Bielefeld [u.a.] 2014, S. 46–59.

Zimmermann/Wolf 2017 Wolfgang Zimmermann / Josef Wolf (Hg.): Die Türkenkriege des 18. Jahrhunderts. Wahrnehmen – Wissen – Erinnern, Regensburg 2017.

Zinner 1956 Ernst Zinner: Deutsche und Niederländische astronomische Instrumente des 11–18. Jahrhunderts, München 1956.

Zoss 2010 Emily Zoss: An Ottoman View of the World. The Kitab Cihannüma and its Cartographic Contexts, in: Christiane J. Gruber (Hg.): The Islamic Manuscript Tradition. Ten Centuries of Book Arts in Indiana University Collections, Bloomington 2010, S. 194–219.

Zurfluh 2009 Lukas Zurfluh: »Der ›fließende Raum‹ des Barcelona Pavillons – Eine Metamorphose der Interpretation?«, in: Wolkenkuckucksheim. Internationale Zeitschrift zur Theorie der Architektur 13 (2009). URL: http://www.cloud-cuckoo.net/journal1996-2013/inhalt/de/heft/ausgaben/108/Zurfluh/zurfluh.php (23.07.2017).

Zwiedineck 1898 Hans Zwiedineck von Südenhorst: Windisch-Graetz, Gottlieb Amadeus Graf, in: Allgemeine Deutsche Biographie (ADB), Bd. 43: Wilhelm der Jüngere […] – Wölfelin, Leipzig 1898, S. 416.

Abkürzungen

alb. albanisch
BLB Karlsruhe Badische Landesbibliothek, Karlsruhe
BnF Paris Bibliothèque nationale de France, Paris
bosn. bosnisch
bulg. bulgarisch
dt. deutsch
engl. englisch
GLA Karlsruhe Landesarchiv Baden-Württemberg, Generallandesarchiv Karlsruhe
griech. griechisch
HZA Neuenstein Landesarchiv Baden-Württemberg, Hohenlohe-Zentralarchiv Neuenstein
IdGL Institut für donauschwäbische Geschichte und Landeskunde, Tübingen
ital. italienisch
kroat. kroatisch
lat. lateinisch
montenegr. montenegrinisch
NÖ Landesbibliothek Niederösterreichische Landesbibliothek, St. Pölten
ÖNB Wien Österreichische Nationalbibliothek, Wien
ÖStA Wien, KA Österreichisches Staatsarchiv, Kriegsarchiv, Wien
poln. polnisch
rum. rumänisch
russ. russisch
serb. serbisch
slow. slowakisch
slowe. slowenisch
türk. türkisch
UB Universitätsbibliothek
ukr. ukrainisch
ung. ungarisch

Leihgeber

Bruchsal, Staatliche Schlösser und Gärten Baden-Württemberg
Budapest, Hadtörténeti Intézet és Múzeum, Térképtár
Karlsruhe, Badische Landesbibliothek
Karlsruhe, Karlsruher Institut für Technologie, Instrumentensammlung des Geodätischen Instituts
Karlsruhe, Landesarchiv Baden Württemberg, Generallandesarchiv Karlsruhe
Karlsruhe, Staatliche Kunsthalle
Rastatt, Stadtmuseum
Timișoara, Kartensammlung Dr. Ovidiu Șandor
Tübingen, Institut für donauschwäbische Geschichte und Landeskunde, Tübingen
Tübingen, Kartensammlung Dr. Mathias Beer
Ulm an der Donau, Kultur- und Dokumentationszentrum der Landsmannschaft der Banater Schwaben
Wien, Österreichische Nationalbibliothek, Karten- und Globensammlung

Autorinnen und Autoren

Iris Baumgärtner M.A., Stadtmuseum Rastatt
Dr. Robert Born, Leibniz-Institut für Geschichte und Kultur des östlichen Europa an der Universität Leipzig
Prof. Dr. Pınar Emiralioğlu, Sam Houston State University, Department of History, Huntsville, Texas
Prof. Dr. Andre Gingrich, Universität Wien, Institut für Kultur- und Sozialanthropologie; Österreichische Akademie der Wissenschaften, Institut für Sozialanthropologie
Dr. Johann Heiss, Österreichische Akademie der Wissenschaften, Institut für Sozialanthropologie
Susanne Munz, Institut für donauschwäbische Geschichte und Landeskunde, Tübingen
Prof. Dr. Arno Strohmeyer, Universität Salzburg, Fachbereich Geschichte
Prof. Dr. Zsolt G. Török, Eötvös Loránd Universität Budapest, Abteilung Kartografie und Geografische Informationssysteme
Josef Wolf M.A., Institut für donauschwäbische Geschichte und Landeskunde, Tübingen
Gabriele Wüst, Landesarchiv Baden-Württemberg, Generallandesarchiv Karlsruhe
Prof. Dr. Wolfgang Zimmermann, Landesarchiv Baden-Württemberg, Generallandesarchiv Karlsruhe

Personen- und Ortsregister

Das Personen- und Ortsregister erfasst alle einschlägigen Begriffe der Katalogtexte, nicht aber jene in den Anmerkungen und im Literaturverzeichnis.

Das Ortsregister beinhaltet alle geografischen Namen im erweiterten Sinn, einschließlich aller im Text genannten Quellenbegriffe und fremdsprachigen Formen in zeitspezifischer Schreibweise. Dadurch erfasst das Ortsregister auch einen großen Teil der geografischen Begriffe in den Karten.

Runde Klammern verweisen auf Nennungen der entsprechenden Begriffe an anderer Stelle des Ortsregisters. Von der Aufnahme allgemeiner Begriffe wie Europa, Donau, Donaumonarchie, Habsburgermonarchie, Österreich-Ungarn oder Osmanisches Reich wurde bewusst abgesehen.

Personenregister

A

Aa, Pieter van der 84
Abdu al Fida 102
Abdurrahman Abdi Paşa 115
Abraham a Sancta Clara 127
Adelphus, Johannes 41
Ahmed III., Sultan 278
Alberti, Leon Battista 58
Ali Pascha von Janina 334
Andrássy, Gyula 112
Angeli, Jacopo 57 f.
Angielini, Natale 59, 80
Angielini, Nicolo 59, 80, 380–382
Anguissola, Leander 66, 76
Anne, Königin von Großbritannien 208
Apian, Peter/Apianus, Petrus 58–60, 79
Apian, Philipp 61
Aristoteles 102
Arnavut Abdurrahman Abdi Paşa *siehe* Abdurrahman Abdi Paşa
Arneth, Alfred von 111
Arnold, Heinrich 41
Artaria (Verlag) 73, 225, 229, 232, 330, 344, 348, 370
Artaria, Carlo 225
Artaria, Domenico (II.) 229
Artaria, Ferdinando 229
Artaria, Francesco 225
Artaria, Giovanni 225
Aşik Mehmed 102
August der Starke *siehe* Sachsen, Friedrich August I.

B

Babenberger (Markgrafen und Herzöge) 22
Bach, Alexander von 111
Baden, Bernhard II. der Selige von 41
Baden, Friedrich I. von 52, 390
Baden, Leopold von 51
Baden-Baden (Markgrafen) 44, 50 f., 379–381
Baden-Baden, August Georg Simpert von 50
Baden-Baden, Augusta Maria Johanna von 389
Baden-Baden, Ferdinand Maximilian von 44
Baden-Baden, Franziska Sibylla Augusta von 388 f.
Baden-Baden, Hermann von 44, 238, 381
Baden-Baden, Leopold Wilhelm von 44, 381
Baden-Baden, Ludwig Georg Simpert von 50
Baden-Baden, Ludwig Wilhelm von (Türkenlouis) 44–52, 164, 192, 262 f., 314, 338, 380 f., 388–390
Baden-Baden, Wilhelm von 45
Baden-Durlach (Markgrafen) 44, 51, 379–381
Baden-Durlach, Ernst Friedrich von 27, 43, 388
Baden-Durlach, Georg Friedrich von 381
Baden-Durlach, Gustav Adolf von 44
Baden-Durlach, Karl Friedrich von 387
Baden-Durlach, Karl Gustav von 162, 264, 380 f.
Baeck, Elias, gen. Heldenmuth 47 f.
Bagrow, Leo 56
Barcsai, Ákos 352
Barfus, Hans Albrecht von 262
Barzellini, Jakob 348
Bauer/Baur/Bawr, Friedrich Wilhelm von 88, 90, 209, 370
Bayern, Albrecht V. von 61
Bayern, Maximilian II. Emanuel von 160, 164, 182, 248, 254, 258, 316
Beer, Mathias 10, 384–386
Beethoven, Ludwig van 35
Behaim, Martin 57
Bel/Bél, Matthias/Mátyás/Matej 80
Béla IV., König von Ungarn 156, 251
Bellucci, Antonio 203
Bem, Józef/József 111
Bénard/Besnard, Jacques-François 200
Benczúr, Gyula 112 f.
Bender, Wilhelm 381 f.
Benedicti, Hieronymus 209, 334
Benedikt XVI., Papst 109
Berghaus, Heinrich 55
Berry, William 197, 199, 232
Bertuch, Friedrich Justin 218, 374
Bethlen Gábor/Gabriel 362
Beust, Karl von 51
Bibliander, Theodor 41
Birckenstein, Anton Ernst Burckhard 63
Birken, Sigmund von 142, 144 f., 245
Blaas, Carl von 111
Blaeu, Joan 82, 85, 97, 103–105
Blaeu, Willem Janszoon 72, 138, 140
Blödner/Blödtner/Blodner, Cyriak 272
Böckler, Georg Andreas 380
Bodenehr, Mauritius 240
Böner, Johann-Alexander 185
Bonne, Rigobert 73, 82
Borgsdorff, Ernst Friedrich von 380
Boris III., Zar von Bulgarien 116
Bornemisza (Familie) 360
Borzęcki, Konstanty 111
Böss, Ewald 384, 386
Bouge, Jean Baptiste de 86
Bourguignon d'Anville, Jean-Baptiste 73, 88
Bouttats, Philibert, d. J. 182
Bowen, Emanuel 213
Bowles, John 197, 199, 206
Brâncoveanu, Constantin 88
Brandt, Johann 88
Brant, Sebastian 41
Braun, Georg 245, 304, 306
Briffaut, Étienne 174, 319
Bronovius, Martin 85
Brummett, Palmira 11
Bruzen de La Martinière, Antoine Augustin 136, 167, 171
Burckhard von Birckenstein, Anton Ernst *siehe* Birckenstein, Anton Ernst Burckhard
Busbecq, Ogier Ghislain de 32
Büsching, Anton Friedrich 56, 212
Bushatlliu (Familie) 334
Bussy-Rabutin, Jean-Louis 254

C

Caesius, Guilielmus *siehe* Blaeu, Willem Janszoon
Canivet, Jacques 387
Cantacuzino, Constantin 88, 90
Cantelli da Vignola, Giacomo 82, 85, 92, 350, 354, 357
Cantemir, Antioh Dimitrievici 88
Cantemir, Demetrius/Dimitrie 88
Capellaris, Giovanni Antonio de 84
Capistrano, Giovanni da 113 f., 123
Cappi, Giovanni 225
Caprara, Antonio von 272
Caraffa, Antonio von 248 f.
Carla-Bonifas, Marcellin du 65
Cassini de Thury, César François 387
Cassini, Giovanni Domenico 56, 61, 63 f., 67
Cassini, Giovanni Maria 85
Çelebi, Evliya *siehe* Evliya Çelebi
Çelebi, Katib *siehe* Katib Çelebi
Cellarius, Christophorus 82
Charles II., König von England 197
Chiaro, Antonio Maria del 90
Choiseul-Gouffier, Marie-Gabriel-Florent-Auguste de 210
Chrysoloras, Manuel 57
Ciampini, Giovanni Giustino 350, 352
Claesz, Cornelis 101
Clüver, Philipp 102
Coehorn, Menno 59
Colbert, Jean-Baptiste 61
Colier, Justinus 104
Coligny-Saligny, Jean de 239
Coronelli, Vincenzo Maria 9, 62–64, 72, 84 f., 158–160, 179, 190 f., 350, 352–354, 356
Corvinus, Johann August 272
Covens & Mortier (Verlag) 73, 364
Covens, Johann 364
Cusanus, Nicolaus 85

D

D'Oria/Doria Giovanni 248 f.
Damad Ali Pascha 275
Damkó, József 113 f.
Danckerts, Cornelis (I.) 180
Danckerts, Cornelis (II.) 85, 244, 350, 354, 356 f., 359
Danckerts, Dancker 180
Danckerts, Justus (I) 180, 182, 244
Danckerts, Justus (II.) 354
Danckerts, Theodor (I.) 180, 244 f., 354
Dänemark, Georg von 208
Danet, Guillaume 200, 357
Delisle, Guillaume 73, 75, 84, 92, 194 f.
Demeter, Görög 81
Demirel, Süleyman 120
Descartes, René 61
Deventer, Jakob van 61
Diez, Feodor 51
Dimashki, Ebubekir 97, 103 f., 106
Doppelmayr, Johann Gabriel 74, 203
Dünewald, Johann Heinrich von 256

Dupain de Montesson, Louis Charles 66
Dupain-Triel, Jean-Louis 65
Duval, Pierre 73, 159

E

Ebschelwitz, O. F. siehe Öbschelwitz, O. F.
Ebu Bekir ibn Behram ed-Dimashki siehe Dimashki, Ebubekir
Eckert, Max 55
Edler von Brognard, Wenzel 76
Eisenhut, Ferenc 112
Emre, Yunus siehe Yunus Emre
Endter, Martin 185
Eötvös, József 112
Erasmus von Rotterdam 41
Erdödy (Familie) 303
Ertel (Firma) 387
Esterházy (Familie) 146
Evliya Çelebi 338 f.

F

Faden, William 213, 215
Faulhaber, Johann Matthäus 380
Fazil Mustafa Pasha 106
Felßecker, Adam Jonathan 291
Fer, Nicolas de 72, 86, 200, 350, 354, 357, 359, 365
Ferdinand I., Kaiser 30, 150, 303
Ferdinand III., Kaiser 140
Fischer, Johann Georg 154
Fischer, Theobald 74
Flinders, Matthew 218
Flurer, Johann Christoph 42
Foucherot, Jacques 209
Franco, Francisco 22
Franga, Anton 115
Franz, Johann Michael 66
Freschot/Fraischot, Casimir/ Freschotto, Casimiro 363
Fried, Franz 90
Friedrich II., der Große, König von Preußen 65
Furlanetto, Ludovico 84

G

Galilei, Galileo 61
Galland/Gallant, Antoine 100, 158
Gaspari, Adam Christian 218
Gastaldi, Giacomo/Jacopo 79, 82, 91
Gaszner, Lorenz/Lőrincz 80
Gemma Frisius, Rainer 59
George II., König von Großbritannien 197
George III., König von Großbritannien 213
Glaser, Lajos/Ludwig 382
Gönczy, Pál 81
Gonzaga, Annibale/Hannibal von 296, 302, 381

Gonzaga-Nevers, Ferdinando Carlo von (Herzog von Mantua) 162
Gottschling, Caspar 56
Götze, Johann August Ferdinand 218
Gregor XIII., Papst 36
Gregorii, Johann Gottfried 56
Greischer, Matthias 146, 310, 312
Griselini, Francesco/Franz 88, 347, 349
Gritti, Aloisio 352
Grünthal, Wolfgang Ludwig von 246, 381
Gül Baba 113
Gurk, Eduard 35
Güssefeld, Franz Ludwig 88

H

Halley, Edmond/Edmund 65, 171
Hamdallah Mustaufi 102
Hannenstein, Johann Philipp 156
Harley, Brian 56
Harrach von Rohrau, Ferdinand Nepomuk von 293
Harrach, Johann Joseph Philipp von 222 f.
Harrison, John 67
Hase, Johann Matthias 73
Haselberg, Johann 39 f.
Hasslingen, Heinrich Tobias von 262
Hauber, Eberhard David 56
Haydn, Joseph 35
Hendl, Leopold 256
Herzog, Placidus 123
Hevenesi, Gabriel/Gábor 80
Hirschvogel, Augustin 82
Hoefnagel, Joris siehe Hufnagel, Georg
Hogenberg, Franz 245, 304
Hohenlohe-Neuenstein, Wolfgang Julius von 238 f.
Hollstein, Johann Friedrich 84
Holstein-Sonderburg, Georg Christian von 262
Homann (Verlag) 73, 84, 203, 291, 316, 326, 328 f.
Homann, Johann Baptist 73, 75, 203, 205, 316, 365, 367
Hondius, Henricus 101
Hondius, Jodocus 100–102
Hondius, Jodocus d. J. 72, 101
Honterus, Johannes 58, 85
Hooghenbergh, Frans siehe Hogenberg, Franz
Horthy, Miklós 113 f., 116
Hufnagel, Georg/Houfnaglius, Georgius 304
Hunedoara, Iancu de siehe Hunyadi, János/Johannes
Huntington, Samuel P. 26
Hunyadi, János/Johannes 113, 116 f., 282, 360
Hunyadi, Mátyás siehe Mathias Corvinus, König von Ungarn

Huszár, Mátyás/Matthias 77, 80

I

Ibrahim Müteferrika 103 f.
Ihlas, Mehmed 101
Innozenz XI., Papst 128, 246
Innozenz XII., Papst 160
Islenief/Isleniev, T. R. 209

J

Jaillot, Alexis-Hubert 73, 85, 159 f., 197, 206
Jamaigne, … de 152
Jan/Johann III. Sobieski, König von Polen 36, 112, 115, 126, 160
János Szapolyai/Johann Zápolya, König von Ungarn 338, 352
Jans(s)onius, Jan/Johann(es)/Janszoon 85, 305
Janssonius, Guilielmus siehe Blaeu, Willem Janszoon
Jeney, Ludwig Michael/Mihály Lajos von 81, 86
Jode, Gerard de 60, 74, 82, 85, 91
Johannes Paul II., Papst 115
Joseph I., Kaiser 160
Joseph II., Kaiser 67, 125, 292
Juvigny, Charles Joseph 252, 254, 310, 312 f.

K

Kaiser, Friedrich 52
Kapiji Pascha 84
Kara Mahmud Pascha 334
Kara Mustafa Pascha 240
Karácson, Imre 112
Karl V., Kaiser 127
Karl VI., Kaiser 159, 272, 278, 284, 342
Karl XI., König von Schweden 380
Karl XII., König von Schweden 199
Katharina II., Zarin 290
Katib Çelebi 97, 100–104, 106
Kauffer, François 209
Keller, Ferdinand 51 f., 390
Keppel, George Thomas 74
Kerekes, Sámuel 81
Khevenhüller/Khewenhüller, Ludwig Andreas von 319, 324
Kilian, Philipp 44
Kin(g)sbergen, Jan Hendrik 210
Kinsky, Franz Ulrich von 270 f.
Kipferling, Karl Joseph 86, 374 f.
Kisari Balla, Györgi 382
Kisfaludy, Károly 111
Kiss, Gabriel/Gábor 80
Kiss, Josef/József 80
Kitchin/Kitchen, Thomas 73
Kogutovicz, Emanuel Thomas/ Kogutowicz, Manó 81
Kollonitsch, Leopold Karl von 254 f.
Kolumbus, Christoph 57

Konstantin, Kaiser (Konstantin der Große) 199, 201
Köprülü Fâzıl Ahmed Pascha 239
Köprülü, Mustafa siehe Mustafa Köprülü
Korabinszki/Korabinszký, Johann Matthias 81
Kossuth, Lajos 110
Krafft, Peter 110
Krieger, Sámuel 80
Krompotič, Louis 382
Krünitz, Johann Georg 56
Kues, Nikolaus von siehe Cusanus, Nicolaus

L

L'Huilier, [Jean?/Ioannes?] 350
La Hire, Philippe de 56, 63
Ladislaus/Ulászló I., König von Polen siehe Władysław III. Warneńczyk
Lagrange, Joseph-Louis 56
Lajos I. Nagy siehe Ludwig I., König von Ungarn und Kroatien
Lambert, Johann Heinrich 67
Landerer, Ferdinand 66
Lang, Mauritius/Moritz 184
Lauterer, Ignaz von 76
Lazarus [Secretarius]/Lázár titkar 74, 79
Lazius, Wolfgang 41, 74, 79, 85, 352
Lea, Philip 206, 208
Lefebvre, Henri 10 f.
Lehmann, Johann Georg 65, 92
Leopold I., Kaiser 44, 123, 128, 144 f., 160, 185, 240, 270
Lerch, Johann Martin 35, 310, 312
Lidl, Johann Jakob 220, 222–224
Liebenberg, Johann Andreas von 125
Liechtenstern, Joseph Max von 81
Liesganig, Joseph 64
Lietzner, Karl/Károly 80
Lipszky, Johann/Ján/János 81, 347
Loon, Herman van 200, 357
Lorenzo, Christoph de 77
Löschenkohl, Hieronymus 123
Lothringen, Franz von 293
Lothringen, Karl V. von 156, 254, 262, 312, 339
Lotter, Tobias Conrad 73
Louis Philippe, König von Frankreich 389
Lowitz, Georg Moritz 66
Lucini, Antonio Francesco 363
Ludwig I., König von Ungarn und Kroatien (Ludwig I. von Anjou) 156
Ludwig XIV., König von Frankreich 45, 61, 63, 270
Ludwig/Lajos/Ludvik/Ludovik II. Jagellonský, König von Ungarn und Böhmen 111, 199
Luther, Martin 25

Lutsch von Luchsenstein, Stephan 86, 88
Luxemburgi Zsigmond *siehe* Sigismund von Luxemburg, Kaiser

M

Madeyski, Anton 116
Mahmud Raif Efendi 213
Maire, François Joseph 209, 334
Malte-Brun, Conrad 55
Manuel II. Palaiologos, Kaiser 109
Maria Theresia, Kaiserin 150, 228
Marinoni, Johann Jakob 66
Marsigli, Luigi Ferdinando 11 f., 15, 65, 74 f., 77, 79 f., 84, 97–100, 106, 136, 167 f., 170 f., 173, 176, 194, 203, 205, 224, 268, 270 f., 275
Martellus Germanus, Henricus 79
Márton, József 81
Mathias Corvinus, König von Ungarn 157
Maximilian I., Kaiser 41
Maximilian II., Kaiser 85
Maximos Planudes *siehe* Planudes, Maximos
Mayer, Tobias 66 f.
Mayer, Ute 126
Mehmed II., Sultan 36
Mehmed Pascha 334
Meier, Christian 123
Mercator, Gerhard 55, 60, 72, 85, 100–102, 352
Mercy, Claudius Florimund von 88, 256, 278, 284, 319, 346
Merian, Matthäus 150, 245
Mikoviny/Mikovini, Sámuel 80
Milošević, Slobodan 36, 119
Mitchell, William T. 11
Mollo, Tranquillo 225
Montecuccoli, Raimondo 75, 235, 238 f., 380 f.
Mortier *siehe* Covens & Mortier (Verlag)
Mortier, Cornelis 364
Mortier, Pierre/Pieter (I.) 158, 160, 364
Mościcki, Ignacy 116
Mozart, Wolfgang Amadeus 21, 33
Muelich, Johann Adolf *siehe* Adelphus, Johannes
Müller, Eugen von 381
Müller, Franz 225, 330, 370
Müller, Ignatz 80, 88
Müller, Johann Christoph 12, 16, 65, 75, 79 f., 84, 86, 106, 167, 171, 176, 184, 203, 205, 268, 270
Müller, Ludwig 65
Münster, Sebastian 39–42, 59 f., 72, 74 f., 85
Murad II., Sultan 316
Murad III., Sultan 26
Murad IV., Sultan 140

Murad Paşa *siehe* Bem, József
Mustafa Celâleddin Paşa *siehe* Borzęcki, Konstanty
Mustafa Köprülü 44, 51 f., 263, 390
Mustafa Pascha 334

N

Napoleon I., Kaiser 67 f., 229, 232
Newton, Isaac 67
Nolin, Jean-Baptiste 84, 159 f., 190
Nordmann, A. P. H. 229
Notaras, Chrysanthos 88
Nunzer, Engelhard 33
Nypoort/Nyport/Nieuport, Justus van der 252, 254

O

Öbschelwitz, O. F. von 92
Obser, Karl 381
Oehme, Ruthardt 382
Oettingen, Wolfgang von 271
Oettingen-Wallerstein, Wolfgang IV. von 33
Olahus, Nicolaus 191
Orléans, Louis I. de 389
Ortelius, Abraham 60, 72, 79, 82, 85, 91, 102
Ortutay, Gyula 119
Osolsobie, Johann 35
Österreich, Andreas von 42
Österreich, Ferdinand II. von 42
Ottens, Frederik 136, 284
Ottens, Joachim 136, 284
Ottens, Joshua/Josua 136, 182, 195, 284
Ottens, Reinier 136, 182, 195, 284
Öttinger, Johann Friedrich 326, 328
Ozanam, Jacques 66

P

Paar (Familie) 228, 233
Palmer, Richard 206, 208
Pare, Giovanni 363
Pausanias, König von Sparta 199
Petneházy, Dávid 112
Petrich, Soma Orlai 111
Petrović Njegoš (Familie) 334
Peyssonnel, Claude-Charles 211
Pfalz, Elisabeth Charlotte von der 389
Pfinzing, Paul 60
Picard, Jean 56, 63 f.
Piccolomini, Enea Silvio *siehe* Pius II., Papst
Piłsudski, Józef 115
Pinto, F. 324
Piri Reis 102
Pitt, Moses 85
Pius II., Papst 41, 109
Planudes, Maximos 57
Plettner, Cyriak *siehe* Blödner Cyriak
Porta, Cesare 306

Praetorius, Johannes 61
Predtscheider, Johann Conrad 314, 360
Prokesch von Osten, Anton 35
Ptolemäus, Claudius 56–58, 61, 68, 72, 74 f., 79, 82, 85, 314

Q

Quiquerez, Ferdinand 113
Qushji, Ali 104

R

Rad, Caspar 276
Rákóczi, Franz/Ferenc II. 110
Rau, Susanne 11
Razi, Amin Ahmad 102
Reicherstorffer, Georg von 85
Reilly, Franz Johann Joseph von 73, 86
Reimann, G. G. 73
Rheticus, Georg Joachim 59
Ricaut/Rycaut, Paul 16
Riccioli, Giovanni 61
Richer, Jean 67
Rimpler, Georg 240
Ritter von Pasetti, Florian 77
Ritter, Carl 55, 73
Rizzi Zannoni, Giovanni Antonio Bartolomeo 84, 88, 209
Robert de Vaugondy, Gilles 159
Rödel, Volker 10, 382
Röder von Diersburg, Philipp 52, 381
Rosselli, Francesco 58
Rossi, Domenico de 357
Rossi, Giovanni Giacomo de 84, 350, 357
Rouillé du Coudray, Hilaire 190
Rudolf II., Kaiser 306
Ruscelli, Girolamo 82
Rustem Pascha 249

S

Sa'deddin, Hoca 102
Sachsen, August von 61
Sachsen, Friedrich August I. von 340
Sagredo, Giovanni 16
Said, Edward 10
Salazar, António di Oliveira 22
Sambucus, Johannes 79 f., 82, 85, 352
Sandler, Christian 56
Sándor, Josef/József 80
Şandor, Ovidiu 10, 384–386
Sandrart, Jacob von 142, 144
Sandrart, Joachim von 144
Sanson, Adrien 159
Sanson, Guillaume 72 f., 158–160, 184, 197, 206, 357, 364
Sanson, Nicolas der Ältere/Sanson d'Abbeville, Nicolas 72, 75, 85, 92, 159 f., 197, 206, 352, 364
Sanson, Pierre Moulard 159
Santarém, Manuel Francisco de 55

Santini, Paolo 84
Savoyen-Carignan, Eugen von 23, 30, 36, 66, 111, 126, 223, 254, 272, 274–276, 278, 282, 284, 316, 319
Sax, Johann 344, 347, 349
Schäfer, Alfons 382
Schalbacher, Philipp Joseph 348
Scharfenstein, Julius Friedrich 291
Scheda, Joseph von 73
Schenk *siehe* Valck & Schenk (Verlag)
Schickard/Schickhardt, Wilhelm 59, 61
Schimek, Maximilian Wenzel 84, 288
Schlick, Leopold von 271
Schlözer, August Ludwig 9
Schmalkalder, Samson 162, 264, 380 f.
Schmettau, Friedrich Carl von 65
Schmid, Sebastian 60
Schmid/Schmidt, Jakob Friedrich 88, 370
Schmutzer, Johann Adam 324
Schöner, Johannes 60
Schrämbl, Franz Anton 73, 288, 348, 370
Schulte, Aloys 381
Schütz, Carl 330, 370
Schütz, Johann 49, 50
Schwanthaler, Matthias 123
Schwantz von Springfels, Friedrich 88
Schwathe, Hans 127
Senacherib, König von Assyrien 129
Senefelder, Alois 68
Sengre, Henri 75
Seutter, Matthias/Matthäus 73, 84, 86, 194, 316, 328, 342 f.
Sgrooten/s'Grooten, Christian 74, 76
Sigismund von Luxemburg, Kaiser 150, 157
Silbernagel, Johann 125
Šimek, Maximilián Václav *siehe* Schimek, Maximilian Wenzel
Škorpil, Hermengild/Hermann 115
Škorpil, Karel 115
Snell, Willebrord 59
Sobieski, Johann III. *siehe* Jan/Johann III.
Solÿman I., Sultan *siehe* Süleyman I., Sultan
Somer/Someren/Sommer, Matthäus/Matthias van/von 236, 238
Sotzmann, Daniel Friedrich 73
Souches, Karl Ludwig von 262
Spaia, Franciscus 322, 324
Sparr de Benstorf, François Nicolas 76
Specht, … 92
Specklin, Daniel 59, 380 f.
Speed, John 85
Sporck, Johann von 239
Ssicha, Lucas Georgius 150
Stampart, Frans van 33

Starhemberg, Ottokar Franz Jakob von 284
Steinbach, Leopold (von) 123
Stella, Tilemann 60
Stier, Martin 80, 184, 186 f., 296, 299, 302, 382
Stöffler, Johannes 59
Süleyman I., Sultan (Süleyman der Prächtige) 31, 39, 119 f., 127, 199, 316
Süleyman Pascha 254
Sulzer, Franz Joseph 209
Suttinger, Daniel 240 f.
Székely, Bertalan 111

T

Takáts, Sándor 112
Tannstädter, Georg 79
Tauferer, Siegfried von 76
Teleki, Pál 382
Terrey, Thomas 206
Than, Mór 111
Thurn und Taxis (Familie) 228 f., 232
Thury, József 112
Tielke, Johann Gottlieb 65
Todorova, Maria Nikolaeva 10, 74
Torricella, Christoph 123
Tott, François von/Tóth, Ferenc 210
Trajan, Kaiser 166, 173
Tralage, Jean-Nicolas du (Sieur de Tillemon) 190
Traux, Maximilian de 73, 229
Trefort, Ágoston/August 112
Turcsányi, Soma 111
Türkenlouis siehe Baden-Baden, Ludwig Wilhelm von
Tusi, Naṣir-al-Din 104

U

Uhlich, Gottfried 123
Ungnad, David 32

V

Valck & Schenk (Verlag) 85
Valle, Giovanni 84
Valvasore, Andrea 79
Vámbéry, Ármin 112
Vanloo, Herman siehe Loon, Herman van
Vásárhelyi, Pál 77
Vauban, Sébastien Le Pestre de 59, 155
Vernon, Francis 210
Vespucci, Amerigo 57
Veterani, Friedrich Ambrosius von 338 f.
Vischer, Georg Matthäus 146, 149
Visconti, Giovanni Morando 86, 92, 164, 166, 192, 260, 266 f., 314, 338 f., 360, 375
Visscher, Nicolas 72
Vitruv 58

Vlad der Pfähler siehe Walachei, Vlad III.
Vogelsang, Gerhard von 307

W

Waghenaer, Lucas Janszoon 60
Walachei, Vlad III. 39
Waldeck, Georg Friedrich von 239
Waldeck, Karl August von 329
Waldseemüller, Martin 57 f., 82
Weber, Helmut 382
Weech, Friedrich von 381
Weigel, Christoph 380
Weigel, Johann 82
Weiß, Johann Conrad 86
Welzer, Stephan 314, 360
Wenzely, Anton von 81, 86
Willading, Jean/Johann 236, 238 f.
Wilson, Henry 73
Windischgrätz, Gottlieb/Amadeus von 144
Winkler, Johann Christoph 344, 349
Wit, Frederik de 136, 182
Władysław III. Warneńczyk, König von Polen 111, 115 f.
Wolf, J. 380
Wolff, Jeremias 194, 272, 316, 342
Wolff, Larry 9, 11
Woodward, David 56
Württemberg, Karl Alexander von 274–276
Wussin, Joseph 81

X

Xerxes, König von Persien 129

Y

Yunus Emre 21
Yurdanur, Metin 119

Z

Zadravecz, István 113
Zavoreo, Francesco 84
Zeiller, Martin 245
Zell, Christoph 40
Zeune, Johann August 74
Ziegler, Jakob 79
Zrinski/Zrínyi, Nikolaus/Miklós/Nikola 36, 110, 119 f.
Zsámboky, János siehe Sambucus, Johannes
Zündt, Matthias 85

Ortsregister

A

Aachen (Aix la Chapelle) 232
Abchasien/Abkhasia 213
Ada Kaleh (aṭa ḳalʿe, Carolineninsel, Inselfestung, Insula Carolina, Isola al disotto d'Orsoua, Neu-Orschowa,

New Orsowa, Orşova Nova) 164, 166, 171, 174, 176, 186, 205, 212, 215, 281, 286, 328 f., 348
Adrianopel siehe Edirne
Adriatisches Meer 25, 28, 36, 72, 82, 84, 184, 186, 223, 266, 290, 299, 301, 329, 332
Afrika 30, 41, 63, 98, 101, 104
Ägäisches Meer 72, 104, 170, 223, 267
Agram/Agria siehe Zagreb
Agria siehe Eger
Aix la Chapelle siehe Aachen
Alba Graeca siehe Belgrad
Alba Iulia (Albe Jule, Apulum, Gyula Feyrwar, Karlsburg, Veÿßenbourg, Weissemburg, Weißenburg) 352, 359 f., 363
Alba Regalis/Alba Regia Regina siehe Székesfehérvár
Albanien/Albania/Albanie 15, 84, 110, 116, 170, 192, 195 f., 200, 208, 212, 215, 224, 266 f., 290, 319, 330, 332–335
Albanus Mons siehe Alpen
Albe Jule siehe Alba Iulia
Alben/Albius Mons siehe Alpen
Aleppo 98
Alföld siehe Ungarische Tiefebene
Alibonar Marast 332
Allemagne siehe Deutschland
Allion Berg 348
Almăj/Almas/Almasch (Țara Almăjului) 271
Alpen/Alpes/Alpi Giulie (Albanus Mons, Alben, Albius Mons, Julijske Alpe, Julische Alpen) 140, 170, 191, 202, 224, 332 f.
Alt siehe Olt
Alte Bega siehe Bega
Altenburg siehe Mosonmagyaróvár
Altland siehe Țara Oltului
Alt-Moldova siehe Moldova Veche
Alt-Ofen siehe Budapest
Alt-Orschowa siehe Orşova
Alt-Slankamen siehe Slankamen
Aluata/Aluta siehe Olt
Amerika/America 57, 104 f., 213
Amselfeld siehe Kosovo Polje
Amsterdam/Amstelodami 12, 22, 55, 72 f., 75, 79, 82, 85, 88, 92, 99, 140, 158, 160, 180, 194, 244, 284, 354, 364
Anatolien/Anadoli 98, 101, 104 f., 213
Andre Insula siehe Szentendre
Anglia siehe England
Antwerpen 60, 74, 76, 91, 304
Apatin/Apati 313
Apoldu de Jos (Kleinpold, Niderspold) 352
Apoldu de Sus (Großpold, Oberspold) 352

Apulum siehe Alba Iulia
Arad (Arrath) 270, 276 f., 293, 359
Aranka 341
Arbe Isola siehe Rab
Arcavia (Arxavia) 375
Argentaro Gebirg siehe Balkangebirge
Argisch Chiesa siehe Curtea de Argeş
Ärmelkanal 244
Arnheim 103
Arpatarro Mons siehe Fruška Gora
Arrath siehe Arad
Arx Vulpianum siehe Oradea
Arxavia siehe Arcavia
Asien 30, 41, 63, 104 f., 112, 129, 135, 200, 213
Asow siehe Azov
Asowsches Meer (Maeotische Sümpfe) 72
Assen 160
Assyrien 129
Astrachan 213, 290
Aṭa Ḳalʿe siehe Ada Kaleh
Augsburg/Augusta Vindelicorum 16, 29, 63, 72, 84, 86, 92, 184, 194, 203, 276, 316, 328, 342, 344
Australien/Austral Lande (Terra Australis) 218
Avasalcent/Avasalcewil Mons 202, 367
Azak siehe Azov
Azoren 232
Azov (Asow, Azak) 222, 380

B

Babia Gora 170
Bačka/Bacensis Regio/Bacosensis Regio Bacska/Baczka siehe Batschka
Bad Radkersburg (Radkersburg) 148
Baden 42, 52, 363, 380–382
Baden-Baden (Markgrafschaft) 45, 380
Baden-Baden (Stadt) 47–50
Baden-Durlach 42, 47
Baden-Württemberg 46, 382–384
Bago siehe Pag
Baia Mare (Nagibania, Nebania, Neustadt, Neustat, Nogibaia) 352, 359
Baja 176, 250
Bajana siehe Bojana
Bakony hegység/Bakonyer Wald/Bakonyerdő 161, 202
Balaton (Plattensee) 80, 148, 161, 187
Balkan 9–11, 15, 17, 25, 72–74, 82, 91 f., 98, 104 f., 112, 145, 161, 163 f., 170, 173, 180, 182 f., 192, 195 f., 205, 208, 215, 222–224, 235, 266 f., 306, 314, 333, 335, 338, 382
Balkangebirge (Argentaro Gebirg, Emmeh Dag, Haemus Mons, Mont Argento ou de Costegnas, Montagna dell' Argento, Monte Argentaro, Monts Constegnaz ou Balkan, Stara

PERSONEN- UND ORTSREGISTER 413

planì'na) 74, 140, 145, 161, 168, 173, 177, 183, 187, 193, 201, 208, 212 f., 224, 266, 281, 329, 333, 371
Banadego (Banovina) 186
Banat/Banat von Lugosch und Karansebesch (Banatul de Lugoj-Caransebeș, Banatul Timişoarei, Banatus Lugosiensis et Caransebesiensis, Banatus Temesvariensis, Temesi Bánság, Temeschwarer Banat, Temeswarer Banat, Temišvarski Banat, Vlasca, Vlaška) 11, 12, 14 f., 17, 73, 84–86, 88, 149, 161, 166 f., 170, 174–177, 183, 186, 191 f., 196, 205, 209, 212, 215, 219, 223, 228, 233, 258, 270 f., 278, 281–284, 286, 290 f., 293, 295 f., 299, 317–319, 321, 324, 328 f., 332 f., 337, 340, 342, 344, 346–349, 352, 370, 375, 384–386
Banater Bergland 186, 191, 224
Banatska Palanka (Neupalanka, Nova Palanka, Új-Palánka, Ujpalanka, Vipalanka) 166, 176, 222, 280 f., 291, 293, 328 f., 346
Banatul de Lugoj-Caransebeș *siehe* Banat
Banatul Timişoarei *siehe* Banat
Banatus Lugosiensis et Caransebesiensis *siehe* Banat
Banatus Macsvensis *siehe* Mačva
Banatus Temesvariensis *siehe* Banat
Banja Luka/Banialuca (Campus Banialuca) 212, 222, 319, 328 f.
Banovina *siehe* Banadego
Baranja (Branau) 251
Baranyavár (Bonngovar, Branjin Vrh) 250
Barczaság/Barzazagh *siehe* Țara Bârsei
Barkan *siehe* Štúrovo
Bas Sale 161
Basel 39, 41, 60, 75, 85
Batschka (Bačka, Bacensis Regio, Bacosensis Regio, Bácska, Baczka) 167, 170, 187, 191 f., 202, 205, 219, 224, 233, 290, 321, 329
Batschka-Kanal (Franzenskanal, Veliki bački kanal) 80
Beczkerek *siehe* Zrenjanin
Bega/Beege/Begheiul Vechi/Beghe/ Beghei/Beghej/Beghi/Beghy (Alte Bega, Stari Beghej) 88, 271, 276, 280, 291, 329, 332, 340 f., 343, 347, 380
Bega-Kanal 291, 333, 347
Belgien 10
Belgrad/Belgrade/Belgradum (Alba Graeca, Beograd, Bove Stad, Griechisch-Weissenburg, Griegises Weisenburg, Nándorfehérvár, Oberstadt, Raitzen Voor Stad, Wasserstadt, Water Stad) 12, 17, 28, 30 f., 75, 98, 113 f., 144–146, 158, 162–164, 166, 175–177, 182 f., 186, 192, 198, 205, 208, 212, 215, 244, 246, 257–259, 263, 270, 272, 275 f., 280, 282–284, 286, 290, 293, 314–316, 318, 328 f., 338 f., 342, 380 f.
Bender (Tekin, Tighina, Tigina) 199, 202, 212, 222
Beograd *siehe* Belgrad
Beresan-Liman 212
Berettyó 80
Berlin 10, 52, 55, 72 f., 112
Beskiden/Beskidy Lesiste *siehe* Karpaten
Bessarabien/Bessarabia 88, 90, 160, 180, 183, 191, 196, 199, 202, 208, 288, 290, 370 f.
Betschkerek/Betschkeret/Betz *siehe* Zrenjanin
Beyoğlu (Galata, Karaköy, Pera) 201
Bidischer Morast 347
Biele Karpaty *siehe* Karpaten
Bihać (Bihatsch, Wihats, Wihatsch, Wihaz, Wihitsch) 222, 307, 321, 328
Biharer Gebirge *siehe* Munții Bihorului
Bihatsch *siehe* Bihać
Biled/Billed (Piliet) 346
Biokovo-Gebirge 299
Bior 192
Bissina 91
Bistrița/Bistritz/Bistritza 371, 374
Biyugdaschi Gebirg 333
Bjelovar 325
Bocche di Cattaro *siehe* Boka kotorska
Bodensee 39
Bodrog 187, 191, 205
Bogdan *siehe* Moldau
Böhmen 30, 101, 110, 115, 380
Bojana (Bajana, Pojana) 333, 335
Boka kotorska (Bocche di Cattaro, Buccari, Bucarÿ) 301, 334
Bolgárszeg *siehe* Brașov
Bologna 58, 61, 97, 357
Bonngovar *siehe* Baranyavár
Borgo-Pass *siehe* Pasul Bârgăului
Bortzen Land *siehe* Țara Bârsei
Bosnien/Bosna/Bosnia/Bosnie (Regnum Bosniae) 22 f., 82, 84, 111 f., 149, 160 f., 168, 170, 174, 180, 186, 191 f., 195–197, 200, 205, 208, 215, 223 f., 256, 266, 283, 288, 290, 299, 306, 319, 321, 324–326, 328–330, 333
Bosporus/Bosphore 30, 39, 158, 196, 200 f., 211
Bosut 325
Botzauer Pass *siehe* Pasul Buzău
Bove Stad *siehe* Belgrad
Brăila/Brailla (Ibraila) 90, 176, 192, 212, 223, 370

Branau *siehe* Baranja
Branjin Vrh *siehe* Baranyavár
Brașov/Brassau/Brassó/Brassow (Bolgárszeg, Corona, Coronopolis, Cron, Cronstat, Fors. Praetoriae Augustae, Kronstadt, Șchei, Stephanopolis) 58, 85, 149, 196, 270, 352, 359 f., 362, 375
Brassovia *siehe* Cetatea Brașovia
Bratislava (Posen, Pozsóny, Pressburg) 80, 146, 150, 152 f., 191, 196, 203, 208, 244, 255, 278, 364
Brazió *siehe* Brașov
Breg (Brige) 136, 160
Breisgau 41 f.
Brezovica (Preßowitza) 298
Brigach 136
Brige *siehe* Breg
Brigitten-Insel (Sankt Brigithe Insula, Sprigitae Insula) 177, 321
Britische Inseln *siehe* Großbritannien
Brod/Brodt *siehe* Slavonski Brod
Broos *siehe* Orăștie
Bucak *siehe* Budžak
Bucarÿ/Buccari *siehe* Boka kotorska
Budapest/Buda (Alt-Ofen, Ó-Buda, Ofen, Pest, Wasserstadt) 35, 39, 41 f., 44, 47, 63, 74, 79, 81, 98, 111–115, 120, 141, 149, 156, 161, 171, 176, 183, 186, 197, 202, 205, 208, 244–250, 254, 265, 270, 304, 306, 312, 381 f.
Budschak *siehe* Budžak
Budschaker Tartarei *siehe* Tatarei
Budžak/Budziack/Budziak (Bucak, Budschak, Bugeac) 183, 199, 202, 208, 215, 290
Bug 202, 209, 212
Bugeac *siehe* Budžak
Bukarest 223, 225, 229, 375, 385
Bukowina/Bukovine/Bukowine 15, 71, 90, 215, 288, 370, 374
Bulgarien/Bulgaria/Bulgarie 25, 85, 91 f., 111, 115, 118, 160, 170 f., 176, 180, 186, 191 f., 196 f., 200, 208, 215, 223, 266, 281, 290, 328–330, 333, 363, 370 f.
Buna 212, 335
Burceland/Burczland *siehe* Țara Bârsei
Burgenland 239
Burglos *siehe* Dej
Bürlasch Berg 375
Burzenland *siehe* Țara Bârsei
Butschetsch Bajul *siehe* Munții Bucegi
Buzău-Pass (Porta Busa) 224, 375
Byzanz/Byzantium 25, 124, 158, 182, 199

C
Cabarda 213
Čačak (Chatchek) 328
Câineni (Kineen) 375

Čakovec (Zackovatz) 307
Călărași 161, 224
Callicien *siehe* Galizien
Čalokez *siehe* Schütt-Insel (Große Schütt-Insel)
Camenița *siehe* Kameniec
Camerno Mons 321
Campo Formio 85
Campo Longo Moldaviae *siehe* Câmpulung Moldovenesc
Campo Longo Ruthenorum *siehe* Ruthenisches Langental
Câmpulung Moldovenesc (Campo Longo Moldaviae, Moldauer Langental) 205, 224
Câmpulung/Campolongu (Langenau, Langenow) 352, 356
Campus Banialuca *siehe* Banja Luka
Campus Magnus Kupres *siehe* Kupreško polje
Campus Maxon/Campus Marons (Champ Maxon, Marocz Feld, Maxons L.) 191
Campus Merlinius Cassovius *siehe* Kosovo Polje
Campus Yasenitza *siehe* Jasenica
Candia *siehe* Kreta
Canischa/Canysa *siehe* Nagykanizsa
Capella Mons/Capello Berg *siehe* Kapela-Gebirge
Carabauia *siehe* Krbava
Caransebeș (Karansebesch) 85, 145, 177, 280 f., 293, 352
Caraș (Karaš, Karasch, Karaschowaer Gespanschaft) 166, 186
Carintia *siehe* Kärnten
Carlowitz/Carlowiz *siehe* Sremski Karlovci
Carlstadt *siehe* Karlovac
Carnia/Carniolia *siehe* Krain
Carolineninsel *siehe* Ada Kaleh
Carpates Mons/Carpații Orientali/ Carpații Păduroși *siehe* Karpaten
Caschau/Cashaw *siehe* Košice
Casimcea (Cavasoviens) 196
Caucasus *siehe* Kaukasus
Cavasoviens *siehe* Casimcea
Cenad (Chonad, Comitatus Csanadiensis, Csanád, Schonat, Tschanad) 205, 223, 276, 340
Cenei (Csene, Tschene) 280, 341
Cerknikško jezero (Circknitzer See, Cirgnizer See, Zirknitzer See) 299, 332
Cerna (Cernez, Cserna, Czerna, Tscherna) 166, 173, 212, 281, 286, 293, 347, 375
Cernăuți *siehe* Černivci
Cerneți (Czernez) 192
Cernez *siehe* Cerna
Cernik *siehe* Czernik

Černivci (Cernăuți, Czarnowice, Czernowitz) 356
Česma (Czaschma) 298
Cetad siehe Lenauheim
Cetatea Brașovia (Brassovia, Cetățuia) 362
Cetatea de Baltă (Kokelewar, Kokelsburg) 356, 359
Cetatie siehe Lenauheim
Cetățuia siehe Cetatea Brașovia
Cetina 161
Cetinje 161
Chalokewz siehe Schütt-Insel (Große Schütt-Insel)
Champ Maxon siehe Campus Maxon
Chatchek siehe Čačak
Cherso siehe Cres
Cherson siehe Krim
Cherson (Stadt) siehe Herson
Chilia (Keli ou Septentrionale, Kilia) 176 f., 183, 202, 371
China 61
Chioar siehe Köwar
Chiustange vel Proslaviza/Chiustenge als Prostauicza siehe Constanța
Chonad siehe Cenad
Chotiń/Chozyn siehe Hotinj
Chyck 356
Chymesch-Pass siehe Pasul Ghimeș
Cibin (Zibin) 260
Cibinio siehe Sibiu
Ciclova Montană (Tschiklowa) 348 f.
Circassia siehe Zirkassien
Circknitzer See/Cirgnizer See siehe Cerkniško jezero
Ciuc (Csík) 170
Claudiopolis siehe Cluj-Napoca
Claudius Mons 191
Clausenbourg siehe Cluj-Napoca
Clina siehe Glina
Clisura Dunării (Klissur, Klisura) 149
Cluj-Napoca/Closwar (Claudiopolis, Clausenbourg, Klausenburg) 183, 304, 352, 359, 374
Coimbra 102
Colapis/Colapivs siehe Kulpa
Collassin siehe Kolašin
Colocza siehe Kalocsa
Colonia siehe Cotnari
Comitatul Hunedoara siehe Hunedoara
Comitatus Csanadiensis siehe Cenad
Comitatus de Carbavia siehe Krbava
Comitatus Gyrgio siehe Gurghiu
Comitatus Tarantaliensis siehe Torontál
Comitatus Temesiensis siehe Timiș (Gebiet)
Commoren siehe Komárom
Constanța (Chiustange vel Proslaviza, Chiustenge als Prostauicza, Konstantza, Küstendje, Küstendji) 177, 196, 224, 371
Constantinopel/Constantinople siehe Istanbul
Contea d'Huniad siehe Hunedoara
Corbavia/Corbavien siehe Krbava
Cornea/Cornia (Kornia) 174, 212, 223
Cornhill 197
Corona/Coronopolis siehe Brașov
Cosova/Cossoua siehe Kosovo
Cosulovopoglie Provincia 161
Cotnari (Colonia) 196, 202, 356
Country of the Cosaques siehe Kosakenland
Cracovo siehe Krakovo
Cradina Berg 333
Crahovo Polie siehe Orahovo Polje
Craiova (Krajova) 222, 293
Crempack Russi siehe Karpaten
Cres (Cherso) 299
Criș siehe Kreisch
Crna Gora siehe Montenegro
Crni Drin siehe Schwarze Drin
Croacia/Croatia/Croatien siehe Kroatien
Cron/Cronstat siehe Brașov
Crosca siehe Grocka
Csallóköz siehe Schütt-Insel (Große Schütt-Insel)
Csanád siehe Cenad
Csele 111
Csene siehe Cenei
Csepel (Ratzen Marckt, Ratzenmarc, Ratzenmarkt) 141, 145, 161, 177, 186, 202, 224, 247, 265
Cserna siehe Cerna
Cserna Mons 321
Csík siehe Ciuc
Csúrog siehe Čurug
Cumani Minores siehe Kiskunság
Cunoviza Berg 333
Curmătura Lerescului (Leresskul) 375
Curtea de Argeș (Argisch Chiesa) 352, 356
Čurug (Csúrog) 64
Cuttina siehe Kutina
Czarnowice siehe Černivci
Czaschma siehe Česma
Czerna siehe Cerna
Czernez siehe Cerneți
Czernik (Cernik) 191, 319
Czernowitz siehe Černivci
Czickensis Comitatus 367
Czombol siehe Jimbolia

D

Dăbâca (Doboka) 356
Dabova siehe Dubova
Dakien/Dacia/Dacien 82, 86, 145, 209, 270, 353
Dalmatien/Dalmacie/Dalmatia/Dalmatie 15, 17, 73, 81 f., 84 f., 105, 144, 180, 186, 191 f., 194–198, 200–202, 208, 210, 212, 215, 223, 232, 256, 266, 288, 290, 299, 319, 321, 328–330, 333
Dänemark 59, 208, 328
Danzig 229, 232
Darda 313
Dardanellen/Dardanelles 211, 290
Dathuli Vortices Danubii siehe Klippen des Tachtholi
Dej (Burglos, Dés) 359
Deliblatska peščara 196, 219, 347
Demirkapi siehe Eisernes Tor
Den Haag (La Haye) 12, 79, 99, 136, 167, 171
Đerdap siehe Eisernes Tor
Dés siehe Dej
Ðetinja (Tetinia) 329
Deutschland (Allemagne, Germania, Germanien, Germany, Teutschland) 10, 30, 36, 39, 55, 60, 66, 72, 85, 115, 158, 190, 197, 200, 206, 209, 214, 225, 229, 232, 245, 290, 305, 334, 350, 357, 380, 382, 385
Deva (Dewan) 360
Devín (Theben) 77, 152, 161
Dewan siehe Devan
Dinariden/Dinara-Gebirge/Dinaren/Dinaridi/Dinarisches Gebirge/Dinarsko gorje 168, 170, 224
Diniaș/Diniasch (Tinasch) 280, 347
Dnepr (Dniéper, Dnjepr) 98, 199, 202, 208, 212
Dnester 202
Dniéper/Dnjepr siehe Dnepr
Doboka siehe Dăbâca
Dobrani 148
Dobrinsko Feld 333
Dobrogea siehe Dobrudscha
Dobropolje (Propolia) 193
Dobrudscha/Dobruca/Dobrudža/Dobrudze (Dobrogea) 145, 160, 215, 371
Dobruzische Tatarei siehe Tatarei
Dominium Packratz siehe Pakrac
Don (Tanais) 72
Donaueschingen 136, 144
Donauitza siehe Dunavica
Dotis siehe Tata
Drau (Dráva, Draw, Thraw, Trah, Trava) 74, 145, 148, 160, 168, 171, 186, 203, 205, 254, 256, 270, 290, 298, 302, 312 f., 324 f., 328, 332, 352
Draugegend siehe Podravina
Dráva/Draw siehe Drau
Dresden 240, 382
Drin/Drilo 335
Drin/-i i Zir siehe Schwarze Drin
Drina 149, 168, 192, 222, 329
Dubova (Dabova) 176, 281
Dubrovnik (Ragusa, Raguse) 84, 180, 192, 197, 200, 212, 330, 334
Ducatus Sirmium siehe Syrmien
Duisburg 72, 92
Dunántúli-középhegység (Nyugati-középhegység, Ungarisches Mittelgebirge) 140, 202, 224
Dunavica (Donauitza, Kleine Donauwiz) 282, 284, 290
Đurđevac (Sankt Georgwar, Szentgyörgyvár) 148
Durlach siehe Karlsruhe
Düsseldorf 59
Dzike Polie 199, 208

E

Ecséd (Eeziet, Etezet) 356
Ecuador 67
Edirne (Adrianopel) 28, 182, 290
Eeziet siehe Ecséd
Eger (Agria, Erlau, Jáger) 171, 244, 248 f., 304
Eichstätt 85
Eipel siehe Ipeľ
Eisenburg (Komitat) siehe Vas
Eisenburg (Stadt) siehe Vasvár
Eisenthor siehe Eisernes-Tor-Pass
Eisenthor mons 141
Eisernes Tor (Demirkapi, Đerdap, Gvozdena vrata, Porta ferrea, Porțile de Fier, Temir Cobi Eisen Thor, Železni vrata) 74, 77, 141, 145, 149, 166, 171, 177, 186, 205, 224, 281, 329, 344, 347 f., 371
Eisernes-Tor-Pass (Eisenthor, Erdélyi Vaskapu, Eysenthor, Poarta de Fier a Transilvaniei, Porta ferrea, Porte de Fer, Vaskapu, Vaskapu-hágó, Visapu eisenthor) 145, 149, 161, 177, 183, 187, 191, 205, 270, 290, 329, 356, 359, 367, 371, 374 f.
Eleonora Statt 270
Elsass 52, 380
Emmeh Dag siehe Balkangebirge
Emmendingen 47
England (Anglia) 22, 32, 244, 385
Erdélyi Vaskapu siehe Eisernes-Tor-Pass
Erdélyi-hegység/Erdélyi-középhegység siehe Munții Apuseni
Erlau siehe Eger
Érsekújvár siehe Nové Zámky
Esclavonie siehe Slawonien
Espagne siehe Spanien
Esseck/Esseg/Eszék siehe Osijek
Esztergom (Gran, Ostrihom, Solva, Strigonie, Strigonium) 47, 148, 152, 161, 168, 176, 203, 224, 232, 244, 246 f., 254, 313
Etezet siehe Ecséd
Euphrat 129
Eysenthor siehe Eisernes-Tor-Pass

PERSONEN- UND ORTSREGISTER   415

F

Fabric/Fabrik/Fabrique *siehe* Timișoara
Făgăraș (Fogaras, Fogarasch) 202, 360, 362
Fatra (Malá Fatra, Vatter, Veľká Fatra, Watter) 149, 353
Faules Meer 371
Fekete To/Feketető *siehe* Negreni
Feldioara (Margemburg, Marienburg) 270
Fetislam/Fetislan/Fetzlan *siehe* Kladovo
Fiľakovo/Filleck 244 f.
Fiume *siehe* Rijeka
Florenz 58
Focșani (Foxan) 192
Fogaras/Fogarasch *siehe* Făgăraș
Fogarascher Berge *siehe* Munții Făgăraș
Fölöstöm *siehe* Fürstenfeld
Fons Vistula *siehe* Wisła
Fors. Praetoriae Augustae *siehe* Brașov
Foxan *siehe* Focșani
France *siehe* Frankreich
Frankengebirge *siehe* Fruška Gora
Frankfurt am Main 41, 80, 88, 109
Frankreich (France, Gallia) 22, 30–33, 47, 52, 55 f., 59, 61, 63–65, 67, 92, 98, 104, 158–160, 190, 197, 200, 206, 209, 225, 229, 232, 244, 389
Franzenskanal *siehe* Batschka-Kanal
Freiburg im Breisgau 41
Freidorf 348
Freienstein 77
Friaul (Friuli, Frivli) 161, 186, 330, 333
Friesland (Vries-Lant) 244
Friuli/Frivli *siehe* Friaul
Fruška Gora (Arpatarro Mons, Frankengebirge) 140, 187, 191, 262, 325
Fünfkirchen *siehe* Pécs
Fürstenberg 158
Fürstenfeld (Fölöstöm) 123, 148
Füssen 154
Futog/Futack 275

G

Gacka 299
Galata *siehe* Beyoğlu
Galați/Galatz 76, 224
Galinaya Berg *siehe* Muntela Găina
Galizien (Callicien) 288, 290, 370, 374
Gallia *siehe* Frankreich
Garam *siehe* Hron
Gemena/Gemerna Mons 193
Gerhardsberg (Sancti Gerhardi Berg) 156
Germania/Germanien/Germany *siehe* Deutschland
Gherla (Siebenbürgische Carlstatt, Szamosújvár) 271, 374
Ghimeș-Pass *siehe* Pasul Ghimeș
Giorgio *siehe* Gurghiu
Giula *siehe* Gyula
Giurge *siehe* Giurgiu
Giurgeni 371
Giurgiu (Giurge) 192, 212, 370
Glamoč (Klamoch Gebirg, Klamocs) 205, 333
Glina (Clina) 271
Godeanu-Gebirge 290
Goldens Horn 201
Golia und Ieliza Mons *siehe* Velika Golica
Golubac/Golombaz (Kolombaz, Kolombatsch) 164, 166, 177, 192, 348
Gönyű 153
Görgen/Görgény/Görgény-Szent-Imre *siehe* Gurghiu
Gorizia/Goric/Gorica/Goritia (Görz, Gurize) 161, 186, 299
Gorjanci *siehe* Žumberačka gora
Gorski kotar 299
Görz *siehe* Gorizia
Göttingen 66
Gozo/Gozzo 232
Gradiška *siehe* Nova Gradiška
Gradište 148
Graecia *siehe* Griechenland
Grahovo Polje/Grahovo Feld *siehe* Orahovo Polje
Gran (Fluss) *siehe* Hron
Gran (Stadt) *siehe* Esztergom
Grand Valaquie *siehe* Walachei
Grand Varadin *siehe* Oradea
Granitzen *siehe* Militärgrenze
Graz 123, 126, 183
Great Britain *siehe* Großbritannien
Great Waradin *siehe* Oradea
Greben (Veliki Greben) 173
Grèce/Greece *siehe* Griechenland
Greenwich 73
Griechenland (Graecia, Grèce, Greece) 25, 36, 73, 76, 84, 129, 180, 182, 196, 210, 215, 222
Griechisch-Weissenburg/Griegises Weisenburg *siehe* Belgrad
Grmeč-Gebirge 307
Grobnig/Grobnik 299
Grocka (Crosca, Grotzka) 30, 166, 175, 222
Großbritannien (Britische Inseln, Great Britain) 22, 30, 101, 197, 208, 229
Grosse Balanck/Große Palanka *siehe* Timișoara
Große Kokel *siehe* Târnava Mare
Große Kriegsinsel *siehe* Veliko Ratno Ostrvo
Große Schütt-Insel *siehe* Schütt-Insel (Große Schütt-Insel)
Große Ungarische Tiefebene *siehe* Ungarische Tiefebene
Große Walachei *siehe* Walachei
Großkirchen *siehe* Nagykanizsa
Großpold *siehe* Apoldu de Sus
Großwardein *siehe* Oradea
Grotzka *siehe* Grocka
Guayana 67
Gurghiu (Comitatus Gyrgio, Giorgio, Görgen, Görgény, Görgény-Szent-Imre) 170, 356, 360
Guria 213
Gurize *siehe* Gorizia
Gúta/Gutta *siehe* Kolárovo
Gvozdena vrata *siehe* Eisernes Tor
Gymesch-Pass *siehe* Pasul Ghimeș
Győr (Jaurinum, Javarinum, Raab, Ráb) 148, 152 f., 232, 244, 306, 380
Gyula (Giula) 208, 356
Gyula Feyrwar *siehe* Alba Iulia

H

Haczak *siehe* Hațeg
Haczak Vallis *siehe* Valea Hațegului
Haemus Mons *siehe* Balkangebirge
Hainburg 152
Hamburg/Hambourg 229
Härman (Honigberg, Honsberg) 352
Harsány 254 f., 313
Hârșova (Hirsova) 371
Hassan Bascha Balanka/Hassan Bassan Pallancka *siehe* Smederevska Palanka
Hațeg (Haczak) 145
Hatzegtal *siehe* Valea Hațegului
Hatzfeld *siehe* Jimbolia
Haut Sale Provincia 161
Haÿd/Heide 177
Heidelberg 39, 59
Heiliges Römisches Reich Deutscher Nation (Römisches Reich) 25, 28, 32, 42, 50, 225, 232, 246, 316
Helespont 211
Herkulesbad *siehe* Mehadia
Hermannstadt/Hermastat/Hermenstat *siehe* Sibiu
Herson (Cherson (Stadt)) 212
Herzegowina/Herzegovina 84, 110, 112, 161, 170, 192 f., 215, 266, 321, 330, 333 f.
Hipek 164, 166
Hirsova *siehe* Hârșova
Höfflein 76
Holland *siehe* Niederlande
Hongrie *siehe* Ungarn
Honigberg/Honsberg *siehe* Härman
Hotinj/Hotin (Chotiń, Chozyn) 223
Hron (Garam, Gran) 168
Hrvatska Kostajnica (Kostajnica, Kosteinitz) 148, 306
Hrvatska *siehe* Kroatien
Hrvatsko Primorje (Kroatisches Küstenland) 299
Hunedoara (Comitatul Hunedoara, Contea d'Huniad, Komitat Hunyad) 161, 191, 352, 359
Hungaria/Hungern *siehe* Ungarn
Hvnhe Mons 329

I

Iader/Iadera *siehe* Zadar
Ialas *siehe* Iași
Ialomița (Launizu) 356, 371
Iași (Ialas, Jassy) 202, 364
Ibanisch *siehe* Ivanić
Ibraila *siehe* Brăila
Iessenova *siehe* Jasenovac
Iessoua *siehe* Jezova
Ilan Adassi/Ile Ilanda vel Gizrenaur *siehe* Ostriv Zmiïnij
Illanca Mor 332
Illyrien/Illyricum (Provinces Illyriennes) 82, 232
Ilok 325
Inferioris Sale Provincia 319
Ingolstadt 79
Insel Schanz 275
Inselburg *siehe* Szigetvár
Inselfestung *siehe* Ada Kaleh
Insula Calafat 166
Insula Carolina *siehe* Ada Kaleh
Insula Ilanada/Insula Șerpilor *siehe* Ostriv Zmiïnij
Ionische Inseln (Isle Ionnienne) 232
Iosefin *siehe* Timișoara
Ioseph-statt 270
Ipeľ/Ipoly (Eipel) 168
Irland/Ireland 197
Isar 285
Isle Ionnienne *siehe* Ionische Inseln
Isola al disotto d'Orsoua *siehe* Ada Kaleh
Isonzo (Lisonza) 299
Istanbul (Constantinopel, Constantinople, Konstantinopel, Stambol, Stambul, Üsküdar) 28, 30, 32, 35 f., 39, 41, 97, 99 f., 104, 106, 125, 145, 158, 162 f., 182 f., 192, 196, 198–201, 205, 211, 213, 215, 229, 244 f., 315, 329
Istrien/Istria/Istrie 82, 84, 183, 186, 195, 299, 330
Italien/Italia/Italie 21, 57 f., 68, 84 f., 101, 128, 158, 190, 225, 229, 232, 319, 350, 382
Ivanić/Ivanić-Grad (Ibanisch) 148, 298

J

Jagad *siehe* Jagodina
Jäger *siehe* Eger
Jagodina (Jagad) 192, 315
Janivaros *siehe* Novi Pazar

Janny *siehe* Thessalien
Jantra 171, 224
Japan 61
Jasenica (Campus Yasenitza) 321
Jasenovac (Iessenova, Una Statt) 84, 270 f.
Jassy *siehe* Iaşi
Jastrebarsko (Petrovina) 148
Jatalia-Pass (Passo die Iatalia) 176
Jaurinum/Javarinum *siehe* Győr
Javonica Berg 333
Jenibasar *siehe* Novi Pazar
Jerusalem 39
Jezova (Iessoua) 166
Jimbolia (Czombol, Hatzfeld, Landestreu, Landstreu) 347
Jiu (Schil) 140
Jlan Adasi *siehe* Ostriv Zmiïnij
Josefstadt *siehe* Timişoara
Jugoslawien 36, 116, 118, 120, 382
Julijske Alpe/Julische Alpen *siehe* Alpen

K

Kahlenberg 36, 171, 239
Kairo 98
Kalifornien 64
Kallo *siehe* Nagy-Kálló
Kalocsa (Colocza) 145, 176 f., 187
Kaltenbrunn 299
Kamenica/Kamenitz 275
Kamieniec/Kamieniec Podolski/Kamjanez-Podilskyj (Cameniţa) 161
Kanije/Kanischa/Kaniža/Kanizsa *siehe* Nagykanizsa
Kapela-Gebirge (Capella Mons, Capello Berg) 329, 333
Kapos 80
Kapronca *siehe* Kopreinitz
Karadaghi Gebirg 333
Karaköy *siehe* Beyoğlu
Karansebesch *siehe* Caransebeş
Karaš/Karasch/Karaschowaer Gespanschaft *siehe* Caraş
Karlóca *siehe* Sremski Karlovci
Karlovac (Carlstadt, Karlstadt, Károlyváros) 148, 298 f., 301, 328 f.
Karlowitz *siehe* Sremski Karlovci
Karlsburg *siehe* Alba Iulia
Karlsruhe (Durlach) 9 f., 47, 51 f., 162, 256, 324, 379, 381 f., 387 f., 390
Karlstadt *siehe* Karlovac
Kärnten/Kaernthen (Carintia) 28, 30, 186, 330
Karoli *siehe* Nagykároly
Károlyváros *siehe* Karlovac
Karpaten/Karpack (Beskiden, Beskidy Lesiste, Biele Karpaty, Carpates Mons, Carpaţii Orientali, Carpaţii Păduroşi, Crempack Russi, Krapak, Krem'pak, Lisysti Karpaty, Montagnes Krapack, Montes Carpathy, Munţii Carpaţii Meridionali, Pogau Havassa Mons, Schneberg Mons, Schneeberg, Subcarpaţii Munteniei, Subkarpaten, Waldkarpaten, Weiße Karpaten, Weissenperg) 11, 80, 85, 88, 140, 145, 149, 161, 168, 170 f., 173, 177, 183, 186 f., 190 f., 193, 196, 202, 205, 208, 213, 224, 278, 290, 337, 353, 356, 359, 365, 367, 371, 374 f.
Karpatenbecken *siehe* Pannonische Tiefebene
Karster Gebirg 333
Kaschau/Kassa *siehe* Košice
Kaukasus (Caucasus) 74, 212 f., 215, 290
Keli ou Septentrionale *siehe* Chilia
Kertz Montes *siehe* Munţii Cârţei
Khezdi (Kysdi, Kydsiensis Comitatus) 356, 367
Kilia *siehe* Chilia
Kinburn 290
Kineen *siehe* Câineni
Kirment *siehe* Körmend
Kiskunság (Cumani Minores, Kleinkumanien) 224
Kladovo (Fetislam, Fetislan, Fetzlan) 166, 173, 281, 329
Klagenfurt 123
Klamoch Gebirg/Klamocs *siehe* Glamoč
Klausenburg *siehe* Cluj-Napoca
Klein Kanischa *siehe* Novi Kneževac
Kleinasien 39, 210
Kleine Balanck/Kleine Palanka *siehe* Timişoara
Kleine Donauwiz *siehe* Dunavica
Kleine Schütt-Insel *siehe* Schütt-Insel (Kleine Schütt-Insel)
Kleine Tartarei *siehe* Tatarei
Kleine Ungarische Tiefebene *siehe* Ungarische Tiefebene
Kleine Walachei *siehe* Walachei
Kleinkumanien *siehe* Kiskunság
Kleinpold *siehe* Apoldu de Jos
Klippen des Tachtholi (Dathuli Vortices Danubii) 281
Klissur/Klisura *siehe* Clisura Dunării
Ključ 171
Ključevac 215
Kokelewar/Kokelsburg *siehe* Cetatea de Baltü
Kolárovo (Gúta, Gutta) 148
Kolašin (Collassin) 193
Koligz *siehe* Kulić
Köln 304, 306
Kolombatsch/Kolombaz *siehe* Golubac
Kolubara 285
Komárom/Komárnó (Commoren, Komorn) 148, 153–155, 244, 265, 304, 380
Komitat Hunyad *siehe* Hunedoara
Komitat Temesch *siehe* Timiş (Gebiet)
Komorn *siehe* Komárom
Komorn-Insel *siehe* Schütt-Insel (Große Schütt-Insel)
Konstantinopel *siehe* Istanbul
Konstantza *siehe* Constanţa
Konstanz 39, 42
Konya 98
Kopreinitz/Koprivnica (Kapronca) 148
Koranizza Valle *siehe* Koreničko polje
Korbavien *siehe* Krbava
Koreničko polje (Koranizza Valle) 329
Körmend (Kirment) 148
Kornia *siehe* Cornea
Körös (Fluss) *siehe* Kreisch
Kőrös (Stadt) *siehe* Križevci
Körösfeketető *siehe* Negreni
Kosakenland (Country of the Cosaques) 208
Košice (Caschau, Cashaw, Kaschau, Kassa) 184, 244, 364
Kosovo (Cosova, Cossoua) 36, 110, 119, 161, 193, 215, 224, 266, 314
Kosovo Polje (Amselfeld, Campus Merlinius Cassovius, Koszovo Feld, Koszovo Polie, Merlins Feld) 36, 119, 319, 329, 333
Kostajnica/Kosteinitz *siehe* Hrvatska Kostajnica
Kostolac 12, 177
Koszovo Feld/Koszovo Polie *siehe* Kosovo Polje
Kotenburg *siehe* Sárvár
Köwar (Chioar) 359
Kowno 229
Kraba-Gebirge 267
Kragujevac (Krakoievaz) 328
Krain (Carnia, Carniolia) 28, 30, 82, 171, 186, 298, 330, 332 f.
Kraja Berg 375
Krajova *siehe* Craiova
Krakau/Kraków 112, 115 f., 126
Krakoievaz *siehe* Kragujevac
Krakovo (Cracovo) 161
Krapak *siehe* Karpaten
Krbava (Carabauia, Comitatus de Carbavia, Corbavia, Corbavien, Korbavien) 186, 321, 329, 333
Kreisch (Criş, Körös) 80
Krem'pak *siehe* Karpaten
Krems 123
Kreta (Candia) 98 f., 107, 125, 213
Kreutz/Kreuz *siehe* Križevci
Krim (Cherson, Tauride, Taurien) 111, 129, 209–213, 288, 290, 370 f.
Križevci (Kőrös, Kreutz, Kreuz) 148
Krk (Vegia Isola, Veglia Isola) 299
Kroatien (Croacia, Croatia, Croatien, Hrvatska) 15, 17, 21, 36, 73, 81 f., 84 f., 113, 116, 140, 144, 148, 156 f., 167, 170, 180, 186, 191 f., 195–198, 203, 208, 215, 218, 223, 228, 232, 239, 250, 256, 288, 290, 299, 303, 306 f., 319, 321, 324, 328–330, 333
Kroatisches Küstenland *siehe* Hrvatsko Primorje
Kronstadt *siehe* Braşov
Krottenbach 126
Krustina Gebirg 333
Kuban/Kubanische Tartarey *siehe* Tatarei
Kugiaÿna 166
Kulić (Koligz) 166
Kulpa/Kupa (Colapis) 148, 289, 299, 306
Kupreško polje/Kupreser Feld (Campus Magnus Kupres) 224, 333
Küstendje/Küstendji *siehe* Constanţa
Kutina (Cuttina) 325
Kvarner Bucht 299
Kysdi/Kysdiensis Comitatus *siehe* Khezdi

L

La Haye *siehe* Den Haag
Labach *siehe* Ljubljana
Lac de Glari ou Scutari *siehe* Liqen/-i i Shkodrës
Lac de Sarkad 356
Lacus Carasu 224
Lagerdorf/Lagersdorff *siehe* Straža
Laibach *siehe* Ljubljana
Lajta *siehe* Leitha
Land vor dem Wald (Landuordem Walt, Landvordemwald, Unterwald) 141, 161, 191, 196, 356, 359, 367
Landestreu/Landstreu *siehe* Jimbolia
Landshut 58 f.
Landuordem Walt/Landvordemwald *siehe* Land vor dem Wald
Langenau/Langenow *siehe* Câmpulung
Lappland 67
Launizu *siehe* Ialomiţa
Lausanne 25
Legrad/Legradt 298
Leiden 10, 60
Leitha (Lajta) 152
Lemgo 10
Lenauheim (Cetad, Cetatie) 346
Leopoldov/Leopoldstadt (Lipótvár) 147
Leresskul *siehe* Curmătura Lerescului
Liburnien/Liburnia 82, 144, 306
Lika/Licha 186, 321
Lipótvár *siehe* Leopoldov
Lipova/Lippa 293, 338 f., 356
Liqen/-i i Shkodrës (Lac de Glari ou Scutari, Scutarisee, Shkodrasee, Skadarsk, Skadarsko Jezero, Skutarisee) 212, 335

Lisonza *siehe* Isonzo
Lisysti Karpaty *siehe* Karpaten
Litauen 73, 109
Little Tartary *siehe* Tatarei
Liucse Polie 329
Livadia 215
Livasco Provincia/Livasko 161
Ljubljana (Labach, Laibach) 299
Lombardei 66
London/Londres 22, 72 f., 92, 197, 206, 213, 229
Lonja/Lonia 148, 321
Lonsko Polie 321
Lörrach 47
Lothringen 209, 312
Lugoj/Lugosch 85, 280, 352
Lupogla Mons 321
Luxemburg 307

M

Macedonia/Macedonien *siehe* Makedonien
Mačva/Macsva/Macsvaer Banat (Banatus Macsvensis, Mazva) 192, 205
Madrid 229
Maeotische Sümpfe *siehe* Asowsches Meer
Magnovaradinum *siehe* Oradea
Mähren (Moravia) 101, 149, 186
Maidanpek (Medanipek Berg, Meidanbecker Gebürg) 329, 333
Maierhöfe *siehe* Timişoara
Mailand (Milan) 21, 229
Mainz 225
Makedonien (Macedonia, Macedonien, Mazedonien) 92, 105, 183, 208, 215, 223 f., 290, 330, 332 f.
Malá Fatra *siehe* Fatra
Mala Vlaška *siehe* Walachei
Malta/Malte 232
Malý Žitný ostrov *siehe* Schütt-Insel (Kleine Schütt-Insel)
Mannheim 229
Maraca 335
Maramureş (Marmaros, Marmarosch) 170
Maras *siehe* Marosch
Marathon 115
Mare Niagra/Mare Nigrum/Marea Neagră *siehe* Schwarzes Meer
Margaretheninsel/Margit-sziget/Marguerite (Sancta Margretta) 149, 161, 202, 247
Margemburg *siehe* Feldioara
Maria Himelfart 298
Maria Saal 123
Marich *siehe* Marosch
Marienburg *siehe* Feldioara
Marinari Gebirg 333
Marinus Mons 321
Marisck *siehe* Marosch
Mariza 170
Markozeek *siehe* Marosszék
Marly-le-Roi 63
Marmarameer 200, 209
Marmaros/Marmarosch *siehe* Maramureş
Marocz Feld *siehe* Campus Maxon
Marosch/Marons/Maros (Maras, Marich, Marisck, Marusius, Maryssus, Merisch, Mieresch, Mureş) 11, 88, 145, 167 f., 170, 186, 191, 198, 264, 270 f., 278, 333, 338–341, 346 f., 353, 356, 359 f., 371, 374
Marosszék (Markozeek) 356
Marusius/Maryssus *siehe* Marosch
Masivul Postăvarul (Schuler, Schüler Gebirge) 375
Maxons L. *siehe* Campus Maxon
Mazedonien *siehe* Makedonien
Mazva *siehe* Mačva
Medanipek Berg *siehe* Maidanpek
Mediana *siehe* Niš
Mediaş/Mediasch 352
Medienik Mons 321
Medius Mons 321
Megiuretzka Berg 333
Mehadia/Meadia (Herkulesbad) 174, 212, 222 f., 281, 286, 293, 348
Mehala *siehe* Timişoara
Meidanbecker Gebürg *siehe* Maidanpek
Meierhöfe *siehe* Timişoara
Merisch *siehe* Marosch
Merlins Feld *siehe* Kosovo Polje
Mesembria/Mesemvrija 161
Meszes-hegység/Mezewz Mons *siehe* Munţii Meseş
Mexiko 61
Meyerhoff *siehe* Timişoara
Michelsberg (Mont St. Michel) 202
Mieresch *siehe* Marosch
Mihal/Mihalla *siehe* Timişoara
Milan *siehe* Mailand
Milcov/Milkov 192
Militärgrenze (Granitzen) 11, 15, 17, 28 f., 71, 88, 205, 219, 223, 257, 295 f., 298 f., 302, 321, 325, 337, 346, 348
Milivo/Miliwo 284
Mingrel 213
Mirandola 307
Miroč-Gebirge/Miroč planina 177
Miroslava Berg 375
Mirova 173
Mittelmeer 25, 92, 97–99, 103 f., 213
Mlaua/Mlava 166
Modena 357
Modriča/Modritza Provincia 319
Mogersdorf (Nagyfalva) 29, 236, 239
Moguramare *siehe* Muntele Măgura Mare
Mohacensis Insula 321
Mohács/Mohač/Mohatsch/Mokatz (Muhacz) 11, 36, 79, 110 f., 114, 118–120, 141, 146, 154, 176 f., 186, 199, 239, 250, 252, 254 f., 270, 321
Moldau (Bogdan, Moldavia, Moldavia et Maiores Walachia, Moldova) 86, 88, 90, 105, 129, 145, 149, 161, 170, 176, 180, 191 f., 196 f., 199 f., 202, 205, 209, 212, 215, 223 f., 270, 288, 290, 330, 352, 356, 359 f., 363–365, 370 f., 374, 384
Moldauer Langental *siehe* Câmpulung Moldovenesc
Moldavia/Moldavia et Maiores Walachia *siehe* Moldau
Moldawien/Moldawia 98, 105, 107, 180, 197, 200
Moldova *siehe* Moldau
Moldova Veche/Moldoua (Alt-Moldova) 166
Moncalieri 41
Mont Argento ou de Costegnas *siehe* Balkangebirge
Mont Makya *siehe* Munţii Zărandului
Mont Schneberg *siehe* Karpaten
Mont Schneberg *siehe* Munţii Rodnei
Mont St. Michel *siehe* Michelsberg
Montagna dell' Argento *siehe* Balkangebirge
Montagnes Babinagora 191
Montagnes d'Erdel *siehe* Munţii Apuseni
Montagnes Krapack *siehe* Karpaten
Monte Argentaro *siehe* Balkangebirge
Monte Marianari 224
Montenegro (Crna Gora, Territoires Montenegrins) 112, 212, 215, 334 f.
Montes Carpathy *siehe* Karpaten
Monts Constegnaz ou Balkan *siehe* Balkangebirge
Morača/Moraka 212, 333–335
Morarul *siehe* Muntele Morarul
Morava/Moraua 166, 171, 173, 192, 215, 267, 281, 314
Moravia *siehe* Mähren
Morea *siehe* Peloponnes
Morlacha/Morlachia/Morlakenland/Morlaquie 144, 180, 195 f., 198, 321
Morosiensis Comitatus 367
Moscou *siehe* Moskau
Mösien/Moesia 82, 149
Moskau (Moscou) 120, 229
Moslavina 148
Mosonmagyaróvár (Altenburg) 153
Mostarskoblato 333
Mottay Montes 191
Mozilla gora/Mozschilla Gebirg 299
Muhacz *siehe* Mohács
Mühlbach *siehe* Sebeş
Mühlburg 47
Muhr *siehe* Mur
Münch 353
München 387
Muntela Găina (Galinaya Berg) 375
Muntele Măgura Mare (Moguramare) 375
Muntele Morarul (Morarul, Murarul Berg, Murarul Mons) 281, 290, 375
Muntenia *siehe* Walachei
Munţii Apuseni (Erdélyi-hegység, Erdélyi-középhegység, Montagnes d'Erdel, Siebenbürgisches Erzgebirge, Siebenbürgisches Westgebirge) 140, 145, 170, 183, 191, 202, 375
Munţii Bihorului (Biharer Gebirge) 202, 359
Munţii Bucegi *siehe* Butschetsch Bajul
Munţii Carpaţii Meridionali *siehe* Karpaten
Munţii Cârţei (Kertz Montes) 205
Munţii Făgăraş (Fogarascher Berge) 149
Munţii Meseş (Meszes-hegység, Mezewz Mons) 191
Munţii Rodnei (Mont Schneberg, Rodnaer Gebirge) 161
Munţii Zărandului (Mont Makya, Zarander Gebirge) 202, 359
Mur (Muhr) 298
Murarul Berg/Murarul Mons *siehe* Muntele Morarul
Mureş *siehe* Marosch

N

Nădlac/Nadlak 340
Nagibania *siehe* Baia Mare
Nagy Szeben *siehe* Sibiu
Nagyfalva *siehe* Mogersdorf
Nagy-Kálló (Kallo) 150
Nagykanizsa (Canischa, Canysa, Großkirchen, Kanije, Kanischa, Kaniža, Kanizsa) 148, 158, 208, 244, 270
Nagykároly (Karoli) 150
Nagy-Küküllő *siehe* Târnava Mare
Nagyvárad *siehe* Oradea
Naissus *siehe* Niš
Nándorfehérvár *siehe* Belgrad
Naples *siehe* Neapel
Naretva *siehe* Neretva
Neapel (Naples) 195, 229 f.
Nebania *siehe* Baia Mare
Neckarsteinach 42
Negreni (Fekete To, Feketetö, Körösfeketetó) 353, 374
Neretva (Naretva) 192
Neu-Gradisca *siehe* Nova Gradiška
Neuhäusel *siehe* Nové Zámky
Neu-Orschowa *siehe* Ada Kaleh
Neupalanka *siehe* Banatska Palanka
Neurussland (Nouvelle Russie) 212, 370
Neusatz *siehe* Novi Sad
Neusieder See (Newsidler See) 187

Neustadt *siehe* Baia Mare
Neustädtl *siehe* Slovenské Nové Mesto
Neustat *siehe* Baia Mare
Neutra *siehe* Nitra
New Orsowa *siehe* Ada Kaleh
Newsidler See *siehe* Neusiedler See
Nicopolis *siehe* Nikopol
Niderspold *siehe* Apoldu de Jos
Niederlande (Holland) 22, 32, 58 f., 61, 225, 244, 254, 328
Nikopol/Nikopolis (Nicopolis, Schiltaw) 144, 166, 176, 192, 222 f., 328, 371
Nil 98
Niš (Mediana, Naissus, Niss, Nissa) 192, 222, 314 f., 318, 328 f.
Nišava (Nissau) 171, 314
Niss/Nissa *siehe* Niš
Nissau *siehe* Nišava
Nitra (Neutra, Nyitra) 147, 152
Nogäische Tartarei/Nogaysche Tartarey *siehe* Tatarei
Nogibaia *siehe* Baia Mare
Nógrád 244
Norimberga *siehe* Nürnberg
Norwegen 208, 328
Nösnerland/Nosnerland/Nosnfrland *siehe* Țara Năsăudului
Nouvelle Russie *siehe* Neurussland
Nova Gradiška (Gradiška, Neu-Gradisca, Újgradiška) 148, 328
Nova Palanka *siehe* Banatska Palanka
Nové Zámky (Érsekújvár, Neuhäusel, Uyvar) 47, 147
Novi Kneževac (Klein Kanischa, Türkisch Kanischa) 271
Novi Pazar (Janivaros, Jenibasar, Novibazar) 192, 193, 196, 215, 222
Novi Sad (Neusatz, Raitzenstatt, Raizenstadt, Ratzenstadt, Raczenstadt) 176, 224, 275, 348
Novi Slankamen *siehe* Slankamen
Novibazar *siehe* Novi Pazar
Novigrad 208, 244, 298, 301
Nürnberg (Norimberga) 40, 42, 57 f., 65 f., 72 f., 75 f., 82, 84 f., 90, 92, 144, 171, 185, 203, 291, 293, 314, 328, 360, 365
Nyitra *siehe* Nitra
Nyugati-középhegység *siehe* Dunántúli-középhegység

O

Oberrhein 39 – 42, 45, 47, 328, 380 f., 388
Oberspold *siehe* Apoldu de Sus
Oberstadt *siehe* Belgrad
Obschina Schteschy Berg 375
Ó-Buda *siehe* Budapest
Očakiv/Očakov/Ochakov/Ochakow/Oczakow (Otschakow, Özü) 9, 199, 212, 222, 290
Oczachowsche Tartarey *siehe* Tatarei
Ödenburg *siehe* Sopron
Oderhellen *siehe* Odorheiul Secuiesc
Odessa 229
Odisci 213
Odorheiul Secuiesc (Oderhellen, Udvarhely, Utvarheliensis Comitatus) 360, 362, 367
Ofen *siehe* Budapest
Ofner Bergland 140
Ogradena 347
Ojtos Pass *siehe* Pasul Oituz
Olasch 380
Olt (Alt, Aluata, Aluta) 140, 149, 168, 170, 177, 183, 186, 224, 260, 356, 359, 362, 365, 371, 375
Oltenia *siehe* Walachei
Ongaria *siehe* Ungarn
Onsgreiff Mons 367
Oradea (Arx Vulpianum, Grand Varadin, Great Waradin, Großwardein, Magnovaradinum, Nagyvárad, Waradin, Ward) 149, 158, 183, 208, 244, 249, 352
Orahovitza Thal 333
Orahovo Polje (Crahovo Polie, Grahovo Feld, Grahovo Polje) 224, 319, 333
Orasch Flost *siehe* Orașul de Floci
Orăștie (Broos) 191
Orașul de Floci (Orasch Flost, Târgul de Floci) 371
Oravița/Oravitza/Orawitza 348
Orbaviensis Comitatus 367
Orbay 356
Orșova/Orsava/Orschowa/Orșova Veche (Alt-Orschowa, Rușava, Vieux Orsoua) 77, 144, 164, 166, 173 f., 177, 212, 222, 281, 286, 293, 346 – 348
Orșova Nova *siehe* Ada Kaleh
Osijek (Esseck, Esseg, Eszék, Ossek) 145, 186, 250, 254, 256, 270, 307, 310, 312 f., 319, 324, 328 f.
Oskova Mons 321
Ossek *siehe* Osijek
Österreich 10, 21, 23, 30, 36, 42, 76, 81, 85, 98, 101, 111, 126 – 130, 146, 184, 229, 233, 239 f., 344, 370, 374, 380
Österreichische Niederlande 222, 229
Österreichische Walachei *siehe* Walachei
Ostium huzerutjue 177
Ostrihom *siehe* Esztergom
Ostriv Zmiïnij (Ilan Adassi, Ile Ilanda vel Gizrenaur, Insula Ilanada, Insula Șerpilor, Jlan Adasi, Schlangeninsel, Serpents Isle, Yilan Adasi) 196, 214, 224, 371
Ostrvo/Ostrovo (Sand Insul) 177
Otchakov *siehe* Očakiv

Otchakover Tartarei/Otschakover Tatarei *siehe* Tatarei
Otschakow *siehe* Očakiv
Oytosch-Pass *siehe* Pasul Oituz
Ozora (Vsora, Vsora Provincia) 161, 319
Özü *siehe* Očakiv

P

Padua 88, 90, 307
Pag/Pago Insula (Bago) 299
Pakrac (Dominium Packratz) 325, 333
Palankuza 164, 166
Palästina 39
Pančevo/Panczova (Pantschowa, Panzova) 222, 290, 293, 328 f., 341
Pannonien/Pannonia Bubalia olim Dardania/Pannonia Inferior/Pannonia Superior 79, 82, 149, 267
Pannonische Tiefebene/Pannonisches Becken (Karpatenbecken) 79, 163, 168, 187, 205, 325
Pantschowa/Panzova *siehe* Pančevo
Pápa 148, 304
Paris 22, 61, 63, 67, 72 f., 82, 84 f., 92, 109, 114, 190, 194, 200, 229, 350, 357, 387, 389
Párkány *siehe* Štúrovo
Passarowitz/Passarouitz *siehe* Požarevac
Passau 77, 183
Passo die Iatalia *siehe* Jatalia-Pass
Pasul Bârgăului (Borgo-Pass) 375
Pasul Bran (Tortsvar-Pass, Törtzburger Pass, Törzburg-Pass) 371, 375
Pasul Buzău (Botzauer Pass, Pusa-Pass) 224, 371, 375
Pasul Ghimeș (Chymesch-Pass, Ghimeș-Pass, Gymesch-Pass, Porta Chemes) 224, 371, 375
Pasul Oituz (Ojtos Pass, Oytosch-Pass) 375
Pasul Predeal (Tömösch-Pass) 375
Pasul Turnu Roșu (Rotetore, Roter-Turm-Pass, Rothentorn, Rottenthurm, Veresthorn) 85, 149, 187, 356, 371, 375
Pasul Vulcan (Volkan-Pass, Vulkan-Pass) 270, 371, 375
Pax 187
Pécs (Fünfkirchen) 44
Peloponnes (Morea) 47, 180, 182, 215, 244
Pera *siehe* Beyoğlu
Persien 210
Pessevitza *siehe* Plješevica
Pest *siehe* Budapest
Petersbourg *siehe* Sankt Petersburg
Peterwardein *siehe* Petrovaradin
Petit Schutt *siehe* Schütt-Insel (Kleine Schütt-Insel)

Petit Valaquie *siehe* Walachei
Petrina (Fluss) *siehe* Petrinjčica
Petrinja/Petrina/Petrinia (Burg) 148, 304, 305 f.
Petrinjčica (Petrina (Fluss)) 306
Petronell 176
Petrovaradin/Petrovaradinum (Peterwardein) 30, 36, 47, 64, 123, 176, 224, 254, 272, 275 f., 290, 328 f., 341, 379 f.
Petrovina *siehe* Jastrebarsko
Petrovo Feld 333
Pettau/Pettaw *siehe* Ptuj
Pforzheim 47
Philipopoli/Philippopel/Philippopolis *siehe* Plovdiv
Piliet *siehe* Biled
Pirin-Gebirge 170, 267
Piscu Negru/Piskul Urssulia 375
Plaine de Bilequia 202
Planities Hatziagensis *siehe* Valea Hațegului
Plattensee *siehe* Balaton
Pleine d'Hatzag *siehe* Valea Hațegului
Plintenburg *siehe* Visegrád
Plješevica (Pessevitza) 307
Ploiești 224
Plovdiv (Philipopoli, Philippopel, Philippopolis) 182, 192, 223
Po 98
Poarta de Fier a Transilvaniei *siehe* Eisernes-Tor-Pass
Poarta Meseșului (Porta Tansylvanica) 353
Podgorica/Podgoriza 335
Podișul Transilvaniei 357
Podolien/Podolia 170, 199
Podravina (Draugegend) 148
Podrima Provincia 319
Pogau Havassa Mons *siehe* Karpaten
Pojana *siehe* Bojana
Polen/Pologne 25, 36, 45, 67, 73, 101, 109, 111, 115, 118, 158, 160 f., 170, 190 f., 196, 209, 223, 225, 229, 246, 290, 359, 370
Poltava/Poltawa (Pultowa) 115, 199
Popina Mons/Popinar Gebirg 329, 333
Poreč (Porezza) 164, 166, 173
Porečka reka (Poretza) 173
Porese 177
Poretza *siehe* Porečka reka
Porezza *siehe* Poreč
Porta Busa *siehe* Buzău-Pass
Porta Chemes *siehe* Pasul Ghimeș
Porta ferrea *siehe* Eisernes Tor bzw. Eisernes-Tor-Pass
Porta Hungarica 152
Porta Transylvanica *siehe* Poarta Meseșului
Porte de Fer *siehe* Eisernes-Tor-Pass
Porțile de Fier *siehe* Eisernes Tor
Portugal 102, 232

Posai Polje 319, 329
Posavina/Posavia/Possavia 215, 321
Posen *siehe* Bratislava
Požarevac (Passarouitz, Passarowitz) 28–30, 76, 92, 166, 205, 212, 283, 286, 317, 319, 324, 329
Požega 191, 256, 313
Pozsóny *siehe* Bratislava
Prachova *siehe* Valea Prahovei
Prag 150, 312
Prahova-Tal *siehe* Valea Prahovei
Prejmer (Tarten, Tartlau) 352
Pressburg *siehe* Bratislava
Preßowitza *siehe* Brezovica
Preußen (Prusse) 30, 64, 92, 225, 229
Priština/Priscina/Prishtina/Prishtinë 36, 192, 193
Prizren 161
Propolia *siehe* Dobropolje
Provinces Illyriennes *siehe* Illyrien
Prusse *siehe* Preußen
Prut/Pruth 161, 224
Ptuj (Pettau, Pettaw) 21, 298
Pukës/Puca Mont 161
Pultowa *siehe* Poltava
Pusa-Pass *siehe* Pasul Buzău

Q

Quadraginta Ecclesia 223

R

Raab (Fluss) (Ráb, Rába) 29, 44, 148, 152 f., 232, 238 f., 381
Raab (Stadt) *siehe* Győr
Rab (Arbe Isola) 299
Ráb *siehe* Győr
Ráb *siehe* Raab (Fluss)
Rába *siehe* Raab (Fluss)
Rača (Ratscha) 222, 328
Raczenstadt/Ratzenstatt *siehe* Novi Sad
Radkersburg *siehe* Bad Radkersburg
Ragusa/Raguse *siehe* Dubrovnik
Raitzen Voor Stad *siehe* Belgrad
Raitzenstatt/Raizenstadt *siehe* Novi Sad
Ram (Rham) 166
Ram (Schloss) *siehe* Veliko Gradište
Rama (Fluss) 161, 192
Rama (Schloss) *siehe* Veliko Gradište
Rascia/Rascie/Raška (Raszien, Razenland) 149, 158, 186, 191, 193, 198, 208, 215
Rastatt/Rastadt 47, 50–52, 363, 381, 389
Raszien *siehe* Rascia
Ratisbonne *siehe* Regensburg
Ratscha *siehe* Rača
Ratzen Marckt/Ratzenmarc/Ratzenmarkt *siehe* Csepel
Razenland *siehe* Rascia
Regensburg (Ratisbonne) 59, 109, 232

Reghin (Sächsisch-Regen) 360
Regnum Bosniae *siehe* Bosnien
Reichenau 39
Resava 215
Rham *siehe* Ram
Rhein/Rhin 41, 229, 270, 272, 328, 380
Rhodopen/Rhodope Mons 145, 170, 314
Riedlingen 176
Rijeka (Fiume, Sankt Veith) 299, 301
Rijswijk 270
Rila 170, 267
Rodnaer Gebirge *siehe* Munţii Rodnei
Rom 27, 58, 82, 84 f., 92, 130, 201, 350, 357
Romania/Romanie *siehe* Rumänien
Romanien/Romelia *siehe* Rumelien
Römer Schantz/Römer Schanz 176, 205, 224, 280, 290 f., 293, 321, 329, 347
Römisches Reich *siehe* Heiliges Römisches Reich Deutscher Nation
Roter-Turm-Pass/Rotetore/Rothentorn *siehe* Pasul Turnu Roşu
Rotrussland (Roussie Rouge, Russia Rubra Pars) 356, 359, 365
Rottenthurm *siehe* Pasul Turnu Roşu
Roumiili *siehe* Rumelien
Roussie Noire *siehe* Schwarzrussland
Roussie Rouge *siehe* Rotrussland
Rucăr-Pass/Rukari 224
Rum *siehe* Rumelien
Rumänien (Romania, Romanie) 10, 25, 88, 91 f., 109, 112, 116, 118, 158, 160 f., 180, 200, 208, 382, 385
Rumelien/Rumelia (Romanien, Romelia, Roumiili, Rum) 85, 197, 215, 223, 290
Ruşava *siehe* Orşova
Ruski Bogasi 213
Russia Rubra *siehe* Rotrussland
Russland/Russia/Russie 9, 11, 25, 30, 72 f., 76, 88, 92, 111, 113, 211 f., 229, 370
Ruthenisches Langental (Campo Longo Ruthenorum) 205, 224

S

Šabac/Sabacz/Sabatz 192, 318, 328
Sablia *siehe* Žablja
Sächsisch-Regen *siehe* Reghin
Sadine 193
Sagora 160
Salankamen *siehe* Slankamen
Sale superior Provincia 319
Samosch *siehe* Someş
San Marino 232
Sana 319
Sancta Margretta *siehe* Margaretheninsel

Sancti Gerhardi Berg *siehe* Gerhardsberg
Sand Insul *siehe* Ostrovo
Sankt Andreas *siehe* Szentendre
Sankt Brigithe Insula *siehe* Brigitten-Insel
Sankt Georgen 298
Sankt Georgwar *siehe* Đurđevac
Sankt Gotthard *siehe* Szentgotthárd
Sankt Hippolyt *siehe* Sankt Pölten
Sankt Petersburg (Petersbourg) 229
Sankt Pölten (Sankt Hippolyt) 232
Sankt Veith *siehe* Rijeka
Sânnicolau Mare/Sanktnikolaus (Szent-Miklos) 340
Šar Planina (Scardo Gebirg, Scardus Mons) 224, 333
Sarajevo/Saralio (Seraglio) 192, 222, 328 f.
Sarcan Mons 367
Sarmatien 72
Sarmizegetusa/Sarmisgethusa/Sarmisia (Tarmisogethusa, Új Vásárhelyi, Új Vassarhely, Ulpia Trajana Zarmizegetusa, Zarmizegetusa) 145, 149, 270, 353
Sárvár (Kotenburg) 148
Sárvíz/Sarvis/Sarwitz (Scharviza) 161, 250, 270
Satu Mare/Sathmar (Sathmar) 380
Save/Sau/Sava/Saw 74, 84, 148 f., 158, 160, 162, 167 f., 192, 205, 215, 222, 256, 258 f., 271 f., 275, 282, 284, 298 f., 306, 314, 316–319, 324 f., 332, 352
Scardo Gebirg/Scardus Mons *siehe* Šar Planina
Scepusium *siehe* Spiš
Schaffhausen 39, 41
Scharviza *siehe* Sárvíz
Şchei *siehe* Braşov
Schepsi 356
Schil *siehe* Jiu
Schildgebirge *siehe* Vértes-hegység
Schiltaw *siehe* Nikopol
Schintau *siehe* Šintava
Schlangeninsel *siehe* Ostriv Zmiïnij
Schlankomen *siehe* Slankamen
Schlesien 64, 161
Schneberg Mons/Schneeberg *siehe* Karpaten
Schnelle Kreisch 80
Schoimosch *siehe* Şoimoş
Schonat *siehe* Cenad
Schuler/Schüler Gebirge *siehe* Masivul Postăvarul
Schumat 161
Schumen *siehe* Šumen
Schütt-Insel = Große Schütt-Insel/Schutt Insula Maior (Čalokez, Chalokewz, Csallóköz, Komorn-Insel,

Žitný ostrov) 141, 148 f., 152–154, 161, 177, 186, 224
Schütt-Insel = Kleine Schütt-Insel/Schutt Insula Minor (Malý Žitný ostrov, Petit Schutt, Szigetköz) 152 f., 161, 177, 186, 224
Schwarze Drin (Drin/-i i Zir, Crni Drin) 212
Schwarze Kreisch 80
Schwarzes Meer (Mare Niagra, Mare Nigrum, Marea Neagră) 39, 72, 76, 105, 140, 161, 167 f., 174 f., 177, 183, 196, 200 f., 208–210, 212 f., 222, 288, 290, 370 f.
Schwarzrussland (Roussie Noire) 359
Schwarzwald 136
Schweden 59, 208
Schweiz (Suisse) 225, 232, 380
Sclavonia/Sclavonien *siehe* Slawonien
Scopia *siehe* Skopje
Scutari *siehe* Shkodra
Scutarisee *siehe* Liqen/-i i Shkodrës
Sebeş (Mühlbach) 191
Sechu *siehe* Szekcső
Secuime *siehe* Szeklergebiet
Segedin/Segedinum *siehe* Szeged
Seitzu *siehe* Szekcső
Semblin *siehe* Zemun
Semendria *siehe* Smederevo
Semlin *siehe* Zemun
Sempte *siehe* Šintava
Senj (Zeng) 299, 321
Senneberg 353
Senta (Zenta) 111, 270, 293, 380
Seraglio *siehe* Sarajevo
Serbien (Servia, Servie, Servien, Syrsia) 15, 17, 25, 30, 36, 82, 84 f., 91 f., 112, 116, 158, 160, 163, 170, 174–176, 180, 186, 191–193, 195–197, 200, 205, 208. 215, 223 f., 250, 266 f., 278, 281, 283, 286, 288, 290, 316, 321, 324, 326, 328–330, 333, 347 f., 363
Sereth *siehe* Siret
Serp (Szerp) 205
Serpents Isle *siehe* Ostriv Zmiïnij
Servia/Servie/Servien *siehe* Serbien
Severin *siehe* Turnu Severin
Shkodra (Scutari) 212, 334 f.
Shkodrasee *siehe* Liqen/-i i Shkodrës
Shkup *siehe* Skopje
Shqipëria 334
Sibirien 72
Sibiu (Cibinio, Hermannstadt, Hermastat, Hermenstat, Nagy Szeben, Zeben) 86, 183, 192, 260, 270, 314, 352, 359 f., 384
Sichelburger Gebirge *siehe* Žumberačka gora
Sicia *siehe* Sisak
Siclos *siehe* Siklós
Siculia *siehe* Szeklergebiet

Siebenbürgen (Transilvania, Transilvanien, Transylvania) 9, 11, 17, 29, 39, 44, 60, 73, 81, 85 f., 88, 90 f., 107, 129, 140 f., 145, 149, 158, 161, 164, 170, 180, 183 f., 186 f., 191, 195–197, 200, 203, 205, 212 f., 218 f., 222–224, 228, 248, 254, 260, 264, 270–272, 276, 278, 281, 288, 290, 295, 314, 329 f., 337–339, 342, 348, 350, 352–354, 356 f., 359 f., 363–365, 367, 370 f., 374 f., 380, 384
Siebenbürgische Carlstatt *siehe* Gherla
Siebenbürgische Leopoldstatt 270
Siebenbürgisches Erzgebirge/Siebenbürgisches Westgebirge *siehe* Munții Apuseni
Siget/Sigheth *siehe* Szigetvár
Siklós (Siclos) 254
Silistra/Silistria 176, 371
Šintava (Schintau, Sempte) 147
Sió 80
Siret (Sereth) 161, 224
Sirmio *siehe* Syrmien
Sisak/Sissek (Sicia, Sziszek) 148, 298, 306 f., 325
Sistova *siehe* Svištov
Sivas 98
Skadarsk/Skadarsko Jezero *siehe* Liqen/-i i Shkodrës
Skopje (Scopia, Shkup, Skopia, Uskopia, Üsküp) 98, 192, 224, 267
Skopska Crna Gora 267
Skutarisee *siehe* Liqen/-i i Shkodrës
Slankamen (Alt-Slankamen, Novi Slankamen, Salankamen, Schlankomen, Stari Slankamen, Szalánkemén) 44 f., 47, 50–52, 182, 262, 264, 379 f., 382, 390
Slatina 212
Slavonski Brod (Brod, Brodt, Slawonisch Brod) 192, 270, 325, 328
Slawonien/Slavonia/Slavonien/Slavonija (Esclavonie, Sclavonia, Sclavonien, Slavonija) 11, 17, 73, 81 f., 84, 140, 148 f., 158, 167, 170, 176, 180, 186, 190–192, 195 f., 198, 200, 203, 208, 215, 218, 223 f., 228, 255–257, 270, 295, 307, 319, 321 f., 324 f., 328–330, 333, 379
Slawonisch Brod *siehe* Slavonski Brod
Slovenské Nové Mesto (Neustädtl) 379
Slowenien 21, 170
Slun/Slunj 301
Smederevo (Semendria) 162, 166, 174, 192, 222, 267, 318
Smederevska Palanka (Hassan Bascha Balanka, Hassan Bassan Pallancka) 281, 348
Smisniza Mons 329
Soczoua *siehe* Suceava
Sofia (Sophia) 98, 170, 192, 198, 213, 223, 267, 314, 329

Şoimoş (Schoimosch, Solymos) 338
Sokolovo Knezdo Mons/Sokolovoknezdo 321, 333
Solak/Solak Mons 193
Solva *siehe* Esztergom
Solymos *siehe* Şoimoş
Someş (Samosch, Szamos) 168, 271, 356, 371
Sophia *siehe* Sofia
Sopogian Mons 193
Sopron (Ödenburg) 148
Sopubina 192
Souhna 213
Spalatro *siehe* Split
Spanien (Espagne) 36, 98, 101, 104, 232
Speyer 39, 41 f., 45, 47, 59
Spiš/Spisz (Scepusium, Szepes, Zips) 191, 202
Split (Spalatro) 192
Sprigitae Insula *siehe* Brigitten-Insel
Srem *siehe* Syrmien
Sremski Karlovci (Carlowitz, Carlowiz, Karlóca, Karlowitz, Srijemski Karlovci) 28 f., 31, 81, 84, 99, 103, 106, 167, 199, 202, 271 f., 275, 295, 306, 325, 339, 365
Srijem *siehe* Syrmien
Srijemska Mitrovica 84
Srijemski Karlovci *siehe* Sremski Karlovci
Stambol/Stambul *siehe* Istanbul
Stara plani'na *siehe* Balkangebirge
Stari Beghej *siehe* Bega
Stari Slankamen *siehe* Slankamen
Stari Vlak 193
Steiermark (Steyermark, Stiria) 28, 30, 148, 186, 306, 330
Stephanopolis *siehe* Braşov
Steyermark *siehe* Steiermark
Stiria *siehe* Steiermark
Stockholm 229, 384
Straja *siehe* Straža
Straßburg 39, 41, 59, 82, 381
Straža (Lagerdorf, Lagersdorff, Straja) 176
Strigonie/Strigonium *siehe* Esztergom
Stuhlweißenburg *siehe* Székesfehérvár
Štúrovo (Barkan, Párkány) 246, 312
Stuttgart 384
Subcarpaţii Munteniei/Subkarpaten *siehe* Karpaten
Suceava (Soczoua, Zukow) 356, 363 f.
Suisse *siehe* Schweiz
Suitava Provincia 319
Sulina 76, 371
Sulzburg 47
Šumen/Şumen (Schumen) 110 f.
Sunne 177
Suornic *siehe* Zvornik
Svištov (Sistova) 28, 31
Syrmien/Syrmia/Syrmie/Syrmium (Ducatus Sirmium, Sirmio, Srem, Srijem, Szerem) 15, 84, 176, 186 f., 191, 198, 205, 215, 255 f., 258, 264, 317, 319, 324 f., 329, 348
Syrsia *siehe* Serbien
Syrtta 160
Szalánkemén *siehe* Slankamen
Szamos *siehe* Someş
Szamosújvár *siehe* Gherla
Szársomlyo/Szársomlyó hegyi csata 255
Szeged/Szegedin (Segedin, Segedinum) 168, 171, 271, 274 f., 293, 340, 347, 353
Szekcső (Sechu, Seitzu) 250 f.
Székelyföld *siehe* Szeklergebiet
Székesfehérvár (Alba Regalis, Alba Regia Regina, Stuhlweißenburg) 148, 161, 183, 208, 244
Szeklergebiet/Szeklerland (Secuime, Siculia, Székelyföld, Terra Siculorum, Ţinutul Secuiesc) 141, 170, 192
Szenc 80
Szentendre (Andre Insula, Sankt Andreas) 141, 156, 186, 224, 246
Szentgotthárd (Sankt Gotthard) 29, 44, 148, 236, 238 f., 381
Szentgyörgyvár *siehe* Đurđevac
Szent-Miklos *siehe* Sânnicolau Mare
Szepes *siehe* Spiš
Szerém *siehe* Syrmien
Szerp *siehe* Serp
Szigetköz *siehe* Schütt-Insel (Kleine Schütt-Insel)
Szigetvár (Inselburg, Siget, Sigeth, Zigeth, Zigetvar, Zygeth) 36, 110 f., 118–120, 158, 208, 244
Sziszek *siehe* Sisak
Szolnok (Zolnock) 171, 254, 256, 304

T

Tamiš *siehe* Timiş (Fluss)
Tâmpa (Zinne) 360, 362
Tanais *siehe* Don
Ţara Almăjului *siehe* Almăj
Ţara Bârsei (Barczaság, Barzazagh, Bortzen Land, Burceland, Burczland, Burzenland, Wurtzland, Wurzland) 141, 149, 161, 196, 224, 270, 356, 359, 367
Ţara Făgăraşului *siehe* Ţara Oltului
Ţara Năsăudului (Nösnerland, Nosnerland, Nosnfrland) 141, 191, 356, 359
Ţara Oltului (Altland, Ţara Făgăraşului) 141, 149, 161, 356, 359, 367
Tarcău-Gebirge/Tarcu Mons 170
Tarczal *siehe* Tatra-Gebirge
Târgovişte (Tergouisek) 223, 363
Târgul de Floci *siehe* Oraşul de Floci

Tarmisogethusa *siehe* Sarmizegetusa
Târnava Mare (Große Kokel, Nagy-Küküllő) 360, 362
Tartarei/Tartaria Budzsakensis/Tartaria Oczakoviensis *siehe* Tatarei
Tarten/Tartlau *siehe* Prejmer
Tartzal Hongarico *siehe* Tatra-Gebirge
Tata (Dotis, Totis) 80, 148, 304
Tatarei (Budschaker Tartarei, Dobruzische Tartarei, Kleine Tartarei, Kuban, Kubanische Tartarey, Little Tartary, Nogäische Tartarei, Nogaysche Tartarey, Oczachowsche Tartarey, Otchakover Tartarei, Otschakover Tatarei, Tartaria, Tartaria Budzsakensis, Tartaria Oczakoviensis, Westliche Nogaÿ) 183, 199, 208, 224, 288, 290, 370 f.
Tatarul 375
Tatra-Gebirge/Tatur (Tarczal, Tartzal Hongarico) 353
Tauride/Taurien *siehe* Krim
Tavornick Berg 333
Tekija 286
Tekin *siehe* Bender
Temes/Temesch *siehe* Timiş (Fluss)
Temesch-Cerna-Tal *siehe* Valea Timişului şi Cernei
Temescher Gespanschaft *siehe* Timiş (Gebiet)
Temeschwar *siehe* Timişoara
Temesi Bánság *siehe* Banat
Temesium *siehe* Timiş (Fluss)
Temesvár/Temeswar *siehe* Timişoara
Temeswarer Banat/Temeschwarer Banat *siehe* Banat
Temez *siehe* Timiş (Fluss)
Temir Cobi Eisen Thor *siehe* Eisernes Tor
Temis *siehe* Timiş (Fluss)
Temisch *siehe* Timişeni
Temišvarski Banat *siehe* Banat
Temiswar *siehe* Timişoara
Teresiopel *siehe* Vinga
Tergouisek *siehe* Târgovişte
Ternowo *siehe* Trnovo
Terra Australis *siehe* Australien
Terra Siculorum *siehe* Szeklergebiet
Territoires Montenegrins *siehe* Montenegro
Tessin 164, 192, 266, 314, 338
Tetinia *siehe* Ðetinja
Teutschland *siehe* Deutschland
Theben *siehe* Devín
Theiß/Thejs (Theÿs, Tibiscus, Tisa, Tisza) 11, 14, 79 f., 85, 88, 167 f., 170, 176, 186 f., 191, 202, 218 f., 224, 233, 251, 254, 262, 264, 270 f., 278, 280, 290, 293, 329, 333, 337, 340 f., 346 f., 352 f., 371
Themes *siehe* Timiş (Fluss)
Thessalien/Thessaly (Janny) 192, 215

Theÿs *siehe* Theiß
Thorda *siehe* Turda
Thrakien/Thracia 91, 145, 170, 223
Thraw *siehe* Drau
Thüringen 272
Tibiscus *siehe* Theiß
Tighina/Tigina *siehe* Bender
Tihuța/Tiha 375
Timiș (Fluss) (Tamiš, Temes, Temesch, Temesium, Temez, Temis, Themes) 88, 166, 168, 187, 276, 278, 280, 291, 329, 341–343, 348, 353
Timiș (Gebiet) (Comitatus Temesiensis, Komitat Temesch, Temescher Gespanschaft) 10, 205, 223, 278, 321, 342, 348
Timișeni (Temisch) 280
Timișoara (Fabric, Fabrik, Fabrique, Grosse Balanck, Große Palanka, Ioscfin, Josefstadt, Kleine Balanck, Kleine Palanka, Maierhöfe, Mehala, Meierhöfe, Meyerhoff, Mihal, Mihalla, Temeschwar, Temesvár, Temeswar, Temiswar) 10, 88, 98, 158, 187, 197 f., 202, 208, 212, 244, 271 f., 276–278, 280 f., 286, 291 f., 316, 328–330, 333, 337–342, 344, 347–349, 384
Timok/Timock 166, 171, 183, 215, 281, 319, 329, 333
Timoker Krain/Timoška krajina 171
Tinasch *siehe* Diniaș
Ținutul Secuiesc *siehe* Szeklergebiet
Tirol 146
Tisa/Tisza *siehe* Theiß
Titel/Titul 171, 264 f., 271, 341
Todthes Meer 371
Tokaj/Tockay/Tokay 150, 244, 380
Tolna 187
Tömösch-Pass *siehe* Pasul Predeal
Topolnița 173
Torda *siehe* Turda
Torontál/Torontaler Gespanschaft (Comitatus Tarantaliensis) 187, 348
Tortsvar-Pass *siehe* Pasul Bran
Törtzburger Pass/Törzburg-Pass *siehe* Pasul Bran
Totis *siehe* Tata
Trah *siehe* Drau
Transdanubien/Transdanubia 79, 146, 160 f., 186 f., 196, 223, 251
Transilvania/Transilvanien/Transylvania *siehe* Siebenbürgen
Trava *siehe* Drau
Trianon 36, 114
Tricule 176
Trier 10
Triest/Trieste 299
Tripolizza 215
Trnava (Tyrnau) 184
Trnovo (Ternowo) 161
Troja/Troie/Truva 183

Trotusch-Durchbruch *siehe* Valea Trotușului
Tschanad *siehe* Cenad
Tschatad 346
Tschene *siehe* Cenei
Tscherna *siehe* Cerna
Tschetschenien 22
Tschiklowa *siehe* Ciclova Montană
Tschuma Berg 375
Tübingen 10, 39, 59, 379, 383 f.
Tulln 222
Turda (Thorda, Torda) 356, 374
Turin 41, 223
Türkei 9, 15, 21, 25, 28, 32, 36, 71, 73 f., 98, 109, 110, 114, 120
Türkisch Kanischa *siehe* Novi Kneževac
Turks Eyland *siehe* Veliko Ratno Ostrvo
Turnu 212
Turnu Severin (Severin) 280, 329
Tusla 177
Tyrnau *siehe* Trnava

U
Udvarhely *siehe* Odorheiul Secuiesc
Új Vásárhelyi/Új Vassarhely *siehe* Sarmizegetusa
Újgradiska *siehe* Nova Gradiška
Ujpalanka/Új-Palánka *siehe* Banatska Palanka
Ukraine 161
Ulak Mons 321
Ulm 57, 74, 77, 176, 380, 386
Ulpia Trajana Zarmizegetusa *siehe* Sarmizegetusa
Una 11, 74, 148, 306 f., 333
Una Statt *siehe* Jasenovac
Ungarische Tiefebene (Alföld, Große Ungarische Tiefebene, Kleine Ungarische Tiefebene) 152, 177, 187, 191, 196, 202, 208, 219, 224, 332
Ungarisches Mittelgebirge *siehe* Dunántúli-középhegység
Ungarn/Ungern/Ungheria (Hongrie, Hungaria, Hungern, Ongaria) 9 f., 17, 28–30, 33, 36, 39, 40 f., 43, 45, 47, 50, 52, 59 f., 73 f., 79–81, 84–86, 88, 91, 101 f., 109–115, 118–120, 127, 136, 146 f., 149, 152, 156–158, 160, 167 f., 170 f., 180, 182–184, 186, 190 f., 194–197, 200, 203, 205 f., 209, 215, 218, 220, 222–225, 228, 232 f., 238 f., 244–246, 250 f., 254 f., 262 f., 270, 278, 281, 283, 288, 290 f., 296, 306, 314, 316, 324 f., 328, 330, 333, 337 f., 342, 347 f., 352–354, 356 f., 359 f., 364 f., 370, 374, 380–382
Unterwald *siehe* Land vor dem Wald
Ural 72
Urbino 339

Uskopia *siehe* Skopje
Üsküdar *siehe* Istanbul
Üsküp *siehe* Skopje
Ussitza *siehe* Užice
Utvarheliensis Comitatus *siehe* Odorheiul Secuiesc
Uyvar *siehe* Nové Zámky
Užice (Ussitza) 174, 222, 328 f.
Uzora 319

V
Vác (Waitzen, Watz, Weitzen) 75, 149, 156, 176, 205, 244, 246
Váh/Vág (Waag) 147 f., 152, 154 f., 168
Vailova *siehe* Valjevo
Valachia/Valachie/Valahia/Valahia Austriaca/Valahia Mică/Valahia Minor *siehe* Walachei
Valea Hațegului (Haczak Vallis, Hatzegtal, Planities Hatziagensis, Pleine d'Hatzag, Vallis Harzag) 149, 196, 270, 359, 367
Valea Prahovei (Prachova, Prahova-Tal) 224, 375
Valea Timișului și Cernei (Temesch-Cerna-Tal) 166, 286
Valea Trotușului (Trotusch-Durchbruch) 375
Valjevo/Valiova (Vailova) 192, 222, 328
Vallis Harzag *siehe* Valea Hațegului
Valpovo (Walpo) 312
Varaždin/Varasd/Varasdinum (Warasdin) 44, 148, 298, 302 f., 380 f.
Vardar 215, 267
Varna (Warna) 111, 115–119
Varvarin 267
Vas (Eisenburg (Komitat)) 148
Vaskapu/Vaskapu-hágó *siehe* Eisernes-Tor-Pass
Vasvár (Eisenburg (Stadt)) 28, 239
Vatter *siehe* Fatra
Vegia Isola/Veglia Isola *siehe* Krk
Velebit/Velebich 299, 333
Vclika Golica (Golia und Ieliza Mons) 193
Veliki bački kanal *siehe* Batschka-Kanal
Veliki Greben *siehe* Greben
Veliko Gradište (Ram, Rama (Schloss)) 293
Veliko Ratno Ostrvo (Große Kriegsinsel, Turks Eyland) 284 f.
Veľká Fatra *siehe* Fatra
Veln Land/Velnland *siehe* Weinland
Vena Gebirg 333
Venedig/Venetia/Venice/Venise 21, 25, 32 f., 36, 81 f., 84 f., 90 f., 98, 104 f., 190, 197, 210, 212, 246, 334, 350, 352, 363

Verbas *siehe* Vrbas
Veresthorn *siehe* Pasul Turnu Roșu
Vértes-hegység/Vertes mons (Schildgebirge) 148 f., 161
Veszprém (Wesprim) 148
Veteranische Höhle 348
Veÿßenbourg *siehe* Alba Iulia
Veza 299
Vezirac-Hügel 123
Vidin/Vidino (Widdin, Widin) 164, 166, 176, 192, 222, 314 f., 328
Vienna/Vienne *siehe* Wien
Vieux Orsoua *siehe* Orșova
Vinga/Vingha/Vingher (Teresiopel) 347
Vinidorum Marchia *siehe* Windische Mark
Vipalanka *siehe* Banatska Palanka
Virovitica 256
Visapu eisenthor *siehe* Eisernes-Tor-Pass
Visegrád/Visograd (Plintenburg) 109, 192, 246
Višnjica (Wisnitza) 284
Visovac (Wißowaz) 298
Vlack Mons 329
Vlakia 215
Vlasca/Vlaška *siehe* Banat
Voćin 256
Volhynie/Volhynien *siehe* Wolhynien
Volkan Pass *siehe* Pasul Vulcan
Vrbas (Verbas) 168
Vries-Lant *siehe* Friesland
Vršac (Werschetz/Werschez) 176
Vsora/Vsora Provincia *siehe* Ozora
Vuka 325
Vukovar 75
Vulkan-Pass *siehe* Pasul Vulcan

W
Waag *siehe* Váh
Waitzen *siehe* Vác
Walachei/Walachey (Grand Valaquie, Große Walachei, Kleine Walachei, Mala Vlaška, Modavia et Maiorea Walachia, Muntenia, Oltenia, Österreichische Walachei, Petit Valaquie, Valachia, Valachie, Valahia, Valahia Austriaca, Valahia Mică, Valahia Minor, Wallachia) 15, 39, 86, 88, 90–92, 105, 107, 145, 166, 170, 176, 180, 183, 186 f., 191 f., 196 f., 199 f., 202, 208–210, 212, 218, 223 f., 266, 270, 278, 281, 283, 286, 288, 290, 321, 328, 330, 333 f., 347 f., 352, 356 f., 359, 362–365, 370 f., 374 f., 384
Waldkarpaten *siehe* Karpaten
Waldstaetten 328
Wallachia *siehe* Walachei
Walpo *siehe* Valpovo
Waradin *siehe* Oradea

Warasdin *siehe* Varaždin
Ward *siehe* Oradea
Warna *siehe* Varna
Warschau 115
Warthe-Berg 360
Wasserstadt *siehe* Budapest
Wasserstadt/Water Stad *siehe* Belgrad
Waterloo 115
Watter *siehe* Fatra
Watz *siehe* Vác
Weichsel *siehe* Wisła
Weimar 72, 92, 218, 374
Wein Thal 301
Weinland (Veln Land, Velnland) 141, 161, 356, 359
Weisenberg Mont 191
Weiße Karpaten *siehe* Karpaten
Weissemburg/Weißenburg *siehe* Alba Iulia
Weissenperg *siehe* Karpaten
Weißer Thurn 298
Weitzen *siehe* Vác
Werschetz/Werschez *siehe* Vršac
Wesprim *siehe* Veszprém
Westliche Nogay *siehe* Tatarei

Weyerbach 160
Widdin/Widin *siehe* Vidin
Wien (Vienna, Vienne) 11, 21 f., 27, 30, 32, 35 f., 39 f., 44 f., 47, 59, 64, 67, 72–77, 79–82, 84–86, 88, 90, 92, 98, 106, 111 f., 115, 123–130, 146, 150, 152, 161, 164, 168, 174–176, 184, 200 f., 205, 209, 222–225, 229, 232, 239 f., 246, 254, 260, 264, 266, 270, 275, 278, 284, 286, 288, 303, 307, 312, 319, 324, 330, 334, 338, 344, 348, 363, 370, 374, 381 f., 386, 389
Wihats/Wihatsch/Wihaz/Wihitsch *siehe* Bihać
Wilna 229
Windische Mark (Vinidorum Marchia) 144
Winzeÿ Morast 341
Wisła (Fons Vistula, Weichsel) 115, 149, 170
Wisnitza *siehe* Višnjica
Wißowaz *siehe* Visovac
Wolhynien (Volhynie, Volhynien) 161, 290

Worms 39
Wurtzgartem 353
Wurtzland/Wurzland *siehe* Țara Bârsei

Y

Ybbs 77
Yilan Adası *siehe* Ostriv Zmiïnij

Z

Žablja (Sablia) 271
Zadar (Iader, Iadera, Zara) 84, 145, 161, 224, 299
Zagora 170
Zagreb (Agram, Agria) 21, 148, 256, 298, 306
Zakovatz *siehe* Čakovec
Zara *siehe* Zadar
Zarander Gebirge *siehe* Munții Zărandului
Zarmizegetusa *siehe* Sarmizegetusa
Zeben *siehe* Sibiu
Železni vrata *siehe* Eisernes Tor
Zemun (Semblin, Semlin) 84, 259, 262, 282, 284, 290, 317, 325

Zeng *siehe* Senj
Zenta *siehe* Senta
Zeta/Zetta 335
Zibin *siehe* Cibin
Zigeth/Zigetvar *siehe* Szigetvár
Zinne *siehe* Tâmpa
Zips *siehe* Spiš
Zirkassien (Circassia) 213
Zirknitzer See *siehe* Cerkniško jezero
Žitný ostrov *siehe* Schütt-Insel (Große Schütt-Insel)
Zolnock *siehe* Szolnok
Zrenjanin (Beczkerek, Betschkerek, Betschkeret, Betz) 187, 271, 329, 353
Zriner Gebirge 333
Zrinj 333
Zsitvatorok 28, 30 f.
Zukow *siehe* Suceava
Žumberačka gora/Žumberak (Gorjanci, Sichelburger Gebirge) 140
Zvornik/Zwornek/Zwornieck/Zwornik (Suornic) 192, 222, 328
Zygeth *siehe* Szigetvárț

Bildnachweis

Augsburg, Staats- und Stadtbibliothek S. 44 (Graph 42 Baden 8)
Bologna, Biblioteca Universitaria S. 94 (Inv. Nr. 76)
Bruchsal, Staatliche Schlösser und Gärten Baden-Württemberg, Schloss Favorite Rastatt S. 46: (Inv. Nr. G 2568), S. 388 (rechte Spalte) (Inv. Nr. G 2553)
Budapest, Hadtörténeti Intézet és Múzeum S. 86 f. (B IX a 487/15). – Kat. 4.7, Kat. 5.9
Budapest, Magyar Nemzeti Galéria S. 108 (Ausschnitt) und S. 113 (Inv. Nr. FK 2867)
Darmstadt, Universitäts- und Landesbibliothek S. 54 (Gue-10213)
Halberstadt, Gleimhaus – Museum der deutschen Aufklärung S. 65 (glca-2688)
Istanbul, Süleymaniye Library S. 101 (2998, 307a), S. 105 (2996, 870a-871b)
Istanbul, Topkapi Palast Museum S. 26 oben (H. 1344 fol. 367a), S. 26 unten (A. 3594 fol. 171b-171a)
Karlsruhe, Badische Landesbibliothek Kat. 1.3 (= S. 134, Ausschnitt), Kat. 2.5, Kat. 2.13, Kat. 4.9
Karlsruhe, Badisches Landesmuseum S. 45 (Inv. Nr. D 3)
Karlsruhe, Landesarchiv Baden-Württemberg, Generallandesarchiv S. 27 (Hfk-Hs Nr. 55 Bl. 144 und 163, Eigentum des Hauses Baden), S. 34 (J-C W 8), S. 43 (Hfk-Hs Nr. 55 Bl. 138 und 150, Eigentum des Hauses Baden), S. 48 (69 Baden, Sammlung 1995 G 326), S. 60 (Ad 13, Bibliothek), S. 388 (Hfk-Hs Nr. 55 Bl. 148, Eigentum des Hauses Baden). – Kat. 1.4, Kat. 1.5, Kat. 1.6, Kat. 1.7, Kat. 1.8, Kat. 1.10, Kat. 1.11, Kat. 2.2, Kat. 2.3, Kat. 2.4, Kat. 3.1 (S. 234, Ausschnitt), Kat. 3.3, Kat. 3.4, Kat. 3.5, Kat. 3.6, Kat. 3.7, Kat. 3.8, Kat. 3.9, Kat. 3.10, Kat. 3.11, Kat. 3.12, Kat. 3.13, Kat. 3.14, Kat. 3.18, Kat 3.20, Kat. 4.1, Kat. 4.2, Kat. 4.3, Kat. 4.5, Kat. 4.6, Kat. 4.10, Kat. 5.1, Kat. 5.2
Karlsruhe, Karlsruher Institut für Technologie, Geodätisches Institut S. 387
Karlsruhe, Staatliche Kunsthalle S. 51 (Inv. Nr. 554), S. 390 (Inv. Nr. 2956)
München, Bayerische Staatsbibliothek S. 59 (Rar. 271, fol. A1 verso), S. 63 (Hbks/F 106 da, Tafel 74/75), S. 82 f. (BV 022199382), S. 96 (Ausschnitt) und S. 100 (Cod. Turc. 431), S. 103 (Res/2 A.or. 371 Blatt 72/73)
München, Deutsches Museum S. 67 (Bibliothek Libri Rari, 1943B71)
Norfolk, Lord Coke and the Trustees of the Holkham Estate S. 38 (Ausschnitt) und S. 40
Paris, Bibliothèque nationale de France S. 90 f. (GE DD-2987)
Rastatt, Stadtmuseum S. 389 (Inv. 1982/9)
Stuttgart, Landesarchiv Baden-Württemberg, Hauptstaatsarchiv S. 66 (N 100 Nr. 425)
Stuttgart, Württembergische Landesbibliothek S. 24 (Ausschnitt) und S. 29 (HBb 1728), S. 95 (HBb 1598-1/2)
Temeswar, Privatsammlung Dr. Ovidiu Șandor S. 70 (Ausschnitt) und S. 76, S. 77, S. 89, S. 385 (rechts). – Kat. 1.14, Kat. 2.1, Kat. 2.6, Kat. 2.7 (S. 178, Ausschnitt), Kat. 2.9, Kat. 2.11, Kat. 3.16, Kat. 3.17, Kat. 3.22, Kat. 5.6, Kat. 5.10, Kat. 5.11, Kat. 5.13
Tübingen, Privatsammlung Dr. Mathias Beer S. 75. – Kat. 5.3, Kat. 5.7, Kat. 5.12, Kat. 5.14
Tübingen, Institut für donauschwäbische Geschichte und Landeskunde S. 383 (rechte Spalte), S. 385 (linke Spalte). – Kat. 1.1, Kat. 1.12, Kat. 1.13 (auch: S. 12 f., S. 78 f., Kat. 1.9, Kat. 2.8 (auch: S. 14, Ausschnitt), Kat. 2.10, Kat. 2.12, Kat. 2.14, Kat. 2.15, Kat. 3.15, Kat. 3.19, Kat. 3.21, Kat. 4.4, Kat. 4.8, Kat. 4.11 (auch: S. 294, Ausschnitt), Kat. 4.12, Kat. 4.13, Kat. 5.4 (auch: S. 336, Ausschnitt), Kat. 5.5, Kat. 5.8
Tübingen, Universitätsbibliothek S. 16 (Fo XI 12.2-2)
Ulm an der Donau, Dokumentationszentrum der Banater Schwaben, Sammlung Ewald Böss Kat. 1.2
Wien, Österreichische Nationalbibliothek S. 33 (Porträtsammlung Inv. Nr. PORT 0064135_01), S. 35 (Bildarchiv Inv. Nr. PK 511, 15). – Kat. 3.2
Zürich, Bibliothek der Eidgenössischen Technischen Hochschule S. 61 (Rar. 675), S. 64 (Rar. 4087)
Fotografien S. 57 und 62 © Zsolt G. Török. – S. 114 © Robert Born. – S. 116 © Park-Museum Vladislav Varnenchik, Varna. – S. 117 © Vladislav Varnenchik, Varna. – S. 118, 119 © Zsigmond Csákvári. – S. 124 (linke Spalte), S. 127, S. 129 © Lisa Bolyos. – S. 379 © Dirk Altenkirch. – S. 383 (linke Spalte) © Uli Deck. – Wikimedia commons: S. 20 (Nérostrateur), S. 49 (Martin Dürrschnabel), S. 122 (Andreas Praefcke), S. 124 (rechte Spalte), S. 125 (Gryffindor)

Impressum

Fließende Räume
Karten des Donauraums 1650–1800

Floating Spaces
Maps of the Danube Region 1650–1800

Dieser Katalog erscheint zur gleichnamigen internationalen Wanderausstellung des Instituts für donauschwäbische Geschichte und Landeskunde, Tübingen, und des Landesarchivs Baden-Württemberg im Rahmen der Erstpräsentation im Generallandesarchiv Karlsruhe, 5. Juli – 27. Oktober 2017.

Weitere Stationen der Präsentation sind neben der Bundesrepublik Deutschland Orte in Kroatien, Österreich, Rumänien, Serbien und Ungarn.

idgl – Institut für donauschwäbische Geschichte und Landeskunde

LANDESARCHIV BADEN-WÜRTTEMBERG
GENERALLANDESARCHIV KARLSRUHE

Gefördert durch:

Baden-Württemberg
MINISTERIUM FÜR WISSENSCHAFT, FORSCHUNG UND KUNST

L-BANK
Staatsbank für Baden-Württemberg

Bibliografische Information der Deutschen Nationalbibliothek: Die Deutsche Nationalbibliothek verzeichnet diese Publikation in der Deutschen Nationalbibliografie; detaillierte bibliografische Daten sind im Internet über http://dnb.dnb.de abrufbar.

1. Auflage 2017
© 2017 Verlag Schnell & Steiner GmbH,
Leibnizstr. 13, D-93055 Regensburg
Druck: www.schreckhase.de
ISBN 978-3-7954-3216-4

Alle Rechte vorbehalten. Ohne ausdrückliche Genehmigung des Verlages ist es nicht gestattet, dieses Buch oder Teile daraus auf fotomechanischem oder elektronischem Weg zu vervielfältigen.

Weitere Informationen zum Verlagsprogramm erhalten Sie unter: www.schnell-und-steiner.de

Ausstellung

Konzeption und Organisation
Josef Wolf M.A., Tübingen, und Prof. Dr. Wolfgang Zimmermann, Karlsruhe

Wissenschaftliche Beratung
Dr. Mathias Beer, Tübingen
Dr. Robert Born, Leipzig
Dr. Antal András Deák, Esztergom
Prof. Dr. Ioan Drăgan, București
Dr. Jutta Dresch, Karlsruhe
Dr. Markus Heinz, Berlin
Dr. Holger Jacob-Friesen, Karlsruhe
Prof. Dr. Reinhard Johler, Tübingen
Dr. Filip Krčmar, Zrenjanin
Prof. Dr. István Monok, Budapest
Dr. Schoole Mostafawy, Karlsruhe
Dr. Alexandru Munteanu, Sibiu
Prof. Dr. Géza Pálffy, Budapest
Prof. Dr. Ivan Părvev, Sofia
Dr. Petra Pechaček, Bruchsal
Prof. Dr. Ioan-Aurel Pop, Cluj-Napoca
Dr. Astrid Reuter, Karlsruhe
Dr. Robert Rill, Wien
Prof. Dr. Drago Roksandić, Zagreb
Dr. Raul I. Rus, Timișoara
Dr. Annika Stello, Karlsruhe
Dr. Petra Svatek, Wien
Dr. Laurențiu Szemkovics, București
Prof. Dr. Zsolt Győző Török, Budapest

Kartografie
Richard Szydlak, Tübingen

Übersetzung in das Englische
Isabel Taylor M.A.S., Karlsruhe

Ausstellungsdesign
Gruppe raum[einsichten, Oberstenfeld

Restauratorische Betreuung
Bettina Heck, Karlsruhe

Leihverkehr
Josef Wolf M.A., Tübingen, und Gabriele Wüst, Karlsruhe

Presse- und Medienarbeit
Dr. Peter Exner, Karlsruhe, und Susanne Munz, Tübingen

Reprografie
Maziyar Razaviyan und Hermann Scheffel, Karlsruhe

Haustechnik
Stefan Eisenring unter Mitarbeit von Massimo Aliani und Matthias Fuchs, Karlsruhe

Katalog

Herausgeber
Josef Wolf M.A., Tübingen, und Prof. Dr. Wolfgang Zimmermann, Karlsruhe

Redaktion
Dr. Mathias Beer, Tübingen, Josef Wolf M.A., Tübingen, und Prof. Dr. Wolfgang Zimmermann, Karlsruhe, in Zusammenarbeit mit Mirjam Krönig und Franka Paulen, Tübingen, sowie Sara Diedrich, Dr. Simone Finkele und Gabriele Wüst, Karlsruhe

Kartografie
Richard Szydlak, Tübingen

Lektorat
Dr. Simone Buckreus, Verlag Schnell & Steiner

Übersetzung, Englisch
Franziska Dörr, Rom (Beiträge von Zsolt G. Török und Pınar Emiralioğlu)

Übersetzung, Latein
Benjamin Harter, Freiburg im Breisgau (Katalog 1.2)

Orts- und Personenregister
Susanne Munz, Tübingen, und Gabriele Wüst, Karlsruhe

Bibliografie
Sara Diedrich und Dr. Simone Finkele, Karlsruhe

Bildredaktion
Susanne Munz, Tübingen, und Gabriele Wüst, Karlsruhe

Umschlagabbildung
Willem Janszoon Blaeu: Die Donau, längster Fluss Europas, nach 1635, Kat. 1.2 (Ausschnitt). Dokumentationszentrum der Banater Schwaben, Ulm an der Donau

Umschlaggestaltung
Anna Braungart, Tübingen

Gestaltung, Satz und Layout
Thomas König, typegerecht, Berlin

Banat - Korte
Mercy 1723-1725